长江三峡工程文物保护项目报告

乙种第十四号

巴东红庙岭

国务院三峡工程建设委员会办公室
国家文物局 编著

科学出版社

内 容 简 介

本书全面系统地介绍了湖北省巴东县红庙岭遗址大溪文化时期、夏商时期、周代时期、秦、西汉时期的文化遗存，以及东汉至唐宋时期的一批墓葬，为研究三峡地区古代文化和古代巴人的来龙去脉提供了一批重要考古资料。内容涉及考古学、历史学、民族学，是配合三峡水利枢纽工程建设的一部考古发掘报告。

本书可供从事考古学、历史学、民族学研究的学者及关心三峡工程建设的人员阅读、参考。

图书在版编目(CIP)数据

巴东红庙岭／国务院三峡工程建设委员会办公室，国家文物局编著. —北京：科学出版社，2010.7

（长江三峡工程文物保护项目报告. 乙种；14）

ISBN 978-7-03-028027-5

Ⅰ. ①巴… Ⅱ. ①国…②国… Ⅲ. ①文化遗址－发掘报告－巴东县 Ⅳ. ①K878.05

中国版本图书馆 CIP 数据核字（2010）第 114531 号

责任编辑：闫向东　王光明／责任校对：朱光光
责任印制：赵德静／封面设计：黄华斌

科学出版社 出版
北京东黄城根北街 16 号
邮政编码：100717
http://www.sciencep.com

中国科学院印刷厂 印刷
科学出版社发行　各地新华书店经销

＊

2010 年 7 月第 一 版　开本：A4（880×1230）
2010 年 7 月第一次印刷　印张：26 3/4　插页：27
印数：1—1 500　字数：734 000

定价：268.00 元
（如有印装质量问题，我社负责调换〈科印〉）

Reports on the Cultural Relics Conservation
in the Three Gorges Dam Project
B(site report) Vol.14

The Hongmiaoling Site in Badong, Hubei

State Council Three Gorges Project Construction Committee Executive Office
&
State Administration of Cultural Heritage People's Republic of China

Science Press

长江三峡工程文物保护项目报告

湖北库区编委会

主　任	张　通
副主任	杜建国
编　委	张　通　杜建国　汪元良　沈海宁　杨德菊
	吴宏堂　黎朝斌　梁今辉　邢　光　王风竹
总　编	沈海宁
副总编	吴宏堂　王风竹

长江三峡工程文物保护项目报告

乙种第十四号

《巴东红庙岭》

主　编

林邦存

项目承担单位

湖北省文物考古研究所

目　　录

第一章　绪论 …………………………………………………………………………（1）
- 一、地理位置 ………………………………………………………………………（1）
- 二、自然环境 ………………………………………………………………………（2）
- 三、工作概况 ………………………………………………………………………（3）
- 四、编写本报告的有关说明 ………………………………………………………（4）

第二章　地层堆积与文化分期 ………………………………………………………（16）
- 一、地层堆积 ………………………………………………………………………（16）
- 二、文化分期 ………………………………………………………………………（21）

第三章　大溪文化遗存 ………………………………………………………………（23）
- 一、概述 ……………………………………………………………………………（23）
- 二、文化遗存 ………………………………………………………………………（23）
  - （一）遗迹 …………………………………………………………………………（23）
  - （二）文化堆积 ……………………………………………………………………（25）
  - （三）其他遗物 ……………………………………………………………………（25）
- 三、小结 ……………………………………………………………………………（27）

第四章　夏商时期的遗存 ……………………………………………………………（28）
- 一、概述 ……………………………………………………………………………（28）
- 二、文化遗存 ………………………………………………………………………（28）
  - （一）灰坑 …………………………………………………………………………（28）
  - （二）墓葬 …………………………………………………………………………（32）
  - （三）地层单位的遗物 ……………………………………………………………（35）
  - （四）其他遗物 ……………………………………………………………………（56）
- 二、小结 ……………………………………………………………………………（58）
  - （一）生产工具的种类和型式 ……………………………………………………（58）
  - （二）生活用品的种类和型式 ……………………………………………………（59）

第五章　周代时期的遗存 ……………………………………………………………（63）
- 一、概述 ……………………………………………………………………………（63）
- 二、文化遗存 ………………………………………………………………………（63）
  - （一）灰沟 …………………………………………………………………………（63）
  - （二）灰坑 …………………………………………………………………………（64）
  - （三）墓葬 …………………………………………………………………………（78）
  - （四）地层单位的遗物 ……………………………………………………………（158）

（五）其他遗物 ·· (174)
　二、小结 ··· (180)
　　（一）陶、石质生产工具的种类和型式 ·· (180)
　　（二）陶质生活用品的种类和型式 ·· (181)

第六章　秦、西汉时期的遗存 ·· (185)
　一、概述 ··· (185)
　二、文化遗存 ··· (185)
　　（一）灰沟 ··· (185)
　　（二）灰坑 ··· (186)
　　（三）墓葬 ··· (190)
　　（四）地层单位的遗物 ··· (237)
　　（五）其他遗物 ··· (276)
　三、小结 ··· (287)
　　（一）陶、石质生产工具的种类和型式 ·· (287)
　　（二）陶质生活用品的种类和型式 ·· (289)

第七章　东汉时期墓葬 ·· (294)
　一、概述 ··· (294)
　二、土圹墓介绍 ··· (294)
　三、小结 ··· (311)

第八章　六朝时期墓葬 ·· (312)
　一、概述 ··· (312)
　二、土圹墓介绍 ··· (312)
　三、小结 ··· (321)

第九章　唐宋时期墓葬 ·· (322)
　一、概述 ··· (322)
　二、土圹墓介绍 ··· (322)
　三、小结 ··· (330)

第十章　模糊遗迹 ·· (331)
　一、概述 ··· (331)
　二、模糊遗迹 ··· (331)
　　（一）房址 ··· (331)
　　（二）墓葬 ··· (337)
　　（三）模糊遗物 ··· (351)
　三、小结 ··· (352)

第十一章　结语 ·· (354)
　一、对文化遗迹方面的认识 ··· (354)

二、对文化遗物方面的认识 …………………………………………………………（357）
　　　（一）对不同时期陶、石质生产工具的认识 ………………………………………（357）
　　　（二）对不同时期陶质生活用品的认识 ……………………………………………（361）

附表 ………………………………………………………………………………………（365）
　　附表一　红庙岭遗址土坑墓随葬器物种类、型、式排列一览表 …………………（365）
　　附表二　夏商时期各类标本的数量及陶系统计表 …………………………………（370）
　　附表三　周代陶质生活用品标本数量及陶系统计表 ………………………………（371）
　　附表四　秦汉时期陶质生活用品种类数量及陶系统计表 …………………………（372）
　　附表五　红庙岭遗址土坑墓一览表 …………………………………………………（373）
　　附表六　红庙岭遗址土圹墓一览表 …………………………………………………（383）
　　附表七　红庙岭遗址灰坑、灰沟一览表 ……………………………………………（385）
　　附表八　红庙岭遗址出土和采集石、陶质生产工具的种类、型、式一览表 ………（388）

附录一　略论古代巴人的渊源和发展流向 ……………………………………………（389）

附录二　红庙岭第五次发掘及总整理工作的主要收获 ………………………………（397）

附录三　北京大学加速器质谱（AMS）^{14}C 测试报告 ……………………………（400）

附录四　红庙岭遗址第五次发掘墓葬人骨现场观察 …………………………………（401）

附录五　红庙岭遗址第四次发掘墓葬人骨现场观察鉴定记录 ………………………（404）

后记 ………………………………………………………………………………………（407）

插 图 目 录

图一	红庙岭遗址位置图	(1)
图二	红庙岭遗址范围图	(2)
图三	巴东红庙岭遗址第一至五次发掘探方分布图	(5)
图四	红庙岭遗址主要遗迹分布图	(插页)
图五	T22 南壁剖面图	(17)
图六	T223、T224、T225、T226 四探方东壁剖面图	(17)
图七	T226、T239、T243、T244、T245 五探方南壁剖面图	(19)
图八	T363、T364、T365、T366、T367 五探方北壁剖面图	(20)
图九	T397、T398、T249、T250、T251、T396 六探方西壁剖面图	(21)
图一〇	M1 平、剖面图	(24)
图一一	M31 平、剖面图及出土器物	(24)
图一二	大溪文化遗物	(26)
图一三	H3、H11、H12 平、剖面图	(29)
图一四	H53、H54 平、剖面图	(30)
图一五	H3、H11、H12、H53、H54 出土器物	(31)
图一六	M3 平、剖面图	(33)
图一七	M3 随葬品与填土出土陶器	(34)
图一八	M7 平、剖面图与出土石器	(35)
图一九	夏商时期遗物	(36)
图二〇	夏商时期石器	(39)
图二一	夏商时期陶器	(41)
图二二	夏商时期石器	(42)
图二三	夏商时期陶器	(45)
图二四	夏商时期石器	(48)
图二五	夏商时期陶器	(49)
图二六	夏商时期陶器	(52)
图二七	夏商时期陶器	(53)
图二八	夏商时期石器	(54)
图二九	夏商时期陶器纹饰	(55)
图三〇	夏商时期陶器纹饰	(57)
图三一	夏商时期陶器	(57)
图三二	G4 平、剖面图	(64)
图三三	H4、H5、H6、H9、H13 平、剖面图	(65)
图三四	G4、H4、H5、H6、H9、H13 出土陶器	(66)
图三五	H21、H22、H23、H25 平、剖面图	(68)

图三六　H27、H30、H37 平、剖面图 …………………………………………………（69）
图三七　H21、H22、H23、H25、H27、H30、H37 出土陶器 …………………………（70）
图三八　H41 平、剖面图 …………………………………………………………………（71）
图三九　H41 出土器物 ……………………………………………………………………（72）
图四〇　H42、H47、H48 平、剖面图 ……………………………………………………（74）
图四一　H44、H46、H49、H50 平、剖面图 ……………………………………………（76）
图四二　H47、H48、H49、H50 出土陶器 ………………………………………………（77）
图四三　M2 平、剖面图 ……………………………………………………………………（79）
图四四　M4 平、剖面图 ……………………………………………………………………（79）
图四五　M5 平、剖面图 ……………………………………………………………………（80）
图四六　M6 平、剖面图 ……………………………………………………………………（81）
图四七　M8 平、剖面图 ……………………………………………………………………（82）
图四八　M10 平、剖面图 …………………………………………………………………（82）
图四九　M12 平、剖面图 …………………………………………………………………（83）
图五〇　M17 平、剖面图 …………………………………………………………………（84）
图五一　M2、M5、M8、M10、M17 出土陶器 …………………………………………（84）
图五二　M19 平、剖面图 …………………………………………………………………（85）
图五三　M19 出土器物 ……………………………………………………………………（86）
图五四　M20 平、剖面图 …………………………………………………………………（87）
图五五　M21 平、剖面图 …………………………………………………………………（88）
图五六　M22 平、剖面图 …………………………………………………………………（89）
图五七　M23 平、剖面图 …………………………………………………………………（90）
图五八　M24 平、剖面图 …………………………………………………………………（91）
图五九　M26 平、剖面图 …………………………………………………………………（92）
图六〇　M27 平、剖面图 …………………………………………………………………（93）
图六一　M35 平、剖面图 …………………………………………………………………（93）
图六二　M20、M22、M26、M27、M35 出土器物 ……………………………………（94）
图六三　M37 平、剖面图 …………………………………………………………………（95）
图六四　M39 平、剖面图 …………………………………………………………………（96）
图六五　M40 平、剖面图 …………………………………………………………………（97）
图六六　M41 平、剖面图 …………………………………………………………………（98）
图六七　M43 平、剖面图 …………………………………………………………………（99）
图六八　M45 平、剖面图 …………………………………………………………………（100）
图六九　M46 平、剖面图 …………………………………………………………………（101）
图七〇　M48 平、剖面图 …………………………………………………………………（102）
图七一　M37、M39、M40、M41、M46、M48 出土陶器 ………………………………（103）
图七二　M50 平、剖面图 …………………………………………………………………（104）
图七三　M50 出土器物 ……………………………………………………………………（105）
图七四　M53 平、剖面图 …………………………………………………………………（106）
图七五　M57 平、剖面图 …………………………………………………………………（107）

图七六	M58 平、剖面图	(108)
图七七	M59 平、剖面图	(109)
图七八	M61 平、剖面图	(110)
图七九	M53、M57、M58、M59、M61 出土器物	(111)
图八〇	M53:1 铜矛纹饰拓片	(112)
图八一	M64 平、剖面图	(113)
图八二	M67 平、剖面图	(114)
图八三	M68 平、剖面图	(115)
图八四	M69 平、剖面图	(116)
图八五	M73 平、剖面图	(117)
图八六	M64、M67、M68、M69、M73 出土器物	(118)
图八七	M74 平、剖面图	(119)
图八八	M75 平、剖面图	(119)
图八九	M76 平、剖面图	(120)
图九〇	M77 平、剖面图	(121)
图九一	M80 平、剖面图	(122)
图九二	M74、M75、M76、M77、M80 出土器物	(123)
图九三	M85 平、剖面图	(124)
图九四	M91 平、剖面图	(125)
图九五	M97 平、剖面图	(126)
图九六	M102 平、剖面图	(127)
图九七	M103 平、剖面图	(128)
图九八	M104 平、剖面图	(129)
图九九	M105 平、剖面图	(130)
图一〇〇	M85、M91、M97、M102、M103、M104、M105 出土器物	(131)
图一〇一	M106 平、剖面图	(132)
图一〇二	M106 出土器物	(133)
图一〇三	M107 平、剖面图	(134)
图一〇四	M108 平、剖面图	(135)
图一〇五	M111 平、剖面图	(136)
图一〇六	M107、M108、M111 出土器物	(137)
图一〇七	M112 平、剖面图	(138)
图一〇八	M112 出土器物	(139)
图一〇九	M116 平、剖面图	(140)
图一一〇	M118 平、剖面图	(141)
图一一一	M119 平、剖面图	(142)
图一一二	M116、M118、M119 出土器物	(143)
图一一三	M120 平、剖面图	(144)
图一一四	M122 平、剖面图	(146)
图一一五	M125 平、剖面图	(146)

图一一六	M120、M122、M125 出土器物		(147)
图一一七	M126 平、剖面图		(148)
图一一八	M127 平、剖面图		(149)
图一一九	M130 平、剖面图		(150)
图一二〇	M126、M127、M130 出土器物		(151)
图一二一	M130:1 铜剑纹饰拓片		(152)
图一二二	M133 平、剖面图		(153)
图一二三	M133 出土器物		(154)
图一二四	M135 平、剖面图		(155)
图一二五	M136 平、剖面图		(156)
图一二六	M137 平、剖面图		(157)
图一二七	M135、M136、M137 出土器物		(158)
图一二八	T15⑤层、T16⑤层、T22⑤层、T22⑤A 层、T22⑤B 层出土陶器		(159)
图一二九	T23⑤层、T23⑤A 层，T24⑤A 层、T24⑤B 层出土陶器		(162)
图一三〇	T15⑤层、T16⑤层、T22⑤A 层、T26⑤层、T27⑤B 层出土石器		(164)
图一三一	T26⑤A 层、T27⑤A 层、T27⑤B 层、T34⑤层、T35⑤层、T36⑤层、T126⑤层出土陶器		(165)
图一三二	T158⑤A 层、T158⑤B 层、T159⑤层、T173⑤层出土陶器		(168)
图一三三	T126⑤层、T174⑤A 层、T243⑤层出土石器		(170)
图一三四	T180⑤层、T238⑤层、T243⑤层出土陶器		(172)
图一三五	T243⑤层、T360⑤层、T363⑤层出土陶器		(173)
图一三六	周代陶器贝纹纹饰拓片		(175)
图一三七	周代陶器纹饰拓片		(176)
图一三八	周代陶器纹饰拓片		(177)
图一三九	周代陶器纹饰拓片		(178)
图一四〇	周代陶器纹饰拓片		(179)
图一四一	采集周代遗物		(179)
图一四二	G7 平、剖面图		(186)
图一四三	H2、H20、H24、H28 平、剖面图		(187)
图一四四	H51、H52 平、剖面图		(188)
图一四五	G7、H2、H20、H24、H28、H51、H52 出土器物		(189)
图一四六	M13 平、剖面图		(190)
图一四七	M16 平、剖面图		(191)
图一四八	M18 平、剖面图		(192)
图一四九	M28 平、剖面图		(193)
图一五〇	M32 平、剖面图		(194)
图一五一	M29 平、剖面图		(195)
图一五二	M30 平、剖面图		(195)
图一五三	M33 平、剖面图		(196)
图一五四	M13、M16、M18、M32、M33 随葬品与填土出土陶器		(197)

图一五五	M34 平、剖面图	(198)
图一五六	M36 平、剖面图	(199)
图一五七	M42 平、剖面图	(200)
图一五八	M44 平、剖面图	(201)
图一五九	M47 平、剖面图	(202)
图一六〇	M51 平、剖面图	(203)
图一六一	M34、M36、M42、M47、M51 随葬品与填土出土遗物	(204)
图一六二	M52 平、剖面图	(205)
图一六三	M54 平、剖面图	(206)
图一六四	M55 平、剖面图	(207)
图一六五	M56 平、剖面图	(208)
图一六六	M60 平、剖面图	(209)
图一六七	M62 平、剖面图	(210)
图一六八	M54、M56、M60、M62 随葬品与填土出土陶器	(211)
图一六九	M55、M60、M62 出土铜钱拓片	(212)
图一七〇	M63 平、剖面图	(212)
图一七一	M65 平剖面图	(213)
图一七二	M66 平、剖面图	(213)
图一七三	M71 平、剖面图	(214)
图一七四	M72 平、剖面图	(215)
图一七五	M78 平、剖面图	(216)
图一七六	M79 平、剖面图	(217)
图一七七	M81 平、剖面图	(217)
图一七八	M63、M65、M72、M79、M81 随葬品与填土出土遗物	(218)
图一七九	M82 平、剖面图	(219)
图一八〇	M86 平、剖面图	(219)
图一八一	M87 平、剖面图	(221)
图一八二	M88 平、剖面图	(222)
图一八三	M89 平、剖面图	(223)
图一八四	M86、M87、M88、M89 随葬品与填土出土遗物	(224)
图一八五	M92 平、剖面图	(225)
图一八六	M94 平、剖面图	(226)
图一八七	M95 平、剖面图	(227)
图一八八	M96 平、剖面图	(227)
图一八九	M92、M95、M96 随葬品与填土出土遗物	(228)
图一九〇	M98 平、剖面图	(229)
图一九一	M99 平、剖面图	(230)
图一九二	M100 平、剖面图	(231)
图一九三	M101 平、剖面图	(231)
图一九四	M110 平、剖面图	(232)

图一九五	M99、M101、M110 出土器物	(233)
图一九六	M114 平、剖面图	(234)
图一九七	M121 平、剖面图	(234)
图一九八	M131 平、剖面图	(235)
图一九九	M132 平、剖面图	(236)
图二〇〇	M134 平、剖面图	(238)
图二〇一	M114、M121、M131、M132、M134 出土器物	(239)
图二〇二	M99、M134 出土铜钱拓片	(240)
图二〇三	T15④层、T15④A 层、T16④层、T16④A 层、T16④B 层出土石器	(241)
图二〇四	T15④层、T15④A 层、T15④B 层、T16④A 层、T16④B 层、T16④C 层、T17④B 层出土陶器	(242)
图二〇五	T18④C 层、T22④层、T23④层、T24④层出土陶器	(245)
图二〇六	T24④层、T27④层出土石器	(246)
图二〇七	T26④层、T27④层、T36④层、T38④层、T159④层、T162④层、T224④层出土陶器	(248)
图二〇八	T225④B 层出土陶器	(251)
图二〇九	T225④A 层、T225④B 层、T238④层出土陶器	(252)
图二一〇	T238④层、T239④层、T243④层出土陶器	(255)
图二一一	T224④层、T225④B 层、T238④层、T239④层出土石器	(257)
图二一二	T243④层出土陶器	(259)
图二一三	T243④层、T244④层出土陶器	(261)
图二一四	T360④层出土陶器	(263)
图二一五	T360④层、T363④层、T364④层出土陶器	(265)
图二一六	T8③层、T15③层、T16③层、T17③层、T22③层、T23③层、T24③层、T25③层出土陶器	(268)
图二一七	T26③层、T36③层、T174③层、T238③层、T360③层出土陶器	(272)
图二一八	T37③层、T360③层、T363③层、T364③层出土器物	(274)
图二一九	T8③层、T15③层、T16③层、T23③层、T26③层、T364③层出土石器	(275)
图二二〇	采集秦汉时期遗物	(277)
图二二一	采集秦汉时期遗物	(278)
图二二二	秦汉陶器纹饰拓片	(279)
图二二三	秦汉陶器纹饰拓片	(280)
图二二四	秦汉陶器纹饰拓片	(281)
图二二五	秦汉陶器纹饰拓片	(282)
图二二六	秦汉陶器纹饰拓片	(283)
图二二七	秦汉陶器纹饰拓片	(284)
图二二八	秦汉陶器纹饰拓片	(285)
图二二九	秦汉陶器纹饰拓片	(286)
图二三〇	石 M2 平、剖面图	(295)
图二三一	石 M3 平、剖面图	(296)

插 图 目 录

图二三二	石 M5 平、剖面图	(298)
图二三三	石 M2、石 M5 出土器物及填土出土遗物	(299)
图二三四	石 M6 平、剖面图	(300)
图二三五	石 M7 平、剖面图	(302)
图二三六	石 M6、石 M7 出土器物	(303)
图二三七	石 M13 平、剖面图	(304)
图二三八	石 M13 器物与人骨架分布图	(305)
图二三九	石 M13 出土器物	(306)
图二四〇	石 M14 平、剖面图	(307)
图二四一	石 M14 出土器物	(308)
图二四二	石 M13、石 M14 填土出土遗物	(309)
图二四三	石 M2、石 M3、石 M5、石 M6、石 M7、石 M14 铜钱拓片	(310)
图二四四	石 M8 平、剖面图	(313)
图二四五	石 M10 平、剖面图	(314)
图二四六	石 M12 平、剖面图	(315)
图二四七	石 M15 平、剖面图	(317)
图二四八	砖 M9 平、剖面图	(318)
图二四九	砖 M9 墓砖花纹拓片	(319)
图二五〇	石 M8、石 M10、石 M12、石 M15、砖 M9 出土器物	(320)
图二五一	石 M8、石 M10、石 M12、砖 M9 铜钱拓片	(321)
图二五二	石 M4 平、剖面图	(323)
图二五三	石 M11 平、剖面图	(325)
图二五四	石 M4、石 M11 出土器物	(326)
图二五五	石 M4、石 M11 铜钱拓片	(326)
图二五六	石 M1 平、剖面图	(327)
图二五七	石 M1 出土器物	(328)
图二五八	石 M1 铜钱拓片	(329)
图二五九	F1 平、剖面图	(331)
图二六〇	F4 平、剖面图	(332)
图二六一	F5 平面图	(333)
图二六二	F6 平、剖面图	(334)
图二六三	F7 平、剖面图	(335)
图二六四	F8 平、剖面图	(336)
图二六五	F9 平、剖面图	(337)
图二六六	F10 平、剖面图	(338)
图二六七	F12 平、剖面图	(339)
图二六八	M14 平、剖面图	(340)
图二六九	M15 平、剖面图	(341)
图二七〇	M25 平、剖面图	(341)
图二七一	M83 平、剖面图	(342)

图二七二	M84 平、剖面图	(343)
图二七三	M90 平、剖面图	(343)
图二七四	M109 平、剖面图	(344)
图二七五	M113 平、剖面图	(345)
图二七六	M115 平、剖面图	(346)
图二七七	M117 平、剖面图	(347)
图二七八	M123 平、剖面图	(347)
图二七九	M124 平、剖面图	(348)
图二八〇	M128 平、剖面图	(349)
图二八一	M129 平、剖面图	(350)
图二八二	M138 平、剖面图	(350)
图二八三	M139 平、剖面图	(351)
图二八四	红庙岭遗址采集遗物	(352)

图 版 目 录

彩版一　红庙岭遗址全景
彩版二　周代铜矛
彩版三　周代铜器
彩版四　汉代器物
彩版五　周代与秦汉时期铜器
彩版六　唐宋瓷器
图版一　红庙岭遗址与发掘探方
图版二　大溪墓葬
图版三　大溪与夏商时期器物
图版四　周代墓葬
图版五　周代墓葬
图版六　周代墓葬
图版七　周代墓葬
图版八　周代石器
图版九　周代高领罐
图版一〇　周代陶器
图版一一　周代陶器
图版一二　周代束颈罐
图版一三　周代陶器
图版一四　周代长颈罐
图版一五　周代陶器
图版一六　周代陶盂
图版一七　周代陶盂
图版一八　周代陶盂
图版一九　周代陶器
图版二〇　周代陶器
图版二一　周代陶器
图版二二　周代铜器
图版二三　周代铜剑
图版二四　周代铜剑（巴式剑）
图版二五　周代铜带钩
图版二六　周代器物
图版二七　周代器物
图版二八　秦汉墓葬
图版二九　秦汉墓葬

图版三〇　秦汉墓葬
图版三一　秦汉石器
图版三二　秦汉高领罐
图版三三　秦汉高领罐
图版三四　秦汉陶器
图版三五　秦汉陶器
图版三六　秦汉陶器
图版三七　秦汉陶器
图版三八　秦汉铜器
图版三九　夏商与秦汉时期陶纺轮
图版四〇　东汉土圹墓
图版四一　东汉器物
图版四二　汉代器物
图版四三　六朝土圹墓
图版四四　六朝器物
图版四五　唐宋土圹墓
图版四六　唐宋器物

第一章 绪 论

湖北省巴东县红庙岭遗址,是湖北省文物考古研究所为配合三峡大坝工程建设,做好地下文物保护工作,先后进行了五次大规模考古发掘工作的一处十分重要的古代文化遗址。

下面简单介绍这处遗址的地理位置、自然环境和工作概况,以及编辑这本报告的体例。

一、地 理 位 置

红庙岭遗址中心地理位置为东经110°23′11″,北纬31°3′11″,现隶属湖北省巴东县东瀼口镇绿竹筏村五组。

遗址在三峡中的地理位置如下:

长江三峡,指从今重庆市奉节县东部的白帝城开始,至湖北省宜昌市的南津关止,全长192.3公里的长江流经的地段。其中,从白帝城至巫山县大溪镇,为雄伟险峻的瞿塘峡;从巫山县城至湖北省巴东县的官渡口镇,为幽深秀丽的巫峡;从湖北省秭归县的香溪镇至宜昌市的南津关,则是滩多流急的西陵峡。介于瞿塘峡和巫峡之间的地带,为大宁河宽谷;介于巫峡和西陵峡之间的两峡中间地带,则是香溪宽谷;而在西陵峡内,则又存在着可划分为东西两个部分的庙南宽谷①。

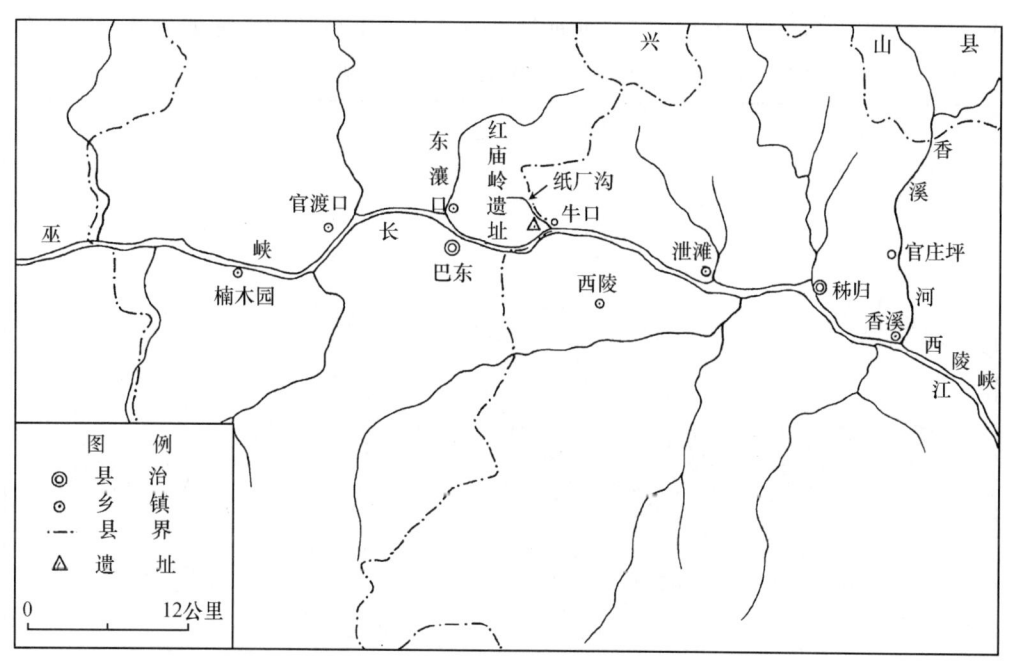

图一 红庙岭遗址位置图

三峡地区的宽谷地带,江面较为宽阔,两岸地势相对平缓,加上两岸的长江支流,沟涧的入江处多为泥沙淤积的台地。这种台地,自"神农氏"发明"农业"以来,十分适宜重新选择以"农业

---

① 长江水利委员会:《宜家路家河》,科学出版社,2002年。

经济"为主的"定居型家庭"生产和生活,所以,在这种台地上,往往存在着自"新石器时代"以来的"定居型家庭"的"遗址";以及由两个以上的"定居型家庭"在世世代代长期互相通婚之后所形成的"聚落点"。三峡大坝蓄水前沿江两岸的集镇和县城,实际上大多是由这种"遗址"以至"聚落点"发展起来的。

红庙岭遗址就是介于巫峡和西陵峡之间的香溪宽谷在长江北岸边的一处古代遗址。它位于巴东县最东边,遗址东北西是一条名叫"纸厂沟"的大冲沟,纸厂沟以北以东已属秭归县集镇牛口管辖(图一)。

二、自 然 环 境

遗址所在的巴东县,北面是神农架林区,西与重庆市巫山县和湖北省的建始县相接,东连湖北省的兴山、秭归和长阳三县,南与湖北的五峰和鹤峰两县为邻,是湖北省西部一个平均海拔1089.3米的山区县。巴东县最高点在北部靠近神农架主峰的大窝坑,海拔3032米;最低则是红庙岭遗址这一带,江边海拔只有66.8米。

县境狭长,长江和清江自西往东将其横截为三段。北有大巴山余脉盘踞,中有巫山山脉延伸,南有武陵山余脉峙立,组成西高东低、南北起伏、峰岭嵯峨、溪流纵横、峡谷幽深、地势崎岖的山地地貌。

县境地处亚热带季风气候区,温暖多雨,湿润多雾,四季分明。特别是如红庙岭一类的低山地区,冬短夏长,光照充足,无霜期长,冷害少[①],十分适宜人类的生产和生活。

红庙岭遗址南邻长江,东为纸沟厂,西面和北面是属巫山余脉的缓坡地。遗址呈圆角长方形,东西长约220米,南北宽约200米,总面积约为4万平方米(图二;彩版一)。

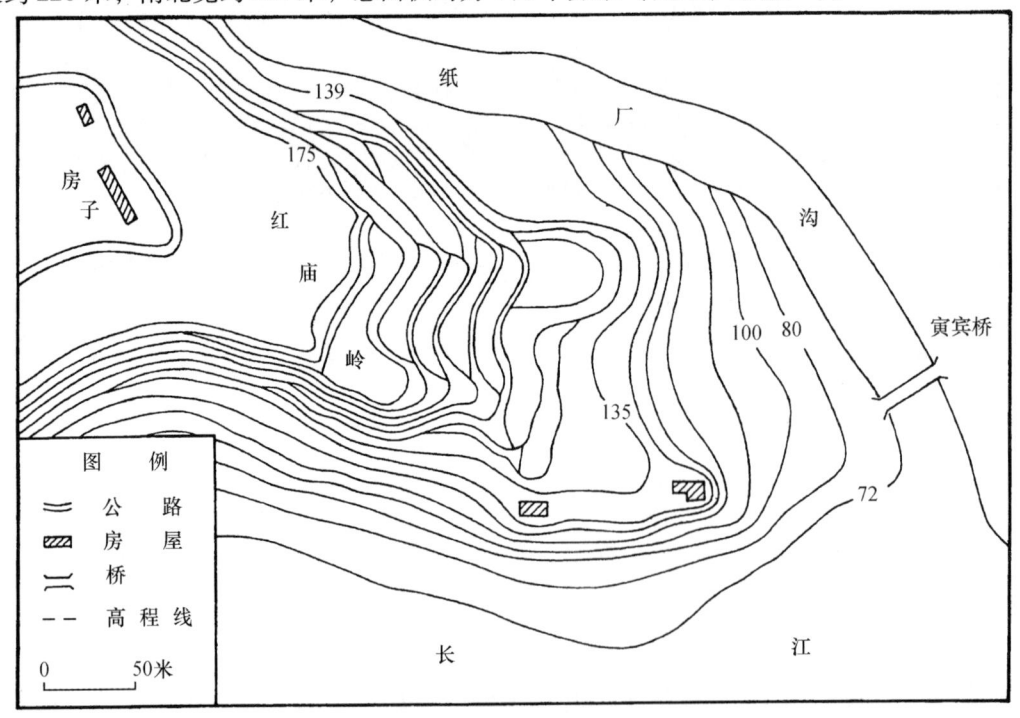

图二　红庙岭遗址范围图

---

① 湖北省巴东县志编纂委员会:《巴东县志》,湖北科学技术出版社,1993年。

20 世纪 70 年代，在葛洲坝建成后，当地政府曾拨款把红庙岭遗址的缓坡地修成一级级的大梯田。故在经过搬运的田地里，经常可见到被扰乱后的古代文物。

三、工作概况

1993 年，武汉大学历史系考古专业的师生在配合三峡大坝工程的考古调查中，发现红庙岭遗址；并于当年做了试掘，共开 2 米×10 米的探沟 5 条，试掘面积 100 平方米；而且已认识到这是一处商周时期的古代遗址[1]。

本报告没有收录这批试掘资料。

从 1998 年 11 月 7 日至 2005 年 7 月 7 日，湖北省文物考古研究所又先后组织"红庙岭考古队"对该遗址做了五次大规模考古发掘，并都由林邦存担任领队。这五次发掘的发掘时间，参加发掘的人员和发掘面积如下：

第一次发掘：从 1998 年 11 月 7 日至 1999 年 1 月 19 日，共发掘 1000 平方米。参加发掘的先后有湖北省文物考古研究所的林邦存、潘佳红、武仙竹、胡家喜，武汉市江夏区博物馆的刘志云和京山县博物馆的李勇等。

第二次发掘：从 2000 年 2 月 25 日至 6 月 19 日，发掘面积 1000 平方米。参加发掘的有湖北省文物考古研究所的林邦存、武仙竹，沙市博物馆的彭锦华，武汉市江夏区博物馆的刘志云，京山县博物馆的李勇和技术工人张杰等。

第三次发掘：从 2003 年 11 月 27 日至 2004 年 1 月 2 日和 2004 年 2 月 12 日至 3 月 17 日，发掘面积 4000 平方米。参加这次发掘的有湖北省文物考古研究所的林邦存，巴东县博物馆的向勇、税世纲，麻城市博物馆的江一林、王龙明和技术工人张杰、刘小华、傅楚奇、禹家美等。

第四次发掘：从 2004 年 10 月 24 日至 12 月 16 日，发掘面积 2000 平方米。参加发掘的有湖北省文物考古研究所的林邦存、胡志华，巴东县博物馆的税世纲和技术工人张杰、刘小华、傅楚奇、艾周明等。

第五次发掘：从 2005 年 4 月 24 日至 7 月 7 日，发掘面积 4000 平方米。参加发掘的有湖北省文物考古研究所的林邦存、胡志华、田晴，巴东县博物馆的税世纲和技术工人张杰、刘小华、陈翠格等。

另外，发掘期间曾做资料整理和简报及论文编写工作。参加各次整理工作的如下：

第一、二次发掘资料整理工作，从 2001 年下半年至 2002 年上半年，参加人员有林邦存和技术工人傅楚奇、陈翠格、方三毛、罗丛梅、肖志华、张杰、刘小华，还有巴东县博物馆的税世纲等。其中，陈翠格、罗丛梅负责陶器修复工作；绘图工作由肖志华负责；并由林邦存编写了《巴东红庙岭遗址第一、二次发掘报告》[2]，刘小华、税世纲负责这一简报描图工作。

第三次发掘资料整理工作，从发掘工作结束即就地开始，参加人员有林邦存、江一林、王龙明、税世纲和技术工人刘小华、傅楚奇、禹家美、肖志华等；巴东县原宣传部长张安立退休后也到工地帮助拍摄器物照片。其中，陶器修复是禹家美，绘图江一林，描图肖志华，拓片税世纲和禹家美；并由林邦存执笔编写了《巴东红庙岭遗址第三次发掘》[3]。

---

[1] 《中国考古学年鉴》（1993 年），文物出版社，1994 年。

[2] 湖北省文物考古研究所：《巴东红庙岭遗址第一、二次发掘报告》，《湖北库区考古报告集》（第六卷），科学出版社，待出版。

[3] 湖北省文物考古研究所：《巴东红庙岭遗址第三次发掘》，《湖北库区考古报告集》（第六卷），科学出版社，待出版。

第四次发掘资料的整理，也是从工地发掘结束后即开始，并准备结合前三次发掘资料编写《巴东红庙岭》这本发掘报告，直至 2005 年 4 月接到对红庙岭遗址做第五次发掘的通知时止。参加这次整理工作的人员有林邦存、胡志华、税世纲和技术工人张杰、艾周明、刘小华、傅楚奇、李昌慧等。其中，陶器修复艾周明、李昌慧，绘图胡志华，拓片税世纲，并于 2005 年 7 月 28 日由林邦存写了《略论古代巴人的渊源和发展流向》一稿，且于当年 8 月在省考古所、博物馆举行年中学术汇报会上演讲（附录一）。

第五次发掘及前四次发掘的资料综合整理工作，从 2005 年 8 月 22 日开始至 2006 年 3 月底。参加人员有林邦存、胡志华、田晴、税世纲和技术工人张杰、刘小华、陈翠格等。其中，陶器修复陈翠格，绘图胡志华，拓片税世纲。并于 2006 年 1 月 4 日由林邦存写了《红庙岭第五次发掘及总整理工作的主要收获》，且在省考古所、博物馆召开的年终工作汇报会上演讲（附录二）。

应该特别指出的是，在红庙岭遗址发掘和整理期间，从省文物局到县文化局、县博物馆各级领导同志都十分重视，并给予十分热情的关心、帮助和支持。如县博物馆的领导，除了无偿提供整理地点外，在全县同时有十多个发掘工地都需帮助的繁忙工作中，专门抽调两名业务骨干参加红庙岭的发掘和资料整理，并多次联系巴东县电视台，到工地帮助录像，连已退休的原县委宣传部长、全国摄影家协会会员，也帮助邀请并到工地帮助拍摄出土文物。省文物局于 2005 年 6 月 16 日，还专门组织专家组到工地检查、视察和指导，为进一步做好红庙岭遗址的发掘和整理工作，提供了宝贵的建议。如有的专家指出，墓葬中的人骨也可作 ^{14}C 年代测定。正是这一重要建议，才进一步解决了红庙岭遗址一些墓葬的绝对年代这一难题。据此建议我们才采集了一些墓主人骨，请北京大学实验室做了 ^{14}C 年代测定，而获得了一批绝对年代的数据（附录三）。

我省著名古人类学家李天元先生在百忙中还抽空帮助鉴定了第五次发掘出土的古人类骨骼，并及时写了鉴定报告（附录四、附录五）。我省著名的新石器时代考古学、商周考古学和秦汉考古学专家陈贤一、杨权喜、梁柱、林春、魏航空等，都应邀帮助鉴定红庙岭遗址出土的各时代文物，使我们对红庙岭遗址出土的不同时期文物的年代判断，有了更明确的认识。

同时，不能忘记的是参加红庙岭遗址历次发掘和整理工作的同志们的共同努力，以及当地村组干部和群众在征地和用工各方面的大力支持。

顺便应该指出的是，经省文物局组织的专家组的综合评审，至 2005 年省考古所有三个发掘工地获得奖励，红庙岭遗址 2005 年发掘工地就是其中之一。为了感谢省文物局及专家组对发掘工地的肯定和鼓励，奖金已平均发至参加红庙岭遗址第五次发掘的每一位同志，因为这种肯定和鼓励，离不开参加这次发掘工作的同志们的共同努力。

总的来说，红庙岭遗址的每一次发掘和整理，都得到上至省文物局，下至村组各级领导同志的关心和支持，也得到我省不同时代考古学专家学者的指导和帮助，同时，也是参加发掘和整理工作的同志们的共同努力，而且，也是当地村民的积极配合，于此，我们皆衷心地表示谢意！

四、编写本报告的有关说明

1. 对红庙岭遗址探方编号的说明

从第一次发掘开始，就拟采用第一象限法统一探方编号，也统一地层划分。故布第一批 17 个探方时，把基点 0 确定在海拔 165 米的一块大梯田的西南角，因在耕土表面已可采集到一些磨光小石器和陶片，但发掘后才知道，这些地表上已有文化遗物的梯田，都是在葛洲坝建成后，当地政府拨款由当地村民挖高填低才修成的，这 17 个探方都没有文化堆积，都是次生堆积。为了寻找遗址上的原生堆积，不得不对遗址做全面钻探，并在已发现原生堆积的地点布方发掘，故没有按原打算用第一象限法统一探方编号，而是采用顺序法进行探方编号。探方用"T"表示，T1 表示一号探方；探沟用"TG"表示，TG1 表示一号探沟。

红庙岭各次发掘的探方，基本上都为正方向，面积一般都是 5 米×5 米；受地形条件限制，个别探方不是正方向，面积大小也稍有变动。

各次发掘探方分别如下（图三）：

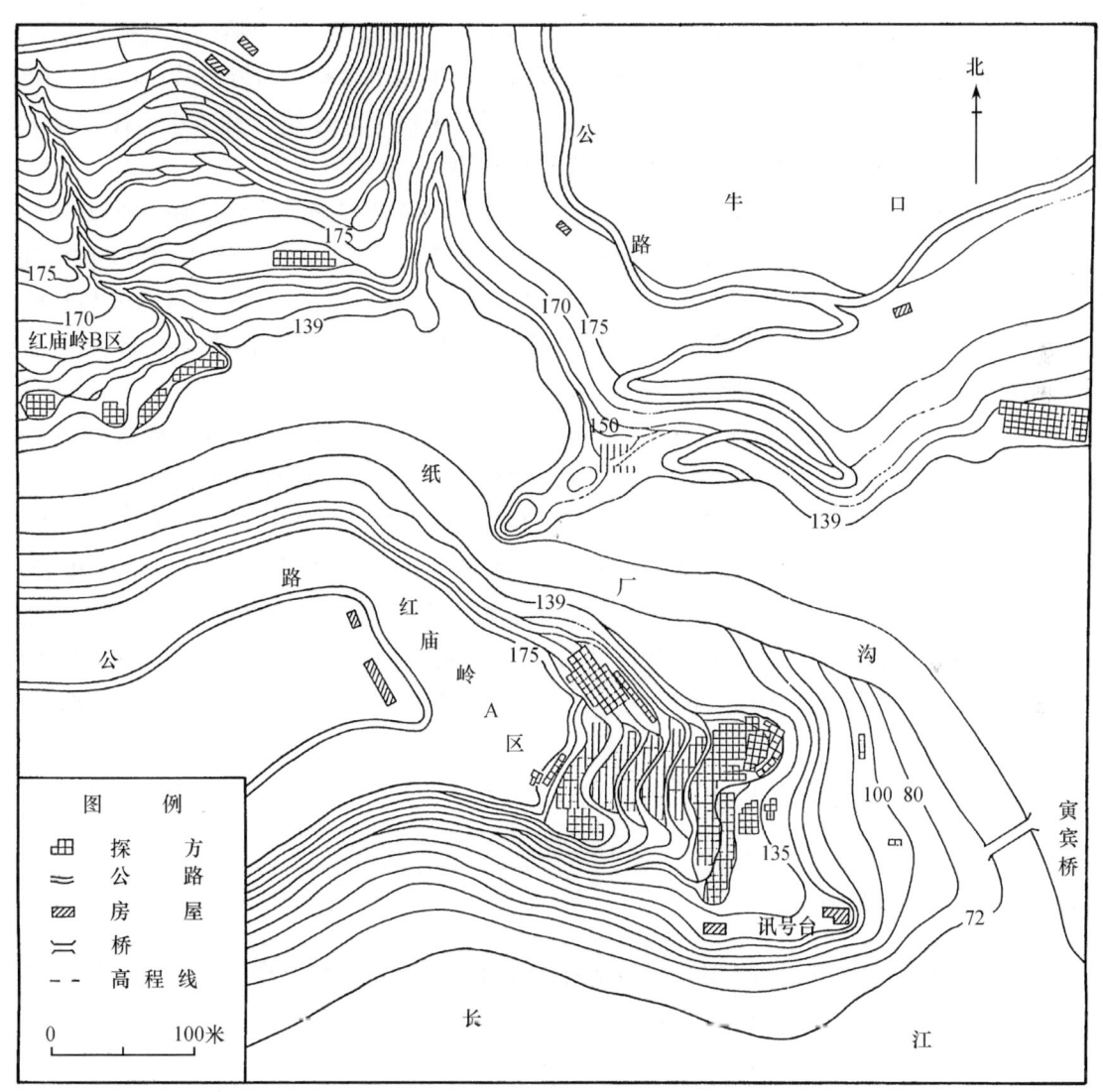

图三　巴东红庙岭遗址第一至五次发掘探方分布图

第一次发掘：除第一批 17 个探方用象限法统一编号外，又布 T1~T18 共 18 个探方。其中，T1、T2、T11~T14 在海拔 100 米这一带；T3~T10 在海拔 170 米和 175 米这两级梯田上；T15~T18 在海拔 130 米这级梯田上。

第二次发掘：探方编号 T19~T66；又开 1 米×15~20 米的探沟两条。T19~T33 在海拔 135 米这级梯田上，T34~T66 和 TG1、TG2 都在海拔 144 米这级梯田中。

第三次发掘：共开探方 163 个，编号 T67~T274（图版一，2）；分别分布在海拔 142、144、146、150、152、154、159、165 米这八级梯田中。

第四次发掘：除了把前三次发掘地点作为"红庙岭A区"外，又把"纸厂沟"对面，当时隶属秭归县泄滩镇牛口村三组的发掘点作为"红庙岭B区"并布方发掘。目的是进一步了解"红庙岭遗址的先民"有没有跨过纸厂沟到对面定居；因从发掘时的现状，生活在"红庙岭B区"的居民，从户数、人口及生产各方面都强于"红庙岭A区"，而绿竹筏村五组的村民，大多都定居在海拔约300米的红庙岭A区后面的山坳里。这次发掘，共布探方81个。其中，在B区海拔154米的梯田中布方11个，编号为T280~T290；在B区海拔150米的梯田中布方8个，编号T291~T298；在B区海拔146米的梯田中布方18个，编号T299~T316；在B区海拔170米的梯田中布方17个，编号T317~T333；在B区海拔142~150米的缓坡上布方13个，编号T334~T355。由于第三次发掘探方号只编至T274，所以，第四次发掘探方号从T280编起，T275~T279这五个探方号皆空号；也由于B区第五批探方的山坡上有的地方已露出石头不能发掘，故在T334~T355这22个探方中，探方号T334、T339、T341、T344、T346、T349、T351、T352、T354九号皆空号。

因第四次发掘在B区发掘的T280~T355这67个探方都没有发现古代文化遗存，所以，最后又回A区布了如下14个探方，其中，在A区海拔142米的原探方空隙处布了T360、T361两个探方；在A区海拔144米与142米之间的中间地带布了T362~T367等6个探方；又在A区海拔144米的梯田北部布了T368、T369、T374~T377等6个探方，其间的T370~T373这四个探方因部分已至海拔139米的斜坡下，故编号后没有发掘，作空方号处理。

第五次发掘：在A、B区共布探方164个，分为先后十批布方。第一批在A区海拔140米布了T380、T381两个；第二批在A区海拔140米和142米之间布了T382~T384三个；第三批在A区海拔142米布了T385~T388四个；第四批在A区海拔144米布了T389、T390两个；第五批在A区海拔146米布了T391、T392两个；第六批在A区海拔144米两个地点分别布了T393~T395和T396~T398共六个；第七批在A区海拔152~160米之间的斜坡上布了T400~T442共43个；第八批在B区海拔139~150米的斜坡上布了T444~T505共62个；第九批趁库区水位下降而在A区海拔139米的一块大梯田中布了T506~T541等36个探方；最后一批在A区海拔144米的梯田西北部又布了T550~T553等4个探方。

在第五次发掘这十批探方中，探方号T378、T379、T399、T443、T542~T549这12个都是空号。

2. 用字母表示不同遗迹的说明

与探方和探沟分别用"T"和"TG"等不同字母表示一样，红庙岭发现的遗迹，也用不同字母表示。其中，

房址用"F"表示；

灰坑用"H"表示；

灰沟用"G"表示；

土坑墓用"M"表示。

土圹墓则视其土圹内是用石还是用砖堆砌，而在"M"前加"石"或"砖"表示，如"石M1"表示已发掘的第一号土圹石室墓；而"砖M8"则是已清理的第八号土圹砖室墓。

3. 出土器物的编号

在整理过程中，每一个探方或探沟的地层中出土的器物标本，都从1号编起。

但每个探方或探沟中某一层下发现的遗迹，无论是灰坑，或是墓葬和房址，出土的器物标本，

又都从1号编起。

墓葬的随葬器物,从1号编写;墓葬中的填土出土的器物标本,也归属此墓,但这些器物的相对年代,一般都比随葬器物相对更早或同时,故填土的器物标本,编号时都在其前面加"0"。以与随葬器物区别。

在遗址中采集的器物标本,包括在扰乱层中出土的器物标本,也和墓葬填土中出土的器物标本一样,其器物编号前面也加"0"。

总的来说,在编号过程中,每一个探方或每一条探沟和每一个"遗迹",都分别作为一个"单位"立档和编号。但需进一步说明的是,由于每个探方又由不同地层的资料所组成,不同地层的文化遗物相对年代也不同,所以,本报告在叙述过程中,又把同一探方不同地层的遗物,作为不同的"基本单位",这种"地层单位"的器物标本编号,并不是都从1开始编号,而是在同一探方的若干个"地层单位"中,只有其中一个"基本单位"是从1开始编号的。

4. 年代推断的有关说明

红庙岭遗址第一、二次发掘和第三次发掘这两个简报,都把红庙岭遗址的文化堆积统一划分为七层,并据第③至⑦层这五层文化堆积出土陶片的陶系统计,因第⑦、⑥两层的陶系以红陶为主,第⑤和④两层的陶系以黑陶为主,而第③层的陶系以灰陶为主,统一分为三期文化遗存。

而且第一、二次发掘简报认为红庙岭遗址第一期遗存为"大溪文化的遗存",但与"大溪遗址"报道的"大溪文化遗存"存在较大区别;而第二期遗存则是"商周时期的遗存";第三期已是"秦汉时期的遗存"。

但第三次发掘简报已重新认为红庙岭第一期是商代和商代以前的文化遗存,第二期为周代遗存,而第三期仍是秦汉时期的遗存。只是又指出,红庙岭遗址这三期遗存的年代推断,还需另文专述。

本报告与前两个简报不同的地方:

一是原第一期遗存中,只有⑦层下或相当于⑦层下的墓葬,才是大溪文化的遗存;而原第⑦层和第⑥层各探方的"地层单位"和原第⑥层下的"遗迹单位",都是"夏商时期的遗存"。

二是原第二期遗存,只包括第⑤层各探方的"地层单位"和⑤层下与④层下的各"遗迹单位",且不再称为第二期遗存,而称为"周代遗存"。而原第二期遗存的第④层各探方的"地层单位",全归属"秦、西汉遗存"。原因是第④层下的墓葬,有的已至"战国晚期"。

三是原第三期遗存称为"秦、西汉遗存",包括第④层和第③层各探方的"地层单位",以及③层下各"遗迹单位"。

四是取消第一、二次发掘简报把第三期遗存划分为早、中、晚三个阶段的划分法;而除了新确认"秦、西汉遗存"外,又把②层下发现的"土圹墓",包括石室墓和砖室墓,进一步划分为"东汉墓葬"、"六朝墓葬"、"唐宋墓葬"。

而本报告和前两个简报认识一致之处,就是仍认为开口第②层下直接打破生土墓葬或其他"遗迹",并不是都为"秦汉时期"或此后的遗存,而是要考虑到20世纪70年代当地村民在挖高填低修筑梯田时,有些墓葬或灰坑上面的文化层堆积已被挖掉,才仅剩打破生土的一些遗迹。如T184②A层下发现的M37打破H34这组遗迹,都直接打破生土,我们只有结合M37随葬的器物,才能认识到M37是一座春秋晚期的墓葬,而H34出土的陶片,则是一个以黑陶系为主的灰坑,由于从打破关系可知T184这一地点是先存在H34这一窖穴再出现M37这座墓葬,也由于红庙岭的东周土坑墓一般都开口在④层下,加上红庙岭遗址其他地点发现第⑤层下的灰坑,都是以黑陶为主的文化遗存。所以,我们才能进一步发现,原开口②A层下的H34和M37,修筑梯田之前是开口⑤层下的灰坑和开口④层下的墓葬，而 T184 及其周围的第④和⑤层两层堆积都被修梯田时挖掉了。故在推断开口②层下打破生土的遗迹的年代时，主要根据具体遗迹的内涵，才能判断其年代。而②层下没有遗物的墓葬和其他遗迹，则作为"模糊遗存"，并在"唐宋墓葬"之后专章介绍。

而本报告在年代推断方面与前两个简报的认识不同的原因，除了个人以往只研究新石器时代的遗存，而对历史时代以来的文化遗存不熟悉之外，更根本的原因，则是以往对出土文物如何应用"器物类型学"的研究方法，还缺乏理解的缘故。

也就是说，前两个简报的年代推断方法，主要是根据"地层学"的研究方法；本报告则从《秭归庙坪》和《秭归官庄坪》这两本发掘报告①和马承源先生主编的《中国青铜器》这部著作中②，又进一步学习而重新掌握了"器物类型学"这一研究方法的缘故。而"器物类型学"这种研究方法，则不仅需对出土器物作进一步的详细分类；而且又据"地层学"的原理，对同一类器物在不同地层关系中又可分式；最后据每一墓葬随葬器物的型和式，才排列出一批墓葬的早晚关系，并进一步确定每一座墓葬的"历史年代"。

促使自己学习并进一步掌握"器物类型学"这一研究方法的原因，则与红庙岭第一、二次发掘，土坑墓的编号只至33；第三次发掘，编号已至77；至第五次发掘后，土坑墓已增加至139座有关。因为在这139座土坑墓中，只有90座有随葬品，其中除 M31 开口于⑦层下且墓主为屈肢葬，而属于大溪文化时期的墓葬相对明确之外；余89座墓都开口②层下、③层下和④层下，随葬品都不丰富，普遍是两件陶器，而且一般都是一件深腹陶器和一件扁腹陶器；有的除两件陶器外，还有一件青铜兵器；最丰富的 M50，也只是两件陶器加三件青铜兵器……所以，单靠地层学的原理来推断这批土坑墓的相对年代和下葬的"历史年代"都十分困难。而正是为了解决这一难题，才使本报告在推断相对年代和"历史年代"方面，采用"器物类型学"的研究方法。并把除 M31 之外年代基本上可以衔接的开口在④层下、③层下和②层下这89座有随葬品的土坑墓，对两个或两个以上有同类随葬器物的墓葬随葬品，通过对同类的陶器和青铜器分别进一步分类、分型和分亚型；再对同类、同型和同亚型的器物，又据不同的开口地层和打破关系，也据器物的形制甚至纹饰的变化，而划分为不同的"式"；最后在明确每一座墓主要随葬器物的"型"和"式"之后，才可排列出这90座墓葬下葬年代的先、后顺序，并制成红庙岭土坑墓随葬器物种类、型、式排列一览表（附表一）。

把本报告的附表一和第一、二次发掘简报的图四作进一步比较，即可发现：

红庙岭第一、二次发掘简报的图四，把墓葬随葬器物中的陶器，只划分为"盂"、"深腹陶罐"和"扁腹陶罐"三个种类。而本报告附表一，除把随葬陶器划分为罐、盂、罍、盆、豆、盒、瓮、釜八大种类，有的种类还进一步细分为不同的"型"而且有的型又再划分为不同的"亚型"。如：

罐又进一步划分为 A 型的高领罐、B 型的矮领罐、C 型的束颈罐、D 型的直口罐、E 型的长颈罐、F 型的有耳罐，共六型；

而且其中的 A 型罐还细分为 a、b 两个亚型：Aa 型罐为弧颈罐；Ab 型罐为直颈罐。

B 型罐也可分为 a、b 两个亚型：Ba 型罐为直颈罐；Bb 型罐为弧颈罐。

C 型罐也分 a、b 两个亚型：Ca 型罐为侈口束颈罐；Cb 型罐为近直口的矮颈罐。

F 型罐虽仅两件，也可分为 a、b 两个亚型：Fa 型罐为双环耳平底罐；Fb 型罐为双方耳圈足罐。

盂可分 A、B 二型：A 型盂为矮颈盂；B 型盂为束颈盂。

盒也可分为 A、B 二型：A 型盒的盖钮呈小圈足；B 型盒的盖钮呈圆饼状。

---

① 湖北省文物事业管理局、湖北省三峡工程移民局：《秭归庙坪》，科学出版社，2003年；国务院三峡工程建设委员会办公室、国家文物局：《秭归官庄坪》，科学出版社，2005年。

② 马承源：《中国青铜器》，上海古籍出版社，1988年。

豆虽两件，也可分 A、B 二型：A 型豆之豆盘为敞口；B 型豆的豆盘为敛口。

所以，这八大种类的陶器在进一步划分为型和亚型之后，实际上已分为 20 个小种类，比第一、二次发掘简报的种类划分要详细得多。

更重要的是，第一、二次发掘简报对同类器物的相对早晚关系没有分"式"，只是参考已发表的其他遗址或墓地的发掘报告，寻找与红庙岭遗址出土器物相似的器物的年代推断，而推断红庙岭出土同类器物和其所在墓葬的相对历史年代和早晚关系。

而本报告很多小种类的陶器，因在开口不同地层下的墓葬都有出土，且开口同一地层下的墓葬之间，有的还存在打破关系，或同一层下没有打破关系的同类器物在形制或纹饰方面又不相同，所以，本报告又把同一种类、同一型和同一亚型的器物，又可分别划分为具有相对早晚关系的不同的"式"。并用不同的英文大写字母表示不同的"型"；又用不同的英文小写字母表示不同的"亚型"；不同的"式"，则用罗马数字Ⅰ、Ⅱ、Ⅲ、Ⅳ、Ⅴ、Ⅵ、Ⅶ、Ⅷ……表示。如：AaⅢ式罐，表示第三式的弧颈高领罐。AⅡ式盂，表示第二式的矮颈盂。而Ⅲ式釜，则表示第三式的釜。

各类、各型和各亚型出土的陶器数量和不同式的墓葬陶器如下：

Aa 型罐出土 14 件，可分八式，分别出土于如下墓葬：

AaⅠ式：M108∶1。

AaⅡ式：M64∶3、M40∶2。

AaⅢ式：M20∶1、M17∶2。

AaⅣ式：M97∶1。

AaⅤ式：M136∶1、M103∶1。

AaⅥ式：M118∶1、M121∶1、M131∶2、M96∶2。

AaⅦ式：M63∶1。

AaⅧ式：M88∶1。

从 Aa 型罐的分式，已可知出土这种罐的 14 座墓中，M108 早于 M64 和 M40，又早于 M20 和 M17，也早于 M97，还早于 M136 和 M103，都早于 M118、M121、M131 和 M96，而且又都早于 M63，也早于 M88。而需进一步说明的是：出土同一式器物的不同墓葬，实际上也有相对早晚的关系，但要结合其他随葬器物的型式，才能确定。

Ab 型罐出土 16 件，可分七式。出土于如下墓葬：

AbⅠ式：M39∶2、M37∶1、M76∶2、M51∶2。

AbⅡ式：M42∶1。

AbⅢ式：M34∶2、M36∶1、M32∶2、M33∶2。

AbⅣ式：M93∶1。

AbⅤ式：M131∶1、M54∶1。

AbⅥ式：M16∶1、M47∶1、M13∶1。

AbⅦ式：M60∶3。

由此可知出土 Ab 型罐的 16 座墓，从早到晚依次为：M39、M37、M76、M51、M42、M34、M36、M32、M33、M93、M131、M54、M16、M47、M13 和 M60。

Ba 型罐出土 3 件，可分三式：

BaⅠ式：M112∶3。

BaⅡ式：M77∶1。

BaⅢ式：M104∶1。

M112、M77 和 M104 这三座墓的相对早晚关系，也可由 Ba 型罐的不同式来确定。以此类推，下面只直接介绍出土器物的型和亚型及式的划分情况。

Bb 型罐出土 3 件，可分二式：

BbⅠ式：M53:3。

BbⅡ式：M19:6、M22:1。

Ca 型罐出土 14 件，可分五式：

CaⅠ式：M46:1。

CaⅡ式：M27:2。

CaⅢ式：M69:2、M97:2、M137:2。

CaⅣ式：M126:1、M77:2、M119:2、M106:5、M76:3。

CaⅤ式：M50:4、M122:1、M110:2、M121:2。

Cb 型罐出土 3 件，可分三式：

CbⅠ式：M112:4。

CbⅡ式：M41:1。

CbⅢ式：M42:2。

D 型罐出土 4 件，可分三式：

DⅠ式：M46:2。

DⅡ式：M91:1。

DⅢ式：M116:2、M135:3。

E 型罐出土 15 件，可分七式：

EⅠ式：M74:1、M111:2。

EⅡ式：M73:1。

EⅢ式：M137:1、M67:2。

EⅣ式：M119:1、M133:4、M106:6。

EⅤ式：M58:4、M125:2、M86:2、M101:1。

EⅥ式：M56:1。

EⅦ式：M65:2、M62:2。

F 型罐出土 2 件，可分 a、b 两个亚型：

Fa 型：M102:3。

Fb 型：M81:1。

A 型盂出土 10 件，可分六式：

AⅠ式：M107:2。

AⅡ式：M40:1。

AⅢ式：M39:1。

AⅣ式：M26:2、M37:2、M50:5。

AⅤ式：M127:2。

AⅥ式：M5:1、M2:1、M41:2。

B 型盂出土 18 件，可分六式：

BⅠ式：M91:2、M27:1、M116:3。

BⅡ式：M74:2、M111:3、M17:1。

BⅢ式：M73∶2、M68∶1。
BⅣ式：M135∶4、M137∶3、M67∶3、M102∶2。
BⅤ式：M58∶3、M125∶1、M86∶1。
BⅥ式：M32∶1、M33∶1、M18∶1。
罍共出土10件，可分五式：
Ⅰ式：M59∶2、M69∶1。
Ⅱ式：M20∶2、M136∶3。
Ⅲ式：M103∶2、M93∶2、M114∶1。
Ⅳ式：M132∶1、M70∶1。
Ⅴ式：M96∶1。
盆仅出土3件，可分二式：
Ⅰ式：M8∶2。
Ⅱ式：M108∶2、M64∶2。
盒仅出土3件，可分A、B二型：
A型：M120∶4、M118∶2。
B型：M105∶1。
豆仅出土2件，分为A、B二型：
A型：M3∶6。
B型：M48∶1。
瓮出土4件，可分四式：
Ⅰ式：M26∶1。
Ⅱ式：M53∶2。
Ⅲ式：M120∶3。
Ⅳ式：M62∶1。
釜出土8件，可分四式：
Ⅰ式：M48∶2，M59出土一件，难修复，无图。
Ⅱ式：M127∶3、M22∶2、M2∶2，M5也出土一件，难修复，无图。
Ⅲ式：M79∶1。
Ⅳ式：M95∶1。

另外，在这89座土坑墓中，又有26座随葬青铜兵器和10座随葬铜或铁质带钩。由于这些青铜兵器在马承源先生主编的《中国青铜器》中可以找到同类器物，且该著作也用"器物类型学"的研究方法推断年代；而红庙岭出土的带钩发展变化比较明显，所以，附表一在分析这89座土坑墓早晚关系的排队中，除了铜戈仅M50出土一件而没有参加类、型、式的排队外，铜矛和铜剑及带钩这三类器物，也作如下型式划分：

铜矛出土5件，可分A、B二型：
A型：《中国青铜器》称为"秦式矛"，出土2件，因矛的本部每边一为两个穿孔，另一为四个穿孔，故暂分二式；但因同属战国晚期器，故也可能是同时存在的a、b两个亚型。
AⅠ式：本部两侧各有两个穿孔，M50∶2。
AⅡ式：本部两侧各有四个穿孔，M80∶1。
B型：《中国青铜器》称为"巴蜀式矛"，这里称为"巴式矛"。3件，可分a、b两个亚型：

Ba 型：短骹。2 件，可分二式：
Ba Ⅰ 式：斜从，无血槽，M106：2。
Ba Ⅱ 式：凹从，有血槽，M19：1。
Bb 型：长骹。1 件，M53：1。
铜剑共出土23 件，可分 A、B 二型：
A 型：有格剑。
B 型：扁茎无格剑。
A 型：8 件，可分 a、b 两个亚型：
Aa 型：薄格。4 件，可分二式：
Aa Ⅰ 式：扁圆茎。M116：1。
Aa Ⅱ 式：圆茎。M111：1、M67：1、M87：1。
Ab 型：厚格。4 件，可分二式：
Ab Ⅰ 式：圆茎。M50：3、M120：2。
Ab Ⅱ 式：扁茎。M102：1、M89：2。
B 型：无格扁茎剑，《中国青铜器》称为"巴蜀式剑"，这里称为"巴式剑"。根据扁茎上没有穿孔和穿一孔与穿两孔，而分为 a、b、c 三个亚型：
Ba 型：扁茎没有穿孔，3 件。M51：1、M34：1、M65：1。
Bb 型：扁茎尾端穿一小孔，5 件，可分三式：
Bb Ⅰ 式：短腊，1 件。M60：1。
Bb Ⅱ 式：长腊，本部内凹近直角，2 件。M57：1、M135：1。
Bb Ⅲ 式：长腊，本部斜弧状，2 件。M72：1、M121：3。
Bc 型：扁茎上、下部各有一小穿孔，7 件，可分三式：
Bc Ⅰ 式：长腊，脊有血槽。1 件，M107：1。
Bc Ⅱ 式：长腊，脊无血槽。5 件，M126：3、M106：1、M127：1、M130：1、M132：2。
Bc Ⅲ 式：短腊，1 件，M110：1。

带钩共有10 墓中随葬各一件，其中除一件为铁质外，余皆铜质。以钩钮柱后部的"尾部"从长到短可分"长尾"、"短尾"和"近无尾"三式：

Ⅰ式：长尾，钩尾与钩状长度之比约为1：2，出土3 件：M75：1、M112：2（铁质）、M126：2。
Ⅱ式：短尾，钩尾与钩状长度之比约为1：4，出土4 件：M119：3、M136：2、M76：1、M120：1。
Ⅲ式：近无尾，钩柱钮比尾部还外露，出土3 件：M133：1、M135：2、M99：2。

由于红庙岭这89 座土坑墓出土的陶器在分类、分型、分亚型方面，主要参考《秭归官庄坪》这部发掘报告；而红庙岭出土的青铜兵器在分类、分型、分亚型方面，主要参考马承源先生主编的《中国青铜器》这部著作。而在同类、同型和同亚型器物的分"式"方面，则据红庙岭这批墓葬的开口地层、打破关系，以及形制或纹饰的不同等方面来划分。所以，结合《秭归官庄坪》对相似陶器的年代推断和《中国青铜器》对相似青铜兵器的年代推断，我们对红庙岭这89 座土坑墓的"历史年代"，基本上也可得出相似的推断。

不过由此可以发现，在研究"历史时代"以来的出土文物时，有没有采用"器物类型学"的分析方法来进行年代推断，结论并不完全一致。就像红庙岭这批土坑墓的资料，本报告的年代推断和前两个简报的认识并不完全一致。

只是哪种推断更接近历史事实呢？

个人认为，除了可以结合出土标本所做的^{14}C年代或其他自然科学的年代测试方法做进一步的判断外，更主要是可以结合历史记载，而对随葬风俗的发展和器物的演变规律，做出更能自圆其说的解释。

而这里之所以认为应用"器物类型学"的推断方法相对更正确，也是红庙岭这批土坑墓的年代推断，从如下三个方面分析，都更能自圆其说的缘故。

第一方面是与^{14}C测试的年代基本相符。因为据有的专家建议可用墓葬人骨作^{14}C年代测试之后，我们已把M116、M118和M126这三个墓葬的人骨取了标本，并请北京大学加速器质谱试验室和第四纪年代测定实验室，做^{14}C年代测定，其结果如下：

M116测出的^{14}C年代为$2340\pm35BP$，树轮校正后的年代为公元前540年。与本报告附表一排在第16位的M116推断为"春秋晚期"这一历史年代基本相符。

M126测出的^{14}C年代为$2270\pm35BP$，树轮校正后的年代为公元前400年。与本报告附表一排在第29位的M126推断为"战国中期"这一历史年代基本相符。

M118测出的^{14}C年代为$2225\pm35BP$，树轮校正后的年代为公元前390年。与本报告附表一排在第49位的M118推断为"战国晚期"这一历史年代相比，测出年代偏早。由于红庙岭M118既打破了M126又被东汉的石室墓打破，而且M118的随葬器物中已出现"战国晚期"才开始出现的"A型盒"，所以，本报告仍把该墓的历史年代定为"战国晚期"。

红庙岭^{14}C年代测定结果详见附录三。

第二方面是与历史记载相符。在本报告把红庙岭第⑤层下各"遗迹单位"和第⑤层各探方的"地层单位"以至第④层下各"遗迹单位"，都作为"周代遗存"后，才能对红庙岭遗址在"夏商时期"的以红陶系为主的文化遗存，发展为"周代"的以黑陶系为主的文化遗存，作出更合理的解释。即才能找到这种发展变化的如下两个历史原因：一是与"商代"的"奴隶社会"发展为"周代"的"封建社会"有关；二是又与周代的"红庙岭遗址"这一带，又新增加了一批由"古代巴人"发展起来的"定居型家庭"有关。

并由这第二个原因，结合红庙岭自"春秋中期"以来才出现随葬青铜兵器这一葬俗来分析，我们又才能发现红庙岭这些随葬"巴式"青铜兵器的墓主，原来就是参加"周武王伐纣"有功的"古代巴人"的后裔，并可知楚国的诸侯可以用武力兼并"夔子国"的"封地"，但始终难以征服这些"古代巴人"的民心。

由于历史上的"楚国"在战国晚期又被历史上的"秦国"所兼并，而且"秦国"的诸侯后来还统一了"古代中国"。所以，这里才把随葬"秦式矛"的M50和M80这两座墓的历史年代，确定为"战国晚期"。也由于这两座墓的开口地层都在第④层之下，所以，本报告又才把晚于这两座"战国晚期"墓葬的第④层各"地层单位"，重新认识为是"秦、西汉时期"的文化遗存。至于同属"秦、西汉时期"的第③层各探方的"地层单位"都是以灰陶系为主的文化遗存，而新归属"秦、西汉时期"的第④层各探方的"地层单位"又都是以黑陶系为主的文化遗存，这种陶系发展变化的历史原因，则是红庙岭遗址这批"古代巴人"的后裔在秦兼并楚国后，他们对"秦国"的诸侯以至秦代的"秦王朝"的统治和管理，已没有他们以往对待"楚国"的诸侯那种对抗情绪的缘故。也就是说，在历史上的"秦国"兼并"楚国"的过程中，到"秦王朝"又统一"古代中国"之后，巴东红庙岭这一带的"古代巴人"的后裔，他们已习惯了"秦王朝"的统治和管理，才使他们遗留下来的文化遗存，仍和他们在周代的文化遗存一样，仍是以黑陶系为主的文化遗存。到了汉代，他们遗留下来的文化遗存，才发展为以灰陶系为主。

而应用"器物类型学"推断出来的"历史年代"相对更准确的第三个原因，则是参加墓葬相对年代排列的每一种随葬品，其实都有其在不同年代发展变化的演进规律的缘故。因为在红庙岭这89座土坑墓相对年代的排列过程中，我们可以发现，在多座墓葬中都有出土的同一类、同一型和同一亚型的器物中，只要其中一种器物的演进规律在认识上发生偏差，则会出现同一墓葬随葬的两件器物，推断年代并不是同一历史年代这种矛盾现象，并可说明是其中一种器物在分式过程中划分错误才造成的，只有通过不断地调整某一种器物在分式过程中的错误，直至这89座墓葬在排列过程中不再存在这种矛盾现象，才算排队基本成功。

而在排队基本成功的基础上，我们才能进一步认识参加排队的每一种器物的演进变化规律。

只是一种器物在一定时空范围内的演进变化规律，只有经得起同一时空范围内其他"遗址"的检验，才能成为这一时空范围内的断代标准。

但在掌握一种主要器物在一定时空范围内的断代标准的过程中，还必须有一个重要的前提条件，这就是认识各方，都必须采用"器物类型学"的分析方法，才能得出相同结论或大概一致的结论。就像红庙岭第一、二次发掘和第三次发掘两个简报都没有应用"器物类型学"的研究方法来推断年代，所认识的同一座墓葬的"历史年代"，与本报告推断的同一座墓的年代的认识并不一致一样。

当不同学者应用不同研究方法来认识同一批资料的年代时，其实都因认识方法以至观点的不同，才导致长期的学术争论。但这种争论的各方，又往往尚没有共同认识到这是研究方法不同才造成的。

而本报告之所以"不怕丑"地把以往对红庙岭遗址这批墓葬在年代推断方面的错误认识也指出来，则是因为普遍学者在考古学的年代推断方面，并不重视"器物类型学"这种研究方法，并普遍认为这种方法太繁琐的缘故。而本报告不说别人只说自己以往没有应用这种研究方法所出现的年代推断方面的错误认识，并不是舍不得放弃以往的这些错误认识，而是作为前车之鉴只在于说明只有应用"器物类型学"的研究方法才能作出更接近历史事实的年代推断而已！

不过这里需要进一步指出的是，当我们共同应用"器物类型学"的研究方法，而对同一批考古资料的相对年代和历史年代都可具有较共同认识之后，我们还必须共同应用中国考古学已故的伟大学者苏秉琦先生在1981年创立的"类型学说"这种"考古学的新理论和新方法"，来共同研究这些考古学资料，才能在共同掌握马克思晚年所推荐的"时代划分法"的基础上，因可认识到"时代划分法"也是一种"中国历史学"和"社会科学"各不同学科都可互相沟通的理论方法，而可进一步认识到这些历史年代已有共同认识的考古学资料，还可为"历史研究"提供一批以往"历史学"的文献没有记载的或记载不明确的新资料，并据"考古学"提供的"历史研究"的新资料，我们才能共同解开"历史学"的文献没有记载或记载不详的一些历史人物和历史事件以往没有解决的历史之谜。

例如巴东红庙岭遗址这批随葬青铜兵器的巴人墓葬，我们只有共同应用"器物类型学"的研究方法，才能和应用这一研究方法的《秭归官庄坪》和《中国青铜器》的学者一样地认识这批墓葬资料历史年代。又据红庙岭这批巴人墓葬的资料，又才能发现"古代巴人"原来是在其"国君"已被楚国的军队俘虏后，才自"春秋中期"以来开始流行随葬青铜兵器这一葬俗，并从而才初步解开了历史上的"巴式青铜兵器"开始出现的这一"历史之谜"。

"古代巴人"以独特的"巴式青铜兵器"来怀念其"诸侯国"被"楚国"兼并后的这一屈辱历史，除了明显表达他们对"夔子国"国君的怀念和对"楚国"国君的不满情绪之外，更重要的原因，则是在表达他们对自己祖先在参加"周武王伐纣"过程中"巴师勇锐"的怀念和对这一光荣历史的继承。

只是对于《尚书》和《华阳国志》都有记载的"巴师勇锐"这一历史，则我们只有在实践苏秉琦先生创立的"类型学说"的过程中又可重新掌握马克思晚年推荐的"时代划分法"和马克思青年时期就已创立的"共产主义学说"之后，才能进一步解开勇锐的巴师在周武王伐纣的战争中，如何通过"前歌后舞"而使商王朝的军队"前徒倒戈"这一历史之谜。

而且只有在解开这一历史之谜的基础上，我们才能进一步理解《山海经》记载的古代巴人的统帅"后照"，为什么他的家庭是从他开始才"是始为巴人"。同时，又只有在理解"后照"的家庭和历史上的"祝融"这个家庭的历史渊源之后，又才能重新认识楚国的诸侯以夔子没有祭祀祝融和鬻熊才兼并了"夔子国"的历史原因。并由此才可发现，现在流传下来的《山海经》，原来是楚国诸侯的祖先鬻熊，在"周武王伐纣"之前，按照姬昌（即后来追封的"周文王"）和姜子牙的"封建制"国家管理思想而重新编写的。而且才可进一步发现，"周武王伐纣"推翻"商王朝"后，新建立的"周王朝"，才按照重新编写的《山海经》所记载的"方国"分封"诸侯国"，即才使参加周武王伐纣有功的功臣，以及这些功臣的子孙后代，都分别成为这些"诸侯国"的"国君"，并使姬姓"中央王朝"和这些"诸侯国"的"国君"世世代代共同管理原"华夏民族"建立的"古代中国"这一"古代国家"。

而在重新认识《山海经》记载的"后照是始为巴人"的基础上，则我们才能进一步认识到，红庙岭遗址上这些随葬"巴式青铜兵器"的墓主，原来都是参加周武王伐纣的"古代巴人"的后裔。

第二章 地层堆积与文化分期

从图三可知，纸厂沟以北的红庙岭遗址 B 区先后所布的六批探方，都没有发现古代遗存，因而可认为红庙岭遗址的先民只定居于今巴东县东瀼口镇绿竹筏村 5 组境内的红庙岭遗址 A 区。

实际上，定居于红庙岭遗址 A 区的古代先民，主要分布在海拔 130～150 米的一条古代大冲沟之中（图版一，1），海拔 150 米以上和海拔 130 米以下，只有个别的探方有文化堆积或遗迹，而且在古代大冲沟两侧的探方，也往往已没有古代文化遗存。

只是在海拔 142 米，在这条古代大冲沟北部，又有一条小冲沟自北往南流入这条大冲沟，小冲沟之中及两侧，以及小冲沟北部一块海拔 144 米的大梯田中，又普遍有古代文化遗存。

为反映这些古代文化遗存，特绘制红庙岭遗址主要遗迹分布图（图四）。并据图四，介绍几个剖面的文化堆积。

一、地 层 堆 积

红庙岭遗址第一至五次发掘，虽然没有按象限法统一探方编号，而是据发掘先后按顺序号进行探方编号。但从第一次发掘开始，就坚持按土色土质统一划分地层，所以，这五次发掘的探方，没有某一地层堆积的也就缺其地层编号。

1. T22 南壁剖面

T22 在海拔 135 米这片梯田中，是文化堆积最齐全的一个探方，其文化堆积厚达 285 厘米，可分如下七层：

第①层：耕土层，厚 18～20 厘米，灰黑色壤土，土质疏松。

第②层：扰乱层，可分 A、B、C 三小层。②A 层为黄沙，②B 层为黑褐土，②C 层为灰沙层夹石块。三小层总厚度 80～150 厘米，西高东低，土质较松软，包含近现代及更早遗物。

第③层：秦汉时期堆积，厚 30～50 厘米，黑色壤土，土质较软，也西高东低呈缓坡状堆积，有罐、壶等陶器残片和零星石器。

第④层：仍是秦汉时期堆积，厚 20～50 厘米。灰黑色土夹红烧土点，土质较松，西厚东薄底部近平，包含遗物较丰富，但主要为陶片和石器。

④层下发现了 H22、H23、H25 和 H26 等多个灰坑。

第⑤层可分 A、B 两小层，都是周代文化堆积。⑤A 层主要分布在西部，厚 0～25 厘米，褐黑土夹红烧土块，土质较紧密，遗物有陶片和石器。⑤B 层遍布全方，厚 10～35 厘米，黄灰土夹较多红烧土块，土质硬结，遗物较少，主要为碎陶片。

第⑥层：夏商时期堆积，主要分布探方南部，厚 0～25 厘米，灰黄色亚沙土，土质松软，遗物丰富，陶片以泥质红陶为主，有斧、凿等石器。

第⑦层：夏商时期堆积，主要分布于西南部，厚 0～25 厘米，土质也较松软，夹杂较多小卵石，包含物少，陶片特征与⑥层相似。

⑦层下为基岩（图五）。

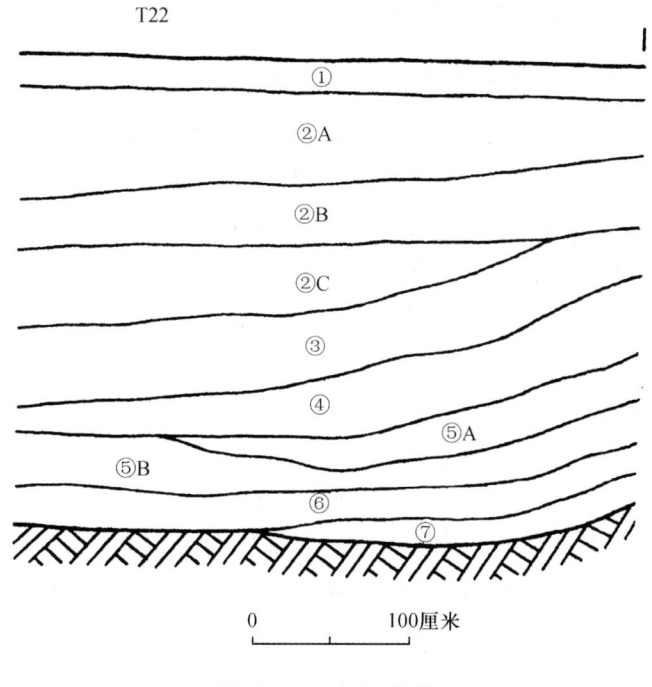

图五　T22 南壁剖面图

2. T223、T224、T225、T226 四探方东壁剖面

T223、T224、T225、T226 这四个探方，都在海拔 142 米这片梯田中，通过这四探方的东壁剖面，可认识红庙岭遗址原来存在着一条古代大冲沟。这里的文化堆积最深处距地表 220 厘米，可分如下六层：

第①层：耕土层，厚约 25 厘米，灰黑色壤土，土质疏松。

第②层：扰乱层，可分 A、B、C 三小层。②A 层，黄沙土，厚 0～130 厘米；②B 层，黑褐土，厚 0～50 厘米；②C 层，灰沙土，厚 0～45 厘米。皆土质疏松。

②层下有打破生土的 H45 和 M46。

第③层：没有发现其堆积。

第④层：秦汉时期堆积，厚 0～85 厘米，为灰黑土夹红烧土点。

④层下发现有 H37。

第⑤层：周代文化堆积，厚 0～70 厘米，为黄灰土夹红烧土块。

第⑥层：夏商时期堆积，厚 0～50 厘米，为灰黄色亚沙土。

⑥层下为黄色生土或基岩（图六）。

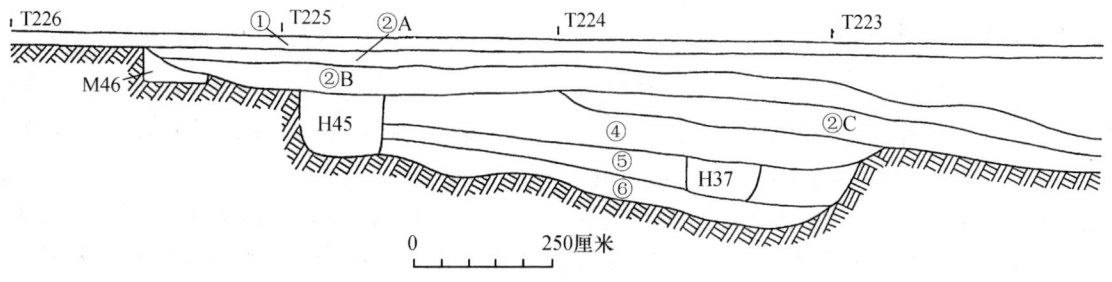

图六　T223、T224、T225、T226 四探方东壁剖面图

海拔142米的这四个探方都没有发现③层和⑦层这两层堆积。

3. T226、T239、T243、T244、T245 五探方的南壁剖面

这五个探方也在海拔142米这片梯田中，但与图六自南往北排列的四个探方不同的是T226、T239、T243、T244和T245这五个探方，为自西往东排列。所以，从图七这五个探方的南壁剖面，可发现有一条自北往南流向大冲沟的小冲沟。并可见这条小冲沟中只有④层和⑤层两层文化堆积；⑤层下只有打破生土的灰坑；而④层下既有灰坑，也有墓葬；④层之上和图六一样，也没有第③层堆积；且第②层也可分为A、B、C三小层。由于图六和图七各层的土质土色一致，所以这里不重复介绍各层的土质土色。

不过需进一步说明的是，虽然图七这五个探方的南壁剖面没有更早的⑥层堆积，但在T244的局部地区，其实还有夏商时期的第⑥层堆积。

而且，还需说明，在T226、T239、T243、T244和T245这五个探方的北面，还有一块更高的海拔144米的台地。在这块台地的西南部，也有"夏商"时期以来的文化堆积。并从这块台地的T363、T364、T365、T366、T367五个探方的北壁剖面（图八），仍可看到这条小冲沟的横断面。

4. T363、T364、T365、T366、T367 五探方的北壁剖面

海拔144米的T363、T364、T365、T366、T367这五个探方，其南部对应的就是海拔142米的T239、T243、T244、T245、T246这五个探方。T363、T364和T365北部对应的探方，则是第二次发掘所布的T35、T34和T38的南扩方。

从T363、T364和T365三个探方的北壁剖面，已可看到这条小冲沟中主要是④和⑤两层文化堆积，局部也有第⑥层堆积，而且第②层也可分为A、B、C三小层。只是已可看到：小冲沟以东，即从T365的东部及再往东的T366、T367等探方中，都是在第②层之下就没有古代文化堆积，但又有打破生土的古代土坑墓和土圹石室墓，如M98、石M7、石M2等。

结合图四，还可看到，在T363、T364、T365这排探方的北部，还有三排已发现古代遗存的探方，再往北，已布方发掘的几排探方，都已没有文化堆积。由此可以说明，发现于海拔142米的小冲沟，在海拔144米这块台地的西南部仍存在。这条小冲沟是从海拔144米的T34、T35、T36、T37、T38和T38的南扩方，向南流向T363、T364和T365的西部；并经海拔142米的T244、T243、T239和T226的东部，才汇进横跨T223、T244、T225的这条东西向的古代大冲沟的。

5. T397、T398、T249、T250、T251、T396 六探方的西壁剖面

图九这六个探方，都在海拔144米这块台地的东部。都没有古代文化堆积，但已发现有②层下打破生土的一批古代土坑墓和土圹砖室墓，①层下还有现代墓和排水沟。

由于海拔144米这块台地在T37⑤层下发现有一座打破生土的大溪文化时期的墓葬M31，加上已发现的古代墓葬基本上都在古代大冲沟的北部。所以，可以认为，红庙岭遗址的先民，主要定居在一条自西往东的古代大冲沟和海拔142~144米的另一条自北往南的古代小冲沟之中；而大冲沟的北部，除了在海拔142~144米的小冲沟外，基本上是红庙岭遗址的先民的墓地。这也是海拔144米这块台地上，除了T34~T38和T363~T365这批探方外，都没有发现文化层堆积，但在②层下，又有一批打破生土的墓葬的缘故。下面通过文化分期，进一步分析红庙岭遗址的先民在不同发展时期的分布。

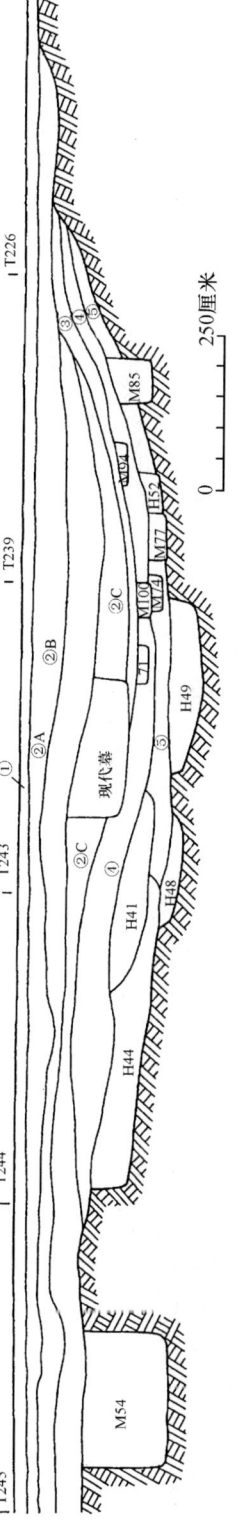

图七 T226、T239、T243、T244、T245 五探方南壁剖面图

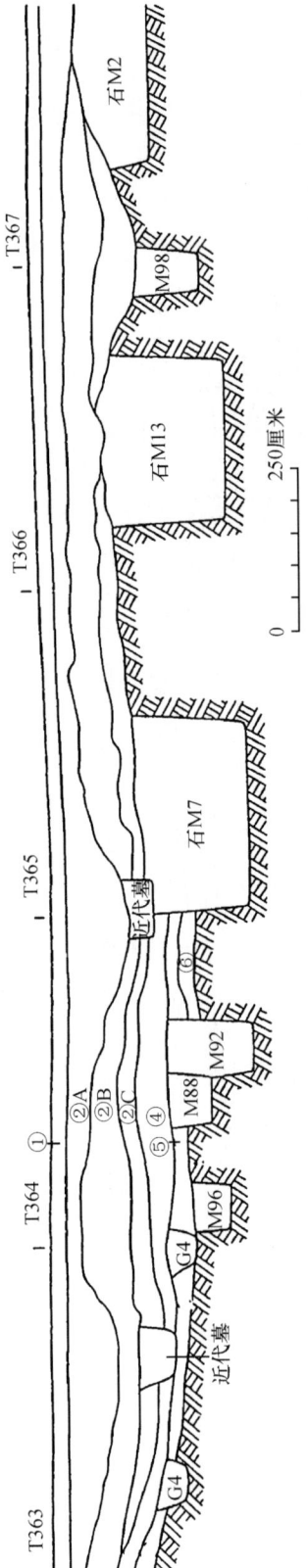

图八 T363、T364、T365、T366、T367 五探方北壁剖面图

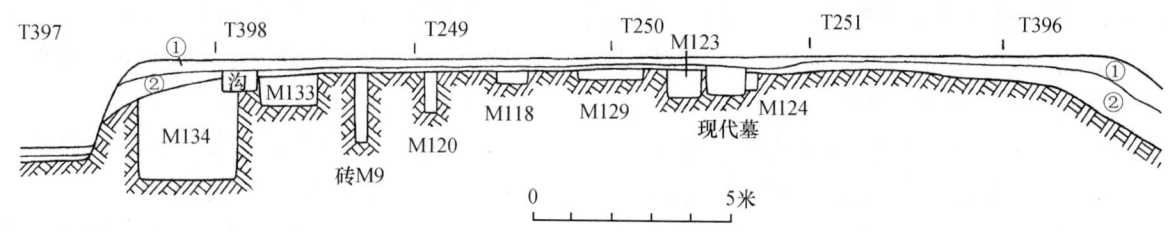

图九　T397、T398、T249、T250、T251、T396 六探方西壁剖面图

二、文 化 分 期

根据第一至五次发掘各探方的地层堆积，以及不同地层下发现的遗迹，以至各探方地层单位和遗迹单位的出土文物，通过陶系统计和器物类型学的分析，也结合有关专家及其论著对有关器物的年代推断，本报告把红庙岭遗址的文化遗存，划分为如下八期：

（1）大溪文化时期

（2）夏商时期

（3）周代时期

（4）秦、西汉时期

（5）东汉时期的墓葬

（6）六朝时期的墓葬

（7）唐宋时期的墓葬

（8）时期尚不明确的遗存

其中需要进一步说明的是如下问题：

一是以 T22 的七层文化堆积为代表的文化遗存中，并没有大溪文化时期的地层堆积。原因是和 T22 一样也有七层文化堆积的 T15 这个在海拔 130 米的探方中，在 T15③层中出土了一件典型大溪文化的器物陶支座的残块；又在 T15 北部和北部扩方中，发现开口④层下打破生土的一座"侧身屈肢式"墓葬（M1）。但 T15③层为秦汉时期堆积，T15④层下又发现一座"战国晚期"的 M5，因而可以认为 T15④层是比"战国时期"更晚的"秦、西汉时期"的文化堆积；由于据陶系统计，T15⑤层是以黑陶系为主的文化堆积；而 T15⑥层和⑦层都是以红陶系为主的文化堆积。所以，在全面整理红庙岭遗址第一至五次发掘的资料时，才进一步确定 T15⑤层为"周代"文化堆积；而 T15⑥和⑦层则都是"夏商"时期的文化堆积。

同时，又才确定开口 T15 北部④下打破生土的 M1 这座墓主为典型"侧身屈肢葬"的墓葬，为大溪文化时期的墓葬。

由于叠压在 M1 之上的 T15④层已是"秦、西汉时期"的文化堆积；根据 M1 的典型葬式多见于大溪文化的典型遗址——巫山大溪遗址①，加上红庙岭遗址在④层下打破文化堆积的墓葬都是"仰身直肢葬"的东周墓葬，且这批东周墓葬的墓主都没有采用"侧身屈肢葬"这一葬式，所以，才进一步确定开口 T15 北部④层下打破生土的 M1 为大溪文化时期的墓葬。并进一步认为可代表 T15 南部的 T22 七层文化堆积，都没有"大溪文化时期"的文化堆积。

需要说明的第二个问题，则是红庙岭遗址有没有"大溪文化时期"的文化堆积？由于海拔 100 米最先发掘的 T1 和 T2 都只有①、②和③这三层堆积，③层之下即是生土或基岩；而且 T2③层还出

---

① 四川省博物馆：《巫山大溪遗址第三次发掘》，《考古学报》1981 年第 4 期。

土一件大溪文化的典型器物陶支座，加上 T2③层中没有比"大溪文化"更晚的遗物。所以，这里把 T1 和 T2 第②层出土的更晚遗物排除后，而把 T2③层和 T1②层和 T2②层这三个地层单位，都作为"大溪文化时期"的文化堆积。

只是 1998 年第一次发掘的过程中，又在海拔 100 米的 T1 和 T2 的西部，又布 T11～T14 四个探方，但都是"次生堆积"而没有其他古代文化遗存；加上在海拔 100 米以下各级比较平坦的台地上钻探，都没有发现古代文化堆积，所以，在海拔 100 米以下没有进一步布方发掘。虽然在 2003 年进行第三次发掘前，曾打算在海拔 100 以下进行大面积布方揭露，以寻找"夏商时期"以前的"石家河文化"、"屈家岭文化"以至"大溪文化"各时期的文物堆积，但到工地后才得知，三峡大坝已蓄水至海拔 139 米，在海拔 130 米以下寻找更早文化堆积的计划，只好望水兴叹。

这里需要说明的第三个问题，就是在把红庙岭遗址第⑥、⑦层的地层单位和⑥层以下的遗迹单位都作为"夏商时期"文化遗存；又把第⑤层这一地层单位和⑤层以下与④层下的遗迹单位都作为"周代"文化遗存；而把第④层和第③层这两个地层单位，以及③层以下的遗迹单位都作为"秦、西汉时期"的文化遗存之后。还需注意，一个"遗迹单位"在开口地层下如果已打破生土，则这个"遗迹单位"的相对年代，并不一定可与其上面叠压的地层单位相连接。

如 T15 北部④层下打破生土的 M1 和 T37⑤层下打破生土的 M31（M31 有大部分在 T41②层下也打破生土）。这两座墓葬的墓主都是典型的"屈肢葬"这种常见于"巫山大溪遗址"的"大溪文化"时期的"葬式"，才没有被认为是"周代"的墓葬。

又如在海拔 144 米这块台地上，以至在古代大冲沟北部的开口②层下打破生土的一批"东周墓葬"。这批墓葬没有作为"现代墓"或"秦汉时期"墓葬的原因，则是据这批墓葬的随葬器物，又和开口③层下和④层下但都打破文化堆积的墓葬的随葬器物，通过"器物类型法"的分类、分型、分亚型和分式的基础上，才分别确定下来的。

至于开口②层下打破生土，但又没有其他可以推断年代的遗物的遗迹（主要是墓葬或房址），本报告都作为"时期尚不明确的遗存"，并在第十章"模糊遗存"中专述。

下面分章介绍上述八期文化遗存。

第三章 大溪文化遗存

一、概 述

红庙岭遗址存在大溪文化这一时期的遗存，主要是据第一、二次发掘发现的"陶支座"这种文化遗物和"屈肢葬"这种葬式，才逐渐明确的。下面通过"文化遗存"作简单介绍。

二、文化遗存

包括遗迹和遗物。但遗迹只发现墓葬；而遗物则包括墓葬随葬品、地层堆积中的遗物和扰乱堆积中的遗物三种。

（一）遗 迹

只发现 M1 和 M31 两座墓葬，下面分别介绍。

1. M1

位置：T15 西北部和 T15 北部扩方。

层位关系：开口于 T15 北部④层下，打破生土，被开口④层下的 M7 打破。

形制与结构：单人葬长方形土坑竖穴墓。墓坑长 136、宽 72、深 26～28 厘米。

葬具、人骨与葬式：葬具不明。人骨保存完好，应是一骨骼粗壮的成年男子。葬式为奇特的侧蹲踞状，前胸至前臂还压着一块不规则的石块，头西脚东，方向 258°（图一〇；图版二，1）。

随葬品：只在背后有一小块残猪下颌骨。

2. M31

位置：T37 北部至 T41 南部。

层位关系：开口于 T37⑤层下和 T41②层下，但都打破生土。

形制与结构：单人葬的长方形土坑竖穴墓。墓坑长 218、墓口宽 84、墓底宽 80、深 40 厘米。

葬具、人骨与葬式：葬具不明。人骨保存较差，可能为一女性成年人。葬式为侧身屈肢，头北脚南，方向 340°（图一一，1；图版二，2）。

随葬品：在墓主脚下随葬一釜一罐 2 件陶器。

釜 1 件。M31:1，夹陶末红褐陶，火候低，质松软，出土时连土带回修复。口已残，似侈口，束颈，溜肩，扁腹下鼓，大圜底；颈下至底饰竖绳纹，残颈上也似饰绳纹。残高 11.8 厘米（图一一，2；图版三，1）。

另一罐也连土带回室内修复，但皆成碎片无法复原，因口沿已残，没有编号。

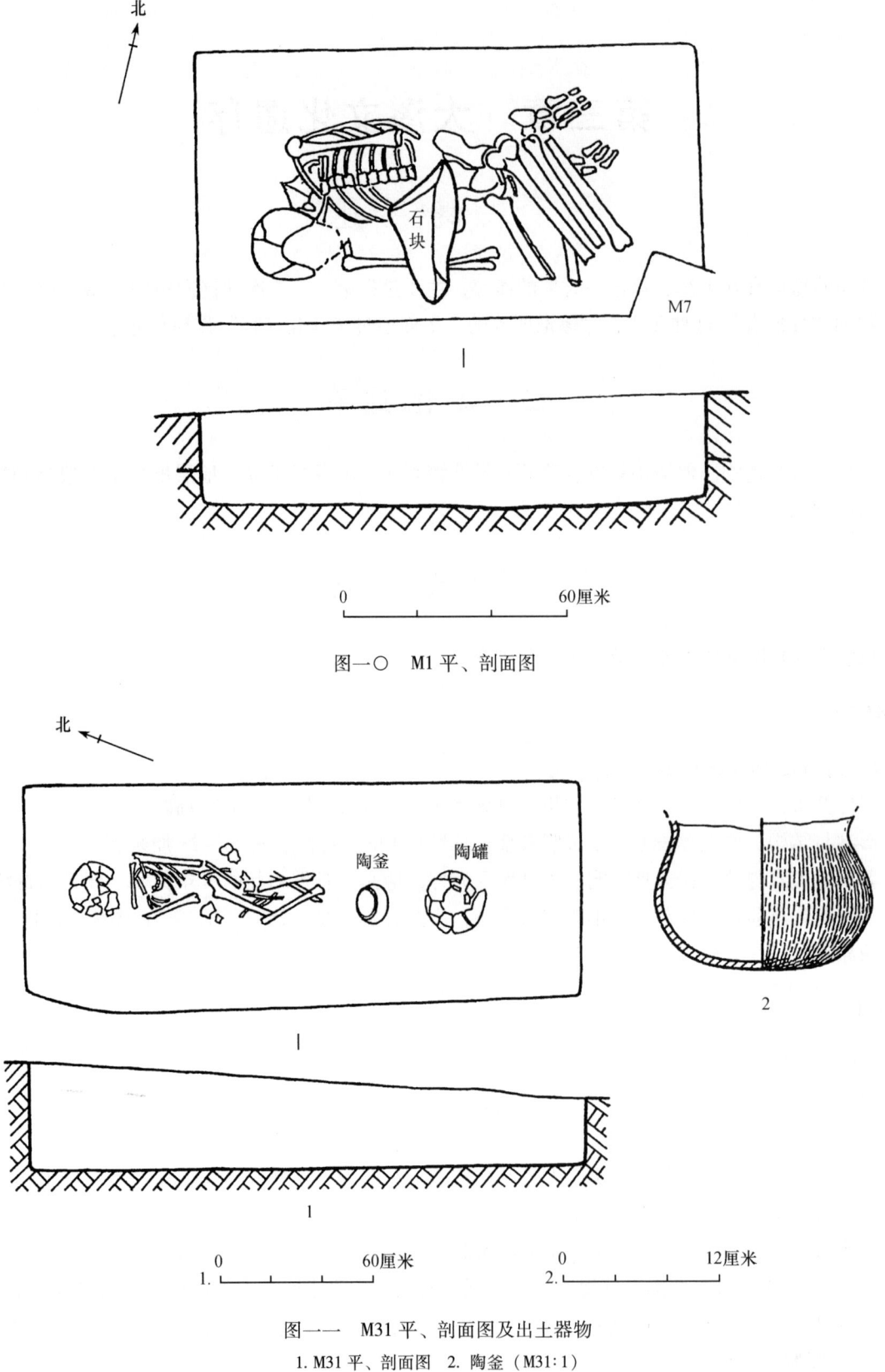

图一〇 M1 平、剖面图

图一一 M31 平、剖面图及出土器物
1. M31 平、剖面图 2. 陶釜（M31:1）

（二）文化堆积

只发现 T1 和 T2 的第③层，都只局部分布在这两个探方底部的基岩上，最厚都不到 20 厘米，都是灰黄土，较疏松。遗物甚少，标本只有 1 件小石斧，4 件残石器和 1 件已残陶支座。

小石斧　1 件。T1③:4，扁薄近长方形，除顶部外通体磨光，斜顶稍窄，两面两边皆磨平，平刃两面磨制，不甚锋利。长 4.8、刃宽 2.8、厚 0.4~0.6 厘米（图一二，1）。

石器　4 件。T1③:1，刃部已残小石器，体较厚近长方形，顶部、两面和两边皆磨平，但仍多疤痕。残长 7、宽 4、厚 1.8 厘米（图一二，4）。T2③:6，砾石打制石斧，厚体近长方形，顶部打平，两面两边皆平整原面，弧刃两面打制，尚不锋利。长 10.6、刃宽 7、厚 3.6 厘米（图一二，9）。T2③:7，石片打制石斧坯，较厚近长方形，斜顶、两面和两边皆有打制疤痕，弧刃两面打制，还不锋利。长 12.4、刃宽 6.8、厚为 3.4 厘米（图一二，13）。T2③:10，刃部已残石器，较厚呈梯形，弧顶、两弧边和两弧面皆原面，有天然琢痕，刃部已残。残长 13.9、残宽 7.8、厚约 3.8 厘米（图一二，14）。

支座　1 件。T2③:12，夹砂红陶，仅剩支座顶部弧面，但也稍残，顶面侧边内斜，下已残；器身内空；顶面满饰划纹，中间为多重菱形，两侧各两道平行线，内又填短划纹，图案潦草不甚对称。顶面直径 8、残高 4 厘米（图一二，8）。

（三）其他遗物

这里把 T1 和 T2①、②层中出土的石器和 T15③层出土的残支座，也作为被后期扰乱的大溪文化时期的遗物。

石器 7 件，可分为石斧、小石斧、石楔和雕凿器四种。陶器仅残支座 1 件。

石斧　2 件。T2②:8，仅剩残刃一角，两面及侧边皆砾石弧面，弧刃两面磨制。残长 4.4、残宽 7.6、厚 2.2 厘米（图一二，5）。T2②:9，顶部和刃部已残，原为扁薄梯形，两面一为原面一为破裂面，两边磨平。残长 8.2、残宽 5.2、厚 1.2 厘米（图一二，10）。

小石斧　2 件。T2①:4，较厚小长方形，通体磨光，局部有疤，平顶、两面、两边皆磨平，平刃两面磨制。长 8、宽 3.2、厚 1.4 厘米（图一二，3）。T2②:5，仅存顶部，通体磨制，较厚近梯形。残长 1.8、顶宽 3.2、厚 1.2 厘米（图一二，6）。

石楔　1 件。T2①:3，厚体长方形，顶部已残，两面两边皆磨制。平刃两面磨制。残长 5.4、宽 4、厚 2.5 厘米（图一二，2）。

雕凿器　2 件。T2②:2，小河卵石磨制，扁薄呈不对称梯形，窄平顶，两面磨平，两边磨平但不对称，斜平刃两面磨制但不对称。长 4、刃宽 1.8、厚 0.3~0.4 厘米（图一二，7）。T1②:2，细小花条状，两面磨平，顶部和两边皆原面，刃部磨制呈尖锥状。长 3.4、宽 0.8、厚 0.5 厘米（图一二，11）。

支座　1 件。T15③:41，夹砂红陶，仅剩残顶部分，圆顶近平，中心有圆凹孔，束颈内斜，四身外斜，中空，下部已残；顶面和器身有圆点、横、斜划纹组成的不同图案。顶面直径 8、残高 6 厘米（图一二，12）。

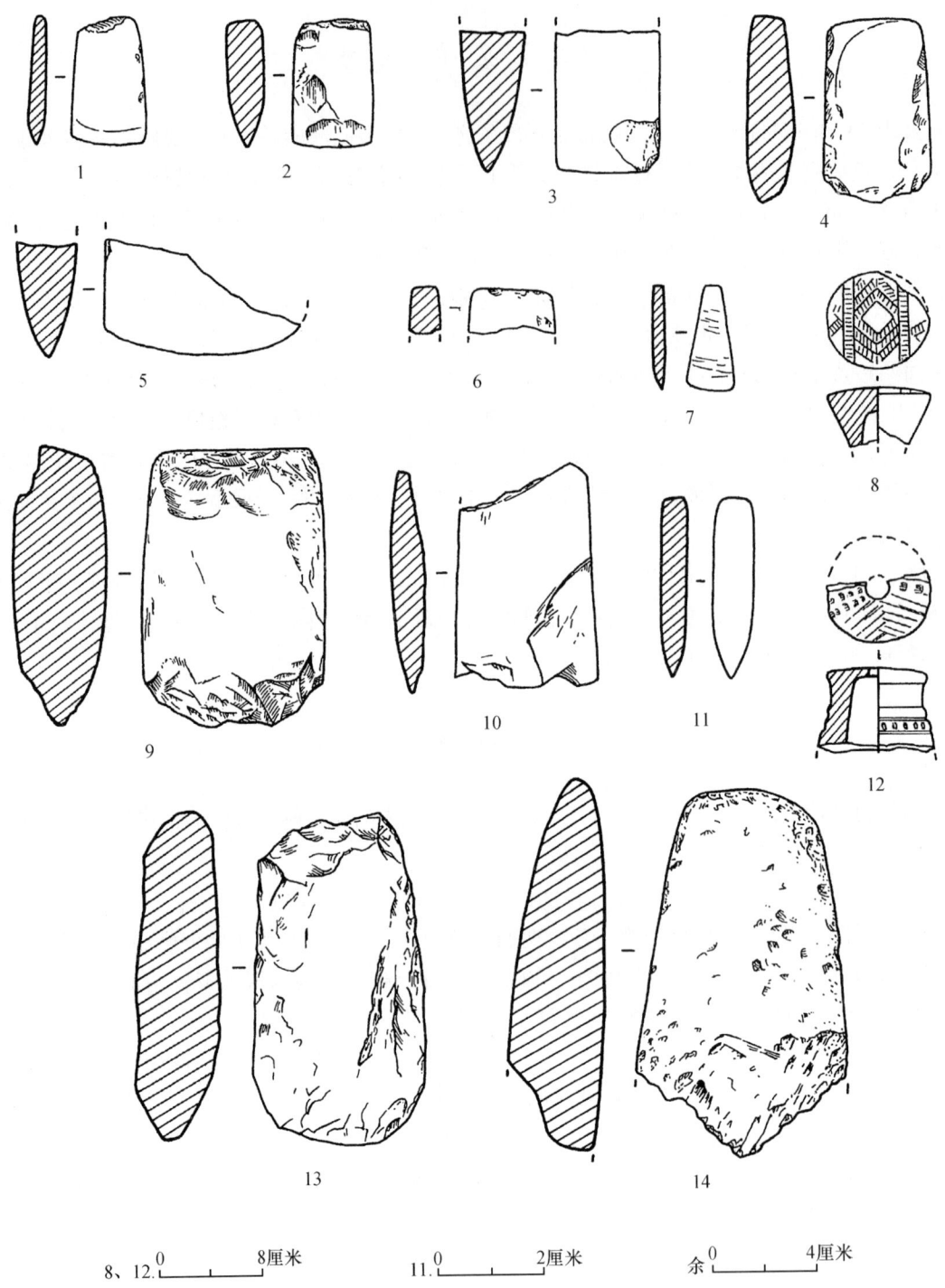

图一二　大溪文化遗物

1、3、6. 小石斧（T1③:4、T2①:4、T2②:5）　2. 石楔（T2①:3）　4、9、13、14. 石器（T1③:1、T2③:6、T2③:7、T2③:10）　5、10. 石斧（T2②:8、T2②:9）　7、11. 石雕凿器（T2②:2、T1②:2）　8、12. 陶支座（T2③:12、T15③:41）

三、小　　结

红庙岭遗址的大溪文化遗存，仅第一次发掘在海拔 100 米的 T1 和 T2 的局部有第③层堆积，又在海拔 130 米和 144 米的台地上分别发现 M1 和 M31 这两座侧身屈肢葬的墓葬。所以，对大溪文化时期在红庙岭遗址上定居的这个"对偶家庭"，目前掌握的考古资料还十分有限。

从 T2③:12 和 T15③:41 这两件残支座，都是内空有纹饰这一特点分析，比实心支座和素面支座的年代都相对较晚；而 T2③:12 的顶部没有凹孔，比顶面中心有凹孔的 T15③:41，可能又相对稍早。但由于已出现小石斧 T1③:4，且这种小石斧在扰乱层中还有更多出土；也因扰乱层中还有雕凿器；以及已出现 T2⑤:9 这种两面都没有磨制但两边都经磨制的残石器。所有这些特征，都可说明红庙岭遗址上述遗存大多属于大溪文化晚期阶段。因出土遗物太少，这里暂不作更多论述。

第四章 夏商时期的遗存

一、概 述

在海拔130米的T15、T17和海拔135米的T22、T23、T25、T27，以及海拔142米的T224、T225、T238、T244，还有海拔144米的T35、T36、T364，以至海拔146米的T173、T174和海拔150米的T151、T158，甚至在海拔154米的T126，都发现有夏商时期的文化堆积。而在海拔175米的T4，还发现夏商时期的灰坑。

这批探方的第⑦层，都是比较松软的黄沙土夹杂较多的小河卵石。

而这批探方的第⑥层，也是比较松软的灰黄色亚沙土；有的探方此层可分A、B两小层，⑥A层灰黄土夹杂有大块红烧土，而⑥B层也是灰黄土但夹杂零碎的红烧土点。

这里把这两层文化堆积和这两层堆积下发现的遗迹，都作为夏商时期的文化遗存。

下面分别介绍这一时期发现的遗迹和文化堆积。

二、文化遗存

包括遗迹和遗物。

遗迹主要发现了H3、H11、H12、H53、H54五个灰坑和M3、M7两座墓葬。

遗物包括这七个"遗迹单位"的出土遗物，也包括各探方28个"地层单位"的出土标本，以及采集和各探方扰乱层出土的4件标本。

下面从灰坑、墓葬、地层单位和其他单位四方面介绍这些夏商遗存。

（一）灰 坑

1. H3

位置：在海拔175米的T4东南部。

层位关系：开口于T4②层下，打破生土。

形制大小：为口大底稍小的圆筒状平底浅坑。口径73、底径65、深27厘米（图一三，1）。

出土标本：仅1件陶纺轮。

陶纺轮 1件。H3:1，夹细砂红陶，扁薄弧面平底；素面。底径4.6、高1厘米（图一五，8；图版三，3）。

用途推测：因坑中所填黄灰土的中间，有一层木炭小块，故可认为是一个临时的烤火坑，出土纺轮，则是烤火者因纺线而遗留下来的。

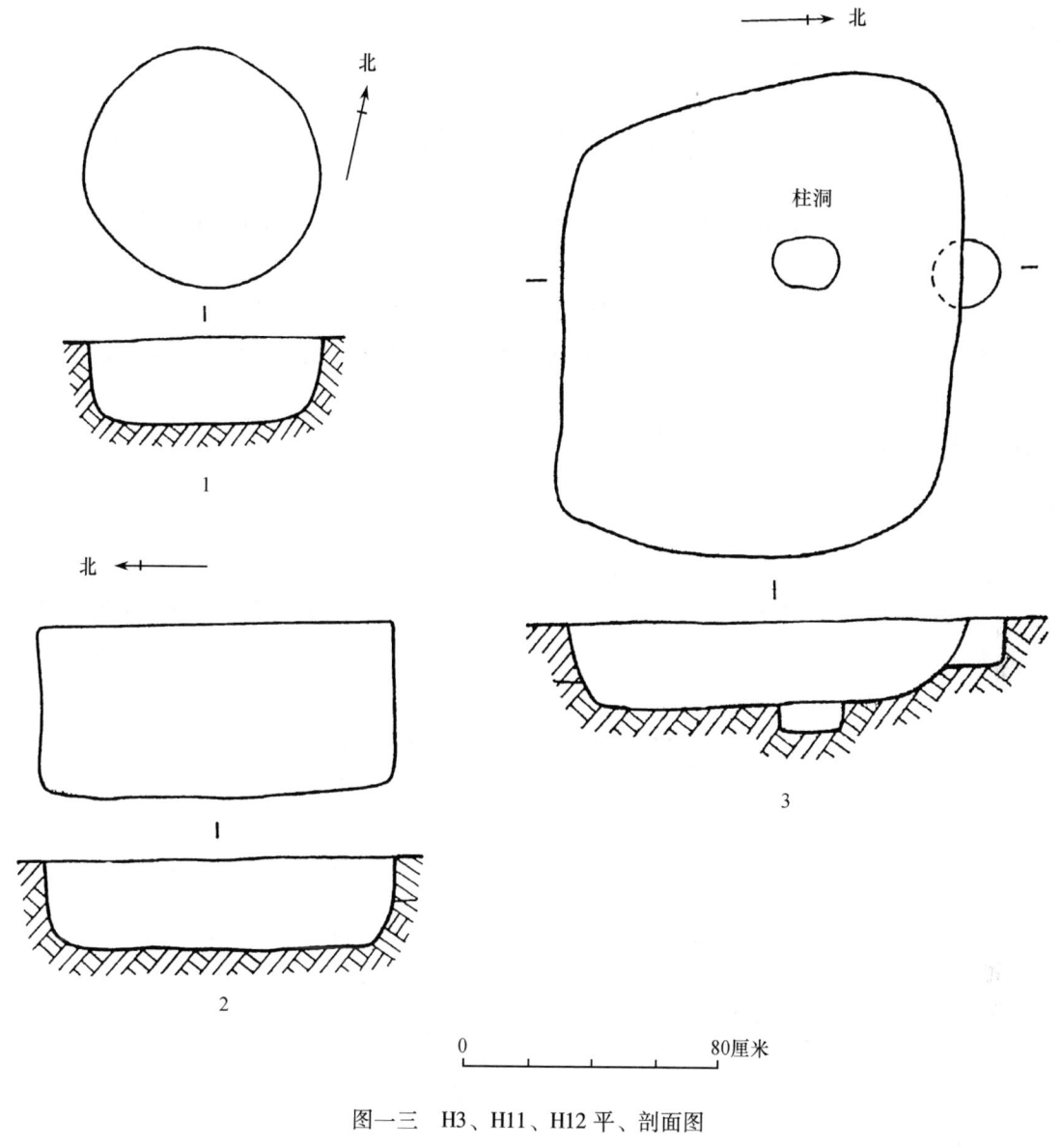

图一三　H3、H11、H12 平、剖面图
1. H3　2. H11　3. H12

2. H11

位置：在 T15 中部东壁下，部分在东隔梁内。

层位关系：开口于 T15⑥B 层下，打破生土。

形制大小：长方形直壁平底浅坑。东西残长 50、南北宽 90、深 27 厘米（图一三，2）。

填土与标本：坑内填褐黄土夹红烧土点，有零星碎陶片。标本只有 1 件凸棱状矮圈足。

矮圈足　1 件。H11:1，泥质灰陶，仅剩圜平底下部附凸棱状矮圈足；未见纹饰。底径 8.8、残高 1 厘米（图一五，4）。

用途推测：在 F5 室外，用途不详。

3. H12

位置：在T15南部近西壁。

层位关系：开口T15⑥B层下，打破⑦层至生土。北部打破⑥B层下一柱洞，坑底又有一打破生土的柱洞。

形制大小：近正方形圆角，弧壁，平底。口部边长115、底部边长100、深24厘米（图一三，3）。

填土与标本：全坑填满打制石块，夹零散青灰土，只有1件残石斧标本。

残石斧　1件。H12∶1，仅剩刃部一角，通体磨制，平刃两面磨制。残长9、残宽6、厚2厘米（图一五，12）。

用途推测：可能是F5室内废弃窖穴。

4. H53

位置：在T364中部东壁下，部分在东隔梁内。

层位关系：开口在T364⑥层下，打破生土。被③层下的M88和M92及④层下的M80打破。

形制大小：不规则形，斜壁，底不平。东西残长210、南北宽140、深15~50厘米（图一四，1）。

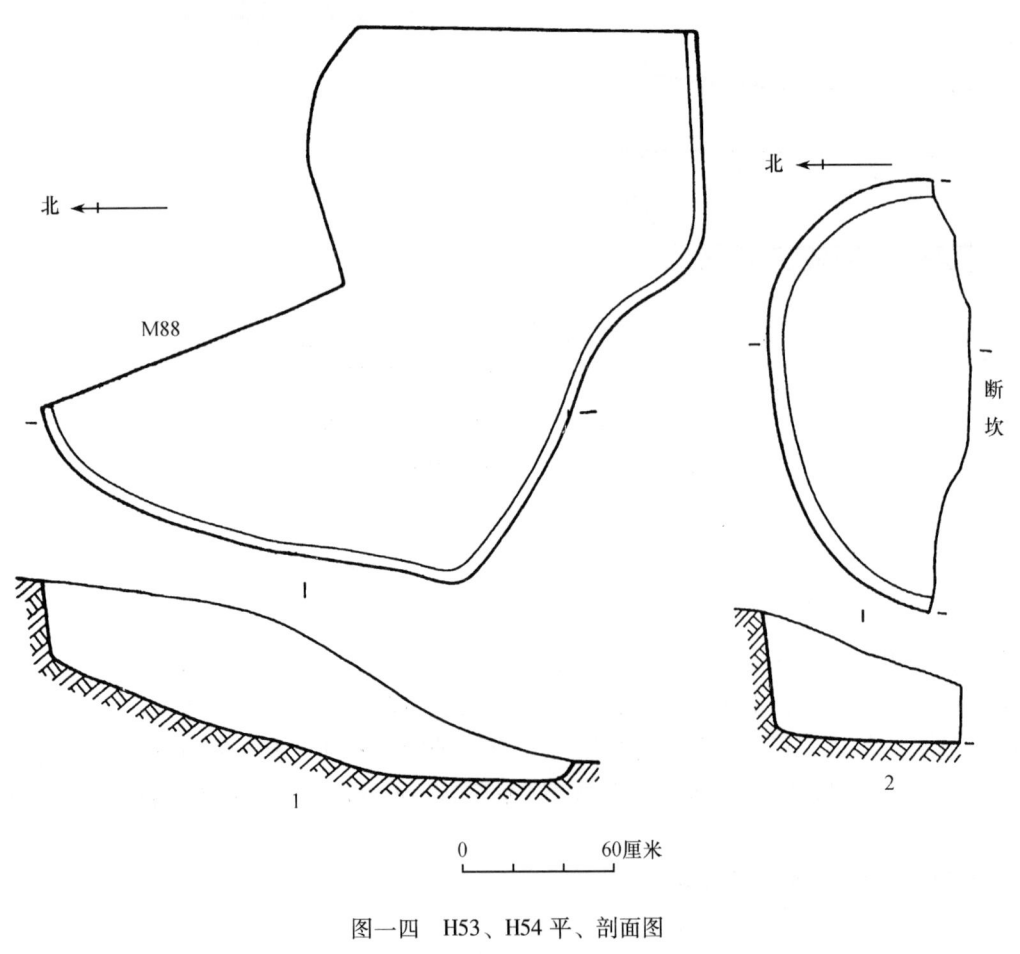

图一四　H53、H54平、剖面图
1. H53　2. H54

第四章　夏商时期的遗存　　31

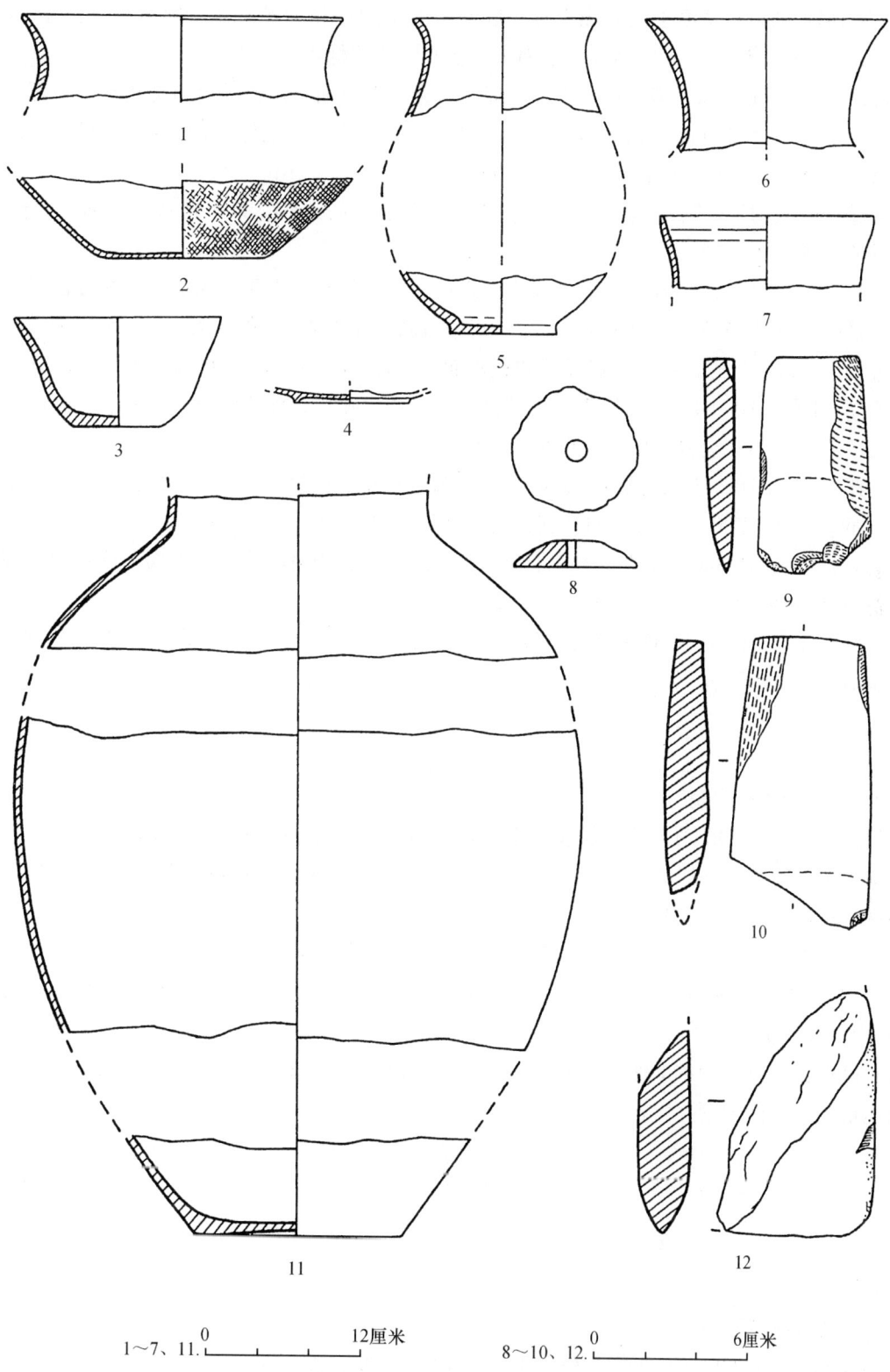

图一五　H3、H11、H12、H53、H54 出土器物
1、5. 陶束颈罐（H53：7、H53：5）　2. 陶平底器（H53：6）　3. 陶平底杯（H53：3）　4. 陶矮圈足（H11：1）
6、7. 陶高领罐（H54：1、H53：8）　8. 陶纺轮（H3：1）　9、10、12. 残石斧（H53：1、H53：2、H12：1）
11. 陶高领瓮（H53：4）

填土与标本：内填灰黄淤土夹红烧土点，底部含大量陶片和少量石器。标本有残石斧、高领罐、束颈罐、高领瓮、平底碗、平底器等。下面进一步介绍这些标本。

残石斧　2件。H53:1，扁平近长方形，通体磨光，但有疤痕，顶部比刃部稍窄，刃部已残。残长8.2、宽4.4、厚1.2厘米（图一五，9）。H53:2，扁平梯形，通体磨制，也多疤痕，刃部已残。残长10.9、宽5.5、厚1.8厘米（图一五，10）。

高领罐　1件。H53:8，泥质红陶，直口外敞，圆唇，高弧颈，颈下已残；素面。口径17、残高5.6厘米（图一五，7）。

束颈罐　2件。H53:5，泥质红胎黑皮陶，敞口，圆唇外卷，束颈，溜肩，深弧腹已残，底部为假圈足；素面。口径15.3、底径8.3、不完全复原后高可能为24厘米（图一五，5）。H53:7，粗泥红陶，敞口，方圆唇外卷，束颈，肩以下残；素面。口径25、残高6.6厘米（图一五，1）。

高领瓮　1件。H53:4，泥质红陶，口部已残，直颈，弧肩，深弧腹已残，平底；素面。口径约19.6、底径15.6、不完全复原后可能高57.6厘米（图一五，11）。

平底杯　1件。H53:3，泥质红陶，敞口，尖圆唇外卷，弧腹内收，下部微鼓，平底；素面。口径16.2、底径7.2、高8.2厘米（图一五，3；图版三，2）。

平底器　1件。H53:6，泥质黑陶，上部已残，鼓腹下部内收，平底；下腹至底部都饰细密交错方格纹。底径12.8、残高6厘米（图一五，2）。

另有纹饰标本：H53:9，饰细密方格纹（图二九，5）。H53:10，饰切蓝纹（图二九，1）。

用途推测：似垃圾坑。

5. H54

位置：在T364东南角。

层位关系：开口T364⑥层下，被④层下H41和M80打破；南部被陡坎打破。

形制大小：残存部分似圆形坑，斜壁，平底。坑口残长160、残宽86、坑底残长150、残宽76、深24~46厘米（图一四，2）。

填土与标本：内填灰黑土夹少量红烧土，包含少量陶片。标本仅一件高领罐残片。

高领罐　1件。H54:1，泥质红陶，喇叭口，尖唇，高弧颈下束，肩已残；素面。口径19、残高10厘米（图一五，6）。

另有已作拓片纹饰标本1件：H54:2，饰切绳纹（图二九，2）。

用途推测：可能为废弃窖穴。

（二）墓　葬

1. M3

位置：在T16东南部。

层位关系：开口T16④层下，打破生土，被④层下H9打破。

形制与结构：单人葬长方形土坑竖穴墓。墓口残长78、宽118、底部残长76、宽110、深24厘米。

葬具、人骨与葬式：葬具不明。人骨仅残存头骨和零星肢骨。葬式似二次葬，显得零乱，头东脚西，方向77°（图一六）。

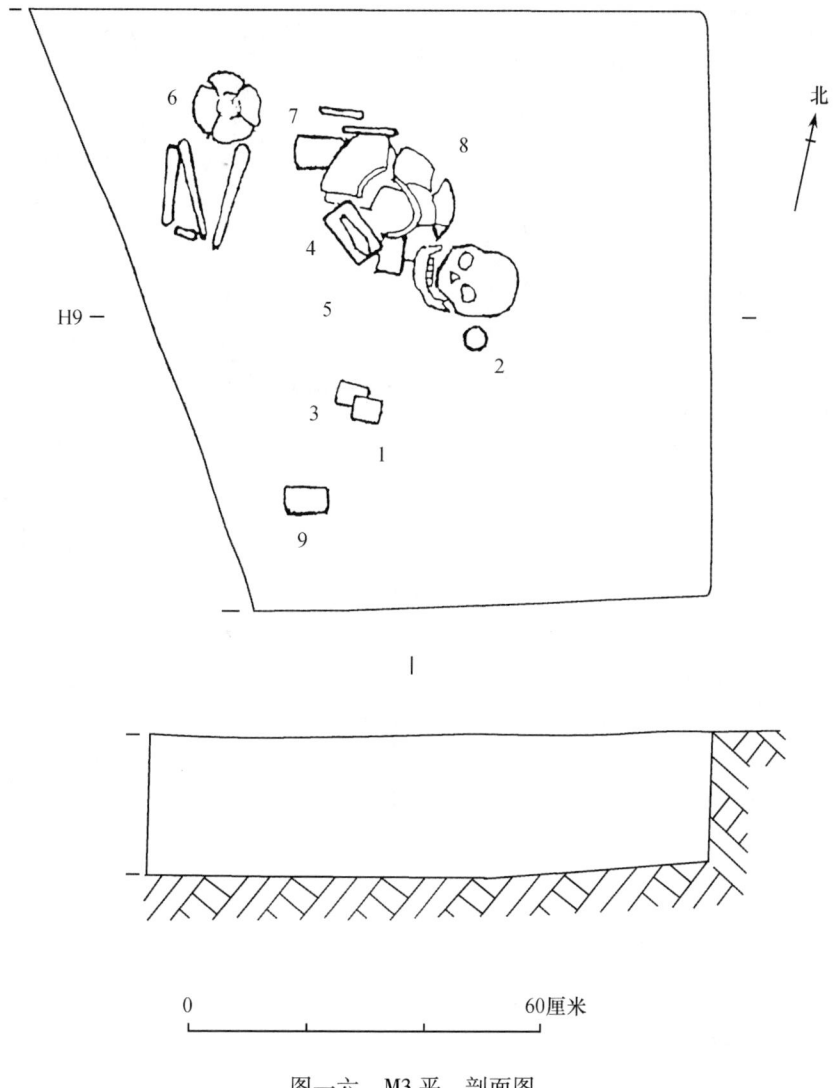

图一六 M3 平、剖面图

1. 石楔 2. 陶纺轮 3、4、9. 石斧 5. 石矛头 6. 陶豆盘 7. 陶豆座 8. 陶圈足盘

随葬品：石斧 3 件，石楔 1 件，石矛头 1 件，陶纺轮 1 件，以及圈足盘、豆盘、豆座 3 件残陶器。这 9 件随葬品放置于墓主头骨两侧。另外，填土中出土了一件高领罐口沿。下面分别介绍这些标本。

石斧 3 件。皆扁平梯形，通体磨光，但都有疤痕，都是近平顶，弧刃，两面两边皆磨平。M3:3，长 11、顶宽 5、刃宽 6、厚 1 厘米（图一七，1）。M3:4，长 9.4、顶宽 4.6、刃宽 5.8、厚 1 厘米（图一七，2）。M3:9，长 11、顶宽 5.4、刃宽 7、厚 1 厘米。

石楔 1 件。M3:1，厚体梯形，通体磨光，局部有疤痕，平顶，斜刃两面磨制但不对称。长 4.3、顶宽 3、刃宽 3.8、厚 1.2 厘米（图一七，3）。

石矛头 1 件。M3:5，扁薄树叶形，通体磨光，前锋锐利，侧锋皆两面刃，中间有弧凹血槽，无铤，下部磨平。长 8.8、最宽处 4.2、最厚处 0.8 厘米（图一七，6）。

陶纺轮 1 件。M3:2，夹细砂红陶，厚体两面平，斜边；素面。面径 1、底径 3.9、厚 2.4 厘米（图一七，5）。

圈足盘 1 件。M3:8，泥质灰陶，敞口，方圆唇，浅弧壁，圈底下附粗圈足，但足壁已残；素面。口径 24.6、足残径 14.5、残高 5.4 厘米（图一七，9）。

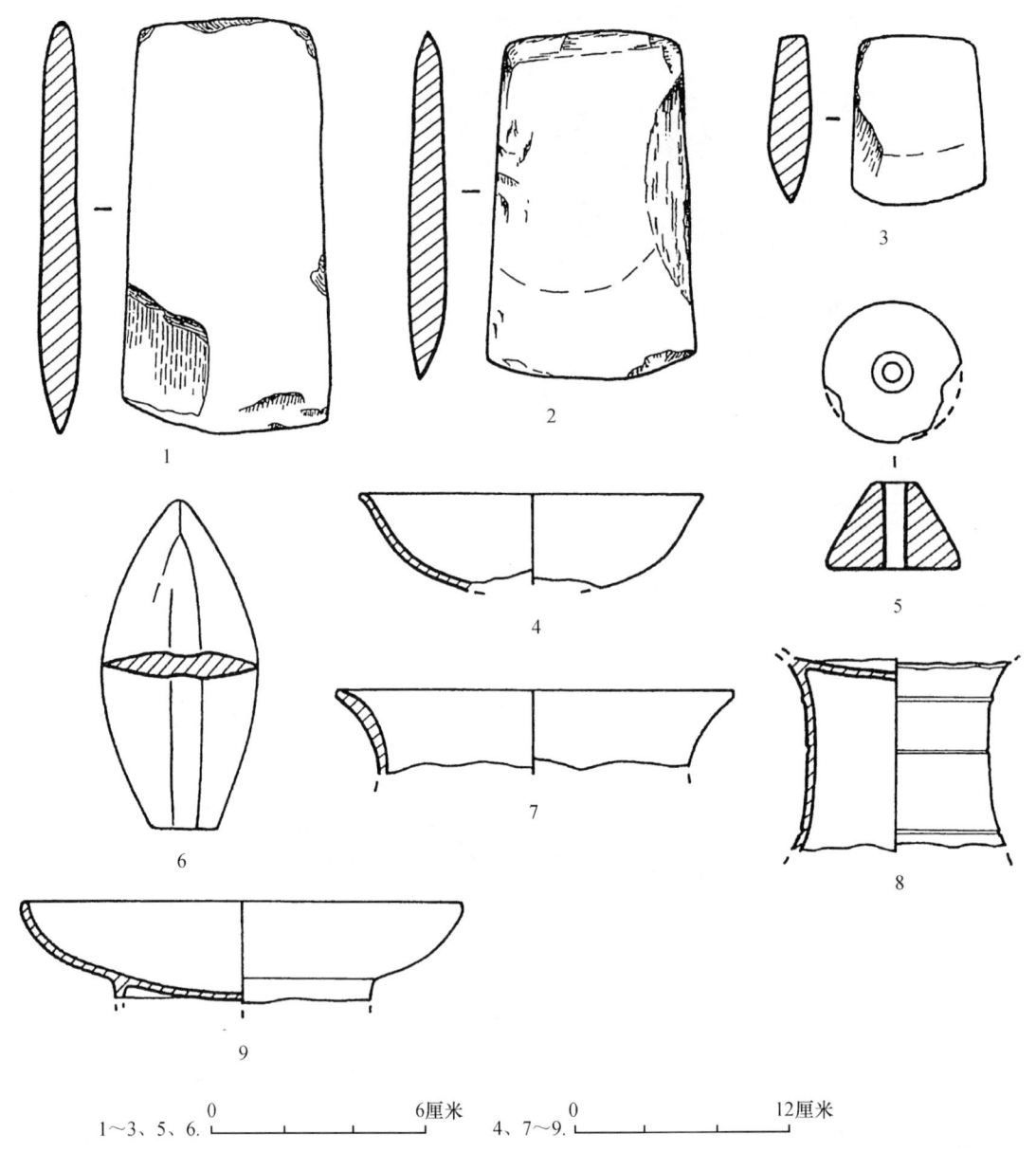

图一七 M3 随葬品与填土出土陶器

1、2. 石斧（M3:3、M3:4） 3. 石楔（M3:1） 4. 陶豆盘（M3:6） 5. 陶纺轮（M3:2） 6. 石矛头（M3:5）
7. 陶高领罐（M3:010） 8. 陶豆座（M3:7） 9. 陶圈足盘（M3:8）

豆盘 1件。M3:6，泥质灰褐陶，敞口，方唇，弧腹较深，圜底已残；素面。口径19.2、残高4.8厘米（图一七，4）。

豆座 1件。M3:7，泥质灰褐陶，但与M3:6不属同一器物，上部已残，仅存圜底下附粗筒状大圈足，但足壁下部已残；足壁中部内束，饰三周凹弦纹，近底弦纹上方，拍印三组"S"纹，每组4个"S"并列。残高10厘米（图一七，8）。

高领罐 1件。M3:010，夹砂黑陶，喇叭口，尖圆唇，高弧颈下部已残；素面。口径22、残高3.6厘米（图一七，7）。

年代推断：虽然 M3 和 M1 一样，都在海拔130米这级台地，且开口都在④层下打破生土；但因M3:2这种厚体纺轮不见于大溪文化时期；且因M3:8这种圈足盘与后面还要介绍的T364⑥:50和T364⑥:51这两件圈足盘相似；所以，这里把M3确定为夏商时期的墓葬。

2. M7

位置：在T15北部。

层位关系：开口于T15⑤层下，打破生土；北部打破④层下M1，南部被④层下的M5打破。

形制与结构：单人葬长方形土坑竖穴墓。墓坑残长94、宽60、深20厘米。

葬具、人骨与葬式：葬具不详。墓主骨骼保存一般，但胸部以下已被战国晚期的M5打掉。葬式仰身直肢，头东脚西，方向64°（图一八，1）。

随葬品：仅1件残石器，放置于墓主头部上方北侧。

残石器 1件。M7:1，厚体长方形，通体磨光，顶部、两面和两边已磨平，但刃部已残。残长5.8、宽3.8、厚1.6厘米（图一八，2）。

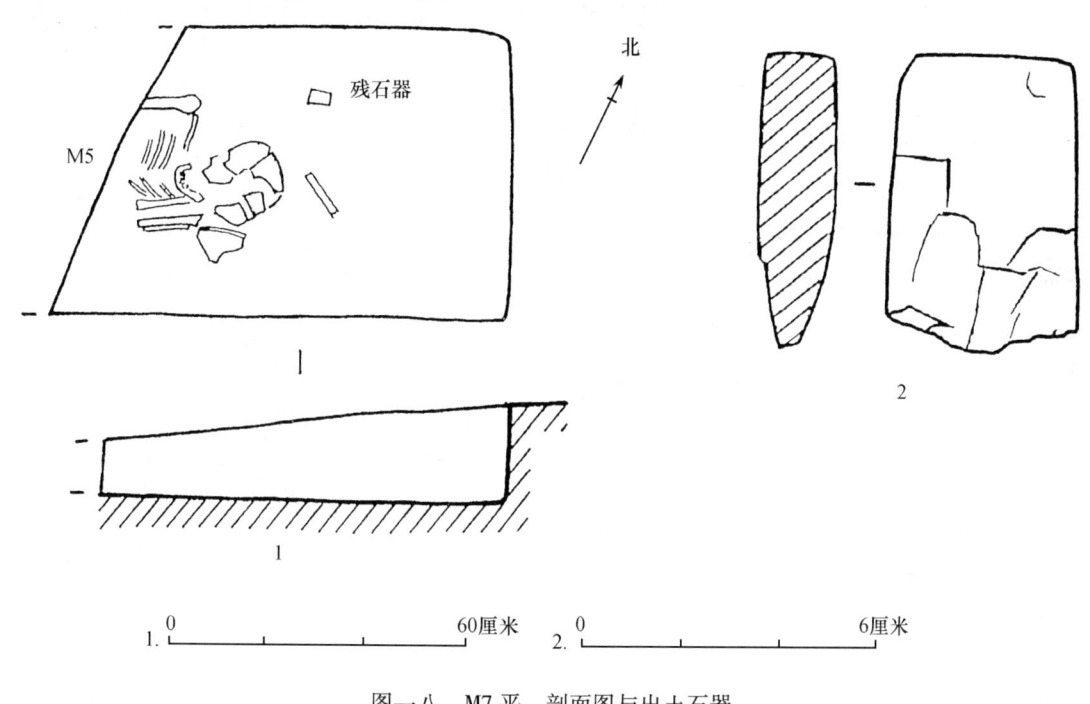

图一八 M7平、剖面图与出土石器
1. M7平、剖面图 2. 残石器（M7:1）

年代推断：M7打破大溪文化时期的M1，又被战国晚期的M5打破，已可基本确定其相对年代上、下限。因和M3一样也随葬石器，故把M7和M3一样推测为夏商时期的墓葬。

（三）地层单位的遗物

这里把每个探方一个地层出土的遗物标本，作为一个"地层单位"，并把红庙岭遗址各探方的第⑦层、⑥B层、⑥A层和⑥层都作为"夏商时期"的文化遗存。所以，红庙岭遗址在夏商时期的文化遗存，又包括如下28个地层单位：

1. T17⑦层

标本2件，有花边口罐和矮圈足两种器物。

花边口罐 1件。T17⑦:15，夹砂红褐陶，直口外敞，方唇，高弧颈大部已残；口沿上饰锯齿状花边，颈上部有残存斜绳纹。口径19.2、残高3.2厘米（图一九，1）。

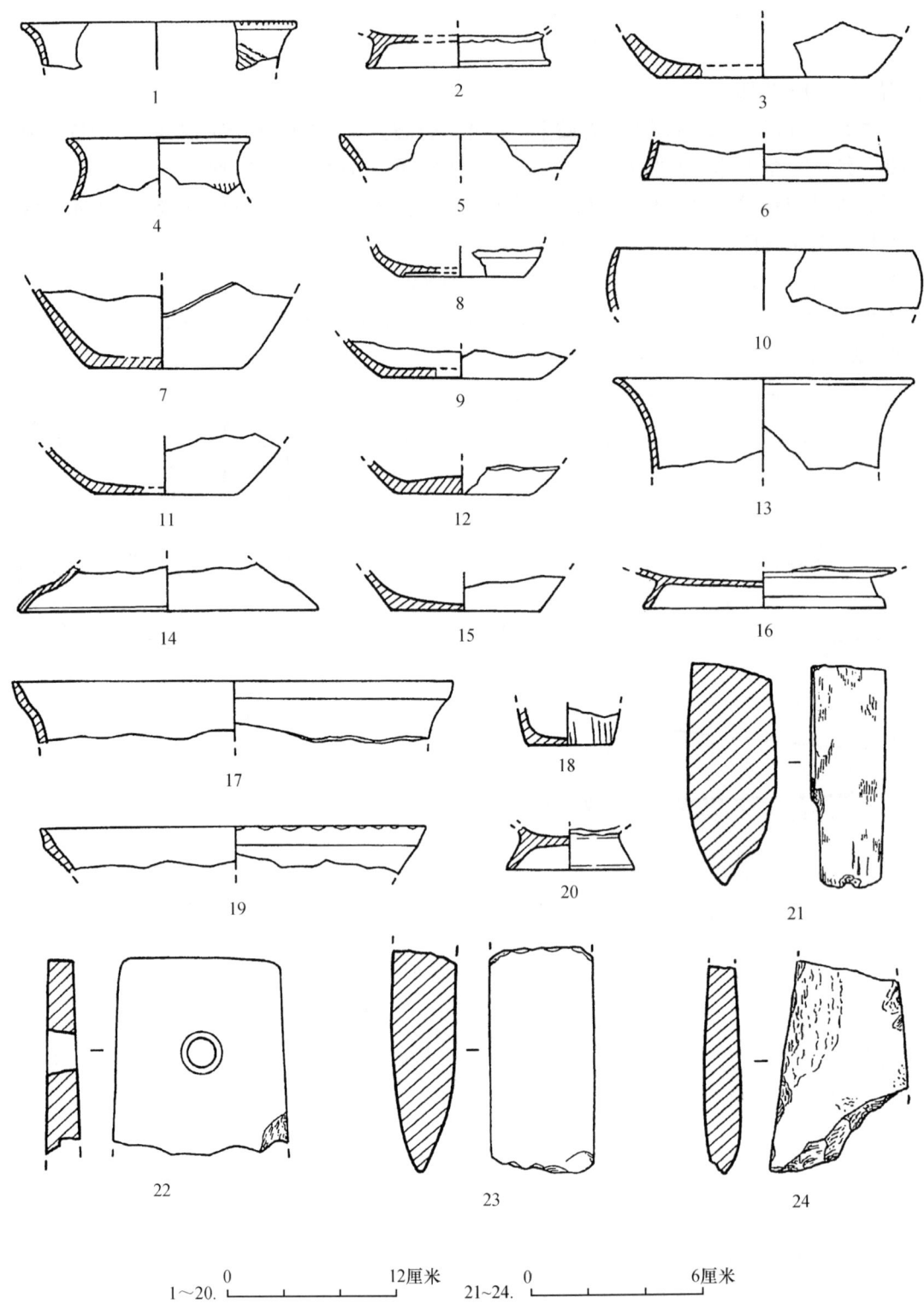

图一九 夏商时期遗物

1、19. 陶花边口罐（T17⑦:15、T36⑦:10） 2、16、20. 陶矮圈足（T17⑦:16、T35⑦:13、T23⑦:23） 3、7、9、11、12、15. 陶罐平底（T22⑦:22、T23⑦:25、T27⑦:23、T25⑦:7、T36⑦:9、T224⑦:50） 4. 陶束颈罐（T22⑦:21） 5、14. 陶灯座形器（T22⑦:23、T35⑦:12） 6. 陶高圈足（T23⑦:24） 8. 陶凹平底器（T25⑦:8） 10. 陶钵（T25⑦:6） 13. 陶高领罐（T27⑦:22） 17. 陶盘口罐（T35⑦:11） 18. 陶小罐平底（T224⑦:51） 21、24. 打制石凿（T224⑦:57、T224⑦:56） 22. 有孔石铲（T22⑦:1） 23. 石斧（T27⑦:4）

矮圈足　1件。T17⑦：16，泥质灰陶，大圜底已残，下附矮圈足，足壁外斜，足根外起圆棱；素面。底径12.8、残高2.4厘米（图一九，2）。

2. T22⑦层

标本4件，有有孔石铲、束颈罐、灯座形器、罐平底；另有1件方格纹标本。

有孔石铲　1件。T22⑦：1，扁平梯形，但刃部已残，通体磨光，顶部、两面和两边皆磨平，中部偏上有一单面钻圆孔，上薄下稍厚。残长6.6、顶宽5.8、顶厚0.8、下残厚1.2厘米（图一九，22；图版三，5）。

束颈罐　1件。T22⑦：21，夹砂红褐陶，侈口，束颈，方唇，肩已残；肩有细绳纹。口径12.8、残高4厘米（图一九，4）。

灯座形器　1件。T22⑦：23，夹砂红褐陶，敞口，方唇内斜，宽斜沿下部已残；素面。口径16.8、残高2.4厘米（图一九，5）。

罐平底　1件。T22⑦：22，泥质红陶，上部已残，弧腹内收成平底；素面。底径14.8、残高3.6厘米（图一九，3）。

纹饰标本　1件。T22⑦：37，在两周凹弦纹之间拍印菱形方格纹（图二九，3）。

3. T23⑦层

标本3件，有矮圈足，高圈足和罐平底三种器物。

矮圈足　1件。T23⑦：23，夹砂红褐陶，上部残，圜底下附矮圈足，足壁外斜；素面。足径8.8、残高2.8厘米（图一九，20）。

高圈足　1件。T23⑦：24，泥质灰陶，仅剩足根残片，足壁外斜，足根扁圆棱状；素面。足径16、残高2.4厘米（图一九，6）。

罐平底　1件。T23⑦：25，泥质红陶，上部已残，下腹斜内收成平底；素面。底径10.8、残高5.2厘米（图一九，7）。

4. T25⑦层

标本3件，有钵、罐平底和凹平底器。

钵　1件。T25⑦：6，泥质灰陶，敛口，尖圆唇，深弧腹，底已残；素面。口径20.8、残高4.4厘米（图一九，10）。

罐平底　1件。T25⑦：7，泥质红陶，上部已残，下腹弧内收成平底；素面。底径10、残高4厘米（图一九，11）。

凹平底器　1件。T25⑦：8，泥质红陶，上部已残，下腹内折斜内收，成凸棱状凹平底；素面。底径8.8、残高2厘米（图一九，8）。

5. T27⑦层

标本3件，有石斧、高领罐和罐平底。

石斧　1件。T27⑦：4，厚体长方形，通体磨制，顶部已残，两面两边已磨平，斜刃两面磨制，有使用痕。残长7.6、宽3.6、厚2.2厘米（图一九，23）。

高领罐　1件。T27⑦：22，泥质灰褐陶，喇叭口，尖圆唇，高弧颈下部已残；素面。口径20.8、残高6.4厘米（图一九，13）。

罐平底　1件。T27⑦:23，泥质红陶，上部已残，下腹弧内收成平底；素面。底径11.2、残高2.4厘米（图一九，9）。

6. T35⑦层

标本3件，有盘口罐、灯座形器和矮圈足；另有2件纹饰标本。

盘口罐　1件。T35⑦:11，夹砂红褐陶，盘口，尖圆唇，直颈下部已残；素面。口径31.2、残高4厘米（图一九，17）。

灯座形器　1件。T35⑦:12，泥质红陶，仅剩下部底座，足壁已残，底座外弧，似喇叭口倒置；素面。足径21.2、残高3.2厘米（图一九，14）。

矮圈足　1件。T35⑦:13，泥质灰陶，仅剩大圜底下附矮圈足，足壁外斜；近足根饰一周凹弦纹。足径16.8、残高2.8厘米（图一九，16）。

贝纹标本　2件。T35⑦:17，泥质红陶，在两周附加堆纹之间有外凸小圆片，在附加堆纹和圆片上，又压印斜划纹（图二九，4）。T35⑦:18，夹砂黑陶，残片上有外凸小圆片，圆片上有六个粗戳点（图二九，9）。

7. T36⑦层

标本2件，有花边口罐和罐平底。

花边口罐　1件。T36⑦:10，夹草末红陶，盘口，尖圆唇，弧颈已残；口沿上压印锯齿状花边。口径27.2、残高3.2厘米（图一九，19）。

罐平底　1件。T36⑦:9，泥质红陶，上部已残，下腹弧收成平底；素面。底径9.6、残高2厘米（图一九，12）。

8. T224⑦层

标本4件，有打制石器、罐平底和小罐平底。

打制石器　2件。T224⑦:57，厚体圭形，仅打制未作进一步加工，顶已断。残长7.4、宽3、厚2.6厘米（图一九，21）。T224⑦:56，扁圆似梯形，因顶部和刃部皆残，一面和一边已磨平，另一面和另一边皆原弧面。残长7、残宽4.4、厚1.4厘米（图一九，24）。

罐平底　1件。T224⑦:50，泥质红陶，上部已残，下腹内弧成平底；素面。底径10.4、残高2.4厘米（图一九，15）。

小罐平底　1件。T224⑦:51，夹砂黑褐陶，上部已残，下腹近直，稍内收成小平底；腹饰竖绳纹，底又饰交错绳纹。底径6、残高2.4厘米（图一九，18）。

9. T15⑥B层

标本17件，另加1件纹饰标本。其中，石器有石锄、石斧、石锛、小石锛；陶器有束颈罐、花边口罐、盘、小盆、小罐平底。

石锄　1件。T15⑥B:20，双肩石锄，石片打制，双肩不对称，弧刃单面打制近三角形。长13.2、宽9.6、厚1.3厘米（图二〇，3；图版三，7）。

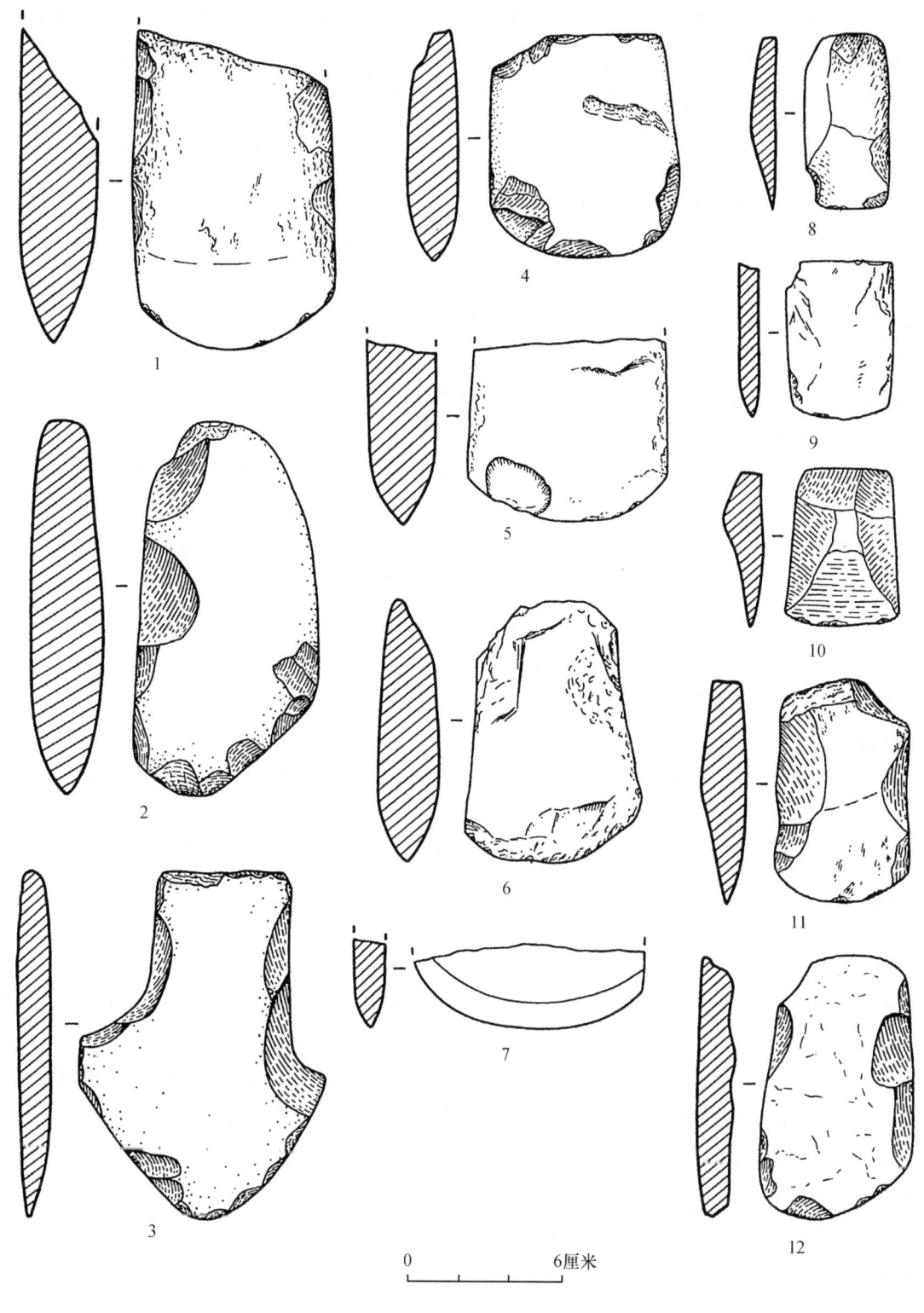

图二〇 夏商时期石器

1、4、5、7. 石斧（T15⑥B:30、T15⑥B:31、T15⑥B:23、T15⑥B:25） 2、6、12. 石坯（T15⑥B:32、T15⑥B:24、T15⑥B:29） 3. 石锄（T15⑥B:20） 8、10、11. 石砧（T15⑥B:27、T15⑥B:26、T15⑥B:28） 9. 小石砧（T15⑥B:21）

石斧 4件，另有3件打制半成品。T15⑥B:23，扁平近长方形，顶部已残，两面微弧，两边琢平，弧刃两面稍磨制，有使用痕，不锋利。残长6.8、宽7.8、厚2.6厘米（图二〇，5）。T15⑥B:31，扁平近长方形，顶部已残，两面两边稍为磨制，弧刃两面磨制，有使用痕，已不锋利。

残长8.5、宽7.4、厚2厘米（图二〇，4）。T15⑥B：30，扁平近长方形，顶残，两面两边已磨制，弧刃两面磨制，仍锋利。残长12、宽7.8、厚3厘米（图二〇，1）。T15⑥B：25，仅剩弧刃，刃部两面磨制虽不甚对称，但锋利。残长3.2、残宽9、厚1.1厘米（图二〇，7）。另有三件打制石坯：T15⑥B：24，较厚近梯形，斜弧刃较宽，两面打制。长7.8、刃宽6.6、厚2.4厘米（图二〇，6）。T15⑥B：32，扁平砾石近椭圆形，弧刃两面稍打制，刃部一端已残。长14、宽7、厚2.8厘米（图二〇，2）。T15⑥B：29，薄体近梯形，石片打制。长9.8、宽6、厚1.4厘米（图二〇，12）。

石锛　3件。皆打制。T15⑥B：28，较厚近长方形，弧刃单面打制。长8.4、宽5、厚1.8厘米（图二〇，11）。T15⑥B：27，较薄长方形，平刃单面打制。长6.6、宽3.2、厚1厘米（图二〇，8）。T15⑥B：26，厚薄不一近梯形，弧刃近平，两面打制但不对称。长6、宽4.2、最厚1.6厘米（图二〇，10）。

小石锛　1件。T15⑥B：21，扁平长方形，通体磨制，但多疤痕，顶部稍残，平刃微弧，单面磨制。残长6、宽4.2、厚0.8厘米（图二〇，9）。

束颈罐　1件。T15⑥B：68，夹砂红陶，侈口，束颈，斜肩已残；素面。口径16.8、残高4.8厘米（图二一，10）。

花边口罐　1件。T15⑥B：69，夹砂黑褐陶，盘口，尖圆唇，高弧颈下已残；口沿压印一周锯齿状花边纹，口下颈上又加一周宽带状指按附加堆纹。口径18.4、残高3.2厘米（图二一，2）。

盘口沿　1件。T15⑥B：71，敞口，窄沿外卷，尖圆唇，弧腹较深，底已残；素面，但腹上部有已穿小圆孔。口径23.2、残高4.4厘米（图二一，1）。

小盆　1件。T15⑥B：70，泥质灰陶，敞口，窄弧沿，圆唇外卷，弧腹已残；素面。口径20.8、残高2.4厘米（图二一，9）。

小罐平底　1件。T15⑥B：67，夹砂红陶，上部已残，斜弧腹下收成小平底；下腹近底部及底部有压印绳纹。底径8.8、残高4.2厘米（图二一，16）。

纹饰标本　1件。T15⑥B：89，泥质红陶，饰不规则大方格纹（图二九，7）。

10. T15⑥A层

标本4件，有高领罐、高领瓮、小碟和罐平底。

高领罐　1件。T15⑥A：63，泥质红陶，喇叭口，尖圆唇，高弧颈下部已残；素面。口径20.8、残高8厘米（图二一，4）。

高领瓮　1件。T15⑥A：72，泥质红陶，直口，窄平沿，方唇，直颈，广弧肩，深弧腹近直，下腹已残；肩至腹拍印杂乱方格纹。口径13.2、残高12.8厘米（图二一，21）。

小碟　1件。T15⑥A：65，泥质灰陶，直口，小平沿唇已残，浅直腹，平底；素面。底径10、高2.4厘米（图二一，15）。

罐平底　1件。T15⑥A：64，泥质红褐陶，上部已残，下腹弧内收，平底；素面。底径11、残高6.8厘米（图二一，7）。

11. T15⑥层

标本13件，有石斧、石楔、石杵、残石器、陶纺轮、盆、直腹小罐。

石斧　1件。T15⑥：16，平薄长方形，顶已残，两面两边皆磨平，斜刃两面磨制。残长6.4、宽3、厚0.8厘米（图二二，2）。

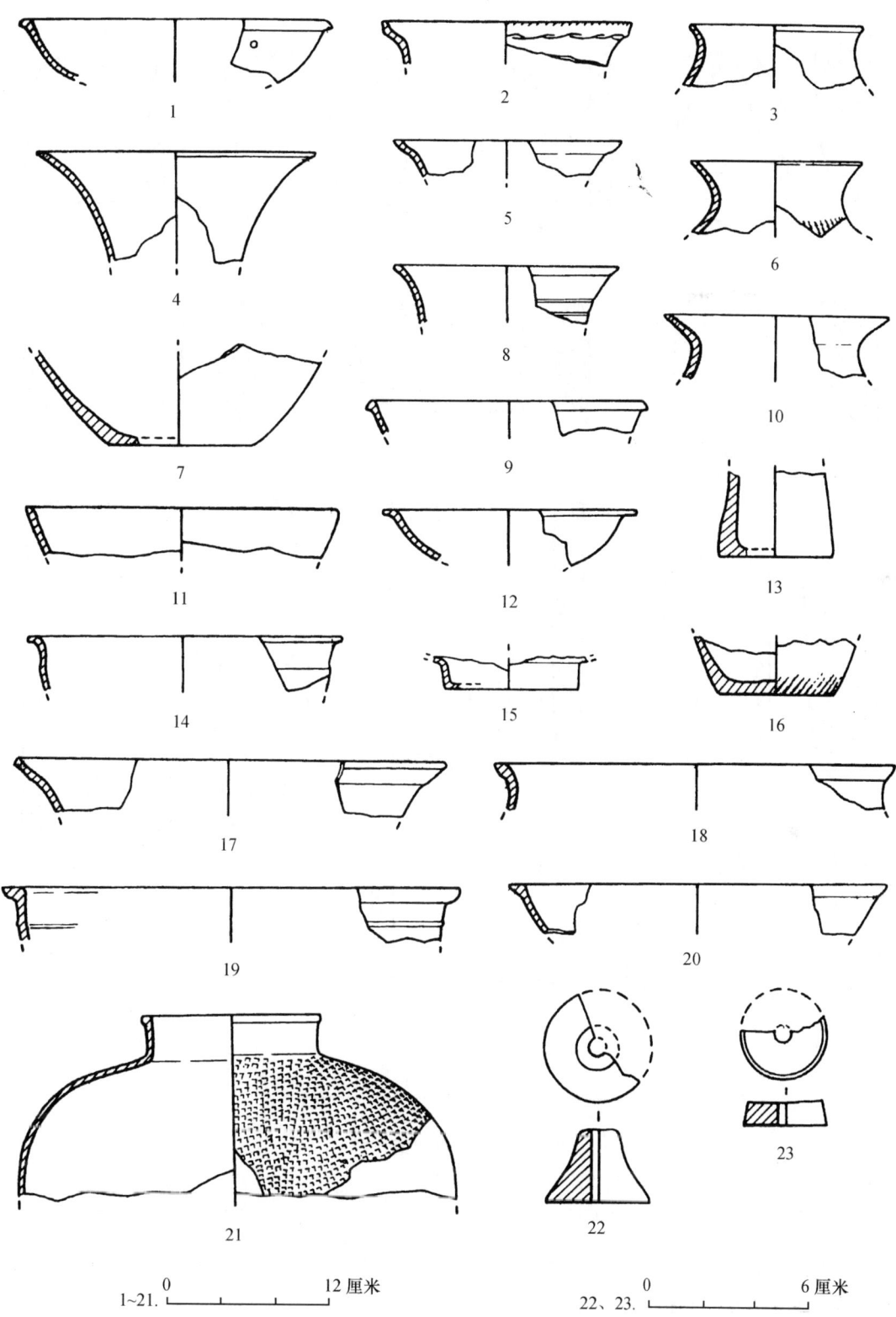

图二一 夏商时期陶器

1. 盘口沿（T15⑥B:71） 2. 花边口罐（T15⑥B:69） 3、6、10. 束颈罐（T23⑥:21、T23⑥:22、T15⑥B:68） 4、8. 高领罐（T15⑥A:63、T17⑥A:14） 5、17. 盘口罐（T17⑥:12、T17⑥B:13） 7. 罐平底（T15⑥A:64） 9. 小盆（T15⑥B:70） 11. 灯座形器（T17⑥:9） 12、20. 敞口盘（T17⑥:7、T17⑥A:11） 13. 平底杯（T15⑥:33） 14. 卷沿碗（T17⑥:10） 15. 小碟（T15⑥A:65） 16. 小罐平底（T15⑥B:67） 18. 大口瓿（T17⑥:8） 19. 盆（T15⑥:66） 21. 高领瓮（T15⑥:72） 22、23. 陶纺轮（T15⑥A:13、T15⑥:9）

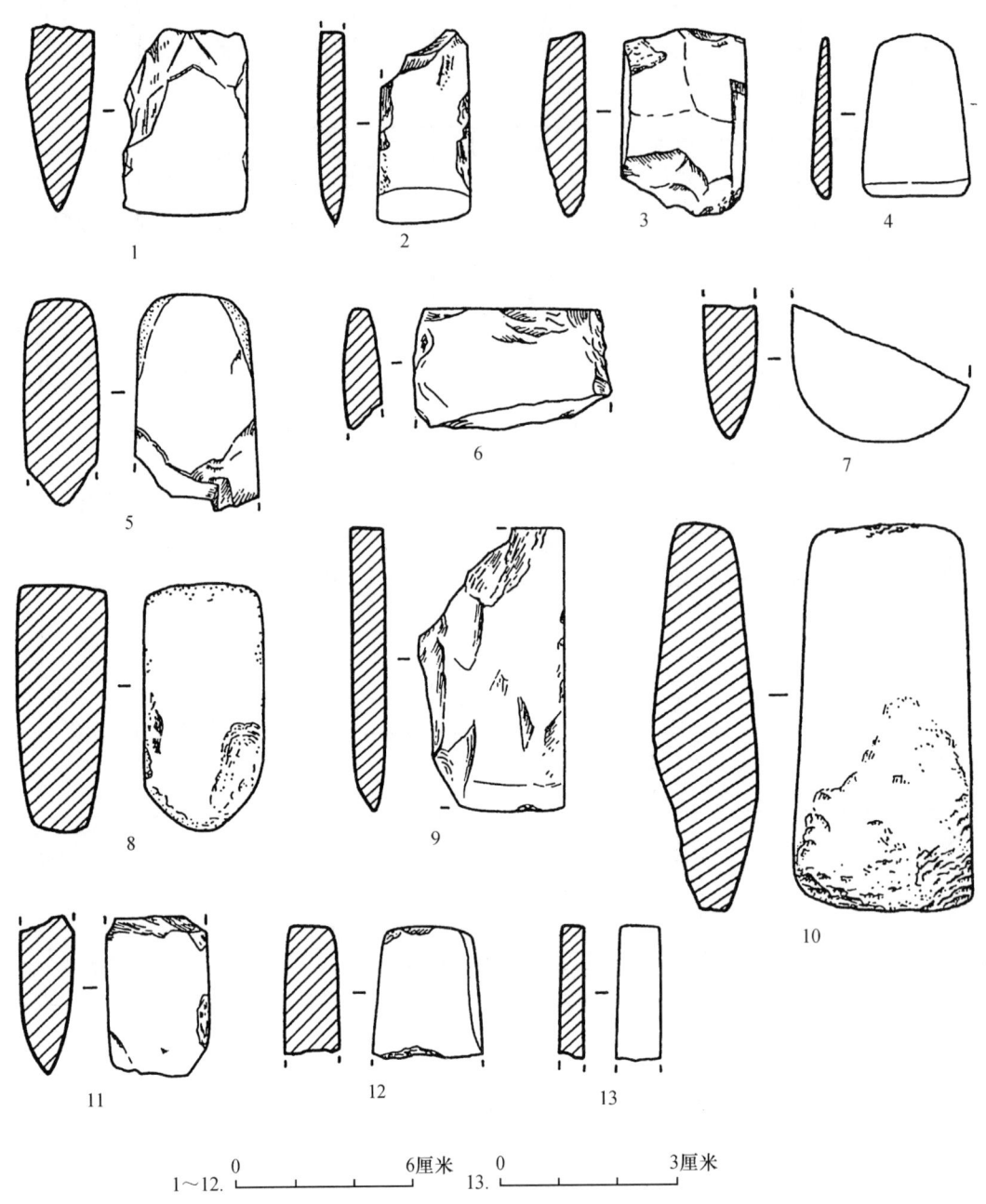

图二二 夏商时期石器

1、11. 石楔（T15⑥:22、T17⑥:1） 2、7. 石斧（T15⑥:16、T17⑥A:3） 3、5、6、9、10、12. 残石器（T15⑥:12、T15⑥:19、T15⑥:11、T15⑥:11、T15⑥:18、T15⑥:14） 4. 小石磅（T17⑥:2） 8. 石杵（T15⑥:17） 13. 石雕凿器（T27⑥:6）

石楔　1件。T15⑥:22，厚体似长方形，顶部及一侧已残，两面及一边皆磨平，平刃两面磨制。残长6、残宽4、厚2.2厘米（图二二，1）。

石杵　1件。T15⑥:17，近长方体，平顶有琢痕，边厚接近平宽，皆磨平，刃部内收圆弧状，有使用琢痕。长8、宽4、厚3.2厘米（图二二，8）。

残石器　6件。T15⑥:19，厚体近梯形，刃已残，顶磨平，但四周仍为原面，两面两边磨平。残长7、残宽4、厚2.4厘米（图二二，5）。T15⑥:18，厚体近长方形，顶部两边皆琢打平整，两面为原弧面，上稍薄下渐厚，刃部两面琢打，还甚钝。长12.4、宽6、厚3.2厘米（图二二，10）。

T15⑥：1，扁薄似长方形，仅存顶部，顶已磨平，两面两边只琢平，刃已残。残长4、残宽6.4、厚1.3厘米（图二二，6）。T15⑥：11，平薄似长方形，一侧已残，顶部、两面及一边皆磨平，平刃一面磨制，另面打制，不对称。长9.2、残宽5、厚1.1厘米（图二二，9）。T15⑥：12，扁平长方形，通体磨制，弧顶磨平，两面和一侧边也磨平，另一侧边和刃部已残，刃部似单面磨制或不对称。残长6、残宽4.2、厚1.5厘米（图二二，3）。T15⑥：14，厚体近梯形，通体磨制，顶、边、面已磨平，刃已残。残长4.2、残宽3.8、厚1.8厘米（图二二，12）。

陶纺轮　2件。T15⑥：9，夹细砂红褐陶，薄体两面平，斜边型；素面。面径2.8、底径3.2、厚1厘米（图二一，23）。T15⑥：13，泥质黑陶，厚体两面平，斜边微弧凹；底面饰模糊篦点纹，呈"十"字形。面径1.6、底径4、厚2.6厘米（图二一，22）。

盆　1件。T15⑥：66，泥质灰陶，近直口微敛，宽平沿，方唇内斜，深弧腹下部已残；口下腹上部一周宽带状凹弦纹。口径34、残高4厘米（图二一，19）。

平底杯　1件。T15⑥：33，泥质红褐陶，上部已残，下腹近直，稍外斜，平底；素面。底径8.8、残高6厘米（图二一，13）。

12. T17⑥B层

标本仅1件盘口罐，另有1件纹饰标本。

盘口罐　1件。T17⑥B：13，泥质红陶，盘口，但口沿外斜，方唇，高弧颈下部已残；外口下一周锥刺纹。口径31.2、残高4厘米（图二一，17）。

纹饰标本　1件。T17⑥B：17，泥质黑陶，在上、下各两周凹弦纹之间，拍印一排单个内卷"S"纹（图二九，6）。

13. T17⑥A层

标本4件，有石斧、高领罐、盘口罐和敞口盘。

石斧　1件。T17⑥A：3，仅剩圆弧刃，通体磨光，上部已残，弧刃两面磨制。残长4.4、宽6、厚1.8厘米（图二二，7）。

高领罐　1件。T17⑥A：14，泥质灰陶，喇叭口，圆唇，高弧颈下已残；颈上部两周凹弦纹。口径16.8、残高4厘米（图二一，8）。

盘口罐　1件。T17⑥A：12，夹砂灰褐陶，浅盘口弧凹，尖圆唇，颈部已残；素面。口径16.8、残高2.4厘米（图二一，5）。

敞口盘　1件。T17⑥A：11，泥质黄陶，敞口，窄平沿，尖圆唇，弧腹较浅，下腹已残；外口下上腹两周凹弦纹。口径28、残高3.6厘米（图二一，20）。

14. T17⑥层

标本6件，有石楔、小石锛、敞口盘、卷沿碗、大口鬲和灯座形器。

石楔　1件。T17⑥：1，厚体长方形，通体磨光，顶部已残，两面两边磨平，平刃两面磨制，一角稍残。残长5.4、宽3.4、厚1.8厘米（图二二，11）。

小石锛　1件。T17⑥：2，扁薄梯形，通体磨制，弧顶较薄，边、面磨平，平刃单面磨制，不锋利。长5.4、刃宽3.6、厚0.6厘米（图二二，4）。

敞口盘　1件。T17⑥：7，泥质灰陶，敞口，窄平沿稍外斜，尖圆唇，浅弧腹，底已残；素面。口径18.8、残高4厘米（图二一，12）。

卷沿碗 1件。T17⑥:10，泥质灰陶，近直口，弧沿外卷，尖圆唇，粗矮颈，折腹弧内收，下腹已残；素面。口径23.2、残高4厘米（图二一，14）。

大口鬲 1件。T17⑥:8，夹砂红陶，直口外卷，圆唇，粗矮颈下部已残；素面。口径30、残高3.7厘米（图二一，18）。

灯座形器 1件。T17⑥:9，泥质红胎黑陶，敞口，口内起凸棱，尖圆唇，宽斜沿下部已残；未见纹饰。口径23.2、残高3.6厘米（图二一，11）。

15. T23⑥层

标本2件，都是束颈罐。

束颈罐 2件。T23⑥:21，夹砂黑褐陶，侈口，矮颈中束，方圆唇外卷，肩已残；素面。口径13、残高4.4厘米（图二一，3）。T23⑥:22，夹砂黑陶，侈口，深束颈，弧沿外卷，尖唇，肩外斜已残；肩饰斜绳纹。口径12.8、残高5.2厘米（图二一，6）。

16. T27⑥层

标本5件，有石雕凿器、盘口罐、折沿罐、花边口罐和小罐平底。

石雕凿器 1件。T27⑥:6，器形极小，且刃部已残，扁平小梯形，平顶，两面两边也已磨平。残长2.2、宽0.8、厚0.4厘米（图二二，13）。

盘口罐 1件。T27⑥:21，泥质灰褐陶，盘口弧凹，方唇，高弧颈下已残；素面。口径16.8、残高7.2厘米（图二三，2）。

折沿罐 1件。T27⑥:19，夹砂黑陶，侈口，束颈，折沿内凹，斜弧肩，鼓弧腹已残；肩部两周凹弦纹，腹部饰方格纹。口径16.8、残高5.2厘米（图二三，3）。

花边口罐 1件。T27⑥:18，夹砂红褐陶，近盘口，弧凹沿，方圆唇，高颈外斜，肩已残；颈饰斜绳纹。口径23.2、残高8.4厘米（图二三，1）。

小罐平底 1件。T27⑥:20，泥质黑陶，上部已残，下腹凹弧内收，小平底；素面。底径5.6、残高2厘米（图二三，27）。

17. T35⑥层

标本3件，有敛口钵、外折沿盘和罐平底。

敛口钵 1件。T35⑥:9，夹砂红褐陶，敛口，尖圆唇，深弧腹下部已残；外口下绘一周黑色宽带纹，只是宽带边比较模糊。口径19.2、残高4厘米（图二三，4）。

外折沿盘 1件。T35⑥:10，泥质灰白陶，敞口，窄平沿外折，尖圆唇，浅弧腹下部已残；素面。内口径27.2、残高3.2厘米（图二三，17）。

罐平底 1件。T35⑥:8，泥质红陶，上部已残，弧腹内收成平底；素面。底径11.2、残高2.4厘米（图二三，8）。

18. T36⑥层

标本1件，为敛口盘；另有1件有刻划符号的陶片标本。

敛口盘 1件。T36⑥:8，夹草末外红内黑陶，敛口，尖圆唇，浅弧腹大部已残；素面。口径24.8、残高2.8厘米（图二三，16）。

刻划符号标本 1件。T36⑥:15，泥质黑陶残片上有树叶状刻划符号（图二九，12）。

19. T126⑥层

标本1件,为凸棱状矮圈足。

矮圈足 1件。T126⑥:5,泥质黑陶,上部已残,弧腹内收呈圜平底,下附凸棱状矮圈足;素面,磨光。底径12、残高2厘米(图二三,6)。

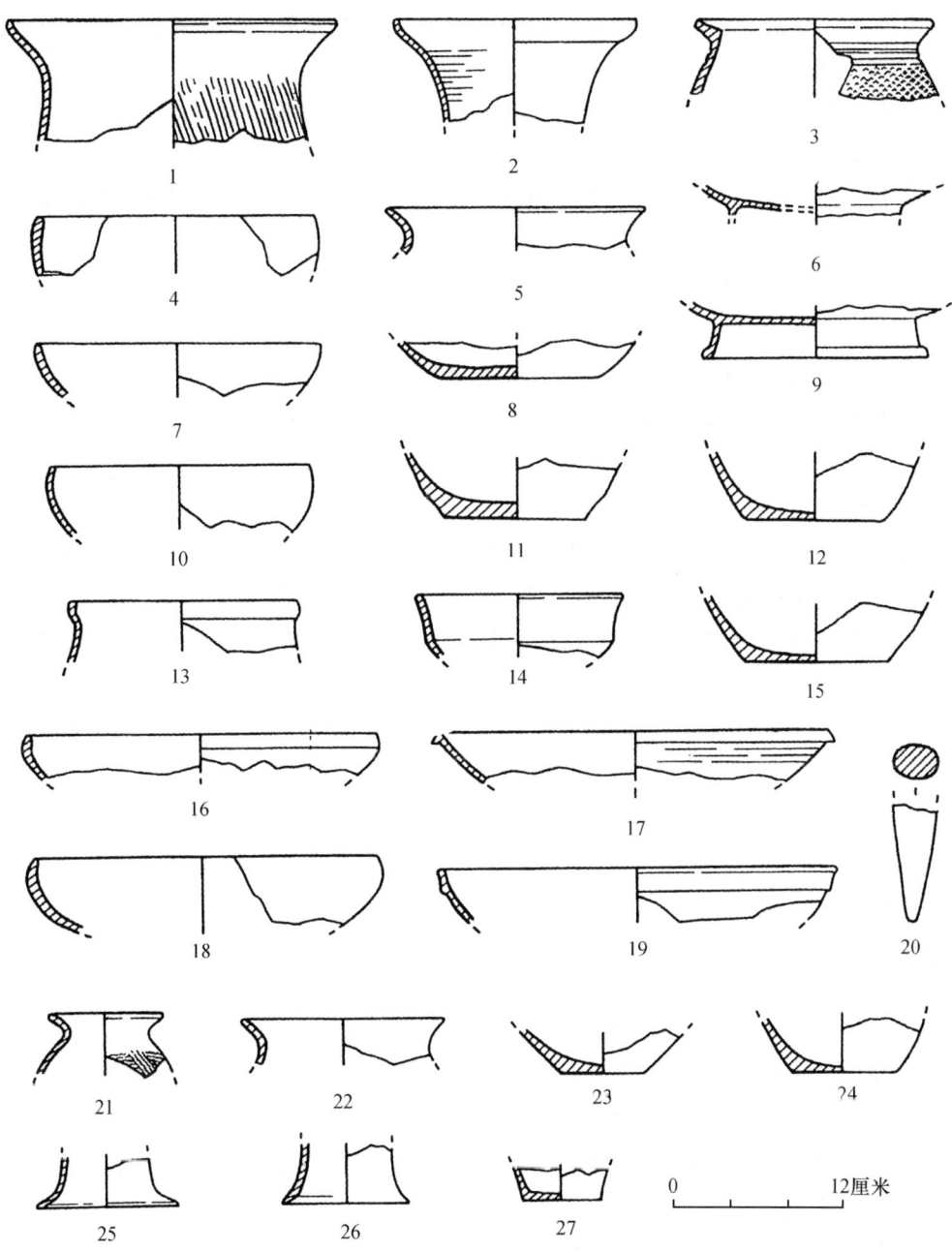

图二三 夏商时期陶器

1. 花边口罐(T27⑥:18) 2、13. 盘口罐(T27⑥:21、T158⑥:8) 3. 折沿罐(T27⑥:19) 4、10. 敛口钵(T35⑥:9、T173⑥:4) 5、22. 束颈罐(T174⑥:2、T174⑥:3) 6、9. 矮圈足(T126⑥:5、T158⑥:10) 7、19. 敞口盘(T158⑥:6、T158⑥:3) 8、11、12、15、23、24. 罐平底(T35⑥:8、T158⑥:12、T173⑥:9、T174⑥:4、T173⑥:11、T158⑥:11) 14. 卷沿碗(T173⑥:6) 16、18. 敛口盘(T36⑥:8、T173⑥:5) 17. 外折沿盘(T35⑥:10) 20. 鬲足(T151⑥:10) 21. 束颈小罐(T173⑥:8) 25、26. 高圈足(T151⑥:6、T158⑥:2) 27. 小罐平底(T27⑥:20)

20. T151⑥层

标本4件，有石斧、石楔和陶鬲足、高圈足。

石斧 1件。T151⑥：8，扁圆长方形，通体磨光，弧刃大部已残。残长8、残宽4.2、厚1.8厘米（图二四，1）。

石楔 1件。T151⑥：9，厚体近长方形，顶部已残，通体磨光，平刃两面磨制。残长6、残宽4.4、厚2.2厘米（图二四，4）。

鬲足 1件。T151⑥：10，夹砂红陶，扁圆锥形，上部已残；素面。残长8、上部扁圆径3厘米×2.2厘米（图二三，20）。

高圈足 1件。T151⑥：6，泥质灰陶，上部已残，筒壁下部外撇，近喇叭状；素面。底径10、残高3.2厘米（图二三，25）。

21. T158⑥层

标本7件，有盘口罐、敞口盘、矮圈足、高圈足和罐平底。

盘口罐 1件。T158⑥：8，泥质红陶，浅盘口内凹外弧如宽状，方唇，颈部上束下外斜，但已残；素面。口径16、残高3.2厘米（图二三，13）。

敞口盘 2件。形制不同。T158⑥：6，泥质灰陶，敞口，尖圆唇，弧腹内收，底已残；素面。口径10、残高1.8厘米（图二三，7）。T158⑥：3，泥质灰陶，敞口，方唇，口外一周带状纹，浅弧腹下部已残；未见其他纹饰。口径28、残高3.6厘米（图二三，19）。

矮圈足 1件。T158⑥：10，泥质灰褐陶，上部已残，下腹弧收，圜平底下附矮圈足，足壁外撇，足根圆棱状外凸；素面。底径16、残高3.6厘米（图二三，9）。

高圈足 1件。T158⑥：2，夹砂红陶，上部残，圆筒壁外撇，近喇叭状；素面。底径8.8、残高4厘米（图二三，26）。

罐平底 2件。T158⑥：11，泥质红褐陶，上部残，下腹斜弧收，平底；素面。底径7.6、残高3.6厘米（图二三，24）。T158⑥：12，泥质陶内红外灰，上部残，下腹内收，近底微内凹，平底；素面。底径10、残高4厘米（图二三，11）。

22. T173⑥层

标本7件，有石斧、束颈小罐、敛口钵、敛口盘、卷沿碗、罐平底。

石斧 1件。T173⑥：12，扁圆长方形，顶部已残，余皆磨制，刃部两面磨制，但已残。残长7.4、宽4.4、厚1.8厘米（图二四，2）。

束颈小罐 1件。T173⑥：8，夹砂黑陶，侈口，束颈，尖圆唇，弧肩，深弧腹下部已残；素面。口径8、残高4厘米（图二三，21）。

敛口钵 1件。T173⑥：4，泥质红胎黑陶，敛口，尖圆唇，深弧腹下部已残；素面。口径17、残高4.4厘米（图二三，10）。

敛口盘 1件。T173⑥：5，泥质红胎黑陶，敛口，尖圆唇，深弧腹下部已残；素面。口径23、残高4.8厘米（图二三，18）。

卷沿碗 1件。T173⑥：6，泥质灰白陶，敞口，宽弧沿外卷，方唇，折腹弧内收，下腹已残；素面。口径13、残高4厘米（图二三，14）。

罐平底 2件。T173⑥：9，夹砂陶里黑外红，上部残，下腹弧内收，平底；素面。底径10、残高4.4厘米（图二三，12）。T173⑥：11，泥质黑陶，上部残，鼓腹凹弧内收，小平底；素面。底径6、残高2.8厘米（图二三，23）。

23. T174⑥层

标本3件，有束颈罐和罐平底。

束颈罐　2件。T174⑥：2，泥质黑陶，侈口，束颈，卷沿，尖圆唇，肩已残；素面。口径18、残高2.8厘米（图二三，5）。T174⑥：3，夹砂灰陶，侈口，束颈，宽沿内折，尖圆唇，斜肩已残；素面。口径14、残高3.2厘米（图二三，22）。

罐平底　1件。T174⑥：4，夹砂红陶，上部残，下腹弧内收，近底微内凹，平底；素面。底径10、残高4厘米（图二三，15）。

24. T224⑥层

标本23件，另有3件纹饰标本。石器有石斧、小石锛、石楔、石锚和残石器；陶器有高领罐、束颈罐、盘口罐、卷沿碗、敞口盘、敛口小盆、碗矮圈足、盘矮圈足、杯平底、罐平底。

石斧　2件。T224⑥：9，扁弧长方形，通体磨光，平顶，斜刃两面磨制，一角已残。长8、宽4.7、厚1.8厘米（图二四，9）。T224⑥：14，扁平近梯形，弧顶为原面，两面两边皆磨平，刃部已残。残长7.6、宽4.6、厚1.4厘米（图二四，8）。

小石锛　1件。T224⑥：12，扁平近梯形，通体磨光，斜弧刃两面磨制但不对称。长3.9、宽3.2、厚0.5厘米（图二四，7）。

石楔　2件。T224⑥：7，厚体长方形，通体磨光，弧刃有使用痕，两面磨制不甚对称。长5.9、宽3.8、厚2厘米（图二四，12）。T224⑥：11，较薄长方形，通体磨光，斜刃两面磨制但不对称。长4.5、宽2.3、厚0.8厘米（图二四，6）。

石锚　1件。T224⑥：10，椭圆形砾石，中部琢出一周凹槽，上部又琢出十字形四道凹槽。长径13.4、横径10.8厘米（图二四，14；图版三，4）。

残石器　5件。T224⑥：8，厚体近梯形，弧顶为原面，两面磨制，两边磨平，刃已残。残长6.8、宽4.5、厚3厘米（图二四，5）。T224⑥：13，较厚近梯形，弧顶为原面，两面两边磨平，刃已残。残长18、宽5.4、厚2.5厘米（图二四，3）。T224⑥：15，扁平梯形，平顶、两面两边皆磨平，刃已残。残长5.5、宽4.4、厚1.8厘米（图二四，10）。T224⑥：16，厚体梯形，通体磨光，刃已残。残长5、宽4.2、厚3.6厘米（图二四，13）。T224⑥：17，较厚近梯形，弧顶为原面，两面磨光，两边磨平，刃残。残长4.8、宽3.3、厚2厘米（图二四，11）。

高领罐　1件。T224⑥：34，泥质红陶，喇叭口，尖圆唇，高弧颈下部已残；素面。口径16、残高5.2厘米（图二五，5）。

束颈罐　1件。T224⑥：30，泥质黑陶，侈口，束颈，弧沿外卷，圆唇，溜肩已残；素面。口径12、残高4厘米（图二五，3）。

盘口罐　1件。T224⑥：41，泥质灰白陶，浅盘口，尖圆唇，高弧颈已残；素面。口径13、残高2.8厘米（图二五，2）。

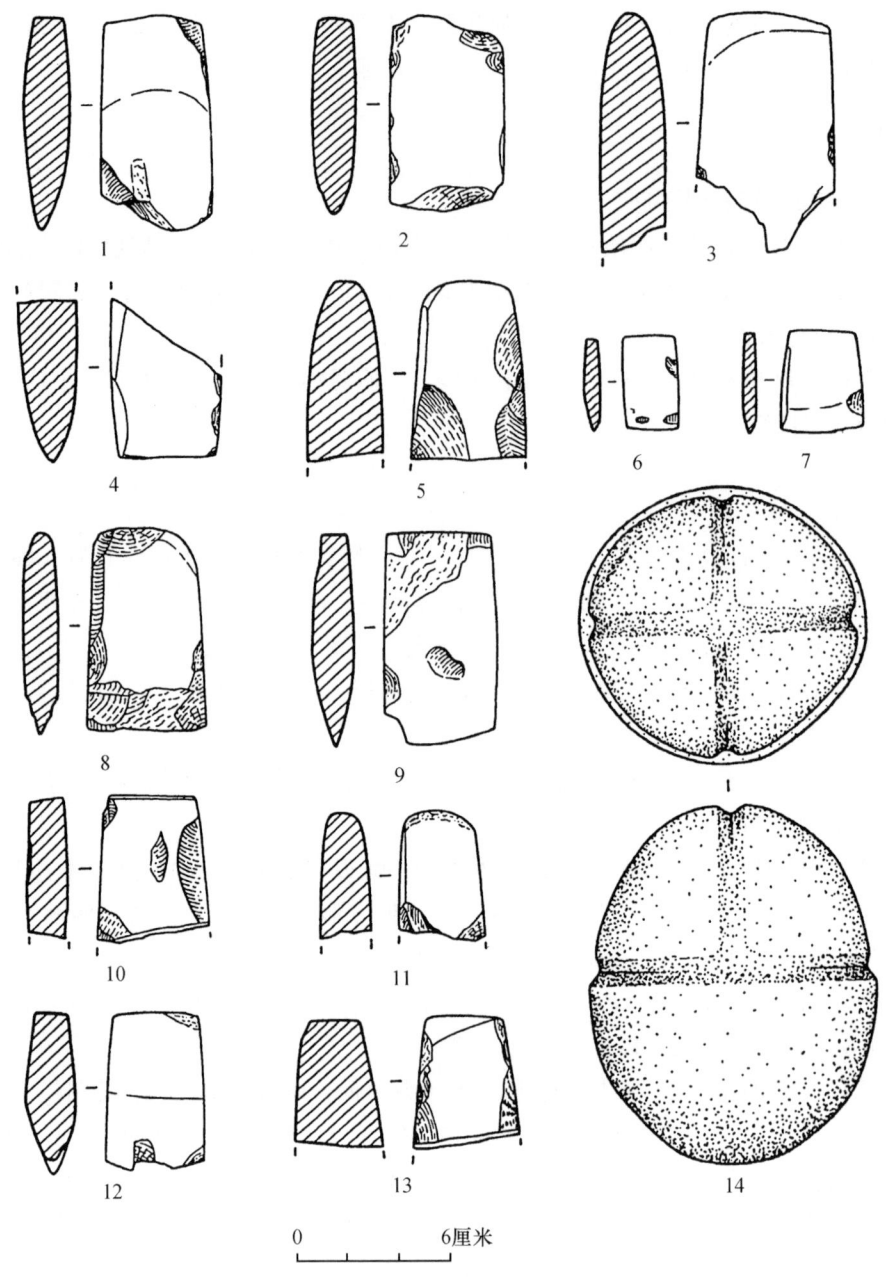

图二四 夏商时期石器

1、2、8、9. 石斧（T151⑥：8、T173⑥：12、T224⑥：14、T224⑥：9） 3、5、10、11、13. 残石器（T224⑥：13、T224⑥：8、T224⑥：15、T224⑥：17、T224⑥：16） 4、6、12. 石楔（T151⑥：9、T224⑥：11、T224⑥：7） 7. 小石砭（T224⑥：12） 14. 石锚（T224⑥：10）

卷沿碗　1件。T224⑥：28，泥质黑陶，近直口外卷，尖唇，高弧颈中束，折腹内收但已残；素面。口径17、残高6厘米（图二五，4）。

敞口盘　1件。T224⑥：31，泥质灰白陶，敞口，圆唇外卷，浅弧腹下部已残；素面。口径23.6、残高2.8厘米（图二五，21）。

敛口小盆　2件。T224⑥：37，泥质黑陶，敛口近直，窄平沿，尖圆唇外凸，弧腹下部已残；素面。口径20、残高2.8厘米（图二五，19）。T224⑥：32，泥质灰白陶，敛口，平沿，尖圆唇外凸，弧腹内收下已残；素面。内口径17.6、残高3.2厘米（图二五，1）。

第四章　夏商时期的遗存

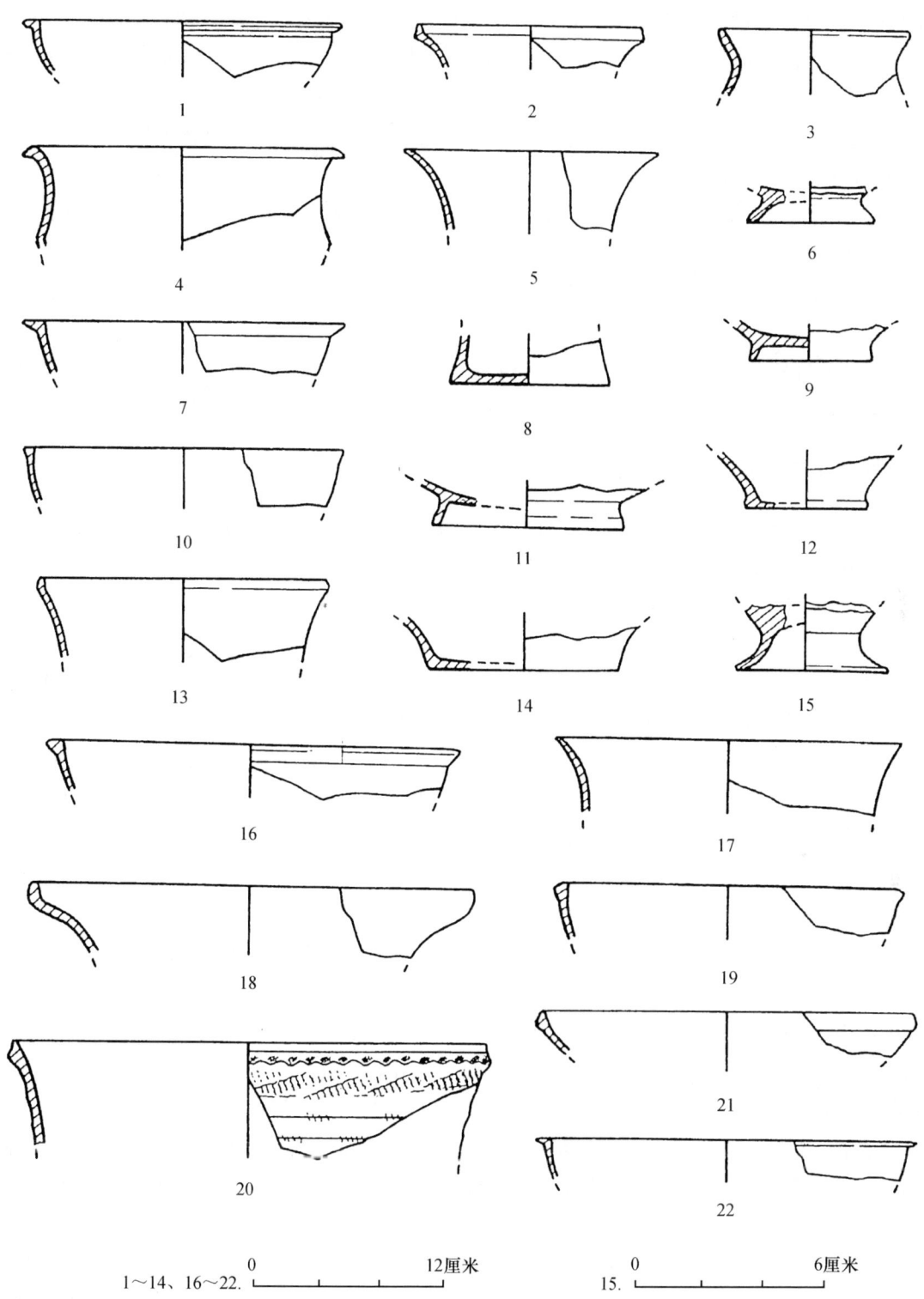

图二五　夏商时期陶器

1、10、19、22. 敛口小盆（T224⑥:32、T225⑥:70、T224⑥:37、T225⑥:68）　2、13、18. 盘口罐（T224⑥:41、T225⑥:61、T225⑥:64）　3. 束颈罐（T224⑥:30）　4. 卷沿碗（T224⑥:28）　5、17. 高领罐（T224⑥:34、T225⑥:62）　6、9、15. 碗矮圈足（T224⑥:38、T224⑥:49、T225⑥:69）　7、16. 敞口盆（T225⑥:66、T225⑥:65）　8. 杯平底（T224⑥:47）　11. 盘矮圈足（T224⑥:46）　12、14. 罐平底（T225⑥:67、T224⑥:48）　20. 花边口罐（T225⑥:63）　21. 敞口盘（T224⑥:31）

碗矮圈足　2件。T224⑥:38，夹砂红陶，仅剩圜底下附矮圈足，足壁外斜；素面。底径8、残高2厘米（图二五，6）。T224⑥:49，夹草末红陶，仅存圜底下附矮圈足，足壁外斜；素面。底径8、残高2.4厘米（图二五，9）。

盘矮圈足　1件。T224⑥:46，泥质灰白陶，仅存圜平底下附矮圈足，足壁外斜，足根圆棱状外凸；素面。底径12、残高2.8厘米（图二五，11）。

杯平底　1件。T224⑥:47，泥质红陶，筒腹上部已残，下部外斜，平底；素面，磨光。底径10、残高2.8厘米（图二五，8）。

罐平底　1件。T224⑥:48，夹砂红陶，上部已残，下腹向内弧凹，平底；素面。底径12、残高3.2厘米（图二五，14）。

另有3件纹饰标本：T224⑥:70，夹砂灰白陶，饰绳纹（图二九，10）。T224⑥:71，夹砂红褐陶，饰交错绳纹（图二九，11）。T224⑥:69，泥质红陶，饰拍印大方格纹（图二九，8）。

25. T225⑥层（包括⑥A、⑥B层）

标本15件，另有纹饰标本1件。石器有石楔和残石器；陶器有高领罐、盘口罐、花边口罐、敛口盆、敞口盆、矮圈足和罐平底。

石楔　1件。T225⑥B:7，厚体近长方形，通体磨光，斜弧刃两面磨制。长5.6、宽3.3、厚1.3厘米（图二八，1）。

残石器　4件。T225⑥A:3，厚体梯形，通体磨光，刃已残。残长5.5、宽4.8、厚3.3厘米（图二八，3）。T225⑥B:5，平薄近梯形，除顶部外，两面两边皆磨平，刃已残。残长4.1、宽3.1、厚0.7厘米（图二八，4）。T225⑥B:6，仅剩半边，原应为近长方形石斧，残存一边及两面皆磨制，弧刃单面磨制，但大部已残。残长7.2、残宽1.9、厚1.3厘米（图二八，9）。T225⑥B:8，厚体长方形，刃已残，但可见刃部两面磨制而不对称。残长5.6、宽3.4、厚1.5厘米（图二八，2）。

高领罐　1件。T225⑥:62，泥质红陶，直口外卷近喇叭形，高弧颈较直但下部已残；素面。口径22、残高4.8厘米（图二五，17）。

盘口罐　2件。T225⑥:61，夹砂红褐陶，浅盘口，方唇，高弧颈下部已残；素面。口径18、残高5.2厘米（图二五，13）。T225⑥:64，泥质红胎黑陶，盘口内凹外弧，圆唇，高弧颈下部已残；素面。口径27、残高4.4厘米（图二五，18）。

花边口罐　1件。T225⑥:63，夹砂红褐陶，直口稍外卷，方唇外斜，高弧颈下部已残；外唇压印一周凹窝状花边纹，颈上部拍印多排斜长方格纹。口径30、残高7.2厘米（图二五，20）。

敛口小盆　2件。T225⑥:70，泥质灰白陶，敛口，小平沿，尖唇外凸，弧腹下部已残；素面。口径19.2、残高3.6厘米（图二五，10）。T225⑥:68，泥质灰白陶，敛口，小弧沿，尖唇，弧腹下部已残；素面。口径23、残高2.4厘米（图二五，22）。

敞口盆　2件。T225⑥:65，泥质灰白陶，敞口，弧沿窄厚，尖圆唇，弧腹下部已残；素面。口径23.5、残高3.2厘米（图二五，16）。T225⑥:66，泥质红胎黑陶，敞口，平沿，尖圆唇，弧腹下已残；素面。口径17、残高3.2厘米（图二五，7）。

矮圈足　1件。T225⑥:69，泥质红胎黑陶，仅存厚底下附矮圈足，足壁外撇；素面。足径5、残高2.2厘米（图二五，15）。

罐平底　1件。T225⑥:67，泥质红陶，上部残，下腹斜弧内收，近底有一周扁圆凸棱，平底，未见其他纹饰。底径8、残高3.2厘米（图二五，12）。

另有1件纹饰标本：T225⑥:93，泥质黑陶，拍印细密方格纹（图三○，1）。

26. T238⑥层

标本 8 件，另有 1 件纹饰标本。陶器种类有高领罐、矮颈罐、束颈罐、小盆、灯座形器和罐平底。

高领罐　1 件。T238⑥:43，泥质红陶，直口外卷，尖唇，高弧颈，广弧肩已残；素面。口径13.2、残高 4.2 厘米（图二六，13）。

矮颈罐　1 件。T238⑥:49，泥质灰白陶，直口，窄沿内凹，方唇，矮直颈，肩已残；素面。口径 14.4、残高 2.8 厘米（图二六，12）。

束颈罐　2 件。T238⑥:44，泥质黑陶，直口外卷，尖圆唇，高颈中束，溜肩已残；素面。口径14.7、残高 6 厘米（图二六，7）。T238⑥:46，夹砂黑陶，直口外卷，尖唇外斜，束颈，溜肩已残；素面。口径 16.8、残高 5.8 厘米（图二六，1）。

敛口小盆　1 件。T238⑥:48，泥质灰陶，敛口近直，窄平沿，圆唇，深弧腹下已残；素面。口径 17.6、残高 3.5 厘米（图二六，10）。

灯座形器　1 件。T238⑥:45，泥质灰陶，敞口近喇叭状，尖圆唇，宽斜沿微凹，口沿下部已残；口沿中部饰一周凹弦纹。口径 16.4、残高 3.8 厘米（图二六，9）。

罐平底　2 件。T238⑥:47，泥质红陶，上部残，腹下部弧内收，平底；素面。底径 16.5、残高4.2 厘米（图二六，18）。T238⑥:50，泥质黑陶，上部残，腹下部弧内收，小平底；素面。底径9.4、残高 2.4 厘米（图二六，16）。

另有纹饰标本 1 件：T238⑥:51，夹砂红褐陶，饰交错斜绳纹（图三〇，4）。

27. T244⑥层

标本 8 件，有残石器、石圆饼状器和陶束颈罐、卷沿碗、敛口盘、敞口盘、罐平底。

残石器　1 件。T244⑥:3，较厚近梯形，弧顶为原面，两面两边皆磨制，刃已残。残长 8.4、宽5.3、厚 2.2 厘米（图二八，10）。

石圆饼状器　1 件。T244⑥:4，红褐色砂岩，圆形两面平，直边，似纺轮但中间没有穿孔，虽只琢打，但甚规整，仅剩一角，用途不明。直径 7.6、厚 1.7 厘米（图二八，8）。

束颈罐　2 件。T244⑥:5，夹砂红陶，侈口，束颈，圆唇，弧沿外卷，弧肩已残；素面。口径16、残高 4.8 厘米（图二六，8）。T244⑥:7，泥质黑陶，侈口，束颈，圆唇，卷沿，弧肩已残；素面。口径 20、残高 3.6 厘米（图二六，2）。

卷沿碗　1 件。T244⑥:8，泥质红陶，敞口，尖圆唇，卷沿，深腹上部近直，下部弧折内收，底已残；素面。口径 18、残高 6 厘米（图二六，11）。

敛口盘　1 件。T244⑥:11，泥质黑陶，敛口，尖圆唇，浅弧腹下部残；素面。口径 18、残高2.8 厘米（图二六，5）。

敞口盘　1 件。T244⑥:12，泥质灰胎黑陶，敞口，尖圆唇，浅弧腹，底已残；素面。口径 20、残高 2.4 厘米（图二六，6）。

罐平底　1 件。T244⑥:6，泥质黑陶，上部残，下腹弧内收，平底；素面。口径 8、残高 2.4 厘米（图二六，17）。

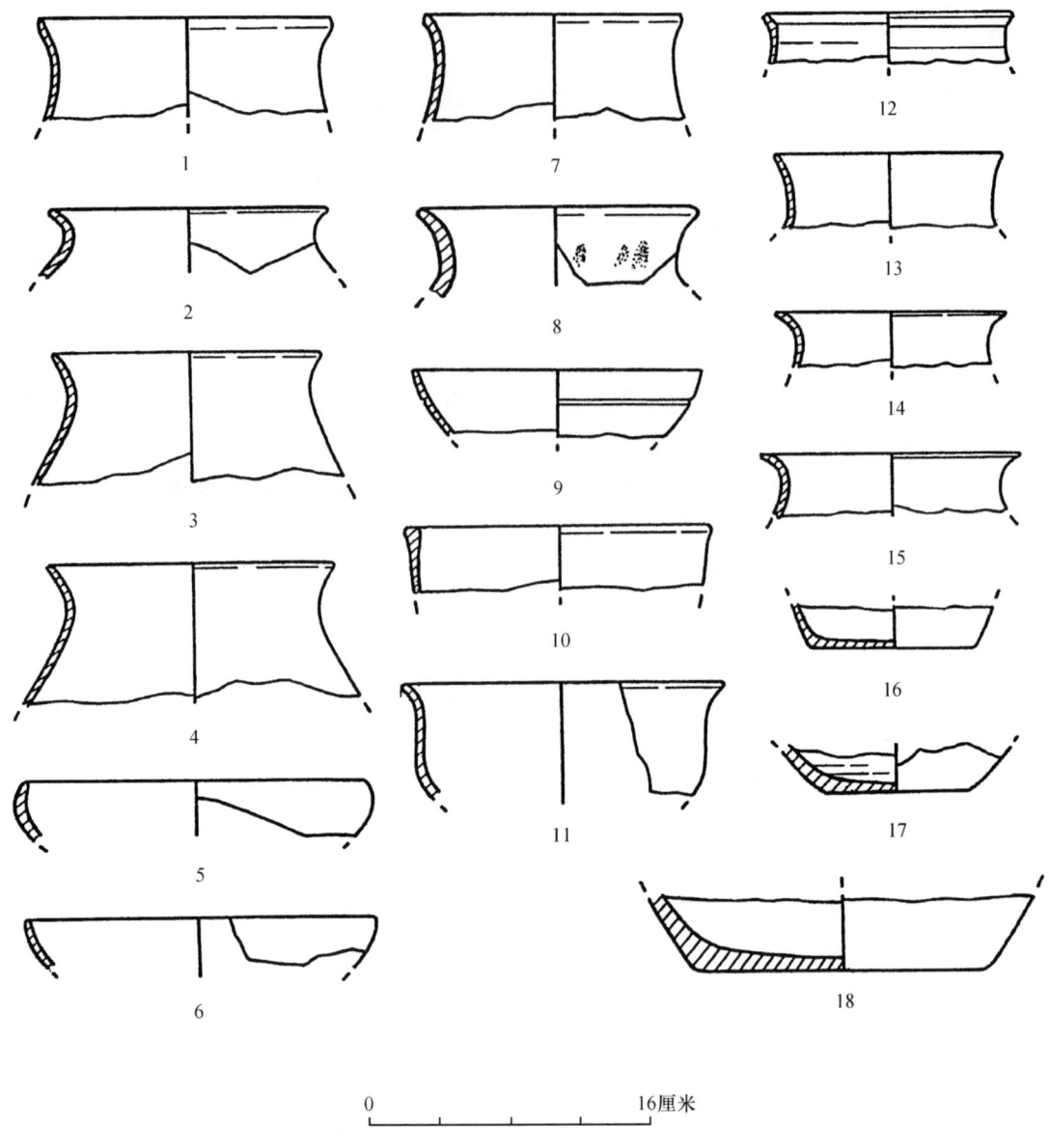

图二六 夏商时期陶器

1~4、7、8、14、15. 束颈罐（T238⑥:46、T244⑥:7、T364⑥:63、T364⑥:69、T238⑥:44、T244⑥:5、T364⑥:49、T364⑥:54） 5. 敛口盘（T244⑥:11） 6. 敞口盘（T244⑥:12） 9. 灯座形器（T238⑥:45） 10. 敛口小盆（T238⑥:48） 11. 卷沿碗（T244⑥:8） 12. 矮颈罐（T238⑥:49） 13. 高领罐（T238⑥:43） 16~18. 罐平底（T238⑥:50、T244⑥:6、T238⑥:47）

28. T364⑥层

标本25件，另有纹饰标本2件。石器有石斧、小石锛、雕凿器；陶器有高领罐、矮颈罐、束颈罐、盘口罐、花边口罐、高领瓮、大圈足盘、敞口盆、罐平底。

石斧 1件。T364⑥:4，厚体近梯形，顶部已残，通体磨光，弧刃两面磨制，有使用痕。残长4.1、宽3.5、厚1.9厘米（图二八，5）。

小石锛 1件。T364⑥:3，扁薄近梯形，通体磨光，弧顶，两面微弧，两边外斜，斜弧刃近平，单面磨制。长5.9、宽2.7、厚1厘米（图二八，7；图版三，6）。

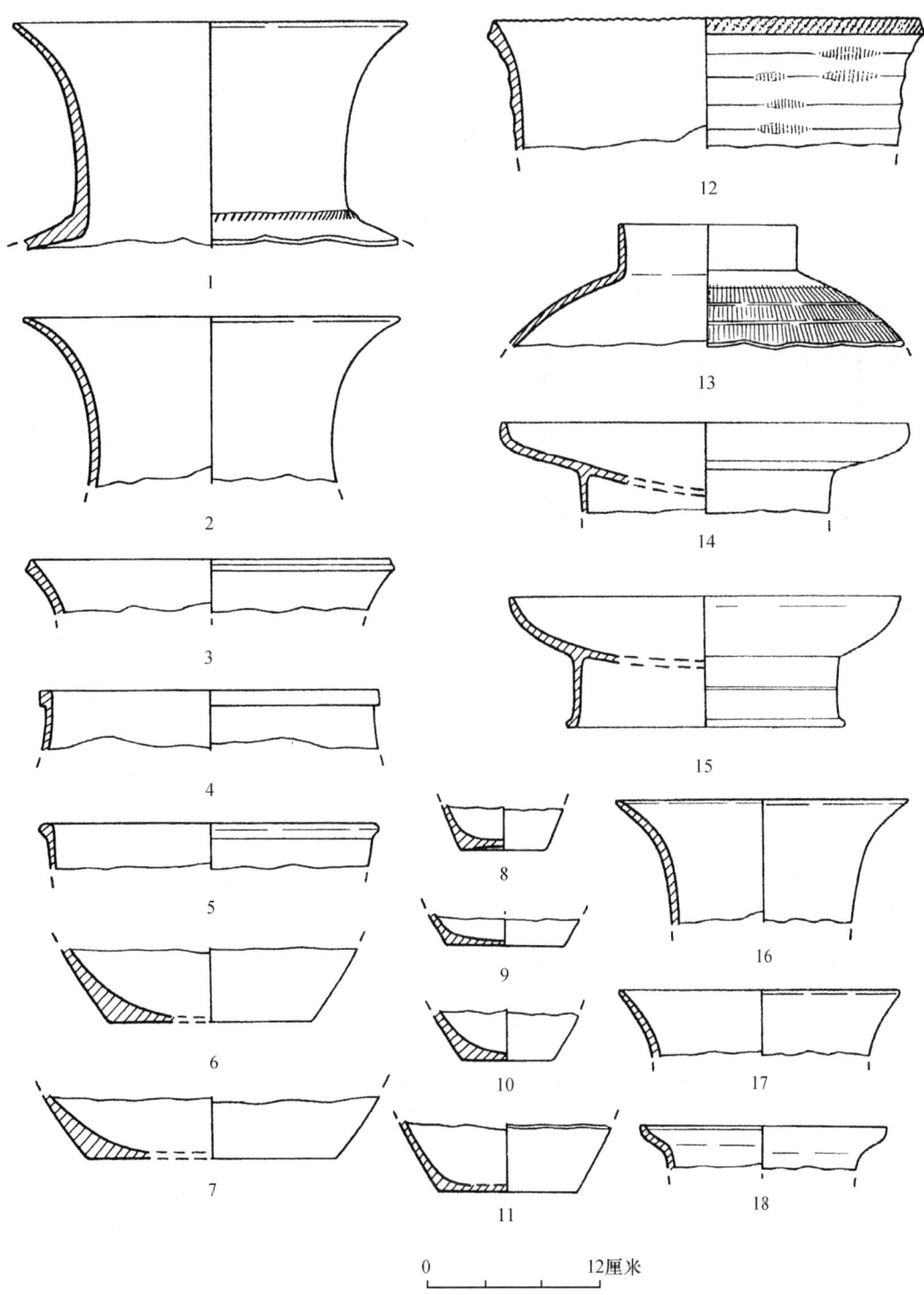

图二七 夏商时期陶器

1~3、16、17. 高领罐（T364⑥:64、T364⑥:72、T364⑥:71、T364⑥:65、T364⑥:52） 4. 矮颈罐（T364⑥:70） 5. 敞口盆（T364⑥:57） 6、7. 罐平底（T364⑥:60、T364⑥:59） 8~11. 小罐平底（T364⑥:56、T364⑥:58、T364⑥:68、T364⑥:53） 12. 花边口罐（T364⑥:62） 13. 高领瓮（T364⑥:61） 14、15. 大圈足盘（T364⑥:51、T364⑥:50） 18. 盘口罐（T364⑥:66）

雕凿器 1件。T364⑥:1，方柱体圭形，通体磨光，两边下部对磨成角状刃。长5.6、宽1.5、厚1.55厘米（图二八，6）。

高领罐 5件。其中4件尖圆唇：T364⑥:64，泥质红陶，喇叭口，尖圆唇，高弧颈，广弧肩已残；颈、肩之间饰一周锥刺纹。口径 27.6、残高 11.6 厘米（图二七，1）。T364⑥：65，泥质红陶，喇叭口，尖圆唇，高弧颈下部已残；未见纹饰。口径 20.8、残高 8.4 厘米（图二七，16）。T364⑥：72，泥质红陶，喇叭口，尖圆唇，高弧颈下部已残；素面。口径 26.4、残高 11.4 厘米（图二七，2）。T364⑥：52，夹砂红陶，喇叭口，尖圆唇，高弧颈已残；素面。口径 20、残高 4.6 厘米（图二七，17）。另有一件为方唇外斜：T364⑥：71，夹砂红褐陶，直口外卷近喇叭口，方唇外斜，高弧颈大部已残；方唇中间一周凹弦纹。口径 26、残高 3.8 厘米（图二七，3）。

矮颈罐　1件。T364⑥：70，泥质黑陶，直口，小平沿，宽厚唇处附口下如带状，粗矮颈外弧，肩已残；素面。口径 24、残高 4.2 厘米（图二七，4）。

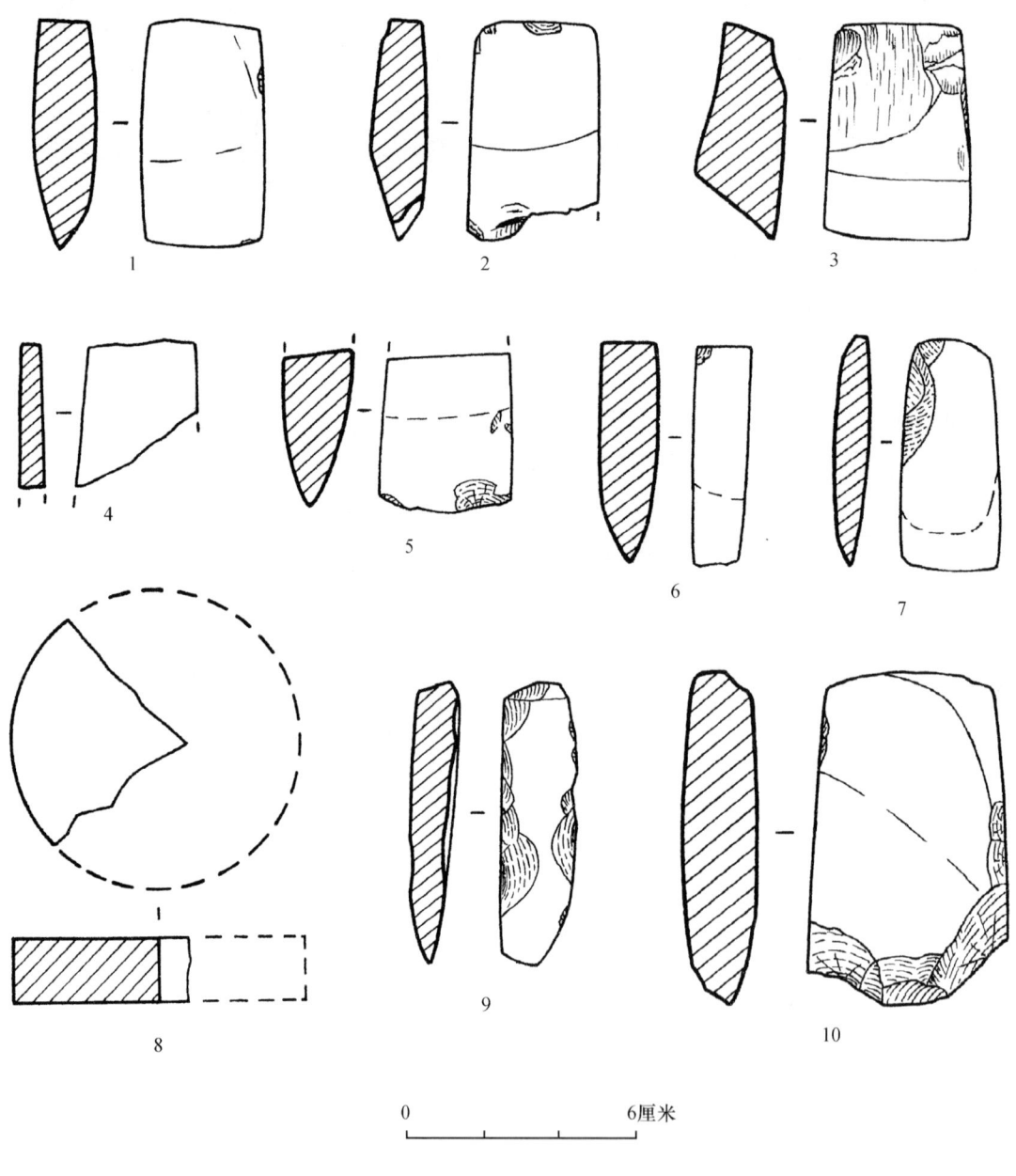

图二八　夏商时期石器
1. 石楔（T225⑥B：7）　2~4、9、10. 残石器（T225⑥B：8、T225⑥A：3、T225⑥B：5、T225⑥B：6、T244⑥：3）　5. 石斧（T364⑥：4）　6. 雕凿器（T364⑥：1）　7. 小石砝（T364⑥：3）　8. 石圆饼状器（T244⑥：4）

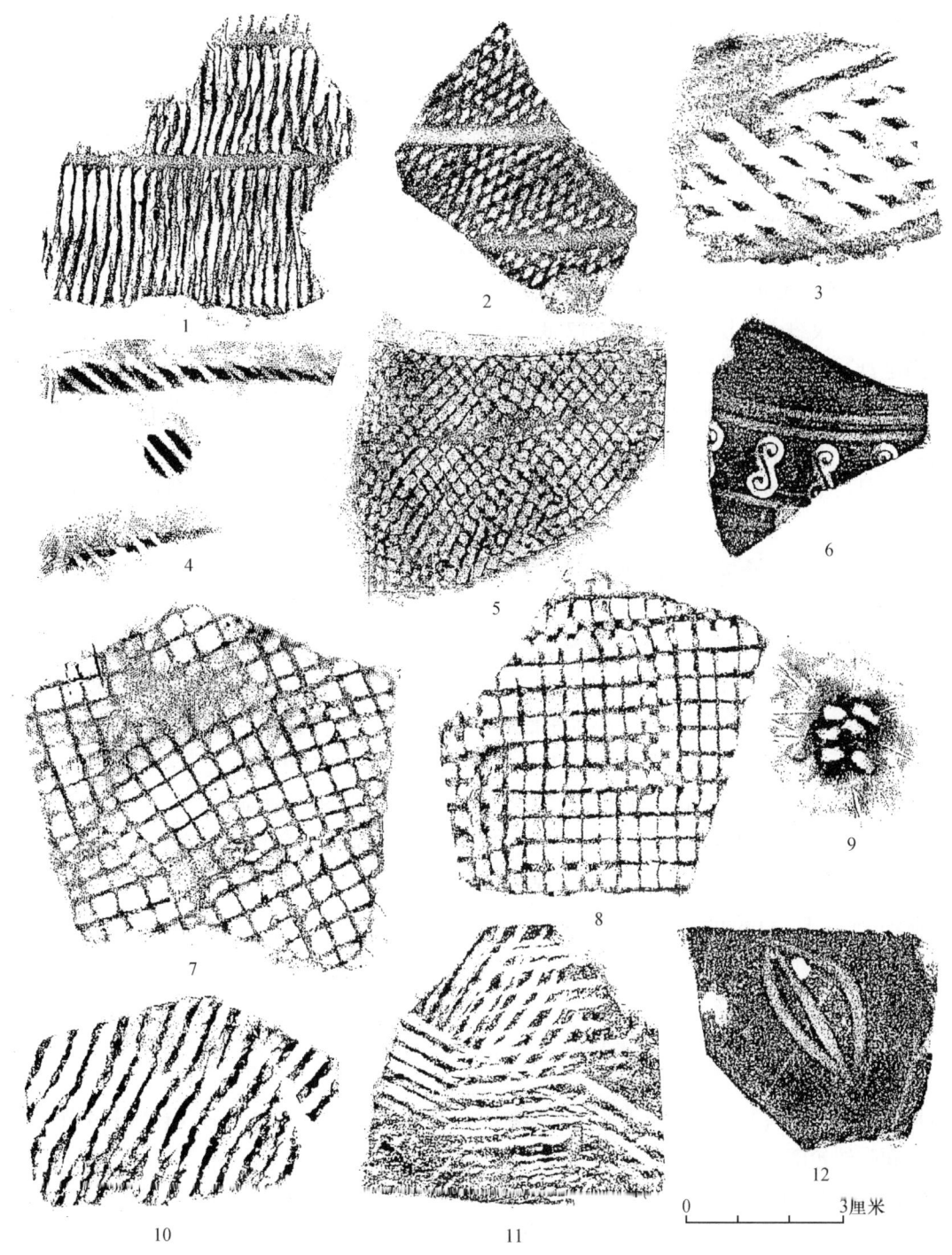

图二九　夏商时期陶器纹饰

1. 切篮纹（H53:10）　2. 切绳纹（H54:2）　3. 菱形方格纹（T22⑦:37）　4、9. 贝纹（T35⑦:17、T35⑦:18）　5. 方格纹（H53:9）　6. "S"纹（T17⑥B:17）　7、8. 大方格纹（T15⑥B:89、T224⑥:69）　10. 绳纹（T224⑥:70）　11. 交错绳纹（T224⑥:71）　12. 刻划符号（T36⑥:15）

束颈罐　4件。T364⑥:49，夹砂红陶，侈口，束颈，弧沿外卷，尖圆唇，肩已残；素面。口径13.2、残高3.2厘米（图二六，14）。T364⑥:54，夹砂红陶，侈口，束颈，弧沿外卷，尖圆唇，肩已残；素面。口径14.6、残高3.8厘米（图二六，15）。T364⑥:63，泥质红陶，侈口，束颈，卷沿，尖圆唇，斜弧肩，腹已残；素面。口径15.4、残高7.4厘米（图二六，3）。T364⑥:69，夹砂黑陶，侈口，束颈，卷沿，尖圆唇，斜弧肩，腹已残；素面。口径16.4、残高7.8厘米（图二六，4）。

盘口罐　1件。T364⑥:66，夹砂红陶，浅盘口，圆唇，高颈近直，但下部已残；内口下一周凹弦纹。口径17.8、残高3厘米（图二七，18）。

花边口罐　1件。T364⑥:62，夹砂红陶，直口外卷，近喇叭状，方唇外斜，高颈近直，但下部已残；口唇上压印斜细绳纹，颈部又饰四周以上凸弦纹，每周凸棱上又局部压印竖细绳纹。口径30.8、残高9厘米（图二七，12）。

高领瓮　1件。T364⑥:61，泥质灰胎黑陶，直口，尖圆唇，直颈，广弧肩，腹已残；肩饰由竖绳纹和三周凹弦纹组成的切绳纹。口径12.8、残高8.5厘米（图二七，13）。

大圈足盘　2件。T364⑥:50，泥质黑陶，敞口，尖圆唇，浅弧腹，大圜底已残，下附粗大圈足，足壁近直稍外斜，足根圆棱状外凸；足中部一周深凹弦纹。口径27.8、足径20、通高9厘米（图二七，15）。T364⑥:51，泥质黑陶，敞口近直，尖圆唇，浅弧腹，大圜底已残，下附粗大圈足，足壁近直，但足壁下部已残；下腹一周凹弦纹。口径28.8、残足径17.8、残高6.2厘米（图二七，14）。

敞口盆　1件。T364⑥:57，泥质灰陶，敞口近直，窄平沿，尖圆唇外凸，深弧腹上部近直，下部已残；素面。口径23.8、残高3.2厘米（图二七，5）。

罐平底　6件。T364⑥:59，泥质红陶，上已残，下腹弧内收，平底；素面。底径17.6、残高4.2厘米（图二七，7）。T364⑥:60，泥质红陶，上残，下腹弧内收成平底；素面。底径14.4、残高5厘米（图二七，6）。其余4件为小罐平底：T364⑥:53，夹砂红陶，上残，下腹弧内收，平底；素面。底径10、残高4.8厘米（图二七，11）。T364⑥:56，夹砂陶外红内黑，上部残，下腹斜内收，平底；素面。底径6、残高3厘米（图二七，8）。T364⑥:58，泥质灰陶，上残，下腹弧内收，平底；素面。底径8.4、残高2厘米（图二七，9）。T364⑥:68，夹砂陶外红内黑，上部已残，下腹弧内收成平底；素面。底径6.4、残高3.5厘米（图二七，10）。

纹饰标本　2件。T364⑥:73，泥质灰胎黑陶，饰由竖绳纹加横凹弦纹组成的切绳纹（图三〇，3）。T364⑥:74，泥质红陶，饰不规整的方格纹（图三〇，2）。

（四）其他遗物

包括采集和一些探方第②层出土的扰乱器物，可确认为"夏商遗物"的，有如下4件标本；可分折沿罐和陶纺轮两种：

折沿罐　1件。T25②:2，夹砂红胎黑陶，侈口，束颈，折沿微凹，尖圆唇，斜弧肩，深弧腹下部已残；肩至腹拍印斜方格纹。口径16、残高6.8厘米（图三一，1）。

陶纺轮　3件。T27②:5，泥质红灰陶，扁薄两面平，斜边型；素面。面径3.6、底径3.8、高0.5厘米（图三一，2）。T245②:1，夹砂红褐陶，较厚角边型，顶面微内凹，底面平；素面。顶面和底径直径同为2.8、角边最大直径为6.6、高3.2厘米（图三一，4）。采:1，夹细砂红褐陶，较厚弧边型，上为圆弧面，底面平；素面。底径4、高1.5厘米（图三一，3；图版三九，9）。

第四章　夏商时期的遗存　　57

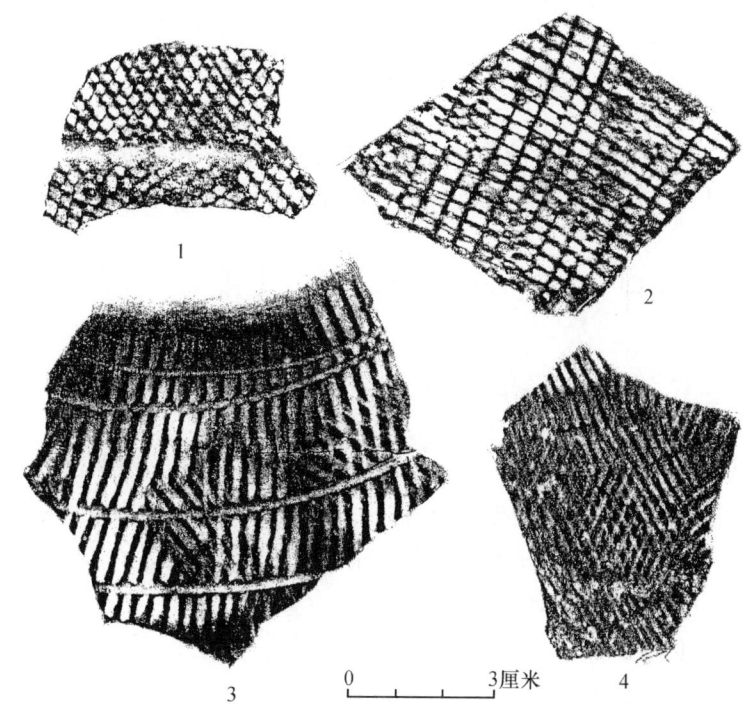

图三〇　夏商时期陶器纹饰

1、2. 小方格纹（T225⑥:93、T364⑥:74）　3. 切绳纹（T364⑥:73）　4. 交错斜绳纹（T238⑥:51）

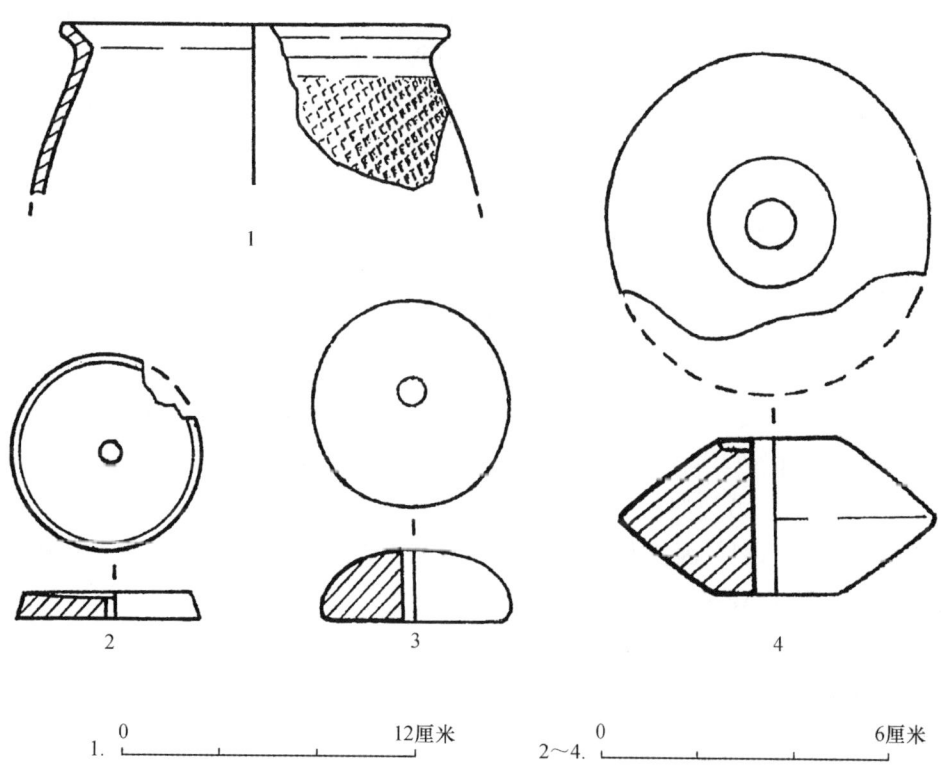

图三一　夏商时期陶器

1. 折沿罐（T25②:2）　2~4. 纺轮（T27②:5、采:1、T245②:1）

三、小　　结

前述5个灰坑、2座墓葬和28个地层单位的文化遗物，以及其他单位的4件遗物，红庙岭遗址夏商时期的文物标本共224件。其中，石器和陶纺轮等生产工具69件，各种陶器生活用品139件，另有纹饰标本16件。

下面分析这些生产工具和生活用品的种类和型式。

（一）生产工具的种类和型式

生产工具有69件标本，可分为打制石器、石斧、小石锛、石楔、雕凿器、石锚、石矛、有孔石铲、石杵、石圆饼状器、残石器和陶纺轮12种器物。

打制石器　8件。可分为石锄、石斧、石锛和石凿，每类都没有进一步分型分式：

打制石锄　1件。T15⑥B∶20。

打制石斧　3件。T15⑥B∶24、T15⑥B∶29、T15⑥B∶32。

打制石锛　3件。T15⑥B∶26、T15⑥B∶27、T15⑥B∶28。

打制石凿　1件。T224⑦∶57。

石斧　16件。可分A、B、C三型：

A型：弧刃。9件。又可分a、b、c三个亚型：

Aa型：中厚体。5件。因"大溪文化时期"已有一件Aa型石斧，所以，夏商时期的T15⑥B∶23、T15⑥B∶25、T15⑥B∶30、T15⑥B∶31和T17⑥A∶3这5件标本，皆属于AaⅡ式。

Ab型：特厚体。1件。因"大溪文化时期"未见，故T364⑥∶4这件标本属AbⅠ式。

Ac型：扁薄体。3件。也是"大溪文化时期"未见，故M3∶3、M3∶4、M3∶9这3件标本都属AcⅠ式。

B型：平刃。1件。H12∶1，属于BⅠ式。

C型：斜刃。6件。T15⑥∶16、T27⑦∶4、T151⑥∶8、T173⑥∶12、T224⑥∶9、T224⑥∶14，皆属CⅠ式。

小石锛：4件，可分A、B二型：

A型：平刃或平刃稍弧。3件。T15⑥B∶21、T17⑥∶2、T364⑥∶3这3件标本皆属AⅠ式。

B型：斜弧刃。1件。T224⑥∶12属于BⅠ式。

石楔　7件，可分A、B二型：

A型：两面刃对称；4件。因"大溪文化时期"已出土2件，故T17⑥∶1、T151⑥∶9、T225⑥B∶7、T15⑥∶22这4件标本皆属AⅡ式。

B型：两面刃不对称。3件。T224⑥∶7、T224⑥∶11、M3∶1这3件标本皆属BⅠ式。

雕凿器　2件，可分A、B二型：

A型：圭形。1件。T364⑥∶1属于AⅠ式。

B型：长条单头刃。1件。因更早和更晚都存在这种雕凿器，故T27∶6属于BⅡ式。

红庙岭遗址还发现"秦汉时期"的长条双头刃雕凿器，属于C型，夏商时期未见。

石锚　1件。T224⑥∶10属于Ⅰ式。

石矛　1件。M3∶5属于Ⅰ式。

有孔石铲　1件。T22⑦：1。因更早和更晚都没有出土，未分型式。

石杵　1件。T15⑥：17。也仅出土一件未分型式。

石圆饼状器　1件。T224⑥：4。未分型式。

残石器　20件。可分A、B、C三型：

A型：特厚体，体厚3厘米以上。4件。T15⑥：18、T224⑥：8、T224⑥：16、T225⑥A：3。没有进一步分式。

B型：厚体型，体厚2～3厘米。6件。T15⑥：19、T224⑥：13、T224⑥：17、T225⑥B：6、T225⑥B：8、T224⑥：3。比夏商时期更早或更晚皆未见。

C型：薄体型，体厚在2厘米以下。10件。T15⑥：1、T15⑥：11、T15⑥：12、T15⑥：14、T224⑦：56、T224⑥：15、T225⑥B：5、H53：1、H53：2、M7：1。没有进一步分式。

陶纺轮　7件。可分为A、B、C和F四型（D、E两型只发现于秦汉时期，夏商时期未见）：

A型：扁薄两面平，斜边。2件。T15⑥：9、T27②：5 这两件标本皆属AⅠ式。

B型：厚体两面平，斜边。2件。M3：2、T15⑥：13 这两件标本皆属BⅠ式。

C型：较厚体两面平，角边型。1件。T245②：1 属于CⅠ式。

F型：弧面平底型。2件。可分二式：H3：1为薄体而属FⅠ式，采：1为厚体而属FⅡ式。

上述12种生产工具，虽然已作了初步分类、分型、分亚型和分式工作，而且有的种类和型式在"大溪文化时期"就已出现，并且在比夏商时期更晚的周代以至秦汉时期仍然存在，由此可认识不同发展时期的种类变化和型式的发展。但是由于周代和秦汉时期的生产工具还在下面才作介绍，所以，种类的增减情况和型式的发展变化，本章不作进一步论述，而在第十一章的"结语"再谈有关认识。

（二）生活用品的种类和型式

红庙岭遗址在夏商时期的生活用品，只发现陶器，且多为陶片。

这一时期的陶系，除了多数的地层单位都分别作了统计外，还做了三次综合统计：

第一、二次发掘简报中曾以T15、T17、T22和T23这四个探方第⑥和⑦层的陶片作了综合统计。

第三次发掘简报中又以T224、T225和T244这三个探方的第⑥层出土陶片作了综合统计。

第一至五次发掘的总统计，则以前述报道的各地层单位和各遗迹单位出土的139件标本重新统计，并制成"夏商时期各类标本的数量及陶系统计表"（附表二）。

在陶色方面：这三次综合统计的比例都基本一致：这就是都以红陶系为主。其中T15等四个探方的红陶片比例占54.46%；T224等三个探方的红陶片比例占55.8%；而139件标本的红陶比例占47.48%。

略为不同的是：T15等四个探方都是灰陶次之，占22.43%；褐陶又次之，占12.74%；黑陶最少，只占9.96%。而T224这三个探方则是黑陶次之，占30.52%；灰陶只占13.68%。这次重新统计的139件标本中，则灰陶次之占27.34%；黑陶占25.18%。

分析T15等四个探方的陶片和139件标本都以灰陶次之，而T224等三个探方的陶片又以黑陶次之的原因，则可能与T224等三个探方都只有第⑥层而没有第⑦层有关。

在陶质方面，这三次综合统计的比例都基本一致。其中，T15等四个探方都以泥质陶为主，占69.73%；夹砂陶只占30.27%。T224等三个探方的泥质陶占66.06%；夹砂陶占33.94%。而139

件标本的泥质陶占 70.5%；夹砂夹草末的杂质陶占 29.5%。也就是说，红庙岭遗址在夏商时期的陶质，约 70% 左右为泥质陶，夹砂夹草末的杂质陶只占 30% 左右。

红庙岭遗址在夏商时期的陶片纹饰，据 T15、T17、T22 和 T23 的综合统计，约占 21.21% 的陶片有花纹装饰；而据 T224、T225 和 T244 这三个探方的综合统计，有纹饰的陶片约占 21.22%。

在 T224 这三个探方的陶片纹饰中：

方格纹 148 片，占陶片总数 1579 片的 9.37%；

粗绳纹 117 片，占总数的 7.41%；

细绳纹 23 片，占总数的 1.46%；

凹弦纹 18 片，占总数的 1.14%；

附加堆纹 18 片，也占总数的 1.14%；

贝纹 6 片，占总数 0.39%；

凸弦纹 3 片，占总数 0.19%；

切绳纹 1 片，占总数 0.06%；

戳印纹 1 片，占总数 0.06%。

在其他探方的地层单位或遗迹单位中，还发现如下其他纹饰：

镂孔，在 T15 中占 0.4%；

箅纹，在 T15 中占 0.1%；

锥刺纹，在 T23 中占 0.1%；

切篮纹，在 H53 发现 1 片。

总的来说，红庙岭遗址在夏商时期的陶片纹饰，以方格纹和绳纹为主，其次为凹弦纹和附加堆纹，另有零星的贝纹、凸弦纹、戳印纹、镂孔、箅纹、锥刺纹和篮纹。

红庙岭遗址在夏商时期的陶器生活用品可分为：高领罐、矮颈罐、束颈罐、盘口罐、折沿罐、花边口罐、高领瓮、鬲、敛口钵、大圈足盘、盘口沿、卷沿碗、盆口沿、平底杯、小碟、灯座形器、盘矮圈足、碗矮圈足、高圈足和罐平底 20 个种类。

下面分别介绍各类器物的型、亚型及标本号：

高领罐　简称 A 型罐。13 件。可分 a、b、c、d 四个亚型：

Aa 型：弧颈，口沿外卷，呈喇叭口。11 件。标本号为：T15⑥A:63、T17⑥A:14、T27⑦:22、T224⑥:34、T225⑥:62、T364⑥:52、T364⑥:64、T364⑥:65、T364⑥:72、H54:1、M3:010。

Ab 型：弧颈，口沿外斜。1 件。T364⑥:71。

Ac 型：直颈微束，口沿外斜近直。1 件。H53:8。

Ad 型：小高领罐，弧颈，口沿外卷。1 件。T238⑥:43。

矮颈罐　简称 B 型罐。2 件。可分 a、b 两个亚型：

Ba 型：窄沿外斜内凹，矮直颈。1 件。T238⑥:49。

Bb 型：直口微内斜，口外起带状凸棱。1 件。T364⑥:70。

束颈罐　简称 C 型罐。18 件。可分 a、b 两个亚型：

Ca 型：高弧颈微束，溜肩。10 件。H53:5、H53:7、T15⑥:68、T22⑦:21、T174⑥:3、T224⑥:30、T238⑥:44、T238⑥:46、T364⑥:49、T364⑥:63。

Cb 型：矮弧颈深束，弧肩。8 件。T23⑥:21、T23⑥:22、T173⑥:8、T174⑥:2、T224⑥:5、T224⑥:7、T364⑥:54、T364⑥:69。

盘口罐　简称 D 型罐。9 件。可分 a、b、c 三个亚型：

Da 型：盘口外敞。4 件。T17⑥B：13、T17⑥A：12、T3⑦5：11、T364⑥：66。

Db 型：盘口近直。2 件。T27⑥：21、T225⑥：64。

Dc 型：盘口内敛。3 件。T158⑥：8、T224⑥：41、T225⑥：61。

折沿罐　简称 E 型罐。2 件。T27⑥：19、T25②：2。

花边口罐　简称 F 型罐。6 件。可分 a、b 两个亚型：

Fa 型：盘口，3 件。T15⑥B：69、T27⑥：18、T36⑦：10。

Fb 型：直口外敞或外斜，2 件。T17⑦：15、T225⑥：63、T364⑥：62。

高领瓮　3 件。可分 A、B、C 三型：

A 型：直口，方唇外凸，广弧肩。1 件。T15⑥A：72。

B 型：直口，尖圆唇无沿，广弧肩。1 件。T364⑥：61。

C 型：直口，弧肩，深弧腹，凹平底。1 件。H53：4。

鬲口鬲足　各 1 件。

鬲口　1 件。T17⑥：8，直口外卷，粗矮颈。结合更晚时期的出土，此标本可作为 A 型鬲口。

鬲足　1 件。T151⑥：10，扁圆锥形。结合更晚时期的出土，此标本可作为 A 型鬲足。

敛口钵　3 件。T25⑦：6、T35⑥：9、T173⑥：4。

大圈足盘　3 件。可分 A、B 二型：

A 型：敞口。2 件。T364⑥：50、M3：8。

B 型：敞口近直。1 件。T364⑥：51。

盘口沿　12 件。可分 A、B、C、D、E 五型：

A 型：敞口，尖圆唇或方唇。3 件。T158⑥：6、T244⑥：12、M3：6。

B 型：敞口，窄平沿。3 件。T15⑥B：71、T17⑥：7、T17⑥A：11。

C 型：敞口，外折沿。1 件。T35⑥：10。

D 型：敞口，带状唇外凸。2 件。T158⑥：3、T224⑥：31。

E 型：敛口，尖圆唇。3 件。T36⑥：8、T173⑥：5、T244⑥：11。

卷沿碗　4 件。T17⑥：10、T173⑥：6、T224⑥：28、T244⑥：8。

盆口沿　10 件。可分 A、B、C 三型：

A 型：敛口窄沿小盆。5 件。T224⑥：32、T224⑥：37、T225⑥：68、T225⑥：70、T238⑥：48。

B 型：敛口宽平沿大盆。1 件。T15⑥：66。

C 型：敞口盆。4 件。T15⑥B：70、T225⑥：65、T225⑥：66、T364⑥：57。

平底杯　3 件。可分 A、B 二型：

A 型：筒腹中束。2 件。T224⑥：47、T15⑥：33。

B 型：敞口，卷沿。1 件。H53：3。

小碟　1 件。T15⑥A：65。

灯座形器　4 件。T17⑥：9、T22⑦：23、T35⑦：12、T238⑥：45。

盘矮圈足　6 件。可分 A、B 二型：

A 型：足壁外斜，足根有凸棱。4 件。T17⑦：16、T35⑦：13、T158⑥：10、T224⑥：46。

B 型：凸棱状矮圈足。2 件。T126⑥：5、H11：1。

碗矮圈足　4 件。足壁外斜或外撇，有的外斜近直，没有进一步分型。T23⑦：23、T224⑥：38、T224⑥：49、T225⑥：69。

高圈足　4件。可分A、B二型：

A型：足壁外斜。1件。T23⑦：24。

B型：足根外撇，足壁凹弧状。3件。T151⑥：6、T158⑥：2、M3：7（足根已残）。

罐平底　29件。可分A、B、C、D四型：

A型：下腹弧内收。24件。又可分为a、b两个亚型：

Aa型：底径10厘米以上。14件。T15⑥A：64、T22⑦：22、T23⑦：25、T25⑦：7、T27⑦：23、T35⑥：8、T158⑥：12、T173⑥：9、T174⑥：4、T238⑥：47、T364⑥：53、T364⑥：59、T364⑥：60、H53：6。

Ab型：底径小于10厘米。10件。T15⑥B：67、T36⑦：9、T158⑥：11、T173⑥：11、T224⑦：51、T238⑥：50、T244⑥：6、T364⑥：56、T364⑥：58、T364⑥：68。

B型：下腹弧凹或内斜。3件。T27⑥：20、T224⑦：50、T224⑥：48。

C型：下腹弧凹，近底外附一周凸棱。1件。T225⑥：67。

D型：平底内凹如假圈足。1件。T25⑦：8。

虽然红庙岭遗址在夏商时期以至以后更晚时期的生活用品都多是难以复原的陶器口沿或底部残片，但各类器物只有进一步分型和亚型，才能结合以后各类器物的增减和型式变化，认识红庙岭遗址的先民所使用的生活用品的发展和演变。总认识也在第十一章的"结语"进一步论述。

第五章 周代时期的遗存

一、概　述

红庙岭遗址的周代文化遗存，基本都分布在夏商时期文化遗存之上，但分布范围比夏商时期的更广，因为在海拔100米的T1第①层曾发现战国时期的陶盂，说明在海拔130米以下的地带，也存在周代遗存。

周代遗存包括各探方⑤层下各"遗迹单位"和各探方第⑤层、⑤A层、⑤B层各"地层单位"；也包括④层下各"遗迹单位"。

红庙岭遗址第1~3次发掘各探方的第④层堆积，简报曾作为周代文化遗存，本报告已把各探方这一层堆积的地层单位全部归属"秦、西汉时期的遗存"，而不属"周代时期的遗存"。

各探方的第⑤层堆积，都是黄灰土夹红烧土块。在T223、T224、T225、T226这四个探方中，堆积厚达0~70厘米。

有的探方已把第⑤层堆积分为A、B两小层。其中⑤A层为黑褐土夹红烧土块；而⑤B层才和⑤层一样是黄灰土夹红烧土块。

二、文化遗存

包括遗迹和遗物。

遗迹包括1条灰沟及20个灰坑和64座墓葬。

遗物包括各"遗迹单位"的出土遗物、各"地层单位"的出土标本和各扰乱单位中的遗物三种。

下面从灰沟、灰坑、墓葬、地层单位和其他遗物五个方面介绍这些遗存。

（一）灰　沟

仅G4一条灰沟。

位置：G4源于西部T363，向南拐弯又向北流，在T364、T35、T36、T37都有分布。

层位关系：开口④层下，打破⑤层；也打破④层下M22。

形制大小：弯曲不规则形，弧壁，圜底。残长1100、宽50~300、深40~80厘米（图三二）。

填土与标本：填土灰黑色。标本4件，有束颈罐、圈足盘和陶纺轮三种器物。

束颈罐　2件。G4:1，夹砂黑陶，侈口，束颈，卷沿，尖圆唇，斜溜肩，深弧腹下部外鼓，但腹已残；肩饰竖细绳纹，腹饰斜绳纹。口径21、残高11.2厘米（图三四，6）。G4:4，夹砂黑陶，侈口，束颈，卷沿，圆唇，弧肩已残；素面。口径15.6、残高4.8厘米（图三四，4）。

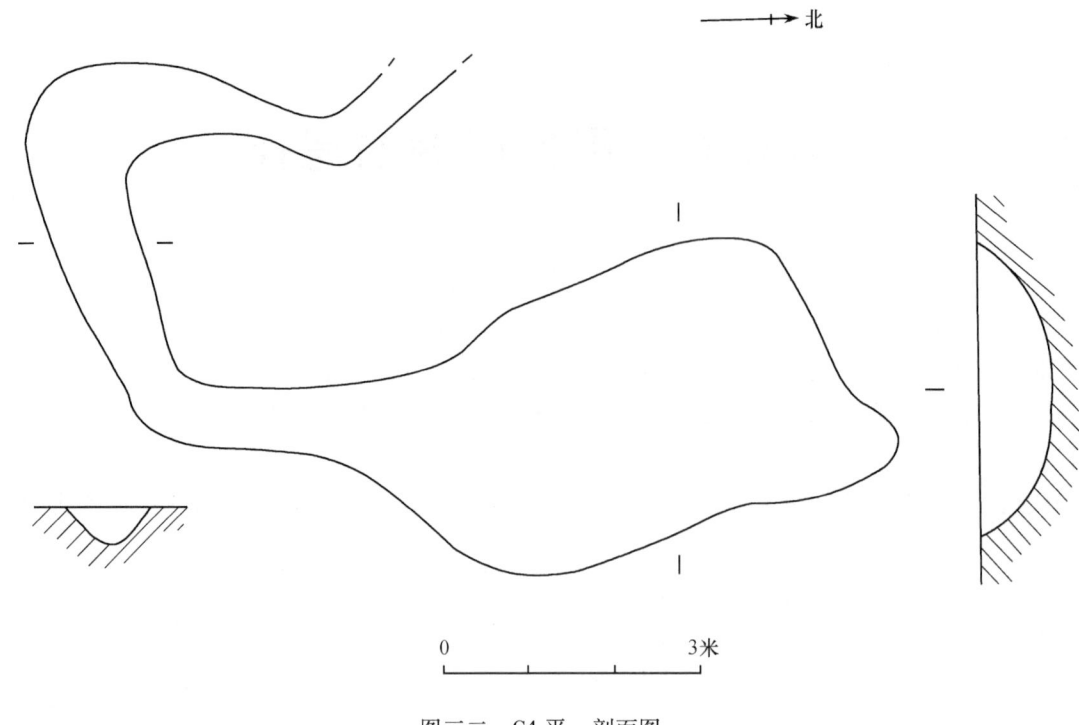

图三二　G4 平、剖面图

圈足盘　1 件。G4:2，泥质灰陶，上已残，大圜底下附粗圈足，足壁近直，但下部以残；素面。足径约 16.4、残高 2.8 厘米（图三四，7）。

陶纺轮　1 件。G4:5，泥质褐陶，上部已残，属厚体平底斜边型；素面。底径 3.5、残高 1.1 厘米（图三四，12）。

用途推测：似污水沟。

（二）灰　　坑

出土标本的灰坑有如下 20 个：

1. H4

位置：在 T15 东北部，部分在东隔梁内。

层位关系：开口④A 层下，打破④B 层、M6。

形制大小：长方形，斜壁，平底。坑口长 152、宽 90、深 74 厘米（图三三，4）。

填土与标本：填土为褐土夹黄、黑土及石块和烧土块。标本有 1 件尖底器。

尖底器　1 件。H4:1，泥质灰胎黑陶，上部残，腹内收成尖底；素面。残高 4.4 厘米（图三四，11）。

用途不明。

2. H5

位置：位于 T15 西北部，部分在 T15 西部扩方内。

层位关系：开口④B 层下，打破⑤、⑥B 层至生土。

形制大小：不规则近长方形，弧壁，平底。口长 100、宽 90、深 54 厘米（图三三，1）。

填土与标本：内填褐黄色土，包含少量陶片。标本只束颈罐 1 件。

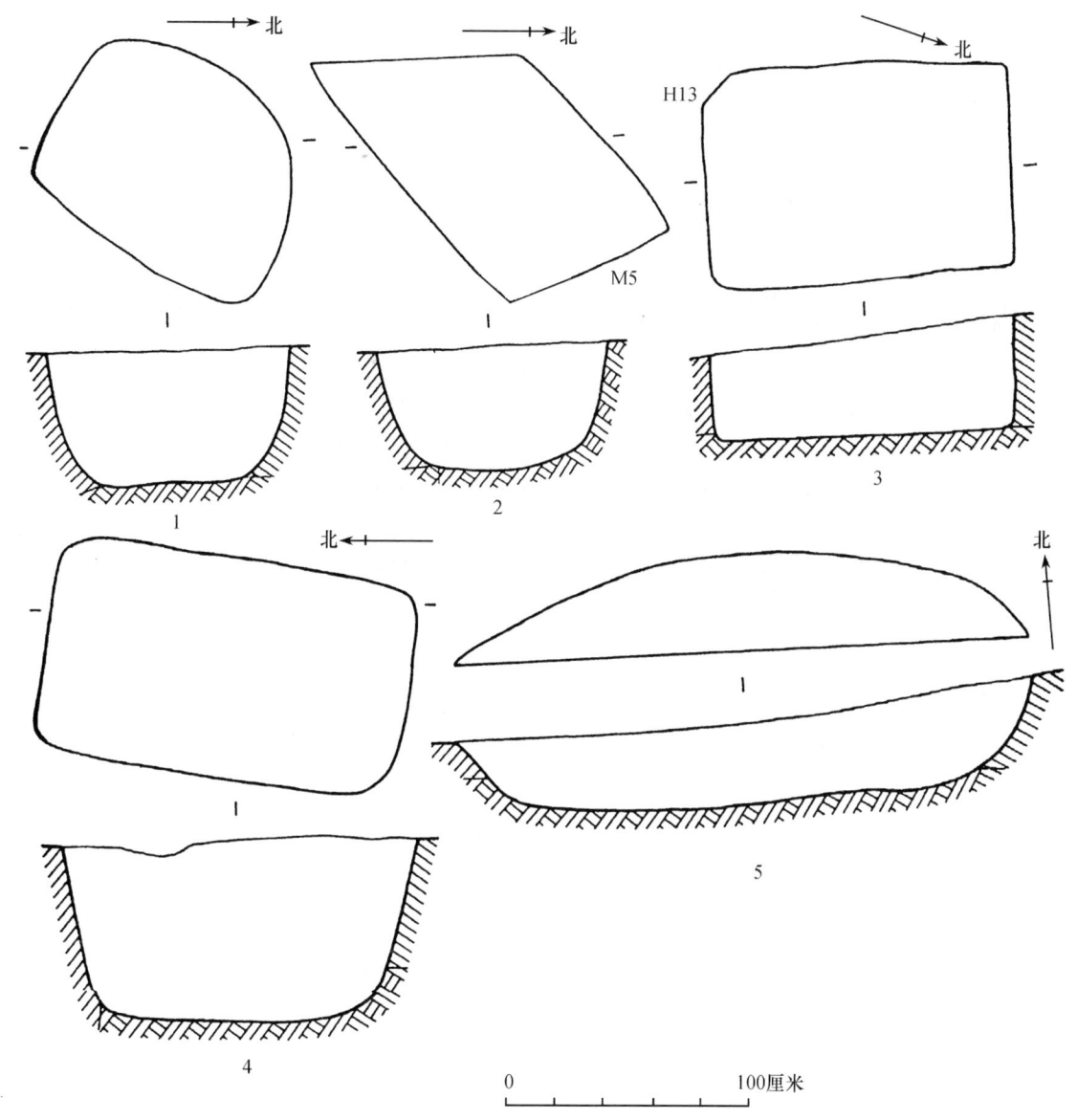

图三三　H4、H5、H6、H9、H13 平、剖面图
1. H5　2. H6　3. H9　4. H4　5. H13

束颈罐　1件。H5:1，泥质褐陶，侈口，卷沿，尖圆唇，束颈，颈下部已残；素面。口径12.8、残高3.2厘米（图三四，9）。

用途不明。

3. H6

位置：在 T15 西部扩方内，西部还在石坎下没有发掘。

层位关系：开口④B 层下，打破⑤、⑥B 层至生土；东部被 M5 打破。

形制大小：因西部尚在石坎下，东部被 M5 打破而不明，原似是长方形坑，弧壁，圜平底。残长128、宽70、深50厘米（图三三，2）。

填土与标本：填土为褐黄土夹红烧土块，近底为灰烬夹小炭块。标本有束颈罐和盘口罐各1件。

束颈罐　1件。H6:1，夹砂红褐陶，侈口，束颈，卷沿，尖圆唇，弧肩，鼓腹下部已残；肩至腹饰斜方格纹。口径13.2、残高9.6厘米（图三四，1）。

盘口罐　1件。H6:2，夹砂红陶，盘口，尖圆唇，高弧颈下部已残；素面。口径15.2、残高4厘米（图三四，2）。

用途不明。

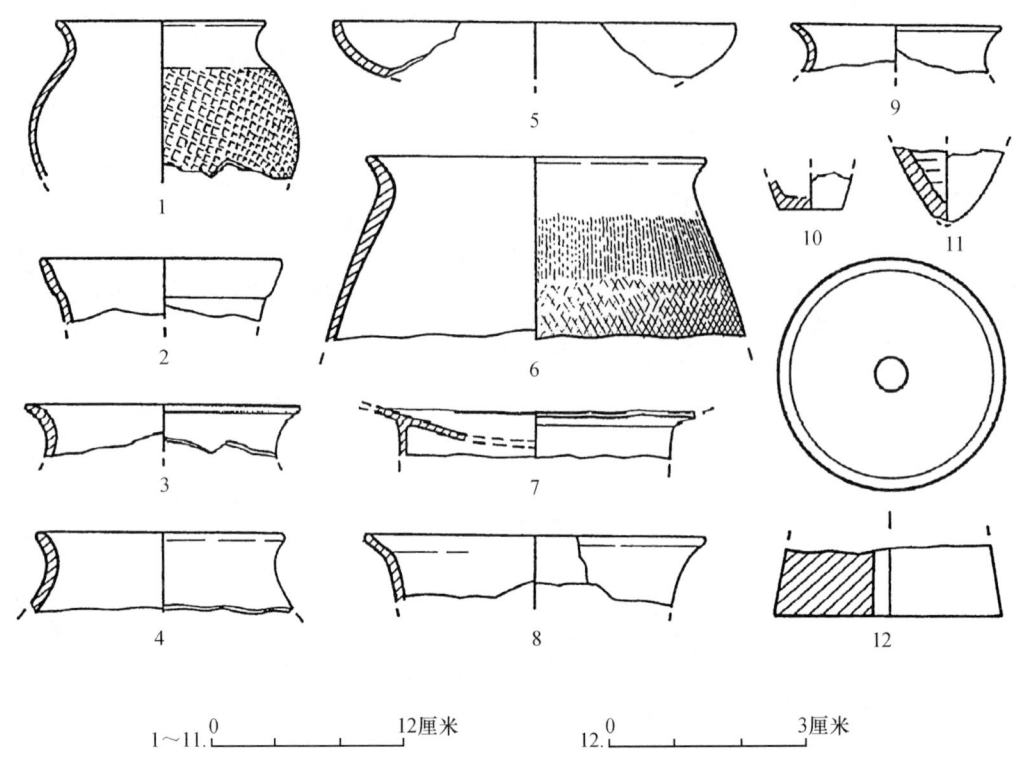

图三四　G4、H4、H5、H6、H9、H13出土陶器

1、3、4、6、9. 束颈罐（H6:1、H13:2、G4:4、G4:1、H5:1）　2. 盘口罐（H6:2）　5. 盘口沿（H13:1）　7. 圈足盘（G4:2）　8. 高领罐（H9:1）　10. 小罐平底（H13:3）　11. 尖底器（H4:1）　12. 陶纺轮（G4:5）

4. H9

位置：在T16南壁下（没有全部暴露）。

层位关系：开口④层下，打破⑤层和M3，被H13打破。

形制大小：发掘部分呈长方形，直壁，平底。残长128、宽90、深46厘米（图三三，3）。

填土与标本：填褐灰色土。标本仅1件高领罐。

高领罐　1件。H9:1，夹砂黑陶，直口外卷，方唇，高弧颈下部已残；素面。口径21.2、残高4厘米（图三四，8）。

用途不明。

5. H13

位置：在T16南壁下，大部在隔梁内。

地层关系：开口④层下，打破⑤层和H9。

形制大小：椭圆形一部分，弧壁，圜平底。长径大于240、残短径40、深38厘米（图三三，5）。

填土与标本：填土灰褐色，含零星烧土点和碎石块。标本有束颈罐、盘口沿、小罐平底3件。

束颈罐　1件。H13:2，夹砂黑胎红陶，侈口，束颈，卷沿，方圆唇，颈下部已残；素面。口径

17.2、残高 3.2 厘米（图三四，3）。

盘口沿　1 件。H13:1，泥质灰陶，尖圆唇稍内敛，浅弧腹下部已残；素面。口径 24.8、残高 3.6 厘米（图三四，5）。

小罐平底　1 件。H13:3，夹砂红褐陶，上部残，下腹内斜，小平底；素面。底径 4、残高 2 厘米（图三四，10）。

用途不明。

6. H21

位置：在 T26 东北角，部分在东、北隔梁内。

层位关系：开口④层下，打破⑤A、H29 至生土。

形制大小：椭圆形，弧壁，圜平底。口径 150×112、深 50 厘米（图三五，2）。

填土与标本：填黑色土。标本 2 件，为盘口罐和罐平底。

盘口罐　1 件。H21:2，泥质红陶，盘口近直，尖圆唇，高弧颈已残；素面。口径 15.2、残高 4.8 厘米（图三七，10）。

罐平底　1 件。H21:1，泥质红陶，上残，斜弧腹内收，平底；素面。底径 19.2、残高 6.4 厘米（图三七，2）。

用途不明。

7. H22

位置：在 T22 北部。

层位关系：开口④层下，打破⑤A、⑤B、⑥、⑦层至生土，打破 H23、H25。

形制大小：椭圆形，斜壁，平底；南部坑底低凹，但又用石块填平。口径 164×108、深 34～44 厘米（图三五，1）。

填土与标本：填土为黑褐色土夹红烧土点和小石块。标本 2 件，为束颈罐和高圈足。

束颈罐　1 件。H22:1，夹砂褐陶，侈口，束颈，卷沿，尖圆唇，弧肩已残；肩饰竖绳纹。口径 13.2、残高 5.6 厘米（图三七，9）。

高圈足　1 件。H22:2，泥质灰胎红陶，上下皆残，圜底下附细筒状高圈足，上细下稍粗；盘底饰凹弦纹。残高 3.2 厘米（图三七，4）。

用途不明。

8. H23

位置：在 T22 北部，部分尚在北隔梁内。

层位关系：开口④层下，打破⑤B 层全生土；被 H22 打破。

形制大小：椭圆形一部分，斜壁，圜平底。口径残 48×88、深 28 厘米（图三五，4）。

填土及标本：填土为褐色土夹少量红烧土点。标本仅 1 件盘口罐。

盘口罐　1 件。H23:1，泥质灰陶，盘口近直，方圆唇，高弧颈已残；素面。口径 19.6、残高 3.2 厘米（图三七，8）。

用途不明。

9. H25

位置：在 T22 东部；部分尚在东隔梁内。

层位关系：开口⑤B层下，打破⑥层至生土；被H22打破。

形制大小：椭圆形一部分，斜壁，圜平底。口径残120×150、深40厘米（图三五，3）。

填土及标本：填黑色土。标本2件，为敛口钵和罐平底。

敛口钵　1件。H25:2，泥质红陶，敛口，圆唇，深弧腹已残；素面。口径11.6、残高4厘米（图三七，7）。

罐平底　1件。H25:1，夹砂褐陶，上残，下腹弧内收，平底；素面。底径6.4、残高2厘米（图三七，6）。

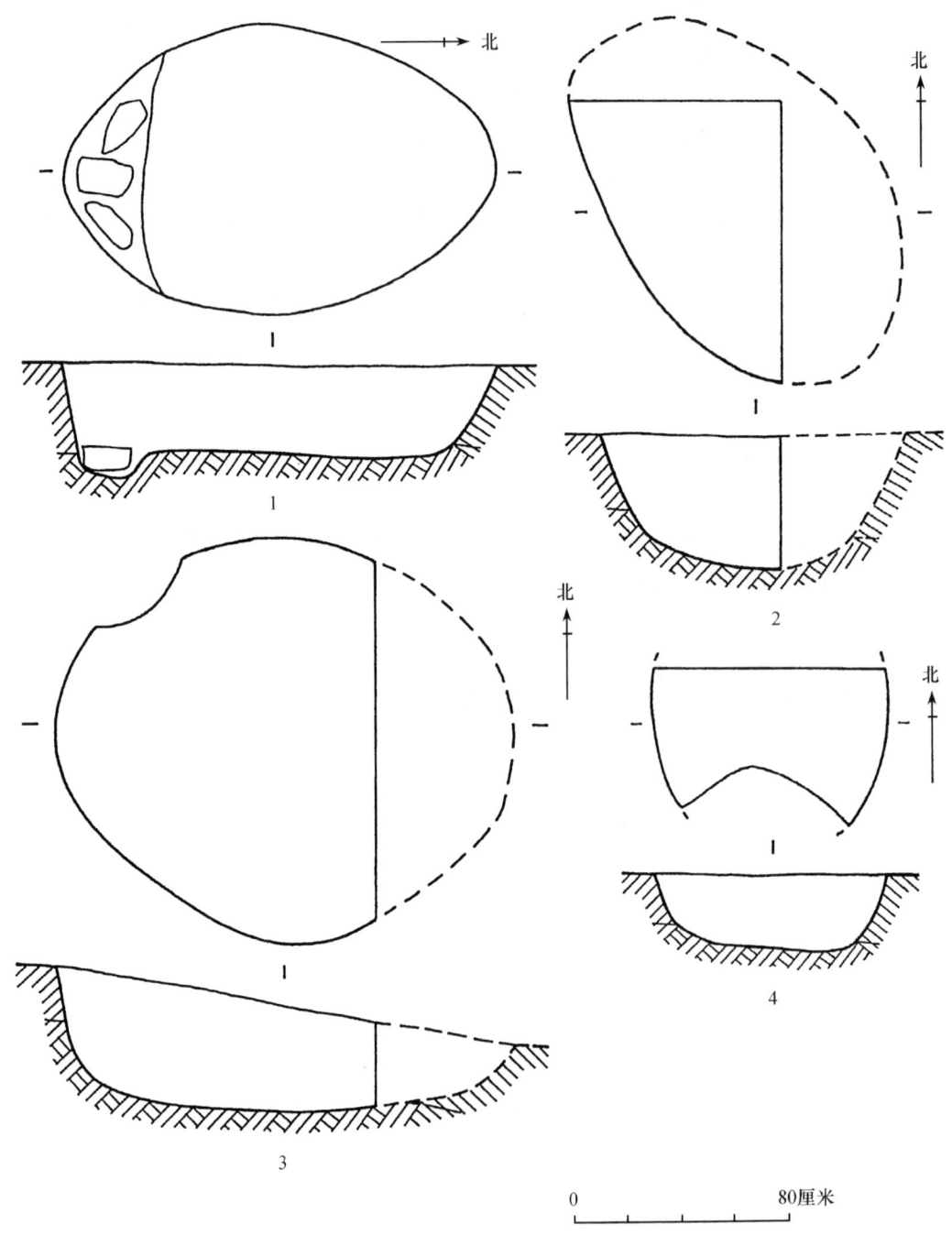

图三五　H21、H22、H23、H25平、剖面图
1. H22　2. H21　3. H25　4. H23

用途不明。

10. H27

位置：在 T23 北部。

层位关系：开口④层下，打破⑤A、⑤B 层；被 M12 打破。

形制大小：近正方形，直壁，平底。口长 130、宽 110、深 40 厘米（图三六，2）。

填土与标本：坑内填大石块和灰褐色土。标本仅 1 件假圈足。

假圈足　1 件。H27∶1，夹砂黑陶，上残，圜底下附实心假圈足；素面。底径 7.2、残高 2.4 厘米（图三七，3）。

用途推测：或与冶炼有关。

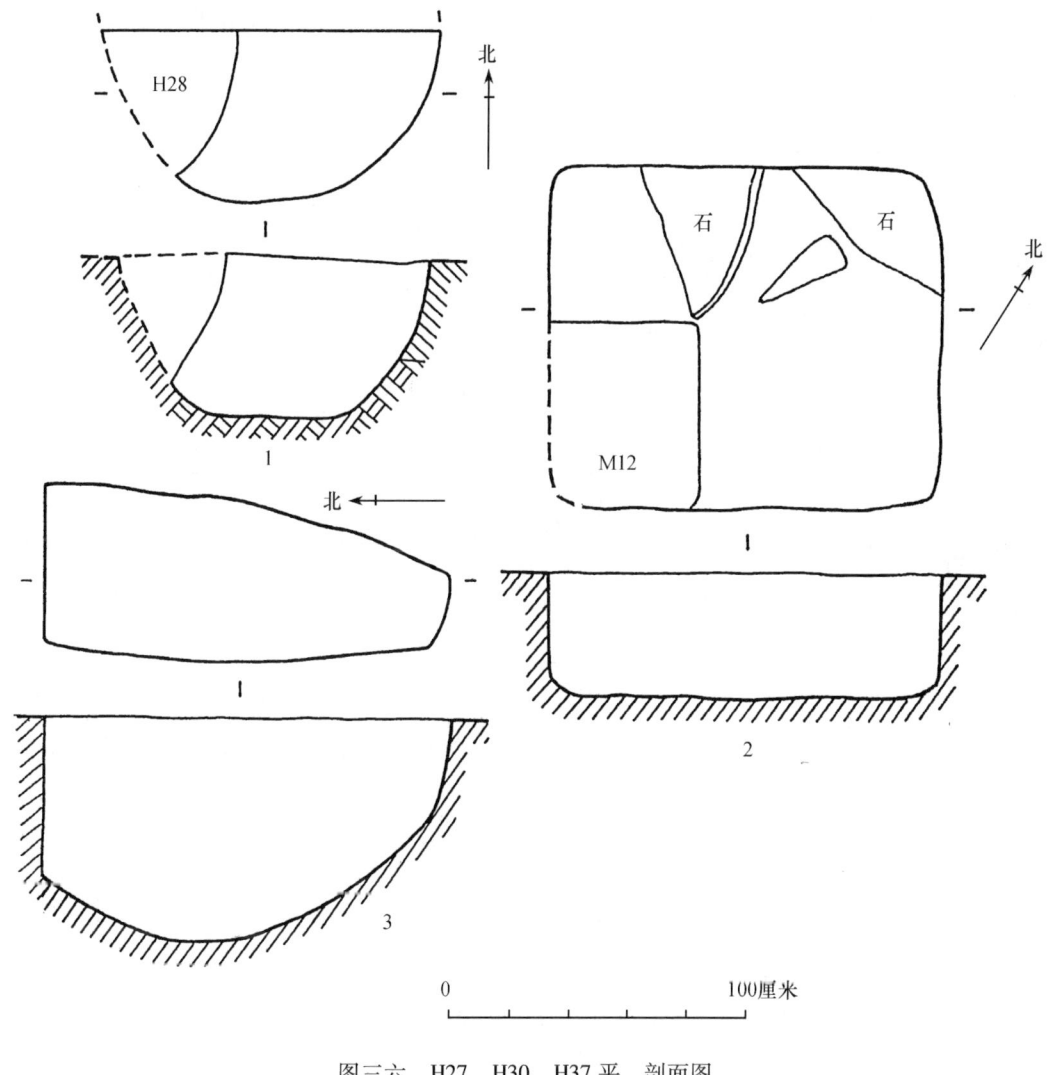

图三六　H27、H30、H37 平、剖面图
1. H30　2. H27　3. H37

11. H30

位置：在 T26 西北部，部分在北隔梁内。

层位关系：开口④层下，打破⑤A 层至生土；打破 H29，又被 H28 打破。

形制大小：近圆形一部分，斜弧壁，平底。口径 114、深 52 厘米（图三六，1）。

填土与标本：填土为黑土夹少量红烧土。标本仅 1 件束颈罐。

束颈罐　1 件。H30∶1，夹砂褐陶，侈口，束颈，卷沿，尖唇，斜弧肩，鼓腹下部残；肩腹饰斜绳纹。口径 15.2、残高 14 厘米（图三七，1）。

用途不明，或也与 H27 一样与冶炼有关。

12. H37

位置：在 T224 北壁下，部分在北隔梁内。

层位关系：开口④层下，打破⑥层至生土。

形制大小：不规则长条形，斜壁，圜底。口部残长 135、宽 28～50、深 72 厘米（图三六，3）。

填土与标本：填褐黑土夹红烧土块。标本只有 1 件残石器。

残石器　1 件。H37∶1，较厚近梯形，但顶部刃部已残，两面两边皆磨平。残长 4.5、宽 4.5、厚 1.7 厘米（图三七，5）。

用途不明。

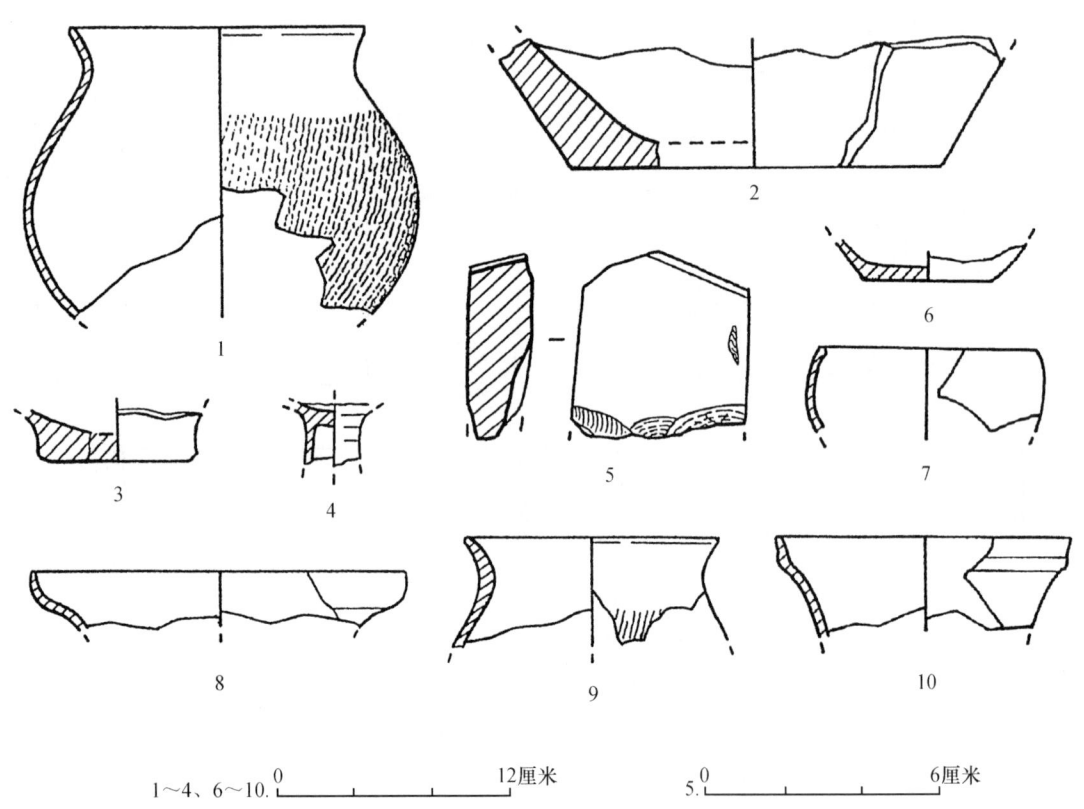

图三七　H21、H22、H23、H25、H27、H30、H37 出土陶器

1、9. 束颈罐（H30∶1、H22∶1）　2、6. 罐平底（H21∶1、H25∶1）　3. 假圈足（H27∶1）　4. 高圈足（H22∶2）　5. 残石器（H37∶1）　6. 敛口钵（H25∶2）　8、10. 盘口罐（H23∶1、H21∶2）

13. H41

位置：在 T364 东南角至 T244，也延伸到 T244 南部未发掘探方之中。

层位关系：开口④层下，打破⑤、⑥层和 M64、H44，被 M63 和 M80 打破。

形制大小：沟状不规则形，近直壁，底部高低不平。残长 540、宽 130～345、深 50～90 厘米（图三八）。

第五章　周代时期的遗存　　71

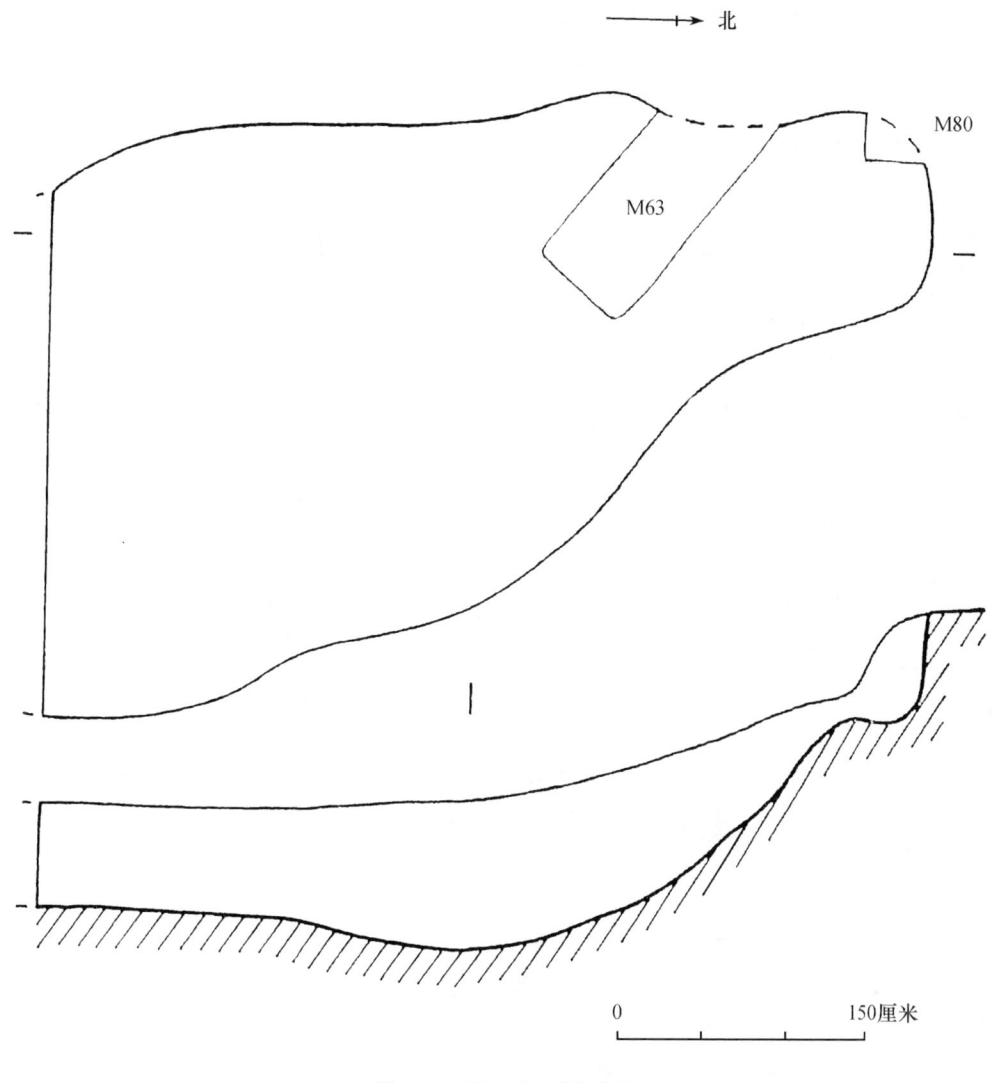

图三八　H41 平、剖面图

填土与标本：填土深黑色。标本 12 件，有石斧、小石锛、石楔、陶纺轮和束颈罐、盘口沿、高圈足七种器物；另有纹饰标本 15 件。

石斧　1 件。H41:5，薄体近梯形，顶部两面皆原面，两边磨平，弧刃两面磨制。长 7、宽 5.8、厚 1 厘米（图三九，3；图版八，3）。

小石锛　1 件。H41:6，薄体近长方形，通体磨光，平刃两面磨制但不对称，刃一角已残。长 3.9、宽 1.8、厚 0.5 厘米（图三九，1；图版八，1）。

石楔　1 件。H41:7，扁平砾石近长方形，顶部已残，刃部两面磨制但不锋利。残长 5.5、宽 5.4、厚 2 厘米（图三九，2；图版八，2）。

陶纺轮　4 件（图版二七，6）。H41:1，夹砂黑陶，较厚体两面平，弧边型；素面。面径 2、底径 4、厚 1.6 厘米（图三九，8）。H41:2，夹砂黑陶，厚体两面平，斜边弧凹型；素面。面径 2.6、底径 4.2、厚 2.6 厘米（图三九，6）。H41:3，厚体两面平，斜边型；素面。面径 2.5、底径 3.8、厚 2.4 厘米（图三九，7）。H41:4，薄体两面平，直边型；素面。直径 3.9、厚 0.9 厘米（图三九，12）。

束颈罐　3 件。H41:8，夹砂黑陶，侈口，束颈，卷沿，尖圆唇，斜弧肩，深弧腹已残；肩、腹饰斜方格纹。口径 20、残高 12 厘米（图三九，9）。H41:9，夹砂黑陶，侈口，束颈，卷沿，尖圆唇，弧肩，弧腹已残；肩、腹饰斜方格纹。口径14.4、残高5.6厘米（图三九，5）。H41:13，侈口，束颈，卷沿，尖圆唇，弧肩，深弧腹已残；肩、腹饰斜方格纹。口径14.4、残高7.6厘米（图三九，4）。

盘口沿　1件。H41:12，泥质灰黄陶，敞口，尖圆唇，弧腹下部残；素面。口径16、残高4.2厘米（图三九，10）。

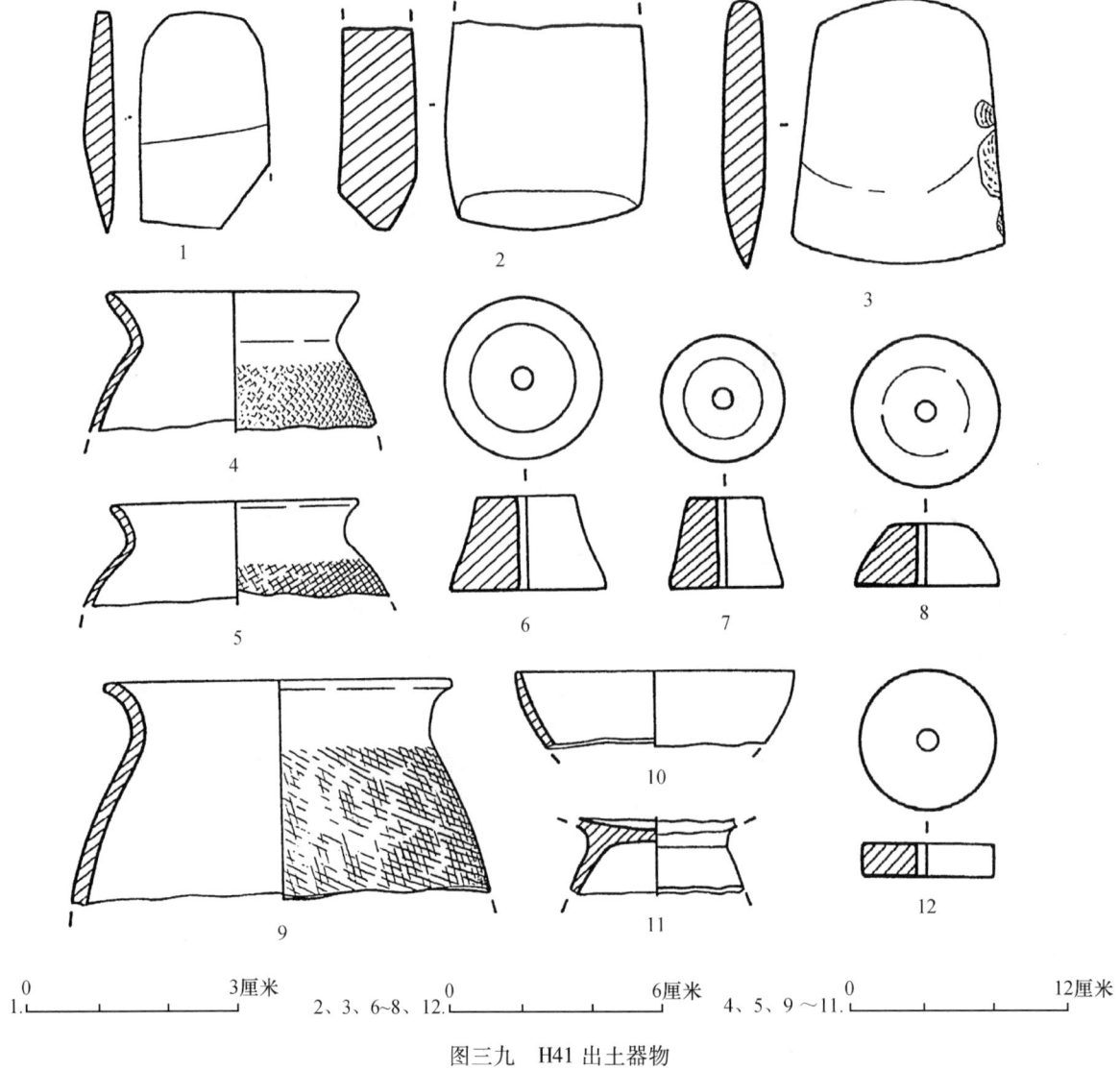

图三九　H41出土器物

1. 小石磋（H41:6）　2. 石楔（H41:7）　3. 石斧（H41:5）　4、5、9. 陶束颈罐（H41:13、H41:9、H41:8）　6~8、12. 陶纺轮（H41:2、H41:3、H41:1、H41:4）　10. 陶盘口沿（H41:12）　11. 陶高圈足（H41:10）

高圈足　1件。H41:10，泥质陶外黑内灰，上下皆残，圜底下附高圈足，足壁外弧但下部已残；素面。残高4.2厘米（图三九，11）。

纹饰标本　15件。H41:14，饰弦纹加戳印纹。H41:34，弦纹加戳印纹（图一三八，1）。H41:35，弦纹加戳印纹再加贝纹（图一三六，10）。H41:36，饰贝纹（图一三六，2）。H41:37，饰交错绳纹而成方格纹（图一三九，6）。H41:38，拍印方格纹（图一三九，1）。H41:39，弦纹、戳印纹加贝纹，再加戳点纹（图一三六，1）。H41:40，双弦纹之间戳印变形"S"纹（图一三七，15）。H41:41，饰弦纹加贝纹和戳印纹（图一三六，12）。H41:42，弦纹之间加斜划纹（图一三八，3）。H41:43，弦纹加戳印"S"纹（图一三七，13）。H41:45，贝纹（图一三六，11）。H41:46，贝纹

（图一三六，8）。H41:47，弦纹之间加篦点状戳印纹（图一三八，5）。H41:48，拍印细绳纹（图一三九，9）。

用途推测：似垃圾沟。

14. H42

位置：在 T363 东南角至 T239 北隔梁内。

层位关系：开口 T363④层下，打破生土；被 T239②层下 M58 打破。

形制大小：近圆形，斜壁，平底。坑口直径 174~184、坑底直径 166~174、深 30 厘米（图四〇，2）。

填土与标本：填土为灰黑土夹少量红陶土。标本仅 1 件贝纹陶片。

贝纹陶片　1 件。H42:1，泥质灰褐陶，残片上有上凸椭圆形泥片，上刻划叶脉纹。这种饰叶脉纹的上凸椭圆形泥片，本报告皆称为贝纹（图一三六，4）。

用途不明。

15. H44

位置：在 T244 南部扩方，H44 的西、南和东部都未揭露出来。

层位关系：开口④层下，打破⑤层和生土，被 M64 和 H41 打破。

形制大小：只露出弧形一部分，直壁，平底。残径 400×180、深 60 厘米（图四一，3）。

填土与标本：填灰黑土。只有纹饰标本 4 件。

纹饰标本　4 件。H44:1，贝纹周围加戳印纹（图一三六，5）。H44:2，弦纹加戳印纹和戳点纹（图一三八，4）。H44:3，弦纹之间加短斜划纹（图一三八，11）。H44:4，弦纹加戳印纹（图一三八，10）。

用途不明。

16. H46

位置：在 T225 南壁下，部分未露出。

层位关系：开口④A 层下，打破④B 层。

形制大小：圆形一部分，弧壁，圜底。口径约 190、深 60 厘米（图四一，1）。

填土与标本：填灰黑土。标本仅 1 件纹饰陶片。

纹饰标本　1 件。H46:1，饰细绳纹（图一三九，10）。

用途不明。

17. H47

位置：在 T243 中部偏南。

层位关系：开口⑤层下，打破生土。

形制大小：圆形，斜壁，近平底。直径 150~162、深 34 厘米（图四〇，1）。

填土与标本：填土灰褐色含红烧土。标本有束颈罐和盘口罐各 1 件。

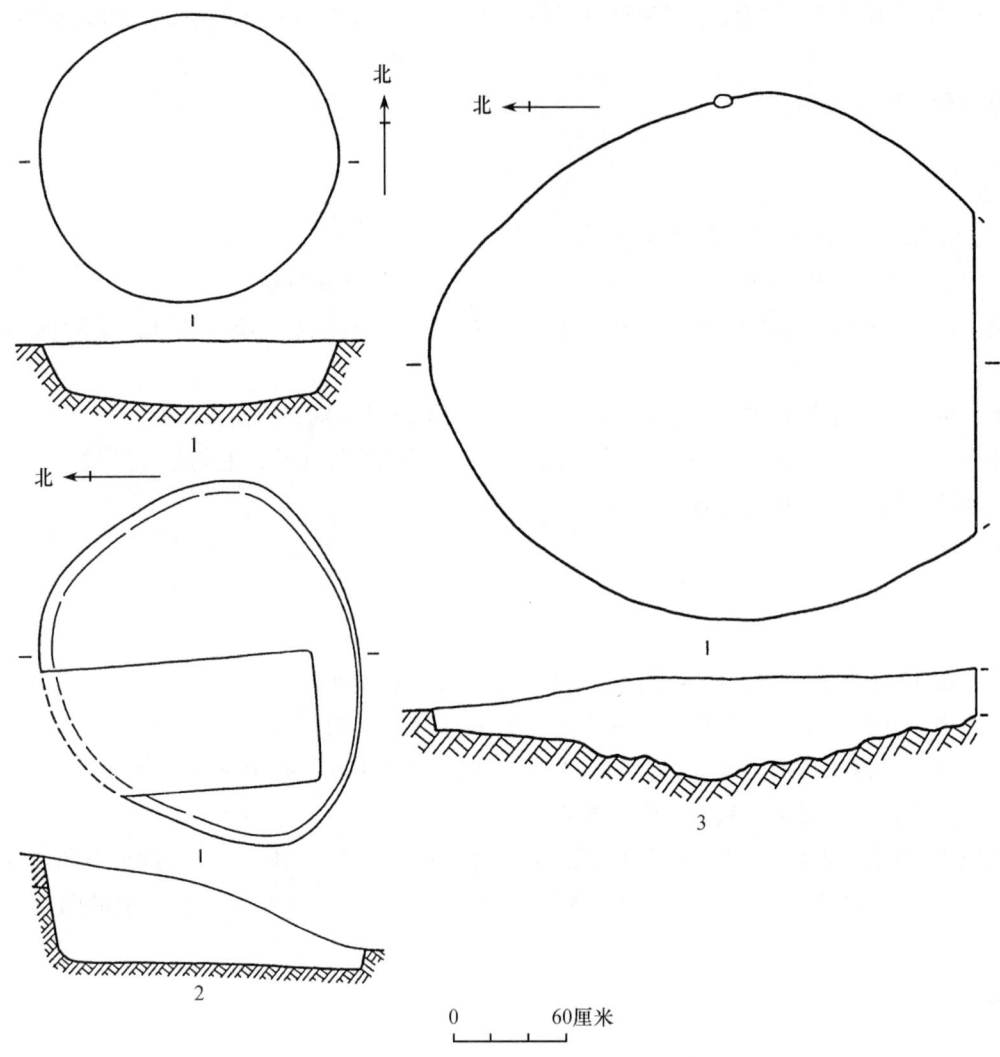

图四〇　H42、H47、H48 平、剖面图
1. H47　2. H42　3. H48

束颈罐　1件。H47:1，夹砂褐陶，侈口，束颈，卷沿，尖圆唇，小弧肩，鼓腹已残；腹饰竖粗绳纹。口径15.8、残高4.4厘米（图四二，10）。

盘口罐　1件。H47:2，泥质灰褐陶，浅盘口，尖圆唇，高弧颈下部已残；素面。口径20、残高3.2厘米（图四二，14）。

用途不明。

18. H48

位置：在T243南壁下，部分在南部隔梁内。

层位关系：开口⑤层下，打破生土。

形制大小：近椭圆形，直壁，但坑底凹凸不平。长径约294、横径274、深10~54厘米（图四〇，3）。

填土与标本：填土为灰黑色亚沙土含红烧土。标本5件，有高领罐、束颈罐、盘口沿、器把四种。

高领罐　1件。H48:1，夹砂黑陶，直口，宽弧沿外卷，尖圆唇，直颈，斜弧肩，深弧腹下部已残；肩饰斜粗绳纹。口径 16、残高 8 厘米（图四二，9）。

束颈罐　1 件。H48：2，夹砂红陶，侈口，束颈，卷沿，尖圆唇，溜肩，腹已残；腹饰斜方格纹。口径 22、残高 6 厘米（图四二，1）。

盘口沿　2 件。H48：3，夹砂灰陶，敞口，尖圆唇，浅弧腹，底已残；素面。口径 16、残高 4.4 厘米（图四二，13）。H48：4，夹砂红陶，敞口，方唇，深弧腹，底已残；素面。口径 20、残高 5.2 厘米（图四二，17）。

器把　1 件。H48：8，夹砂红陶，扁圆体近梯形，一面有一条浅凹槽，另一面两条浅凹槽，可能为器物把手；因两面皆有凹槽而不似鼎足。未见其他纹饰。残长 6.4、宽 1.4～2.4 厘米（图四二，21）。

用途推测：废弃取土坑。

19. H49

位置：在 T243 南壁下，部分尚在南部隔梁内。

层位关系：开口⑤层下，打破生土。

形制大小：不规则近梯形，坑壁或近直或成斜坡状，底凹凸不平。残长 208、残宽 290、最深处 50 厘米（图四一，2）。

填土与标本：填黑色亚沙土含红烧土。器物标本 13 件，有陶纺轮、高领罐、束颈罐、盘口罐、折沿罐、尖底器、鬲足、盘矮圈足、高圈足、小罐平底 10 种器物；另有纹饰标本 3 件。

陶纺轮　1 件。H49：1，泥质灰陶，体较厚，器表内凹，周边起棱，底面平，斜边型；素面。面径 4、底径 4.8、厚 1.4 厘米（图四二，22）。

高领罐　1 件。H49：10，泥质黑陶，直口，口沿外斜，圆唇，弧颈下部已残；外沿一周凹槽，颈部残存两周凹弦纹。口径 18.8、残高 4 厘米（图四二，12）。

束颈罐　3 件。H49：2，夹砂红褐陶，侈口，束颈，宽沿外卷，圆唇，弧肩已残；素面。口径 23.6、残高 4.4 厘米（图四二，3）。H49：4，夹砂红陶，侈口，束颈，卷沿，尖圆唇，肩已残；素面。口径 14、残高 3.6 厘米（图四二，4）。H49：8，夹砂黑陶，侈口，束颈，窄沿外卷，尖圆唇，弧肩，腹已残；肩饰竖绳纹。口径 24、残高 8 厘米（图四二，2）。

盘口罐　1 件。H49：9，泥质灰陶，盘口，扁圆唇，矮弧颈，肩已残；外沿一周凸棱纹。口径 16、残高 6 厘米（图四二，7）。

折沿罐　1 件。H49：11，夹砂黑陶，侈口，束颈，折沿，方圆唇，溜肩，弧腹已残；素面。口径 12、残高 3.2 厘米（图四二，5）。

尖底器　2 件。H49：13，泥质黑陶，上下皆残，仅剩中部鼓腹；腹下部饰两周凹弦纹。腹径 11.6、残高 5.6 厘米（图四二，8）。H49：17，泥质黑陶，直口外敞，尖唇，高颈外弧下内收，颈下部已残；颈上中部两周宽带凹弦纹，带状纹中间加饰竖锥刺纹。口径 12、残高 6.4 厘米（图四二，11）。

鬲足　1 件。H49：16，夹砂红陶，圆柱形，平足跟；素面。足跟底径 2、残高 9 厘米（图四二，16）。

盘矮圈足　1 件。H49：3，泥质灰胎黑陶，上部残，仅剩矮圈足，足壁外斜，足跟外凸内凹；素面。足径 16、残高 3.2 厘米（图四二，15）。

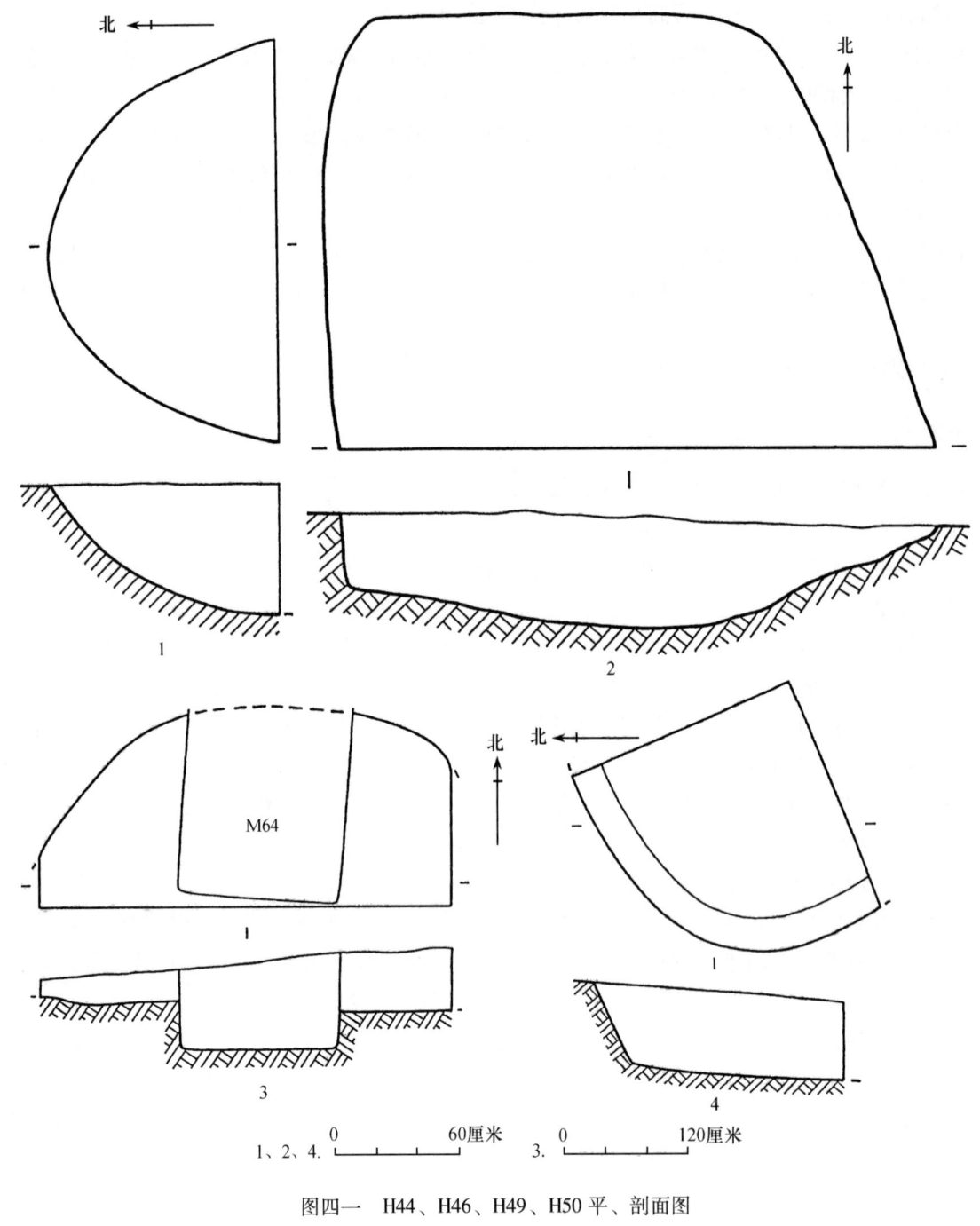

图四一 H44、H46、H49、H50 平、剖面图
1. H46 2. H49 3. H44 4. H50

高圈足 1件。H49：5，夹砂红陶，上部残，足壁圆筒状，足跟外撇；素面。足径8、残高3.2厘米（图四二，18）。

小罐平底 1件。H49：14，泥质红陶，下腹外弧内收，平底；素面。底径6.8、残高2厘米（图四二，20）。

纹饰标本 3件。H49：25，饰交错绳纹（图一三九，5）。H49：26，饰多周平行但不等距宽凹弦纹（图一三九，4）。H49：24，加按窝的宽带状附加堆纹（图一三八，2）。

用途推测：因坑壁不规范，底不平，应为低凹垃圾坑。

第五章 周代时期的遗存

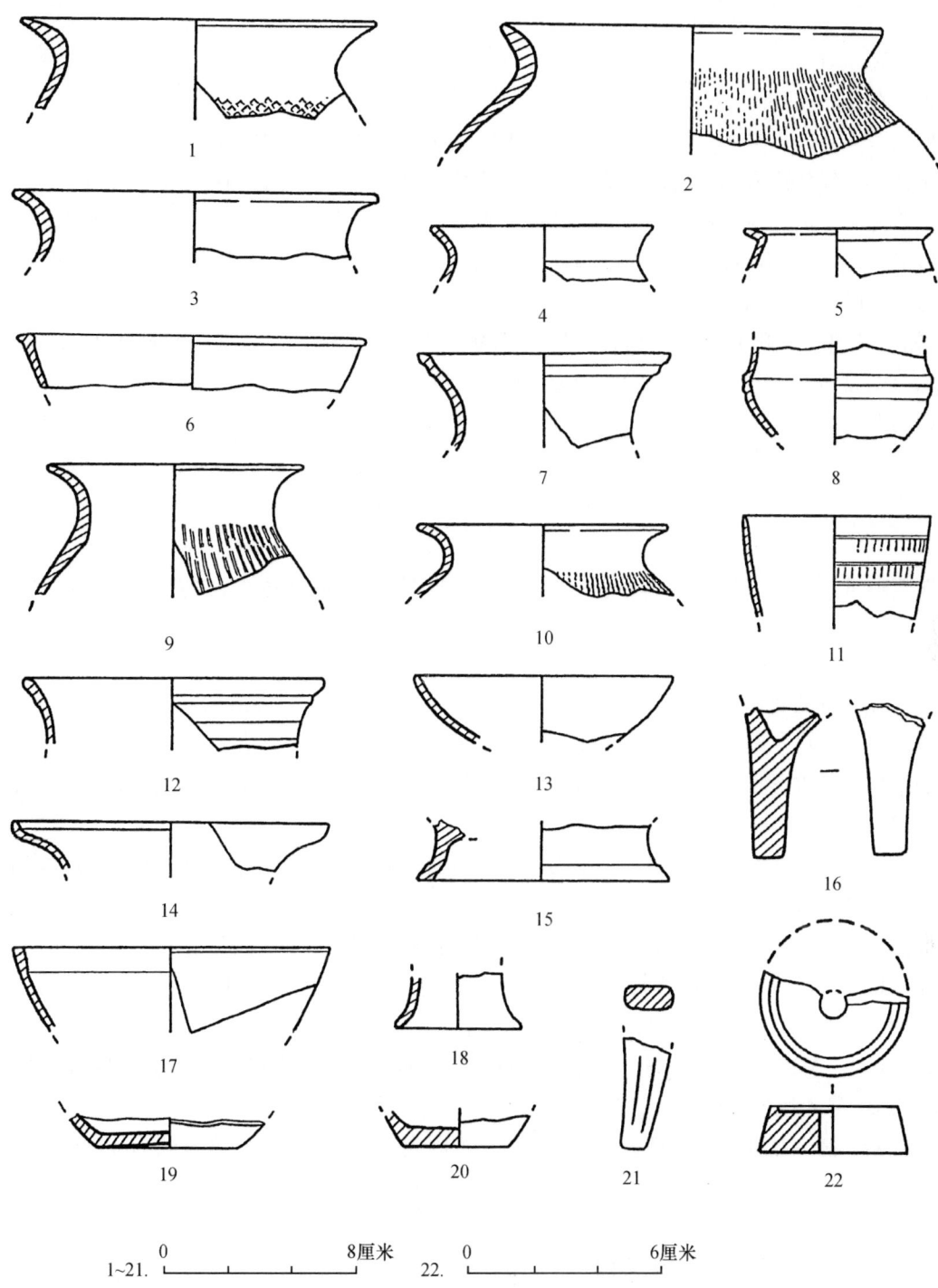

图四二　H47、H48、H49、H50 出土陶器

1~4、10. 束颈罐（H48:2、H49:8、H49:2、H49:4、H47:1）　5. 折沿罐（H49:11）　6. 盆口沿（H50:4）　7、14. 盘口罐（H49:9、H47:2）　8、11. 尖底器（H49:13、H49:17）　9、12. 高领罐（H48:1、H49:10）　13、17. 盘口沿（H48:3、H48:4）　15. 盘矮圈足（H49:3）　16. 鬲足（H49:16）　18. 高圈足（H49:5）　19. 罐平底（H50:1）　20. 小罐平底（H49:14）　21. 器錾（H48:8）　22. 陶纺轮（H49:1）

20. H50

位置：在 T239 北部。

层位关系：开口②层下，打破生土，东被 M52 打破，南部又被 M47 打破。

形制大小：仅存圆形坑一角，斜壁，平底。残存直径 130×120、深 40 厘米（图四一，4）。

填土与标本：填土为灰褐色土含少量红烧土和黑灰烬。标本 2 件，为盆口沿和罐平底。

盆口沿　1 件。H50:4，泥质灰陶，敞口，窄平沿，尖圆唇外凸，深弧腹下部已残；素面。口径 22、残高 3.6 厘米（图四二，6）。

罐平底　1 件。H50:1，泥质灰胎红陶，下腹弧内收，平底微凹；素面。底径 9.2、残高 2 厘米（图四二，19）。

用途不明。

（三）墓　葬

红庙岭遗址"周代时期"的土坑墓共 66 座，下面分别介绍这些墓葬的概况。

1. M2

位置：在 T16 西北部。

层位关系：开口④B 层下，打破⑤层；也打破④B 层下 M4。

形制结构：长方形土坑竖穴墓。墓口长 250、宽 98、墓底长 220、宽 90、深 32 厘米（图四三；图版四，1）。

葬具、人骨与葬式：葬具不明。墓主为单人仰身直肢葬，头北脚南，方向 341°；墓主骨骼保存较好，应是一成年人。

随葬品：随葬陶器 2 件，分别为盂和釜，并列放置墓主脚下。

陶盂　1 件。M2:1，夹砂黑陶，直口外敞，口沿外折，尖唇外垂，粗矮颈微束，折腹斜内收，平底；素面。口径 17.5、底径 6.2、高 6.6 厘米（图五一，1；图版一六，3）。

陶釜　1 件。M2:2，夹砂黑陶，颈部以上残，凹弧肩，弧腹下部微鼓，圜底；腹饰竖绳纹。腹径 20.4、残高 14.4 厘米（图五一，7）。

年代推断：随葬品分别为 AⅥ式盂和Ⅱ式釜，据附表一排队，这一组合推断为战国晚期。

2. M4

位置：在 T16 西部至 T15 东隔梁内。

层位关系：开口④B 层下，打破⑤层，被 M2 打破。

形制结构：长方形土坑竖穴墓，墓坑长 150、宽 60、深 22 厘米（图四四）。

葬具、人骨和葬式：葬具不明。人骨保存较好，但已不全，似迁葬，头东脚西摆放，方向 82°。

随葬品：无。

年代推断：据开口地层为东周墓葬，早于战国晚期 M2。

3. M5

位置：在 T15 西北部。

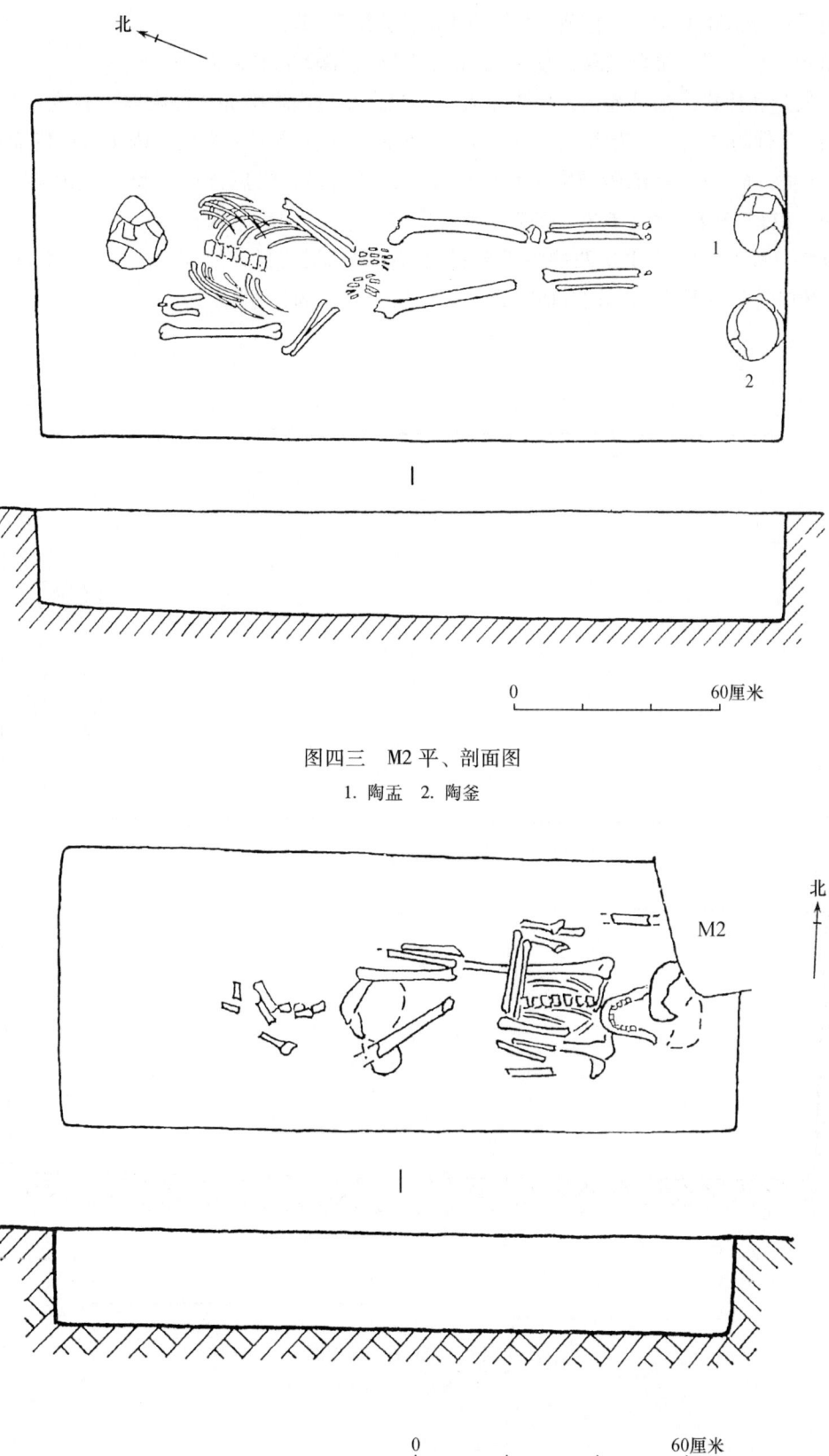

图四三　M2 平、剖面图
1. 陶盂　2. 陶釜

图四四　M4 平、剖面图

层位关系：开口④A层下，打破④B层下H6和⑤层下M7。

形制结构：长方形土坑竖穴墓，墓坑长180、宽83、深56厘米（图四五）。

葬具、人骨和葬式：未见葬具，也未见人骨。只在墓坑南端随葬2件陶器，墓坑方向343°。

随葬品：2件陶器，一件为盂，另一件为釜。但陶釜连土带回室内后，因十分破碎而难修复。

陶盂 1件。M5:1，夹细砂灰陶，直口稍外斜，外折沿，尖唇外凸，粗短颈内斜，折腹内收，平底；素面。口径18.8、底径6.6、高7厘米（图五一，2；图版一六，5）。

年代推断：M5:1和M2:1这两件陶盂形制似而同属AⅥ式盂，故M5和M2一样同属战国晚期墓；因M5开口④A层下而M2开口④B层下，所以，M5比M2稍晚。

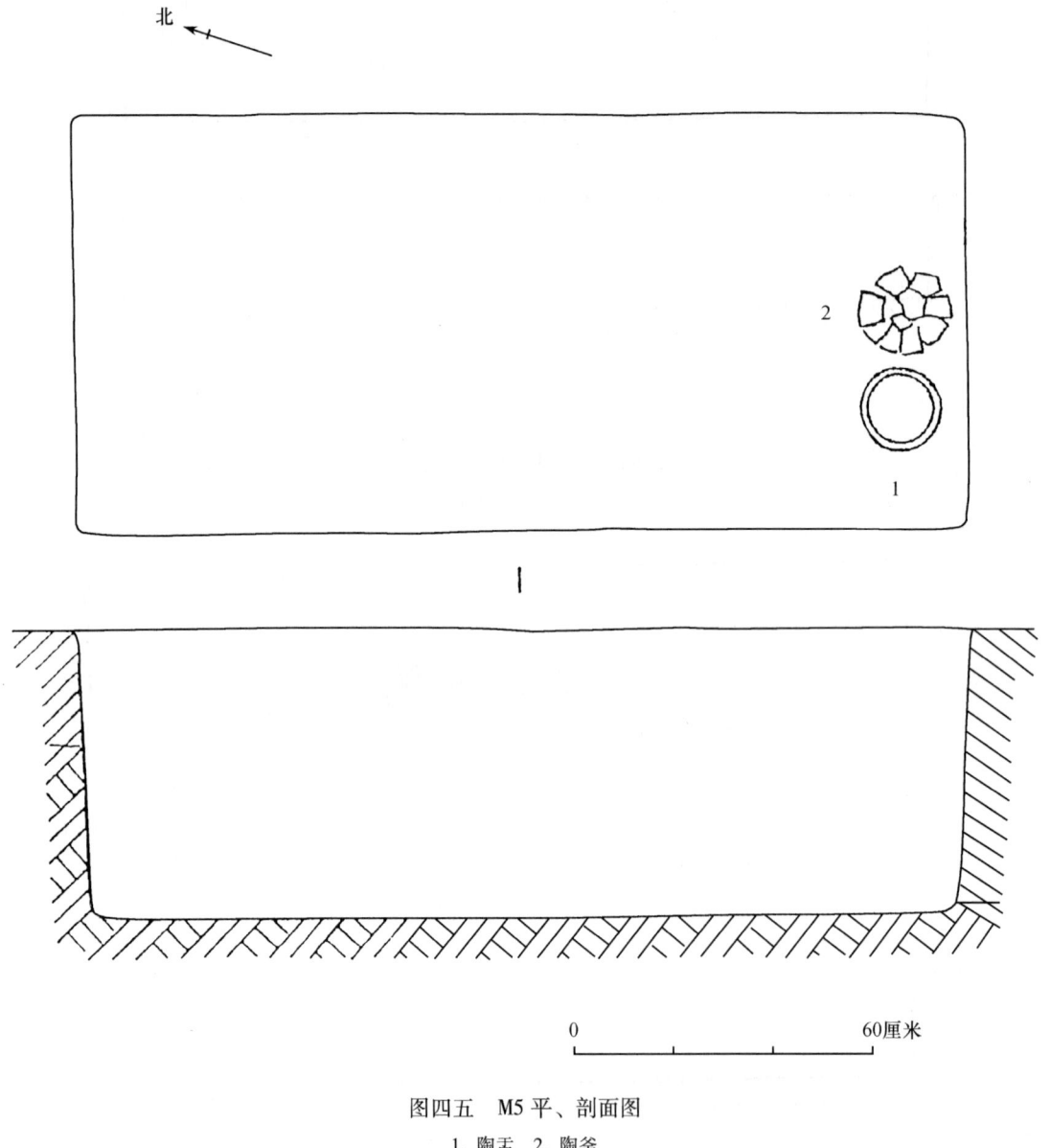

图四五 M5平、剖面图
1. 陶盂 2. 陶釜

4. M6

位置：在T15东北部至东隔梁内。

层位关系：开口④A层下，被④A层下H4打破。

形制结构：长方形土坑竖穴墓，墓口长190、宽90、墓底长170、宽80、深76厘米。

葬具、人骨和葬式：葬具不明。人骨保存极差，为单人仰身直肢葬，头北脚南，方向341°（图四六）。

随葬品：无。

年代推断：M6虽没有随葬品，但因M6和西部的M5、东部的M2三墓并列，推测其相对年代也与M2、M5相当，都是战国晚期墓葬。

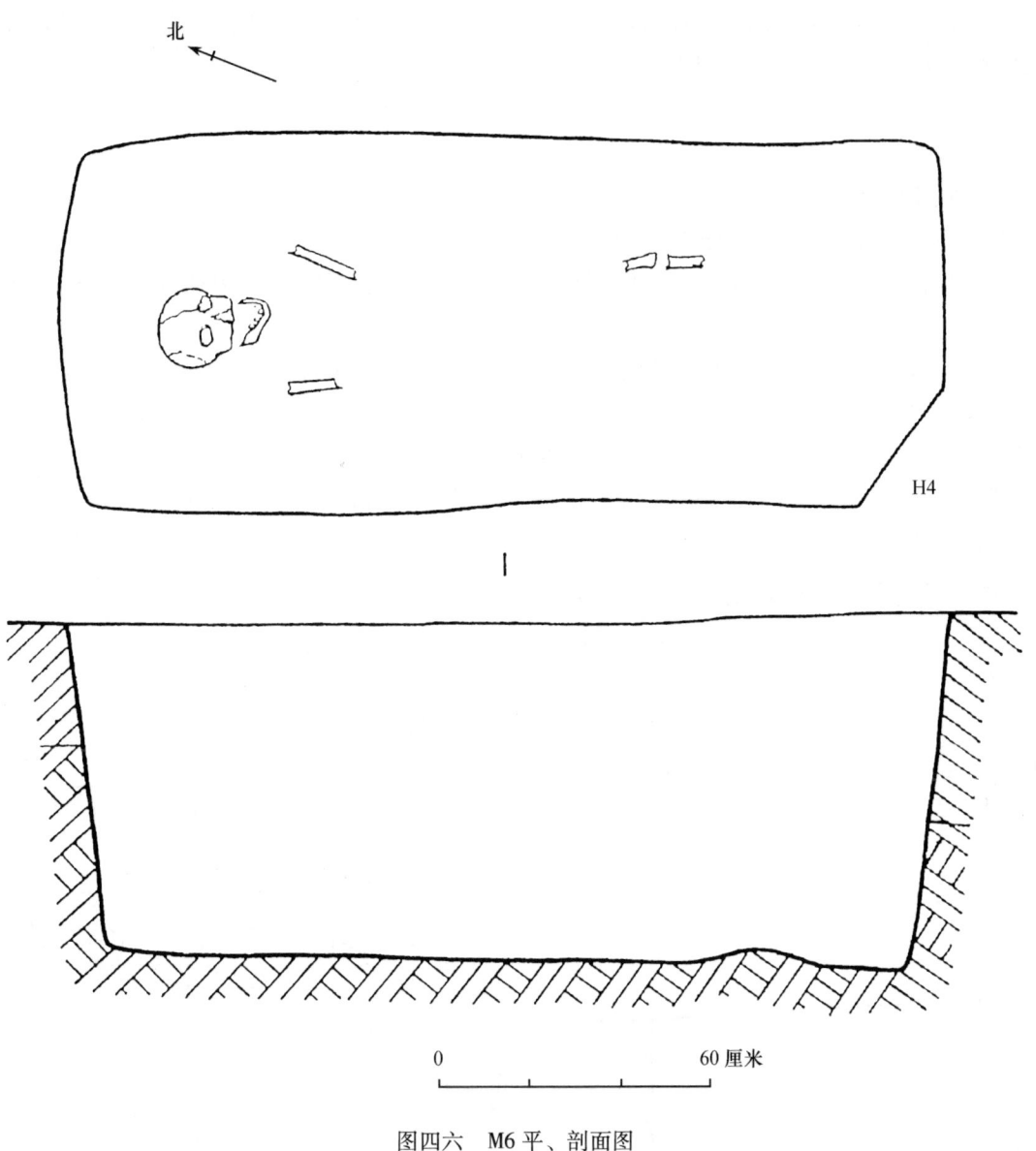

图四六　M6 平、剖面图

5. M8

位置：在T16西部至T15东隔梁内。

层位关系：开口④B层下，打破⑤层。

形制结构：在一长方形竖穴土坑内放置一小孩瓮棺。坑口长88、宽80、坑底长78、宽70、深66厘米。方向360°。

葬具、人骨与葬式：葬具为一残底卷沿盆，覆盖一个小孩头骨，其他骨骼已朽无存。盆底上部填土中有一筒状残高圈足（图四七）。

随葬品：残陶器2件，一为残底盆，另为残高圈足。

盆　1件。M8:2，泥质红陶，大口外卷，尖圆唇，粗矮颈下束，斜弧肩，鼓腹弧内收，底已残；肩上两组凹弦纹，每组两周凹弦纹。口径28.8、残高15.2厘米（图五一，8）。

高圈足　1件。M8:1，泥质红胎灰黑陶，上、下皆残，筒状壁下部外撇。上部筒壁直径7.2、残高6.8厘米（图五一，6）。

年代推断：据M8开口地层，推测为东周墓葬；M8:2为Ⅰ式盆，其形制近似秭归官庄坪遗址春秋时期的H49:1这件大盆，因官庄坪H49:14为豆把①，而红庙岭M8:1为筒状高圈足，故可以为红庙岭M8的相对年代可早至春秋早期。

6. M10

位置：在T23南部。

层位关系：开口④层下，打破⑤A和⑤B层。

形制结构：在一椭圆形的竖穴土坑中埋放一人头骨。墓坑长径110、短径74、深50厘米，方向88°。

葬具、人骨与葬式：未见葬具。坑内仅埋放一头顶向上的人头骨，头骨周围和上部填满大块红烧土和小石块（图四八）。

随葬品：没有随葬品。仅在填土中有1件矮颈罐标本。

矮颈罐　1件。M10:01，夹砂红褐陶，直口外卷，尖圆唇，矮弧颈，肩已残；素面。口径11.2、残高4厘米（图五一，3）。

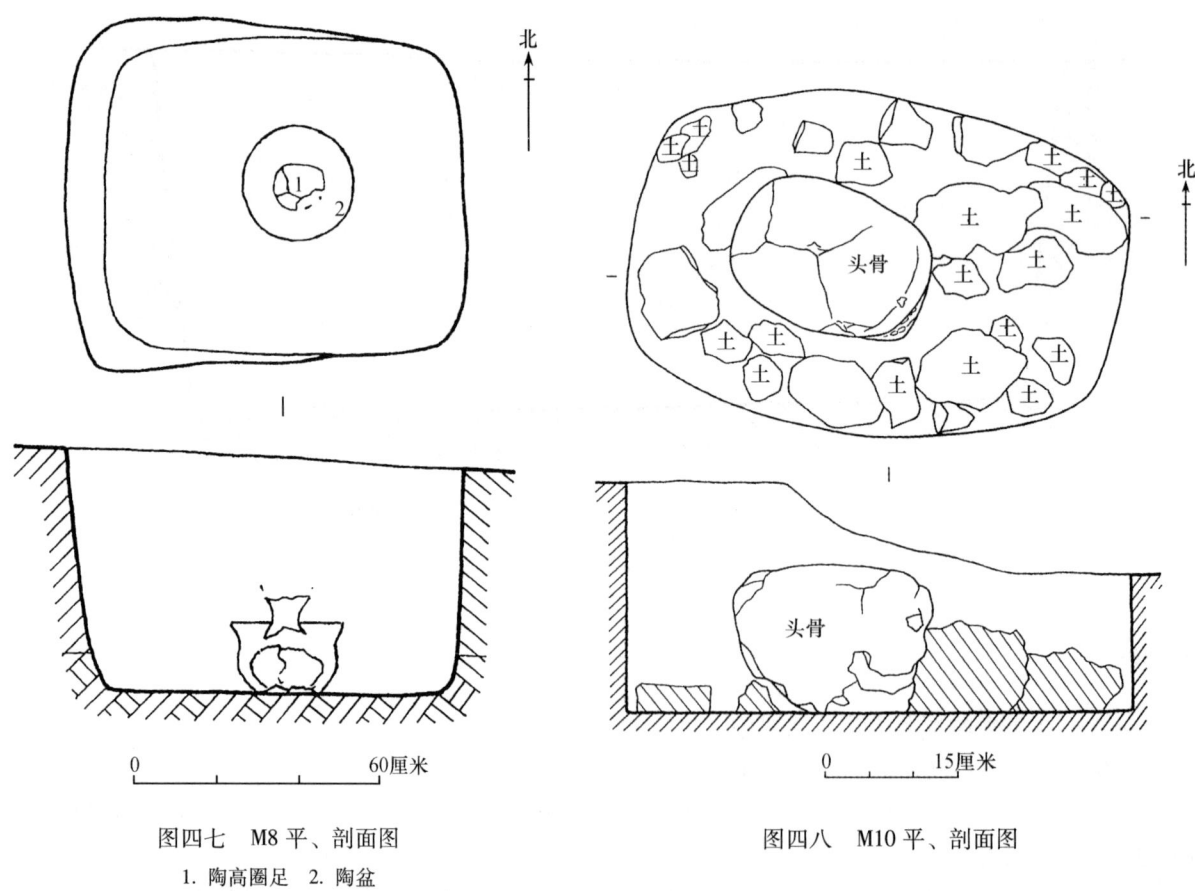

图四七　M8平、剖面图
1. 陶高圈足　2. 陶盆

图四八　M10平、剖面图

---

① 国务院三峡工程建设委员会办公室、国家文物局：《秭归官庄坪》，科学出版社，2005年，第22页。

年代推断：东周时期，或与 M8 年代相当。

7. M12

位置：在 T24 南部。

层位关系：开口④层下，打破⑤层和④层下 H27。

形制结构：长方形土坑竖穴墓，墓坑长 132、宽 60、深 30 厘米。方向 238°。

葬具、人骨与葬式：未见葬具。人骨保存不好，仅残存零星骨骼，葬式不详（图四九）。

随葬品：无。

年代推断：东周时期。

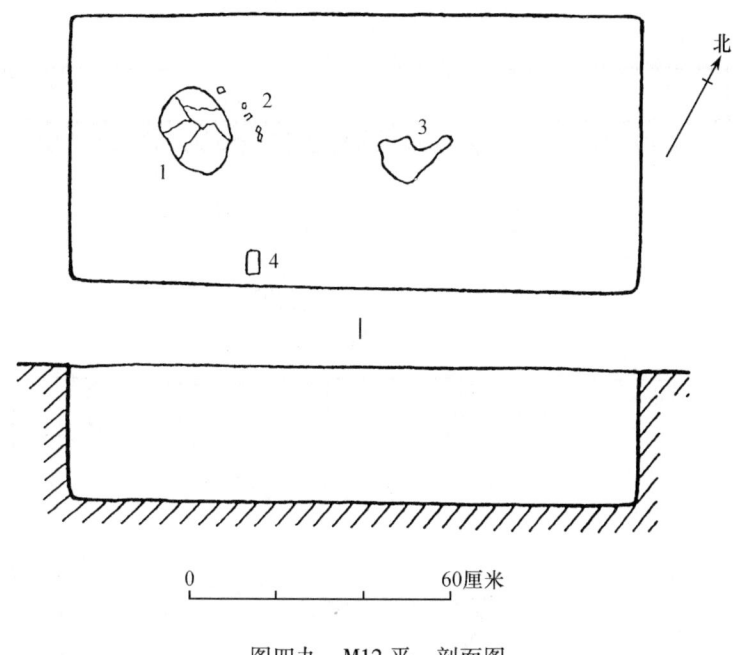

图四九　M12 平、剖面图

8. M17

位置：在 T43 西部。

层位关系：开口②层下，打破生土；西部被 M21 打破，南部又被 M23 打破。

形制结构：长方形土坑竖穴墓，但被 M21 打破后，墓坑残长 150、宽 70、残深 10 厘米（图五〇）。

葬具、人骨与葬式：葬具不明。人骨无存。葬式也不详，方向 91°。

随葬品：2 件，为陶盂和罐凹平底。放置于墓坑东部。

盂　1 件。M17:1，泥质灰陶，残存口沿和凹平底，已难全部复原，侈口，束颈，平底微内凹；素面未见纹饰。口径 14、残高 12、底径 8 厘米（图五一，4）。

罐凹平底　1 件。M17:2，泥质灰陶，上部已残，仅存弧腹内收凹平底；未见纹饰。底径 8.8、残高 8.8 厘米（图五一，5）。

年代推断：据附表一，M17:2 为 AaⅢ 罐器底，M17:1 为 BⅡ 式盂，推断为战国早期墓。

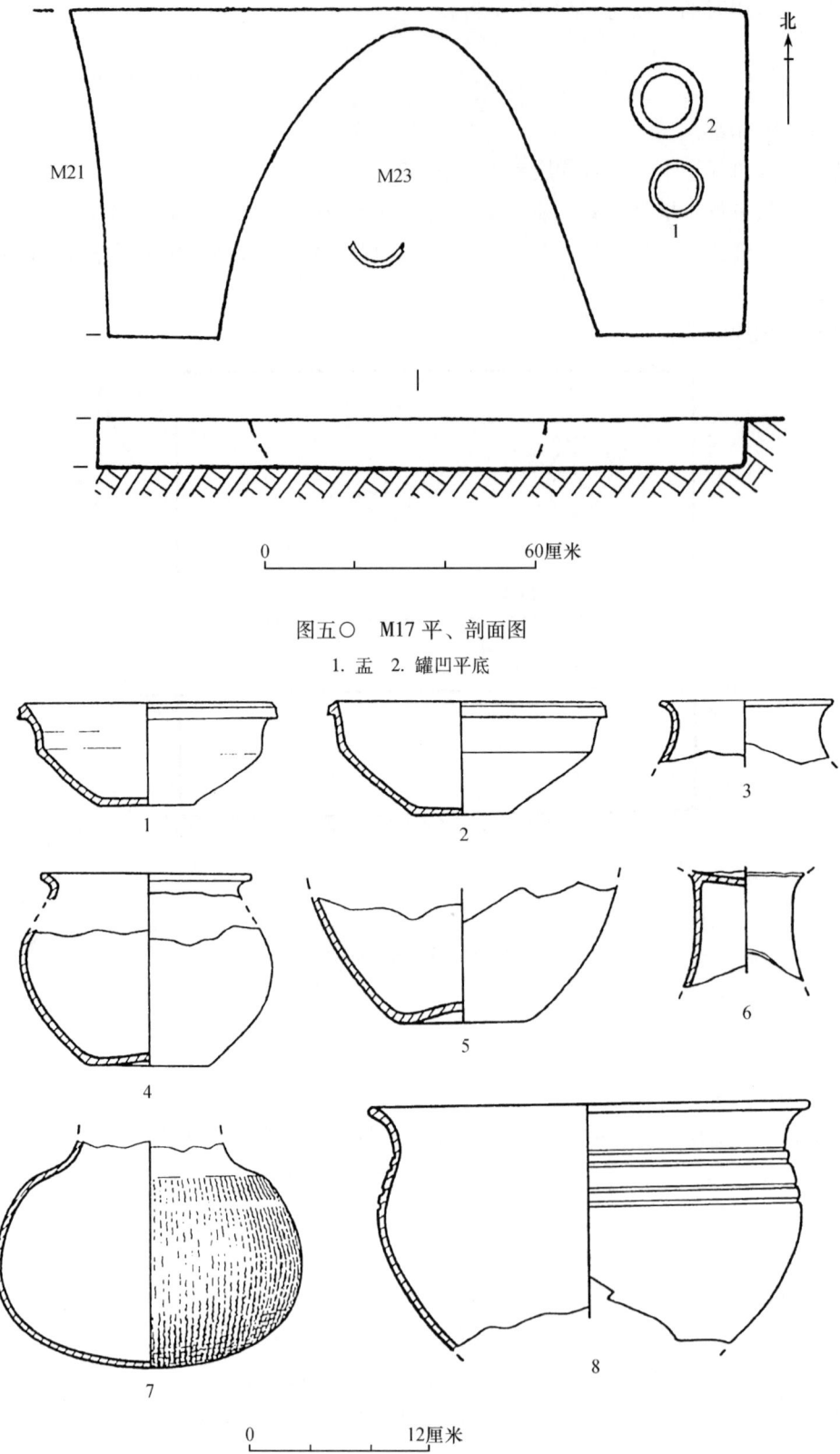

图五〇　M17 平、剖面图
1. 盂　2. 罐凹平底

图五一　M2、M5、M8、M10、M17 出土陶器
1、2、4. 盂（M2:1、M5:1、M17:1）　3. 矮颈罐（M10:01）　5. 罐凹平底（M17:2）　6. 高圈足（M8:1）　7. 釜（M2:2）　8. 盆（M8:2）

9. M19

位置：在 T51 中部偏西。

层位关系：开口②层下，打破生土。

形制结构：长方形土坑竖穴墓，墓坑长 298、宽 140～150、深 50 厘米（图五二；图版四，2）。

葬具、人骨与葬式：葬具不明。人骨保存较好，为单人仰身直肢葬，头北脚南，方向 130°。

随葬品：8 件。其中铜矛 1 件，铁斧 2 件，残铁器 1 件，放置于墓主东侧上半部；铜勺 1 件，陶罐 1 件，无圈足陶壶 1 件，骨管环 1 件，放置于墓主脚下东侧。

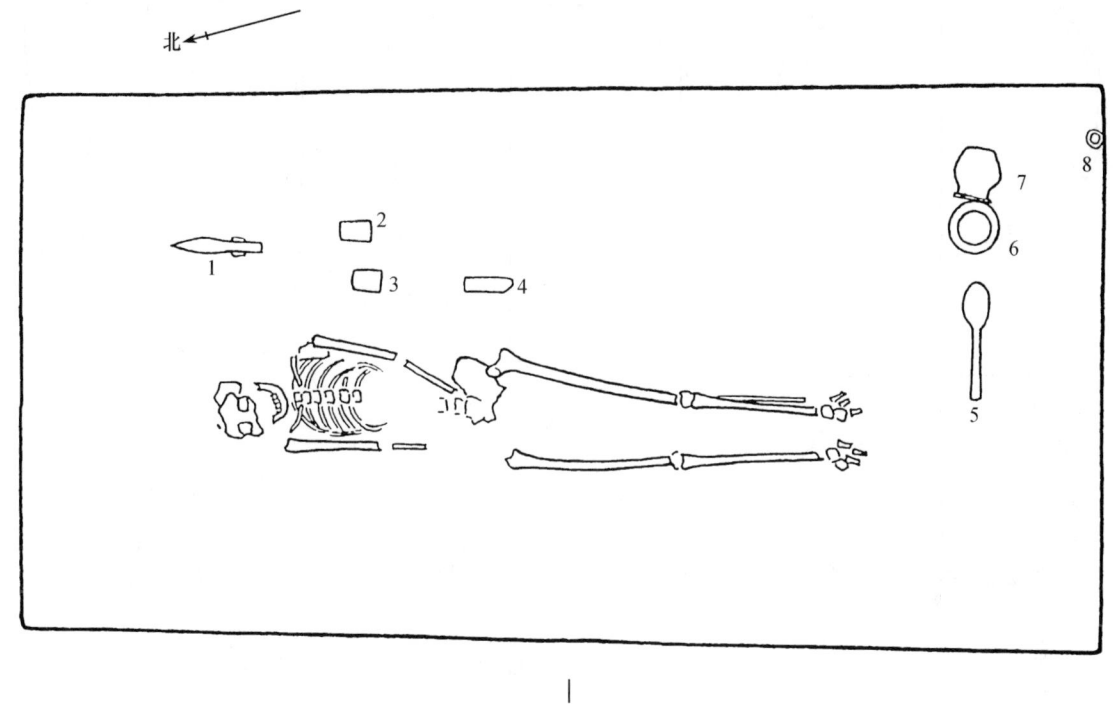

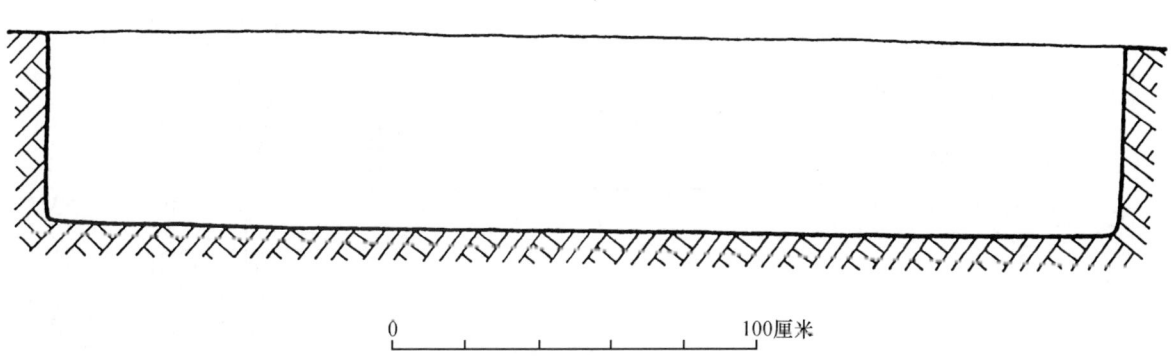

图五二　M19 平、剖面图
1. 铜矛　2、3. 铁斧　4. 残铁器　5. 铜勺　6. 矮颈罐　7. 陶壶　8. 骨管环

铜矛　1 件。M19:1，短骹式巴式铜矛，前锋与叶刃呈柳叶形，圆脊至圆骹中空，上尖下粗，脊与叶刃之间皆有血槽，骹两侧皆有弓形系，上小下大；骹在系部两面皆阴刻花纹，一面为"巴掌纹"，另一面为虎纹和雷电纹。通长 19.7、骹口径 2.8 厘米（图五三，8）。

铁斧　2 件。M19:2，长方形銎呈长方形，内空，平刃两角弧收；近銎处一面一侧有一圆形小孔，似固定木把之用。长 9.6、宽 4.9、銎厚 2.6 厘米（图五三，2）。M19:3，除没有固定木把的小圆孔外，形制类似 M19:2。长 9.4、宽 4.2、銎厚 2.3 厘米（图五三，3）。

残铁器　1 件。M19:4，锈蚀严重，无头无尾中间也断成四段。残长 11.6、残宽 2.2、厚 0.3 厘米（图五三，7）。

铜勺　1 件。M19:5，铜质，不锈处呈银白色，圆勺，狭长长方形把，勺把剖面呈半弧形；素面。勺径 4、通长 10.1 厘米（图五三，6）。

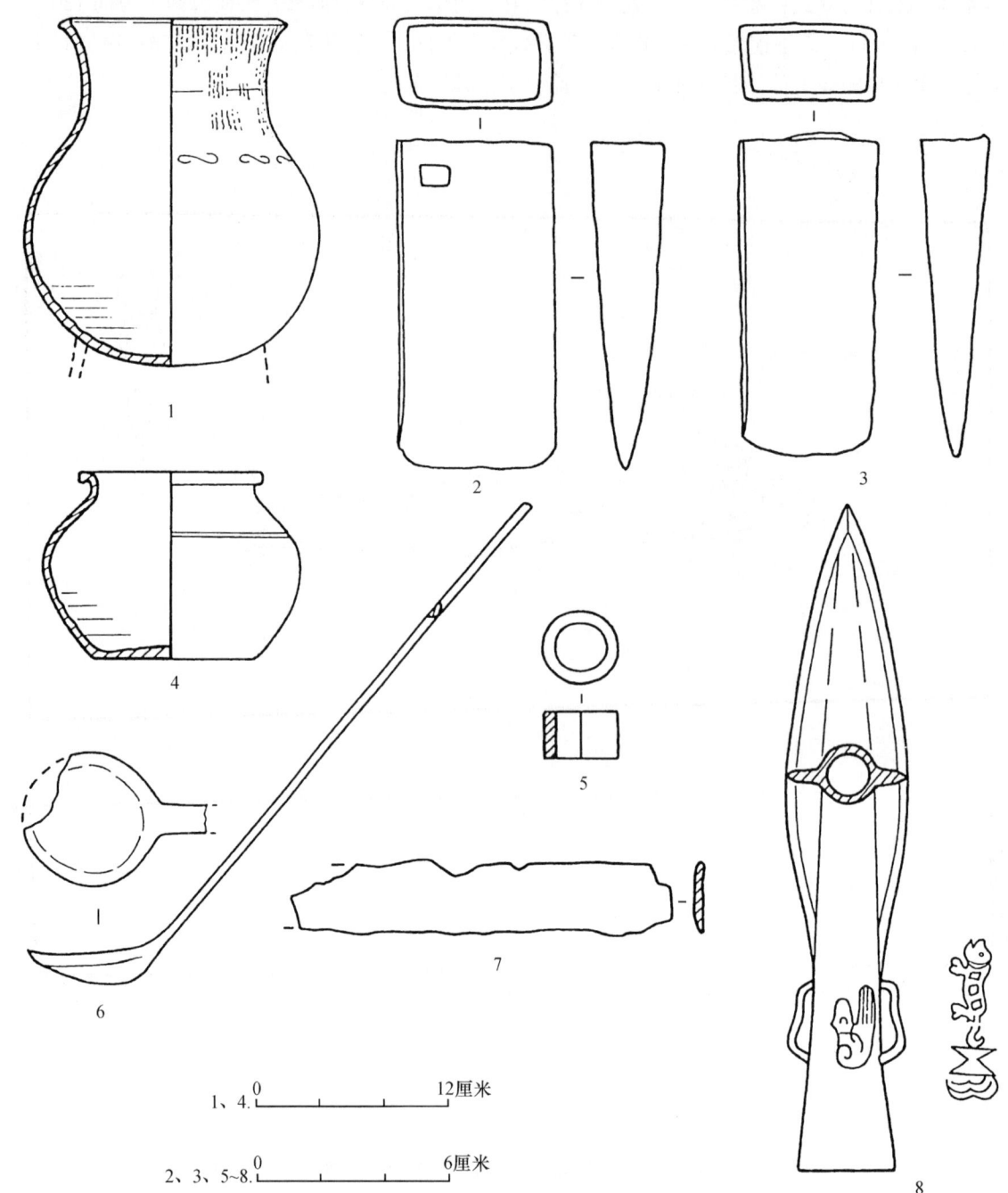

图五三　M19 出土器物

1. 陶壶（M19:7）　2、3. 铁斧（M19:2、M19:3）　4. 陶矮颈罐（M19:6）　5. 骨管环（M19:8）　6. 铜勺（M19:5）
7. 残铁器（M19:4）　8. 铜矛（M19:1）

矮颈罐　1件。M19:6，夹细砂灰陶，直口，平沿，方唇，矮直颈，弧肩，扁腹上鼓下内收，平底；肩上两周凹弦纹。口径11.4、底径9.6、高11厘米（图五三，4；图版一一，2）。

陶壶　1件。M19:7，泥质灰陶，直口外卷，但尖唇内凸，呈弇口，高弧弧，弧肩，球腹，圜底，有圈足痕而未见圈足；颈饰竖绳纹但多已抹掉，肩部刻划一周横S纹，但笔划甚轻，已不清晰。口径14、高21厘米（图五三，1；图版二一，4）。

骨管环　1件。M19:8，骨管一段，上部切面不平整，下部切面磨平，骨管表面有修削痕。管外径2.2、内径1.5、高1.4厘米（图五三，5）。

年代推断：在附表一中，M19:1为BaⅡ式铜矛；M19:6为BbⅡ式罐。据此器物组合，推测M19为战国晚期墓。

10. M20

位置：在T15东北部至东北隔梁内。

层位关系：开口②层下，打破生土。

形制结构：长方形土坑竖穴墓，墓坑长320、宽145、深20厘米。

葬具、人骨与葬式：葬具有木棺痕。骨架保存较差。葬式为单人仰身直肢葬，头北脚南，方向26°（图五四；图版五，1）。

随葬品：2件，为高领罐和陶罍，放置于棺内墓主头上西北部。

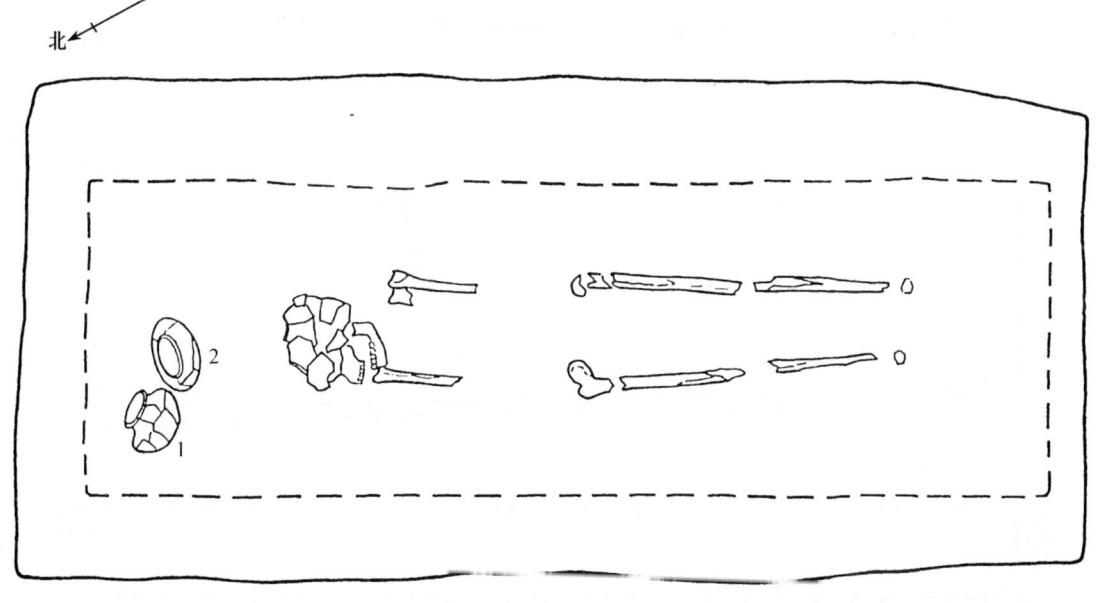

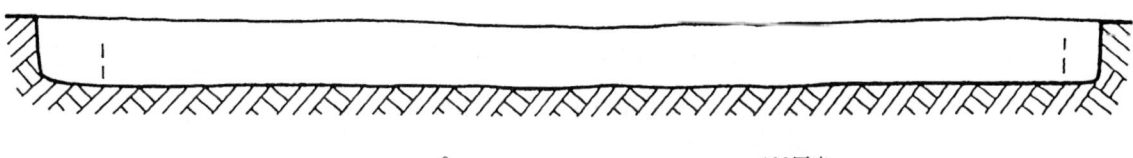

图五四　M20平、剖面图
1. 陶高领罐　2. 陶罍

高领罐 1件。M20:1，泥质灰陶，直口外卷，方圆唇上有一周凹弦纹，高弧颈，弧肩外鼓，弧腹内收，凹平底；颈上两周、肩上三周深凹弦纹。口径12.8、底径6.8、高18厘米（图六二，1；图版九，3）。

陶罍 1件。M20:2，泥质灰胎黑陶，直口，方唇，矮直颈，弧肩外鼓，扁腹内收，平底；素面。口径10、底径6.6、高8.4厘米（图六二，9；图版一九，4）。

年代推断：在附表一中，M20:1为AaⅢ式罐；M20:2为Ⅱ式罍。据此器物组合，推测M20为战国早期墓。

11. M21

位置：在T42中部。

层位关系：开口②层下，打破生土；打破M17，被M18打破。

形制结构：长方形土坑竖穴墓，墓口长256、宽114、墓底长250、宽94、深23厘米（图五五）。

葬具、人骨与葬式：葬具不明。骨架保存一般，是一单身仰身直肢葬，头北脚南，方向3°。

随葬品：无。

年代推断：因M17为战国早期墓，而M18为秦汉墓，所以，据打破关系推测M21为东周墓葬。

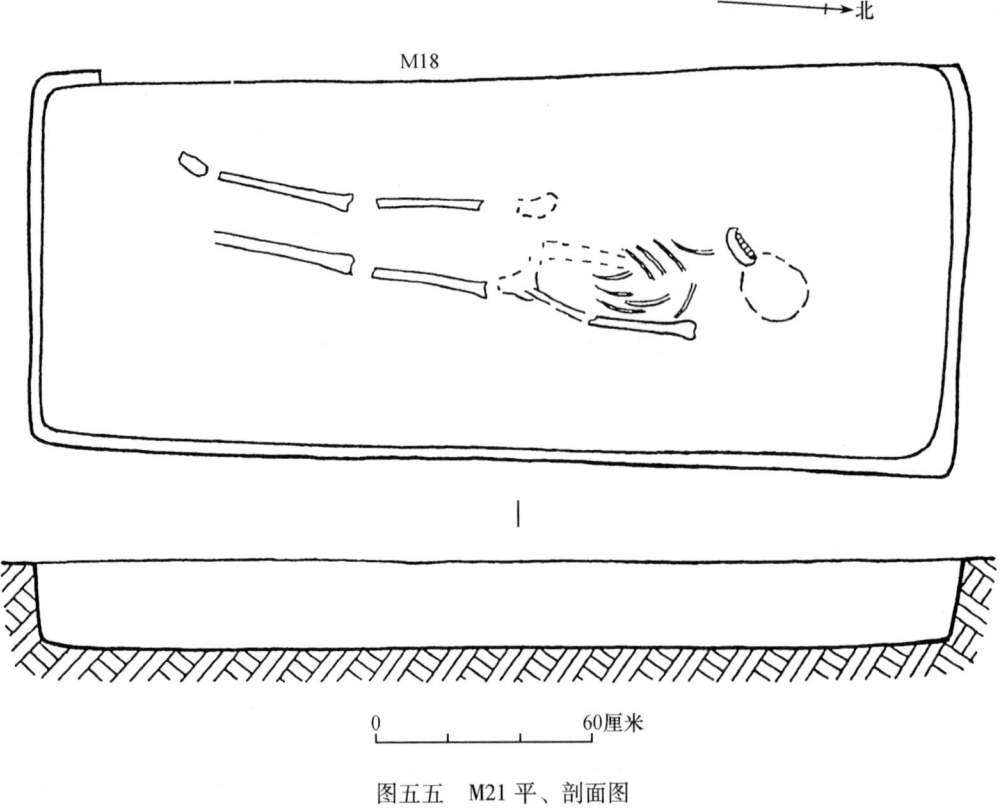

图五五 M21平、剖面图

12. M22

位置：在T36中部。

层位关系：开口④层下，打破⑥、⑦层直至基岩，被③层下G4叠压。

形制结构：长方形土坑竖穴墓。墓口长314、宽174~180、墓底长298、宽170~176、深120厘米。坑底有一棺痕，长206、宽76厘米，随葬器物放置棺外墓主脚下，未见椁痕（图五六；图版五，2）。

葬具、人骨与葬式：葬具有木棺痕。人骨保存较好，单人仰身直肢葬，头北脚南，方向340°。

随葬品：2件，一为陶罐，另一为陶釜，放置于棺外墓主脚下。

矮颈罐　1件。M22:1，泥质灰陶，直口微外卷，平沿，方圆唇，矮颈下束，弧肩，扁弧腹内收，平底；肩部有一"十"形划痕。口径14.7、底径10.6、高13.2厘米（图六二，2；图版一一，3）。

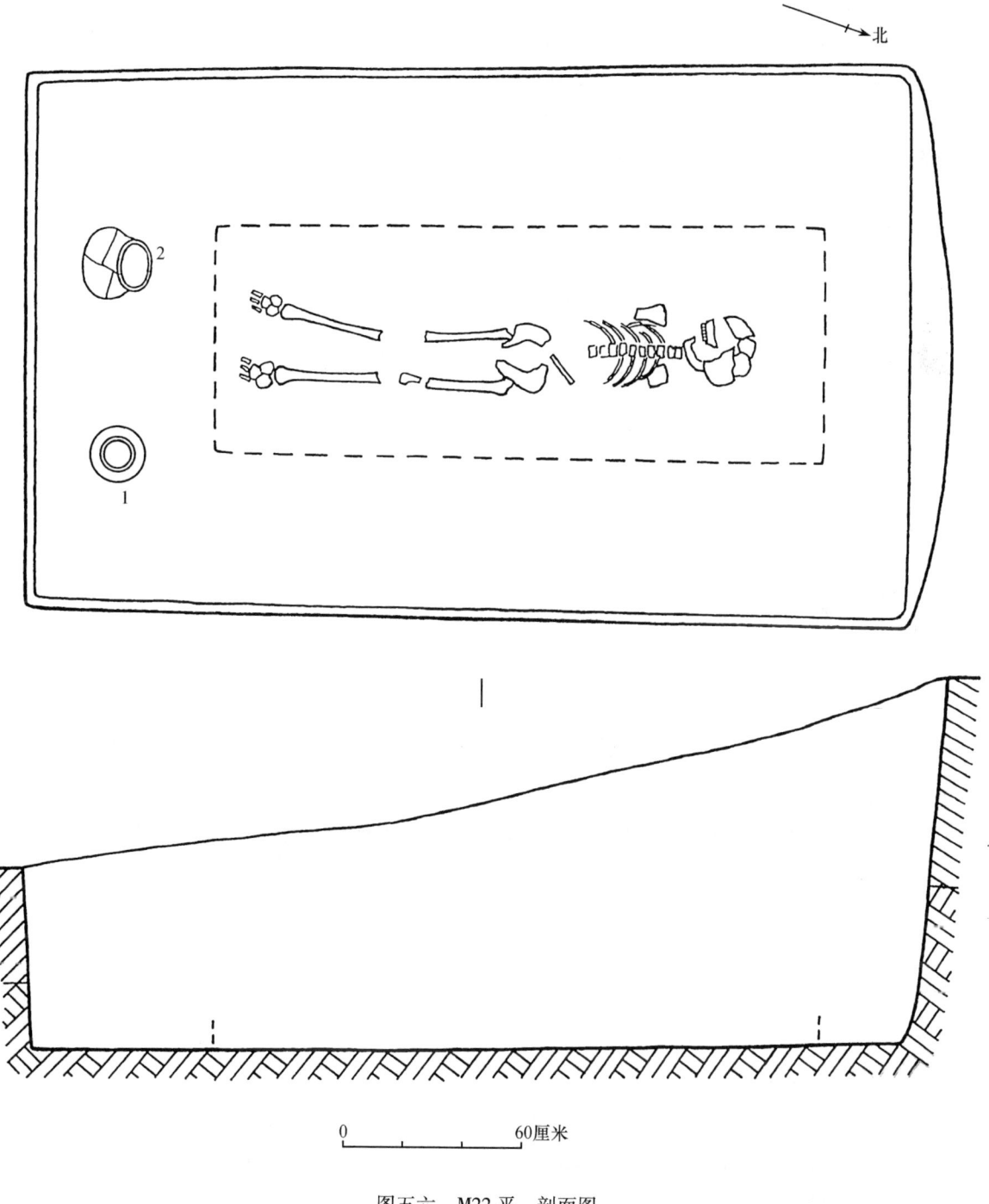

图五六　M22平、剖面图
1. 陶矮颈罐　2. 陶釜

陶釜 1件。M22:2，泥质红胎黑陶，直口外卷，尖圆唇，高弧颈，弧肩，扁圆腹外鼓，圜底；腹至底饰竖绳纹。口径13.6、高18厘米（图六二，5；图版二一，1）。

年代推断：据附表一，M22:1为BbⅡ式罐，M22:2为Ⅱ式釜，推测M22这一随葬品组合为战国晚期。

13. M23

位置：在T43南部。

层位关系：开口②层下，打破生土；打破M17，被石M3打破。

形制结构：原应为长方形土坑竖穴墓，但在修梯田时已遭严重破坏。墓坑残长250、宽90、深30厘米。

葬具、人骨与葬式：葬具不明。墓主仅残存下颌骨和下肢骨，原应为单人仰身直肢葬，头北脚南，方向1°（图五七）。

随葬品：无。

年代推断：早于石M3，晚于M17，暂定为东周时期墓葬。

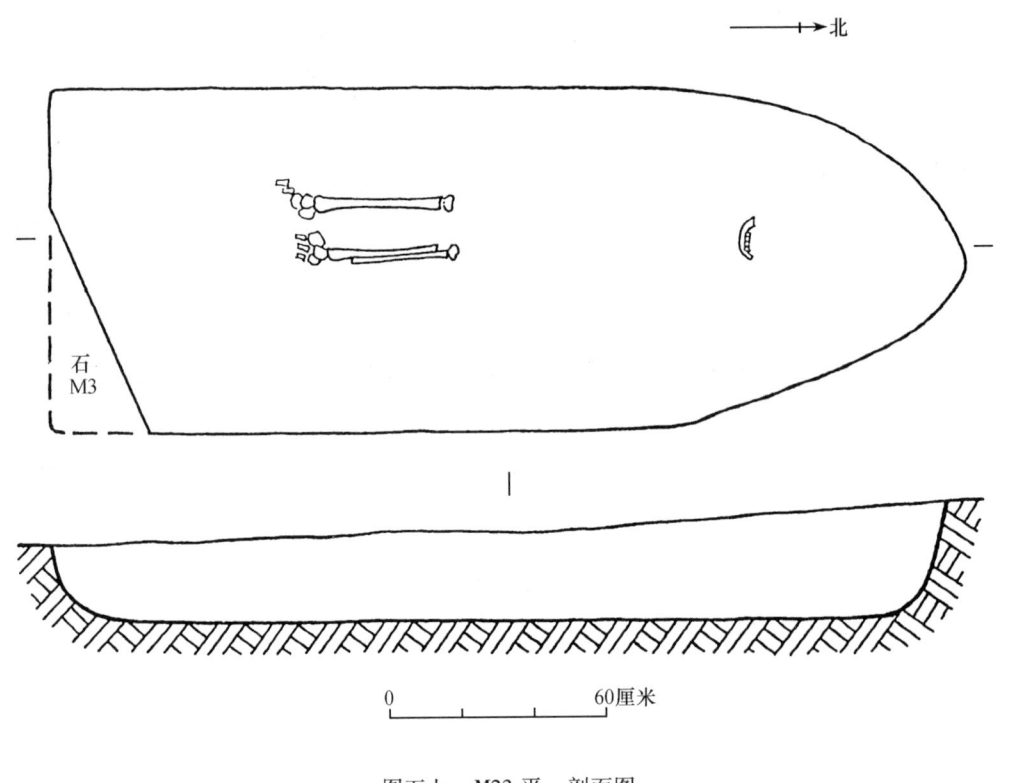

图五七　M23平、剖面图

14. M24

位置：在T38南部扩方。

层位关系：被③层下F6所叠压，打破⑤层，西部被现代墓M25打破。

形制结构：近长方形土坑竖穴墓，墓坑残长232、宽82~102、深30厘米。墓底不平，有不少大石块，墓主骨骸有的就摆放在大石块上。

葬具、人骨与葬式：葬具不明。人骨保存甚好，为单人仰身直肢葬，头东脚西，方向98°（图五八）。

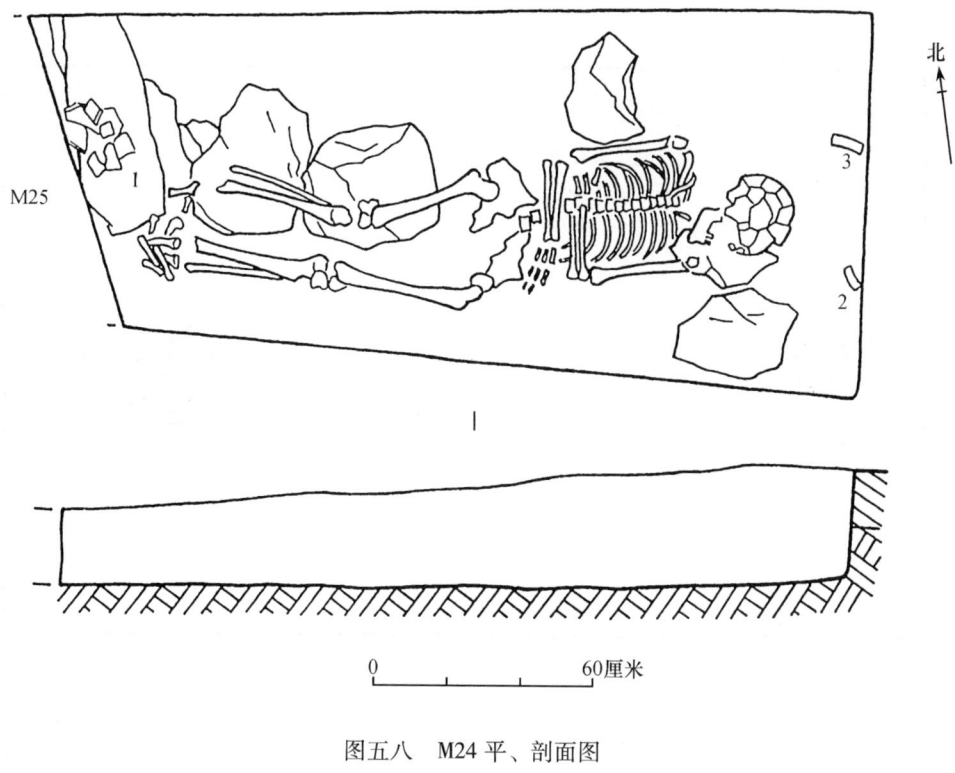

图五八　M24 平、剖面图
1~3. 碎陶片

随葬品：墓主头上和脚下仅有碎陶片，难辨器形。

年代推断：据地层关系，暂定东周墓葬。

15. M26

位置：在 T36 北部扩方。

层位关系：开口②层下，打破生土。

形制结构：长方形土坑竖穴墓，墓坑长 250、宽 150、深仅剩 14 厘米。

葬具、人骨与葬式：葬具不明。人骨保存甚差已不完全，为单人仰身直肢葬，头北脚南，方向 340°（图五九）。

随葬品：2 件，为陶瓮和陶盂，放置于墓主脚下。

陶瓮　1 件。M26:1，泥质红胎灰陶，直口外斜，小平沿，方圆唇，颈极矮内束，斜弧肩，深腹上部外鼓下部内收，平底已残；素面。口径 9.6、底径 10.4、高 16.4 厘米（图六二，3；图版二〇，4）。

陶盂　1 件。M26:2，泥质灰陶，直口外卷，窄平沿，小方唇，粗颈中束，折腹内收，凹平底；颈、肩之间有一周折棱，腹至底饰错乱绳纹。口径 15.2、底径 6.6、高 8 厘米（图六二，8；图版一五，5）。

年代推断：据附表一，M26:1 为Ⅰ式瓮，M26:2 为 AⅣ式盂，推测 M26 为春秋晚期墓葬。

16. M27

位置：在 T36 北部扩方。

层位关系：开口②层下，打破生土。

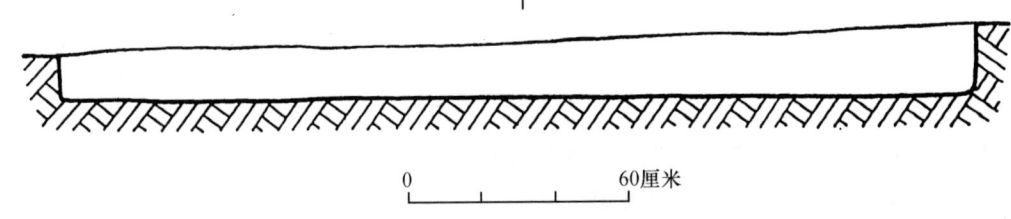

图五九　M26 平、剖面图
1. 陶瓮　2. 陶盂

形制结构：长方形土坑竖穴墓，墓坑长 220、宽 110、深 20 厘米。

葬具、人骨与葬式：葬具不明。仅剩零星残骨，为单人葬，似仰身直肢，头北脚南，方向 240°（图六〇）。

随葬品：2 件，为陶束颈罐和陶盂，放置墓主脚下。

束颈罐　1 件。M27:2，夹砂红褐陶，侈口，束颈，卷沿，尖圆唇，弧肩，深腹上鼓下内收，凹平底；素面。口径 14.8、底径 8、高 21.6 厘米（图六二，4）。

陶盂　1 件。M27:1，泥质灰陶，侈口，束颈，卷沿，方圆唇，鼓肩，扁弧腹内收，平底；素面。口径 16、底径 12、高 10.8 厘米（图六二，6；图版一七，1）。

年代推断：据附表一，M27:2 为 CaⅡ式罐，M27:1 为 BⅠ式盂，推测 M27 为春秋晚期墓。

17. M35

位置：在 T151 西北部。

层位关系：开口④层下，打破⑤B、⑥层至生土。

形制结构：长方形土坑竖穴墓，墓坑口大底下，坑口长 280、宽 130、底长 258、宽 110、深 80 厘米。方向 310°（图六一）。

第五章 周代时期的遗存

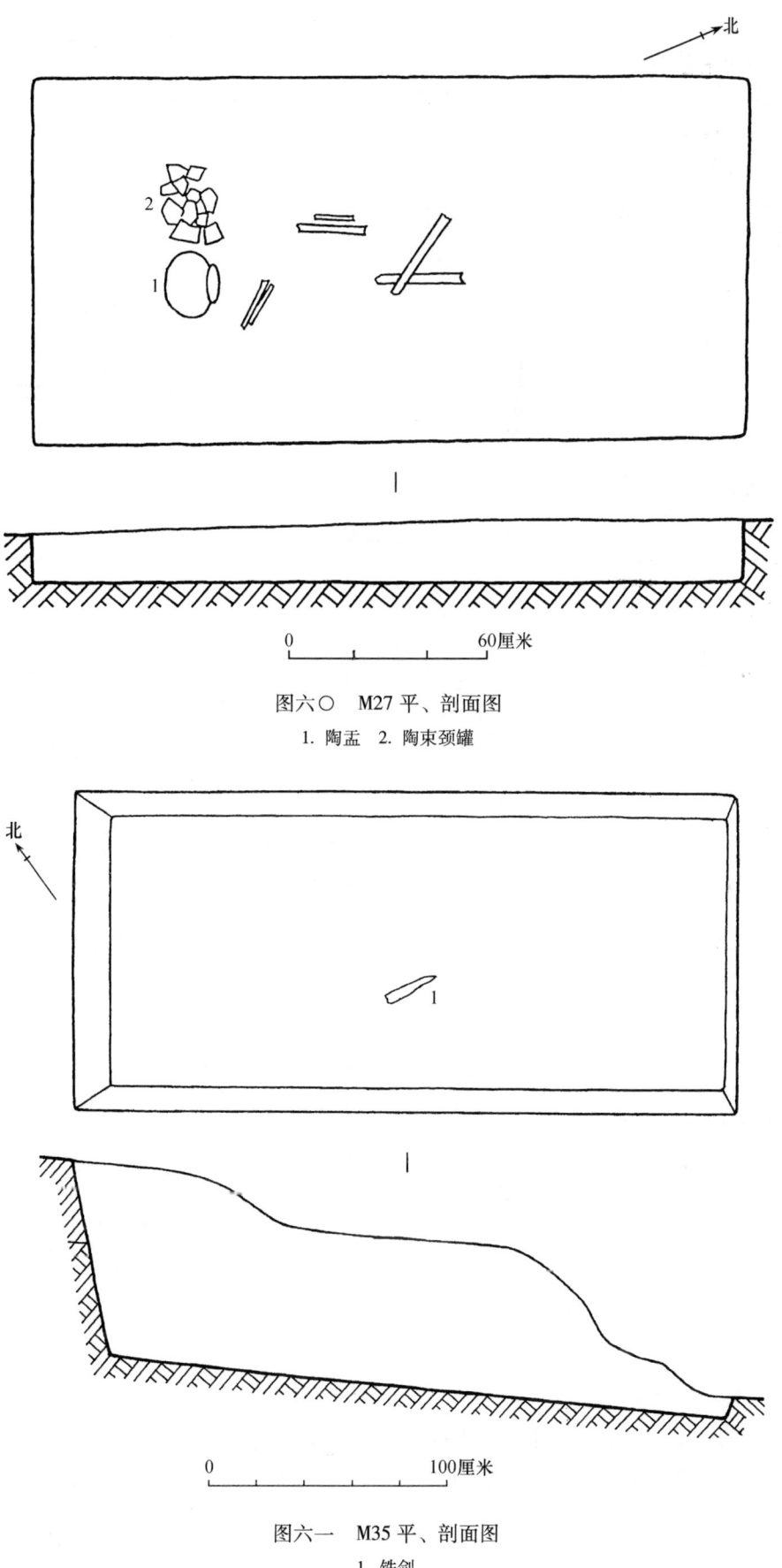

图六〇 M27 平、剖面图
1. 陶盂 2. 陶束颈罐

图六一 M35 平、剖面图
1. 铁剑

葬具、人骨与葬式：葬具不明。墓主骨架已不见，葬式不明。

随葬品：仅1件残铁剑。

铁剑 1件。M35:1，仅剩尖锋前段，且锈蚀严重，腊体横断面呈扁圆形。残长23.2、宽3.5、厚1.2厘米（图六二，7）。

年代推断：据开口地层，推测为东周墓。

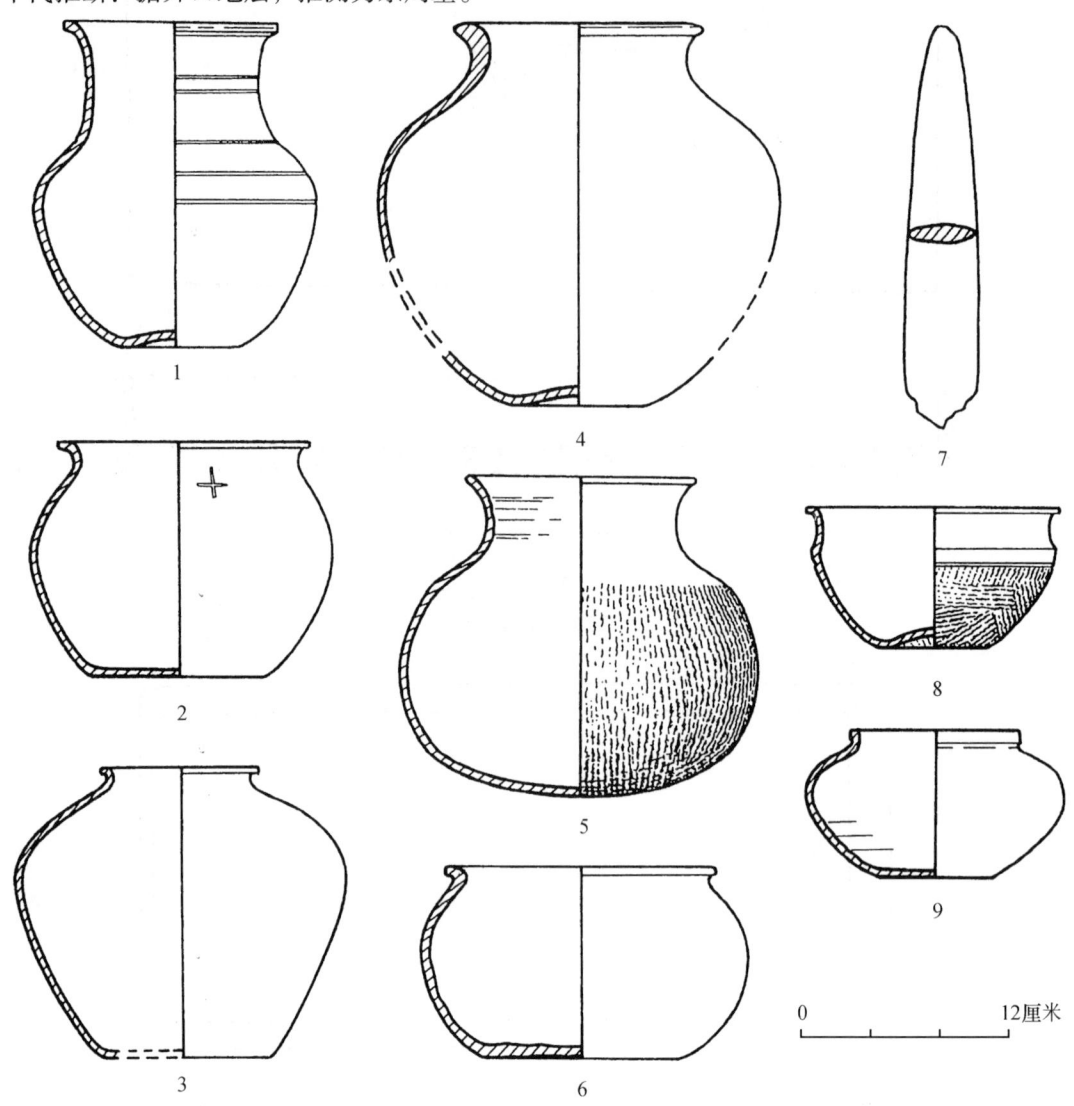

图六二 M20、M22、M26、M27、M35出土器物

1. 陶高领罐（M20:1） 2. 陶矮颈罐（M22:1） 3. 陶瓮（M26:1） 4. 陶束颈罐（M27:2） 5. 陶釜（M22:2）
6、8. 陶盂（M27:1、M26:2） 7. 铁剑（M35:1） 9. 陶罍（M20:2）

18. M37

位置：在T184东南部。

层位关系：开口②层下，打破生土；也打破②层下H34。

形制结构：长方形土坑竖穴墓，有生土二层台。坑口长270、宽135、二层台长260、宽123、底长230、宽80、总深154厘米。

葬具、人骨与葬式：葬具不明。人骨已朽仅剩残痕。为单人葬，似仰身直肢葬，头北脚南，方向328°（图六三）。

随葬品：2件，为陶盂和高领罐，放置坑底墓主脚下。

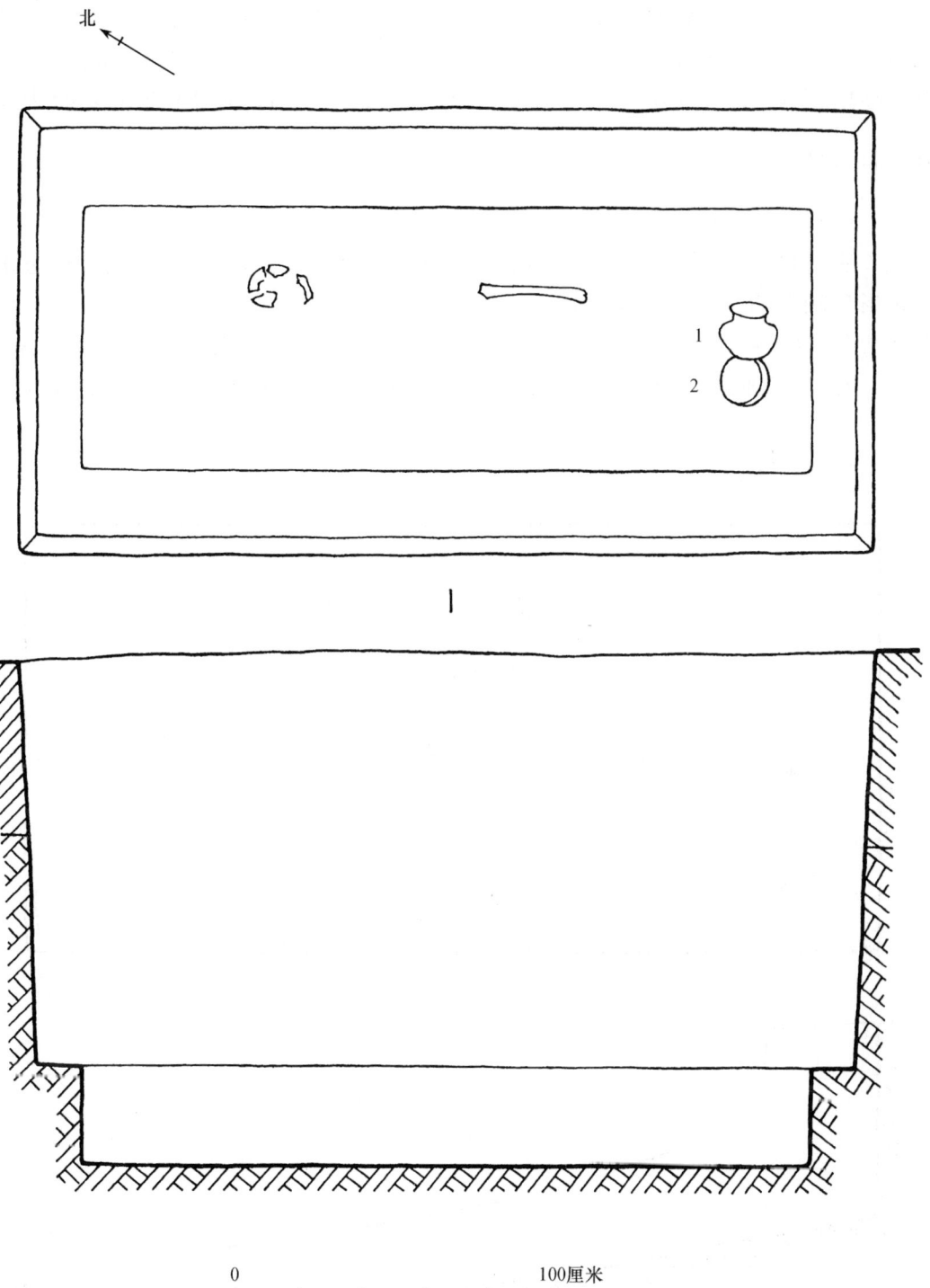

图六三　M37平、剖面图
1. 陶高领罐　2. 陶盂

高领罐　1件。M37:1,泥质黄褐陶,直口微内斜,平沿,方唇,高直颈稍外斜,弧肩,弧腹内收,凹平底;颈部、腹上部饰竖绳纹,腹下部至凹底饰交错绳纹。口径12.8、底径8、高16.2厘米（图七一,8；图版一〇,3）。

陶盂　1件。M37:2,泥质黑陶,直口,平沿,方唇,粗矮颈,小平肩,折腹弧内收,凹平底;折腹有棱,腹至底饰交错绳纹。口径16、底径7、高8厘米（图七一,1；图版一五,6）。

年代推测：据附表一,M37:1为AbⅠ式罐,M37:2为AⅣ式盂,推测M37为春秋晚期墓。

19. M38和M39

位置：在T174东北部。

层位关系：开口④层下,M39打破M38,都打破⑤层至生土。实际上,M38为M39墓主的废弃墓坑,因遇石头而改挖M39这个新墓坑。

形制结构：M39为长方形土坑竖穴墓。M39坑口长270、宽130、坑底长269、宽129、深60厘米。

葬具、人骨与葬式：葬具不明。人骨多朽。葬式为单人仰身直肢葬,头北脚南,方向336°（图六四）。

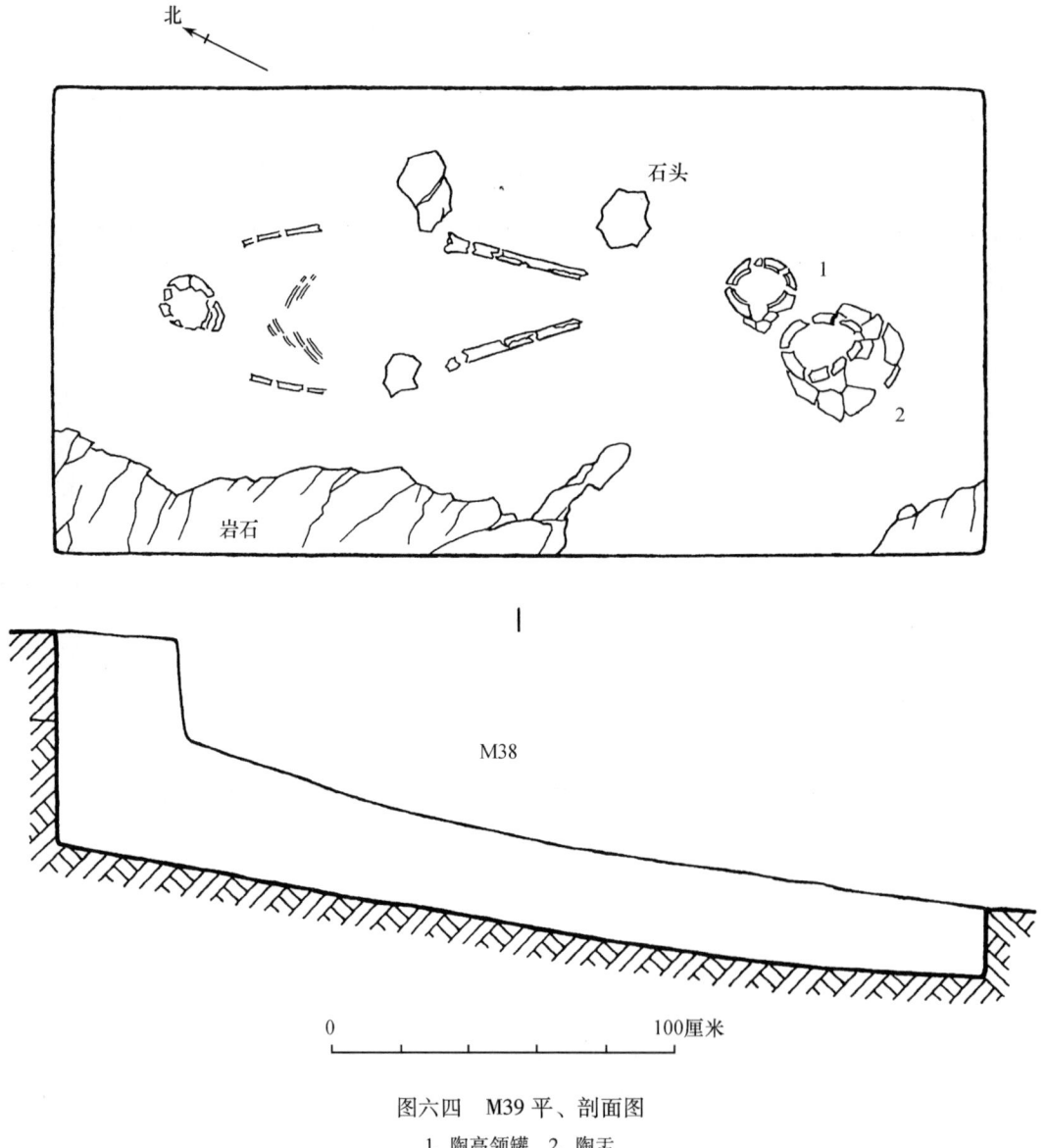

图六四　M39平、剖面图
1. 陶高领罐　2. 陶盂

随葬品：陶器2件，为高领罐和盂，放置墓主脚下。

高领罐 1件。M39:2，泥质红陶，直口，平沿，方圆唇，高直颈稍外斜，弧肩，弧腹内收，凹平底；腹上部饰竖绳纹，下部至底饰交错绳纹。口径13.3、底径9.6、高21厘米（图七一，11；图版一〇，2）。

陶盂 1件。M39:1，泥质灰陶，直口，平沿，方唇，粗直颈，凹肩，扁腹内收，底已残；腹中部以下饰斜绳纹。口径14、残高8厘米（图七一，2）。

年代推断：据附表一，M39:1为AⅢ式盂，M39:2为AbⅠ式罐，推测M39为春秋中期墓。

20. M40

位置：在T174、T175、T180和T181四个探方中。

层位关系：开口④层下，打破⑤层至生土。

形制结构：长方形土坑竖穴墓，墓底北高南低呈坡状，墓坑口长270、宽110、底长269、宽109、深80厘米。

葬具、人骨与葬式：葬具不明。人骨保存较好，为单人仰身直肢葬，头北脚南，方向335°（图六五；图版六，1）。

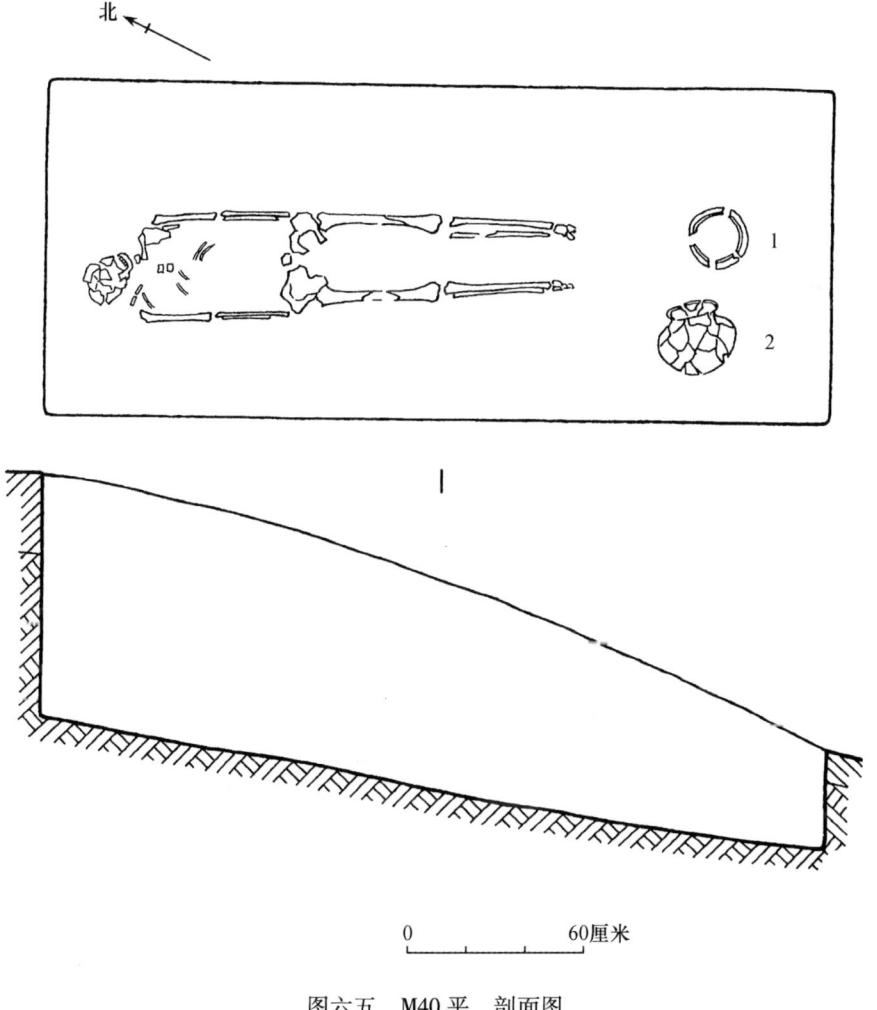

图六五 M40平、剖面图
1. 陶盂 2. 陶高领罐

随葬品：陶器2件，为高领罐和盂，放置墓主脚下低坡处。

高领罐　1件。M40:2，夹砂红褐陶，直口外卷，卷沿，方唇，高弧颈，凹肩，弧腹下部已残；腹中部以下饰竖绳纹。口径12.8、残高8.8厘米（图七一，6）。

陶盂　1件。M40:1，泥质黑陶，直口，口沿微卷，方圆唇，粗矮颈，凹肩，弧腹内收，凹平底；腹上部饰竖绳纹，下腹至底饰横乱绳纹。口径17、底径8.4、高9.2厘米（图七一，5；图版一五，4）。

年代推断：据附表一，M40:1为AⅡ式盂，M40:2为AaⅡ式罐，推测M40为春秋中期墓。

21. M41

位置：在T173北部。

层位关系：开口④层下，打破⑤层至生土。

形制结构：长方形土坑竖穴墓，墓底北高南低呈坡状；墓坑长220、宽100、深50厘米。方向312°（图六六）。

葬具、人骨与葬式：葬具不明。人骨无存，葬式也不详。

随葬品：陶器2件，为束颈罐和盂，放置于坑底低坡处，可能就在原墓主脚下。

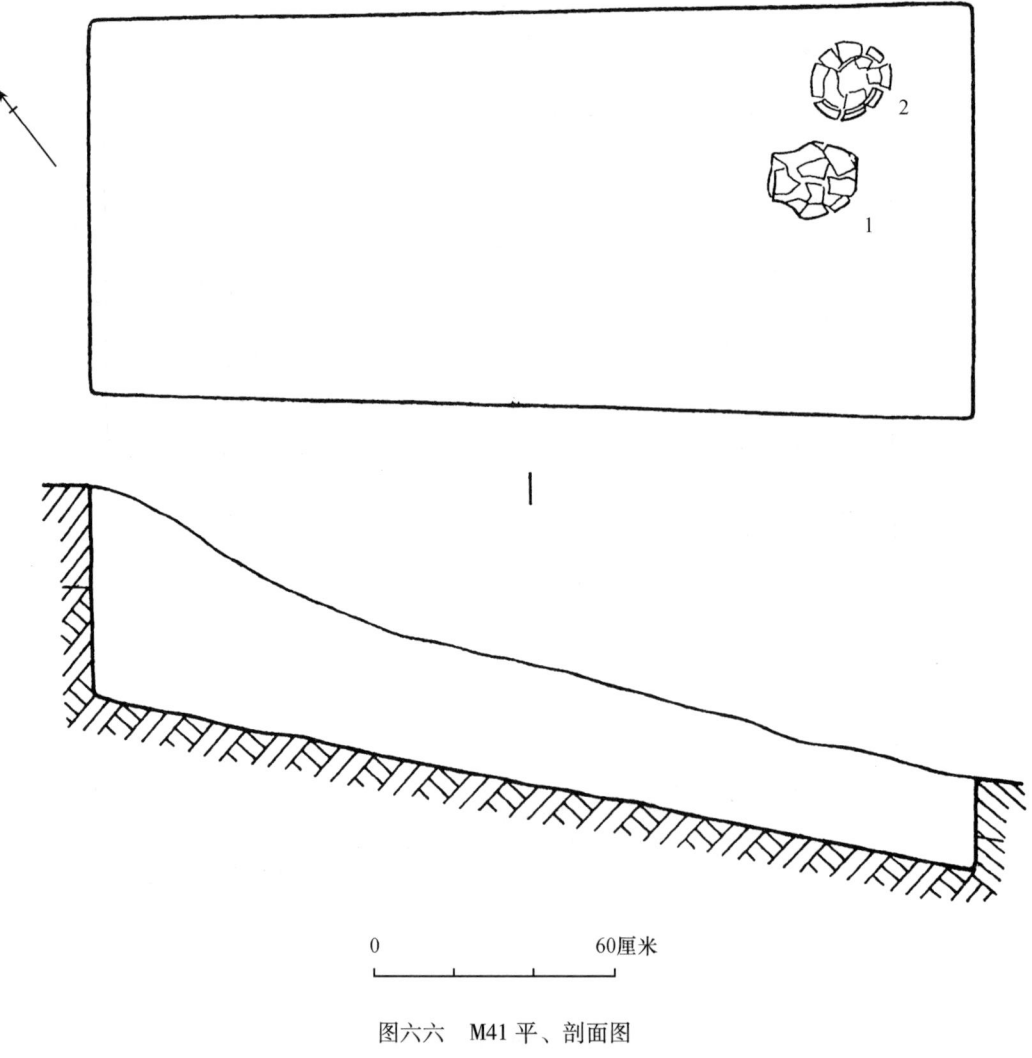

图六六　M41平、剖面图
1. 陶束颈罐　2. 陶盂

束颈罐 1件。M41:1，泥质黑陶，口部已残，弧肩外鼓，深腹内收，平底；颈下部，肩下部和腹中部各有两周凹弦纹。底径9.3、残高18厘米（图七一，10）。

陶盂 1件。M41:2，夹砂黑陶，侈口，束颈，窄沿外卷，方唇外凸，唇面中凹，小斜肩，折腹斜内收，平底；素面。口径17.2、底径6.4、高7.2厘米（图七一，4；图版一六，4）。

年代推断：据附表一，M41:1为CbⅡ式罐，M41:2为AⅥ式盂，推测M41为战国晚期墓葬。

22. M43

位置：在T158东北角。

层位关系：开口④层下，打破⑤层至生土。

形制结构：长方形土坑竖穴墓，墓坑长220、宽100、残深16厘米。方向315°（图六七）。

葬具、人骨与葬式：葬具不明。人骨无存，葬式也不详。

随葬品：2件皆已朽难以复原陶器，一为卷沿盂，口径14厘米；另一为圜底釜。这两件随葬品因无法修复而都没有编号。

年代推断：据开口地层而定为东周墓葬。

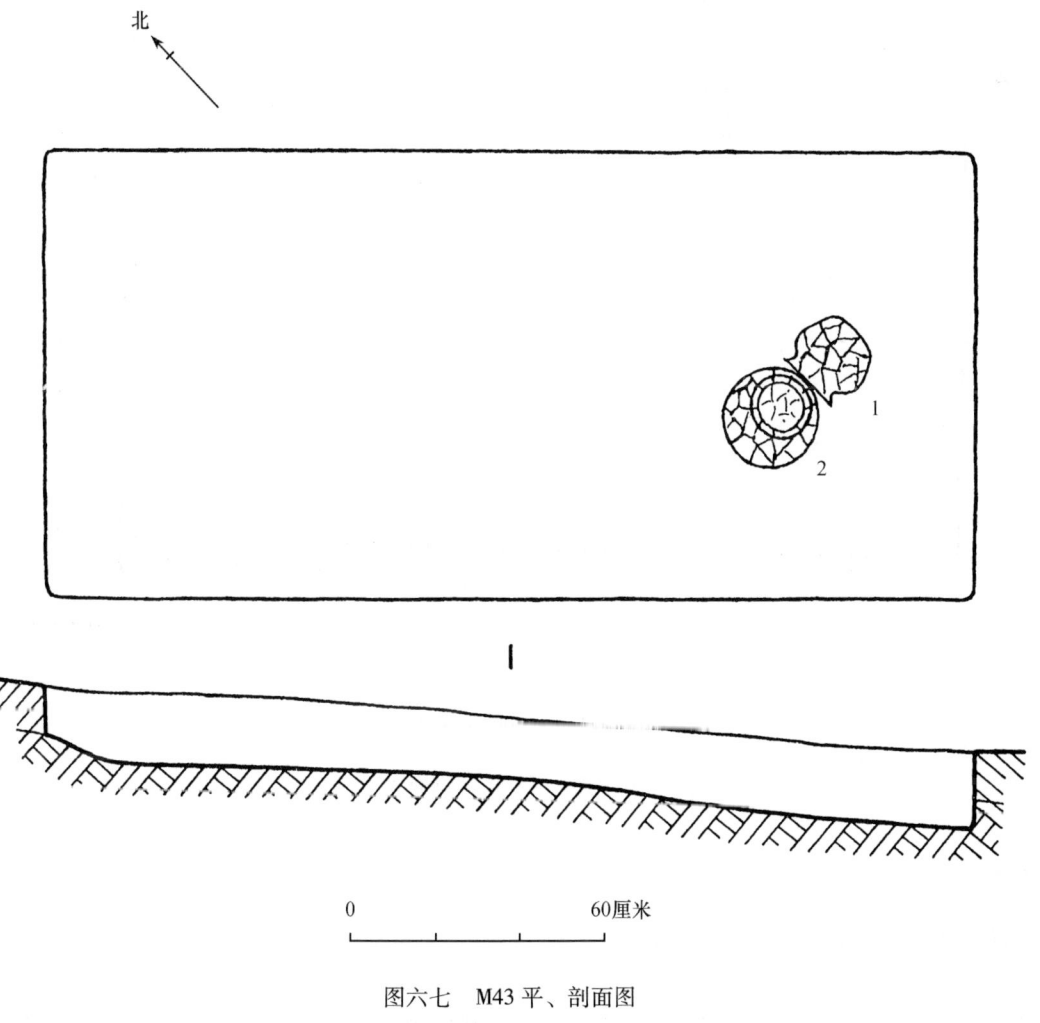

图六七 M43平、剖面图
1、2. 陶器（破碎难修复）

23. M45

位置：在 T181 东南部。

层位关系：开口①层下，打破生土；西部被①层下汉墓 M44 打破，东部被现代墓打破。

形制结构：长方形土坑竖穴墓，墓坑长 220、宽 72、深 64 厘米（图六八）。

葬具、人骨与葬式：葬具不明。人骨保存一般，为单人葬仰身直肢，头西脚东，方向 313°。

随葬品：未见，或已被现代墓挖掉。

年代推断：因被汉代墓葬 M44 打破，所以 M45 或可早至东周时期。

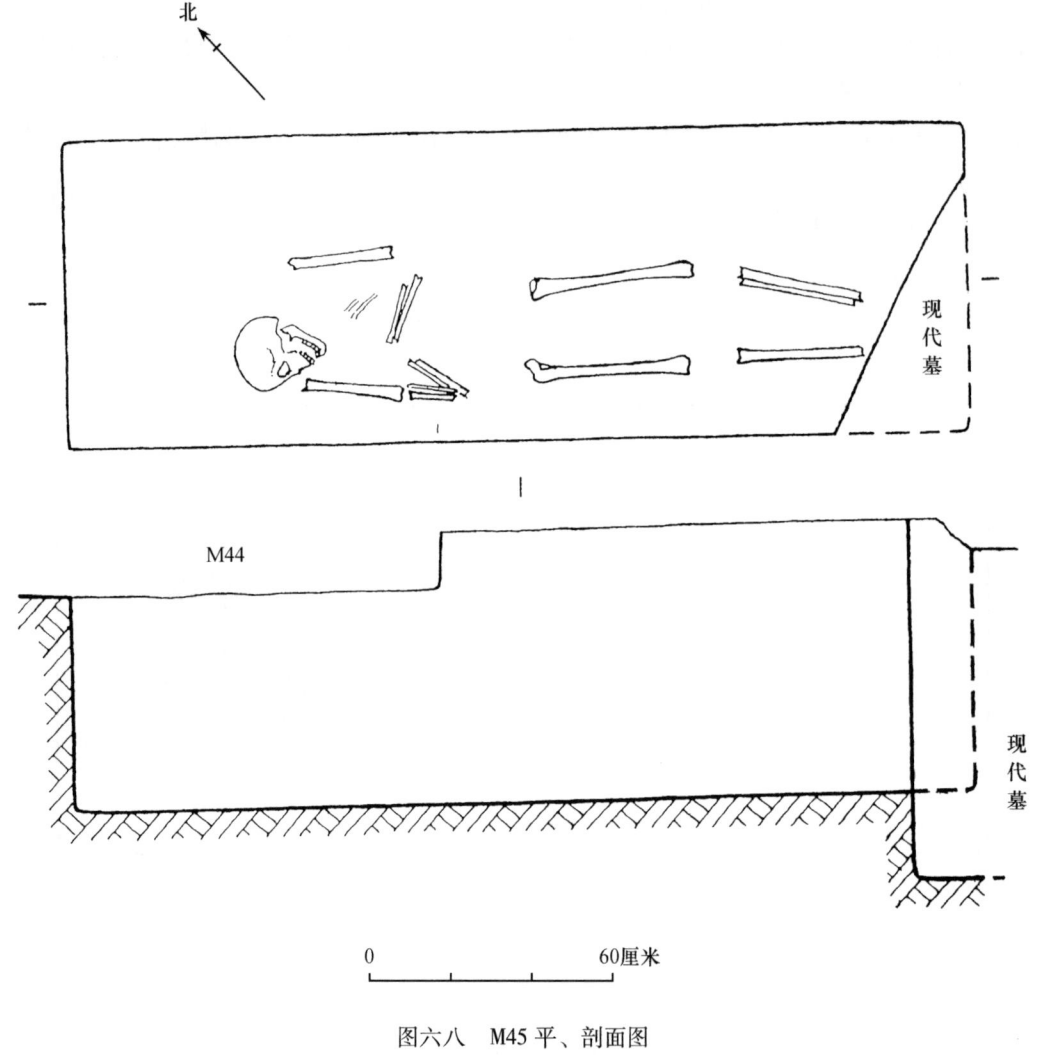

图六八　M45 平、剖面图

24. M46

位置：在 T226 东部。

层位关系：开口②层下，打破生土；也打破②层下 H38。

形制结构：长方形土坑竖穴墓，墓坑口长 266、底长 250、墓坑宽 100、深 68 厘米。方向 320°。

葬具、人骨与葬式：葬具不明。人骨无存，葬式也不详。

随葬品：2 件陶器，为束颈罐和直口罐，放置于墓坑东北边（图六九）。

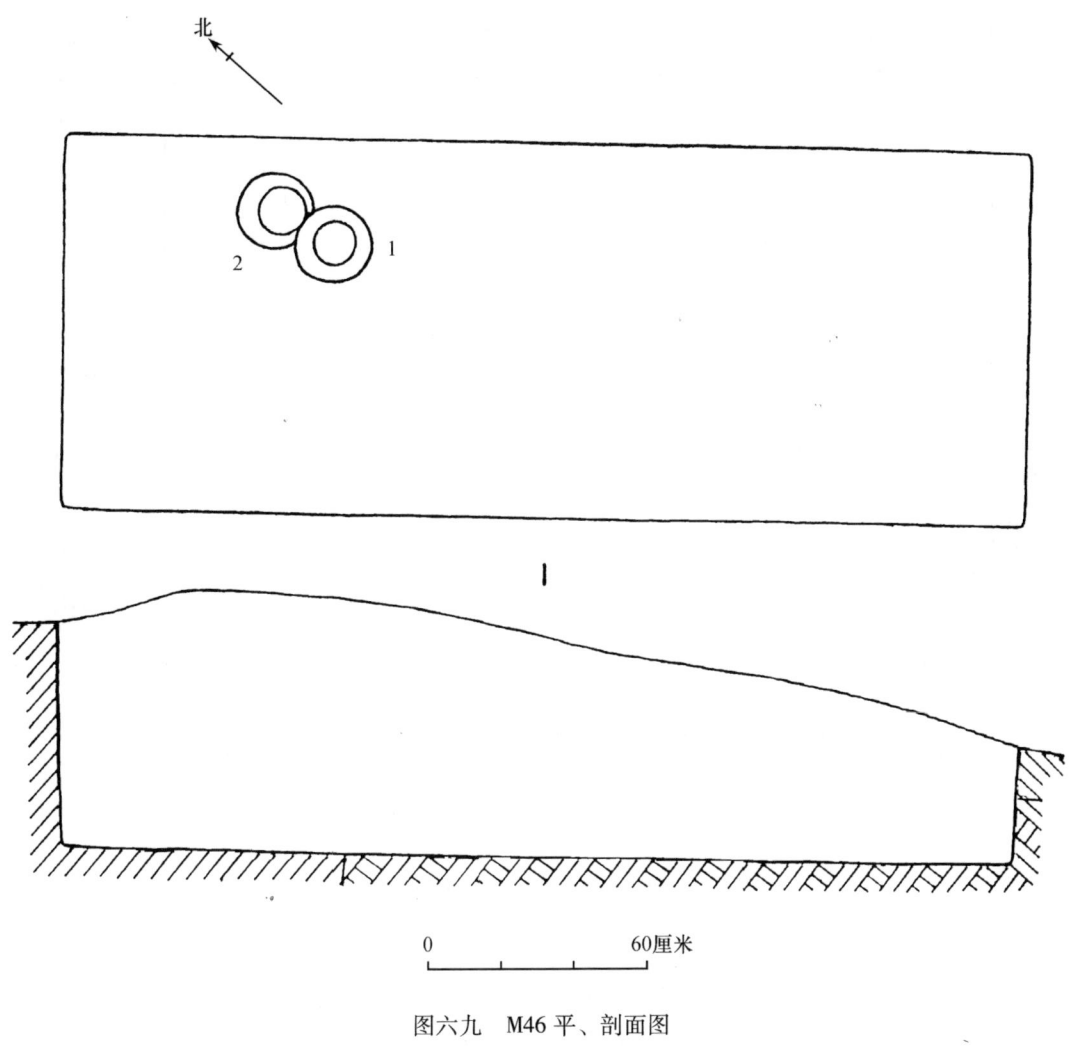

图六九 M46 平、剖面图
1. 陶束颈罐 2. 陶直口罐

束颈罐 1件。M46:1，夹砂红陶，侈口，束颈，卷沿，尖圆唇，弧肩，弧腹较深，凹平底；肩下部至腹下部饰竖绳纹。口径13.4、底径7、高14.8厘米（图七一，9；图版一一，4）。

直口罐 1件。M46:2，夹砂红陶，直口稍外卷，尖圆唇，粗矮颈近直，弧肩，鼓腹中部已残，凹平底；素面。口径17.5、底径8、高18.9厘米（图七一，12）。

年代推断：据附表一，M46:1 为 Ca I 式罐，M46:2 为 D I 式罐，推测 M46 为春秋晚期墓葬。

25. M48 和 M49

位置：在 T224 西南部。

层位关系：都开口④层下，打破⑥层至生土。发现时 M48 打破 M49，清理后才认识到 M49 是墓主挖的第一个墓坑，该坑因遇石头而改挖 M48。

形制结构：M48 是一个有生土二层台的长方形土坑竖穴墓。坑口长 270、宽 100、至二层台深 38、底坑长 180、宽 58、总深 80 厘米。方向 300°。

葬具、人骨与葬式：葬具不明。人骨无存，葬式也不详。

随葬品：陶器 2 件，为釜和豆，放置坑底东南端（图七〇）。

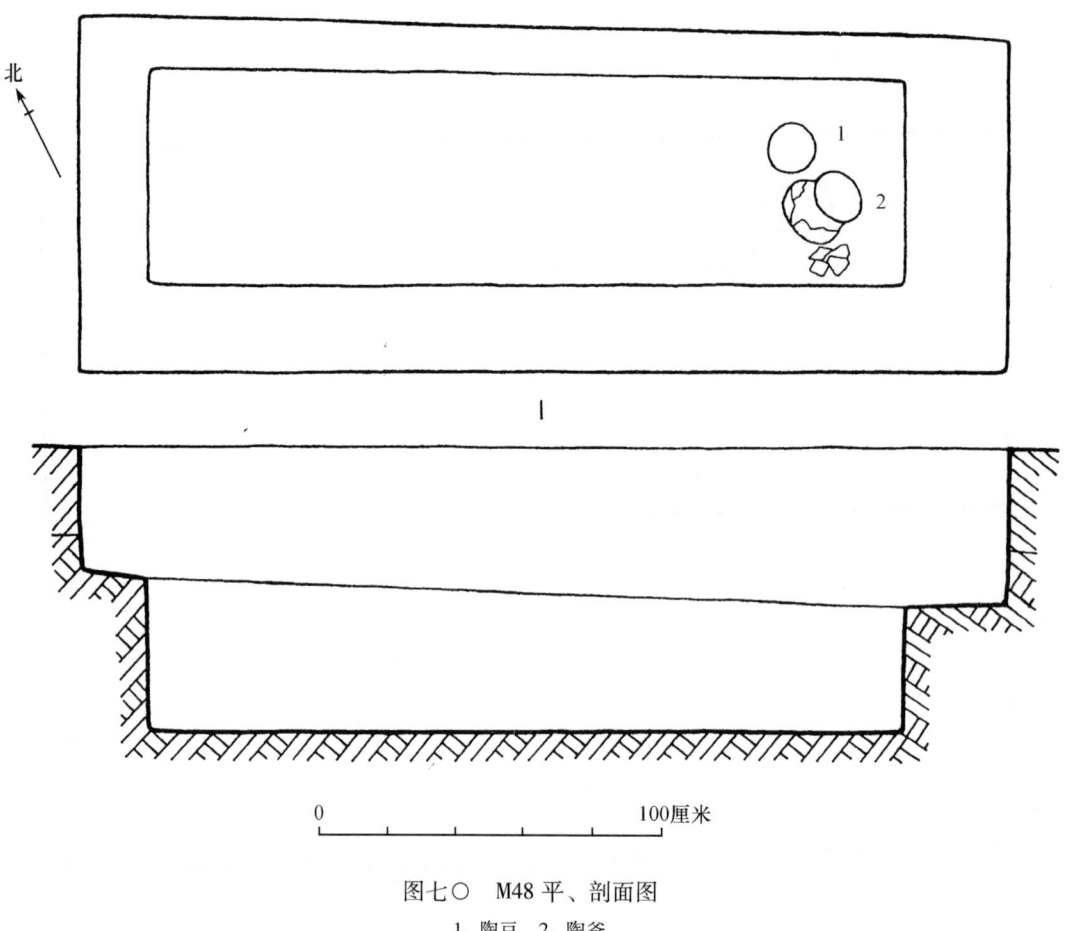

图七〇 M48 平、剖面图
1. 陶豆 2. 陶釜

陶釜 1件。M48:2，泥质灰陶，侈口，束颈，卷沿，圆唇，凹肩，球腹，圜底；颈至上腹饰斜绳纹，下腹至底饰交错绳纹。口径12.5、腹径18、高15.5厘米（图七一，7）。

陶豆 1件。M48:1，泥质灰陶，豆盘敛口，圆唇，弧腹，圜底，下附高圈足，但足壁大部已残；外口下饰一周凹弦纹。盘口径13.8、圈足上部残径4、残高6.5厘米（图七一，3）。

年代推断：据附表一，M48:1属B型豆盘，M48:2为Ⅰ式釜，推测M48可早至两周之交或春秋早期。

26. M50

位置：在T161西北部。

层位关系：开口④层下，打破生土。

形制结构：有生土二层台的长方形土坑竖穴墓。坑口长320、宽182、二层台长300、宽170、至坑口深75、底坑长230、宽80、总深126厘米。方向315°。

葬具、人骨与葬式：葬具不明。人骨无存，葬式也不详。

随葬品：3件铜兵器和2件陶器。兵器有戈、矛、剑；陶器有束颈罐和盂。推测戈、矛分置墓主左右两侧，铜剑佩带腰间，两件陶器放置墓主脚下，都放置坑底内（图七二；图版六，2）。

铜戈 1件。M50:1，铜质有锈斑，保存完好，属"狭援阔胡式"铜戈，前锋作弧尖削，援狭与胡相等，长方内，胡与阑间有三穿，不过最上一穿已成缺口，内中间也有一长方形穿孔。戈头至内末端通长22.8、阑长5.8厘米（图七三，1；彩版三，1）。

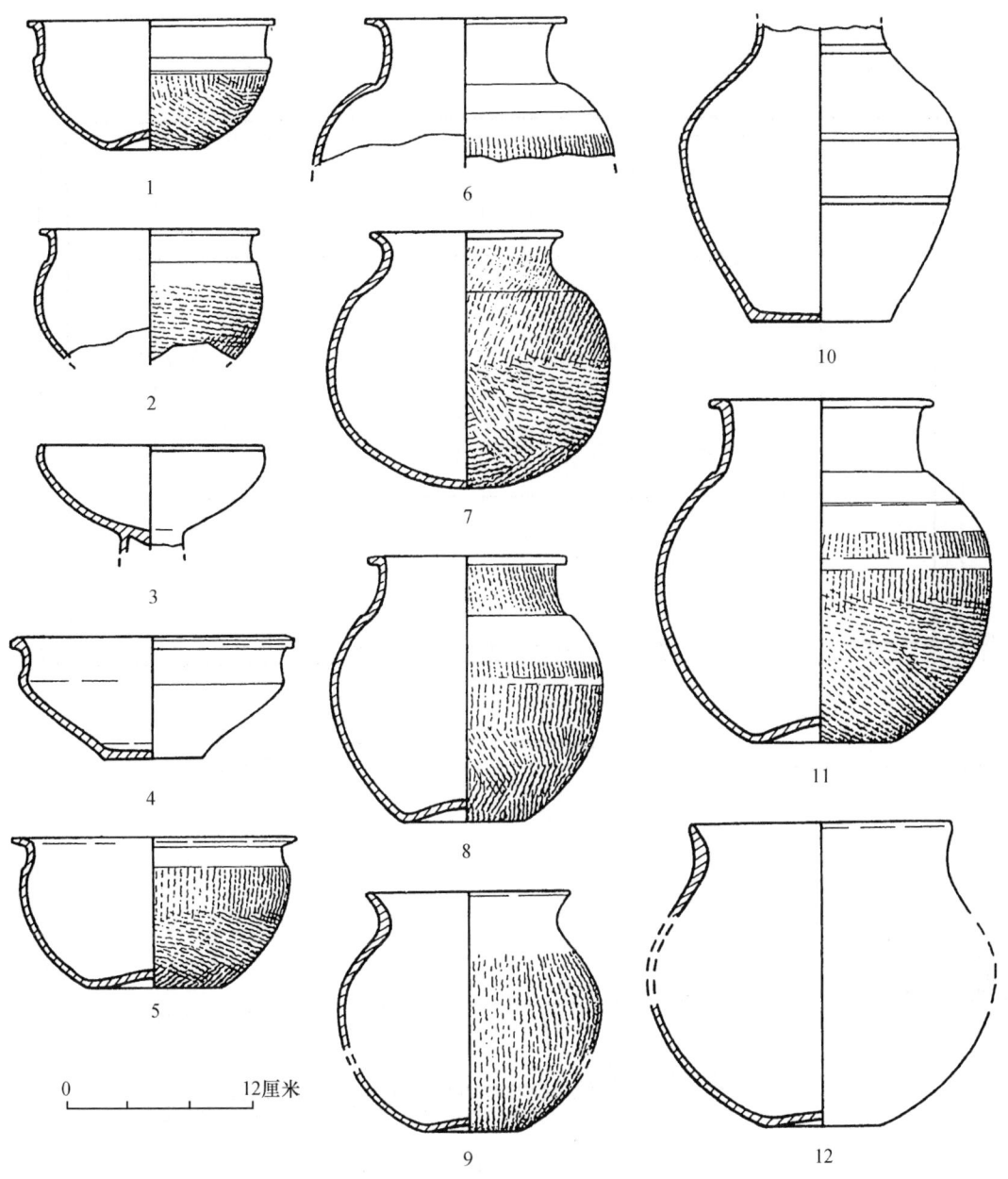

图七一　M37、M39、M40、M41、M46、M48出土陶器

1、2、4、5.盂（M37:2、M39:1、M41:2、M40:1）　3.豆（M48:1）　6、8、11.高领罐（M40:2、M37:1、M39:2）　7.釜（M48:2）　9、10.束颈罐（M46:1、M41:1）　12.直口罐（M46:2）

铜矛　1件。M50:2，铜质墨绿色，保存完好，属"细骹式甚狭刃矛"，马承源先生主编的《中国青铜器》认为此式矛为战国晚期秦式矛。此矛骹细而长，两侧的刃极狭长并留有血槽，整体接近管条状，本部下端两侧各有两孔。通长18.1、骹銎直径2厘米（图七三，4；彩版二，1）。

铜剑　1件。M50:3，铜质墨绿色，茎首已断缺，属"斜宽从厚格式"铜剑，此剑厚格呈倒凹字形，圆茎有两箍，茎下端已残。残长60.5、格宽4.8厘米（图七三，6；图版二三，4）。

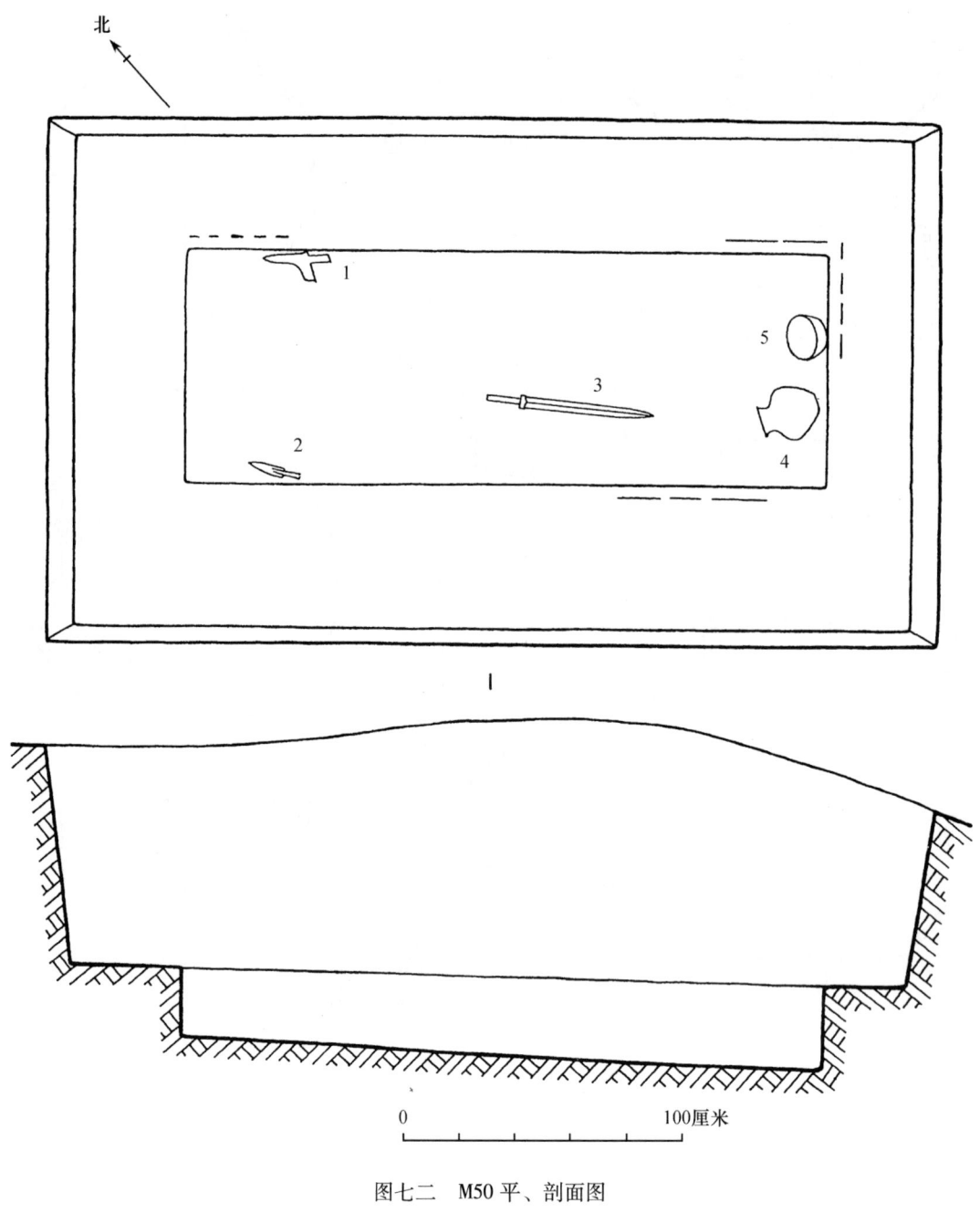

图七二 M50 平、剖面图
1. 铜戈 2. 铜矛 3. 铜剑 4. 陶束颈罐 5. 陶盂

束颈罐 1件。M50:4，泥质灰陶，侈口，束颈，卷沿，方圆唇，弧肩，扁腹上鼓下内收，平底；素面。口径15.2、底径9.6、高13厘米（图七三，2；图版一三，1）。

陶盂 1件。M50:5，泥质褐陶，直口微敛，小平沿，小方唇，粗直颈稍外斜，凹肩，折腹弧内收，凹平底；腹中部至底饰斜绳纹。口径17.2、底径5.5、高8.6厘米（图七三，3；图版一六，1）。

另：填土中出土1件陶纺轮。M50:06，夹砂黑陶，仅有一半，顶面已残，属厚体两面平、斜边型；素面。底径4.4、残厚2.2厘米（图七三，5）。

年代推断：据附表一，M50:2 为 AⅠ式矛，M50:3 为 AbⅠ式剑，M50:4 为 CaⅤ式罐，M50:5 为 AⅣ式盂，推测 M50 为战国晚期墓。

第五章　周代时期的遗存

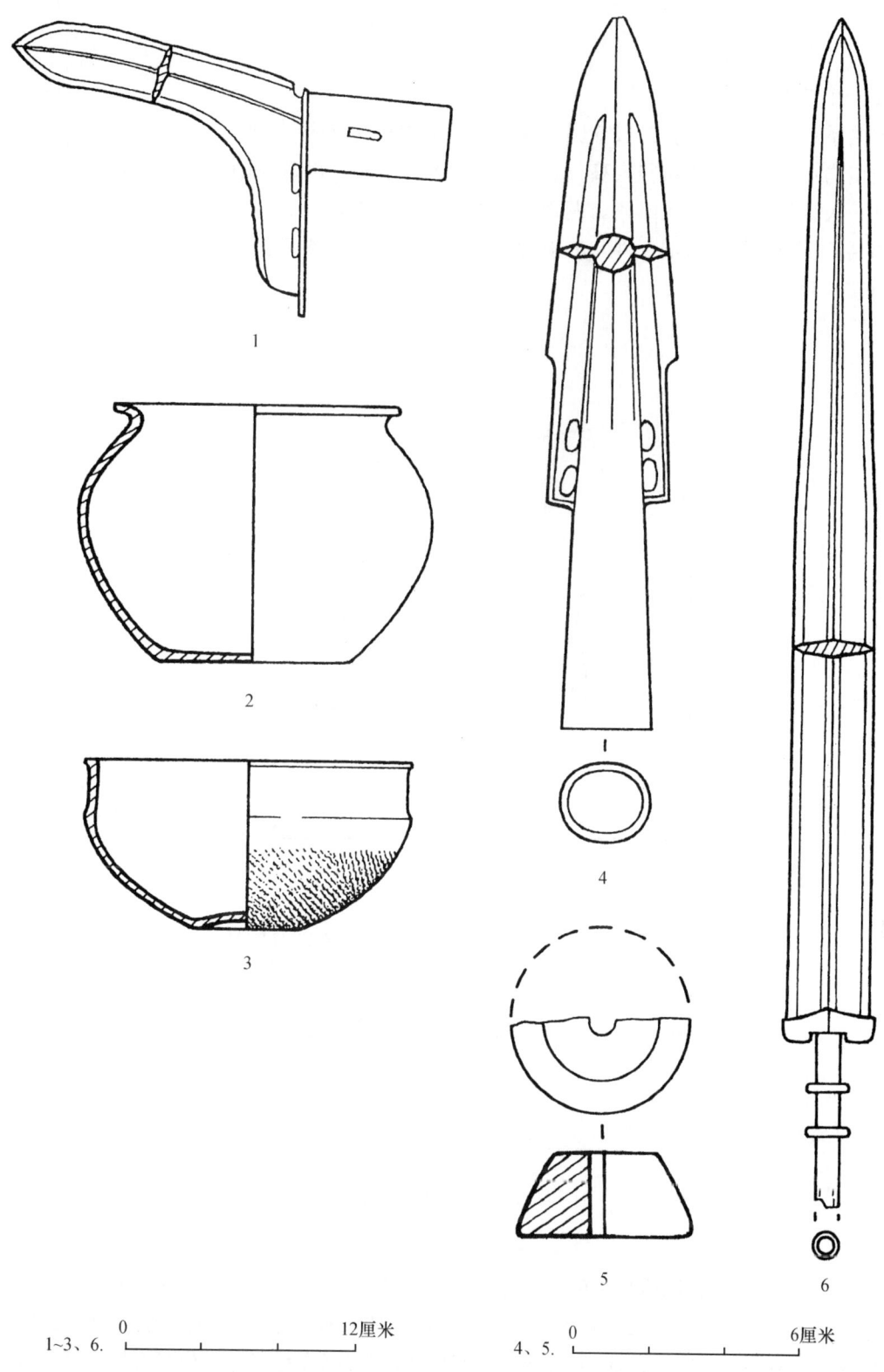

图七三　M50 出土器物
1. 铜戈（M50:1）　2. 陶束颈罐（M50:4）　3. 陶盂（M50:5）　4. 铜矛（M50:2）　5. 陶纺轮（M50:06）
6. 铜剑（M50:3）

27. M53

位置：在 T243 西北部。

层位关系：开口④层下，打破⑤层和 M61，又被 M86 和 M89 打破。

形制结构：属长方形土坑竖穴墓，墓坑残长 128、宽 90、深 20 厘米。方向 345°。

葬具、人骨与葬式：葬具不明。人骨无存，葬式也不详。

随葬品：铜矛 1 件和陶器 2 件。出土时，铜矛放置墓坑南端西侧，陶瓮叠放在矮颈罐之上放置在墓坑南端东侧（图七四）。

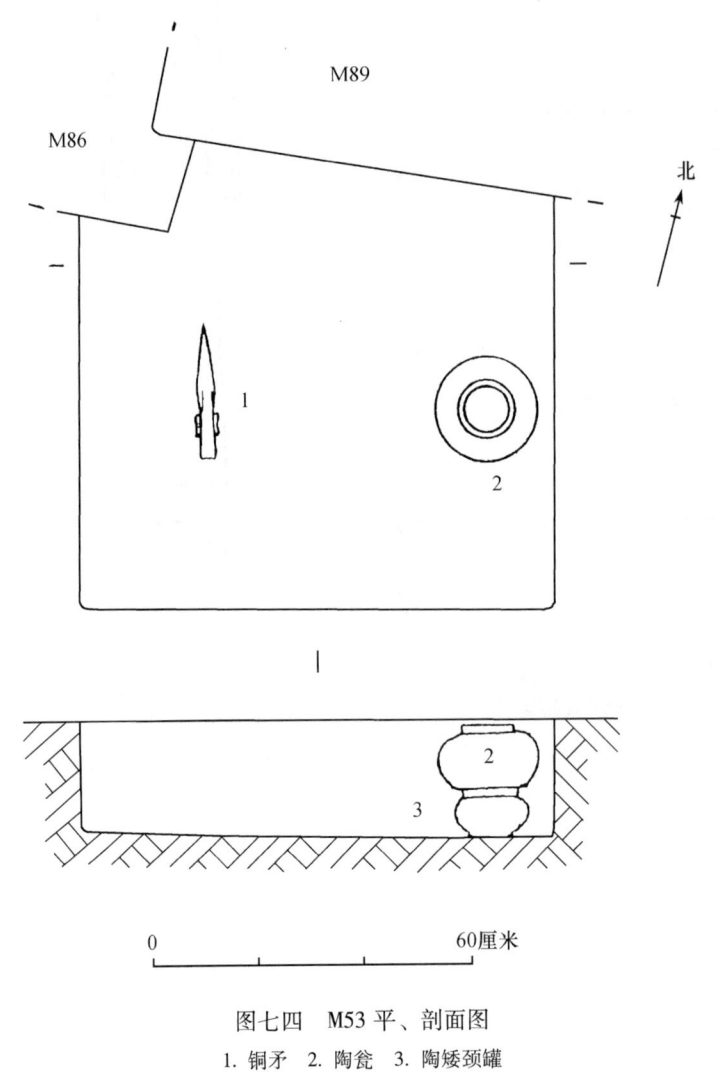

图七四　M53 平、剖面图
1. 铜矛　2. 陶瓮　3. 陶矮颈罐

铜矛　1 件。M53:1，铜质灰绿色，保存完好，但出土时原前锋已断但又已焊接牢固，属"长骹式"巴式铜矛，此矛骹与叶刃的长度基本相等，骹两侧皆有上小下大弓形系；两叶刃两面皆饰云雷纹，骹銎上也有一周云雷纹，这些云雷纹皆阴刻，骹正反面在弓形原部位又合饰一条浮雕式夔龙。故此矛又可称为"夔纹矛"。矛通长 24.5、銎径 2.4 厘米（图七九，10；图八〇；彩版二，3、4；图版二二，4）。

陶瓮　1 件。M53:2，泥质灰陶，侈口，束颈，小卷沿，尖圆唇，广弧肩外鼓，腹弧内收，凹平底；肩饰两周凹弦纹。口径 10、底径 8.8、高 15.6 厘米（图七九，11；图版二〇，5）。

矮颈罐　1 件。M53:3，泥质红褐陶，直口，窄平沿，尖唇，矮颈，弧有外鼓，扁腹斜内收，凹平底；素面。口径12.5、底径8、高10厘米（图七九，3；图版一一，1）。

另：填土出土3件陶器标本。

高圈足　1件。M53:05，泥质红胎黑陶，足壁圆筒状上部已残，底座如喇叭口倒复；素面。足径9.8、残高4.2厘米（图七九，6）。

盘口沿　1件。M53:07，泥质灰陶，敞口，尖圆唇，浅弧腹下已残；素面。口径28、残高2.4厘米（图七九，9）。

鬲足　1件。M53:010，夹砂灰陶，上部已残，圆柱形上粗下稍细，平跟；足面至足跟底部皆饰绳纹。足跟直径2.2、残高9.2厘米（图七九，4）。

年代推断：据附表一，M53:1为Bb式矛，M53:2为Ⅱ式瓮，M53:3为BbⅠ式罐，推断M53为战国中期墓。

28. M57

位置：在T239东部和T243西部之间。

层位关系：开口②层下，打破⑤层；也打破④层下M59。

形制结构：属长方形土坑竖穴墓，墓坑长220、宽50～60、深58厘米。

葬具、人骨与葬式：葬具不明。人骨保存较好，为单人葬仰身直肢，头北脚南，方向340°（图七五）。

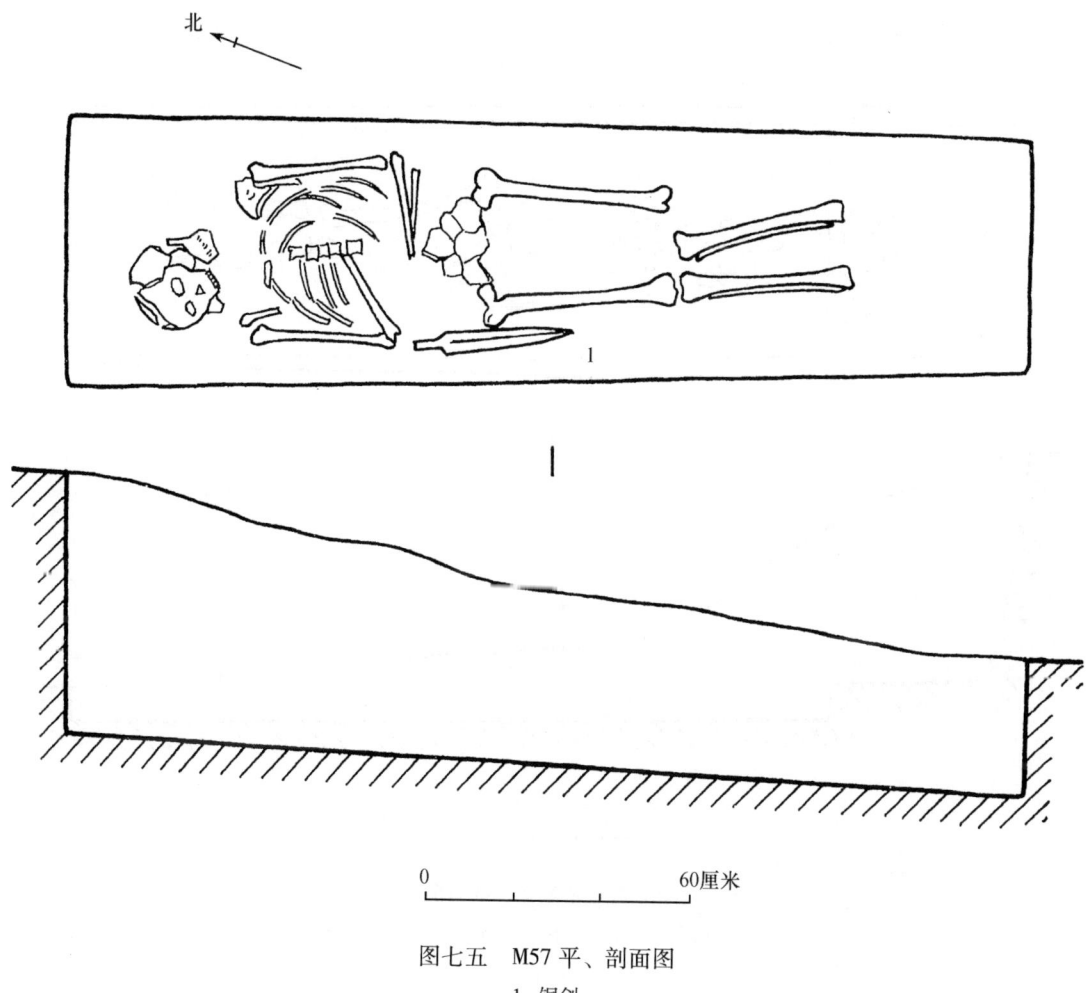

图七五　M57平、剖面图
1. 铜剑

随葬品：仅1件青铜剑。

铜剑 1件。M57：1，铜质银灰色多绿色锈斑，属无格斜从扁茎剑，此剑前锋尖利，中脊呈直线状隆起，两从较宽而腊短，两从微斜而凹，横断面呈长菱状，扁茎，下端平，末端有一小穿孔。通长38.6、宽4.5、厚0.7厘米（图七九，7；彩版五，1；图版二四，2）。

另：填土中出土1件陶纺轮。

陶纺轮 1件。M57：02，夹砂红陶，厚体两面平，斜边型；素面。面径3、底径3.8、厚1.5厘米（图七九，14；图版二七，5）。

年代推断：据附表一，M57：1为BbⅡ式剑，推测M57属战国中期墓。

29. M58

位置：在T239东北部。

层位关系：开口②层下打破生土，也打破②层下H42（H42开口于T239②层下，打破生土；但在北部的T363则开口于④层下）。

形制结构：属长方形土坑竖穴墓，但墓主头部上方又有二层台。坑口总长258、宽65厘米，在深56厘米处出现头部二层台，二层台长40、宽60厘米，台下又挖一个深10厘米的长方形底坑，底坑长204、宽60厘米（图七六）。

葬具、人骨与葬式：葬具不明。人骨保存较好，为单人葬仰身直肢，头北脚南，方向355°。

图七六 M58平、剖面图
1. 铜环套珠 2. 铜小印戳 3. 陶盂 4. 陶长颈罐

随葬品：4件。其中陶器2件，为长颈罐和陶盂，放置头部上方二层台上；另有小件铜器2件，一为铜环套珠，另一为铜小印戳，放置墓主股骨内侧。

铜环套珠　1件。M58:1，铜环上套一铜珠状物。铜环剖面圆形，环外径3.5、内径2.5厘米；珠状物，圆柱体，上下面皆圆弧状，中有小圆孔，铜环穿过此孔，柱径0.8、柱高1.2厘米（图七九，12）。

铜小印戳　1件。M58:2，铜质，印钮小圆柱体，顶部已断，印面圆饼状，底面阴刻一"吉"字。印面直径1、残高1.2厘米（图七九，13）。

陶盂　1件。M58:3，泥质灰胎黑陶，侈口，束颈，卷沿近平，小方唇，斜肩外鼓，扁腹内收，平底；素面。口径11.2、底径8.2、高10.1厘米（图七九，2；图版一八，5）。

长颈罐　1件。M58:4，泥质灰胎黑陶，直口外斜，窄平沿，尖唇，高直颈，弧肩外鼓，深腹内收，平底；颈肩之间和肩腹之间各有一周凹弦纹。口径12.8、底径10.8、高18.9厘米（图七九，5；图版一五，1）。

年代推断：据附表一，M58:4为EⅡ式罐，M58:3为BⅤ式盂，推测M58为战国晚期墓。

30. M59

位置：在T243西南部。

层位关系：开口④层下，打破⑤层；被M56、M57和M61三墓打破。

形制结构：属长方形土坑竖穴墓。墓坑长180、宽60、深30厘米。方向265°（图七七）。

葬具、人骨与葬式：葬具不明。人骨无存，葬式不详。

随葬品：陶器2件，为陶釜和陶罍，放置墓坑东端。

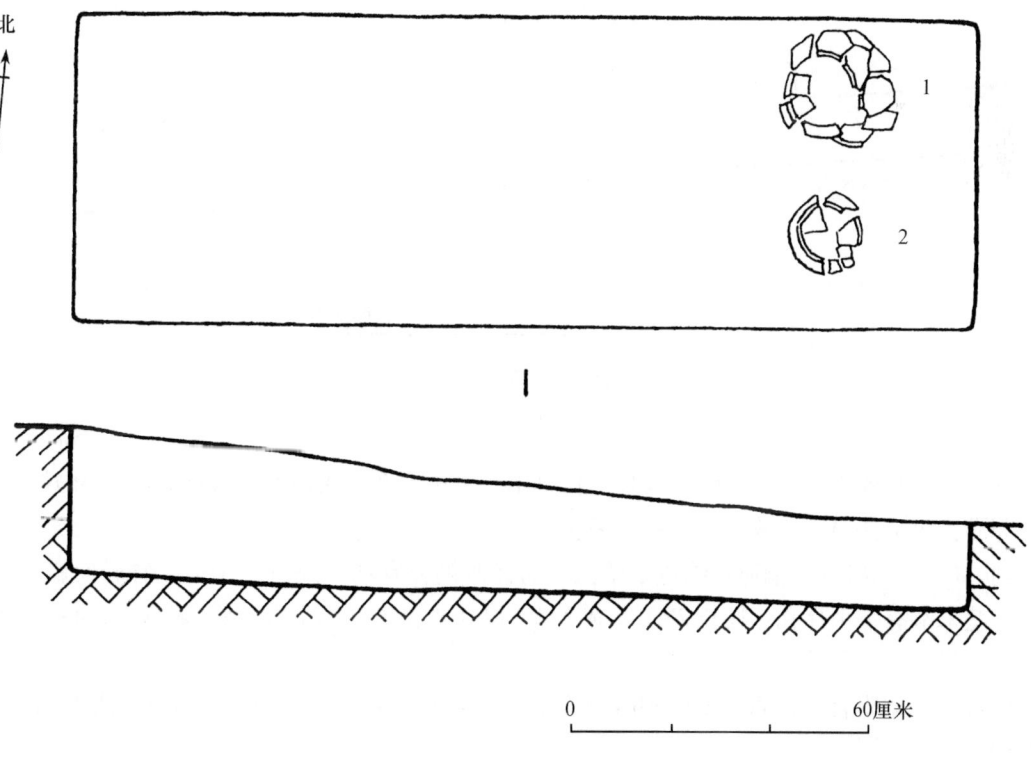

图七七　M59平、剖面图
1. 陶釜　2. 陶罍

陶釜　1件。M59:1，夹砂黑陶，出土时已十分破碎难以复原，似侈口，束颈，尖圆唇，溜肩，球腹，圜底；腹至底饰绳纹。

陶罍　1件。M59:2，夹砂黑陶，口稍残，直口，矮颈，扁腹，凹平底；素面。口径10.4、底径6、高7.5厘米（图七九，1；图版一九，3）。

年代推断：据附表一，M59:2为Ⅰ式罍，加上釜，推测M59为战国早期墓。

31. M61

位置：在T243西部。

层位关系：开口④层下，打破M59，被④层下M53打破。

形制结构：属长方形土坑竖穴墓。墓坑长190、宽60、深20厘米（图七八）。

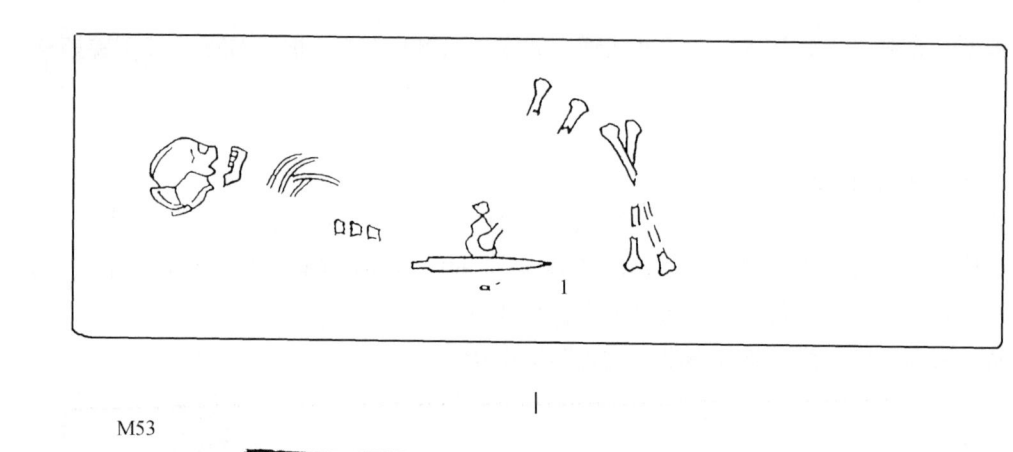

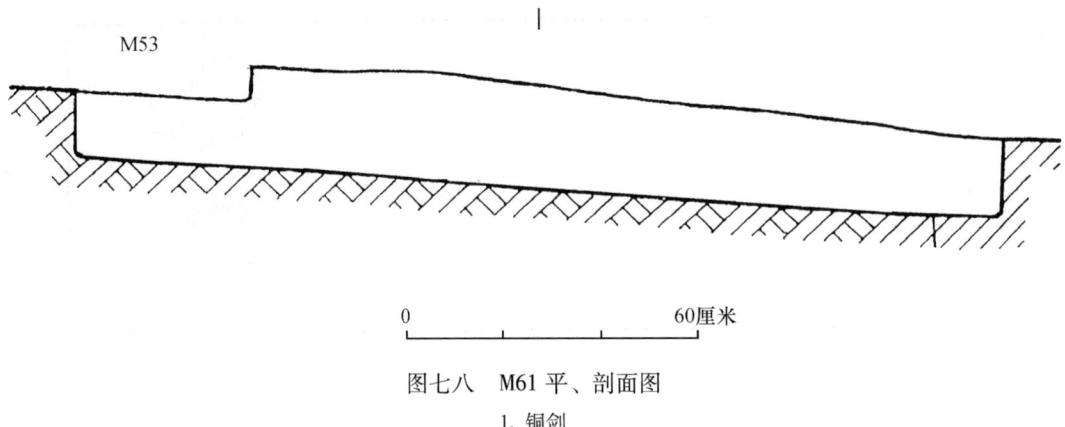

图七八　M61平、剖面图
1. 铜剑

葬具、人骨与葬式：葬具不明。人骨已朽且不全，单人葬，头向北，方向355°，葬式不详。

随葬品：仅1件铜剑，放置墓主右手旁。

铜剑　1件。M61:1，铜质灰绿色多锈蚀，前锋两侧皆有锈蚀缺口，无格无脊腊面扁平，体短，厚扁茎，茎末端有一小穿孔。通长28.2、宽3.2、厚0.8厘米（图七九，8；彩版五，4；图版二四，1）。

年代推断：据附表一，M61:1属BbⅠ式剑，结合层位关系，推测M61也是战国早期墓，但相对晚于M59。

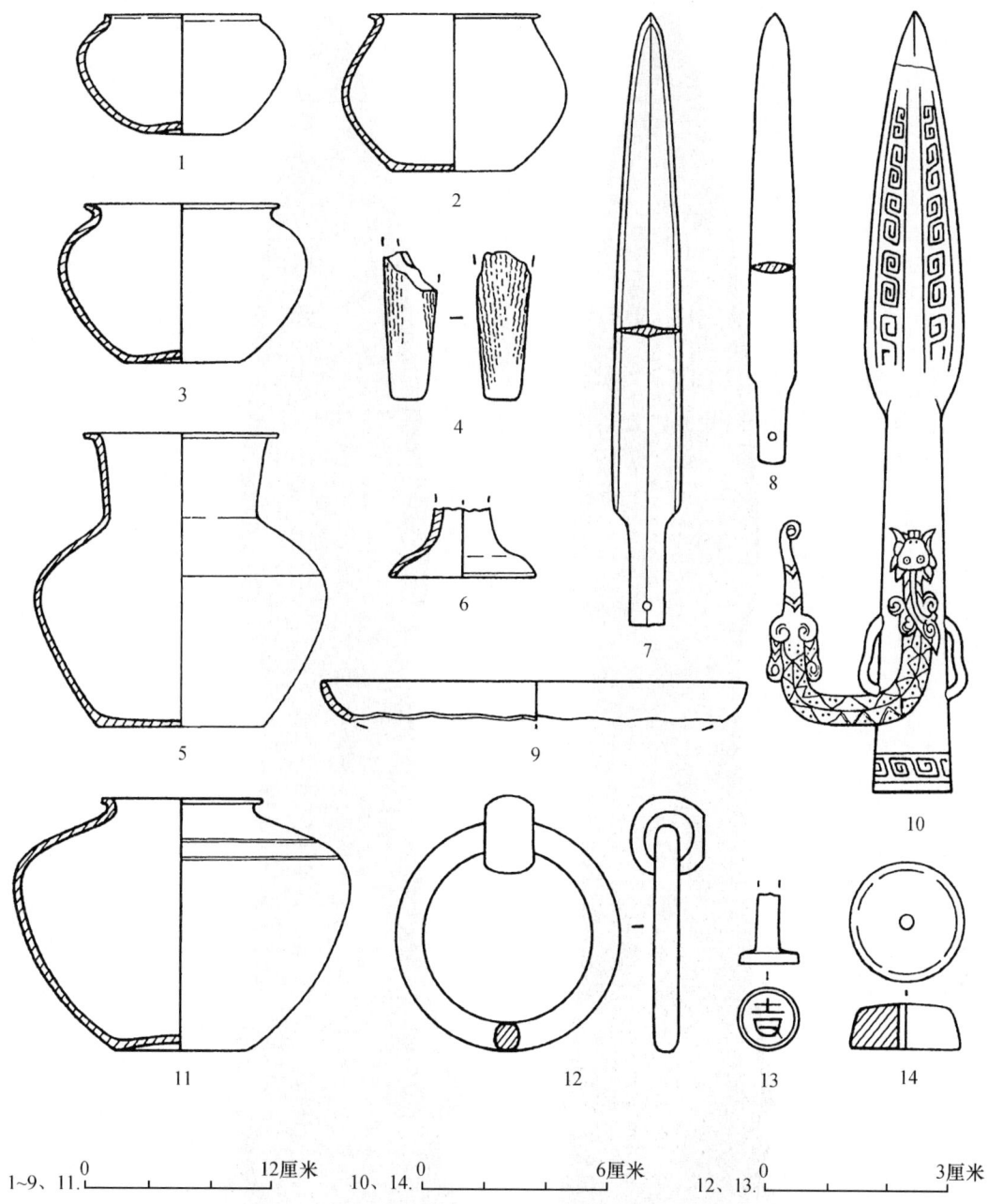

图七九 M53、M57、M58、M59、M61 出土器物

1. 陶罍（M59:2） 2. 陶盉（M58:3） 3. 陶矮颈罐（M53:3） 4. 陶鬲足（M53:010） 5. 陶长颈罐（M58:4） 6. 陶高圈足（M53:05） 7、8. 铜剑（M57:1、M61:1） 9. 陶盘口沿（M53:07） 10. 铜矛（M53:1） 11. 陶瓮（M53:2） 12. 铜环套珠（M58:1） 13. 铜小印戳（M58:2） 14. 陶纺轮（M57:02）

32. M64

位置：在 T243 南部至南扩方。

层位关系：开口④层下，打破 H44。

形制结构：属长方形土坑竖穴墓。墓坑长 260、宽 160、深 128 厘米。

葬具、人骨与葬式：坑底有木椁痕。椁痕内墓主人骨保存较完好，葬式为单人仰身直肢葬，头北脚南，方向 15°（图八一）。

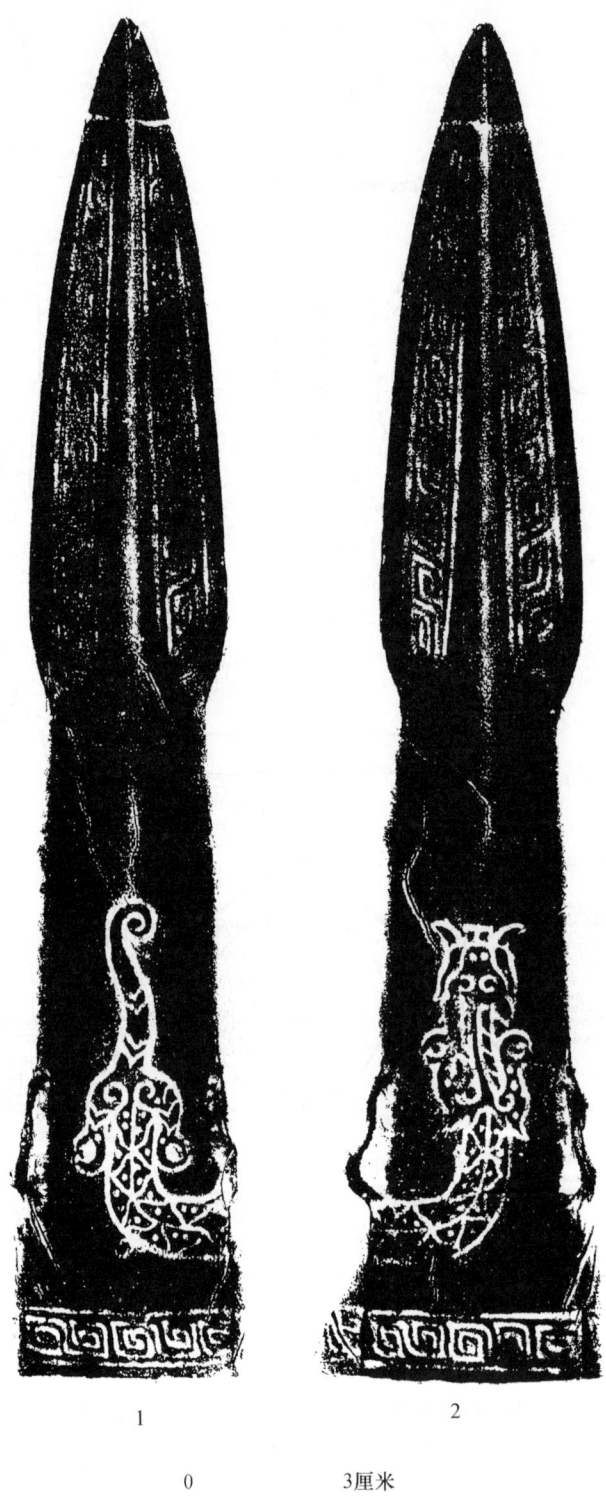

图八〇　M53∶1 铜矛纹饰拓片
1. 背面　2. 正面

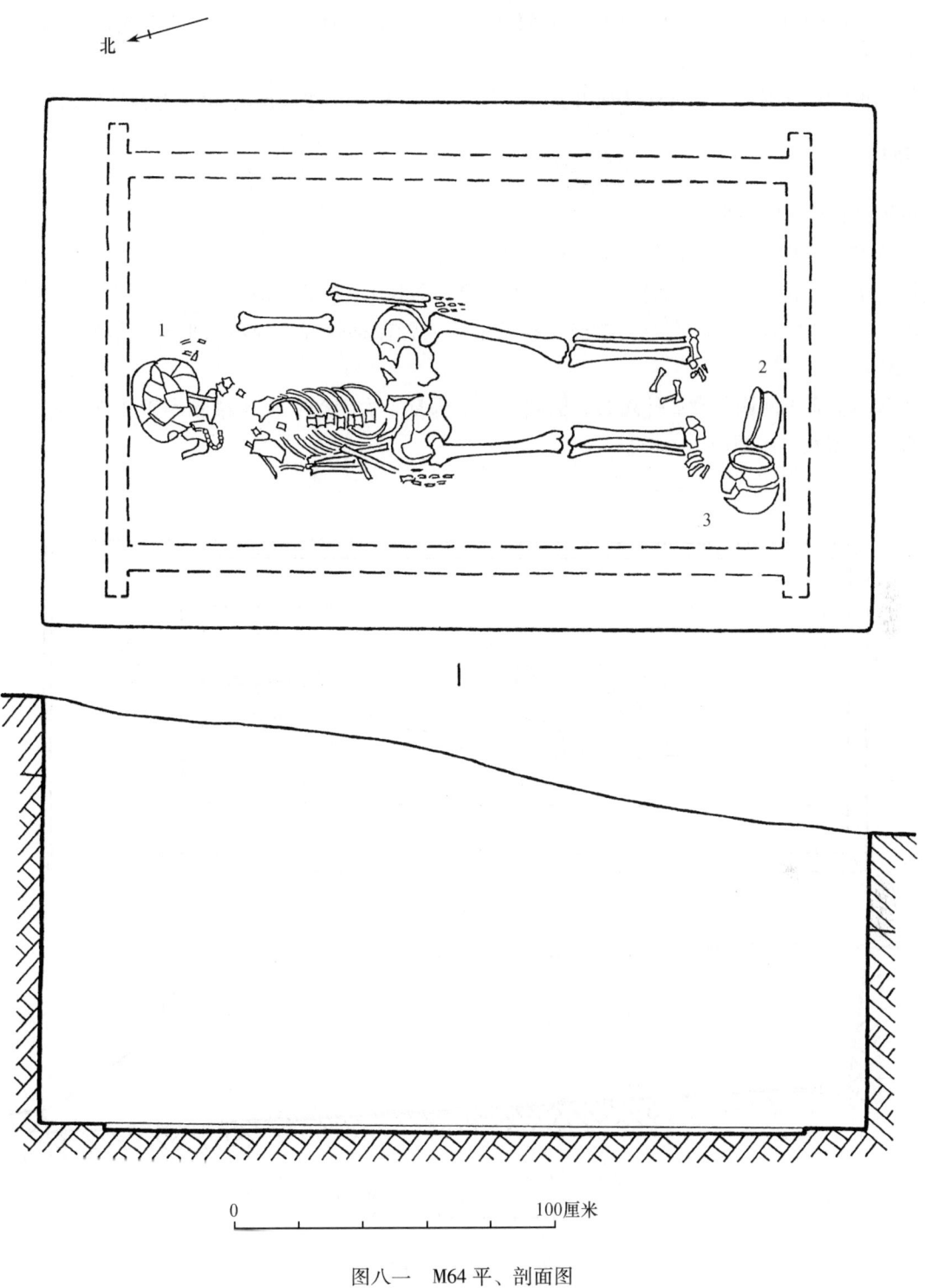

图八一　M64 平、剖面图
1. 骨笄　2. 陶盆　3. 陶高领罐

随葬品：有骨笄 1 件和陶器 2 件。骨笄放置头部，陶盆和高领罐放置椁内墓主脚下。

骨笄　1 件。M64:1，已断成五段，笄头扁圆如钉头，笄头大于笄身，笄身圆管状，实心，笄尾圆钝稍尖。通长 9.1、笄头直径 1、笄身直径 0.5 厘米（图八六，9）。

陶盆　1 件。M64:2，泥质灰陶，敛口，折沿，沿面微凹，厚方唇，唇面也中凹，束颈，鼓肩，弧腹内收，平底；素面。口径 19.3、底径 7.2、高 9.6 厘米（图八六，5）。

高领罐　1 件。M64:3，泥质黑陶，直口稍外卷，窄平沿，方唇内斜，高弧颈，凹肩，球腹，圜平底；腹上部四周切绳纹，中下部至底饰斜绳纹。口径14、底径5.6、高17.7厘米（图八六，8；图版九，2）。

年代推断：据附表一，M64：2属Ⅱ式盆，M64：3为AaⅡ式罐，推测M64为春秋早期墓。

33. M67

位置：在T247中部。

层位关系：开口①层下，打破生土；也打破①层下M68。

形制结构：属长方形土坑竖穴墓。墓口长260、宽100、墓底长244、宽92、深46厘米。

葬具、人骨与葬式：坑底有木棺或木椁残痕。人骨保存较好，为单人仰身直肢葬，头北脚南，方向360°。

随葬品：有1件铜剑和2件陶器。铜剑放置棺内墓主右手旁；长颈罐和陶盂2件陶器放置棺外墓主脚下（图八二；图版七，1）。

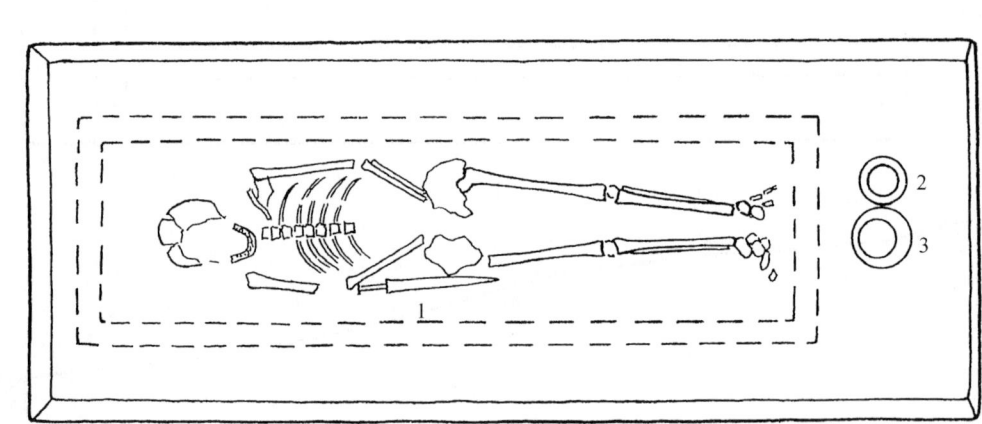

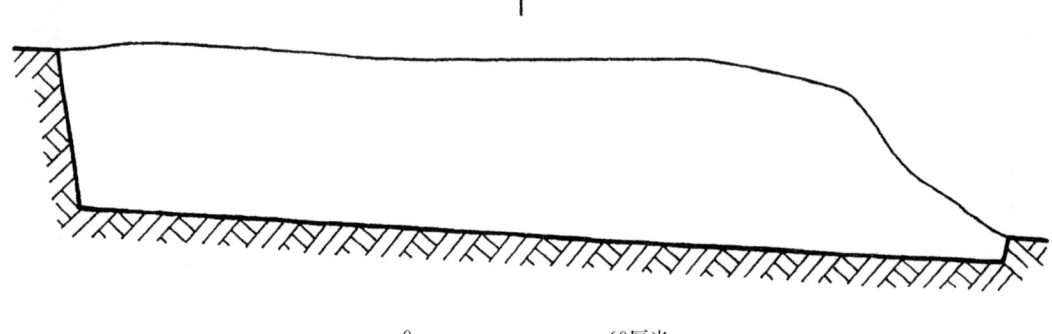

图八二　M67平、剖面图
1. 铜剑　2. 陶长颈罐　3. 陶盂

铜剑　1件。M67：1，铜质灰绿色带少许翠绿色锈斑，为"长腊斜宽从狭前锷薄格式"铜剑，长腊，薄格，圆茎上细下粗，无箍，圆首内孔嵌有琉璃。通长40.4、宽3.2、厚0.6厘米（图八六，10；图版二三，3）。

长颈罐　1件。M67：2，泥质灰陶，直口稍外卷，平沿，方唇，高弧颈，小凹肩，深弧腹，平底；颈部和腹部各有两周凹弦纹。口径11.6、底径6、高17.5厘米（图八六，11；图版一四，4）。

陶盂　1件。M67：3，泥质灰陶，侈口，束颈，卷沿，尖唇，小弧肩外鼓，扁腹弧内收，凹平底；素面。口径 12.4、底径 7.2、高 9.1 厘米（图八六，1；图版一八，2）。

年代推断：据附表一，M67:1 为 AaⅡ式剑，M67:2 为 EⅢ式罐，M67:3 为 BⅣ式盂，推测 M67 为战国中期墓。

34. M68

位置：在 T247 中部。

层位关系：开口①层下，打破生土；东部被 M67 打破。

形制结构：属长方形土坑竖穴墓。墓坑长 140、宽 90、深 36 厘米。方向 352°。

葬具、人骨与葬式：葬具不明。人骨仅剩人头骨和零星肢骨，似迁葬（图八三）。

随葬品：仅 1 件陶盂，放置头骨西部。

陶盂　1 件。M68:1，泥质红褐陶，侈口，束颈，卷沿，圆唇，小弧肩，扁弧腹，凹平底；素面。口径 14、底径 6、高 9.5 厘米（图八六，2；图版一七，6）。

年代推断：据附表一，M68:1 为 BⅢ式盂，加上被战国中期的 M67 打破，推测 M68 为战国早期墓。

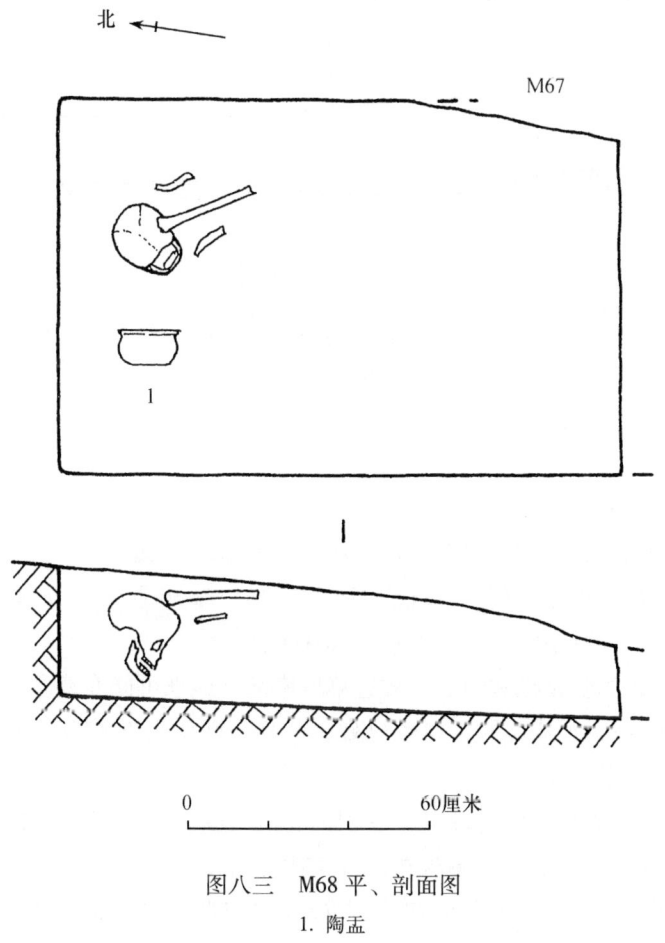

图八三　M68 平、剖面图
1. 陶盂

35. M69

位置：在 T243 南部和南部扩方。

层位关系：开口②层下，打破⑤层下的 H47 和 H49。

形制结构：属长方形土坑竖穴墓。墓坑长 200、宽 50、深 26 厘米。

葬具、人骨与葬式：葬具不明。人骨保存不好，仅存头骨和零星肢骨，原似单人仰身直肢葬，头北脚南，方向350°（图八四；图版七，2）。

随葬品：陶器2件，为陶罍和束颈罐，一前一后放置墓主脚下。

陶罍　1件。M69:1，泥质红胎黑陶，口颈已残，弧有外鼓，扁腹内收，平底微凹；素面。底径6.8、残高7.7厘米（图八六，6）。

束颈罐　1件。M69:2，泥质红胎黑陶，口沿已残，束颈，弧肩，弧腹较深，凹平底；素面。口径约12.8、底径6.6、高12厘米（图八六，4；图版一一，5）。

年代推断：据附表一，M69:1为Ⅰ式罍，M69:2为CaⅢ式罐，推测M69为战国早期墓。

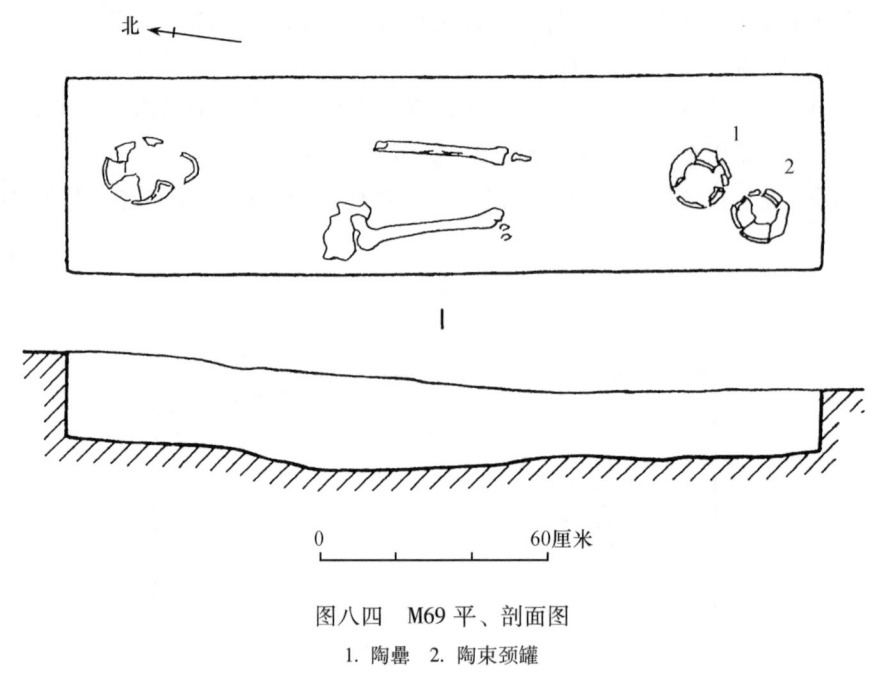

图八四　M69平、剖面图
1. 陶罍　2. 陶束颈罐

36. M73

位置：在T243及其南部扩方。

层位关系：开口④层下，打破⑤层下H48；被②层下M66打破。

形制结构：属长方形土坑竖穴墓。墓坑长216、宽70、深30厘米。方向355°。

葬具、人骨与葬式：葬具不明。人骨无存，葬式不详。

随葬品：陶器2件，为长颈罐和陶盂，放置墓坑南端，原来可能在墓主脚下（图八五）。

长颈罐　1件。M73:1，泥质黑陶，口颈已残，弧肩，弧腹上部外鼓，下部内收，平底；素面。底径9.5、残高14厘米（图八六，7）。

陶盂　1件。M73:2，泥质红陶，侈口，束颈，卷沿，圆唇，弧肩，鼓腹内收，凹平底；素面。口径13.6、底径7.4、高10.5厘米（图八六，3；图版一七，5）。

年代推断：据附表一，M73:1为EⅡ式罐，M73:2为BⅢ式盂，推测M73为战国早期墓。

37. M74

位置：在T243西部至T239东隔梁内。

层位关系：开口④层下，被M100打破。

形制结构：属长方形土坑竖穴墓。墓坑长206、宽60、深30厘米。方向355°。

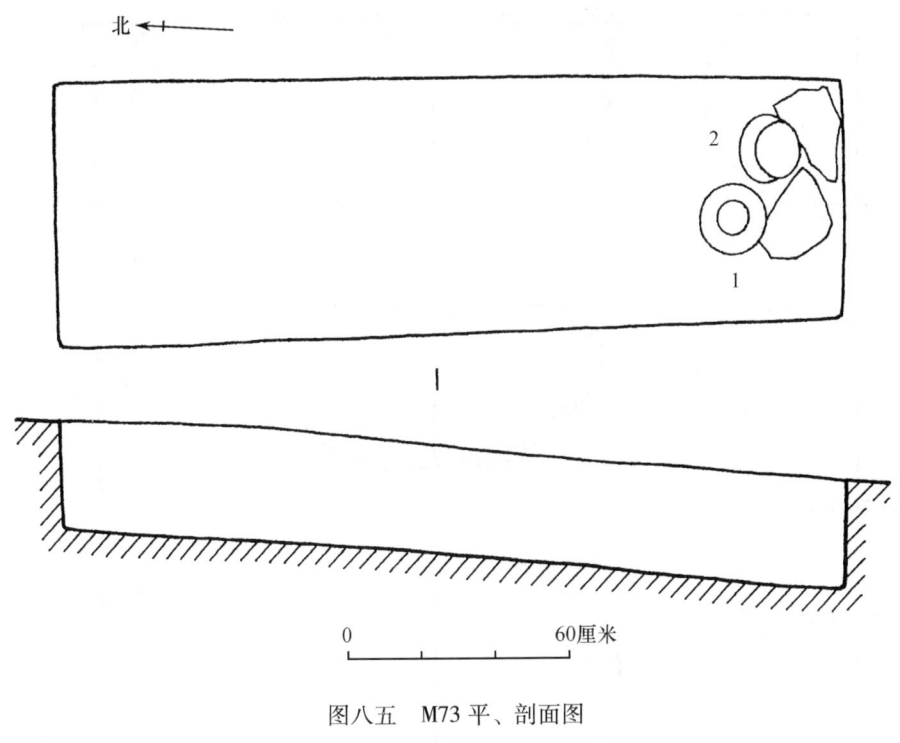

图八五　M73 平、剖面图
1. 陶长颈罐　2. 陶盂

葬具、人骨与葬式：葬具不明。人骨无存，葬式不详。

随葬品：陶器 2 件，为长颈罐和陶盂，并列放置墓坑南端（图八七）。

长颈罐　1 件。M74:1，泥质红褐陶，直口外斜，小平沿稍内斜，方唇，高直颈内收，弧肩，弧腹较深，平底；素面。口径 11.8、底径 10.5、高 19.4 厘米（图九二，9；图版一四，1）。

陶盂　1 件。M74:2，泥质黑陶，侈口，束颈，卷沿，方圆唇，弧肩外鼓，扁腹内收，平底；肩下部有一周凹弦纹。口径 12.8、底径 8.5、高 10 厘米（图九二，1；图版一七，3）。

另：填土中近墓底出土一小片残玉片。

残玉片　1 件。M74:03，碧绿色，形制不明，等厚两面平；两面皆阴刻卷云纹。残长 2.3×1、厚 0.4 厘米（图九二，13）。

年代推断：据附表一，M74:1 为 EⅠ式罐，M74:2 为 BⅡ式盂，推测 M74 为春秋晚期墓。

38. M75

位置：在 T204 东北部。

层位关系：开口①层下，打破生土；被现代墓打破。

形制结构：属长方形土坑竖穴墓。墓坑长 240、宽 90、深 38 厘米。

葬具、人骨与葬式：葬具不明。人骨已朽仅剩残骨，葬式不详，头西北脚东南放置，方向 316°（图八八）。

随葬品：仅剩 1 件铜带钩，放置于墓主盆骨部位。

铜带钩　1 件。M75:1，铜质青绿色，保存较好，钩首呈鸭嘴形，钩尾呈长方形，钮面呈长方形；素面。通长 5、通高 1.7 厘米（图九二，3；彩版五，14；图版二五，1）。

年代推断：据附表一，M75:1 为Ⅰ式带钩，推断 M75 为春秋晚期墓。

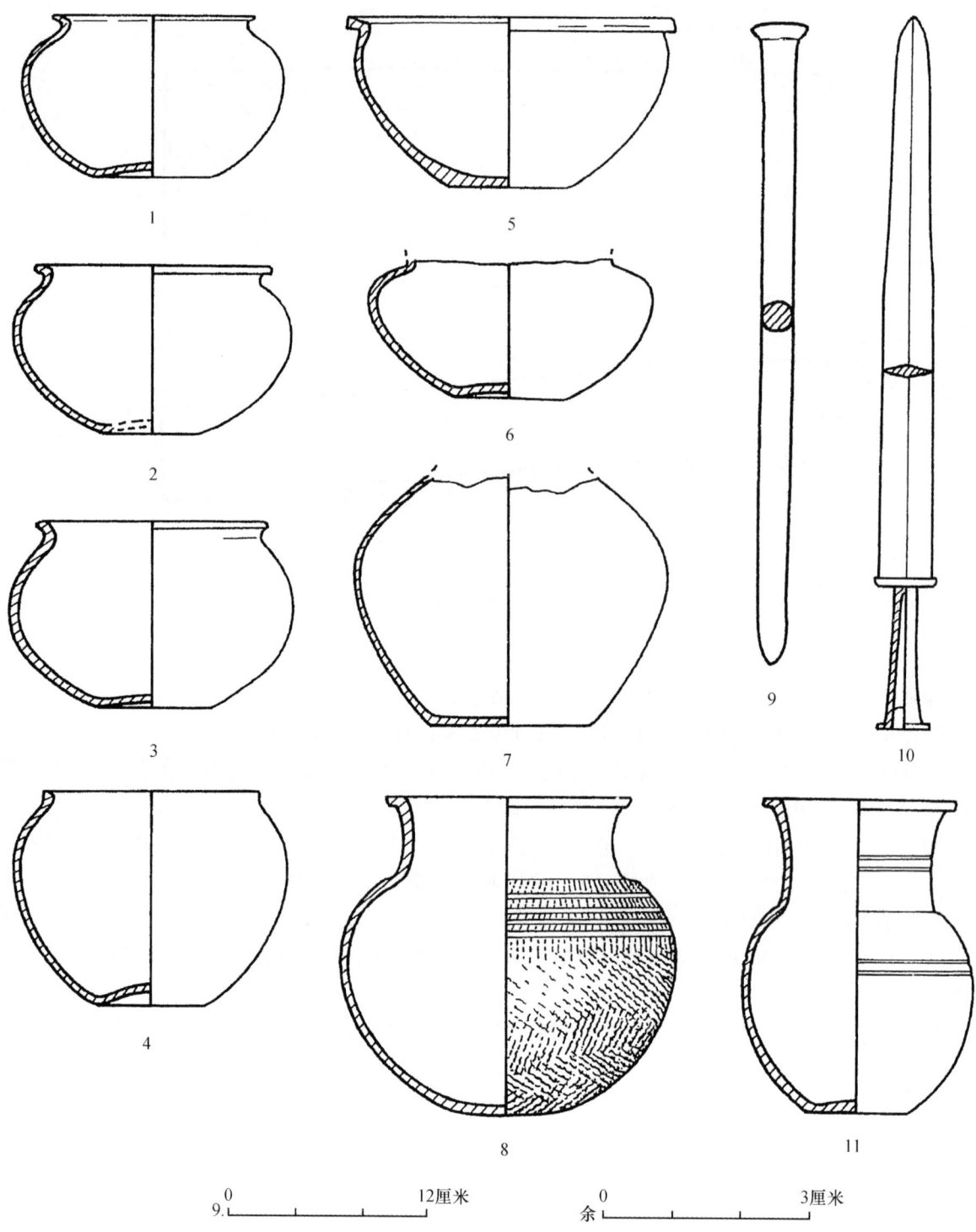

图八六 M64、M67、M68、M69、M73 出土器物

1～3. 陶盂（M67:3、M68:1、M73:2） 4. 陶束颈罐（M69:2） 5. 陶盆（M64:2） 6. 陶罍（M69:1） 7、11. 陶长颈罐（M73:1、M67:2） 8. 陶高领罐（M64:3） 9. 骨笄（M64:1） 10. 铜剑（M67:1）

第五章　周代时期的遗存

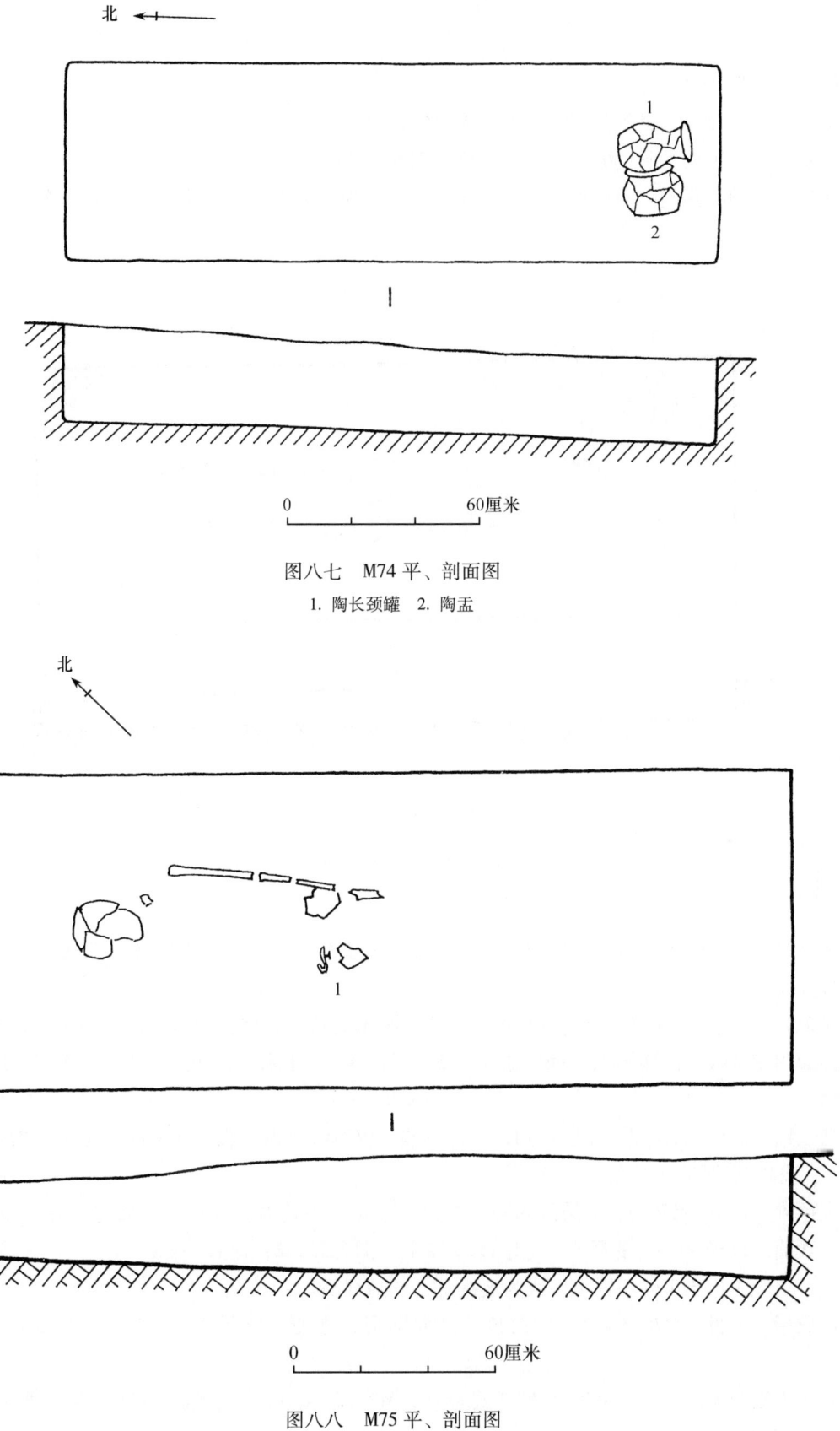

图八七　M74 平、剖面图
1. 陶长颈罐　2. 陶盂

图八八　M75 平、剖面图
1. 铜带钩

39. M76

位置：在 T205 北部。

层位关系：开口①层下，打破生土；被现代墓打破。

形制结构：属长方形土坑竖穴墓。墓坑长 226、宽 80、深 12 厘米。

葬具、人骨与葬式：葬具不明。人骨保存一般，为单人仰身直肢葬，头西北脚东南，方向 315°（图八九）。

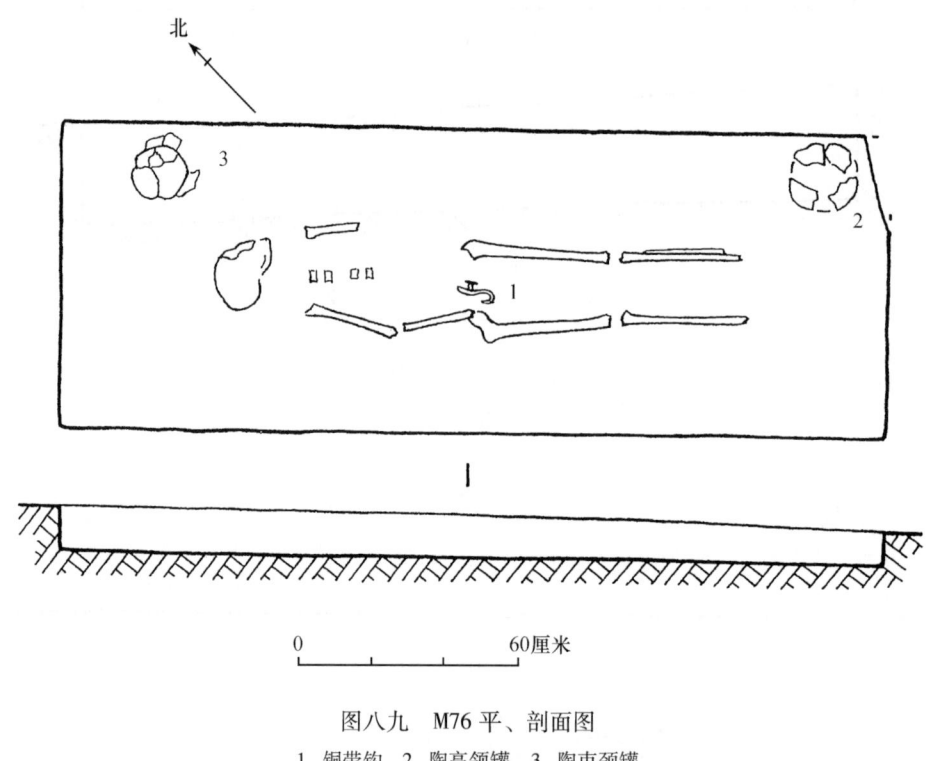

图八九　M76 平、剖面图
1. 铜带钩　2. 陶高领罐　3. 陶束颈罐

随葬品：有 1 件铜带钩和 2 件陶器。带钩放置墓主腰间；束颈陶罐放置墓主头上左下方，高领罐放置墓主脚下左下方。

铜带钩　1 件。M76:1，铜质青绿色，钩头作啄木鸟状，钩尾长圆状，钮面圆饼状，钮面小于钩身；钩面阴刻花纹，使钩尾如琴面。通长 7.5、通高 1.15 厘米（图九二，4；彩版五，13；图版二五，5）。

高领罐　1 件。M76:2，泥质灰陶，上部已残，仅剩鼓腹弧内收，凹平底；腹至底饰斜绳纹。底径 8.8、残高 10 厘米（图九二，10）。

束颈罐　1 件。M76:3，泥质红褐陶，侈口，束颈，小卷沿，方圆唇，弧肩外鼓，深弧腹内收，平底；素面。口径 13.6、底径 8.5、高 11.4 厘米（图九二，2；图版一二，6）。

另：填土中出土 1 件银戒指，或为被扰乱了的随葬品。

银戒指　1 件。M76:04，银质白色；剖面圆形；素面。外径 2.4、内径 1.8 厘米（图九二，15）。

年代推断：据附表一，M76:1 为 II 式带钩，M76:2 为 AbI 式罐，M76:3 为 CaIV 式罐，推测 M76 为战国中期墓。

40. M77

位置：在 T239 东南角。

层位关系：开口④层下，打破生土；打破 H52。

形制结构：属长方形土坑竖穴墓。墓坑长 230、宽 70、深 40 厘米。

葬具、人骨与葬式：葬具不明。人骨保存较好，为单人仰身直肢葬，头北脚南，方向 345°（图九〇）。

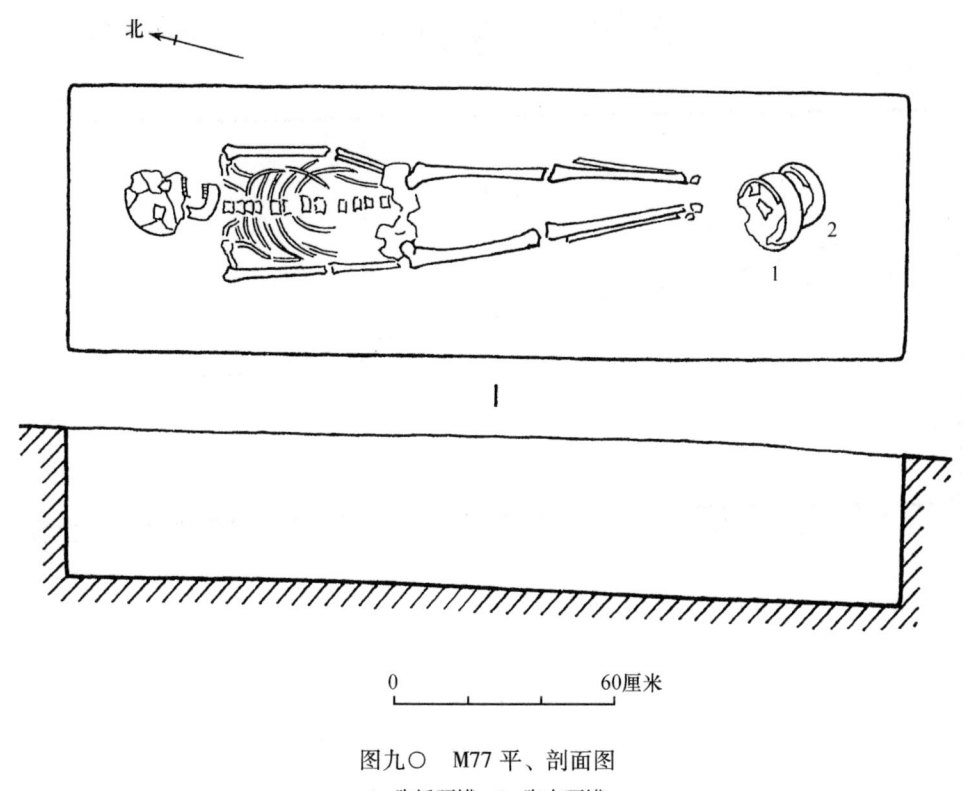

图九〇　M77 平、剖面图
1. 陶矮颈罐　2. 陶束颈罐

随葬品：陶器 2 件，为矮颈罐和束颈罐，放置墓主脚下。

矮颈罐　1 件。M77:1，泥质黑褐陶，直口稍内斜，卷平沿，圆唇，矮直颈外斜，弧肩，弧腹，凹平底；肩饰两周凹弦纹，腹部至底饰交错绳纹。口径 10.4、底径 8、高 13.6 厘米（图九二，7；图版一〇，5）。

束颈罐　1 件。M77:2，泥质红陶，侈口，束颈，卷沿，圆唇，斜肩外鼓，弧腹内收，平底；上腹部一周凹弦纹。口径 12.4、底径 8.5、高 11.1 厘米（图九二，6；图版一二，3）。

年代推断：据附表一，M77:1 为 Ba Ⅱ 式罐，M77:2 为 Ca Ⅳ 式罐，推测 M77 为战国早期墓。

41. M80

位置：在 T364 南部。

层位关系：开口④层下，打破 H41、H53 和 H54；南部被断坎破坏。

形制结构：属长方形土坑竖穴墓。墓坑南部被断坎破坏，残长 210、宽 66、深 60 厘米。

葬具、人骨与葬式：葬具不明。人骨保存较好，为单人仰身直肢葬，头北脚南，方向 355°（图九一）。

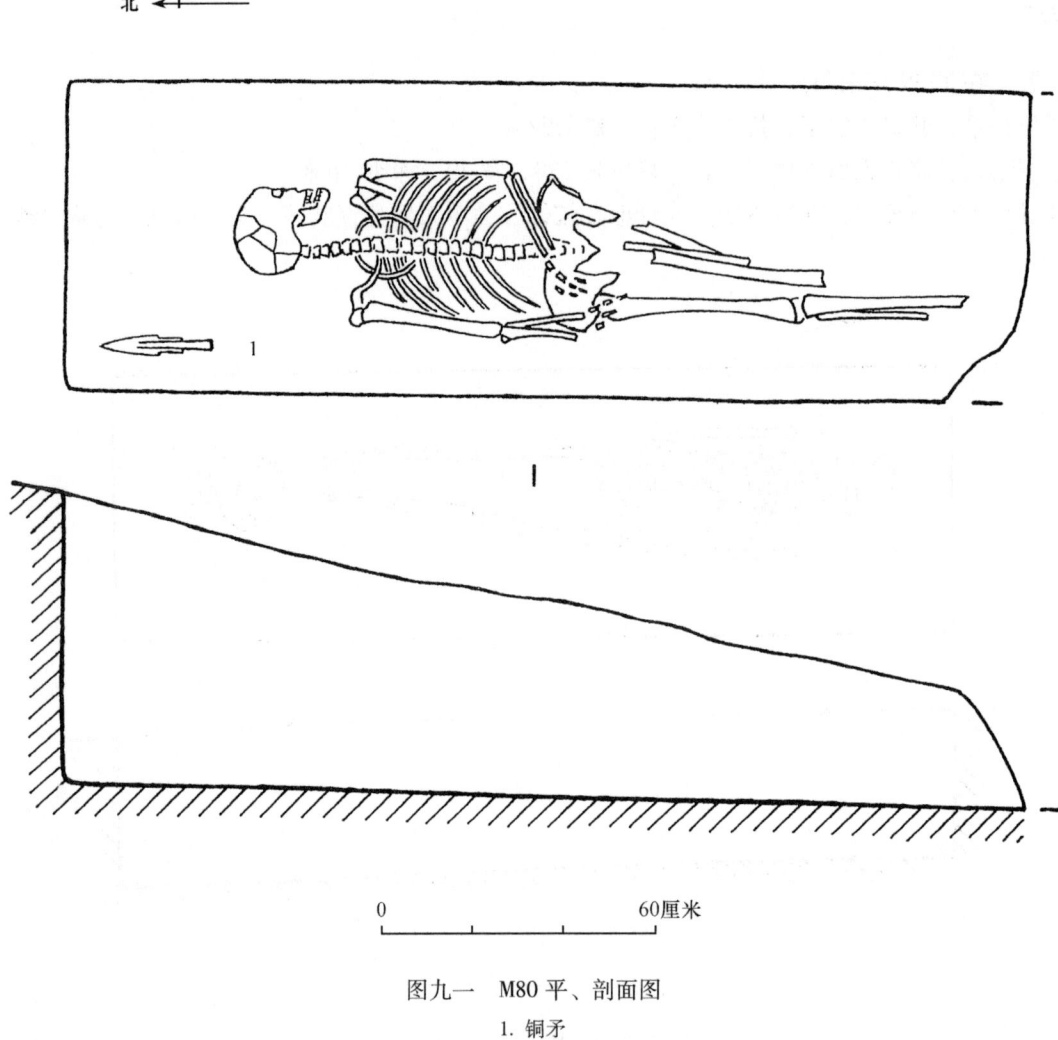

图九一 M80 平、剖面图
1. 铜矛

随葬品：仅1件铜矛，放置墓主头部上方西北角。

铜矛 1件。M80:1，铜质暗黑色泛白，前锋略残，但保存甚好。属"细骹甚狭刃矛"，两侧狭刃都有血槽，本部两侧各有四个穿孔，细骹较长，接近管条状，本部下方骹面上也有一小圆孔；两侧刃血槽内饰斜划纹。通长25.6、宽4.3、骹銎径2.7厘米（图九二，8；彩版二，2）。

另：填土内有4件陶器标本，为罐平底、束颈罐、鬲口沿和矮颈罐。

罐平底 1件。M80:02，泥质红陶，上部残，下腹内收，平底；素面。底径16.4、残高4.8厘米（图九二，11）。

束颈罐 1件。M80:03，夹砂黑陶，侈口，束颈，卷沿，尖圆唇，弧肩已残；素面。口径13.4、残高3.2厘米（图九二，14）。

鬲口沿 1件。M80:011，夹砂灰陶，直口，窄平沿，方唇内斜，粗矮直颈，肩已残；素面。口径27.6、残高3.6厘米（图九二，5）。

矮颈罐 1件。M80:012，泥质红陶，直口外卷，扁圆唇呈带状，弧颈下部已残；素面。口径22.4、残高2.8厘米（图九二，12）。

年代推断：据附表一，M80:1为AⅡ式矛，推测M80和M50一样也是战国晚期墓，但比M50稍晚。

第五章 周代时期的遗存

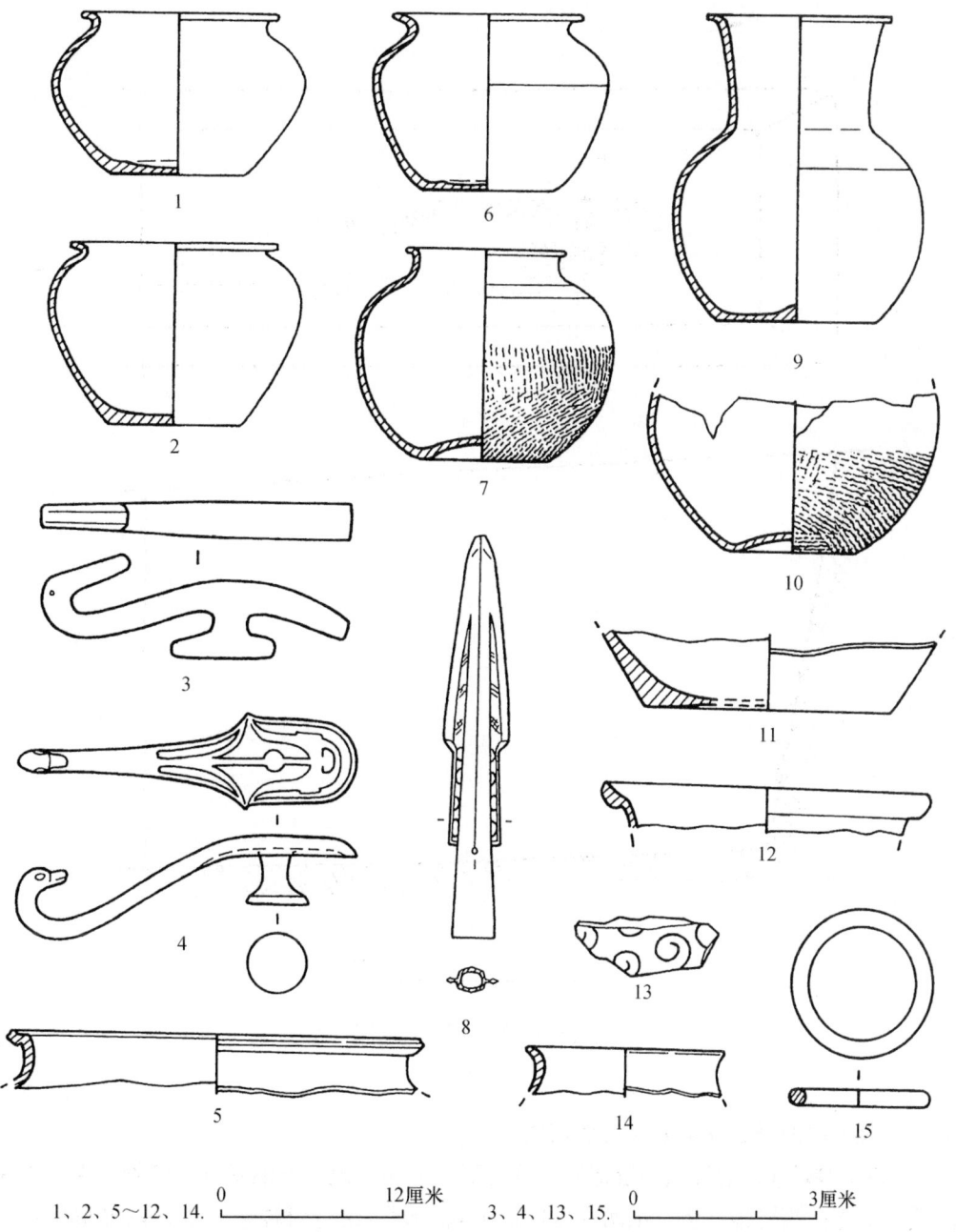

图九二 M74、M75、M76、M77、M80 出土器物

1. 陶盂（M74:2） 2、6、14. 陶束颈罐（M76:3、M77:2、M80:03） 3、4. 铜带钩（M75:1、M76:1） 5. 陶鬲口沿（M80:011） 7、12. 陶矮颈罐（M77:1、M80:012） 8. 铜矛（M80:1） 9. 陶长颈罐（M74:1） 10. 陶高领罐（M76:2） 11. 陶罐平底（M80:02） 13. 残玉片（M74:03） 15. 银戒指（M76:04）

42. M85

位置：在 T238 北隔梁内。

层位关系：开口④层下；被石 M6 打破。

形制结构：属长方形土坑竖穴墓。墓口残长 180、宽 70、墓底残长 160、宽 50、深 100 厘米。

葬具、人骨与葬式：葬具不明。人骨保存较好，为单人仰身直肢葬，头北脚南，方向 345°（图九三）。

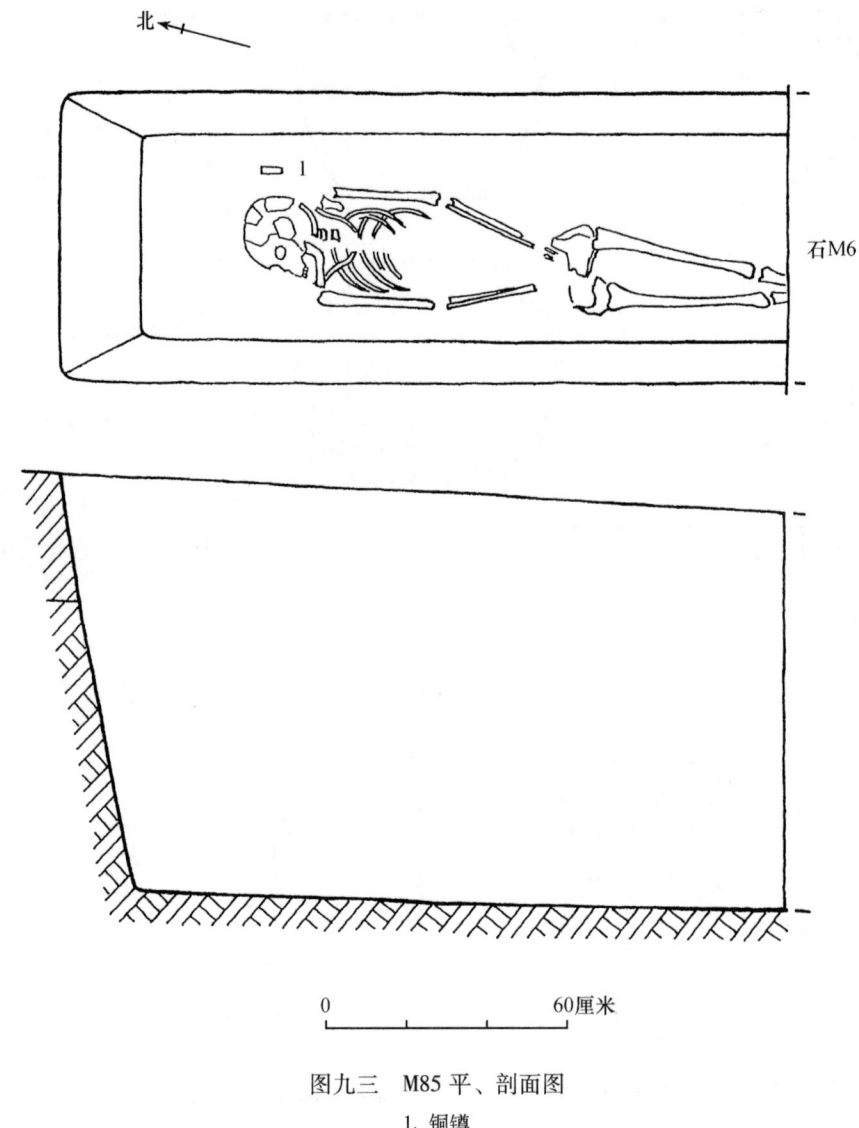

图九三　M85 平、剖面图
1. 铜镡

随葬品：仅1件铜镡，放置墓主头部东侧。

铜镡　1件。M85:1，铜质嵌错银花纹，圆筒形，上端封顶，下端开口，筒体上部稍内束，顶面有一小圆孔；上下两端皆饰一粗一细两周弦纹；中间阴刻一组近对称卷云纹并嵌错银质物。上面径1.25、底径1.35、长5.3厘米（图一〇〇，13；图版二六，4）。

年代推断：据层位关系和纹饰，推测M85为战国中期墓。

43. M91

位置：在T367东南部。

层位关系：开口②层下，打破生土；被东汉墓石M2的甬道叠压。

形制结构：是一个头部有生土二层台的长方形土坑竖穴墓。墓坑长220、宽68、深45厘米；墓坑北部有一高出墓底24、长11厘米的生土二层台。

葬具、人骨与葬式：二层台下有木棺痕。棺内墓主骨骼保存较好，为单人仰身直肢葬，头北脚南，方向10°（图九四）。

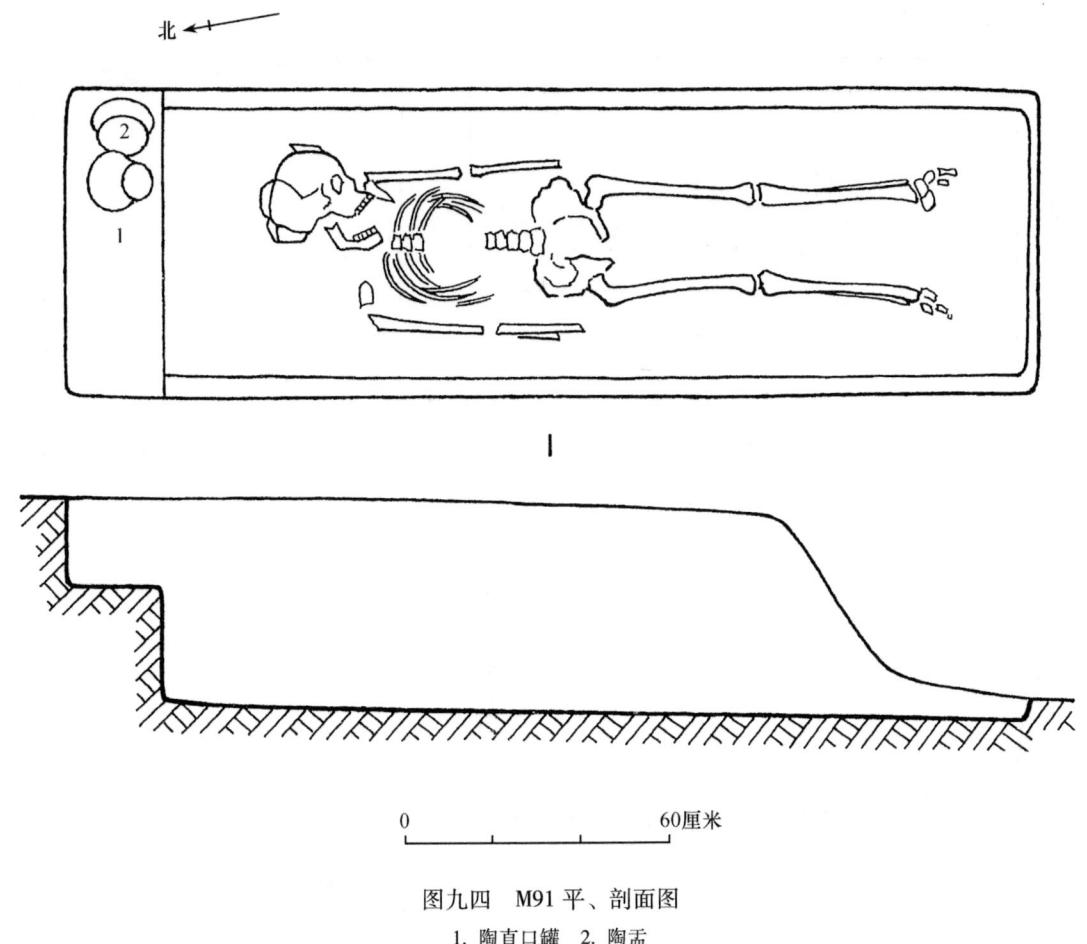

图九四 M91 平、剖面图
1. 陶直口罐 2. 陶盂

随葬品：陶器2件，放置于二层台上东部，分别是直口罐和陶盂。

直口罐 1件。M91:1，泥质黑陶，直口无沿，方唇，直颈，斜弧肩微凹，深弧腹，平底；颈、肩之间饰一周饰凹弦纹。口径9.5、底径6.2、高15.4厘米（图一〇〇，1；图版一三，4）。

陶盂 1件，M91:2，泥质红胎黑陶，矮颈中束，卷沿，方圆唇，小弧肩，扁弧腹，大平底；素面。口径12、底径7.4、高7.7厘米（图一〇〇，9；图版一六，6）。

年代推断：据附表一，M91:1为DⅡ式罐，M91:2为BⅠ式盂，推测M91为春秋晚期墓。

44. M97

位置：在T367中部。

层位关系：开口②层下，打破生土；被F12打破，也被M87东部壁龛打破。

形制结构：有低矮二层台的长方形土坑竖穴墓。墓坑口长240、残宽94、坑底长212、坑底宽102、总深151厘米；墓坑北部有高出坑底5厘米的生土二层台，二层台长40.8厘米。

葬具、人骨与葬式：葬具不明。人骨保存较好，墓主为单人仰身直肢葬，只是墓主左胫骨及以下已缺，似墓主生前已残之故，墓主头北脚南，方向10°（图九五）。

随葬品：陶器2件，放置于墓主上二层台上，分别为高领罐和束颈罐。

高领罐 1件。M97:1，泥质红胎黑陶，直口外卷，小方唇，高弧颈，弧肩外鼓，扁弧腹内收，平底；肩部上部饰两周凹弦纹，肩部下部又饰一周双弦纹。口径11.5、底径10.6、高16.1厘米（图一〇〇，10；图版九，4）。

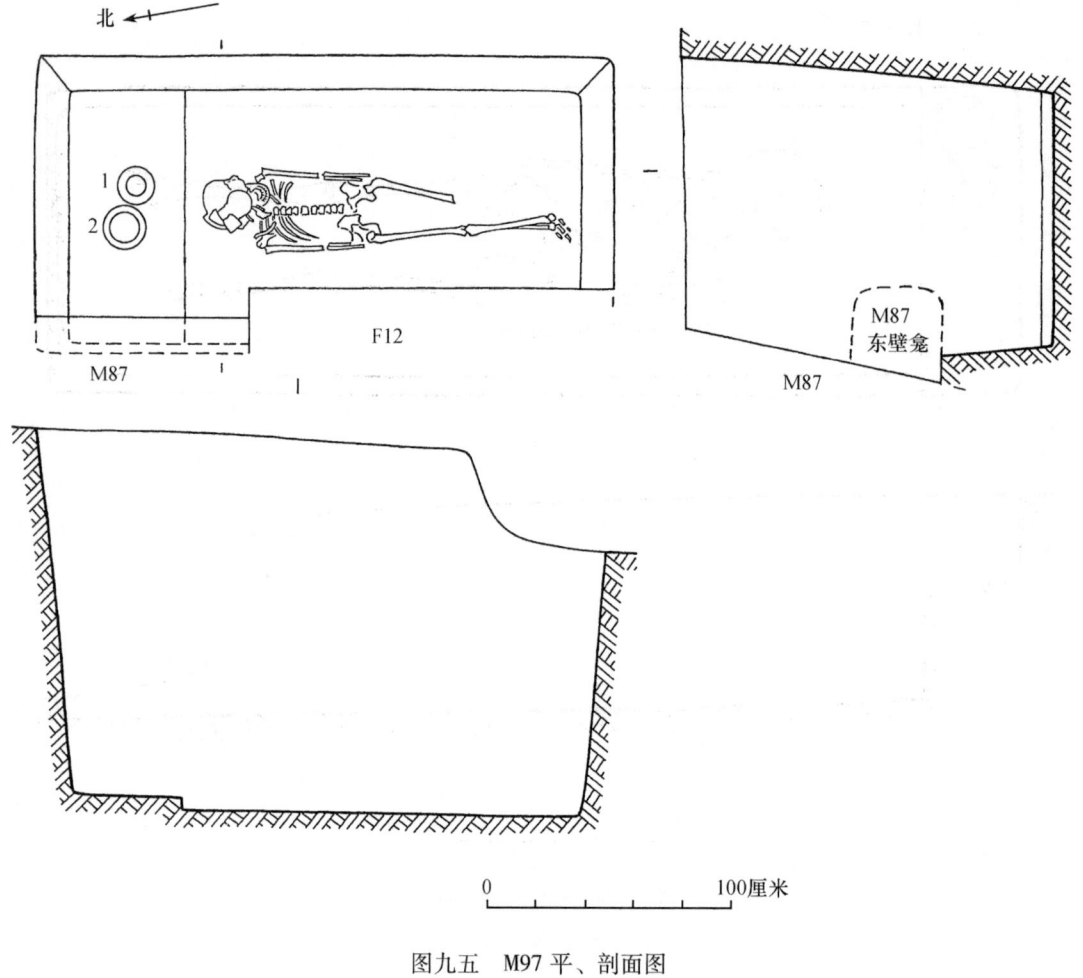

图九五　M97 平、剖面图
1. 陶高领罐　2. 陶束颈罐

束颈罐　1件。M97:2，泥质黑陶，侈口，束颈，小卷沿，尖圆唇，弧肩外鼓，弧腹较深，弧内收，凹平底；素面。口径15.6、底径8、高12.9厘米（图一〇〇，2；图版一一，6）。

年代推断：据附表一，M97:1 为 AaⅣ式罐，M97:2 为 CaⅢ式罐，推测 M97 为战国中期墓。

45. M102

位置：在 T375 南部。

层位关系：开口②层下，打破生土；打破②层下 M105 和 M106。

形制结构：属长方形土坑竖穴墓。墓坑口长 210、宽 130、墓底长 208、宽 126、深 30 厘米。

葬具、人骨与葬式：葬具不明。人骨保存不好，残骨呈单人仰身直肢葬，头北脚南，方向 336°（图九六）。

随葬品：铜剑1件和陶器2件。铜剑放置墓主肢骨右侧，陶盂和双耳罐放置墓主头部左上方。

铜剑　1件。M102:1，铜质有锈斑，尖锋已断，为"斜宽从厚格式铜剑"，厚格呈倒凹字形，扁圆茎有两箍，圆首及扁圆茎皆中空。残长49.4、格宽5.2、首茎4.6厘米（图一〇〇，14；图版二三，6）。

陶盂　1件。M102:2，泥质红胎黑陶，侈口，束颈，卷沿，尖圆唇，鼓弧肩，扁弧腹较深，凹平底；素面。口径12.7、底径6.5、高9.1厘米（图一〇〇，3；图版一八，3）。

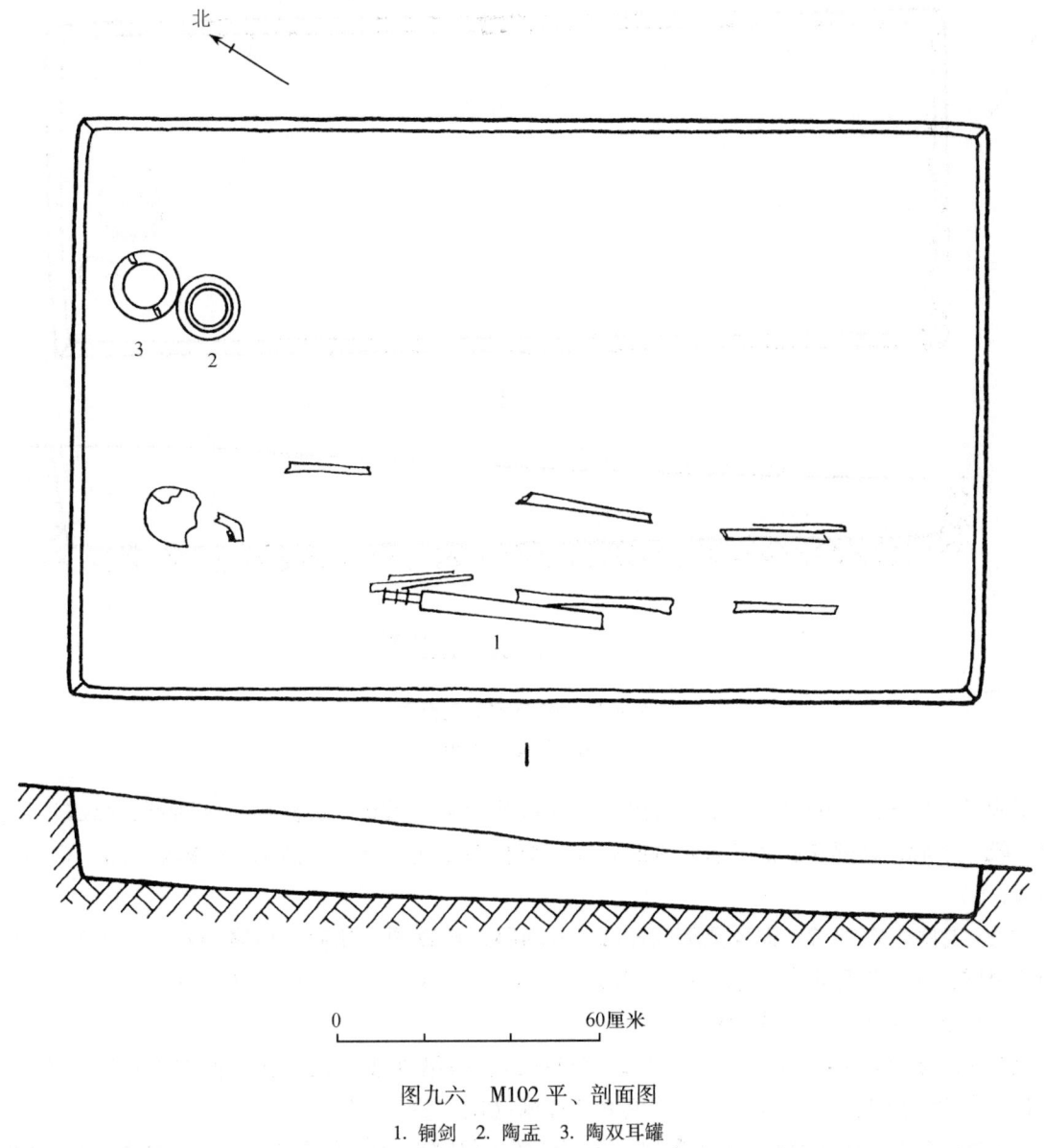

图九六　M102 平、剖面图
1. 铜剑　2. 陶盂　3. 陶双耳罐

双耳罐　1件。M102:3，泥质灰胎黑陶，直口内斜，窄平沿，尖圆唇，矮直颈，弧肩，弧腹，平底微凹，弧肩上附双环耳；肩部上、下各饰一周凹弦纹，腹中下部又饰有一周凹弦纹。口径 11.5、底径 7.8、高 11.5 厘米（图一〇〇，5；图版二一，3）。

年代推断：据附表一，M102:1 为 AbⅡ式剑，M102:2 为 BⅣ式盂，M102:3 为 Fa 型罐，推测 M102 为战国晚期墓。

46. M103

位置：在 T375 西南部。

层位关系：开口②层下，打破生土。

形制结构：属长方形土坑竖穴墓。墓长 220、宽 80、墓底长 216、宽 74、深 24 厘米。方向 305°。

葬具、人骨与葬式：葬具不明。人骨无存，葬式不详。

随葬品：陶器 2 件，为高领罐和陶罍，放置墓坑东南端（图九七）。

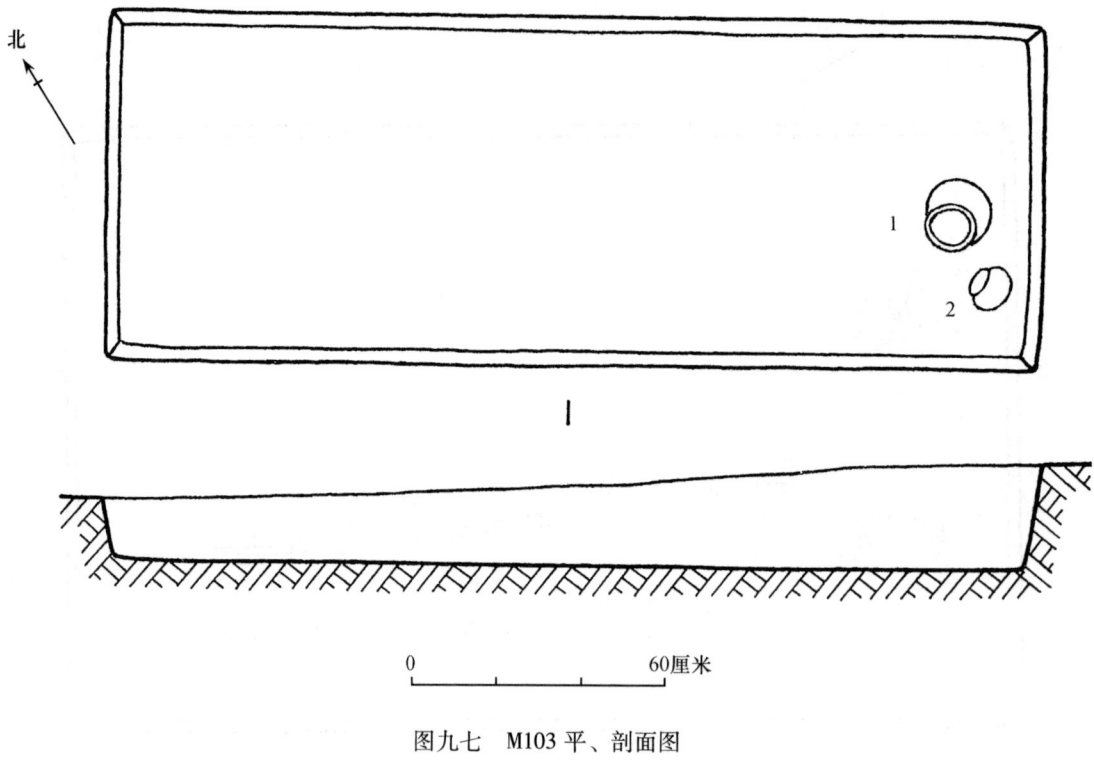

图九七　M103 平、剖面图
1. 陶高领罐　2. 陶罍

高领罐　1件。M103:1，泥质红胎黑陶，直口外卷呈喇叭状，尖圆唇，高弧颈，弧肩外鼓，深弧腹内收，平底；颈部和肩部各有两周凹弦纹。口径13、底径8.5、高18.3厘米（图一〇〇，12；图版九，6）。

陶罍　1件。M103:2，泥质黑陶，直口，方圆唇，矮直颈，弧肩，扁腹内收，小平底；肩腹之间饰两周凹弦纹。口径8.4、底径4.4、高7.6厘米（图一〇〇，8；图版一九，6）。

另：填土中出土2件陶片标本。

束颈罐　1件。M103:03，夹砂黑陶，直口内敛，弧沿外侈，尖圆唇，粗高颈外斜，颈下部已残；颈下部残存竖绳纹。口径26.4、残高6.9厘米（图一〇〇，11）。

尖底器　1件。M103:05，泥质灰陶，上部已残，仅剩下腹内收成尖底；下腹至底残存三周凹弦纹。残高2.4厘米（图一〇〇，6）。

年代推断：据附表一，M103:1为AaⅤ式罐，M103:2为Ⅲ式罍，推测M103为战国中期墓。

47. M104

位置：在T375南部。

层位关系：开口②层下，打破生土；打破M105。

形制结构：属长方形土坑竖穴墓。但墓坑后部已在修梯田时被挖掉，墓坑口残长140、宽78、墓坑底残长132、宽78、深40厘米。方向320°（图九八）。

葬具、人骨与葬式：葬具不明。人骨无存，葬式不明。

随葬品：仅残有1件陶矮颈罐，放置墓坑中上部。

矮颈罐　1件。M104:1，泥质红胎黑陶，直口，平沿，尖圆唇，矮颈，凹肩，深弧腹，凹平底；肩、腹之间饰一周凹弦纹。口径14、底径7.5、高14厘米（图一〇〇，4；图版一〇，6）。

年代推断：据附表一，M104:1为BaⅢ式罐，推测M104的年代为战国晚期墓。

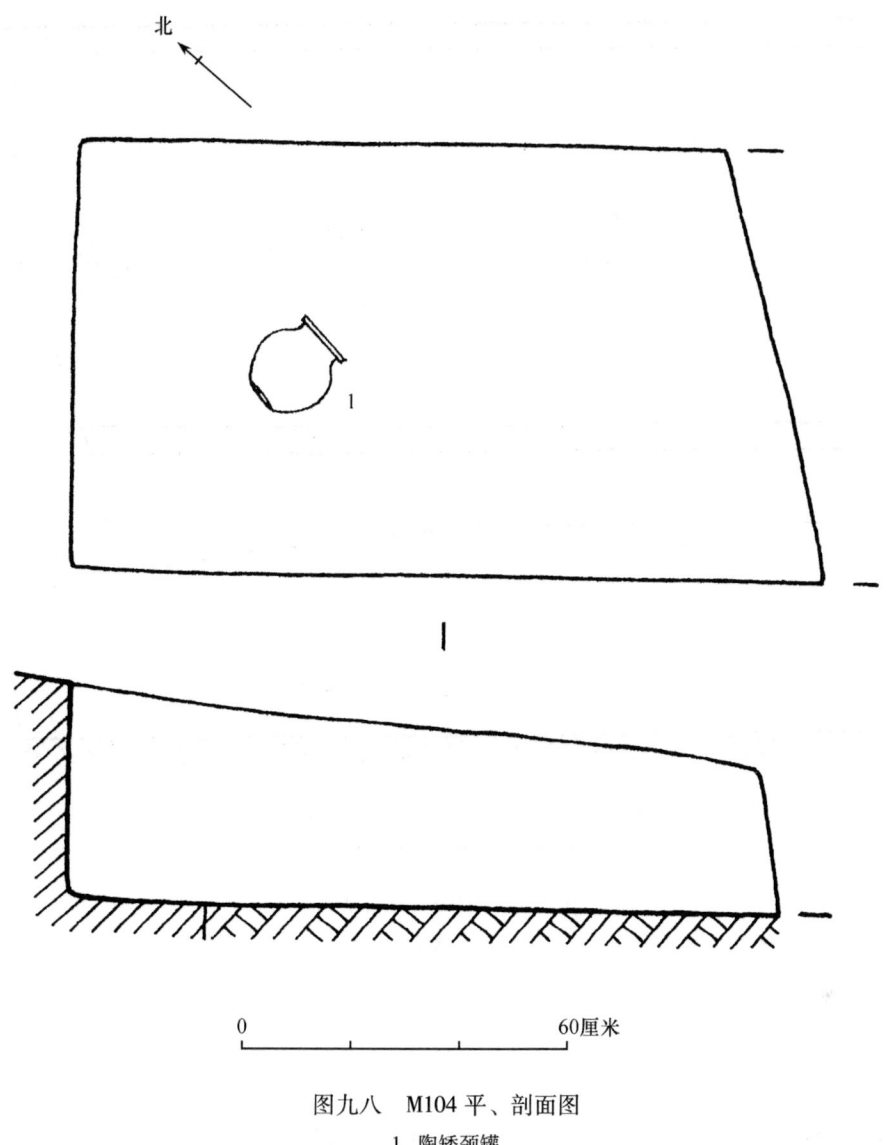

图九八　M104 平、剖面图
1. 陶矮颈罐

48. M105

位置：T375 南部。

层位关系：开口②层下，打破生土；西部被 M102 叠压打破，东部被 M104 打破。

形制结构：属长方形土坑竖穴墓。墓坑口长 270、宽 120、墓坑底长 256、宽 104、深 60 厘米。

葬具、人骨与葬式：葬具不明。人骨多残，葬式应为单人仰身直肢，头西脚东，方向 290°（图九九）。

随葬品：仅 1 件陶盒，放置墓主脚下。

陶盒　1 件。M105:1，泥质红胎黑陶，由陶器盖和陶罍两种器物合成。盖钮圆饼状，已脱落，盖下之罍，如 M103:2 这种Ⅲ式罍，也是直口，矮颈，扁腹小平底。盖沿上两周模糊凹弦纹。盖口径 12、盖高 4、罍底径 5、盒通高 10.8 厘米（图一〇〇，7；图版二〇，3）。

年代推断：据附表一，M105:1 属于 B 型盒，推测 M105 为战国晚期墓。

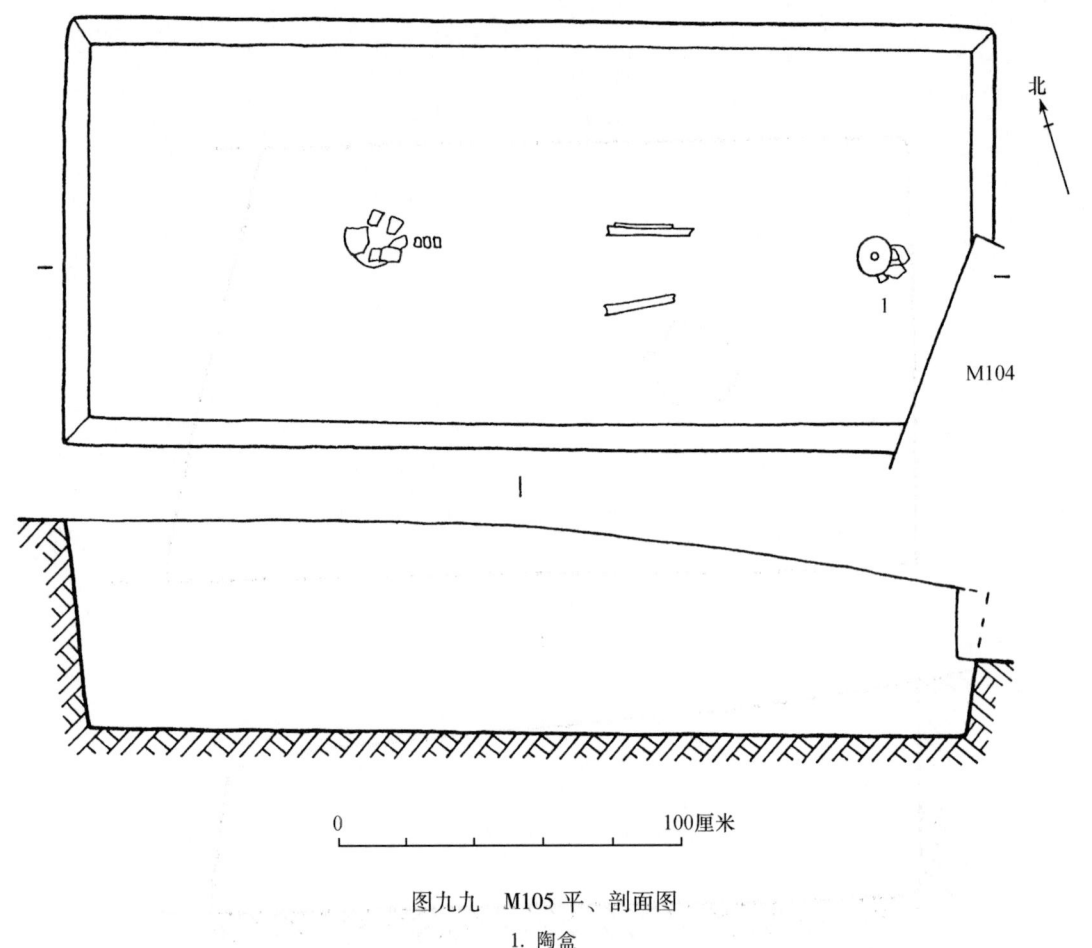

图九九　M105 平、剖面图
1. 陶盒

49. M106

位置：在 T374 西北角。

层位关系：开口②层下，打破生土；被②层下 M102 打破。

形制结构：属有生土二层台的长方形土坑竖穴墓。墓坑后部已在修梯田时被打掉。墓坑口残长 270、宽 190、深至 87 厘米时到二层台，再在墓坑中部又挖一深仅 3 厘米的底坑，墓底坑残长 244、宽 128 厘米。

葬具、人骨与葬式：葬具不明。人骨保存较差已不完全，葬式为单人仰身直肢，头西脚东，方向 305°（图一〇一）。

随葬品：6 件。其中 2 件铜兵器，铜矛放置墓主头部上方西南部，铜剑佩带墓主腰间。铁器也 2 件，一为铁刻刀，放置墓主左手边；另一为残铁器，放置墓主右手旁。又有陶器 2 件，一为长颈罐，另一为束颈罐，放置墓主头上。这 6 件随葬品和墓主一同都在底坑内。

铜剑　1 件。M106:1，铜质虽有锈斑，但保存完好，属柳叶形扁茎长剑，本部一侧和扁茎末端各有一小穿孔。通长 34.9、宽 3.5、厚 0.8 厘米（图一〇二，5；彩版五，8；图版二四，6）。

铜矛　1 件。M106:2，铜质已锈蚀严重，叶刃皆有缺口，尖锋已残断，属"短骹式"巴式矛，长叶形刃，骹只占全长四分之一，叶下骹两侧各附一弓形系，弓形系上小下大；刃叶下端至骹口，两面部有相同的三组阴刻纹饰；上组为双蝉尾首相衔，中间为巴掌纹，下组为云雷纹。通长 21.1、宽 3.8、銎径 2.8 厘米（图一〇二，6；图版二二，1、2）。

第五章　周代时期的遗存　131

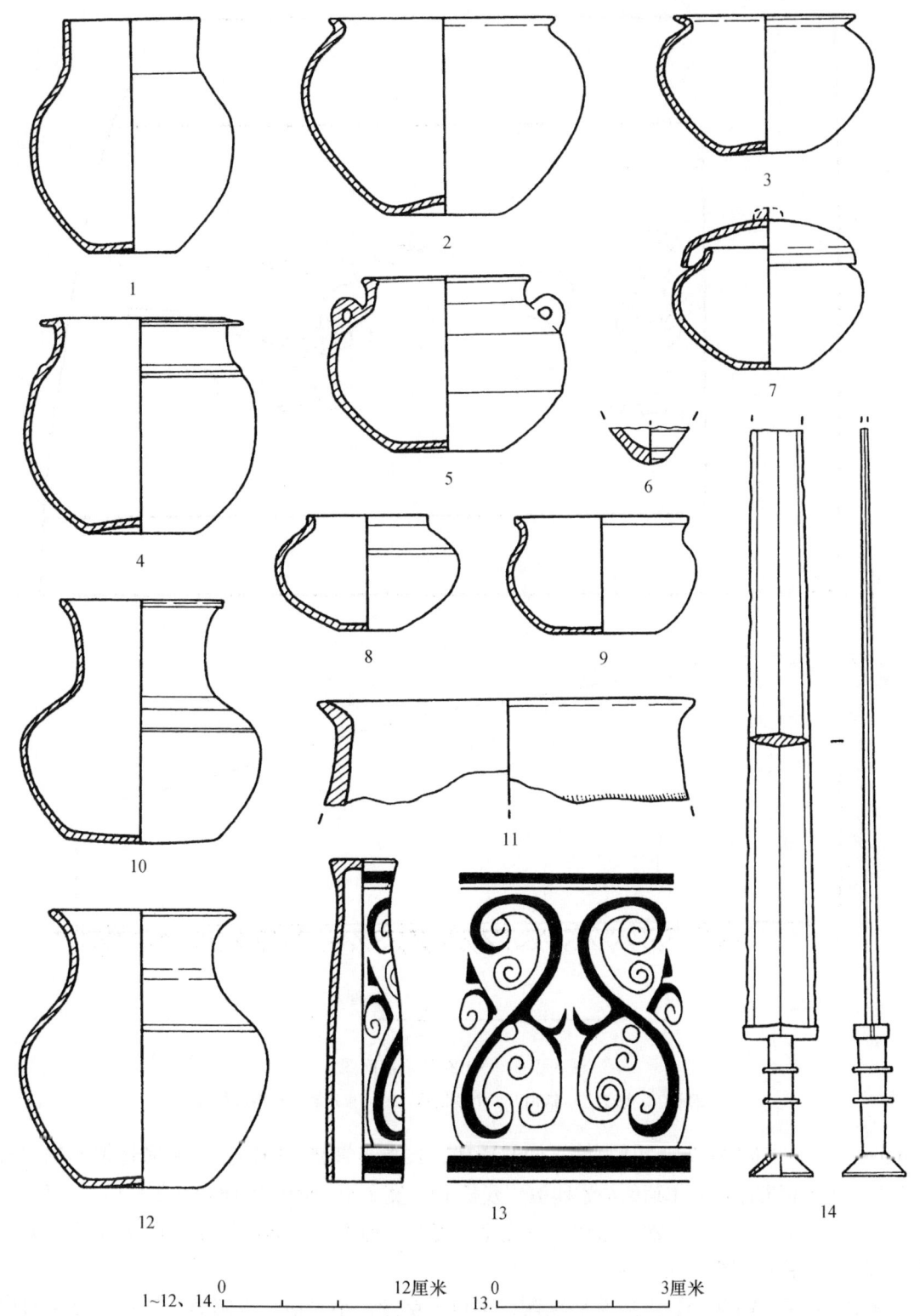

图一〇〇　M85、M91、M97、M102、M103、M104、M105 出土器物
1. 陶直口罐（M91:1）　2、11. 陶束颈罐（M97:2、M103:03）　3、9. 陶盂（M102:2、M91:2）　4. 陶矮颈罐（M104:1）
5. 陶双耳罐（M102:3）　6. 陶尖底器（M103:05）　7. 陶盒（M105:1）　8. 陶罍（M103:2）　10、12. 陶高领罐（M97:1、M103:1）　13. 铜镦（M85:1）　14. 铜剑（M102:1）

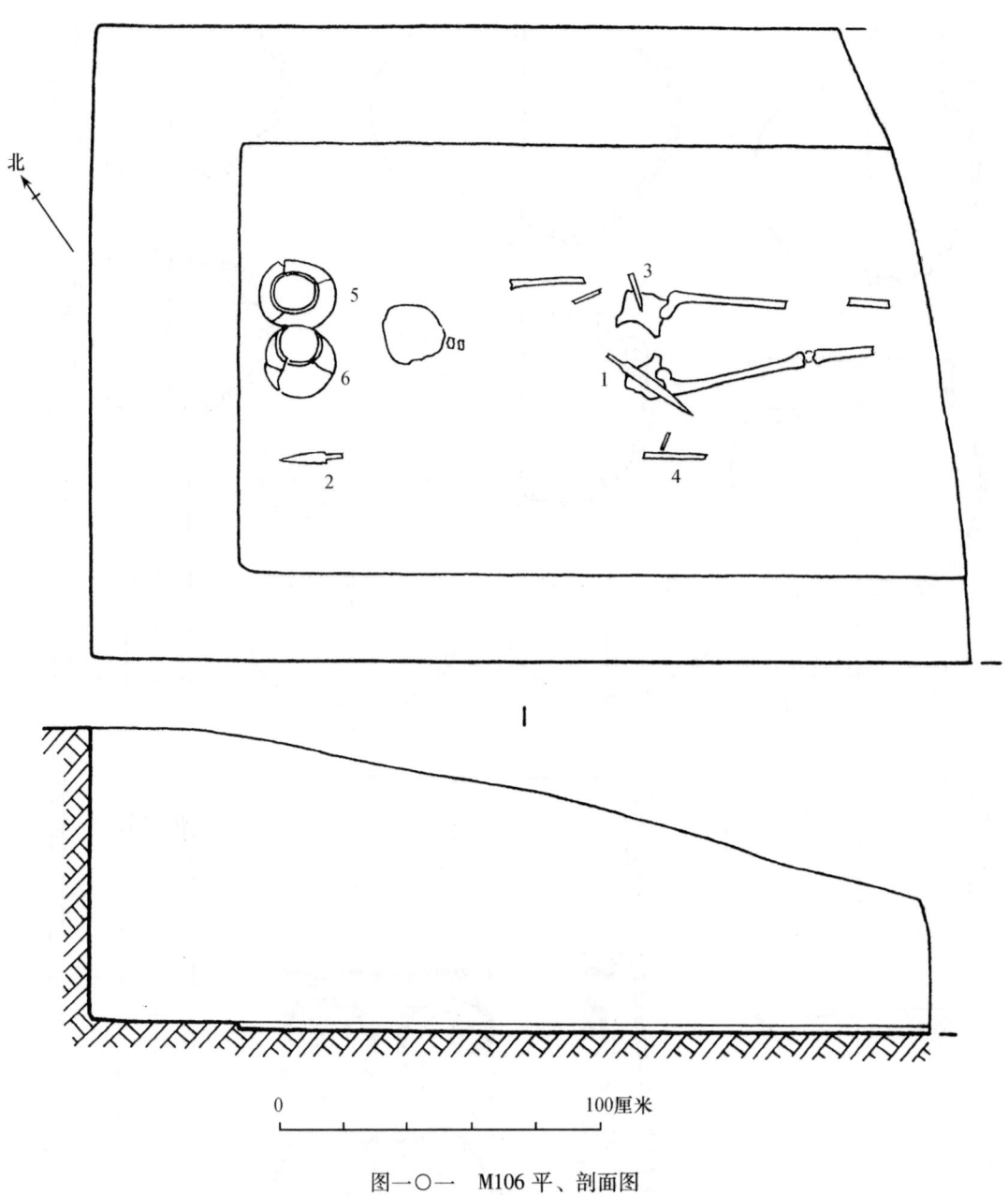

图一〇一　M106 平、剖面图
1. 铜剑　2. 铜矛　3. 铁刻刀　4. 残铁器　5. 陶束颈罐　6. 陶长颈罐

铁刻刀　1件。M106:3，铁质已锈，两端皆残，长条半管状，因凹弧面原来还附木柄，所以，外弧面上面还遗留着原捆扎木柄的绳索印痕。残长19、宽2.4、厚0.25厘米（图一〇二，3）。

残铁器　1件。M106:4，铁质已锈而不完全，刀状，但上、下端厚度相等而非铁刀。残长14、宽2.2、厚0.3厘米（图一〇二，4）。

束颈罐　1件。M106:5，泥质灰胎黑陶，侈口，束颈，小卷沿，方圆唇，鼓肩，扁腹斜内收，平底；素面，下腹至底有刀削痕。口径13.6×14.1、底径10.4、高12.1厘米（图一〇二，2；图版一二，5）。

长颈罐　1件。M06:6，泥质红胎黑陶，直口外卷，小方唇，高弧颈，弧肩稍外鼓，深腹内收较直，平底；颈、肩各饰一周凹弦纹。口径12、底径11.4、高21.2厘米（图一〇二，1）。

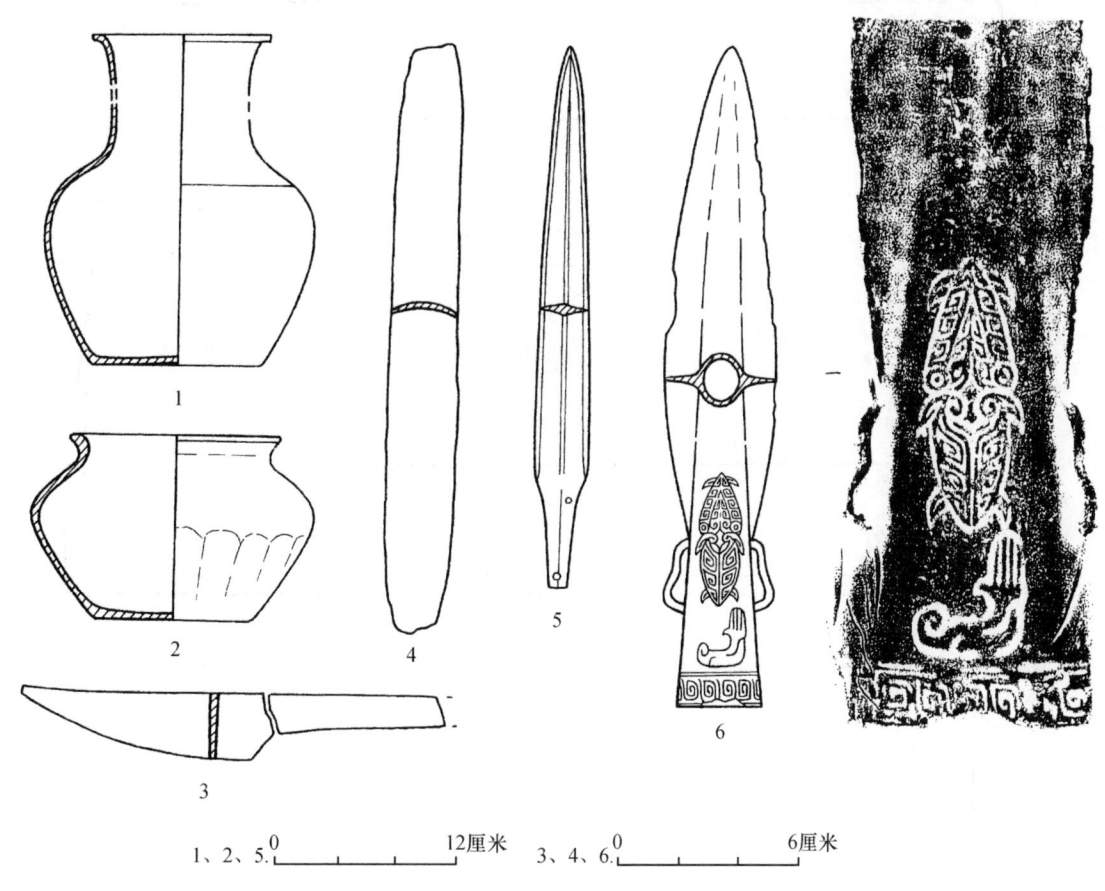

图一〇二 M106 出土器物

1. 陶长颈罐（M106:6） 2. 陶束颈罐（M106:5） 3. 铁刻刀（M106:3） 4. 残铁器（M106:4） 5. 铜剑（M106:1）
6. 铜矛（M106:2）

年代推断：据附表一，M106:1 为 BcⅡ式剑，M106:2 为 BaⅠ式矛，M106:5 为 CaⅣ式罐，M106:6 为 EⅣ式罐，推测 M106 为战国中期墓。

50. M107

位置：在 T375 西北部。

层位关系：开口②层下，打破生土。

形制结构：墓坑为平行四边形且有不明显生土二层台的土坑竖穴墓。坑口长 254、宽 175、至深 118 厘米处出现二层台，因墓坑中部又挖一深仅 2 厘米的长方形底坑，底坑长 230、宽 96 厘米。

葬具、人骨与葬式：葬具不明。墓主人骨保存不好，为单人葬仰身直肢摆放，头北脚南，方向 315°（图一〇三）。

随葬品：有铜剑 1 件和陶盂 1 件。铜剑放置墓主腰部右侧，陶盂放置墓主脚下。墓主和随葬品都在底坑内。

铜剑 1 件。M107:1，铜质已锈，近前锋一侧有小缺口，为"柳叶长式"巴式剑，长腊，前锋尖锐，后端较宽，中脊有凹血槽，扁茎较短，本部一侧和扁茎末端各有一小穿孔；两从两面都有长点状凸起纹。通长 41、宽 4.4、厚 0.8 厘米（图一〇六，8；彩版五，7；图版二二，5；图版二四，4）。

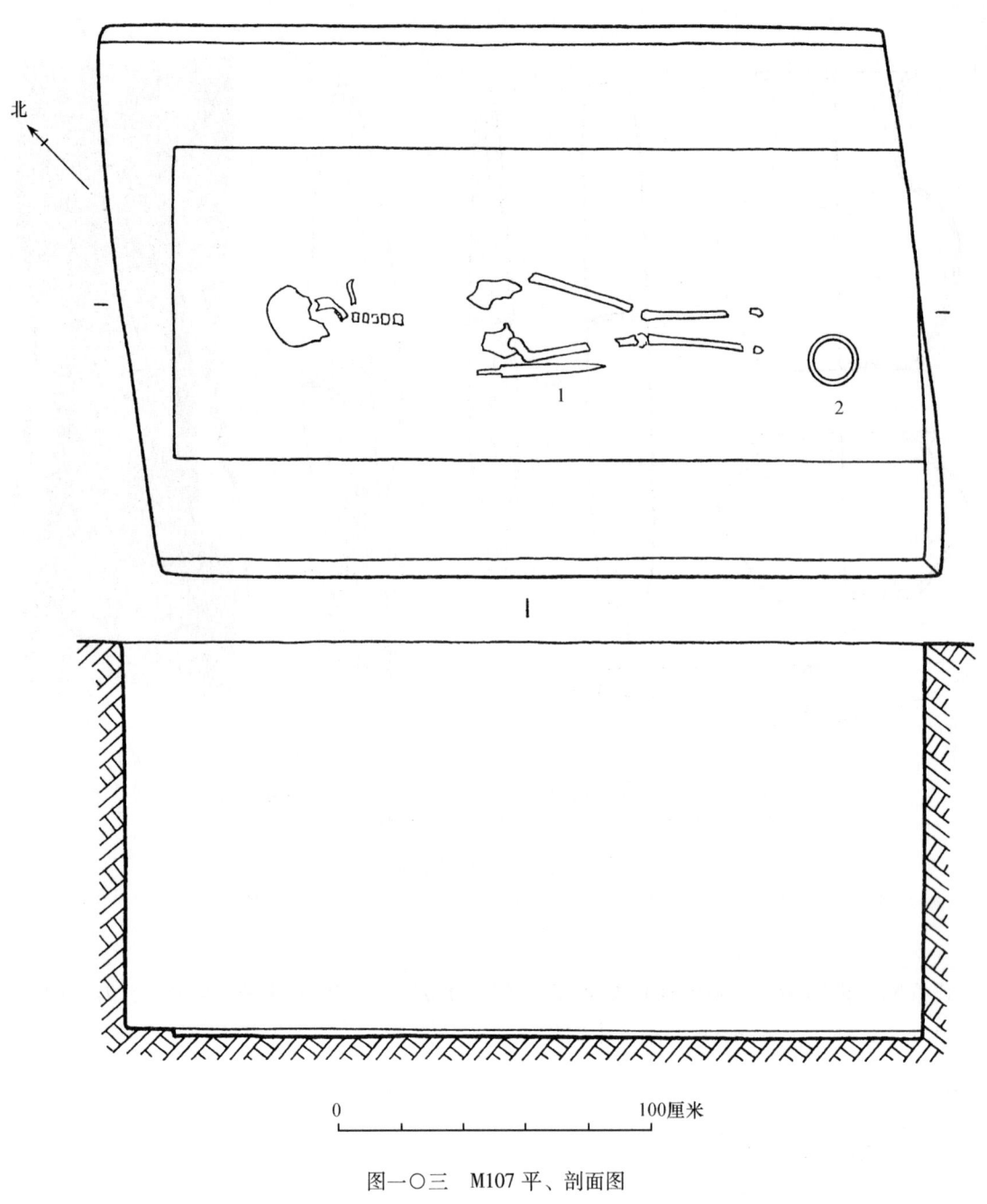

图一〇三 M107 平、剖面图
1. 铜剑 2. 陶盂

陶盂 1件。M107:2，泥质红胎黑陶，侈口，束颈，卷沿，尖唇，鼓肩，扁腹，凹平底；腹底饰横斜绳纹。口径15.4、底径7、高9.3厘米（图一〇六，2；图版一五，3）。

年代推断：据附表一，M107:1，为 Bc I 式剑，M107:2 为 A I 式盂，推测 M107 为春秋中期墓。

51. M108

位置：在T360南部。

层位关系：开口④层下，打破⑤层至生土。

形制结构：长方形底坑左、右两侧又有生土二层台的土坑竖穴墓。墓坑口长280、宽150、底长260、宽130、总深205厘米，比坑底高出14厘米的左右两侧，各有宽24厘米的生土二层台。

葬具、人骨与葬式：葬具不明。人骨保存不好，但可以为单人仰身直肢葬，头北脚南，方向340°（图一〇四）。

随葬品：陶器2件，为高领罐和陶盆，放置底坑墓主脚下。

高领罐　1件。M108:1，泥质灰陶，直口稍外卷，窄平沿，尖圆唇，高颈，弧肩，球腹，圜平底；腹饰竖绳纹。口径11.6、底径5、高18厘米（图一〇六，5；图版九，1）。

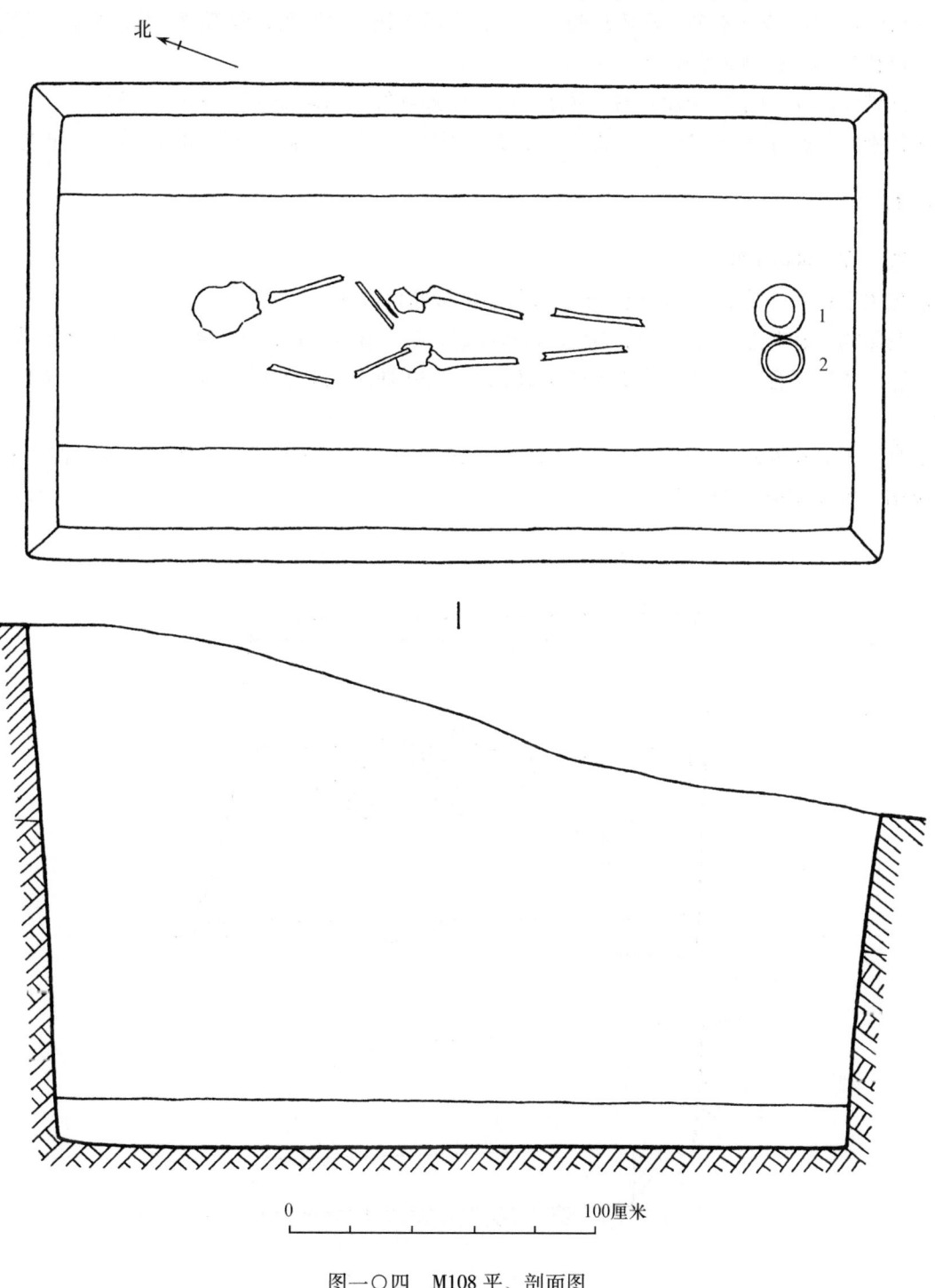

图一〇四　M108平、剖面图
1. 陶高领罐　2. 陶盆

陶盆　1件。M108：2，泥质黑褐陶，敛口，斜沿，方唇，弧腹上部外鼓下部内收，平底；腹下部有两周模糊凹弦纹。内口径17.8、底径7.5、高9.5厘米（图一〇六，3；图版一九，2）。

另：填土中有2件陶器标本和1件纹饰标本。

高领罐　1件。M108：06，泥质红褐陶，直口，圆唇，高弧颈下部已残；素面。口径12、残高5.1厘米（图一〇六，4）。

盆口沿　1件。M108：07，泥质灰陶，敞口，窄沿上弧，尖圆唇，斜弧腹下部已残；口沿下一周凹槽。口径25.4、残高2.8厘米（图一〇六，7）。

附加堆纹标本　1件。M108：08，泥质红陶，附加堆纹上拍印纹（图一三八，9）。

年代推断：据附表一，M108：1为AaⅠ式罐，M108：2为Ⅱ式盆，推测M108为春秋早期墓。

52. M111

位置：在T388南部。

层位关系：开口②层下，打破生土。墓坑后部被断坎破坏。

形制结构：有生土二层台的长方形土坑竖穴墓。墓口残长186、宽124、距墓口44厘米至二层台，残存三边二层台却不等宽，墓坑中部又挖一深20厘米的长方形底坑，底坑残长160、宽100厘米。

葬具、人骨与葬式：葬具不明。人骨保存甚好，只是下部已被断坎破坏，为单人仰身直肢葬，头北脚南，方向320°（图一〇五）。

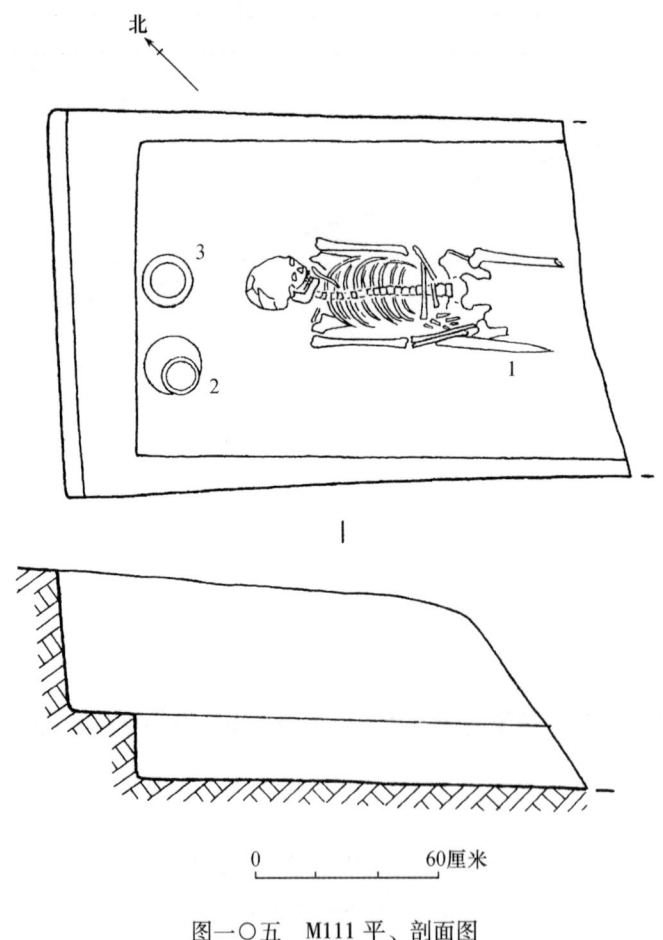

图一〇五　M111平、剖面图
1. 铜剑　2. 陶长颈罐　3. 陶盂

随葬品：有1件铜剑和2件陶器，都和墓主一起埋于底坑内。其中铜剑在墓主腰部右侧，陶盂和长颈罐2件陶器放置墓主头部上方。

铜剑　1件。M111:1，铜质银白色有绿锈斑，下部剑首已残，为"长腊斜宽从狭前锷薄格式圆茎无箍"铜剑。残长46.7、格宽4、腊厚0.6厘米（图一〇六，9；图版二三，2）。

长颈罐　1件。M111:2，泥质深灰陶，直口外卷，方唇，高直颈内斜，弧肩，弧腹，平底；肩上一周、腹上部两周凹弦纹。口径11.6、底径10、高16.9厘米（图一〇六，6；图版一四，2）。

陶盂　1件。M111:3，泥质灰陶，侈口，束颈，小卷沿，尖圆唇，弧肩，扁腹，平底；腹中部一周模糊凹弦纹。口径11、底径7.6、高9厘米（图一〇六，1；图版一七，4）。

年代推断：据附表一，M111:1为AaⅡ式剑，M111:2为ЕⅠ式罐，M111:3为BⅡ式盂，推测M111为春秋晚期墓。

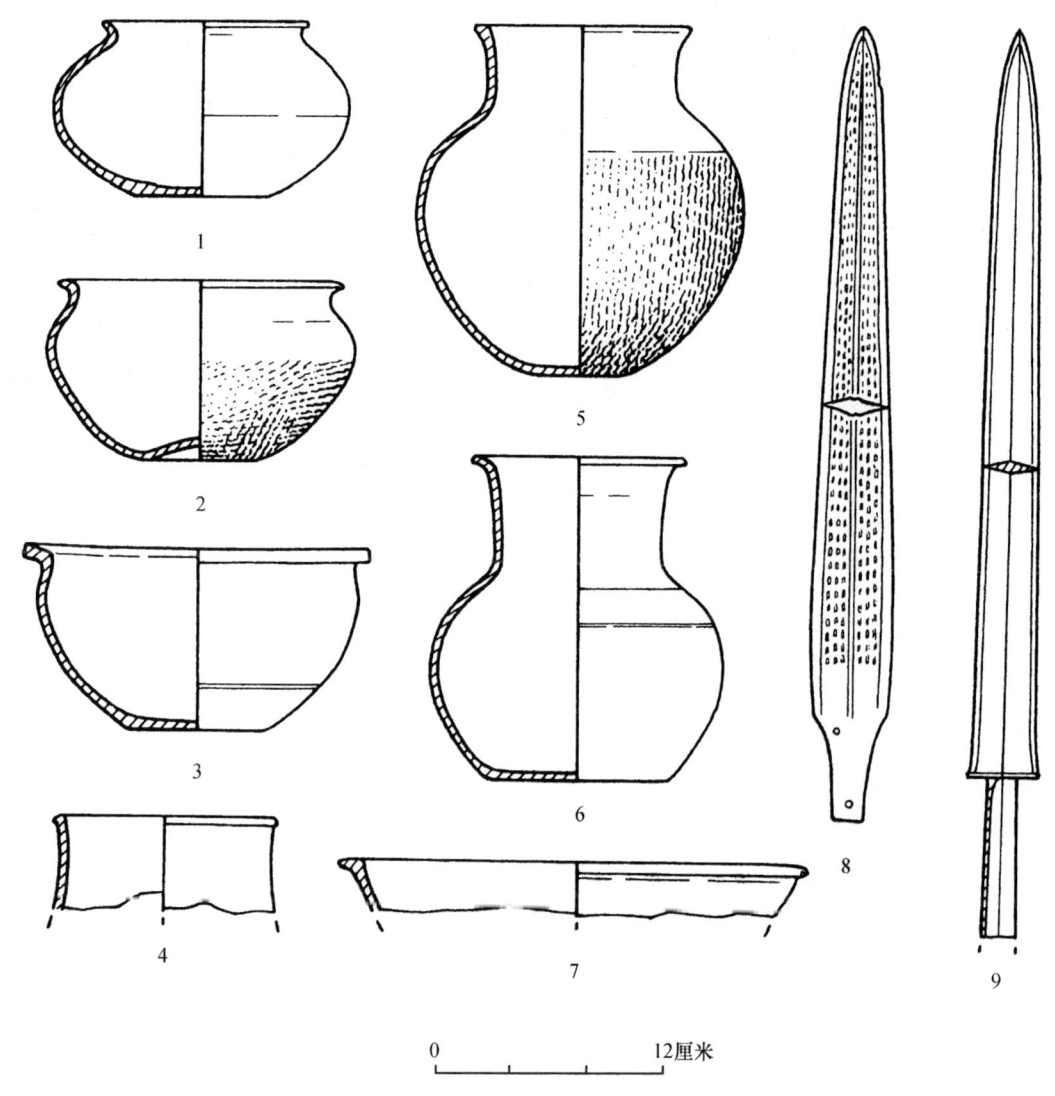

图一〇六　M107、M108、M111出土器物
1、2. 陶盂（M111:3、M107:2）　3. 陶盆（M108:2）　4、5. 陶高领罐（M108:06、M108:1）　6. 陶长颈罐（M111:2）
7. 陶盆口沿（M108:07）　8、9. 铜剑（M107:1、M111:1）

53. M112

位置：在 T386 西北部。

层位关系：开口②层下，打破生土；被西汉后期的 M62 打破。

形制结构：属长方形土坑竖穴墓。墓坑长 210、宽 120、深 26 厘米。

葬具、人骨与葬式：葬具不明。人骨已朽，只留痕迹，为单人仰身直肢葬，头北脚南，方向 325°（图一〇七）。

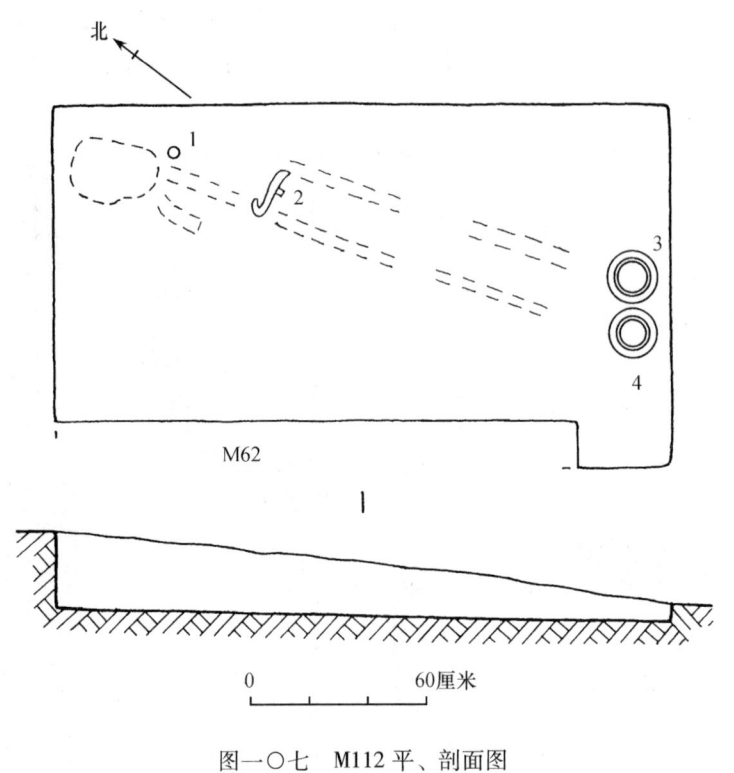

图一〇七　M112 平、剖面图
1. 小玉玦　2. 铁带钩　3. 陶矮颈罐　4. 陶束颈罐

随葬品：4 件。其中小玉玦 1 件放于墓主头下左侧；铁带钩 1 件置于墓主腰部；矮颈罐和束颈罐 2 件陶器放置墓主脚下。

小玉玦　1 件。M112:1，玉质白色泛绿，扁平圆环状内外皆有缺口；素面。外径 2.4、内径 1、厚 0.2～0.3 厘米（图一〇八，3；图版二六，5）。

铁带钩　1 件。M112:2，铁质锈蚀严重而形制模糊，钩头较短如鸟首，钩尾长椭圆形如螳螂之腹，钩柱已残，钩钮已缺；未见纹饰。通长 13.4 厘米（图一〇八，2）。

矮颈罐　1 件。M112:3，泥质灰陶，直口，窄沿内斜，尖圆唇，矮直颈，凹肩，扁弧腹较深，圜平底；上腹两周深凹弦纹，下腹饰稀疏斜绳纹。口径 13.4、底径 7.2、高 12 厘米（图一〇八，4；图版一〇，4）。

束颈罐　1 件，M112:4，泥质褐陶，直口，平沿，方唇，矮弧颈，鼓肩，弧腹较深，凹平底；肩上有三处刻划符号，上腹饰竖绳纹，下腹至底饰斜绳纹。口径 12.7、底径 6.8、高 14.9（图一〇八，1、5、6、7；图版一三，3）。

年代推断：据附表一，M112:2 为 I 式带钩，M112:3 为 BaI 式罐，M112:4 为 CbI 式罐，推测 M112 为春秋晚期墓。

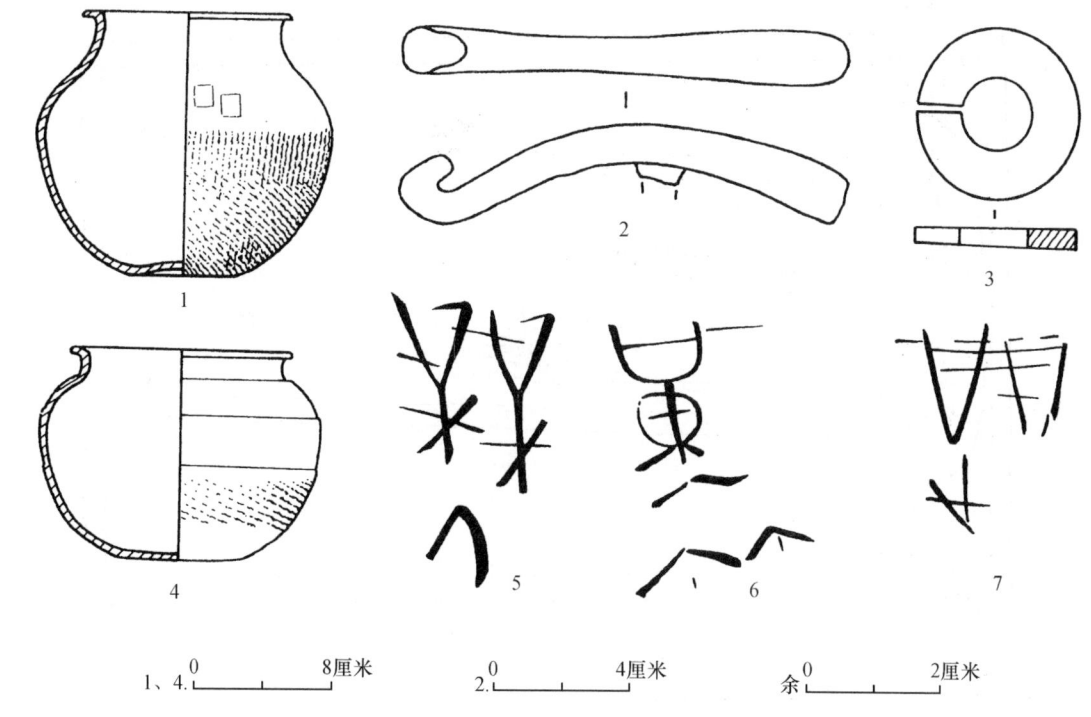

图一〇八　M112 出土器物

1. 陶束颈罐（M112:4）　2. 铁带钩（M112:2）　3. 小玉玦（M112:1）　4. 陶矮颈罐（M112:3）　5~7. 陶束颈罐肩部刻划文字（M112:4）

54. M116

位置：在 T384 西南部。

层位关系：开口②层下，打破生土。

形制结构：属长方形土坑竖穴墓。墓坑口长 290、宽 170、底长 278、宽 150、深 120 厘米。

葬具、人骨与葬式：葬具有一棺一椁痕迹；或者一棺无椁，但此棺在墓主头上棺外另有头箱，呈扁圆形，此棺宽，又在墓主脚下棺外有脚箱，与棺等宽。墓主人骨保存完好，为单人仰身直肢葬，头西北脚东南，方向 252°（图一〇九）。

随葬品：3 件。其中铜剑 1 件，放于棺内墓主右手旁。另有 2 件陶器，为直口罐和陶盂，并列放置棺外脚箱内。

另：在头箱上方填土的中部出土 1 件铁斧。

铜剑　1 件。M116:1，铜质有绿锈斑，剑首及后茎已剥落有缺口，为"长腊斜宽从狭前锷薄格式"铜剑，剑茎前部为实心扁茎，后部为圆茎中空，圆首中空，内填琉璃，无箍。通长 62、格宽 5.2、腊厚 1 厘米（图一一二，9；图版二三，1）。

直口罐　1 件。M116:2，泥质灰陶，直口外弧，方平唇无沿，高弧颈，弧肩外鼓，深腹斜内收，平底；素面。口径 12.2、底径 11.8、高 20.7 厘米（图一一二，1；图版一三，5）。

陶盂　1 件。M116:3，泥质褐陶，侈口，束颈，卷沿，方唇，弧肩，扁腹，平底微凹；肩、腹间饰一周凹弦纹。口径 16.7、底径 10、高 11.2 厘米（图一一二，8；图版一七，2）。

铁斧　1 件。M116:04，铁质严重锈蚀呈褐黄色，上厚下薄呈长方形，半空体，刃部已锈似弧刃，銎口似椭圆形，中空；无纹饰。长 12.4、宽 5.8、上厚 3 厘米（图一一二，7；图版二七，3）。

年代推断：据附表一，M116:1 为 AaⅠ式剑，M116:2 为 DⅢ式罐，M116:3 为 BⅠ式盂，推测 M116 为春秋晚期墓。

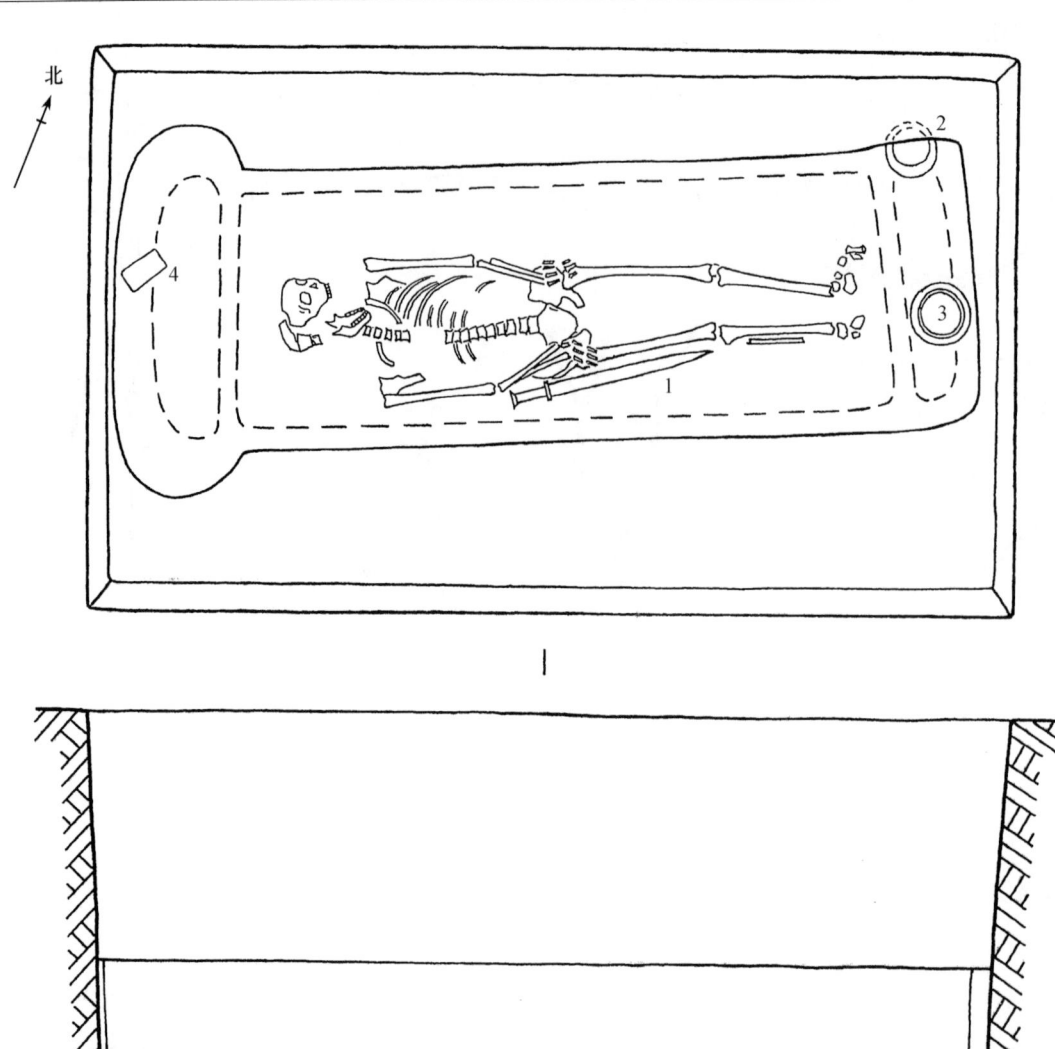

图一〇九　M116 平、剖面图
1. 铜剑　2. 陶直口罐　3. 陶盂　4. 铁斧（填土中）

据附录三，M116 出土人骨的 ^{14}C 年代为 BP2340±35，与附表一推测的相对年代，基本相符。

55. M118

位置：在 T249 西部。

层位关系：开口②层下，打破生土；被砖 M9 扰坑打破，打破 M126。

形制结构：属长方形土坑竖穴墓。墓坑残长 120、宽 100、深 40 厘米。

葬具、人骨与葬式：葬具不明。人骨保存较好，但下部已被扰坑破坏，葬式为单人仰身直肢，头西北脚东南，方向 326°（图一一〇）。

随葬品：陶器 2 件。其中陶盒 1 件，放于墓主头部左上角；高领罐 1 件在墓主头上近墓底的填土中。

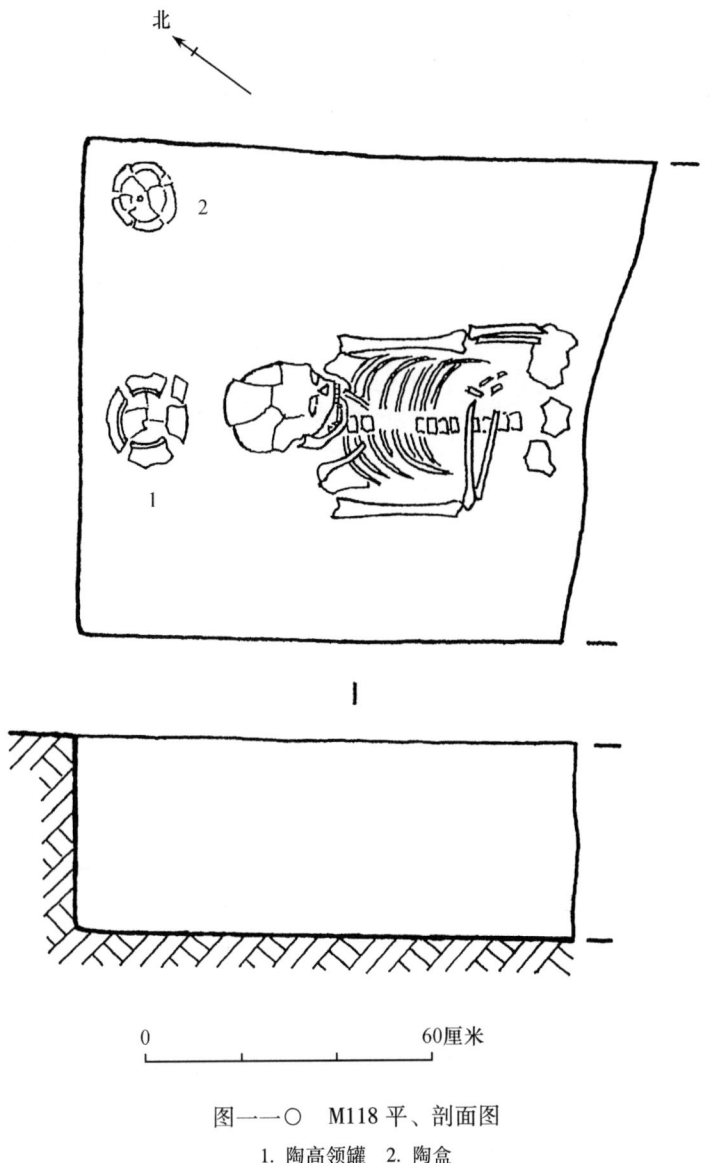

图一一〇　M118 平、剖面图
1. 陶高领罐　2. 陶盒

高领罐　1件。M118:1，泥质灰胎黑皮陶，喇叭口，尖圆唇，高弧颈，凹弧肩外鼓，深腹内收近直，平底微凹；颈部、肩部各饰两周凹弦纹。口径13.4、底径11、高20.1厘米（图一一二，2；图版一〇，1）。

陶盒　1件。M118:2，由上部器盖和下部陶豆合成，都是泥质灰胎黑陶，器盖小圈足钮，盖口直稍外敞，豆直口，矮直颈，弧肩，弧腹，小平底；皆素面。通高11.6、盖口径12.6、豆口径9.6、底径4.8厘米（图一一二，4；图版二〇，2）。

年代推断：据附表一，M118:1 为 AaⅥ式罐，M118:2 为 A 型盒，推测 M118 为战国晚期墓。

据附录三，M118 出土人骨测出的 ^{14}C 年代为 2225±35BP，树轮校正的年代为公元前390年。与附表一推测的 M118 为战国晚期墓相比，测出年代偏早。

由于 M118 出土的 A 型盒只能属战国晚期，所以 M118 仍推断为战国晚期墓。

56. M119

位置：在 T249 南部。

层位关系：开口②层下，打破生土。

形制结构：属墓主脚下又有生土二层台的长方形土坑竖穴墓。墓坑口长 326、宽 138、墓底长 278、宽 126、深 95 厘米。但又有高出墓底 14、长 38 厘米的生土二层台，墓底和二层台皆宽 95 厘米（图一一一）。

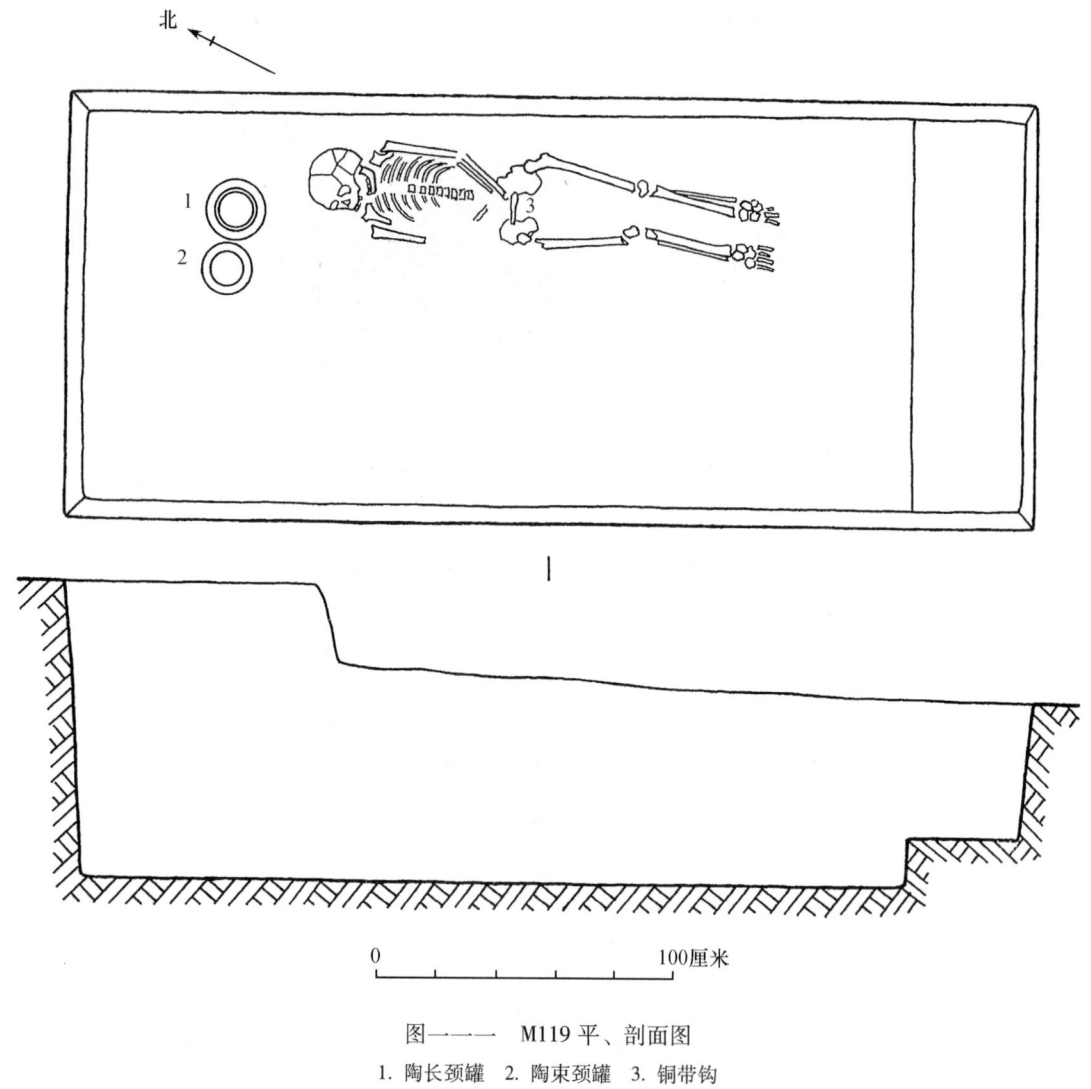

图一一一　M119 平、剖面图
1. 陶长颈罐　2. 陶束颈罐　3. 铜带钩

葬具、人骨与葬式：葬具不明。人骨保存完整，为单人仰身直肢葬，头北脚南，方向 336°。

随葬品：3 件。其中铜带钩 1 件，出土墓主腰部；2 件陶器放置墓主头部上方，分别为长颈罐和束颈罐。

铜带钩　1 件。M119:3，铜质褐黑色略带绿锈斑，钩头如鸭嘴形，钩尾椭圆形如鸭胸，钩柱和钩钮，如钉头，钩钮面径小于钩尾；除钩头两侧都有凹孔如鸭眼外，没有其他纹饰。通长 6.1、通高 1.8 厘米（图一一二，6；彩版五，17；图版二五，3）。

长颈罐　1 件。M119:1，泥质黑褐陶，直口稍外斜，窄平沿，方唇内斜，高直颈，弧肩外鼓，深弧腹内收，平底；颈绘三周黑色锯齿状波浪纹，肩上、下各饰一周凹弦纹，弦纹之间刻划斜方格纹。口径 12.3、底径 10、高 20.1 厘米（图一一二，3；图版一四，5）。

束颈罐　1 件。M119:2，泥质红胎黑陶，侈口，束颈，小卷沿，尖圆唇，斜弧肩外鼓，斜弧腹内收，平底；素面。口径 11.2、底径 8.8、高 10.3 厘米（图一一二，5；图版一二，4）。

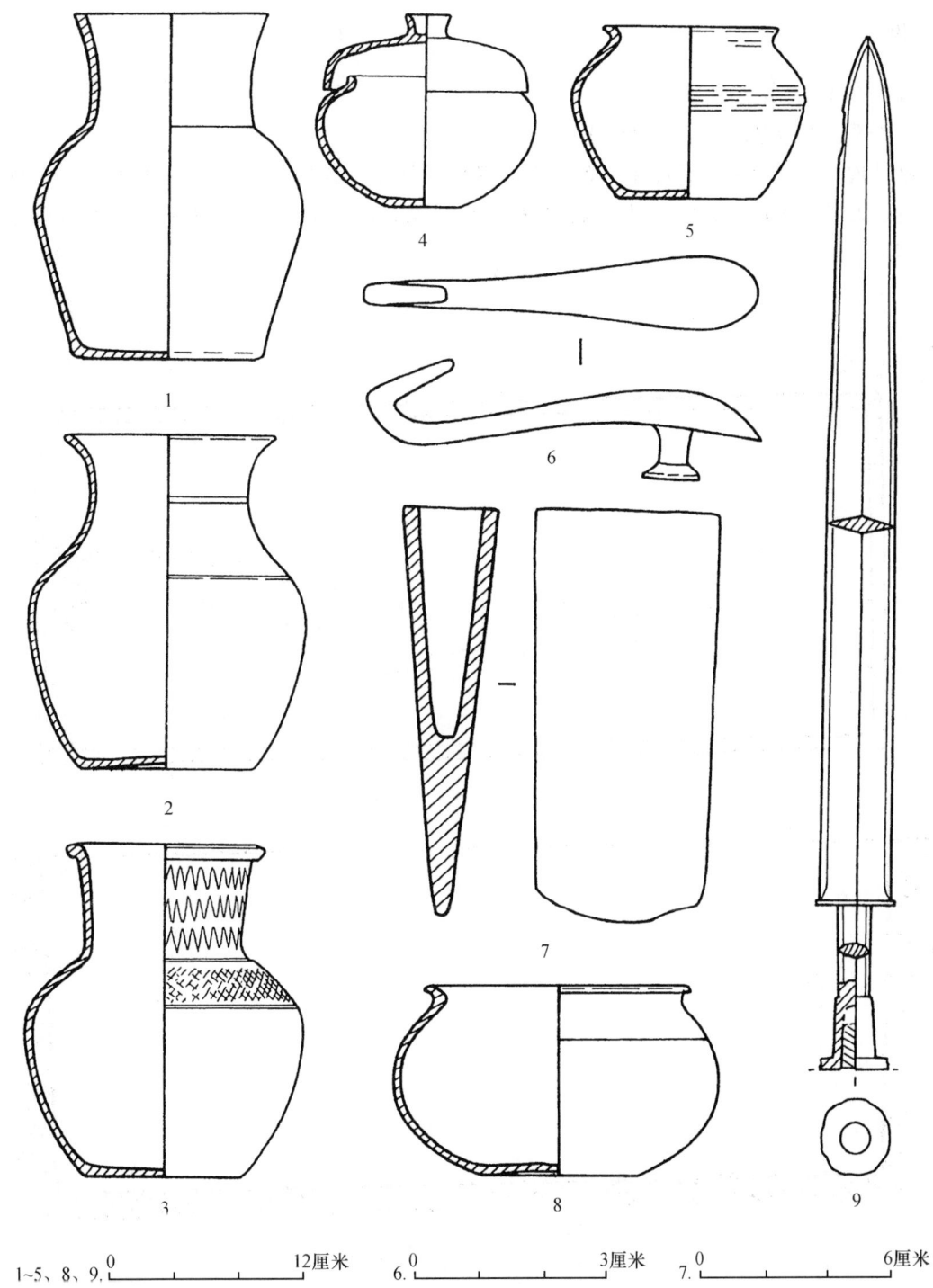

图一一二　M116、M118、M119 出土器物

1. 陶直口罐（M116:2）　2. 陶高领罐（M118:1）　3. 陶长颈罐（M119:1）　4. 陶盒（M118:2）　5. 陶束颈罐（M119:2）　6. 铜带钩（M119:3）　7. 铁斧（M116:04）　8. 陶盂（M116:3）　9. 铜剑（M116:1）

年代推断：据附表一，M119:1 为 EⅣ 式罐，M119:2 为 CaⅣ 式罐，M119:3 为 Ⅱ 式带钩，推测 M119 为战国中期墓。

57. M120

位置：在 T207 东南部。

层位关系：开口②层下，打破生土；打破 M122。

形制结构：长方形土坑竖穴墓。墓坑口长 270、宽 110、墓坑底长 246、宽 102、深 96 厘米。

葬具、人骨与葬式：葬具不明。人骨多朽不全，原葬式应是单人仰身直肢葬，头西脚东，方向 320°（图一一三）。

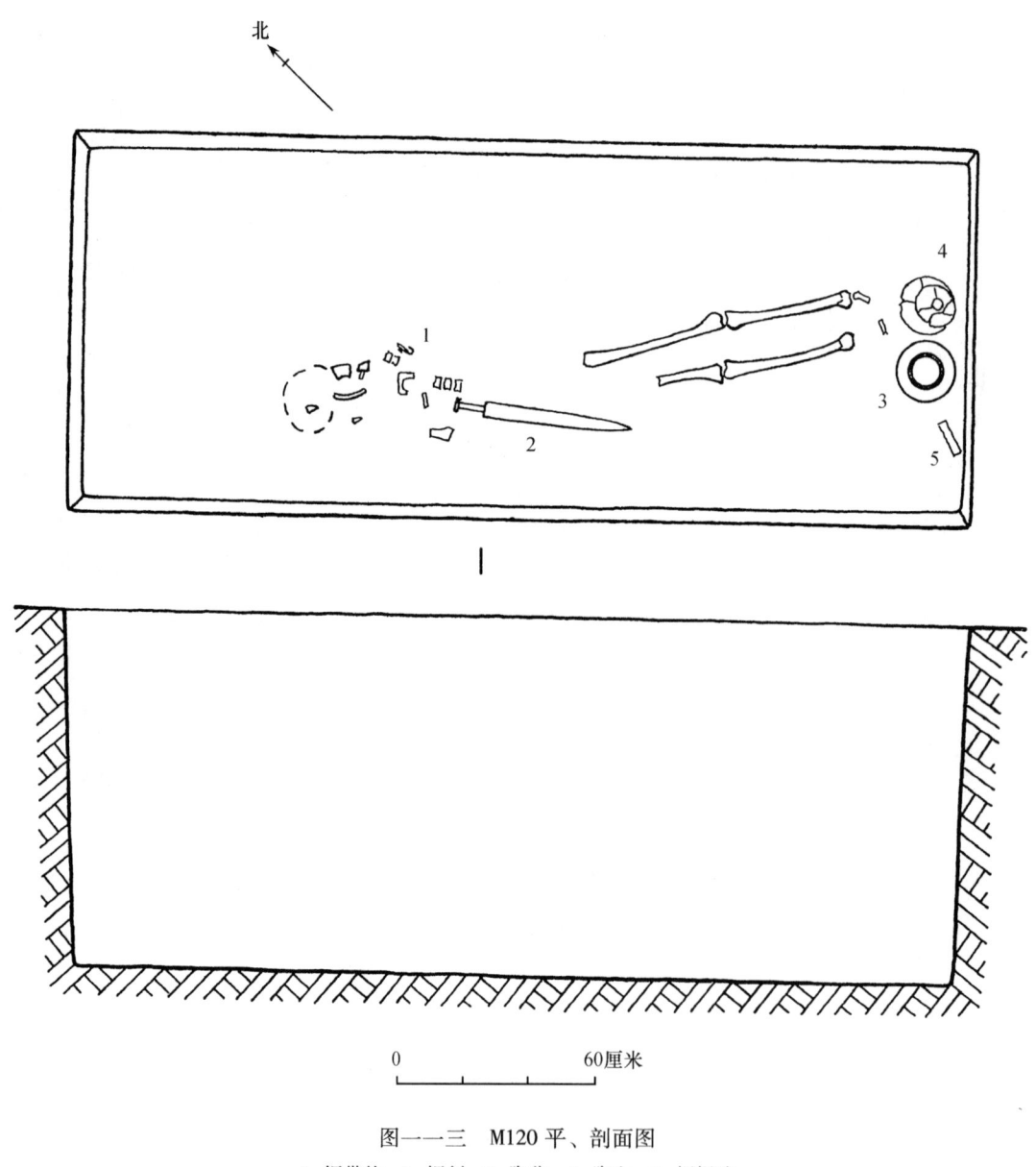

图一一三　M120 平、剖面图
1. 铜带钩　2. 铜剑　3. 陶瓮　4. 陶盒　5. 铜锯片

随葬品：5 件。其中，铜带钩 1 件出土于墓主腰部；铜剑 1 件，放于墓主右手旁；铜锯片和陶盒、陶瓮各 1 件，都放置墓主脚下。

铜带钩　1 件。M120:1，铜质有绿锈斑，出土时钩身以断为两截已粘接。钩头如鸭嘴，静粗嘴稍细，钩尾扁弧椭圆形，立放如鸭胸，钩柱偏近钩尾，钩钮扁圆形，钮圆径小于钩尾；素面。通长 4.7、通高 1.8 厘米（图一一六，5；彩版五，15；图版二五，6）。

铜剑　1件。M120:2，铜质银白色带绿色锈斑，但剑中脊与两从颜色不同，应是由两种比例不同的铜锡合金合铸而成。此剑前锋尖削，腊长而两从保持平行，厚格呈倒凹字形，圆茎实心，茎上有两周箍痕，但箍已脱落无存，圆首内凹；素面。通长54.7、格宽4.9、首径3.9厘米（图一一六，8；图版二三，5）。

铜锯片　1件。M120:5，铜质有灰绿色锈斑，扁薄长方形，但一端已残，另端顶角已残，残角旁有一小圆孔，顶部平整，刃部为凹凸三角形，顶部与刃部等厚；素面。残长11.3、宽2.6、厚0.05厘米（图一一六，7；图版二六，3）。

陶瓮　1件。M120:3，泥质灰陶，直口，卷沿近平，小方唇内斜，小矮颈，广弧肩外鼓，弧腹斜内收，平底；肩上两周凹弦纹。口径11.2、底径8.4、高13.7厘米（图一一六，3；图版二〇，6）。

陶盒　1件。M120:4，泥质红胎黑陶，盒由器盖和陶壘两种器物合成，器盖小圈足钮，盖口近直稍敞，覆盖于壘口上，陶壘直口，方唇，矮颈，凹弧肩外鼓，扁弧腹内收，平底；素面。通高12.4、盖口径12.4、壘口径11、底径7.2厘米（图一一六，6；图版二〇，1）。

年代推断：据附表一，M120:1为Ⅱ式带钩，M120:2为AbⅠ式铜剑，M120:3为Ⅲ式瓮，M120:4为A型盒，推测M120为战国晚期墓。

58. M122

位置：在T207至T206北隔梁内。

层位关系：开口②层下，打破生土；被M120打破。

形制结构：长方形土坑竖穴墓。墓口长246、残宽100、墓底长237、残宽94、深102厘米（图一一四）。

葬具、人骨与葬式：未见葬具和人骨，葬式不明。

随葬品：仅在填土上部出土1件束颈罐。

束颈罐　1件。M122:01，泥质灰陶，侈口，束颈，小卷沿，方唇，斜弧肩外鼓，扁腹内弧，平底；肩饰稀疏斜绳纹。口径13.7、底径10.2、高10.3厘米（图一一六，1；图版一三，2）。

年代推断：据附表一，M122:01为CaⅤ式罐，推测M122也是战国晚期墓，但相对早于M120。

59. M125

位置：在T389北部。与M121并列。

层位关系：开口②层下，打破生土。

形制结构：头上部有生土二层台的长方形土坑竖穴墓。墓坑口残长190、宽72、墓底残长184、宽64、深70厘米；但在墓主头上又有一高出墓底36、长60厘米的生土二层台。

葬具、人骨与葬式：葬具不明。人骨保存一般，葬式为单人仰身直肢葬，头北脚南，方向2°。只是墓坑南部和墓主下肢已被断坎破坏（图一一五）。

随葬品：陶器2件，分别为长颈罐和陶盂，放置二层台上。

陶盂　1件。M125:1，泥质红褐陶，侈口，束颈，小平沿，尖圆唇，鼓弧肩，扁腹内收，平底；肩部饰一周凹弦纹。口径11.2、底径7、高8.2厘米（图一一六，4；图版一八，6）。

长颈罐　1件。M125:2，泥质黑陶，喇叭口，小平沿，尖圆唇，高弧颈，鼓弧肩，深腹弧内收，平底；肩饰两周凹弦纹。口径11.9、底径6.4、高15.2厘米（图一一六，2；图版一五，2）。

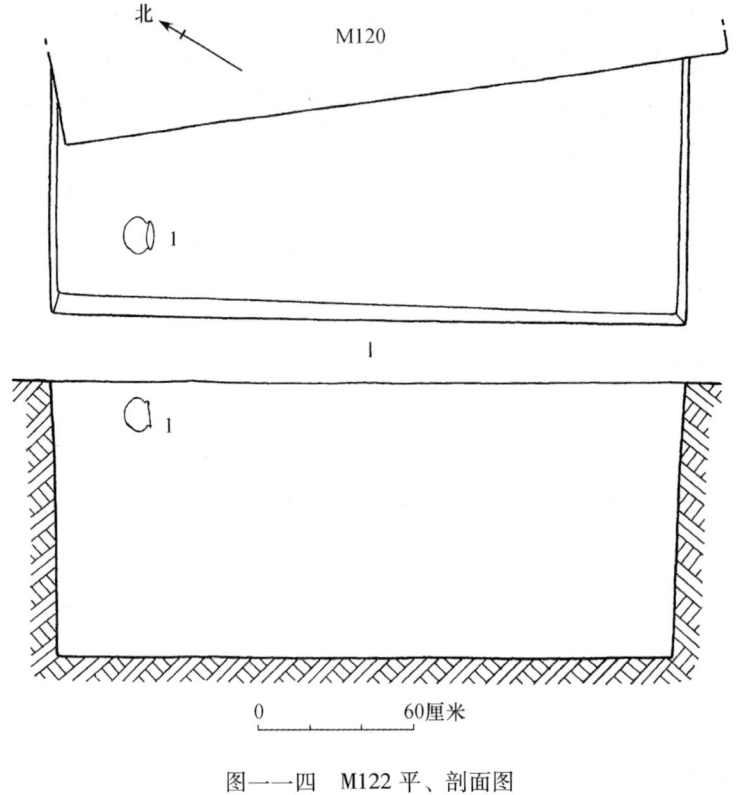

图一一四　M122 平、剖面图
1. 陶束颈罐（填土中）

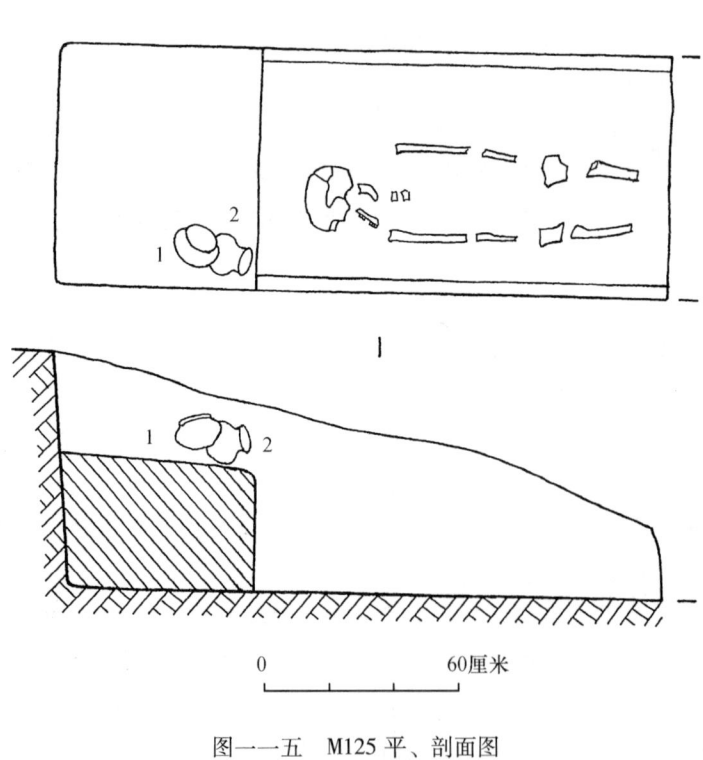

图一一五　M125 平、剖面图
1. 陶盂　2. 陶长颈罐

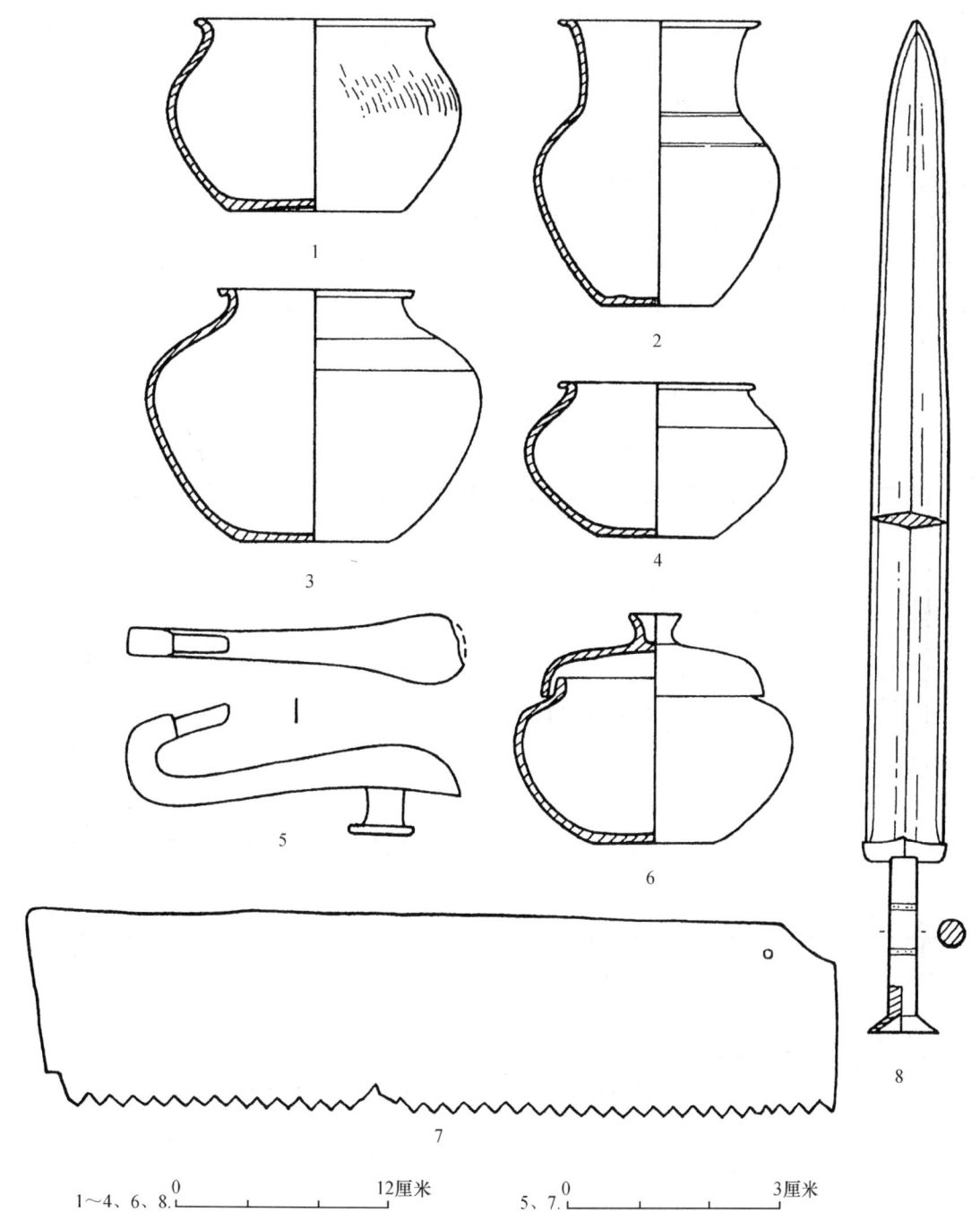

图一一六 M120、M122、M125 出土器物

1. 陶束颈罐（M122:01） 2. 陶长颈罐（M125:2） 3. 陶瓮（M120:3） 4. 陶盂（M125:1） 5. 铜带钩（M120:1）
6. 陶盒（M120:4） 7. 铜锯片（M120:5） 8. 铜剑（M120:2）

年代推断：据附表一，M125:1 为 BV 式盂，M125:2 为 EV 式罐，推测 M125 为战国晚期墓。

60. M126

位置：在 T249 西部。

层位关系：开口②层下，打破生土；西南角被 M118 打破。

形制结构：属长方形土坑竖穴墓。墓坑口长 266、宽 110、墓底长 258、宽 102、深 50 厘米。

葬具、人骨与葬式：葬具不明。人骨保存不全，为单人仰身直肢葬，头西脚东，方向314°（图一一七）。

随葬品：3件。其中，束颈罐1件，放于墓主头部上方；铜带钩1件放置墓主腰部；铜剑1件在墓主右手旁。

束颈罐 1件。M126：1，泥质灰胎黑陶，侈口，束颈，小卷沿，尖圆唇，鼓弧肩，扁腹较深，弧内收成平底；素面。口径15、底径9、高11.1厘米（图一二〇，1；图版一二，2）。

铜带钩 1件。M126：2，铜质有绿锈斑，钩头如鸭嘴形，钩身至钩尾如一节凹腰竹节，钩柱偏近钩尾，钮面圆饼状，钮面径小于钩身；钩身两周凹弦纹。通长6、通高1.75厘米（图一二〇，4；彩版五，12；图版二五，2）。

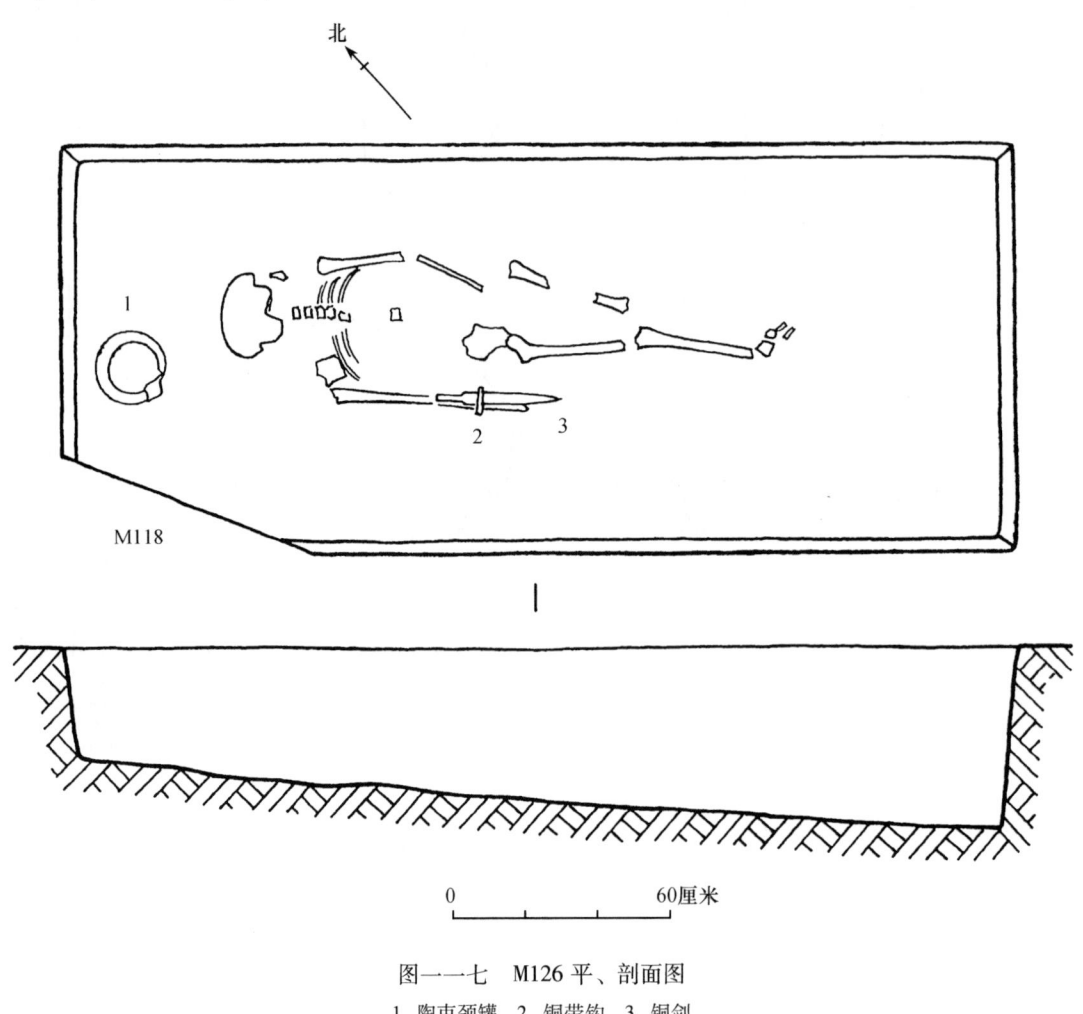

图一一七　M126平、剖面图
1. 陶束颈罐　2. 铜带钩　3. 铜剑

铜剑 1件。M126：3，铜质有红、绿锈斑，属"长腊突脊凹从柳叶剑"，两锷前锋尖而狭，扁茎，本部一侧和扁茎末端各有一个小穿孔；素面。通长34.6、宽3.8、厚0.7厘米（图一二〇，5；图版二四，5）。

年代推断：据附表一，M126：1为CaⅣ式罐，M126：2为Ⅰ式带钩，M126：3为BcⅡ式剑，推测M126为战国中期墓。

据附录三，M126出土人骨测出的^{14}C年代为2270±35BP，树轮校正后的年代为公元前400年。与据附表一推断的M126为战国中期墓，基本相符。

61. M127

位置：在 T251 东部。

层位关系：开口②层下，打破生土。

形制结构：墓主左右两侧皆有低矮生土二层台的长方形土坑竖穴墓。墓坑口长 276、宽 140、墓底长 266、宽 120 厘米，但墓主左、右两侧各有宽 20、高于墓底 5 厘米的生土二层台，坑底距墓口 76 厘米。

葬具、人骨与葬式：葬具不明。人骨保存已不全，葬试为单人仰身直肢葬，头南脚北，方向 218°（图一一八）。

随葬品：3 件。其中铜剑 1 件在墓主右手旁，陶盂和陶釜 2 件陶器放置墓主脚下，这 3 件随葬品和墓主一起都葬于底坑中。

铜剑　1 件。M127:1，铜质有墨绿色锈斑，为柳叶形扁茎长铜剑，前锋尖锐，两从由前而后渐宽，中脊凸起而两从微凹，本部近中脊一侧和扁茎末端各有一个小穿孔；素面。通长 35.9、宽 3.5、厚 0.7 厘米（图一二〇，6；图版二四，7）。

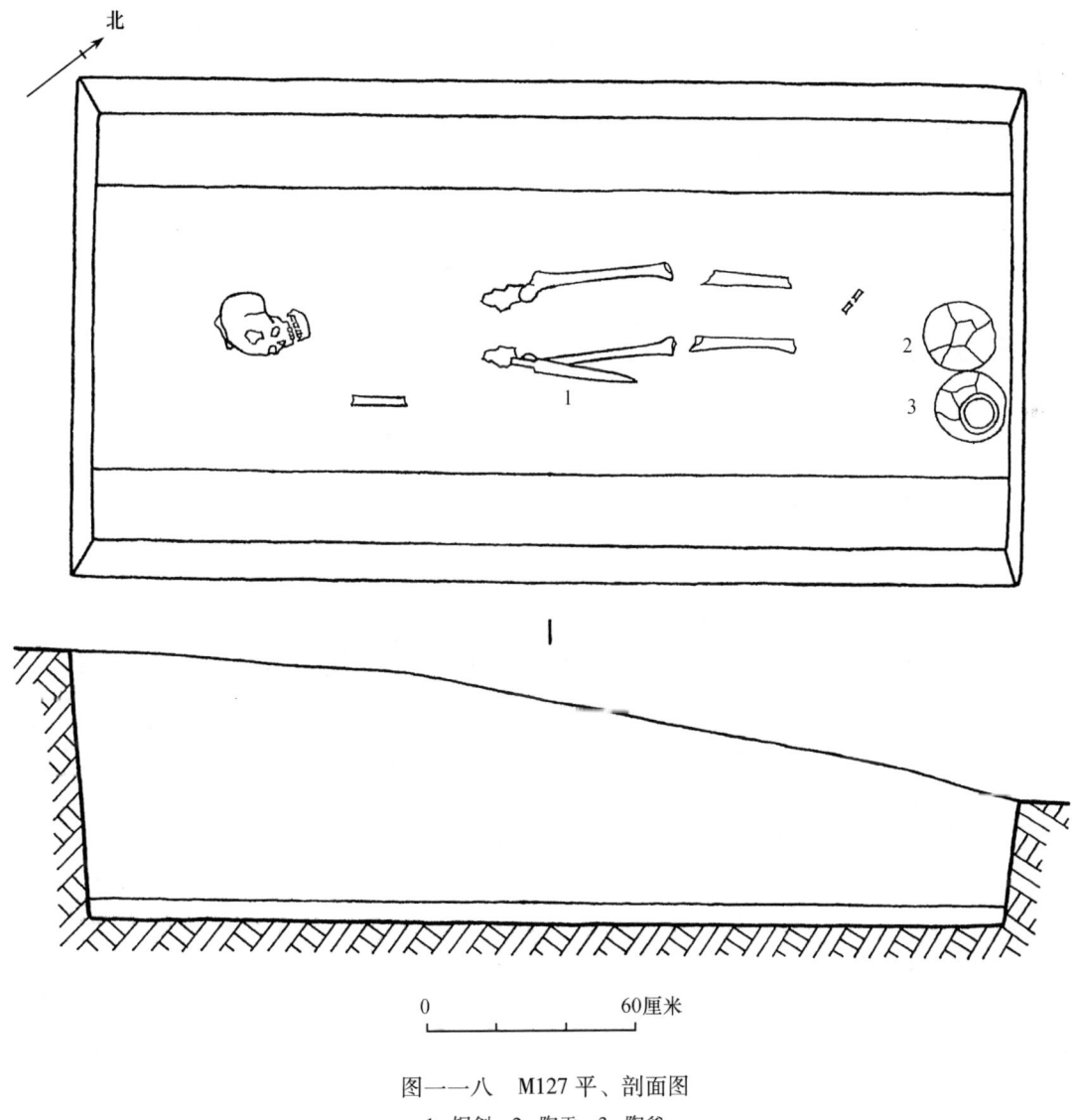

图一一八　M127 平、剖面图
1. 铜剑　2. 陶盂　3. 陶釜

陶盂　1件。M127:2，泥质红胎黑陶，大直口，小平沿，斜方唇外凸，唇面中间一周凹槽，粗矮直颈，圆折腹斜内收，平底；素面。口径 19.8、底径 9、高 8 厘米（图一二〇，3；图版一六，2）。

陶釜　1件。M127:3，泥质黑陶，喇叭口，尖圆唇，高弧颈，凹平肩，扁腹下部外鼓，圜底；腹至底饰竖绳纹。口径 11.4、腹径 19、高 16.9 厘米（图一二〇，2；图版二一，2）。

年代推断：据附表一，M127:1 为 BcⅡ式剑，M127:2 为 AⅤ式盂，M127:3 为 Ⅱ式釜，推测 M127 是战国晚期墓。

62. M130

位置：在 T398 西部。

层位关系：开口②层下，打破生土；大部已被砖 M9 打破。

形制结构：应为长方形土坑竖穴墓。墓坑长 230、残宽 60、深仅存 25 厘米。

葬具、人骨与葬式：葬具不明。人骨仅剩三根肢骨，原葬式似为单人仰身直肢葬，头北脚南，方向 341°（图一一九）。

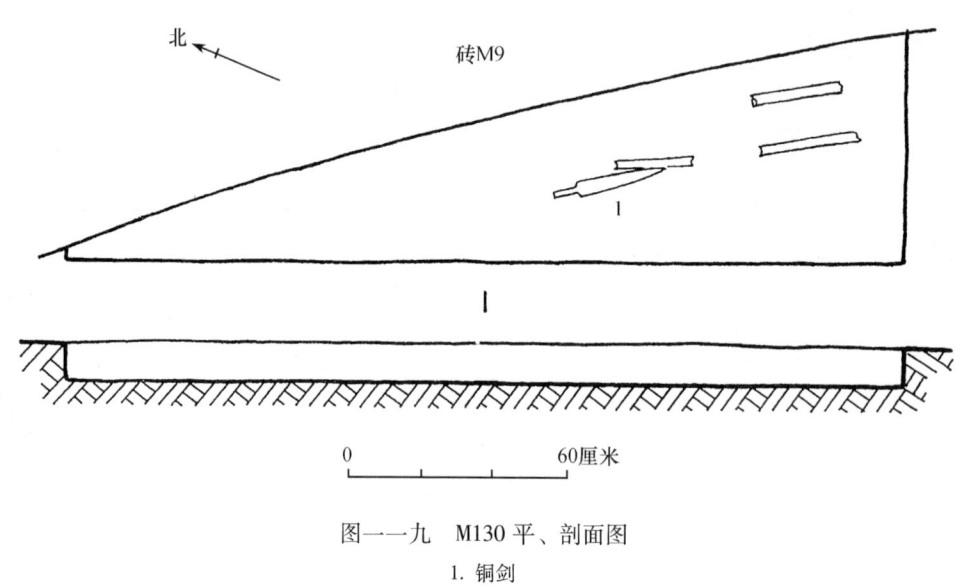

图一一九　M130 平、剖面图
1. 铜剑

随葬品：仅剩 1 件铜剑，放置墓主右手旁。

铜剑　1件。M130:1，铜质绿色夹铁红色锈斑，柳叶形扁茎长剑，本部一侧和扁茎末端各有一个小穿孔；腊下方本部之上两面都有阴刻不同花纹；正面为巴掌纹、花果纹和云纹组成的一组图案，另一面自上而下为虎纹、船纹和水波纹。通长 36、宽 3.3、厚 0.9 厘米（图一二〇，7；图一二一；彩版五，5；图版二四，8）。

年代推断：据附表一，M130:1 为 BcⅡ剑，推测 M130 为战国晚期墓。

63. M133

位置：在 T398 西部。

层位关系：开口②层下，打破生土；被 M132 和 M134 打破。

形制结构：属长方形土坑竖穴墓。墓坑口残长 290、残宽 160、墓底残长 278、残宽 154、深 85 厘米。

第五章　周代时期的遗存　　151

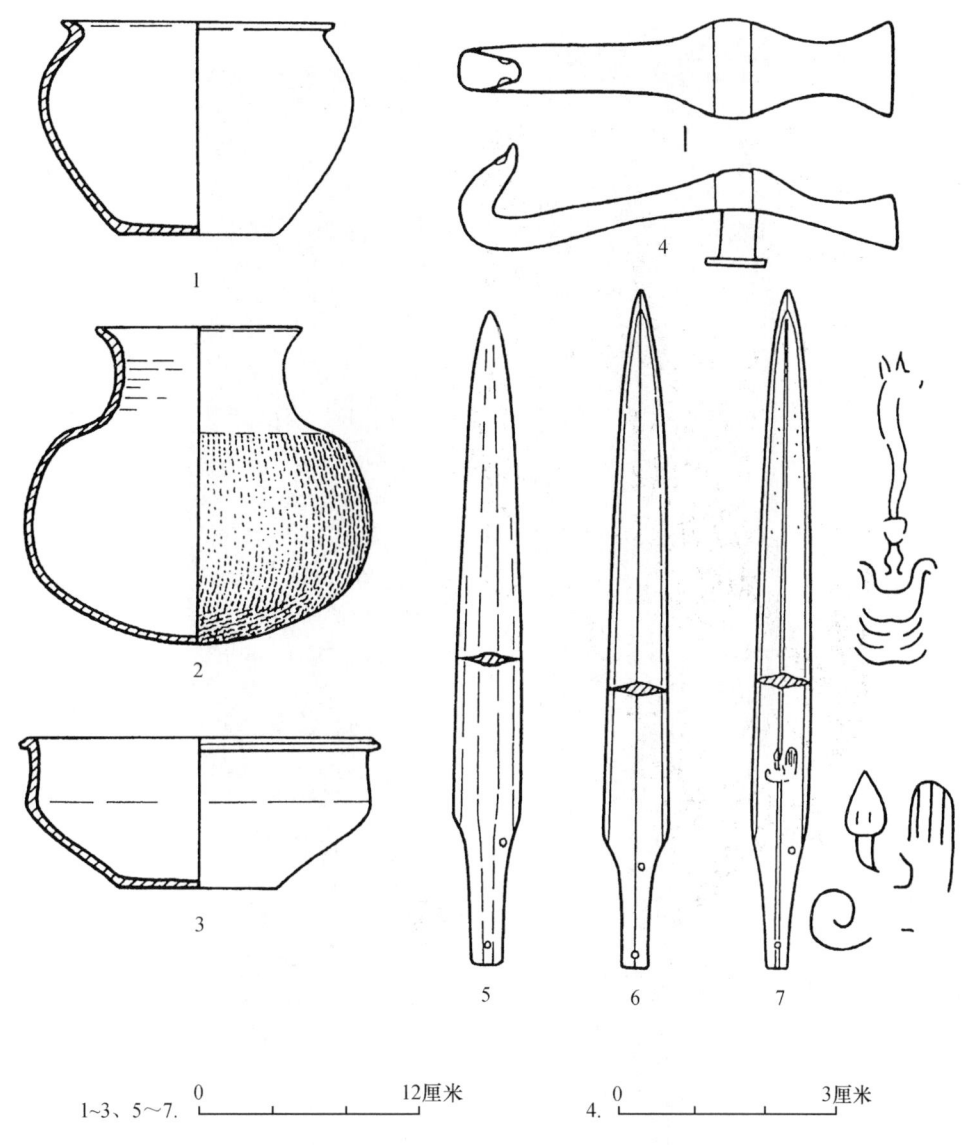

图一二〇　M126、M127、M130 出土器物
1. 陶束颈罐（M126:1）　2. 陶釜（M127:3）　3. 陶盂（M127:2）　4. 铜带钩（M126:2）　5~7. 铜剑（M126:3、M127:1、M130:1）

葬具、人骨与葬式：葬具不明。人骨保存一般，葬式为单人仰身直肢葬，头北脚南，方向330°（图一二二）。

随葬品：有铜带钩、铜镞、铁斧、铁凿、铁刻刀和长颈罐六种器物，共9件。除铜带钩出土于墓主腰部外，其余随葬品都放置墓主右侧。

铜带钩　1件。M133:1，铜质青绿色，铜头如小鸭首，两侧有凹孔如鸭眼，钩身极短小，钩尾扁圆形如鸭胸，钩栓在钩尾一端，钮面圆形大于钩尾；钮面阴刻螺旋纹。通长3.3、通高1.4厘米（图一二三，6；彩版五，22；图版二五，7）。

铜镞　3件。M133:2，3件都是脊部有三翼但都无倒刺，但都锈残；其中1件中脊为实心，另2件皆空心脊，此件为保存相对最好的空心脊箭镞。通长5.6厘米（图一二三，3；图版二二，3）。

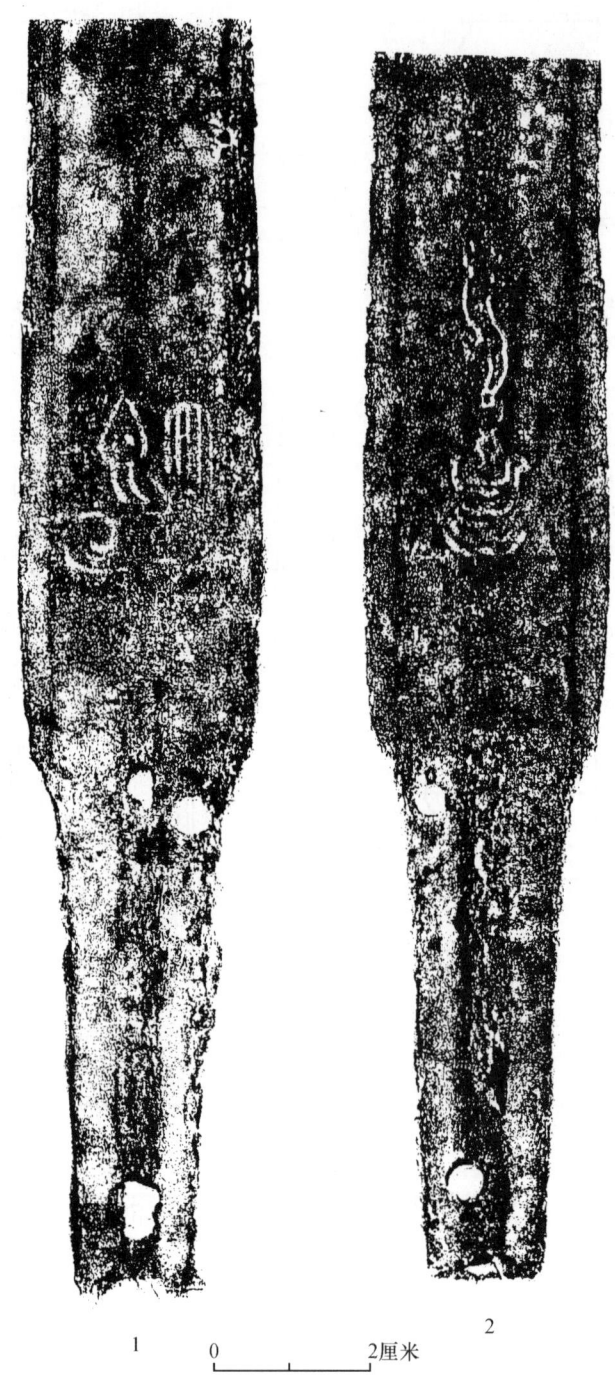

图一二一　M130:1 铜剑纹饰拓片
1. 正面　2. 背面

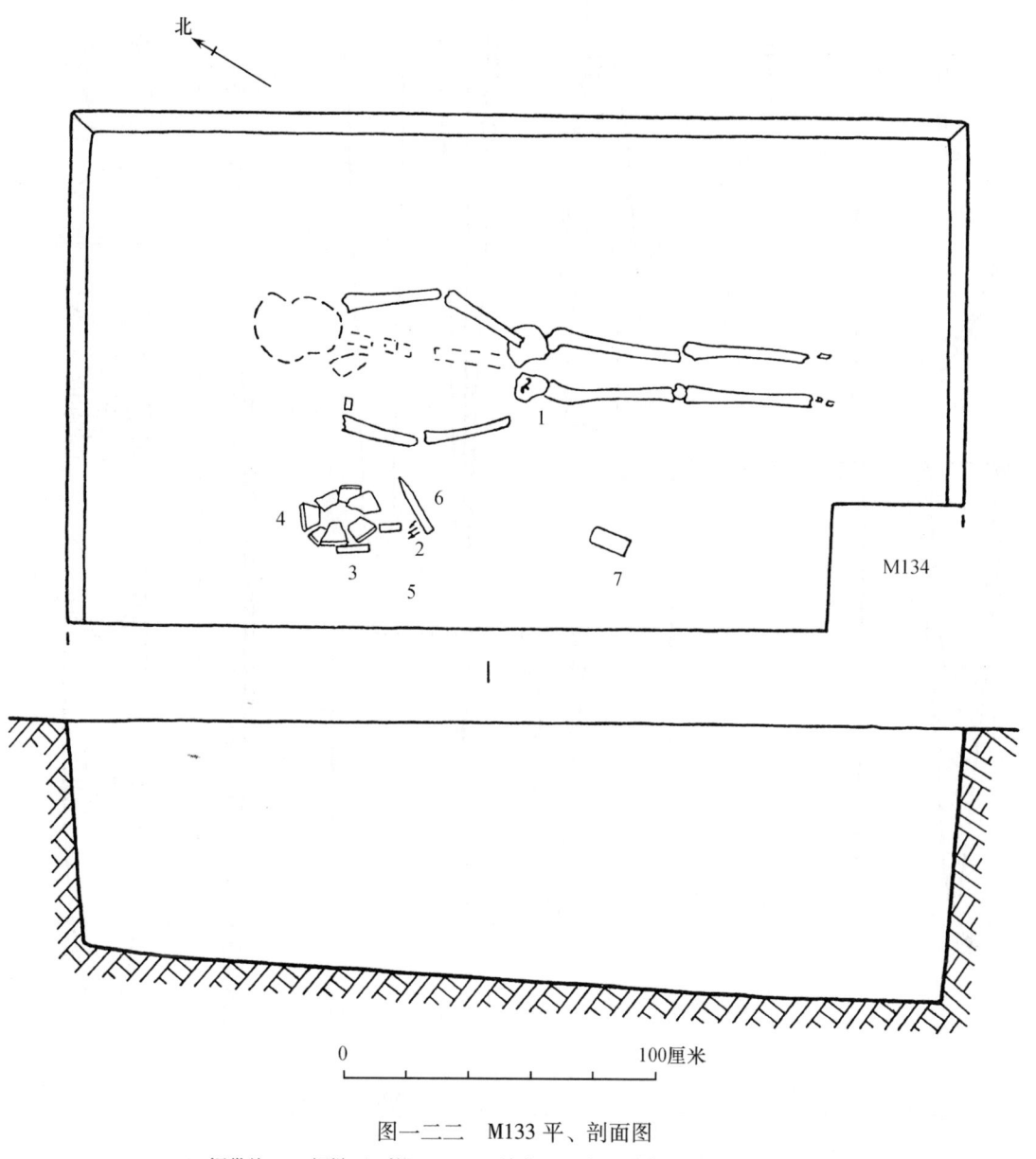

图一二二　M133 平、剖面图
1. 铜带钩　2. 铜镞（3件）　3、7. 铁斧　4. 陶长颈罐　5. 铁凿　6. 铁刻刀

铁斧　2件。M133∶3，铁质已锈，长方形銎呈长方形，平刃略斜，半空状，銎上半部内空，下半部实心。长8.4、宽4、銎厚2厘米（图一二三，5；图版二七，1）。M133∶7，铁质有锈，长方形銎呈长方形，弧刃近平，半空状。长12.6、宽5.6、銎厚2.8厘米（图一二三，2；图版二七，2）。

铁刻刀　1件。M133∶6，铁质已锈残，前锋尖锥形，器身外弧内凹呈长条状，末端已残；器身弧面上有三组绳索痕，应是器身凹面原有木棍的捆绑痕。残长19.1、宽2.4、厚0.3厘米（图一二三，7）。

铁凿　1件。M133∶5，铁质有褐黄色锈斑，锈蚀严重，刃部已残，正方形銎呈细长梯形，器身大部为实心。残长14.8、銎部1.8×1.9厘米（图一二三，4）。

长颈罐　1件。M133∶4，泥质黑陶，直口，窄沿外卷，方唇，高颈近直，鼓弧肩，深腹弧内收，平底；肩部上、下各有一周凹弦纹。口径12、底径10.2、高18.3厘米（图一二三，1；图版一四，6）。

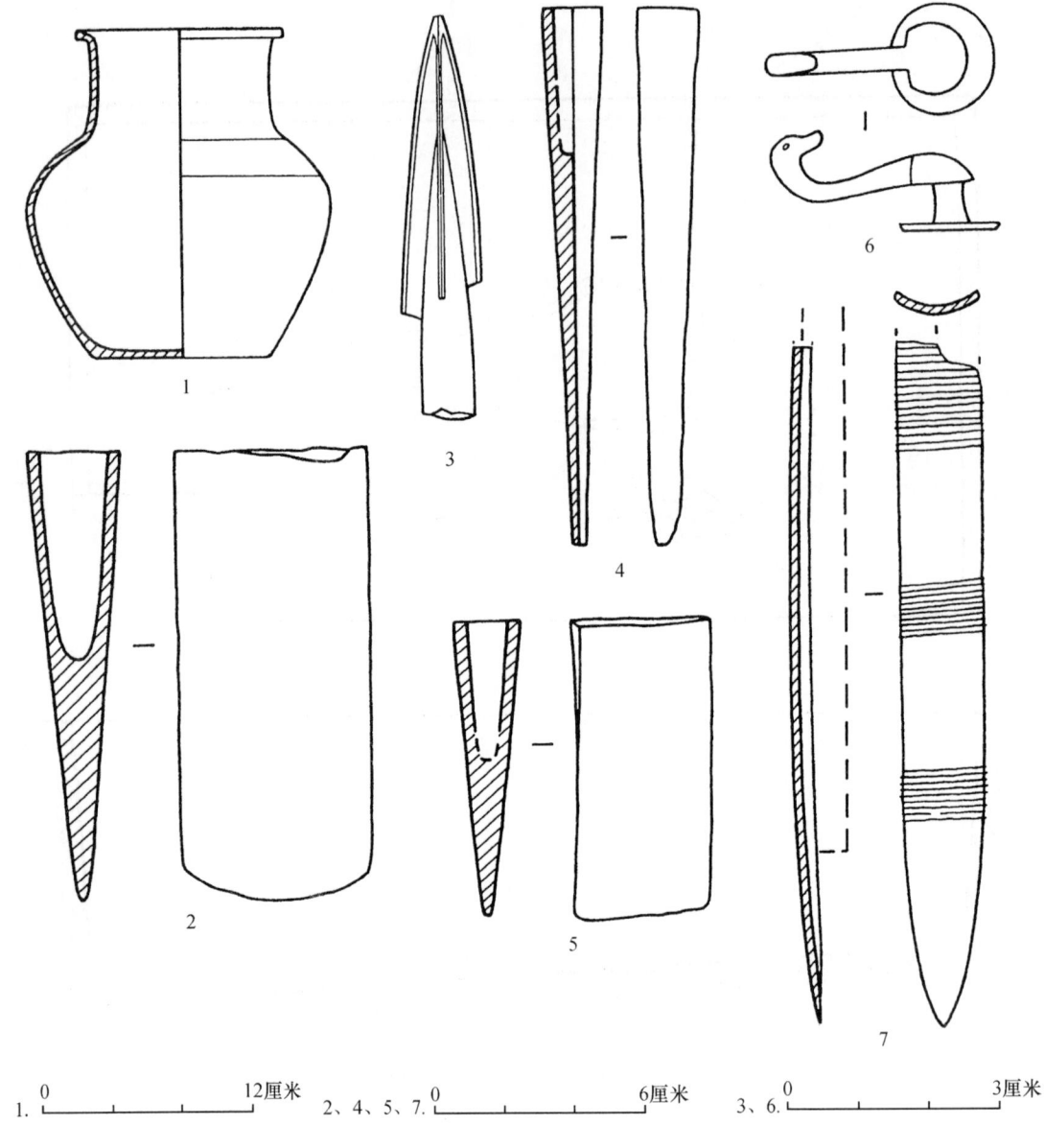

图一二三 M133 出土器物

1. 陶长颈罐（M133:4） 2、5. 铁斧（M133:7、M133:3） 3. 铜镞（M133:2） 4. 铁凿（M133:5） 6. 铜带钩（M133:1） 7. 铁刻刀（M133:6）

年代推断：据附表一，M133:4 为 EⅣ式罐，M133:1 为Ⅲ式带钩，推测 M133 为战国晚期墓。

64. M135

位置：在 T397 北部。

层位关系：开口②层下，打破生土。

形制结构：属长方形土坑竖穴墓。坑口残 180、宽 100、底部残长 175、宽 93、深 25 厘米。

葬具、人骨与葬式：葬具不明。人骨保存一般，葬式为单人仰身直肢葬，头北脚南，方向 348°（图一二四）。

随葬品：4 件。其中，铜剑 1 件放于墓主左手旁；铜带钩出于墓主腰部；陶盂和直口罐 2 件陶器放置墓主头部右侧。

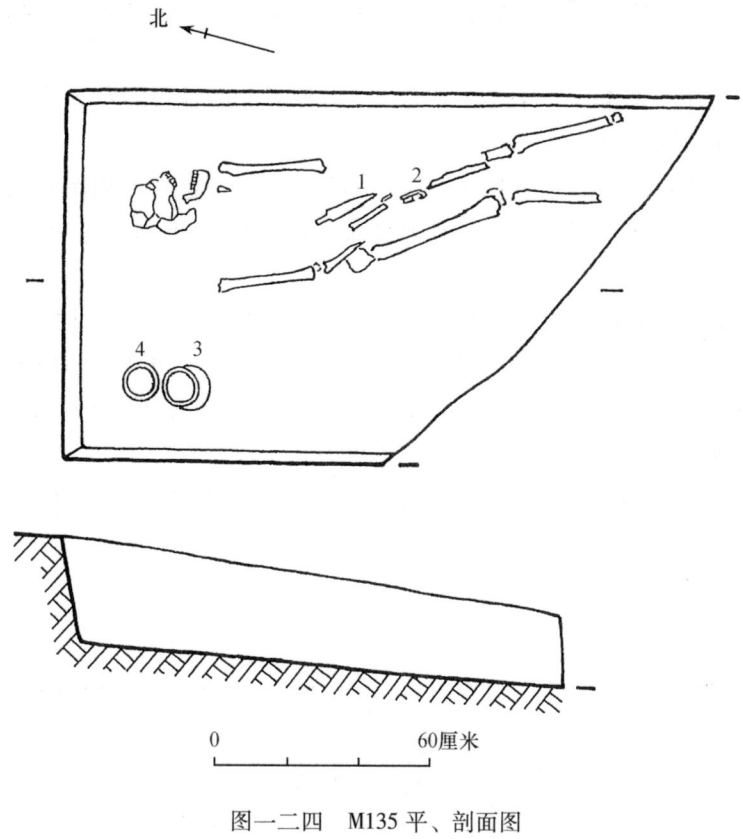

图一二四　M135 平、剖面图
1. 铜剑　2. 铜带钩　3. 陶直口罐　4. 陶盂

铜剑　1件。M135:1，铜质有墨绿色锈斑，为柳叶形扁茎长铜剑，前锋与长腊呈长三角形，横截面呈长菱形，腊与茎之间的本部呈直角，扁茎末端有一穿孔；未见其他纹饰。通长33.4、宽3.7、厚0.8厘米（图一二七，10；彩版五，2；图版二四，3）。

铜带钩　1件。M135:2，铜质有墨绿色锈斑，钩头鸭首形，另侧有凹孔如鸭眼，钩身甚短，钩尾如鸭胸呈椭圆形，钩柱偏于钩尾，钮面扁圆形大于钩尾；素面。通长3、通高2厘米（图一二七，4；彩版五，21；图版二五，8）。

直口罐　1件。M135:3，泥质灰陶，直口微外弧，方唇，高直颈微弧，斜弧肩，深腹上部外鼓，下部内收成平底；颈部两周模糊凹弦纹，颈、肩之间有折棱，上腹和下腹各饰一周深凹弦纹，下腹弦纹下至底有刀削痕。口径12、底径10.8、高20厘米（图一二七，9；图版一三，6）。

陶盂　1件。M135:4，泥质黑陶，侈口，束颈，小平沿，尖圆唇，鼓弧肩，扁腹，凹平底；素面。口径13、底径6.4、高8厘米（图一二七，2；图版一八，4）。

年代推断：据附表一，M135:1为BbⅡ式剑，M135:2为Ⅲ式带钩，M135:3为DⅢ式罐，M135:4为BⅣ式盂，推测M135为战国晚期墓。

65. M136

位置：在T390西南部。

层位关系：开口②层下，打破生土；被M131打破。

形制结构：是墓主头部上方左侧又有长方形小壁龛的长方形土坑竖穴墓。墓坑残长280、坑口宽120、坑底宽114、深50厘米；坑底在墓主头部上方的东壁内，又有一进深10、长38、高14厘米的壁龛。

葬具、人骨与葬式：葬具不明。人骨已朽，大多只存痕迹，葬式为单人仰身直肢葬，头北脚南，方向356°（图一二五）。

随葬品：3件。其中，铜带钩1件在墓主腰部；高领罐上部叠盖陶罍2件陶器，放置墓主头上左侧壁龛内，只局部露在墓坑中。

铜带钩　1件。M136:2，铜质有绿锈斑，钩头鸭首状，钩身甚短，钩尾如五节葫芦竹，钩柱在钩尾下，粗矮，钮面椭圆形小于钩尾；未见其他纹饰。通长4.5、通高2厘米（图一二七，7；彩版五，18；图版二五，4）。

高领罐　1件。M136:1，泥质灰陶，喇叭口，圆唇，高弧颈，弧肩微凹外鼓，深腹较矮弧内收，平底；肩部两周凹弦纹。口径13、底径8.4、高17.8厘米（图一二七，6；图版九，5）。

陶罍　1件。M136:3，泥质红胎黑陶，直口，方圆唇，矮颈，弧肩外鼓，扁腹，小平底；素面。口径9.3、底径5、高7.6厘米（图一二七，1；图版一九，5）。

年代推断：据附表一，M136:1为AaⅤ式罐，M136:2为Ⅱ式带钩，M136:3为Ⅱ式罍，推测M136为战国中期墓。

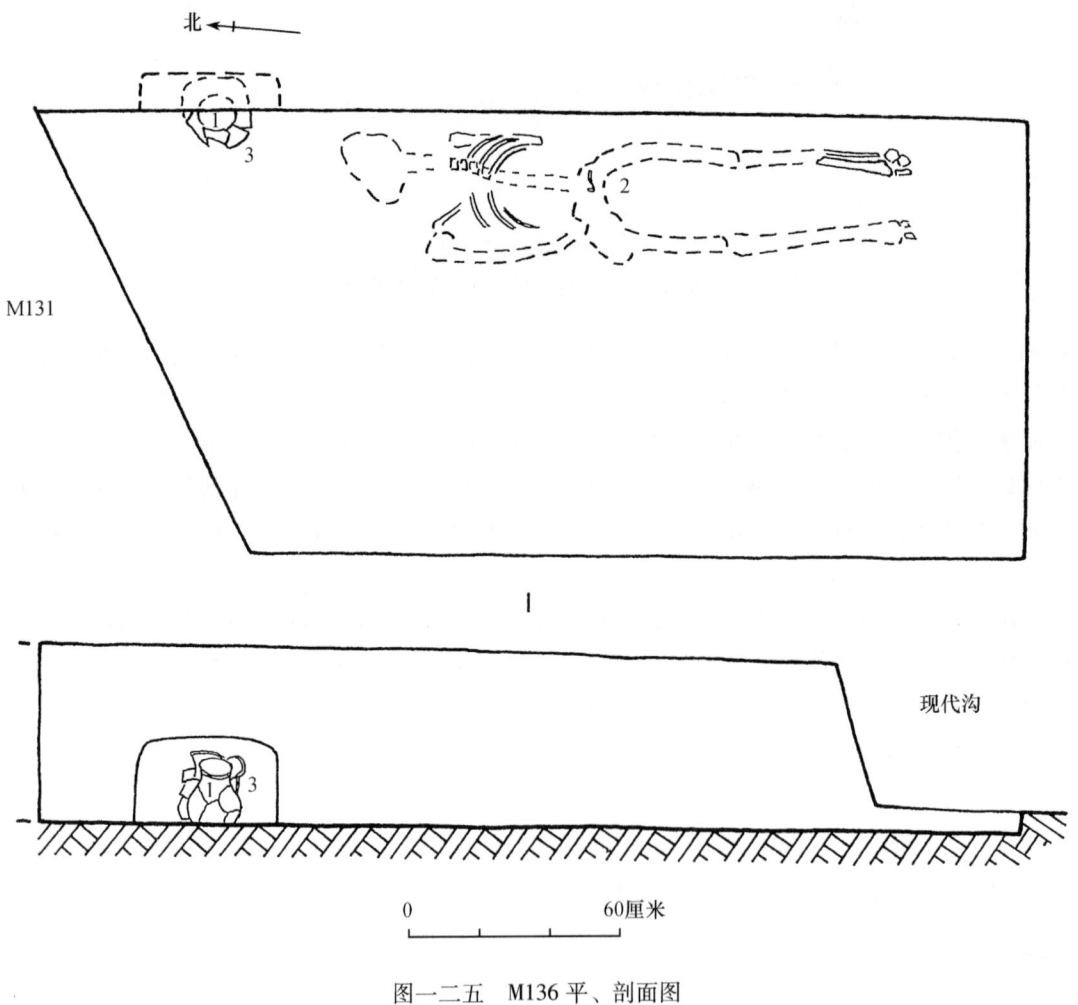

图一二五　M136平、剖面图
1. 陶高领罐　2. 铜带钩　3. 陶罍

66. M137

位置：在 T389 东部。

层位关系：开口②层下，打破生土。

形制结构：属长方形土坑竖穴墓。墓坑长 240、宽 100、深 90 厘米。

葬具、人骨与葬式：葬具不明。人骨多朽，仅存痕迹，葬式为单人仰身直肢葬，头北脚南，方向 355°（图一二六）。

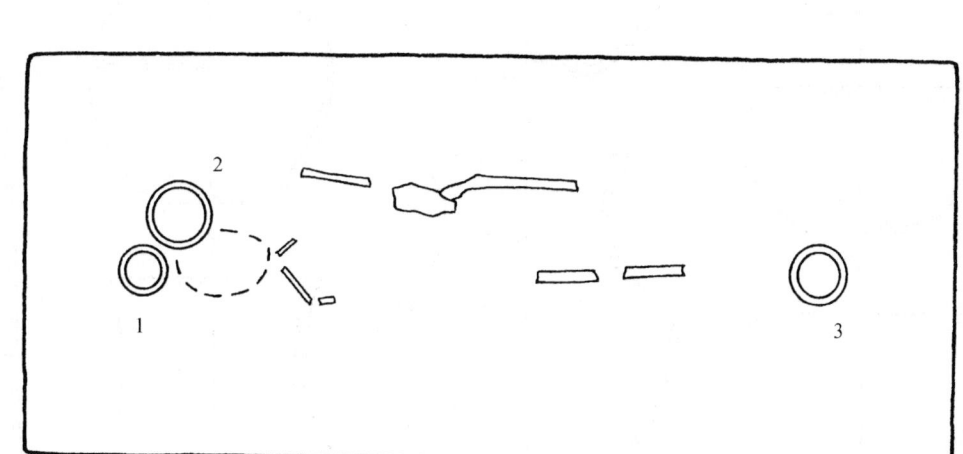

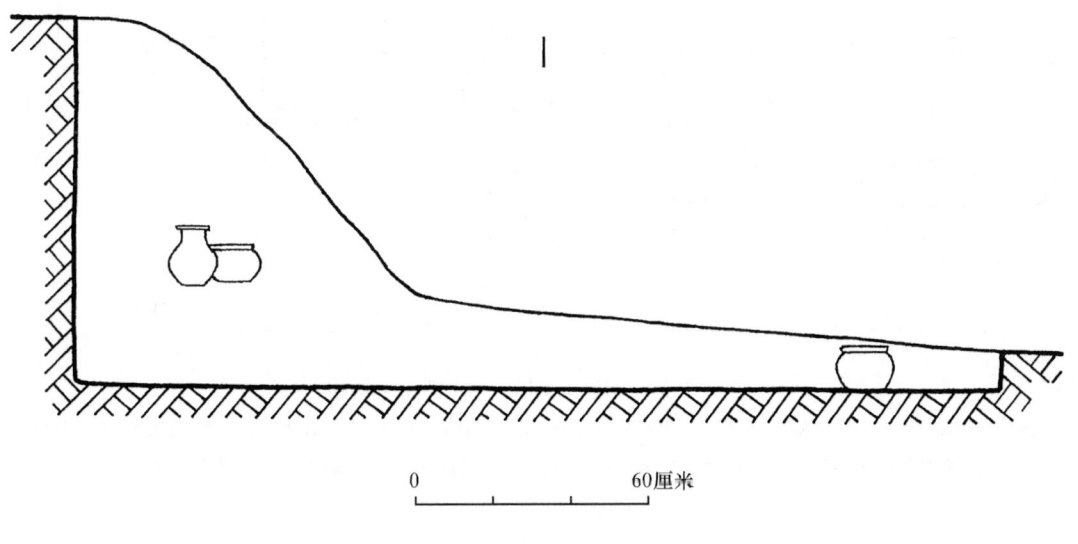

图一二六　M137 平、剖面图
1. 陶长颈罐　2. 陶束颈罐　3. 陶盂

随葬品：3 件，都是陶器。其中，长颈罐和束颈罐压于墓主头部，可能原放于墓主棺木之上，木棺腐朽后才压于墓主头上；另有陶盂 1 件，放置墓主脚下。

长颈罐　1 件。M137:1，泥质灰陶，直口外弧，小平沿，方唇，高颈微弧，小凹肩，深弧腹，平底；颈上和腹中部各饰两周深凹弦纹。口径 11.6、底径 6、高 17.6 厘米（图一二七，8；图版一四，3）。

束颈罐　1 件。M137:2，泥质红胎黑陶，侈口，束颈，卷沿，尖圆唇，弧肩外鼓，扁腹内收，凹平底；素面。口径14.8、底径7.8、高11厘米（图一二七，5；图版一二，1）。

陶盂　1件。M137:3，泥质红胎黑陶，侈口，束颈，小卷沿，尖圆唇，鼓弧肩，扁腹内收，平底微凹；素面。口径14.2、底径6.4、高8.4厘米（图一二七，3；图版一八，1）。

年代推断：据附表一，M137:1 为 E Ⅲ 式罐，M137:2 为 Ca Ⅲ 式罐，M137:3 为 B Ⅳ 式盂，推测 M137 为战国中期墓。

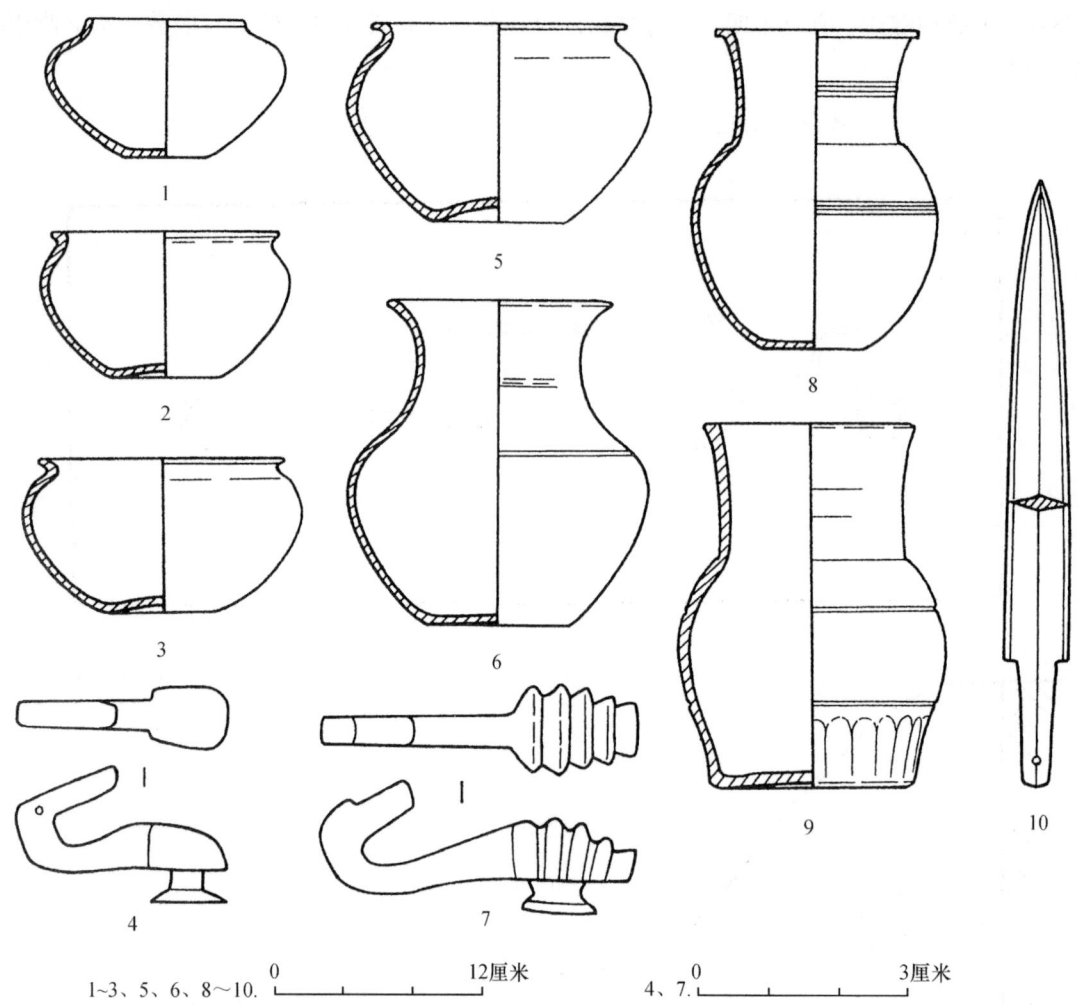

图一二七　M135、M136、M137 出土器物
1. 陶釜（M136:3）　2、3. 陶盂（M135:4、M137:3）　4、7. 铜带钩（M135:2、M136:2）　5. 陶束颈罐（M137:2）
6. 陶高领罐（M136:1）　8. 陶长颈罐（M137:1）　9. 陶直口罐（M135:3）　10. 铜剑（M135:1）

（四）地层单位的遗物

包括如下28个地层单位。

1. T15⑤层

标本7件，有石斧、小石锛、雕凿器和高领罐、束颈罐与罐平底六种器物。

石斧　1件。T15⑤:15，扁圆长方形，顶部已残，只琢打，弧刃尚不锋利。残长10、宽8、厚2.6厘米（图一三〇，1）。

小石锛 2件。T15⑤:3，扁薄梯形，平顶，一面和两侧边皆磨平，另面稍凹未磨平，斜刃两面磨制但不对称，甚锋利。长5、刃宽3.2、厚0.6厘米（图一三〇，10；图版八，5）。T15⑤:6，扁薄近正方形，通体磨制，平刃两面磨制但不对称，锋利。长3.6、宽3.2、厚0.5厘米（图一三〇，9；图版八，6）。

雕凿器 1件。T15⑤:4，一侧已残，或由残石斧改制，但顶部已磨平仍有疤痕，两面及另边磨平，斜弧刃两面磨制且对称。长7.4、残宽2.7、厚1.6厘米（图一三〇，2）。

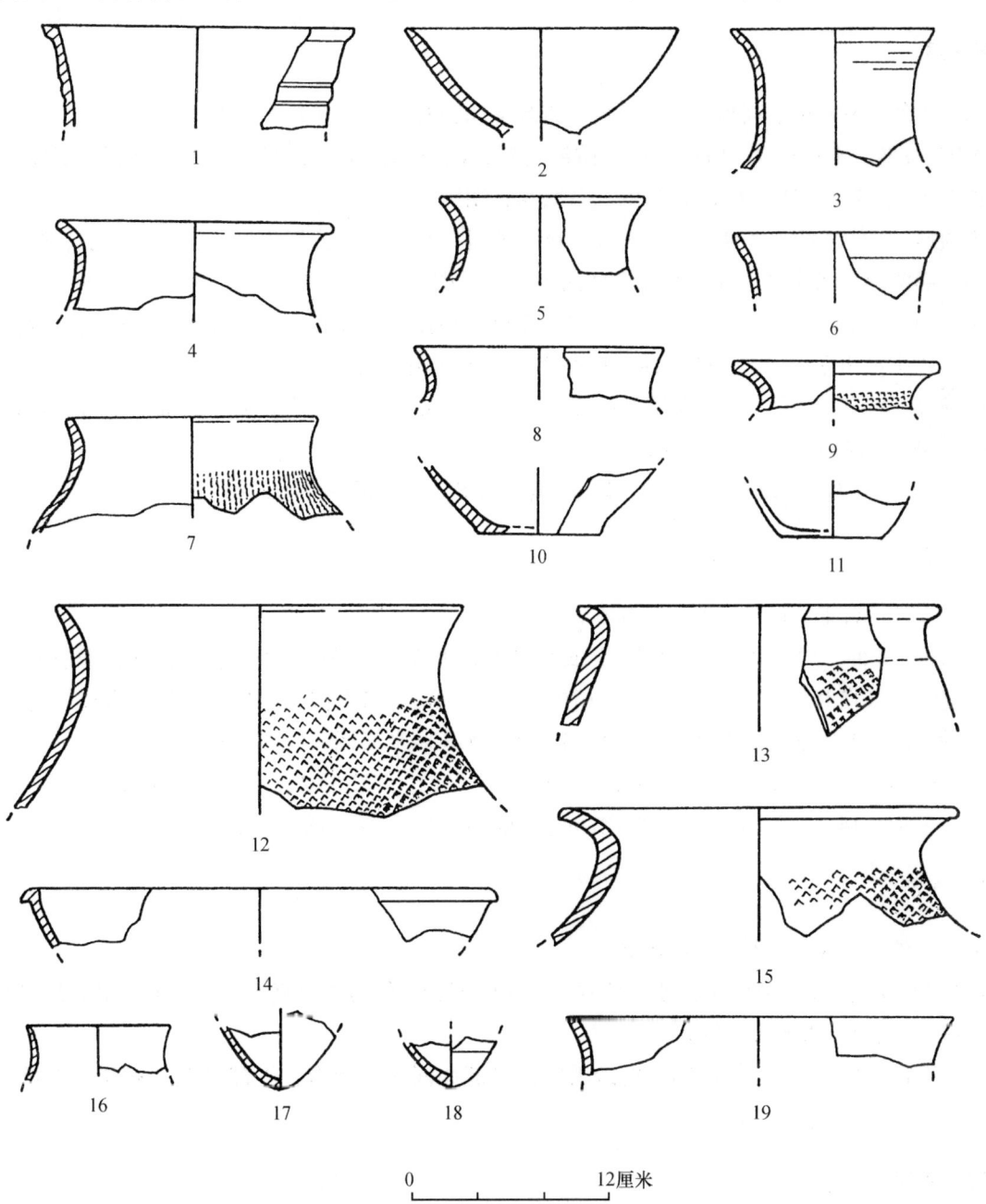

图一二八 T15⑤层、T16⑤层、T22⑤层、T22⑤A层、T22⑤B层出土陶器
1、3、6、19. 高领罐（T16⑤:24、T22⑤B:11、T22⑤B:12、T15⑤:62） 2. 灯座形器（T22⑤A:10） 4、5、7~9、12、15、16. 束颈罐（T16⑤:23、T22⑤:9、T22⑤B:16、T22⑤:8、T15⑤:61、T22⑤B:17、T22⑤B:15、T22⑤B:13） 10、11. 罐平底（T15⑤:60、T22⑤B:14） 13. 矮颈罐（T16⑤:22） 14. 盘口沿（T22⑤B:18） 17、18. 尖底器（T22⑤B:19、T22⑤B:20）

高领罐　1件。T15⑤:62，夹砂红陶，直口外卷，尖圆唇，粗高颈下部已残；素面。口径24、残高3.6厘米（图一二八，19）。

束颈罐　1件。T15⑤:61，夹草木灰胎红陶，侈口，束颈，卷沿，圆唇，弧肩已残；颈部有压印纹。口径12.8、残高3厘米（图一二八，9）。

罐平底　1件。T15⑤:60，夹砂灰陶，上部残，下腹弧收，近底成假圈足，平底；素面。底径7.6、残高4厘米（图一二八，10）。

2. T16⑤层

标本4件，有石镞、高领罐、矮颈罐、束颈罐四种器物；另有1件戳印纹标本。

石镞　1件。T16⑤:7，扁薄叶形，前锋尖锐，两面不甚平整，两侧磨平不锋利，下部内束成铤。长6.2、宽2.2、厚0.4厘米（图一三〇，4；图版八，4）。

高领罐　1件。T16⑤:24，泥质灰陶，直口外斜，小平沿，方唇内斜，粗高颈微弧，颈下部已残；颈中部两周深凹弦纹。口径19.2、残高6厘米（图一二八，1）。

矮颈罐　1件。T16⑤:22，夹草末红陶，侈口，小弧沿，圆唇，矮颈外斜，小凹肩，深弧腹大部已残；残腹拍印方格纹。口径22.4、残高7.2厘米（图一二八，13）。

束颈罐　1件。T16⑤:23，泥质红胎褐陶，直口外卷，圆唇，高颈微束，溜肩已残；素面。口径16.8、残高5.6厘米（图一二八，4）。

纹饰标本　1件。T16⑤:45，泥质褐陶，戳印"S"纹（图一三七，16）。

3. T22⑤层

标本2件，皆束颈罐；另有纹饰标本3件。

束颈罐　2件。T22⑤:8，夹砂黑陶，直口外卷，尖圆唇，矮颈下束，弧肩已残；残肩上有疏密不均细绳纹。口径15.2、残高3.2厘米（图一二八，8）。T22⑤:9，夹砂红褐陶，直口外卷，尖圆唇，束颈较高，溜肩已残；素面。口径12.4、残高4.8厘米（图一二八，5）。

纹饰标本　3件。T22⑤:28，饰贝纹（图一三七，1）。T22⑤:29，饰宽带状凹弦纹加戳印"S"纹（图一三七，14）。T22⑤:32，饰两周凹弦纹加戳印"S"纹（图一三七，17）。

4. T22⑤A层

标本2件，为残雕凿器和灯座形器。

雕凿器　1件。T22⑤A:38，条状长方体，通体磨光，但刃部已残。残长7.6、宽1.5、厚1厘米（图一三〇，5；图版八，7）。

灯座形器　1件。T22⑤A:10，夹砂黑陶，口部如漏斗，尖唇，下部已残；素面。口径16.8、残高6厘米（图一二八，2）。

5. T22⑤B层

标本10件，有高领罐、束颈罐、盘口沿、尖底器、罐平底五种器物；另有纹饰标本6件。

高领罐　2件。T22⑤B:11，泥质灰褐陶，直口外卷，扁圆唇，高弧颈，肩已残；素面。口径12.8、残高8厘米（图一二八，3）。T22⑤B:12，泥质灰陶，直口外弧，扁圆唇成宽带状，高弧颈下部已残；素面。口径12.8、残高4厘米（图一二八，6）。

束颈罐　4件。T22⑤B:13，夹砂灰胎黑陶，小直口外弧，尖圆唇，矮颈中束，溜肩已残；素面。口径8.8、残高2.8厘米（图一二八，16）。T22⑤B：15，夹砂红褐陶，侈口，束颈，卷沿，方圆唇，弧肩已残；肩饰模糊方格纹。口径24.8、残高8厘米（图一二八，15）。T22⑤B：16，夹砂红褐陶，直口外弧，尖圆唇，矮颈下束，弧肩已残；肩饰竖绳纹。口径15.2、残高6.8厘米（图一二八，7）。T22⑤B：17，夹砂黑褐陶，直口外卷，尖圆唇，粗高颈下束，斜弧肩下已残；肩饰斜方格纹。口径24.8、残高12.4厘米（图一二八，12）。

盘口沿　1件。T22⑤B：18，泥质黑陶，敞口，外折沿，尖圆唇，弧腹较浅；素面。口径28.8、残高3.6厘米（图一二八，14）。

尖底器　2件。T22⑤B：19，泥质灰陶，上部已残，下腹内收成尖底；素面。残腹径6.4、残高4.4厘米（图一二八，17）。T22⑤B：20，泥质红胎黑陶，仅剩尖底；下腹饰一周凹弦纹。残腹径5.6、残高3.2厘米（图一二八，18）。

罐平底　1件。T22⑤B：14，夹砂红褐陶，上残，下腹斜内收，小平底；素面。底径6.8、残高2.8厘米（图一二八，11）。

纹饰标本　6件。T22⑤B：33，饰贝纹（图一三七，5）。T22⑤B：31，贝纹已残（图一三七，2）。T22⑤B：35，弧纹之间戳印"S"纹（图一三七，11）。T22⑤B：34，双弦纹加戳印变形"S"纹（图一三七，12）。T22⑤B：36，弦纹加戳印篦点纹（图一四〇，6）。T22⑤B：30，三角形划纹加戳点纹（图一四〇，3）。

6. T23⑤层

标本6件，有高领罐和束颈罐两种器物；另有纹饰标本5件。

高领罐　1件。T23⑤：11，夹砂红陶，直口外卷，尖圆唇，弧颈相对较矮，弧肩已残；素面。口径16.8、残高4.8厘米（图一二九，1）。

束颈罐　5件。T23⑤：12，夹砂褐陶，直口外卷，尖唇，矮颈中束，肩已残；素面。口径19.2、残高4厘米（图一二九，18）。T23⑤：13，夹砂黑陶，直口外卷，圆唇，矮颈中束，肩已残；素面。口径19.2、残高3.6厘米（图一二九，11）。T23⑤：14，夹砂黑陶，直口外卷，尖唇，矮束颈，弧肩已残；素面。口径12.8、残高2.8厘米（图一二九，3）。T23⑤：15，夹砂灰陶，直口外卷，圆唇，矮束颈，溜肩已残；素面。口径12.8、残高3.6厘米（图一二九，4）。T23⑤：16，夹砂灰陶，直口外弧，方圆唇，弧颈下束，长弧肩，鼓腹内收，下腹已残；素面。口径4.8、残高6.4厘米（图一二九，22）。

纹饰标本　5件。T23⑤：34，弦纹之间夹双戳点纹，有的还夹贝纹（图一三六，7）。T23⑤：35，双弦纹上加贝纹（图一三七，6）。T23⑤：36，饰贝纹（图一三七，7）。T23⑤：37，方格纹上加贝纹（图一三七，6）。T23⑤：38，方格纹加贝纹（图一三七，3）。

7. T23⑤A层

标本4件，有束颈罐和灯座形器两种器物。

束颈罐　3件。T23⑤A：17，夹砂黑褐陶，直口外卷，尖圆唇，颈部中束，溜肩，深弧腹下部已残；腹饰错乱绳纹。口径15.2、残高8厘米（图一二九，5）。T23⑤A：18，夹砂黑陶，直口外卷，尖圆唇，粗颈中束，溜肩已残；颈下部至肩上有竖细绳纹。口径23.2、残高5.6厘米（图一二九，20）。T23⑤A：20，泥质黑陶，小直口外弧，颈部下束，弧肩，深弧腹下部残；肩下部至腹饰竖绳纹。口径8、残高6厘米（图一二九，10）。

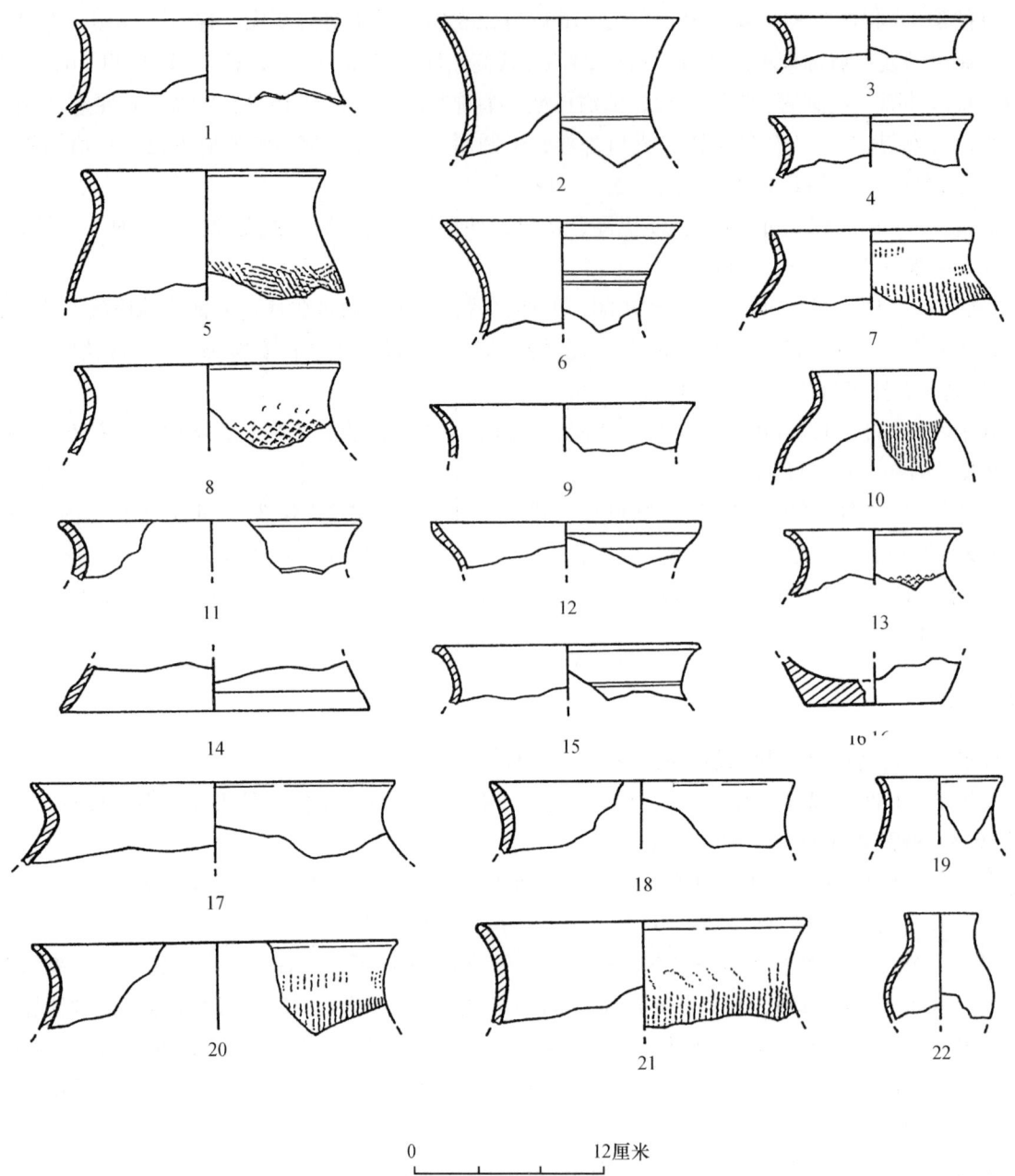

图一二九　T23⑤层、T23⑤A层，T24⑤A层、T24⑤B层出土陶器

1、2、6、9、12、21. 高领罐（T23⑤:11、T24⑤B:27、T24⑤B:30、T24⑤B:33、T24⑤A:25、T24⑤B:32）　3～5、7、8、10、11、13、15、17～20、22 束颈罐（T23⑤:14、15、T23⑤A:17、T24⑤B:29、T24⑤B:34、T23⑤A:20、T23⑤:13、T24⑤A:26、T24⑤B:31、T24⑤B:28、T23⑤:12、T24⑤B:35、T23⑤A:18、T23⑤:16）　14. 灯座形器（T23⑤A:19）　16. 罐平底（T24⑤A:24）

灯座形器　1件。T23⑤A:19，泥质灰陶，上部已残，仅剩高圈足下部底座，足壁外斜，近底有一周宽带状凸棱；未见其他纹饰。底径19、残高3厘米（图一二九，14）。

8. T24⑤A层

标本3件，有高领罐、束颈罐和罐平底三种器物。

高领罐　1件。T24⑤A:25，泥质灰陶，直口外斜，方圆唇，高颈已残；素面。口径16.8、残高2.8厘米（图一二九，12）。

束颈罐　1件。T24⑤A:26，夹砂黑陶，直口外卷，方圆唇，束颈，弧肩已残；残肩有方格纹。口径11.2、残高4厘米（图一二九，13）。

罐平底　1件。T24⑤A:24，夹细砂红陶，上部残，弧腹内收，平底；素面。底径8.8、残高3.2厘米（图一二九，16）。

9. T24⑤B层

标本9件，分别是高领罐和束颈罐两种器物；另有纹饰标本5件。

高领罐　4件。T24⑤B:27，泥质红陶，直口外卷，尖圆唇，高弧颈下部已残；颈中下部一周凹弦纹。口径15.2、残高8.8厘米（图一二九，2）。T24⑤B:30，泥质红胎黑陶，直口外卷近喇叭口，有圆唇，高弧颈下部深束，肩已残；外口下一周凸棱，颈中部两周凹弦纹。口径15.2、残高6.8厘米（图一二九，6）。T24⑤B:32，夹砂灰陶，直口外弧，方圆唇，粗弧颈微束，肩已残；颈下部至肩有竖细绳纹。口径20.8、残高6.4厘米（图一二九，21）。T24⑤B:33，夹砂红陶，直口外弧，尖圆唇，弧颈上部内束，颈下部已残；素面。口径16.8、残高2.8厘米（图一二九，9）。

束颈罐　5件。T24⑤B:28，夹砂黑陶，侈口，束颈，卷沿，尖圆唇，弧肩已残；素面。口径23.2、残高4.8厘米（图一二九，17）。T24⑤B:29，泥质红陶，侈口，束颈，卷沿，扁圆唇，弧肩，腹已残；颈部有抹而不净绳纹，肩以下饰竖绳纹。口径12.8、残高5.2厘米（图一二九，7）。T24⑤B:31，夹细砂红胎褐陶，直口外卷，尖圆唇，矮颈下束，弧肩已残；颈肩之间一周凹弦纹。口径16.8、残高3.6厘米（图一二九，15）。T24⑤B:34，夹砂红褐陶，直口外弧，方圆唇，束颈，溜肩已残；肩饰方格纹。口径16.8、残高5.2厘米（图一二九，8）。T24⑤B:35，泥质红胎黑陶，直口外弧，圆唇，高颈中束，溜肩已残；素面。口径8、残高4厘米（图一二九，19）。

纹饰标本　5件。T24⑤B:51，戳印无规律"了"形纹加贝纹（图一三六，3）。T24⑤B:54，贝纹（图一三七，10）。T24⑤B:53，贝纹（图一三七，8）。T24⑤B:55，贝纹（图一三七，9）。T24⑤B:56，贝纹（图一三七，4）。

10. T26⑤层

仅1件残石器。

残石器　1件。T26⑤:2，扁平近梯形，但刃已残，通体磨平。残长8.2、残宽4.8、厚1.8厘米（图一三〇，3）。

11. T26⑤A层

标本4件，有高领罐、束颈罐、高领瓮、假圈足四种器物；另有纹饰标本4件。

高领罐　1件。T26⑤A:12，直口外斜，尖圆唇，高直颈下部已残；口外一周凹弦纹。口径16.8、残高4.4厘米（图一三一，9）。

束颈罐　1件。T26⑤A:13，夹砂陶外黑里红，侈口，束颈，卷沿，尖圆唇，肩已残；肩饰竖绳纹。口径16.8、残高3厘米（图一三一，8）。

高领瓮　1件。T26⑤A:11，夹砂灰陶，直口，尖唇，高直颈较粗，广弧肩已残；肩饰竖绳纹。口径20.8、残高5.6厘米（图一三一，7）。

假圈足　1件，T26⑤A:14，泥质灰陶，薄胎均称，上部已残，弧腹内收，底呈假圈足；素面。底径6.4、残高2.4厘米（图一三一，14）。

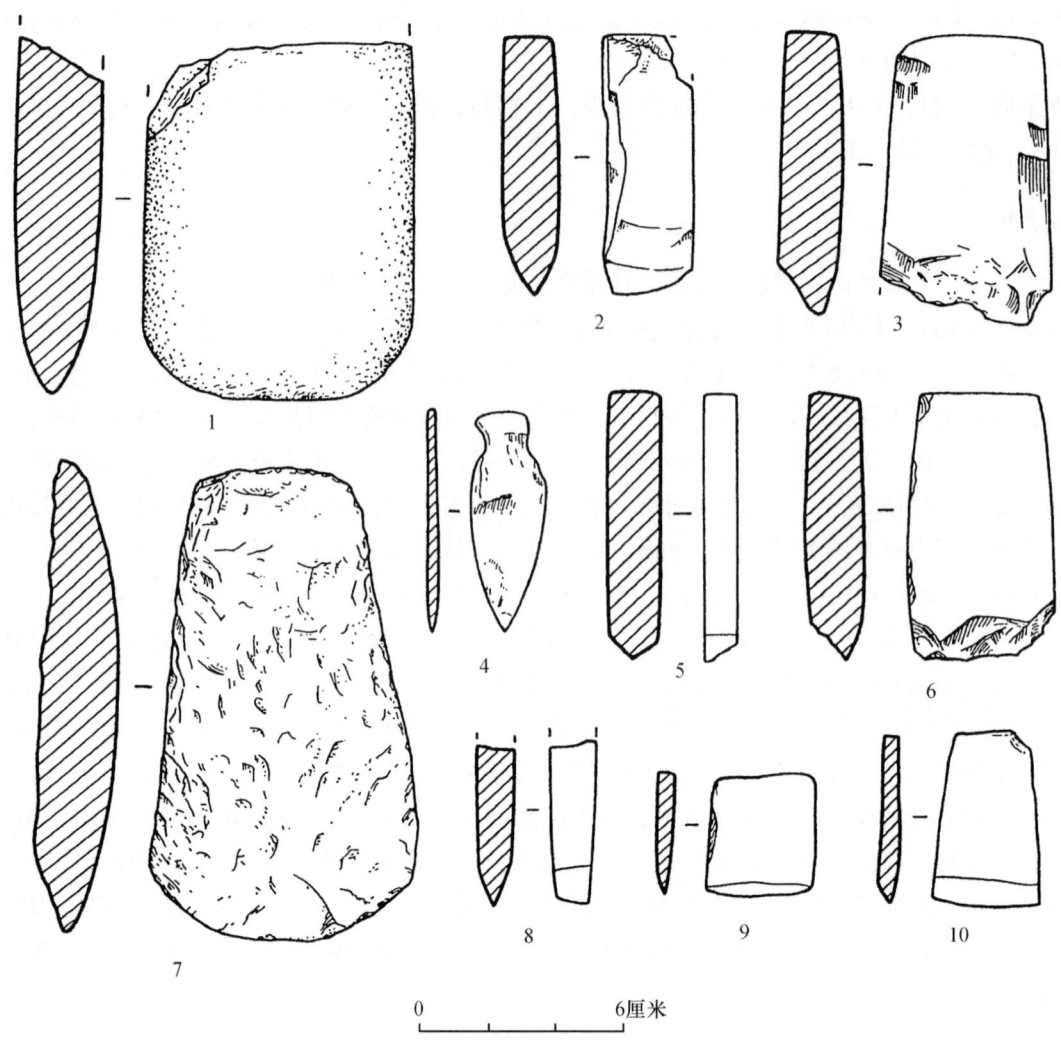

图一三〇 T15⑤层、T16⑤层、T22⑤A层、T26⑤层、T27⑤B层出土石器
1、7. 石斧（T15⑤:15、T27⑤B:3） 2、5、8. 雕凿器（T15⑤:4、T22⑤A:38、T27⑤B:8） 3、6. 残石器（T26⑤:2、T27⑤B:1） 4. 石镞（T16⑤:7） 9、10. 小石磅（T15⑤:6、T15⑤:3）

纹饰标本 4件。T26⑤A:22，宽带状附加堆上加戳印纹（图一三八，7）。T26⑤A:21，饰方格纹（图一三九，8）。T26⑤A:20，凹弦纹加竖划纹（图一四〇，5）。T26⑤A:19，大方格纹（图一三九，2）。

12. T27⑤A

标本2件，有假圈足和罐平底两种器物。

假圈足 1件。T27⑤A:13，泥质灰陶，胎较薄，上部残，下腹弧收，底成假圈足；素面。底径7.2、残高3.2厘米（图一三一，17）。

罐平底 1件。T27⑤A:14，泥质红胎黑陶，上部残，下腹斜内收，近直微凹，平底；素面。底径7.2、残高5.2厘米（图一三一，18）。

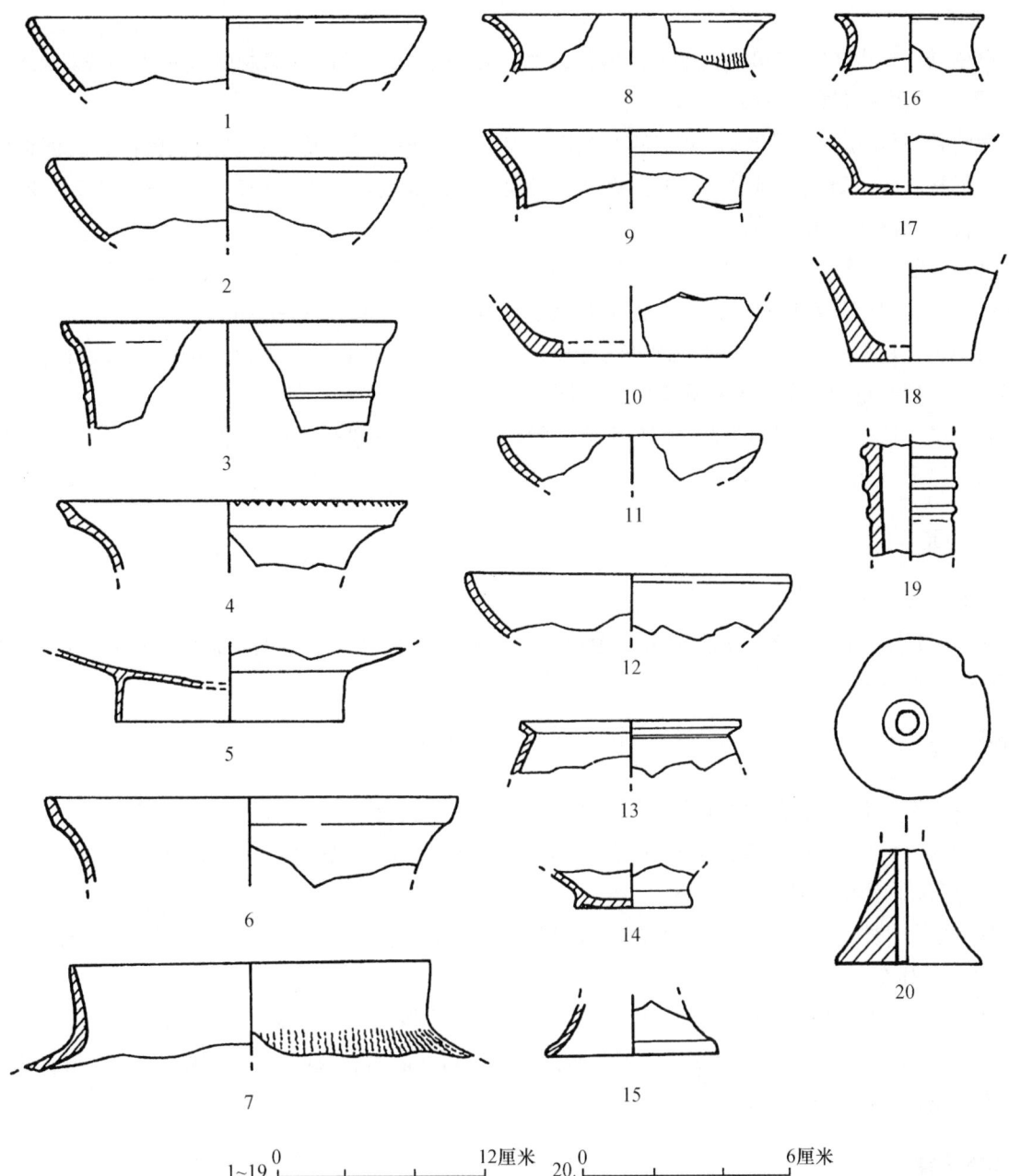

图一三一 T26⑤A层、T27⑤A层、T27⑤B层、T34⑤层、T35⑤层、T36⑤层、T126⑤层出土陶器
1、2. 盘口沿（T35⑤:6、T35⑤:7） 3、6. 盘口罐（T35⑤:5、T126⑤:6） 4. 花边口罐（T126⑤:7） 5. 盘矮圈足（T27⑤B:15） 7. 高领瓮（T26⑤A:11） 8、16. 束颈罐（T26⑤A:13、T35⑤:2） 9. 高领罐（T26⑤A:12） 10、18. 罐平底（T27⑤B:17、T27⑤A:14） 11、12. 豆盘（T34⑤:1、T36⑤:7） 13. 折沿罐（T36⑤:6） 14、17. 假圈足（T26⑤A:14、T27⑤A:13） 15、19. 高圈足（T126⑤:10、T27⑤B:16） 20. 陶纺轮（T27⑤B:2）

13. T27⑤B层

标本7件，有打制石斧、残石器、雕凿器、陶纺轮和盘矮圈足、高圈足、罐平底七种器物。

打制石斧 1件。T27⑤B:3，扁弧梯形，平顶，两面一为原弧面，破裂面已修平，两边外斜不对称，弧刃单面打制。长13.4、宽7.8、厚2.5厘米（图一三〇，7；图版八，8）。

残石器 1件。T27⑤B:1，扁平长方形，刃已残；通体磨平。残长7.6、宽4.2、厚1.9厘米

（图一三〇，6）。

雕凿器　1件。T27⑤B:8，圭形，通体磨光，顶部已残，两边下部对磨成角刃。残长4.6、宽1.4、厚1.1厘米（图一三〇，8）。

陶纺轮　1件。T27⑤B:2，夹细砂红灰陶，厚体，面小已残，底大，斜边微弧凹；底面饰四组成十字形篦点纹，每组三排篦点，但篦点已磨损模糊。顶面残径1.2、底径4.4、残高3.2厘米（图一三一，20；图版二七，4）。

盘矮圈足　1件。T27⑤B:15，泥质灰白陶，器虽大，但胎薄匀称，上已残，弧腹近平，大圜底下附矮圈足，足壁外斜近直；素面。底径12.8、残高4厘米（图一三一，5）。

高圈足　1件。T27⑤B:16，泥质灰胎白陶，上下皆残，仅剩中部管状豆把，足壁近直，内空；上部三周凸棱纹近似竹节。残高6.4厘米（图一三一，19）。

罐平底　1件。T27⑤B:17，泥质灰胎红陶，上部残，下腹弧内收，平底；素面。底径11.2、残高2.8厘米（图一三一，10）。

14. T34⑤层

标本仅豆盘1件。

豆盘　1件。T34⑤:1，泥质黄陶，敞口，尖圆唇，浅弧腹，底残纳；素面。口径15.2、残高2.8厘米（图一三一，11）。

15. T35⑤层

标本4件，有束颈罐、盘口罐和盘口沿三种器物。

束颈罐　1件。T35⑤:2，夹砂褐陶，侈口，束颈，卷沿，尖圆唇，斜弧肩已残；素面。口径8.8、残高3.2厘米（图一三一，16）。

盘口罐　1件。T35⑤:5，泥质黑陶，盘口外敞，尖圆唇，高颈下束已残；颈部一周凸棱纹。口径19.2、残高6厘米（图一三一，3）。

盘口沿　2件。T35⑤:6，夹砂黑陶，敞口，方唇，弧腹较深，下腹已残；素面。口径23.2、残高4厘米（图一三一，1）。T35⑤:7，泥质灰黑陶，敞口，圆唇，弧腹下部已残；素面。口径20.8、残高4.4厘米（图一三一，2）。

16. T36⑤层

标本2件，有折沿罐和豆盘两种器物；另有纹饰标本1件。

折沿罐　1件。T36⑤:6，夹砂灰褐陶，侈口，束颈，折沿，方唇，弧肩已残；素面。口径12.8、残高3.2厘米（图一三一，13）。

豆盘　1件。T36⑤:7，泥质灰白陶，敞口，尖圆唇，浅弧腹下部已残；素面。口径18.8、残高3.6厘米（图一三一，12）。

纹饰标本　1件。T36⑤:14，宽带状附加堆纹上压印粗点和斜划纹（图一四〇，1）。

17. T126⑤层

标本4件，有残石器、盘口罐、花边口罐和高圈足四种器物。

残石器　1件。T126⑤:12，通体磨制，但多疤痕，顶部和刃部皆残。残长7.8、宽5、厚1.9厘米（图一三三，7）。

盘口罐　1件。T126⑤:6，夹草末红陶，盘口外敞，尖圆唇，高弧颈下部已残；素面。口径24、残高4.8厘米（图一三一，6）。

花边口罐　1件。T126⑤:7，泥质红陶，盘口外敞，尖唇又压印成花边纹，高弧颈下部已残；未见其他纹饰。口径20、残高4厘米（图一三一，4）。

高圈足　1件。T126⑤:10，泥质灰陶，上部已残，仅剩豆座，下部足壁外撇，足根扁弧状；素面。底径10、残高2.8厘米（图一三一，15）。

18. T174⑤A 层

标本仅1件雕凿器。

雕凿器　1件。T174⑤A:1，通体磨光石器，长方形细长，刃部已残。残长7、宽1.5、厚1.2厘米（图一三三，1）。

19. T158⑤A 层

标本10件，有鬲口沿、高领罐、束颈罐、盘口罐和盆口沿五种器物。

鬲口沿　2件。T158⑤A:14，泥质灰陶，侈口，束颈，卷沿，沿面近平，方唇，小弧肩，深弧腹大部残；腹饰竖绳纹。口径36、残高4厘米（图一三二，5）。T158⑤A:15，泥质红陶，侈口，束颈，卷沿，方圆唇，凹弧肩，深弧腹下部已残；颈饰斜绳纹未抹净，腹饰竖绳纹。口径32、残高8厘米（图一三二，3）。

高领罐　1件。T158⑤A:23，夹草末黑陶，直口外卷近喇叭口，方唇，高弧颈下部已残；素面。口径20、残高3.6厘米（图一三二，11）。

束颈罐　2件。T158⑤A:13，夹砂黑陶，直口外卷，尖圆唇，矮弧颈，弧肩已残；肩有模糊斜绳纹痕。口径24、残高5.6厘米（图一三二，13）。T158⑤A:24，泥质灰白陶，直口外弧，矮弧颈，弧肩已残；素面。口径12、残高4.8厘米（图一三二，12）。

盘口罐　2件。T158⑤A:16，夹草末红褐陶，盘口近直，圆唇，矮弧颈，弧肩已残；肩饰竖绳纹。口径19.6、残高5.2厘米（图一三二，8）。T158⑤A:22，泥质红褐陶，盘口近直微内敛，圆唇，高弧颈下部已残；素面。口径18、残高5.6厘米（图一三二，14）。

盆口沿　3件。T158⑤A:18，泥质黑陶，敛口，窄平沿，圆唇外凸，浅弧腹已残；素面。口径26、残高3.2厘米（图一三二，4）。T158⑤A:19，泥质灰陶，敛口，小平沿，尖唇外凸，浅弧腹；素面。口径24、残高3.6厘米（图一三二，10）。T158⑤A:21，泥质灰白陶，敛口，小弧沿，尖圆唇外凸，弧腹较浅，小腹已残；素面。口径22.4、残高3.6厘米（图一三二，7）。

20. T158⑤B 层

标本4件，有高领罐、盘口罐、花边口罐和罐平底四种器物。

高领罐　1件。T158⑤B:27，泥质红陶，直口外卷，方唇，高弧颈下部已残；素面。口径24、残高4.8厘米（图一三二，16）。

盘口罐　1件。T158⑤B:28，泥质红陶，浅盘口近直，方圆唇，高弧颈下部已残；素面。口径18.8、残高6厘米（图一三二，17）。

花边口罐　1件。T158⑤B:35，泥质灰陶，敞口，圆唇，直颈外斜下部已残；圆唇上有指甲状压印纹，颈饰横、竖交错绳纹但又抹而未净。口径16、残高5.2厘米（图一三二，18）。

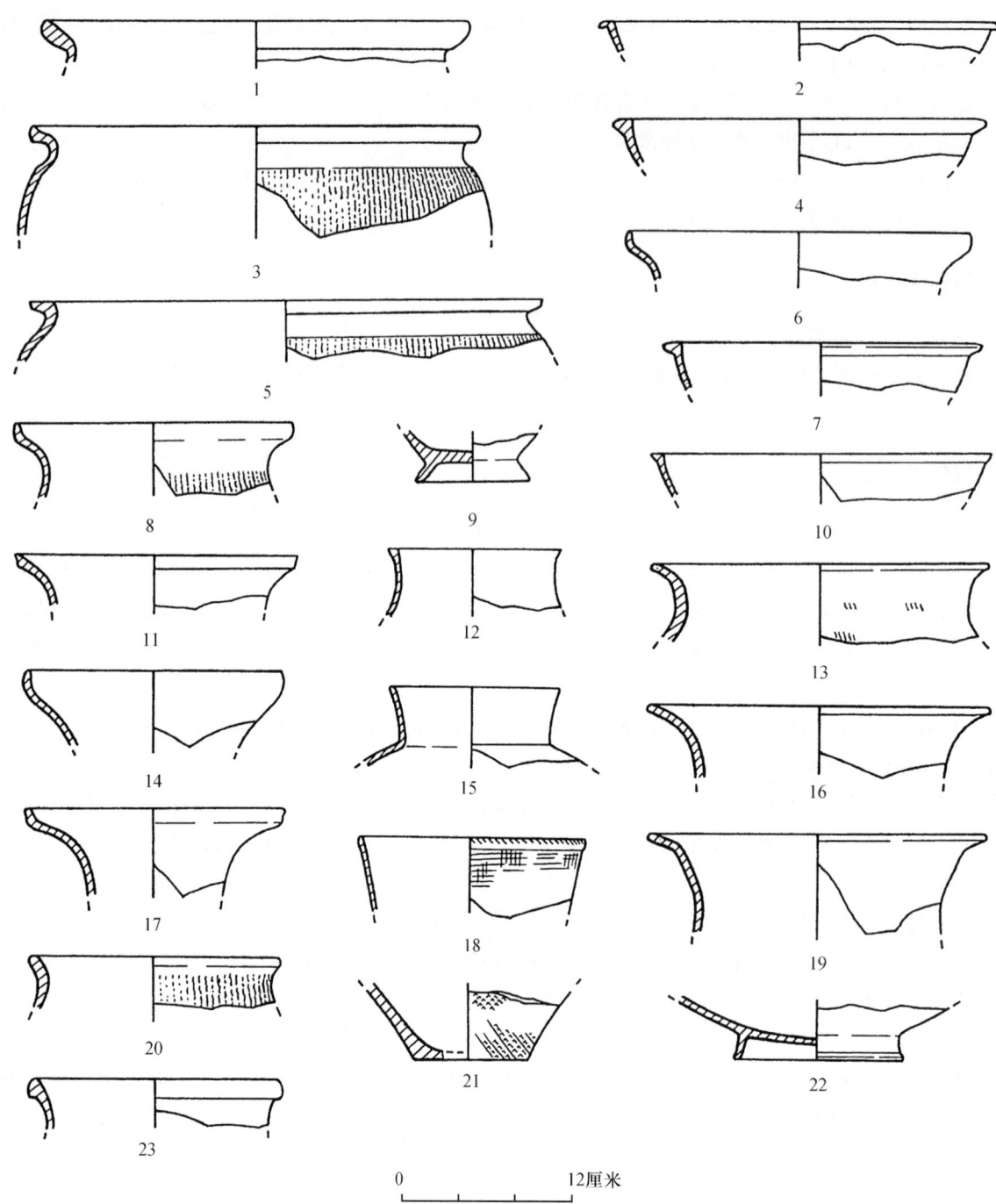

图一三二　T158⑤A层、T158⑤B层、T159⑤层、T173⑤层出土陶器

1、3、5. 鬲口沿（T159⑤:12、T158⑤A:15、T158⑤A:14）　2. 盘口沿（T173⑤:24）　4、7、10. 盆口沿（T158⑤A:18、T158⑤A:21、T158⑤A:19）　6、8、14、17. 盘口罐（T173⑤:21、T158⑤A:16、T158⑤A:22、T158⑤B:28）　9、22. 矮圈足（T173⑤:27、T173⑤:28）　11、15、16、19. 高领罐（T158⑤A:23、T173⑤:13、T158⑤B:27、T173⑤:14）　12、13、20. 束颈罐（T158⑤A:24、T158⑤A:13、T159⑤:10）　18. 花边口罐（T158⑤B:35）　21. 罐平底（T158⑤B:37）　23. 矮颈罐（T159⑤:11）

罐平底　1件。T158⑤B:37，泥质红胎黑陶，上部已残，下腹内斜稍弧凹，小平底；腹至底都饰斜方格纹。底径8、残高5.2厘米（图一三二，21）。

21. T159⑤层

标本3件，有舃口沿、矮颈罐和束颈罐三种器物；另有纹饰标本2件。

舃口沿　1件。T159⑤:12，泥质红胎黑陶，侈口，束颈，弧折沿，扁圆唇，肩已残；素面。口径29.6、残高2.8厘米（图一三二，1）。

矮颈罐　1件。T159⑤:11，泥质红褐陶，直口外卷，圆唇外凸，矮颈下部已残；素面。口径17、残高3.6厘米（图一三二，23）。

束颈罐　1件。T159⑤:10，夹砂红陶，侈口，束颈，卷沿，方圆唇，弧肩已残；颈、肩饰竖粗绳纹。口径18、残高2厘米（图一三二，20）。

纹饰标本　2件。T159⑤:15，红褐色印纹硬陶，拍印双线"米"字纹（图一四〇，4）。T159⑤:16，泥质黑陶，在凹弦纹之间拍印戳印纹（图一三八，6）。

22. T173⑤层

标本6件，有高领罐、盘口罐、盘口沿和矮圈足四种器物。

高领罐　2件。T173⑤:13，泥质灰陶，直口外弧，尖圆唇，弧颈下束，弧肩，腹已残；素面。口径12、残高5.2厘米（图一三二，15）。T173⑤:14，夹砂红陶，直口外折，方圆唇，高颈中部内束，下部外斜已残；素面。口径24、残高6.8厘米（图一三二，19）。

盘口罐　1件。T173⑤:21，泥质灰白陶，浅盘口稍内敛，尖圆唇，高弧颈已残；素面。口径24、残高3.6厘米（图一三二，6）。

盘口沿　1件。T173⑤:24，泥质灰白陶，敞口，卷沿近平，方圆唇，浅弧腹已残；素面。外口径28、残高2.4厘米（图一三二，2）。

矮圈足　2件。T173⑤:28，泥质黑陶，上部残，下腹较深，弧内收，圜底下附矮圈足，足壁外斜；素面。足径12、残高4厘米（图一三二，22）。T173⑤:27，泥质红胎黑陶，上部残，下腹较深，圜底下附矮圈足，足壁外斜；素面。底径8、残高3.2厘米（图一三二，9）。

23. T180⑤层

标本4件，有束颈罐、盘口罐、侈口碗和罐平底四种器物。

束颈罐　1件。T180⑤:2，夹砂黑陶，侈口，束颈，卷沿，尖唇，弧肩下部已残；素面。口径14、残高4.4厘米（图一三四，15）。

盘口罐　1件。T180⑤:5，泥质红陶，盘口外敞，尖圆唇，高弧颈已残；素面。口径12、残高4厘米（图一三四，17）。

侈口碗　1件。T180⑤:6，泥质灰陶，侈口，束颈，圆唇外卷，扁腹上鼓下内收，底已残；素面。口径20、残高4.4厘米（图一三四，10）。

罐平底　1件。T180⑤:7，泥质红陶，上部残，下腹弧内收，小平底；素面。底径8、残高2.8厘米（图一三四，20）。

24. T238⑤层

标本3件，有高领罐、花边口罐和盆口沿三种器物；另有纹饰标本2件。

高领罐 1件。T238⑤:34，泥质黑陶，直口稍外斜，小弧沿，尖唇外凸，高颈较直内斜，颈下部残；素面。口径16、残高4.1厘米（图一三四，18）。

花边口罐 1件。T238⑤:36，夹砂褐陶，直口外卷，小方唇，弧颈已残；方唇内侧压印成锯齿状花边。口径22.4、残高3.2厘米（图一三四，9）。

盆口沿 1件。T238⑤:37，泥质黑陶，敞口近直，小平沿外斜，方圆唇外凸，深腹内收，下腹已残；素面。口径15.8、残高2.1厘米（图一三四，8）。

纹饰标本 2件。T238⑤:42，泥质黑陶，弦纹之间有小戳印纹（图一三八，8）。T238⑤:38，夹砂褐陶，划纹，刻划类似波浪纹（图一四〇，2）。

25. T243⑤层

标本33件，有小石锛、石楔、陶纺轮和小陶釜、高领罐、束颈罐、盘口罐、盆口沿、盘口沿、矮圈足、罐平底、尖底器12种器物。

小石锛 4件。T243⑤:3，体较厚近长方形，通体磨光，弧刃近平，两面磨制但不对称。长3.2、宽1.7、厚0.8厘米（图一三三，2）。T243⑤:4，体较厚近长方形，通体磨光，弧近近平，两面磨制但不对称。长6.7、宽3.9、厚1.5厘米（图一三三，5）。T243⑤:5，体较厚，近长方形，通体磨制，顶部一端又磨成斜弧面，弧刃两面磨制但不对称，且一角已残。长4.7、宽2.3、厚0.9厘米（图一三三，3）。T243⑤:6，体较厚近梯形，通体磨光，弧刃单面磨制，一角已残。长7.5、宽4.3、厚1.6厘米（图一三三，6）。

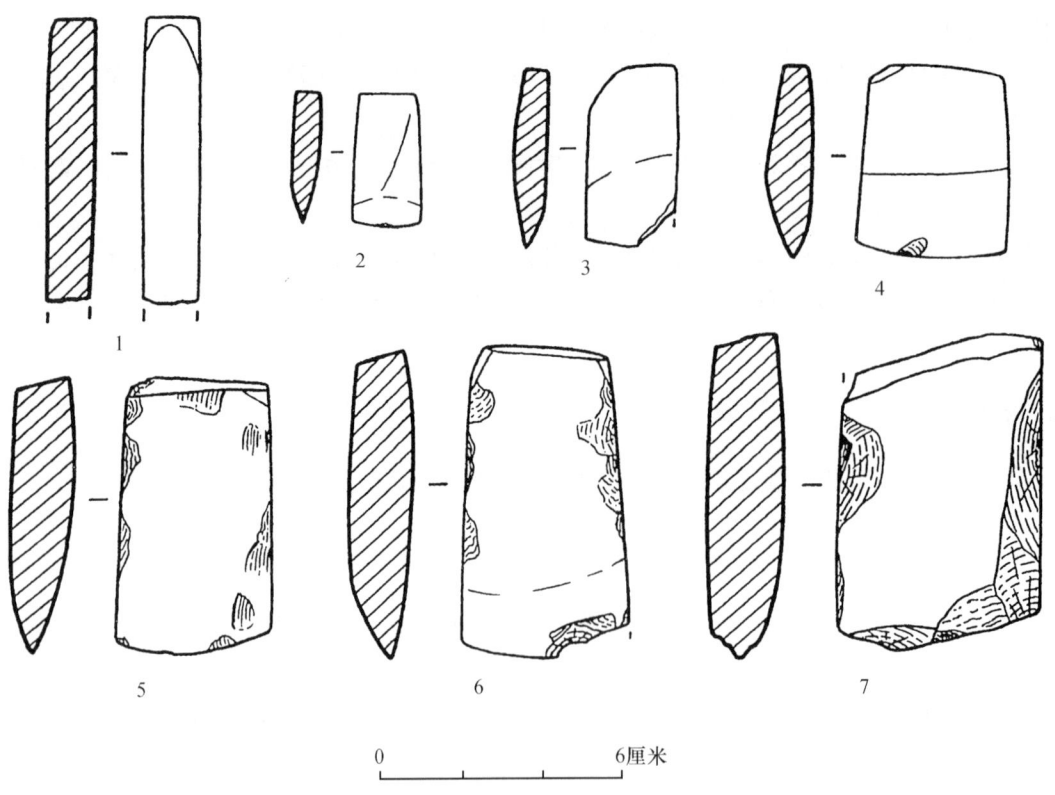

图一三三 T126⑤层、T174⑤A层、T243⑤层出土石器
1. 雕凿器（T174⑤A:1） 2、3、5、6. 小石锛（T243⑤:3、T243⑤:5、T243⑤:4、T243⑤:6） 4. 石楔（T243⑤:14）
7. 残石器（T126⑤:12）

石楔 1件。T243⑤:14,厚体近正方形,通体磨光,弧刃近平,单面磨制。长4.6、宽3.7、厚1.2厘米(图一三三,4)。

陶纺轮 1件。T243⑤:2,泥质灰陶,薄体斜边型,顶面微内凹,底面平;素面。面径4、底径4.6、高1.4厘米(图一三四,21)。

小陶釜 1件。T243⑤:29,泥质黑陶,侈口,束颈,宽沿外斜,尖圆唇,溜肩,腹外鼓,圜底;腹至底饰方格纹。口径10、高8厘米(图一三四,19)。

高领罐 4件。T243⑤:35,泥质红陶,喇叭口,尖唇,高弧颈,颈下部已残;素面。口径20、残高7.2厘米(图一三四,3)。T243⑤:36,泥质红陶,喇叭口,方圆唇,高弧颈已残;素面。口径22、残高5.2厘米(图一三四,1)。T243⑤:33,泥质灰陶,直口外卷,圆唇外凸,弧颈下束,弧肩已残;颈饰两周凹弦纹。口径16、残高7.2厘米(图一三四,11)。T243⑤:38,夹砂红陶,直口外弧,方圆唇,高颈相对较矮,颈下部内束,弧肩,深弧腹已残;腹饰粗斜绳纹。口径12、残高6.8厘米(图一三四,5)。

束颈罐 2件。T243⑤:39,夹砂黑陶,侈口,束颈,小卷沿,尖圆唇,斜弧肩,鼓腹已残;残腹饰竖绳纹。口径12、残高6厘米(图一三四,2)。T243⑤:34,夹草末红陶,侈口,束颈,宽沿外斜如漏斗,方圆唇,溜肩,腹已残;肩饰斜绳纹。口径18、残高8厘米(图一三四,6)。

盘口罐 3件。T243⑤:31、T243⑤:32,泥质红陶,盘口外敞,圆唇,直颈稍内斜,弧肩和上腹已残,下腹弧内收,平底;颈部两周凹弦纹。内口径17.6、底径13.2、通高约为24厘米(图一三四,16)。T243⑤:12,泥质灰陶,盘口外敞,尖圆唇,高弧颈下已残;素面。口径12、残高5.6厘米(图一三四,14)。T243⑤:13,泥质红陶,盘口近喇叭状,尖唇,高弧颈已残;口外一周凹弦纹。口径16、残高3.6厘米(图一三四,12)。

盆口沿 3件。T243⑤:9,泥质灰陶,敞口,小弧沿近平,方圆唇,弧腹下部已残;素面。口径21.6、残高4厘米(图一三四,13)。T243⑤:10,泥质灰陶,敛口,小弧沿近平,方圆唇,浅弧腹已残;素面。口径20、残高4.4厘米(图一三四,7)。T243⑤:11,泥质灰陶,敛口,弧沿,尖唇外凸,浅弧腹已残;素面。口径20、残高4厘米(图一三四,4)。

盘口沿 5件。其中3件敛口:T243⑤:15,泥质黑陶,圆唇内卷,浅弧腹已残;素面。口径18、残高4厘米(图一三五,9)。T243⑤:17,泥质黄褐陶,尖圆唇内卷,浅弧腹已残;素面。口径20、残高4厘米(图一三五,4)。T243⑤:19,胎较厚,尖圆唇内卷,浅弧腹已残;素面。口径20.8、残高4厘米(图一三五,5)。另有一件敞口:T243⑤:16,尖圆唇,浅弧腹已残;素面。口径16、残高3.6厘米(图一三五,12)。还有一件敞口有斜沿:T243⑤:21,敞口,折沿外斜,方圆唇,弧腹较深但已残;素面。口径14、残高3.2厘米(图一三五,13)。

矮圈足 2件。T243⑤:22,泥质红陶,上残,圜底下附矮圈足,足壁外斜近直,足根外凸呈宽带状;素面。底径9.6、残高3厘米(图一三五,21)。T2443⑤:23,泥质黑陶,上残,大圜底,下附凸棱状矮圈足;素面。足径18、残高3.6厘米(图一三五,7)。

罐平底 5件。其中2件小罐平底下垂如假圈足:T243⑤:24,夹细砂黑陶,上残,圜平底下呈假圈足;素面。底径11.6、残高2厘米(图一三五,14)。T243⑤:26,泥质黑陶,上残,下腹内斜,平底下附凸棱,而成平底假圈足;素面。底径6、残高3.2厘米(图一三五,16)。另外3件皆一般平底:T243⑤:37,泥质红陶,弧腹内收,平底;素面。底径14、残高4.8厘米(图一三五,22)。T243⑤:30,泥质灰白陶,薄胎,下腹内收,平底;素面。底径8、残高2厘米(图一三五,19)。T243⑤:25,泥质陶外黑内红,上部已残,下腹斜直内收,平底;素面。底径8、残高4厘米(图一三五,20)。

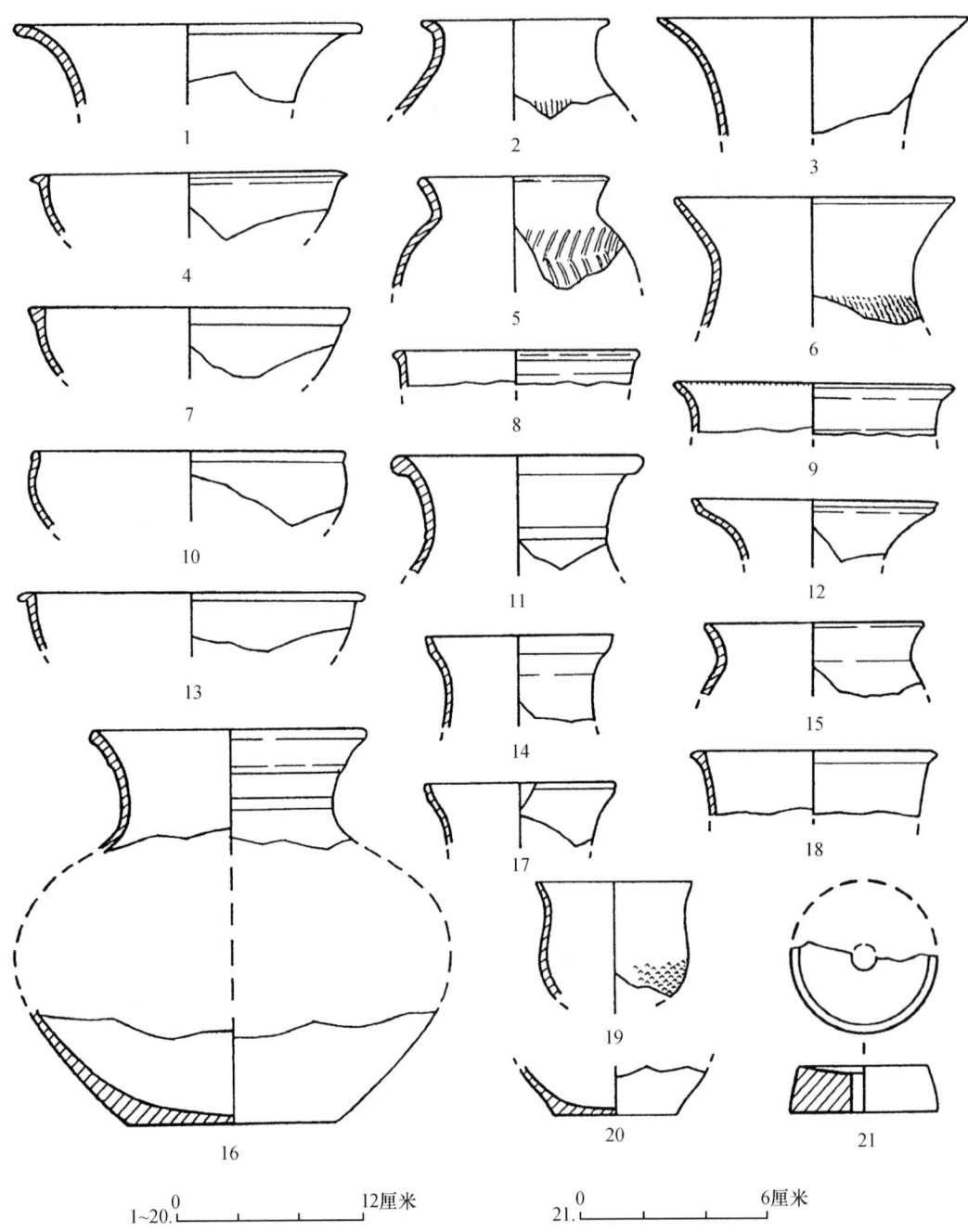

图一三四 T180⑤层、T238⑤层、T243⑤层出土陶器

1、3、5、11、18. 高领罐（T243⑤:36、T243⑤:35、T243⑤:38、T243⑤:33、T238⑤:34） 2、6、15. 束颈罐（T243⑤:39、T243⑤:34、T180⑤:2） 4、7、8、13. 盆口沿（T243⑤:11、T243⑤:10、T238⑤:37、T243⑤:9） 9. 花边口罐（T238⑤:36） 10. 侈口碗（T180⑤:6） 12、14、16、17. 盘口罐（T243⑤:13、T243⑤:12、T243⑤:31、T180⑤:5） 19. 小陶釜（T243⑤:29） 20. 罐平底（T180⑤:7） 21. 纺轮（T243⑤:2）

尖底器 2件。T243⑤:27，泥质红胎黑陶，上部残，下腹内收成尖圜底；素面。底径 2、残高 2.4 厘米（图一三五，15）。T243⑤:8，泥质灰陶，口沿已残，高直颈内斜，弧肩，弧腹内收，底已残；颈上残存三周凹弦纹，下面两周弦纹之间又加斜划纹，肩部又饰三周凹弦纹。腹部最大直径 9.6、残高 10 厘米（图一三五，18）。

26. T360⑤层

标本 6 件，有高领罐、束颈罐、盘口罐和矮圈足四种器物；另有纹饰标本 1 件。

高领罐，1 件。T360⑤:81，夹砂褐陶，直口外弧，方唇，高弧颈下部已残；素面。口径 20.8、残高 6 厘米（图一三五，2）。

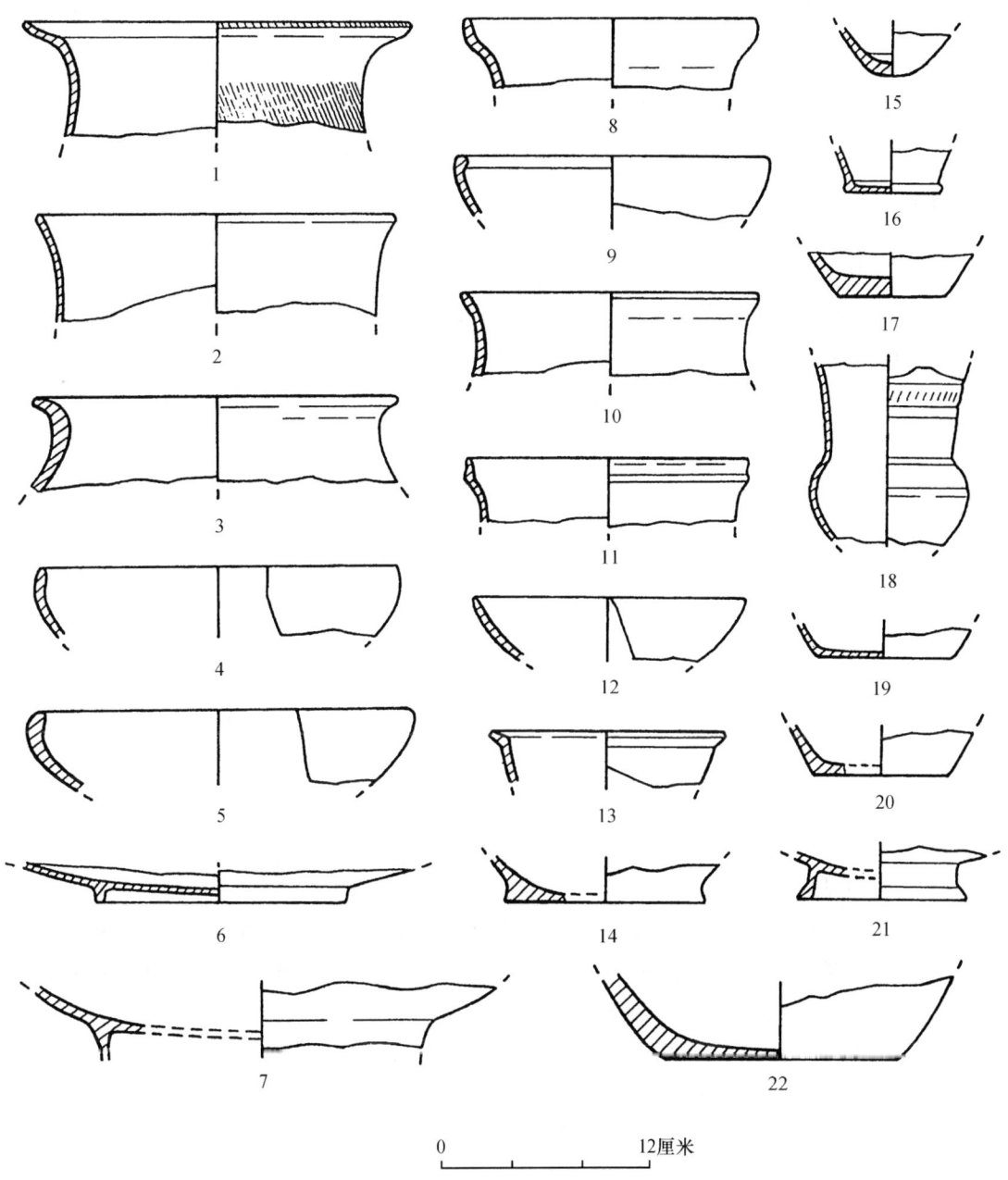

图一三五 T243⑤层、T360⑤层、T363⑤层出土陶器

1. 花边口罐（T363⑤:17） 2. 高领罐（T360⑤:81） 3、10. 束颈罐（T360⑤:82、T360⑤:86） 4、5、9、12、13. 盘口沿（T243⑤:17、T243⑤:19、T243⑤:15、T243⑤:16、T243⑤:21） 6、7、21. 矮圈足（T360⑤:84、T243⑤:23、T243⑤:22） 8、11. 盘口罐（T360⑤:83、T360⑤:85） 14、16、17、19、20、22. 罐平底（T243⑤:24、T243⑤:26、T363⑤:15、T243⑤:30、T243⑤:25、T243⑤:37） 15、18. 尖底器（T243⑤:27、T243⑤:8）

束颈罐　2件。T360⑤:82，侈口，束颈，卷沿，尖圆唇，弧肩已残；素面。口径21、残高5厘米（图一三五，3）。T360⑤:86，泥质灰陶，直口外弧，矮颈下束，方圆唇，溜肩已残；素面。口径17.6、残高4.8厘米（图一三五，10）。

盘口罐　2件。T360⑤:83，泥质褐陶，盘口近直，尖圆唇，高弧颈已残；素面。口径17.4、残高4厘米（图一三五，8）。T360⑤:85，泥质灰陶，小盘口近直，尖圆唇，弧颈已残；素面。口径16.3、残高2.8厘米（图一三五，11）。

矮圈足　1件。T360⑤:84，泥质灰白陶，上已残，大圜底近平，下附凸棱状矮圈足；素面。足径14.2、残高2厘米（图一三五，6）。

纹饰标本　1件。T360⑤:88，由竖绳纹和凹弦纹组成切绳纹（图一三九，3）。

27. T363⑤层

标本2件，有花边口罐和罐平底两种器物。

花边口罐　1件。T363⑤:17，夹砂黑陶，浅盘口近直，方圆唇外侧压印锯齿状花边纹，高弧颈下部已残；颈下部饰斜细绳纹。口径22.6、残高6.7厘米（图一三五，1）。

罐平底　1件。T363⑤:15，夹砂黑陶，上部已残，下腹弧内收，平底；素面。底径6.4、残高2.6厘米（图一三五，17）。

28. T364⑤层

只有纹饰标本2件。

纹饰标本　2件。T364⑤:47，泥质灰胎红陶，饰贝纹（图一三六，9）。T364⑤:48，夹细砂红陶，饰交错绳纹（图一三九，7）。

（五）其他遗物

主要是一些探方中扰乱层出土五件标本，可分为铜带钩、铜构件和陶长颈罐、陶盂四种器物。

铜带钩　2件。T381②:1，铜质有墨绿色锈斑，钩头如鸭首状，钩身较长，钩尾如蜻之首，钩柱在钩尾下，钮面扁圆直径小于钩尾；钩尾浮雕状纹饰形象生动。通长4.7、通高1.3厘米（图一四一，1；彩版五，19；图版二六，1）。T386②:1，铜质有绿色锈斑，钩头鸭首状，钩身较短，钩尾如鸭胸脯，钩柱在钩尾下，钩钮扁圆面径小于钩尾；钩首两侧有凹孔如鸭眼。通长4.6、通高1.7厘米（图一四一，2；彩版五，16；图版二六，2）。

铜构件　1件。T381②:2，铜质有绿色锈斑，扁弧铜片，上、下皆残，近梯形，凹弧面有凸钮，但也已残；弧面有阴刻花纹。残长4.1、残宽1.3、厚0.25厘米（图一四一，3）。

长颈罐　1件。T246②下:1，泥质红胎黑陶，直口，小平沿，方圆唇，高直颈，弧肩微鼓，弧腹内收近平，大平底；肩、腹之间饰两周凹弦纹。口径11.2、底径12、高19.2厘米（图一四一，5）。

陶盂　1件。T1①:1，泥质灰陶，侈口，束颈，卷沿，方圆唇，粗颈，弧折腹内收，平底稍残；颈下部两周模糊凹弦纹。口径15.6、底径8、高6.6厘米（图一四一，4；图版一九，1）。

第五章　周代时期的遗存　　175

图一三六　周代陶器贝纹纹饰拓片

1. H41:39　2. H41:36　3. T24⑤B:51　4. H42:1　5. H44:1　6. T23⑤:35　7. T23⑤:34　8. H41:46　9. T364⑤:47
10. H41:35　11. H41:45　12. H41:41

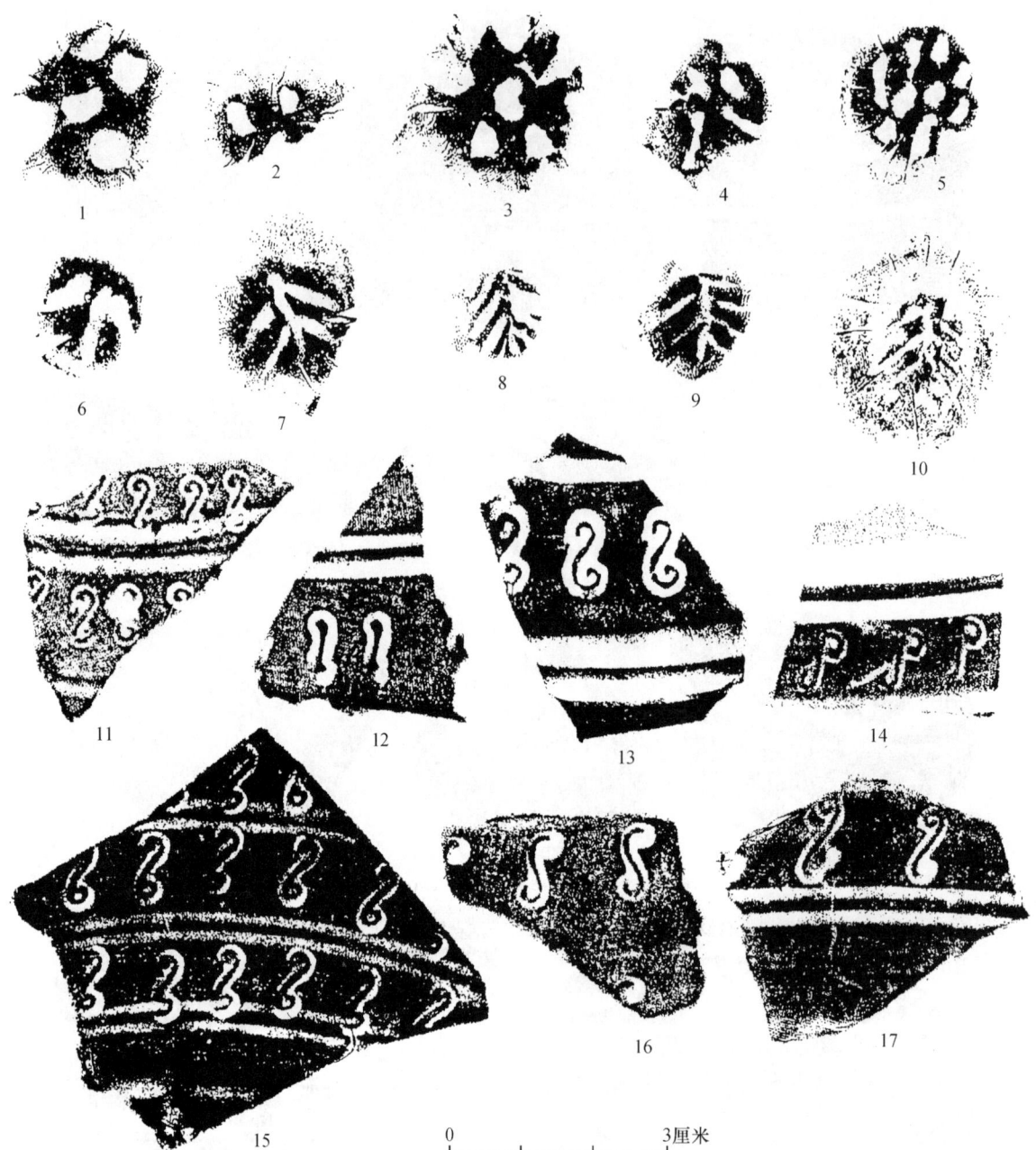

图一三七　周代陶器纹饰拓片

1~10. 贝纹（T22⑤:28、T22⑤B:31、T23⑤:38、T24⑤B:56、T22⑤B:33、T23⑤:37、T23⑤:36、T24⑤B:53、T24⑤B:55、T24⑤B:54）　11~17. 戳印"S"纹（T22⑤B:35、T22⑤B:34、H41:43、T22⑤B:29、H41:40、T16⑤:45、T22⑤:32）

第五章　周代时期的遗存

图一三八　周代陶器纹饰拓片

1、4~8、10. 戳印纹（H41:34、H44:2、H41:47、T159⑤:16、T26⑤A:22、T238⑤:42、H44:4）　2、9. 附加堆纹（H49:24、M108:08）　3、11. 斜划纹（H41:42、H44:3）

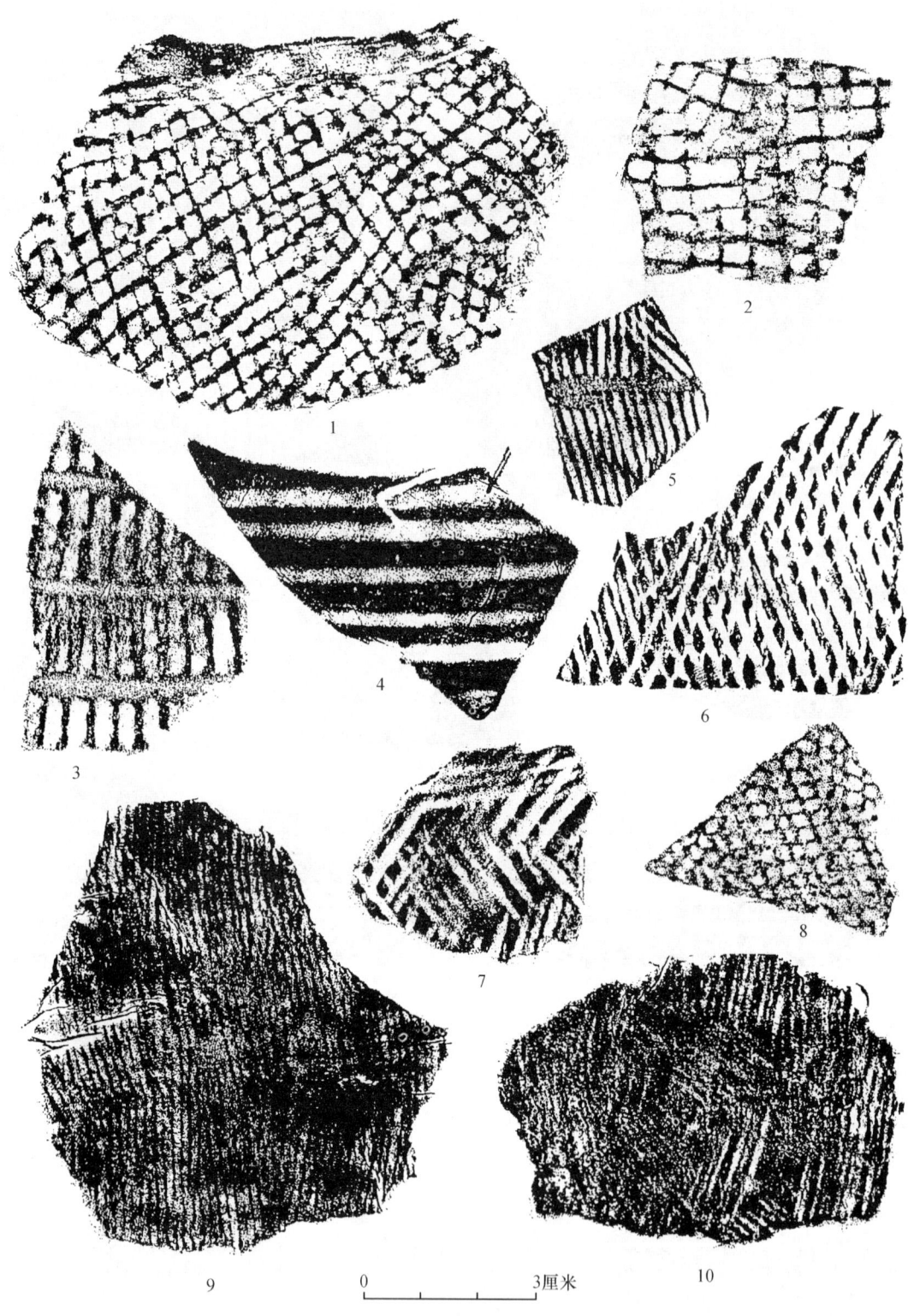

图一三九 周代陶器纹饰拓片

1、2、6、8. 方格纹（H41:38、T26⑤A:19、H41:37、T26⑤A:21） 3. 切绳纹（T360⑤:88） 4. 凹弦纹（H49:26）
5、7. 交错绳纹（H49:25、T364⑤:48） 9、10. 细绳纹（H41:48、H46:1）

图一四〇　周代陶器纹饰拓片

1. 斜划纹（T36⑤:14）　2. 波浪纹（T238⑤:38）　3. 戳点纹（T22⑤B:30）　4. "米"字纹（T159⑤:15）　5. 竖划纹（T26⑤A:20）　6. 篦点纹（T22⑤B:36）

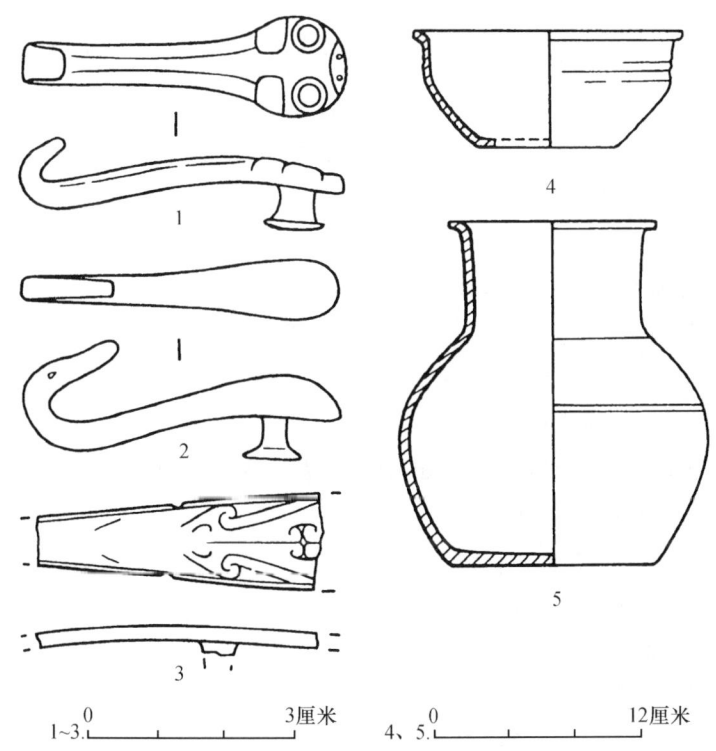

图一四一　采集周代遗物

1、2. 铜带钩（T381②:1、T386②:1）　3. 铜构件（T381②:2）　4. 陶盂（T1①:1）　5. 陶长颈罐（T246②下:1）

三、小　　结

红庙岭遗址的"周代遗存",包括前述 1 条灰沟、20 个灰坑和 66 座墓葬,共 87 个"遗迹单位";也包括各探方的 28 个"地层单位",以及各探方扰乱层中出土的 5 件周代遗物。

由于周代这 66 座土坑墓中,有 55 座墓的随葬器物,可以和"夏商时期"的 M3 和"秦、西汉时期"的一批土坑墓的随葬器物一起统一分类、分型和分亚型,而且还可以对同一类型的器物进一步分式,并已制成"附表一"排列出这批土坑墓的相对早晚关系。也由于在分别介绍这 55 座有随葬器物的土坑墓时,已在每一墓的"年代推断"中指出每件随葬器物的种类和型式。所以,据"附表一,这里不再重复周代墓葬随葬器物的种类和型式的认识。

前述各探方扰乱层出土的 5 件周代遗物,推测都是被扰乱破坏后的周代墓葬的随葬品,虽然这些器物没有参加"附表一"的排队,但参考附表一的器物种类和型式的划分,而可认为:

T381②:1 这件铜带钩,属战国晚期的Ⅲ式带钩。

T386②:1 这件铜带钩,属战国中期的Ⅱ式带钩。

T381②:2 这件铜构件,其花纹与战国中期的 M85:1 的铜镈上的花纹相似,相对年代可能相当于东周的战国中期。

T246②下:1 这件长颈罐,属春秋晚期的EⅠ式罐。

T1①:1 这件陶盂,属战国中期的AⅤ式盂。

下面进一步分析 9 个灰坑和 28 个"地层单位"出土的生产工具和生活用品的种类和型式。

（一）陶、石质生产工具的种类和型式

周代出土的陶、石质生产工具仅 29 件标本,可分为打制石器、石斧、小石锛、石楔、雕凿器、石镞、残石器和陶纺轮八种器物。未见夏商时期的石锚、石矛、有孔石铲、石杵和石圆饼状器;而石镞则是新出现的器物。

打制石器　仅打制石斧 1 件。T27⑤B:3。

石斧　2 件。分属 Aa 和 Ac 亚型：

AaⅢ式：弧刃中厚体。1 件。T15⑤:15。

AcⅡ式：弧刃扁薄体。1 件。H41:5。

未见夏商时期的 Ab 型（弧刃特厚体）、B 型（平刃）和 C 型（斜刃）这三种石斧。

小石锛　7 件。分属 AⅡ式和 BⅡ式：

AⅡ式：平刃或平刃稍弧。5 件。T15⑤:6、T243⑤:3、T243⑤:4、T243⑤:5、T243⑤:6。

BⅡ式：斜刃。2 件。T15⑤:3、H41:6。

石楔　2 件。分属 AⅢ式和 BⅡ式：

AⅢ式：两面刃对称。1 件。H41:7。

BⅡ式：两面刃不对称。1 件。T243⑤:14。

雕凿器　4 件。分属 AⅡ式和 BⅢ式：

AⅡ式：圭形。1 件。T27⑤B:8。

BⅢ式：长条形单头有刃。3 件。T15⑤:4、T174⑤A:1、T22⑤A:38。

石镞　1 件。T16⑤:7。

残石器　4件。都属 C 型。

C 型　薄体。4件。T26⑤:2、T27⑤B:1、T126⑤:12、H37:1。

未见夏商时期的 A 型（特厚体）和 B 型（厚体型）这两种残石器。

陶纺轮　8件。分属 AⅡ式、BⅡ式、DⅠ式和 EⅡ式：

AⅡ式：薄体两面平，斜边。2件。H49:1、T243⑤:2。

BⅡ式：厚体两面平，斜边。4件。T27⑤B:2、H41:2、H41:3、G4:5。

DⅠ式：薄体两面平，直边型。1件。H41:4。

EⅠ式：顶面小于底面，弧边。1件。H41:1。

未见夏商时期的 C 型（角边型）和 F 型（弧面型）纺轮。

上述 8 种生产工具，总共才 29 件。与夏商时期的 12 种生产工具共 69 件标本相比，无论是从种类、型式和数量，都明显减少。但在实践和研究苏秉琦先生创立的"类型学说"后，我们已可知红庙岭遗址的古代居民，在周代还增加了一批在夏商时期还是"流动型家庭"的古代巴人，那么是什么原因，使得红庙岭遗址的周代居民所使用遗留下来的生产工具，无论是从种类和型式，还是从数量上都明显少于夏商时期的红庙岭居民呢？

实际上，前述那些陶、石质生产工具的种类被淘汰和数量明显减少的原因，与我国境内的人类社会从"奴隶社会"发展为"封建社会"后，更广泛地使用铜、铁质的生产工具有关。

虽然红庙岭遗址在周代的灰坑和地层单位中都没有发现铜、铁质的生产工具，但在前述周代墓葬中，春秋晚期的 M116 在填土中就已出土铁斧，战国中期的 M106 随葬铁刻刀等 2 件铁器，战国晚期的 M19 和 M133 都分别随葬铁斧，M133 还随葬铁凿、铁刻刀和铜镞。由于红庙岭遗址在"夏商时期"的 M3 和 M7 都随葬石质生产工具或加陶质生产工具，所以，从出土铜、铁质生产工具的这些周代墓葬中，可说明红庙岭遗址的周代居民已使用铜、铁质生产工具，并已逐渐淘汰一些陶、石质生产工具。

（二）陶质生活用品的种类和型式

周代 1 条灰沟、20 个灰坑和 28 个"地层单位"出土的陶质生活用品共有 171 件标本，可分高领罐、矮颈罐、束颈罐、盘口罐、折沿罐、花边口罐、高领瓮、鬲（口沿和足）、敛口钵、大圈足盘、盘口沿、侈口碗、盆口沿、灯座形器、盘矮圈足、碗矮圈足、高圈足、罐平底和新出现的小釜、尖底器、器把等 21 个种类。

下面分类介绍每种器物的型式和标本号：

高领罐　也简称 A 型罐，24 件。可分 a、b、c、d、e 五个亚型；由于夏商时期的高领罐也有 a、b、c、d 四个亚型，所以周代这四个亚型都属于Ⅱ式。

AaⅡ式：仍是弧颈，口沿外卷，近似喇叭口。8 件。分别是：T22⑤B:11、T24⑤B:27、T24⑤B:30、T158⑤A:23、T158⑤B:27、T243⑤:33、T243⑤:35、T243⑤:36。

AbⅡ式：也是弧颈，口沿外斜。5 件。标本号是：T24⑤A:25、T26⑤A:12、T173⑤:14、H9:1、H49:10。

AcⅡ式：弧颈近直。2 件。T15⑤:62、T360⑤:81。

AdⅡ式：弧颈相对较矮、小。7 件。分别是 T22⑤:12、T23⑤:11、T24⑤B:32、T24⑤B:33、T173⑤:13、T243⑤:38、H48:1。

AeⅠ式：直颈外斜。2 件。T238⑤:34、T16⑤:24。

矮颈罐　简称 B 型罐，2 件。也分 a、b 两个亚型，因夏商时期的标本为 I 式，周代的标本属 II 式。

BaⅡ式：圆唇外卷，矮弧颈。1 件。T159⑤：11。

BbⅡ式：矮颈外斜。1 件。T16⑤：22。

束颈罐　简称 C 型罐，47 件。仍分 a、b 两个亚型，并都是 II 式。

CaⅡ式：高弧颈微束，溜肩。20 件。标本号为：T16⑤：23、T22⑤：9、T22⑤B：13、T23⑤：15、T23⑤A：17、T23⑤A：18、T24⑤B：34、T24⑤B：35、T35⑤：2、T159⑤：10、T180⑤：2、T243⑤：34、T360⑤：86、H13：2、H48：2、G4：4、H22：1、H30：1、H41：9、H41：13。

CbⅡ式：矮弧颈内束，弧肩。27 件。标本号是：T15⑤：61、T22⑤：8、T22⑤B：15、T22⑤B：16、T22⑤B：17、T23⑤：12、T23⑤：13、T23⑤：14、T23⑤：16、T23⑤A：20、T24⑤A：26、T24⑤B：28、T24⑤B：29、T24⑤B：31、T26⑤A：13、T158⑤A：13、T158⑤A：24、T243⑤：39、T360⑤：82、H5：1、H6：1、H47：1、H49：2、H49：4、H49：8、G4：1、H41：8。

盘口罐　简称 D 型罐，17 件。可分 a、b、c 三个亚型；因夏商时期也有这三个亚型，故周代标本属于 II 式。

DaⅡ式：盘口外敞。9 件。分别是 T243⑤：31、T35⑤：5、T126⑤：6、T180⑤：5、T243⑤：12、T243⑤：13、H6：2、H47：2、H49：9。

DbⅡ式：盘口近直。6 件。T158⑤A：16、T173⑤：21、T360⑤：83、T360⑤：85、H21：2、H23：1。

DcⅡ式：盘口微内敛。2 件。T158⑤A：22、T158⑤B：28。

折沿罐　简称 E 型罐，2 件。T36⑤：6、H49⑤：11。皆属 EⅡ式。

花边口罐　简称 F 型罐，4 件。也分 a、b 两个亚型，且都属于 II 式。

FaⅡ式：盘口。2 件。T126⑤：7、T363⑤：17。

FbⅡ式：直口外斜或外弧。2 件。T158⑤B：35、T238⑤：36。

高领瓮　1 件。T26⑤A：11，属 B 型 II 式（直口，尖圆唇无沿，广弧肩）。

未见夏商时期的 A 型（直口，方唇外凸，广弧肩），也未见 C 型（直口，弧肩，深弧腹，凹平底）这两种瓮。

鬲口沿　3 件。可分 A、B 二型：

A 型　矮颈。1 件。T158⑤A：15，因此型夏商时期已有，故此标本属 AⅡ式鬲。

B 型　侈口，束颈，卷沿。2 件。T159⑤：12、T158⑤A：14。因此型夏商时期未见，故都属 BⅠ式。

另有鬲足 1 件，H49：16。此标本圆柱形，平足根，与夏商时期 T151⑥：10 这件扁圆锥形的鬲足不同。T151⑥：10 属 A 型鬲足。

H49：16 属 B 型 I 式鬲足。

敛口钵　1 件。H25：2。未分型式。

大圈足盘　1 件。G4：2。因上、下皆残，未分型式。

盘口沿　15 件。也可分 A、B、C、D、E 五型，且都属于 II 式。

AⅡ式：敞口，无沿。8 件。其中：T34⑤：1、T36⑤：7、T243⑤：16、H48：3、H41：12 这五件标本口径小于 20 厘米，或为豆盘口沿；而 T35⑤：6、H13：1、H48：4 这三件标本口径等于或小于 20 厘米，或为圈足盘口沿。

BⅡ式　敞口，窄沿近平或外斜。2 件。T173⑤：24、T243⑤：21。

CⅡ式：敞口，外折沿。1件。T22⑤B：18。

DⅡ式：敞口，圆唇外凸，口外起凸棱。1件。T35⑤：7。

EⅡ式：敛口，圆唇内卷。3件。T243⑤：15、T243⑤：17、T243⑤：19。

其中，BⅡ式的T173⑤：24、CⅡ式的T22⑤B：18、DⅡ式的T35⑤：7这三件标本口径都大于20厘米，可能都是圈足盘口沿。其余口径都小于20厘米，或者都是豆盘口沿。

侈口碗　1件。T180⑤：6。

未见夏商时期卷沿碗。

盆口沿　8件。只有A、C二型；未见夏商时期的B型（敛口，大盆）的盆口沿。

AⅡ式：敛口，小盆。5件。T158⑤A：21、T243⑤：10、T243⑤：11、T158⑤A：18、T158⑤A：19。

CⅡ式：敞口，小盆。3件。T238⑤：37、T243⑤：9、H50：4。

灯座形器　2件。T22⑤A：10、T23⑤A：19。未分型式。

盘矮圈足　5件。除仍有夏商时期的A、B型外，新出现C型。

AⅡ式：足壁外斜，足根有凸棱。2件。T173⑤：28、H49：3。

BⅡ式：足壁低矮呈凸棱状。2件。T243⑤：23、T360⑤：84。

CⅠ式：足壁近直，足根无凸棱。1件。T27⑤B：15。

碗矮圈足　2件。T173⑤：27、T243⑤：22。未分型式。

高圈足　3件。未见夏商时期的A型（足壁外斜），仍有夏商时期的B型（足根外撇），新出现C型和D型高圈足。

BⅡ式：足根外撇。3件。T126⑤：10、H49：5、H22：2。

CⅠ式：足壁呈细把直筒状。1件。T27⑤B：16足根已残。

DⅠ式：足壁外弧。1件。H41：10。

罐平底　21件。仍有A、B、C型；未见夏商时期的D型（平底内凹如凸棱状假圈足）；但新出现E型罐底。

A型也可分a、b两个亚型：

AaⅡ式：底径等于大于10厘米。3件。T27⑤B：17、T243⑤：37、H21：1。

AbⅡ式：底径小于10厘米；9件。T22⑤B：14、T24⑤A：24、T243⑤：25、T243⑤：30、T363⑤：15、H13：3、H49：14、H50：1、H25：1。

BⅡ式：下腹弧凹或内斜。2件。T27⑤A：14、T158⑤B：37。

CⅡ式：下腹弧凹，近底呈假圈足。6件。T15⑤下：60、T26⑤A：14、T27⑤A：13、T180⑤：7、T243⑤：24、T243⑤：26。

EⅠ式：实心假圈足。1件。H27：1。

小釜　1件。T243⑤：29。

尖底器　6件。其中，T22⑤B：19、T22⑤B：20这两件标本仅剩尖底；T243⑤：27仅剩尖底圜平状；H49：17仅有口颈残块；H49：13和T243⑤：8的口、底皆残，仅剩中部残片。

器把　1件。H48：8。

周代这21种器物，与夏商时期相比，小釜、尖底器和有把器物这三类，是新出现的；其余18种器物都见于夏商时期，只是每一类的型式又有所变化而已，其中型和亚型的变化，每一类都已顺便指出，式的变化，这里暂略。而需进一步指出的是，夏商时期的平底杯和小碟这两种器物，红庙岭遗址在周代已没有发现。

关于红庙岭遗址的周代陶系，虽然第一、二次发掘的简报和第三次发掘的简报中都附有统计表，但是，由于这两个简报的统计数据，其第二期的陶系都包括一些探方第④层的标本。所以，这里又以上述 171 件标本，制成"周代陶质生活用品种类数量及陶系统计表"（附表三）。

据附表三，可知红庙岭遗址在周代的 171 件陶质生活用品中：

陶色以黑陶为主，共 57 件占 33.33%；次为灰陶，44 件占 25.73%；红陶 40 件，占 23.39%；褐陶 28 件，占 16.37%；最少是黄陶，仅 2 件，占 1.18%。

陶质则以泥质陶为主，共 96 件，占 56.14%。夹砂夹草末的杂质陶共 75 件，占 43.86%。

关于这 171 件标本的陶器纹饰，也统计如下：

素面 110 件，占 64.3%

绳纹 23 件，占 13.5%

弦纹 12 件，占 7.0%

方格纹 12 件，占 7%

凸棱纹 8 件，占 4.7%

压印花边纹 4 件，占 2.3%

戳印纹 1 件，占 0.6%

划纹 1 件，占 0.6%

另外，又有 56 件纹饰标本，主要纹饰有：

贝纹　22 件。其中点状贝纹 7 件；叶脉状 15 件。

点状贝纹 7 件的标本号为：T22⑤:28、T22⑤B:31、T22⑤B:33、T23⑤:34、T23⑤:38、T24⑤B:56、H41:46。

叶脉状贝纹 15 件的标本号是：T23⑤:35、T23⑤:36、T23⑤:37、T24⑤B:51、T24⑤B:53、T24⑤B:54、T24⑤B:55、T364⑤:47、H41:35、H41:36、H41:39、H41:41、H41:45、H42:1、H44:1。

戳印纹　15 件。其中小戳子的花纹各异：

戳印"S"纹或变形"S"纹　7 件。T16⑤:45、T22⑤:29、T22⑤:32、T22⑤B:34、T22⑤B:35、H41:40、H41:43。

戳印篦点纹　2 件。T22⑤B:36、H41:47。

戳印曲线纹　3 件。H41:34、H44:2、H44:4。

戳印曲弧加点纹　3 件。T159⑤:16、H41:14、T238⑤:42。

附加堆纹　3 件。T26⑤A:22、T36⑤:14、H49:24。

划纹　3 件。T22⑤B:30、T26⑤A:20、T238⑤:38。

弦纹或加短划纹　3 件。H41:42、H44:3、H49:26。

绳纹　5 件。T360⑤:88、T364⑤:48、H41:48、H46:1、H49:25。

方格纹　4 件。T26⑤A:19、T26⑤A:21、H41:37、H41:38。

印纹硬陶　1 件。T159⑤:15，拍印双线米字纹。

需要说明的是：无论是前述 171 件器物标本，还是上述 56 件纹饰标本，每一件标本的纹饰，有的是多种纹饰的组合，这里只论述其中一种主要纹饰。

第六章 秦、西汉时期的遗存

一、概　述

红庙岭遗址秦至西汉时期的文化遗存主要包括各探方第④层和第③层各"地层单位"和开口③层下的"遗迹单位"，也包括开口①、②层下的一些"遗迹单位"。只是开口①、②层下打破生土的"遗迹单位"并不是全属秦至西汉时期的文化遗迹，而是有的更早，有的更晚。如前所述，周代就有一批开口②层下打破生土的墓葬，因随葬周代遗物而被认为是周代的墓葬。而第十章将要介绍的"模糊遗存"，则是开口①或②层下，但又没有遗物可供断代分析的遗迹，也包括一些难以断代的遗物。

由于不少探方都不存在第③层这一堆积，所以，可认为秦至西汉时期的文化遗存其分布范围已没有周代文化遗存广泛。

各探方的第③层，都是土质较松的灰黑土夹红烧土点；但在海拔130米的一批探方中，④层又可分为A、B、C三个小层，其中④A层为黄灰土夹白沙点，④B层为黄褐土夹红烧土点，④C层为黑褐土。

各探方的第③层，为较湿的黑色土，主要分布在海拔130米、135米和144米的探方中。

二、文化遗存

包括遗迹和遗物。

遗迹包括1条灰沟、6个灰坑和47座墓葬。

遗物除了这些"遗迹单位"出土的标本外，还有47个"地层单位"的出土遗物，以及一些探方①、②层中的45件标本。

下面从灰沟、灰坑、墓葬、地层单位和其他遗物五个方面分别叙述。

（一）灰　沟

仅G7一条灰沟。

位置：经过T159、T160、T161、T162、T163和T165六个探方。

层位关系：开口②层下，打破③层至④层；被M36、M42、M51打破。

形制大小：平面呈人字形，自南往北又自西往东流向，弧壁，圜底。长660、宽70～115、深30厘米（图一四二）。

填土与标本：填土灰黑色，含木炭灰烬和红烧土块。标本2件，为石楔和陶纺轮。

石楔　1件。G7:1，较厚长方形，通体磨光，平刃两面磨制且对称。长5.4、宽2.8、厚1.6厘米（图一四〇，12；图版三一，5）。

陶纺轮　1件。G7:2，泥质红陶，薄体两面平，斜弧边；素面。面径3.4、底径3.6、厚0.8厘米（图一四〇，9；图版三九，6）。

用途似为引水沟。

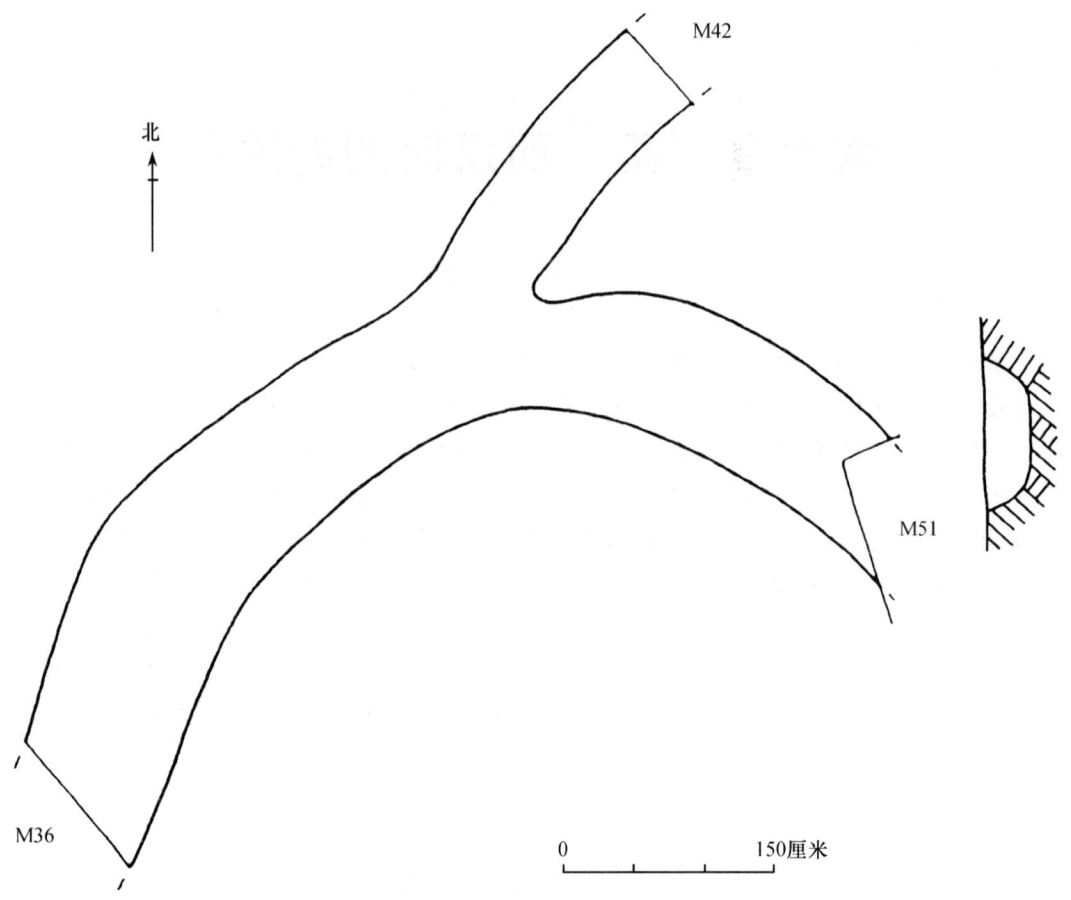

图一四二 G7 平、剖面图

（二）灰　　坑

1. H2

位置：在 T8 东南部。

层位关系：开口①层下，打破④层。

形制大小：长方形，近直壁，平底。长 76、宽 60、深 24 厘米（图一四三，1）。

填土与标本：填土较纯，为黄褐色沙质土。标本仅盘口罐 1 件。

盘口罐　1 件。H2∶1，泥质黄陶，盘口近直，尖圆唇，弧颈已残；素面。口径 15.6、残高 2.8 厘米（图一四五，5）。

用途推测：似积沙坑。

2. H20

位置：在 T23 西部至 T24 东隔梁内。

层位关系：开口②B 层下，打破③、④层至生土。

形制大小：近椭圆形，直壁，平底。长径 120、宽 90、深 40 厘米（图一四三，3）。

填土与标本：填深灰褐色土。标本仅一件束颈罐。

束颈罐　1 件。H20∶1，夹砂褐陶，直口外卷，尖圆唇，弧颈中束，弧肩已残；素面。口径

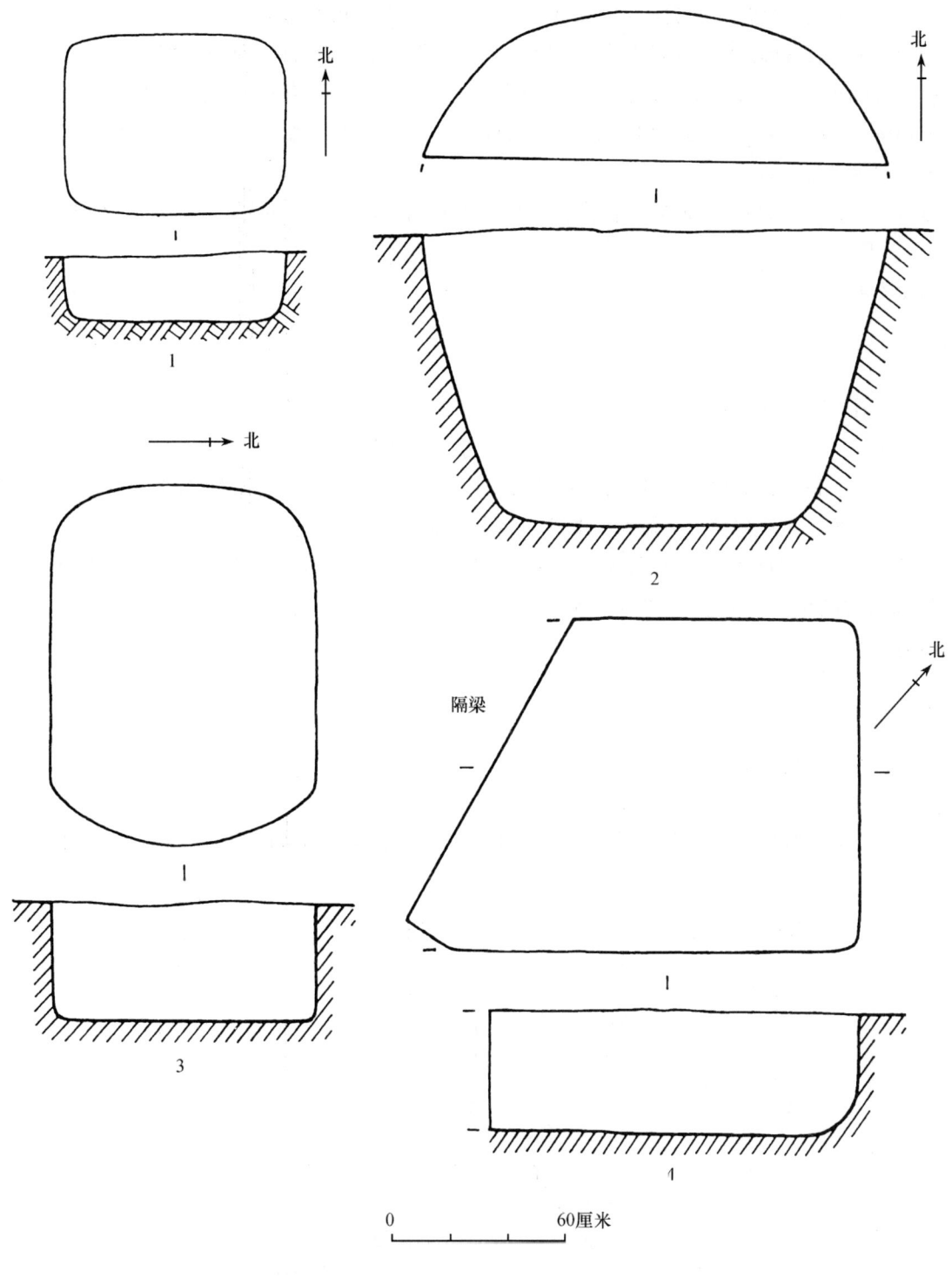

图一四三　H2、H20、H24、H28 平、剖面图
1. H2　2. H28　3. H20　4. H24

13.2、残高 3.2 厘米（图一四五，4）。

用途不明。

3. H24

位置：在 T24 西南角。

层位关系：开口③层下，打破④、⑤A层。部分仍在西部和南部隔梁内。

形制大小：长方形，但未全部揭露，直壁，平底。残长156、宽110、深40厘米（图一四三，4）。

填土与标本：填土深灰褐土，含较多红烧土块。标本2件，为束颈罐和盘口沿。

束颈罐　1件。H24:1，夹砂黑褐陶，直口外卷，矮颈中束，弧肩已残；肩饰绳纹。口径9.2、残高3.6厘米（图一四五，1）。

盘口沿　1件。H24:2，泥质灰白陶，敞口，尖圆唇，浅弧腹，底残；素面。口径17.2、残高4.4厘米（图一四五，7）。

用途不明。

4. H28

位置：在T23和T24的南壁下。

层位关系：开口③层下，打破④层和⑤B层，也打破④层下H30。

形制大小：圆形仅露出一小部分，斜弧壁，平底。口径大于160、深100厘米（图一四三，2）。

填土与标本：填灰褐色土。标本仅1件，为束颈罐。

束颈罐　1件。H28:1，夹砂灰褐陶，侈口，束颈，尖圆唇，弧肩，腹外鼓已残；腹饰竖绳纹。口径15.6、残高6.8厘米（图一四五，8）。

用途不明。

5. H51

位置：在T239南部。

层位关系：开口②层下，打破④层和⑤层，被H52打破。

形制大小：近椭圆形，斜壁，平底。长径160、短径残106、深44厘米（图一四四，1）。

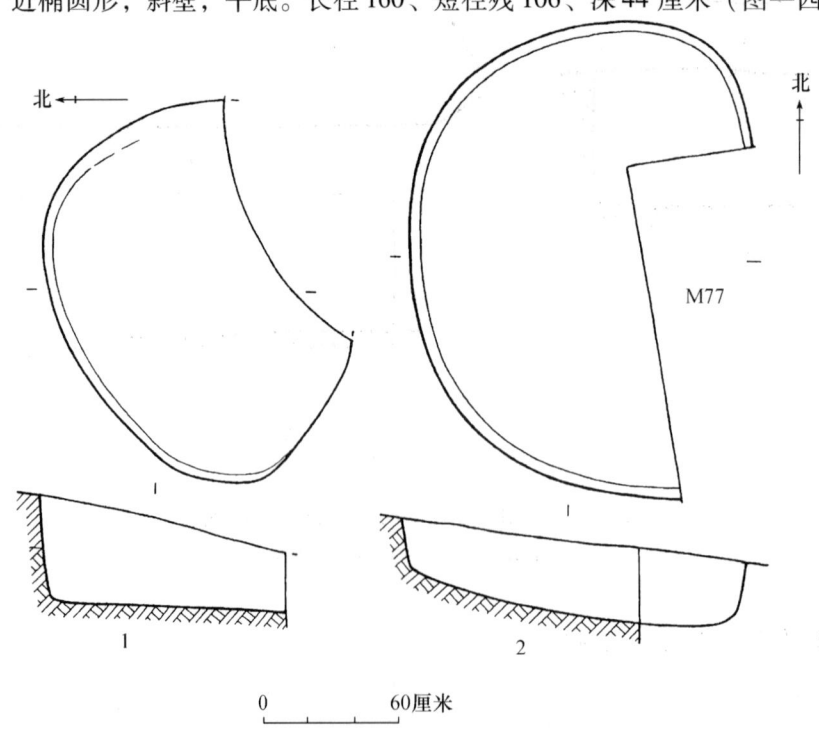

图一四四　H51、H52平、剖面图
1. H51　2. H52

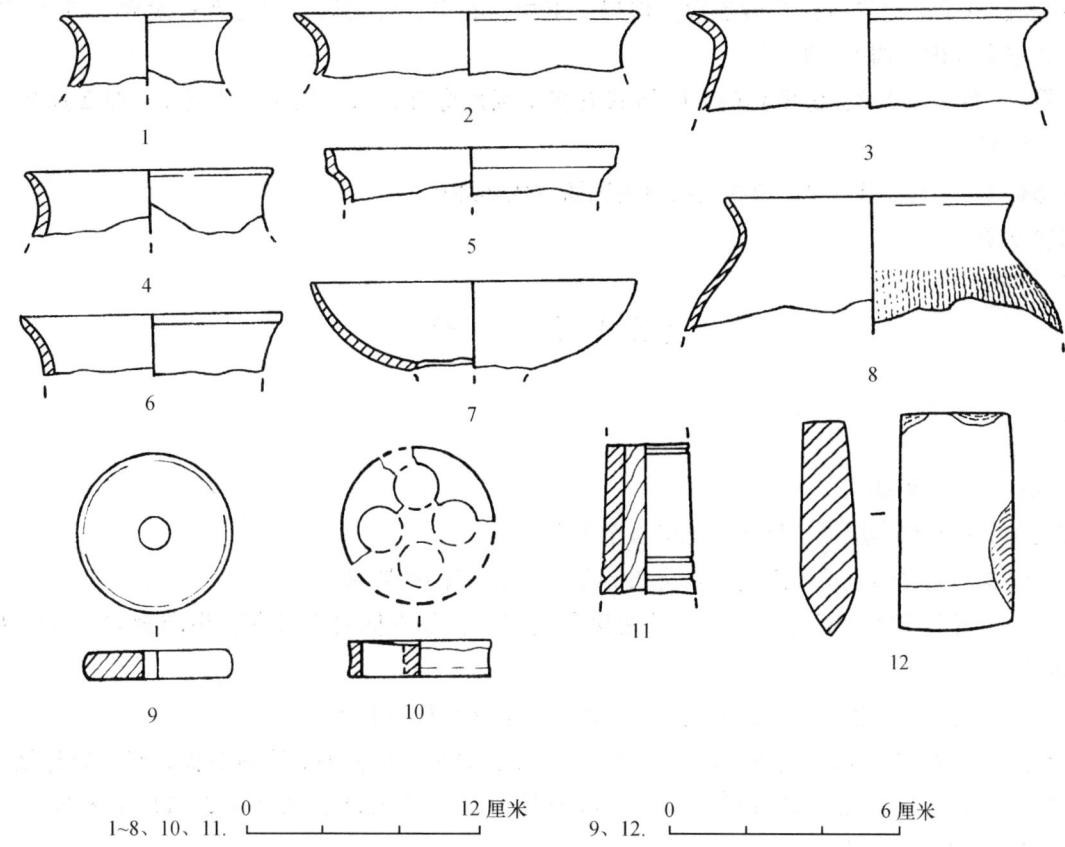

图一四五　G7、H2、H20、H24、H28、H51、H52 出土器物

1~4、8. 陶束颈罐（H24∶1、H52∶1、H51∶1、H20∶1、H28∶1）　5. 陶盘口罐（H2∶1）　6. 陶高领罐（H51∶2）　7. 陶盘口沿（H24∶2）　9. 陶纺轮（G7∶2）　10. 陶甑箅（H52∶3）　11. 陶残豆把（H51∶5）　12. 石楔（G7∶1）

填土标本：填灰黑色土，含零星动物骨头。标本3件，为高领罐、束颈罐和豆把；另有一纹饰标本。

高领罐　1件。H51∶2，夹砂褐陶，直口外弧，小方唇，高弧颈已残；素面。口径13.6、残高3.2厘米（图一四五，6）。

束颈罐　1件。H51∶1，夹砂黑陶，侈口，束颈，卷沿，尖圆唇，溜肩已残；素面。口径19.2、残高5.2厘米（图一四五，3）。

残豆把　1件。H51∶5，泥质黑陶，上下皆残，细筒状上细下稍粗；上部残存一周，下部残存两周深凹弦纹。残高7.6厘米（图一四五，11）。

纹饰标本　1件。H51∶6，饰凹弦纹加变形"S"形戳印纹。

用途不明。

6. H52

位置：在T239南部偏东。

层位关系：开口②层下，打破④层和⑤层，也打破H51；被M77打破。

形制大小：近椭圆形，斜壁，圜平底。口径200×150、底径190×140、深30厘米（图一四四，2）。

填土与标本：填黑色土含草木灰和红烧土。标本2件，为束颈罐和甑箅；另有1件纹饰标本。

束颈罐　1件。H52∶1，夹砂黑陶，侈口，束颈，卷沿，尖圆唇，肩已残；素面。口径17.8、残高3.2厘米（图一四五，2）。

甑箅　1件。H52∶3，泥质褐陶，圆饼状有多个圆形穿孔；未见纹饰。直径8、厚2厘米（图一四五，10）。

纹饰标本　1件。H52∶2，斜绳纹加两周凹弦纹成切绳纹。

用途不明。

（三）墓　　葬

1. M13

位置：在T23东部。

层位关系：开口②层下，打破文化层直至生土。

形制结构：长方形土坑竖穴墓。墓坑长212、宽85、深60厘米。

葬具、人骨与葬式：葬具不明。人骨架保存较好，属单人仰身直肢葬，头南脚北，方向193°（图一四六）。

随葬品：仅1件高领罐，放置墓主脚下。填土中有2件陶片标本。

高领罐　1件。M13∶1，泥质灰陶，直口外敞，窄沿外斜，尖圆唇，高颈微弧，斜广肩外鼓，腹内收，凹平底；腹至底饰交错绳纹，上腹绳纹有抹痕。口径12.8、底径7.2、高18.8厘米（图一五四，5；图版三四，3）。

填土两件标本为高领罐和束颈罐。

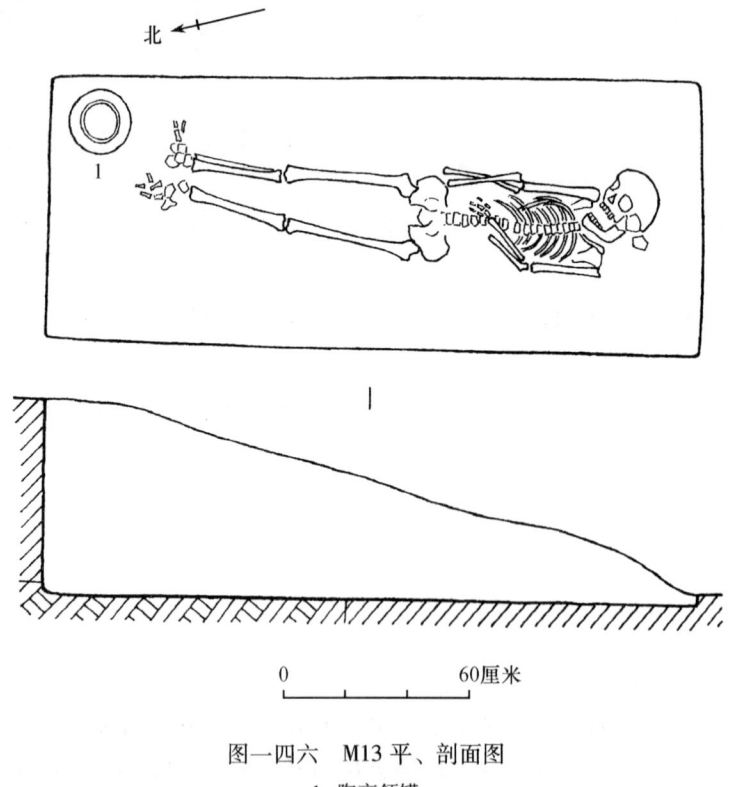

图一四六　M13平、剖面图
1. 陶高领罐

高领罐　1件。M13:03，泥质红胎黑陶，直口外卷，方圆唇外凸，高弧颈已残；颈上有抹绳纹痕。口径18.8、残高3厘米（图一五四，7）。

束颈罐　1件。M13:02，夹草末黑陶，侈口，束颈，卷沿，尖圆唇，弧肩已残；肩饰竖绳纹。口径23.2、残高6.4厘米（图一五四，9）。

年代推断：据附表一，M13:1属AbⅥ式罐，推测M13为西汉后期墓。

2. M16

位置：在T36西南至T35北隔梁内。

层位关系：开口②层下，打破④、⑤层。

形制结构：属长方形土坑竖穴墓。墓坑长220、宽130、深30厘米。

葬具、人骨与葬式：葬具不明。人骨保存较好，为单人仰身直肢葬，头西脚东，方向242°（图一四七）。

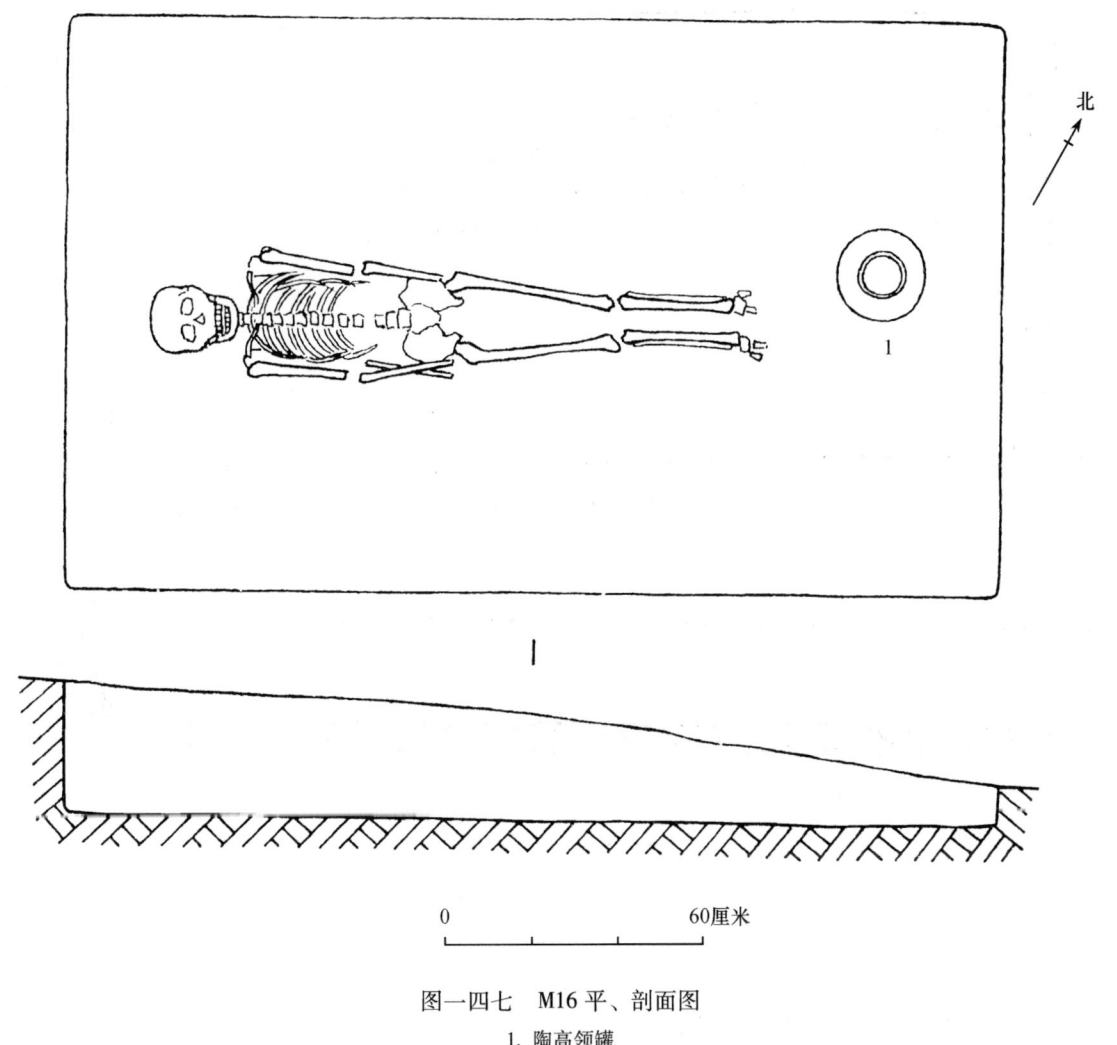

图一四七　M16平、剖面图
1. 陶高领罐

随葬品：仅1件高领罐，放置墓主脚下。

高领罐　1件。M16:1，泥质灰陶，直口，窄沿外斜，尖圆唇，高颈近直，广弧肩外鼓，深腹内收，凹平底；腹至底饰斜绳纹，腹上部绳纹有一周宽带状抹痕。口径13.2、底径8、高23.6厘米

（图一五四，1；图版三四，1）。

年代推断：据附表一，M16:1属AbⅥ式罐，推测M16为西汉后期墓。

3. M18

位置：在T42东部偏南。

层位关系：开口②层下，打破生土，打破M21。

形制结构：属长方形土坑竖穴墓。坑口长248、宽136、底长234、宽107、深27厘米。

葬具、人骨与葬式：葬具不明。人骨已保存不全，葬式为单人仰身直肢葬，头北脚南，正南北方向（图一四八）。

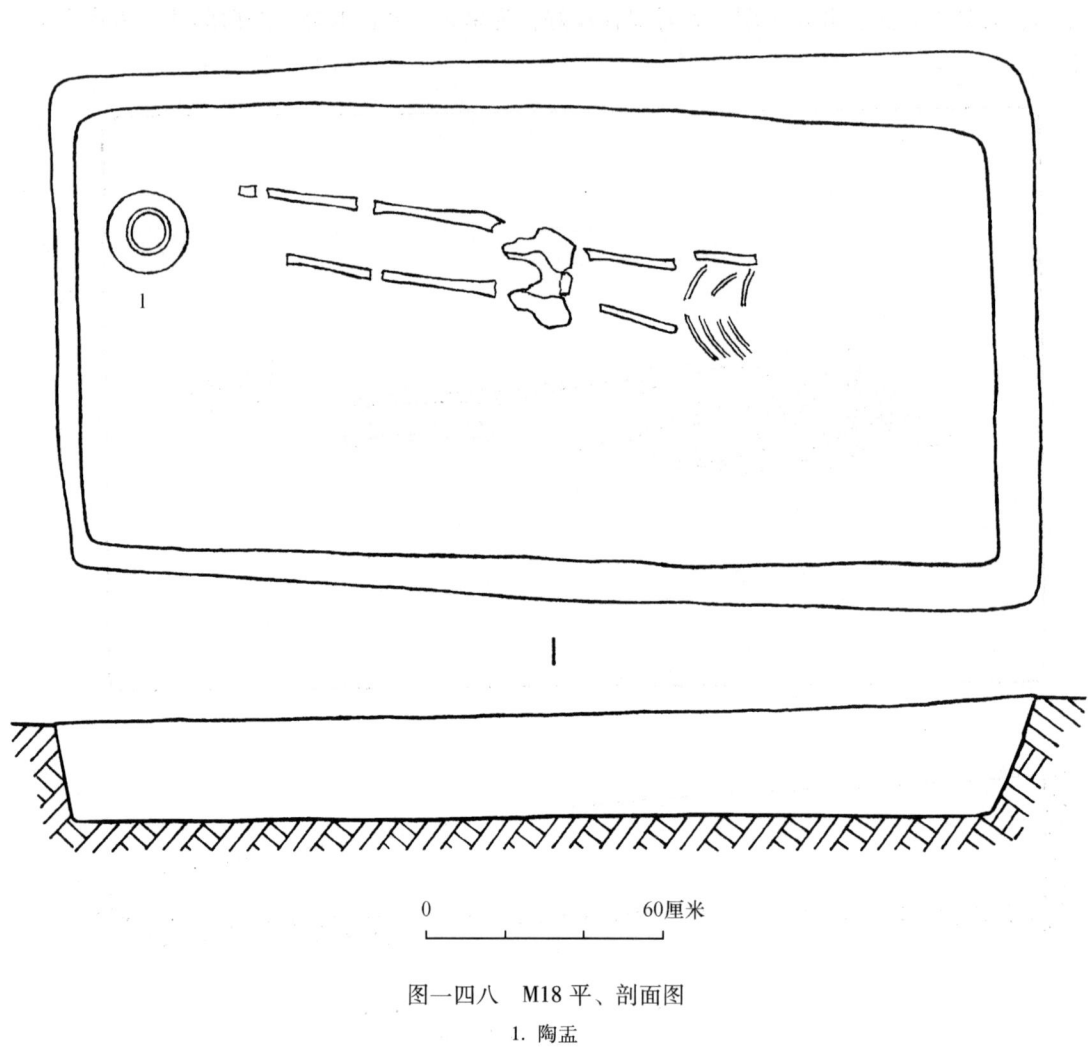

图一四八　M18平、剖面图
1. 陶盂

随葬品：仅1件陶盂，放置墓主脚下。

陶盂　1件。M18:1，泥质红胎黑陶，侈口，束颈，小卷沿，尖圆唇，弧肩外鼓，扁腹内收，平底；肩上一周模糊凹弦纹。口径12、底径8.8、高10.5厘米（图一五四，10；图版三六，3）。

年代推断：据附表一，M18:1属BⅥ式盂，推测M18为秦汉墓。

顺便说明：这里的"秦汉墓"，是指秦代或西汉前期的墓葬。

4. M28

位置：在T38西南角和T37东隔梁内。

层位关系：被③层下F6叠压，打破M32。

形制结构：属长方形土坑竖穴墓。墓坑长96、宽60、深8厘米。这个小墓坑在M32的墓坑西南角，西、南两边与M32的西、南边重合。

葬具、人骨与葬式：葬具不明。人骨已朽不全，但痕迹清晰，属小孩子单人仰身直肢葬，头西脚东，方向282°（图一四九）。

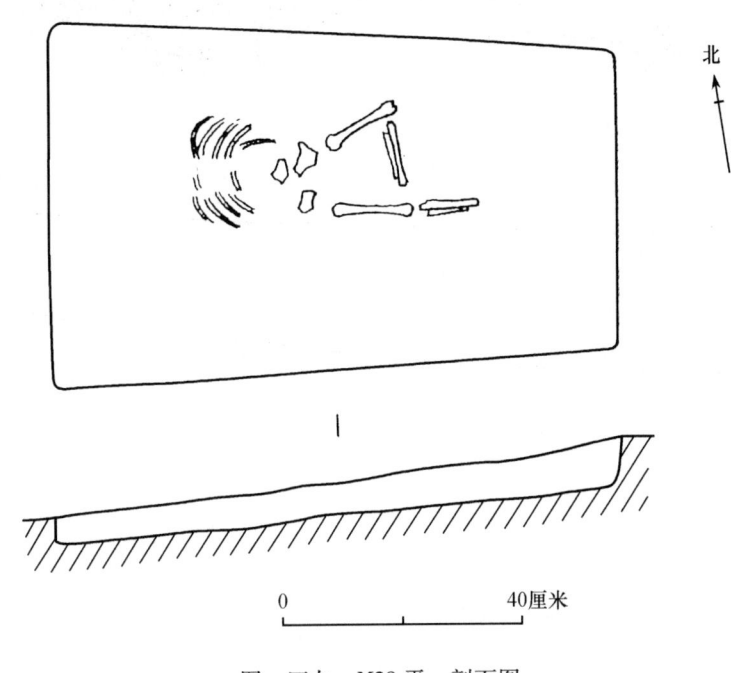

图一四九　M28平、剖面图

随葬品：无。

年代推断：从地层关系与墓坑与M32墓坑西南角重合来分析，M28与M32可能有亲属关系，年代相对晚于M32，但也可能与M32一样同属秦汉时期。

5. M32

位置：在T38西南角至T37东隔梁内。

层位关系：被③层下F6叠压，打破⑤层至生土；又被M28叠压打破。

形制结构：属长方形土坑竖穴墓。墓坑长272、宽130、深130厘米。

葬具、人骨与葬式：葬具不明。人骨保存较好，为单人仰身直肢葬，头北脚南，方向13°（图一五〇）。

随葬品：随葬陶盂和高领罐2件陶器，放置墓主脚下。填土中有1件盘口罐残片。

陶盂　1件。M32:1，泥质灰陶，侈口，束颈，卷沿，方圆唇，弧腹外鼓，扁腹内收，平底；肩饰两周深凹弦纹。口径14、底径9.8、高12厘米（图一五四，3；图版三六，1）。

高领罐　1件。M32:2，夹砂黑陶，直口，小平沿，尖圆唇，高颈，弧肩，深弧腹，凹平底；肩至底饰粗竖绳纹，但肩至上腹又加五周手抹带状弦纹。口径15.6、底径8.6、高22厘米（图一五四，2；图版三二，4）。

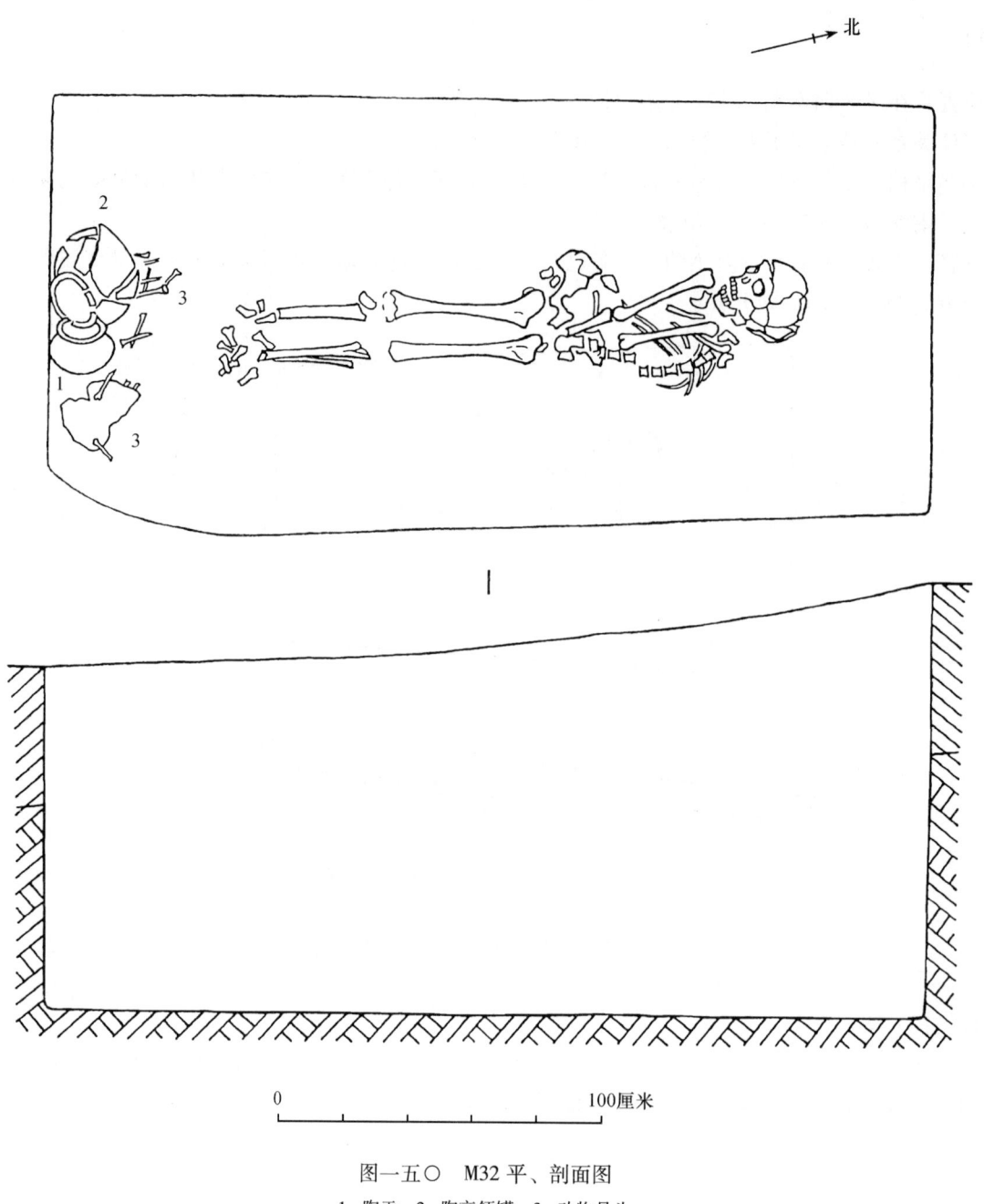

图一五〇　M32 平、剖面图
1. 陶盉　2. 陶高领罐　3. 动物骨头

盘口罐　1件。M32:03，泥质红褐陶，浅盘口外敞，粗高颈已残；素面。口径23.2、残高3.4厘米（图一五四，8）。

年代推断：据附表一，M32:1属BⅥ式盉，M32:2为AbⅢ式罐，推测M32为秦汉墓。

6. M29

位置：在T36北部。

层位关系：被③层下F6叠压，打破⑤层。

形制结构：属长方形土坑竖穴墓。墓坑长94、宽64、深4厘米。

葬具、人骨与葬式：葬具不明。人骨已朽，但痕迹清晰，为小孩子单人仰身直肢葬，头北脚南，方向8°（图一五一）。

随葬品：无。

年代推断：从地层关系，并在M28旁边，推测与M28一样也是秦汉墓。

7. M30

位置：在T36东北部，M29东侧。

层位关系：被开口③层下的F6叠压，打破⑤层。

形制结构：长方形土坑竖穴墓。坑长120、宽70、深52厘米。

葬具、人骨与葬式：有木棺痕。人骨保存较好，为小孩子单人仰身直肢葬，头北脚南，方向357°（图一五二）。

随葬品：无。

年代推断：可能与M28、M29的年代相当，推测M30也是秦汉墓葬。

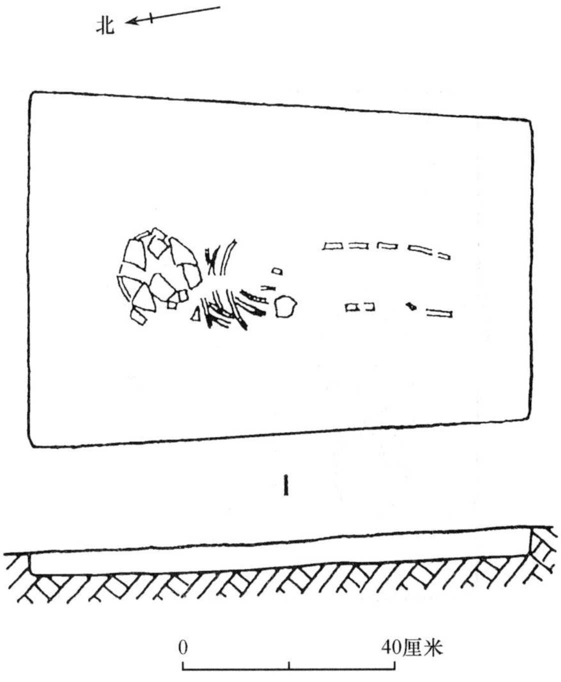

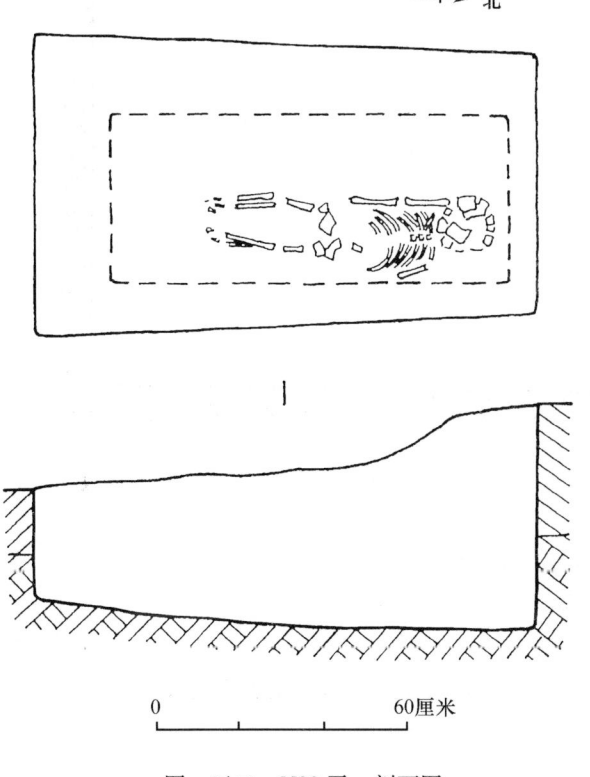

图一五一　M29平、剖面图

8. M33

位置：在T38中部。

层位关系：被开口③层下的F6叠压，打破⑤层至生土。

形制结构：属长方形土坑竖穴墓。墓坑长262、宽130、深128厘米。

葬具、人骨与葬式：葬具不明。人骨多朽已不全，墓主为单人仰身直肢葬，头北脚南，方向355°（图一五三；图版二八，1）。

随葬品：3件。其中，铁剑1件放于墓主右手旁；陶盂和高领罐2件陶器放置墓主脚下。

铁剑　1件。M33:3，铁质朽蚀严重，剑茎木端已残，出土时尚有朽木渣，可能还有木质剑鞘。柳叶形扁茎短剑，剑腊横断面呈菱形，剑茎扁圆形。残长31.6厘米（图一五四，11）。

陶盂　1件。M33:1，泥质灰陶，侈口、束颈，卷沿，方圆唇，斜弧肩外鼓，扁腹内收，平底；肩上部和腹上部各有一周深凹弦纹。口径13.2、底径11.2、高12厘米（图一五四，4；图版三六，2）。

图一五二　M30平、剖面图

高领罐　1件。M33:2，泥质灰陶，直口外斜，厚沿也外斜，方唇则内斜，颈相对较矮，弧肩，弧腹，凹平底；肩下部在两周指抹凹弦纹之间饰竖绳纹，腹至底饰交错绳纹。口径16.5、底径7.6、高18.8厘米（图一五四，6；图版三二，5）。

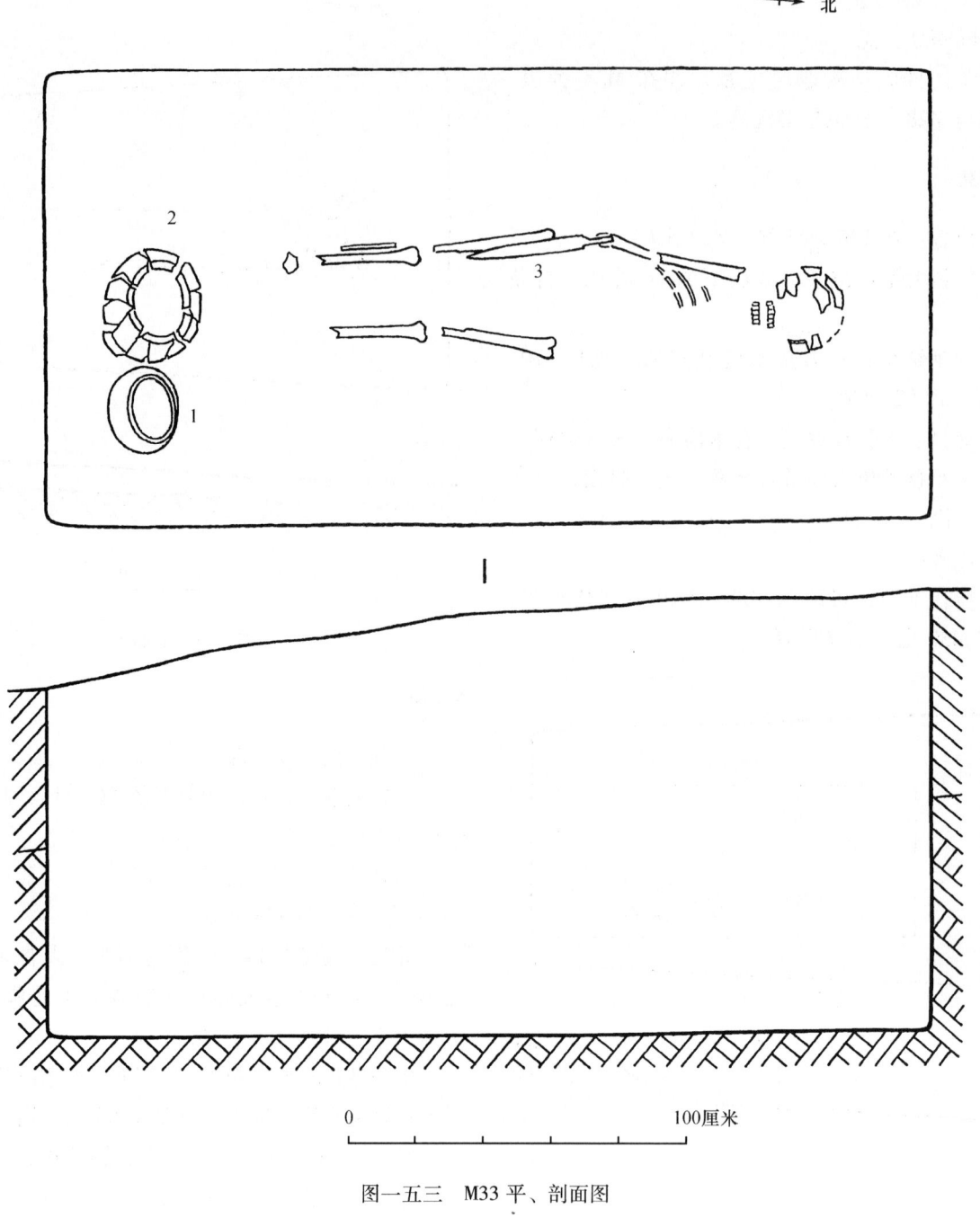

图一五三 M33 平、剖面图
1. 陶盂 2. 陶高领罐 3. 铁剑

年代推断：据附表一，M33:1 为 BⅥ式盂，M33:2 为 AbⅢ式罐，推测 M33 为秦汉墓。

9. M34

位置：在 T181 西北部。

层位关系：开口①层下，打破生土；被①层下 F8 石条打破。

形制结构：属长方形土坑竖穴墓。墓坑长 240、宽 100、深 20 厘米。

葬具、人骨与葬式：葬具不明。人骨架保存较好，为单人仰身直肢葬，头西脚东，方向 312°（图一五五；图版二八，2）。

第六章 秦、西汉时期的遗存　197

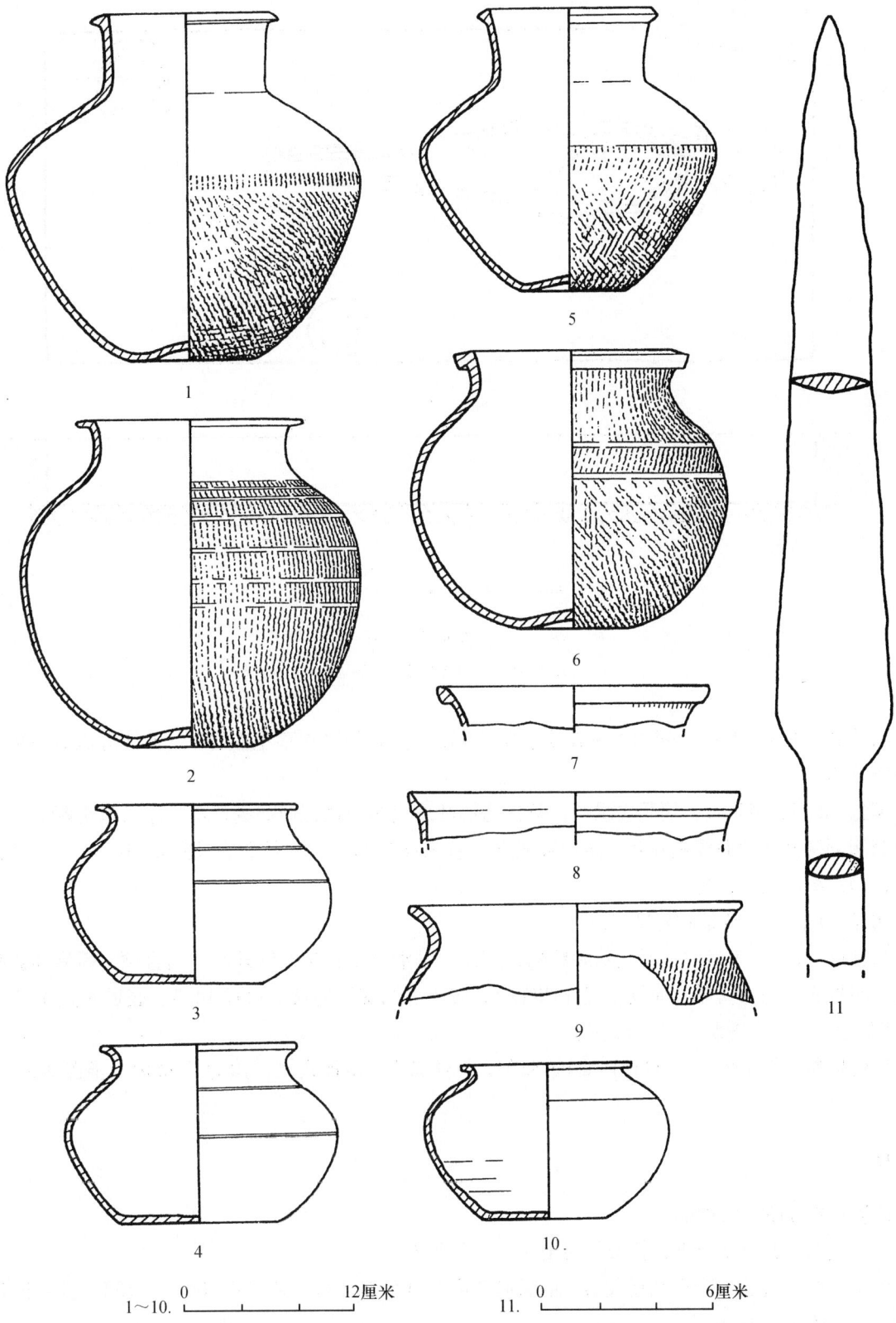

图一五四　M13、M16、M18、M32、M33 随葬品与填土出土陶器
1、2、5~7. 陶高领罐（M16：1、M32：2、M13：1、M33：2、M13：03）　3、4、10. 陶盂（M32：1、M33：1、M18：1）
8. 陶盘口罐（M32：03）　9. 陶束颈罐（M13：02）　11. 铁剑（M33：3）

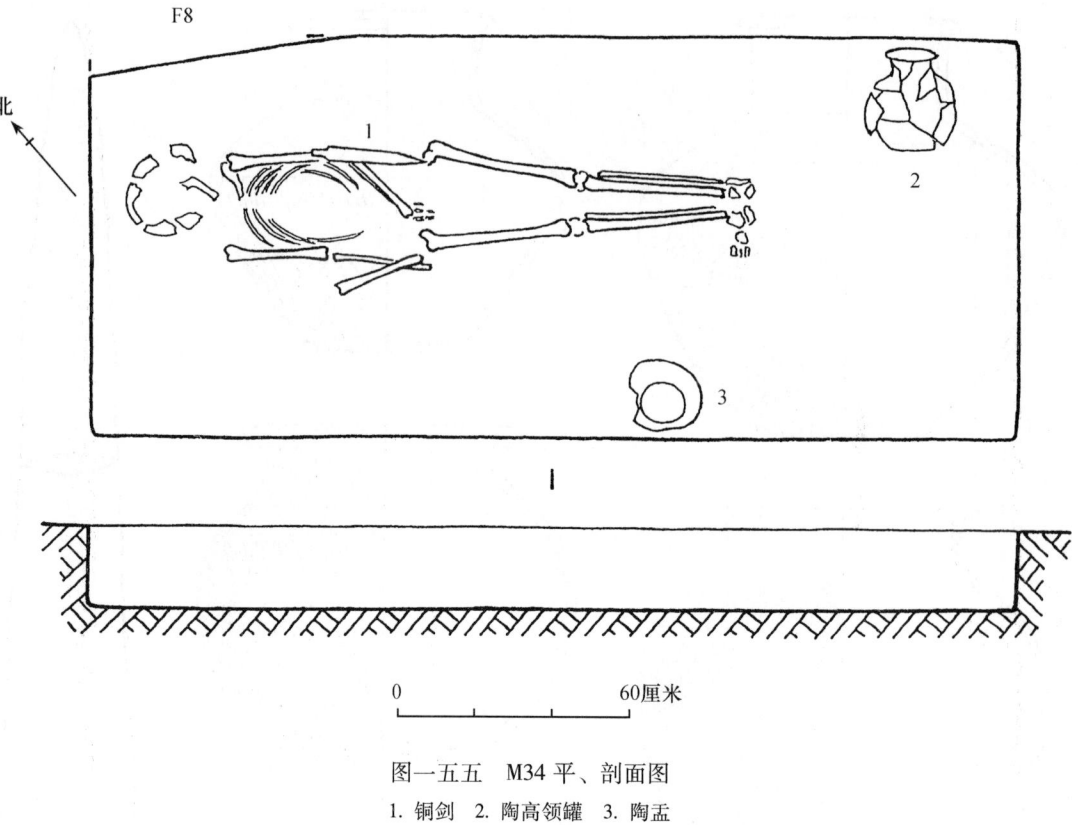

图一五五 M34 平、剖面图
1. 铜剑 2. 陶高领罐 3. 陶盂

随葬品：3件。其中，铜剑1件在墓主左手旁，1件高领罐在墓主左脚下，1件陶盂放在墓主右脚右侧坑边。

铜剑 1件。M34:1，铜质墨绿色，整体为柳叶形扁茎短剑，但此剑似由长蜡长剑折断后，末端去掉两侧剑锷并磨圆而成剑扁茎，茎中部微凹，茎末端为断口。残长26.6厘米（图一六一，8；彩版五，10；图版三八，4）。

陶盂 1件。残破难修复没有编号。

高领罐 1件。M34:2，泥质灰胎黑陶，直口，窄沿外斜，尖圆唇外凸，高直颈，弧肩和弧腹呈球状，凹平底；颈饰模糊竖绳纹，肩饰切绳纹，腹至底饰交错绳纹。口径14.3、底径8、高22.2厘米（图一六一，1；图版三二，3）。

年代推断：据附表一，M34:1属Ba型剑，M34:2属AbⅢ式罐，盂为B型盂，推测M34为秦汉墓。

10. M36

位置：在T159西北角。

层位关系：开口②层下，打破④层至生土；打破G7。

形制结构：属长方形土坑竖穴墓；但墓底西高东低呈斜坡状。墓口长300、宽152、墓底长280、宽140、深80～90厘米。

葬具、人骨与葬式：葬具不明。人骨无存，葬式不详，方向315°。

随葬品：陶器2件，为束颈罐和高领罐，置于坑底低坡处，可能在墓主脚下（图一五六；图版二九，1）。

束颈罐 1件。残碎难修复而未编号。

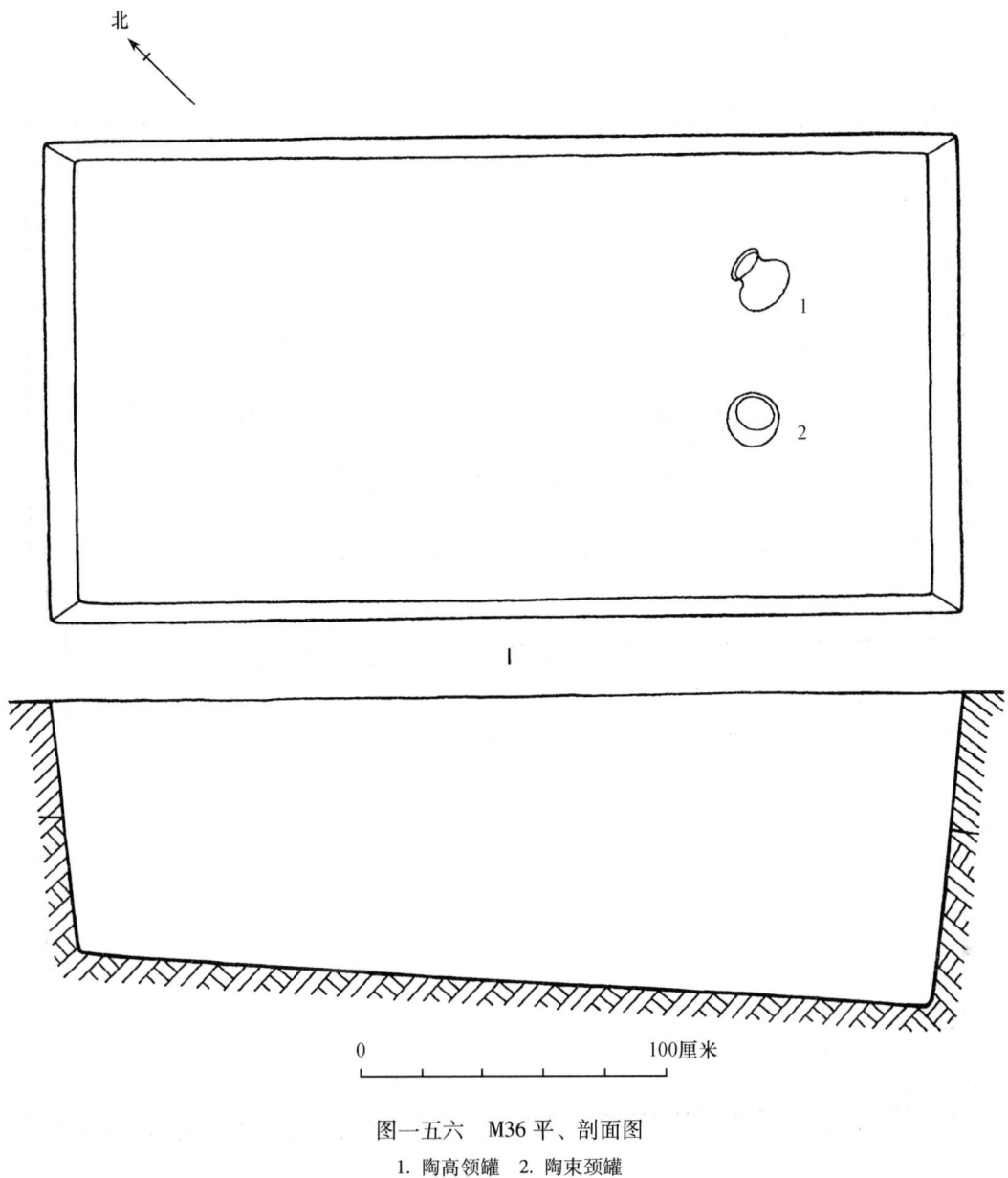

图一五六　M36 平、剖面图
1. 陶高领罐　2. 陶束颈罐

高领罐　1件。M36:1，泥质灰陶，直口，小平沿，尖圆唇外凸，直颈，弧肩，弧腹已残；肩腹饰竖绳纹。口径15.2、残高10厘米（图一六一，6）。

年代推断：据附表一，M36:1 为 AbⅢ式罐，加上 C 型罐，推测 M36 为秦汉墓。

11. M42

位置：在 T162 北部。

层位关系：开口②层下，打破生土；打破 G7。

形制结构：属长方形土坑竖穴墓；在墓坑西北角又放置一块高出坑底 24 厘米的石块。墓坑口长 320、宽 180、墓底长 310、宽 170、深 125 厘米；坑底西北角石块表面平坦，面长 43、宽 16 厘米。

葬具、人骨与葬式：坑底有木棺痕，棺痕外长 218、宽 70 厘米。棺内墓主人骨保存较好，为单人仰身直肢葬，头西脚东，方向 320°（图一五七；图版二九，2）。

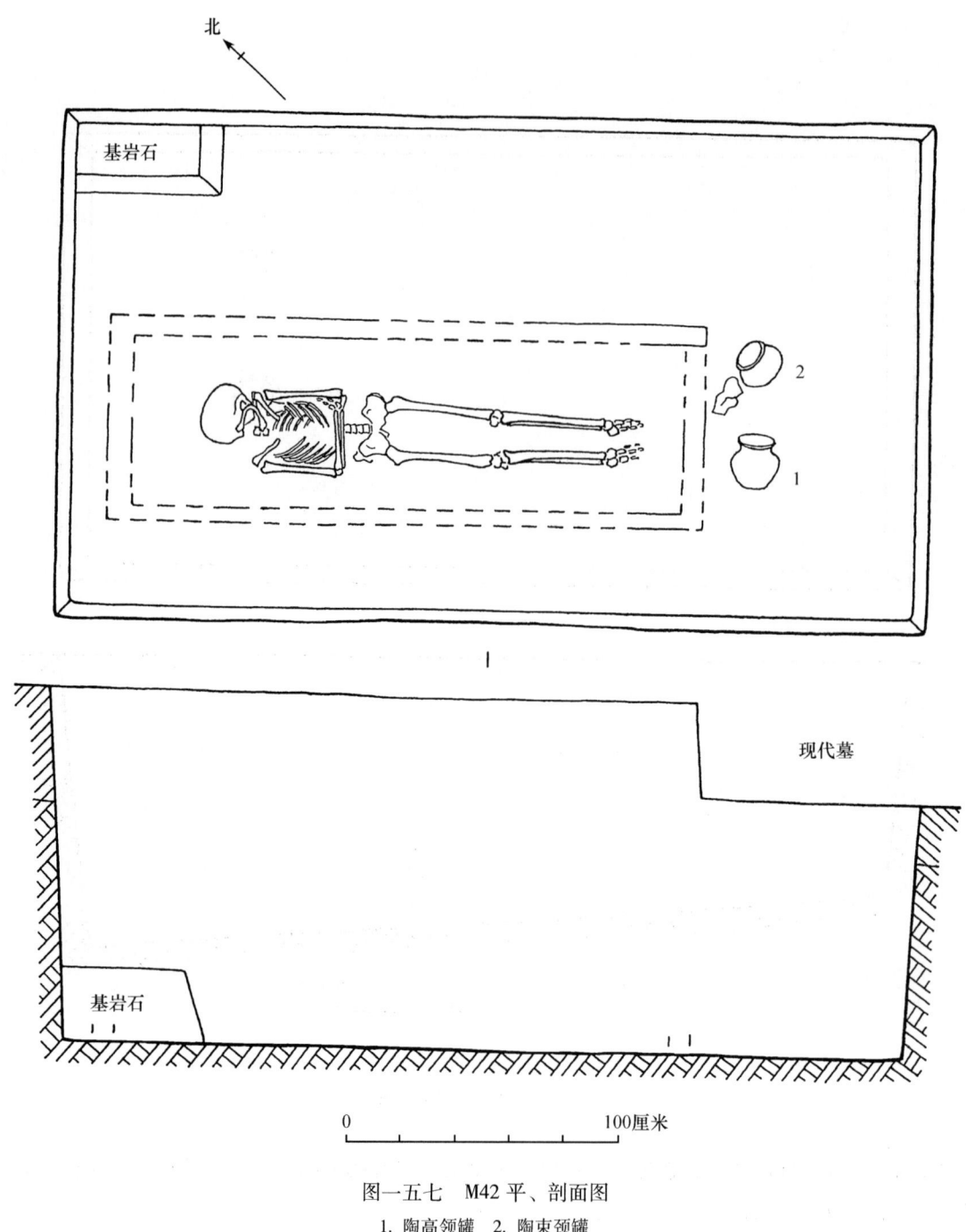

图一五七　M42 平、剖面图
1. 陶高领罐　2. 陶束颈罐

随葬品：除 2 件陶器外，陶器之间还有红漆残片，或者还有已朽漆盒。高领罐和束颈罐 2 件陶器放置棺外墓主脚下。填土中还出土 1 件石网坠。

高领罐　1 件。M42:1，泥质黑陶，直口，窄沿外卷，尖唇，高颈外斜，弧肩，深弧腹，凹平底；腹上部饰竖绳纹，下部至底饰斜绳纹。口径 12.8、底径 8、高 18.6 厘米（图一六一，2；图版三二，2）。

束颈罐　1 件。M42:2，泥质灰陶，直口，小平沿，方圆唇，矮束颈，弧肩外鼓，深腹内收，平底；肩上部一周凹弦纹，肩至腹上部又饰竖粗绳纹。口径 12、底径 9.6、高 17.6 厘米（图一六一，5；图版三四，4）。

石网坠　1件。M42:03，石质褐色砂岩，形如石锚通体小，椭圆形砾石中间琢出一周凹槽。上半部又琢出半周垂直凹槽。长径5.8、宽径3.9、厚3.4厘米（图一六一，7）。

年代推断：据附表一，M42:1为AbⅡ式罐，M42:2属CbⅢ式罐，推测M42为秦汉墓。

12. M44

位置：在T181西南部。

层位关系：开口①层下，打破生土，也打破M45。

形制结构：属长方形土坑竖穴墓。墓坑长200、宽100、深14厘米。

葬具、人骨与葬式：葬具不明。人骨无存，葬式不详。方向45°。

随葬品：陶器2件，放置墓底东南部。但都已风化严重，难以辨识其种类，故没有编号（图一五八）。

年代推断：因有随葬陶器，可能为汉墓。

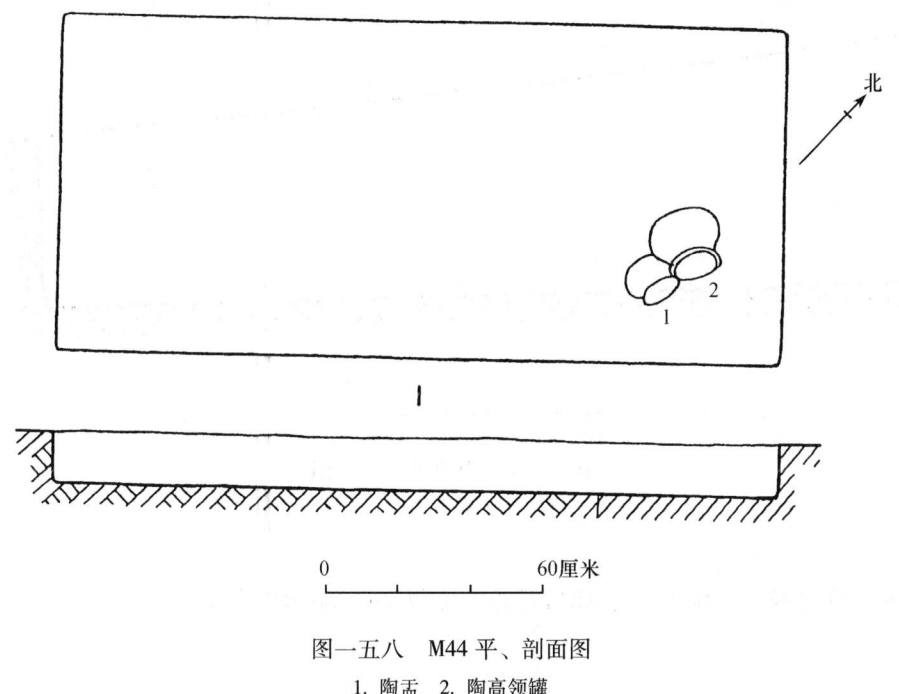

图一五八　M44平、剖面图
1. 陶盂　2. 陶高领罐

13. M47

位置：在T239北部。

层位关系：开口②层下，打破生土；打破M52。

形制结构：属长方形土坑竖穴墓。墓坑长220、宽118、深60厘米。

葬具、人骨与葬式：葬具不明。人骨保存一般，为单人仰身直肢葬，头西脚东，方向240°（图一五九）。

随葬品：仅1件高领罐，放置墓主右脚南部。

高领罐　1件。M47:1，泥质灰陶，直口外弧，小沿外斜，尖唇，高颈中部微束，斜弧肩外鼓，弧折腹内收，凹平底；腹上部饰竖绳纹下又一周手抹凹弦纹，腹下部至底饰交错斜绳纹。口径12、底径8、高21厘米（图一六一，3；图版三四，2）。

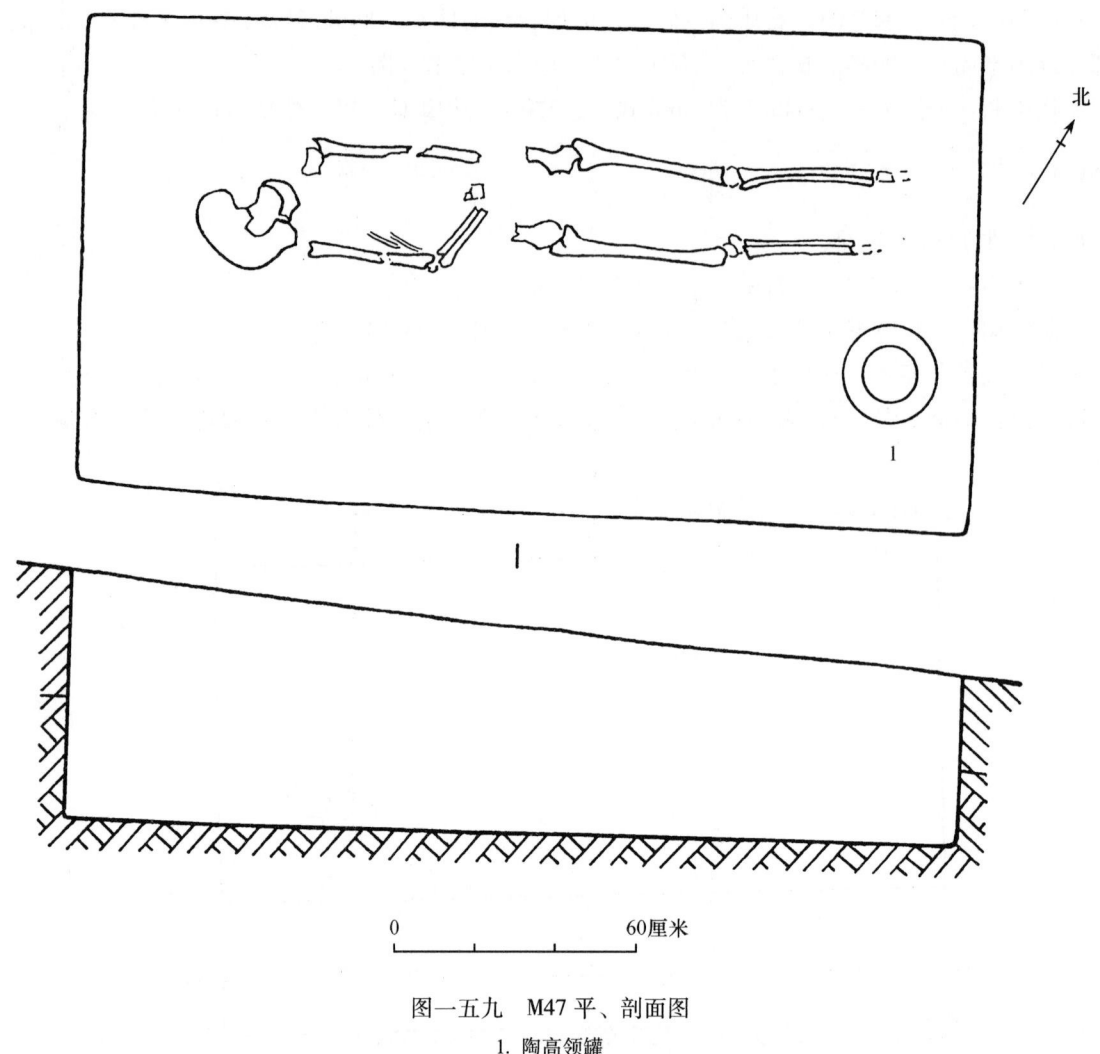

图一五九　M47 平、剖面图
1. 陶高领罐

年代推断：据附表一，M47：1 为 Ab Ⅵ 式罐，推测 M47 为西汉后期墓。

14. M51

位置：在 T162 东南部。

层位关系：开口②层下，打破④层至生土；也打破 G7。

形制结构：属长方形土坑竖穴墓。墓坑口长 280、宽 75、底长 270、宽 70、深 66 厘米。

葬具、人骨与葬式：葬具不明。人骨保存较差已不全，葬式为单人仰身直肢葬，头西脚东，方向 320°（图一六〇）。

随葬品：2 件。其中铜剑 1 件在墓主左手旁，高领罐 1 件放墓主脚下。

铜剑　1 件。M51：1，铜质灰绿色，为柳叶形扁茎短剑，前锋及两锷尖而狭，中脊隆起，两从微凹，横断面近菱形，扁茎横断面也近菱形，茎末端断缺。残长 29.8 厘米（图一六一，9；彩版五，11；图版三八，3）。

高领罐　1 件。M51：2，泥质灰陶，直口，小平沿，方唇，高颈较直，弧肩，弧腹，凹平底；颈至上腹饰竖绳纹，但颈部花纹较模糊，下腹至底饰斜绳纹。口径 13.6、底径 8、高 18 厘米（图一六一，4；图版三二，1）。

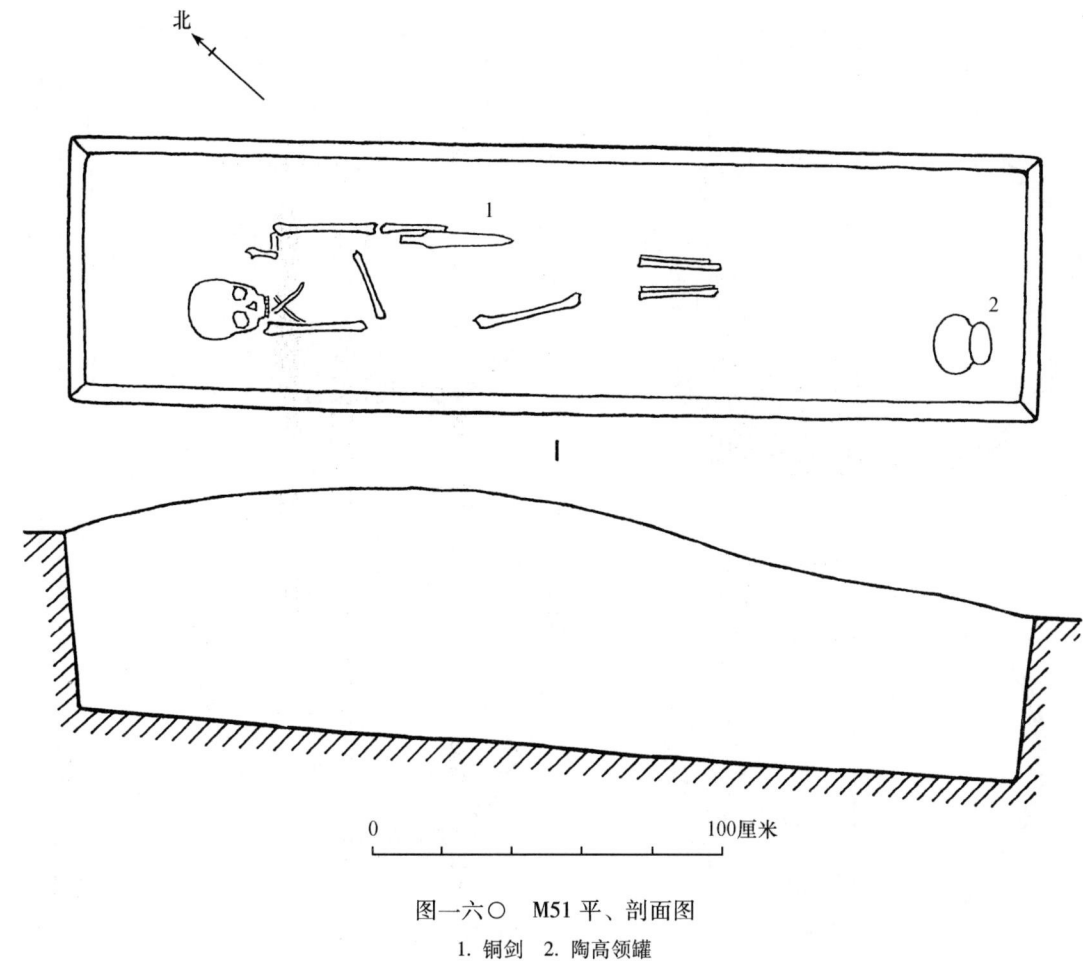

图一六〇　M51 平、剖面图
1. 铜剑　2. 陶高领罐

年代推断：据附表一，M51:1 属 Ba 型剑，M51:2 为 Ab Ⅰ 式罐，推测 M51 为秦汉墓。

15. M52

位置：在 T239 北部。

层位关系：开口②层下，打破生土；也打破 H50；又被 M47 打破。

形制结构：属长方形土坑竖穴墓。墓坑长 220、宽 70、深 70 厘米。

葬具、人骨与葬式：葬具不明。人骨保存较好，为单人仰身直肢葬，头北脚南，方向 330°（图一六二）。

随葬品：无。

年代推断：据层位打破关系，推断 M52 为秦汉墓。

16. M54

位置：在 T245 东南部。

层位关系：开口②层下，打破生土。

形制结构：属长方形土坑竖穴墓。墓口长 360、宽 220、底长 350、宽 200、深 132 厘米。

葬具、人骨与葬式：葬具不明。人骨未见，葬式不明。方向 360°（图一六三）。

随葬品：早年被盗，仅剩 1 件高领罐残片。

高领罐　1 件。M54:1，泥质灰陶，直口内敛，小平沿，方圆唇，高颈外斜，小凹肩，深弧腹上

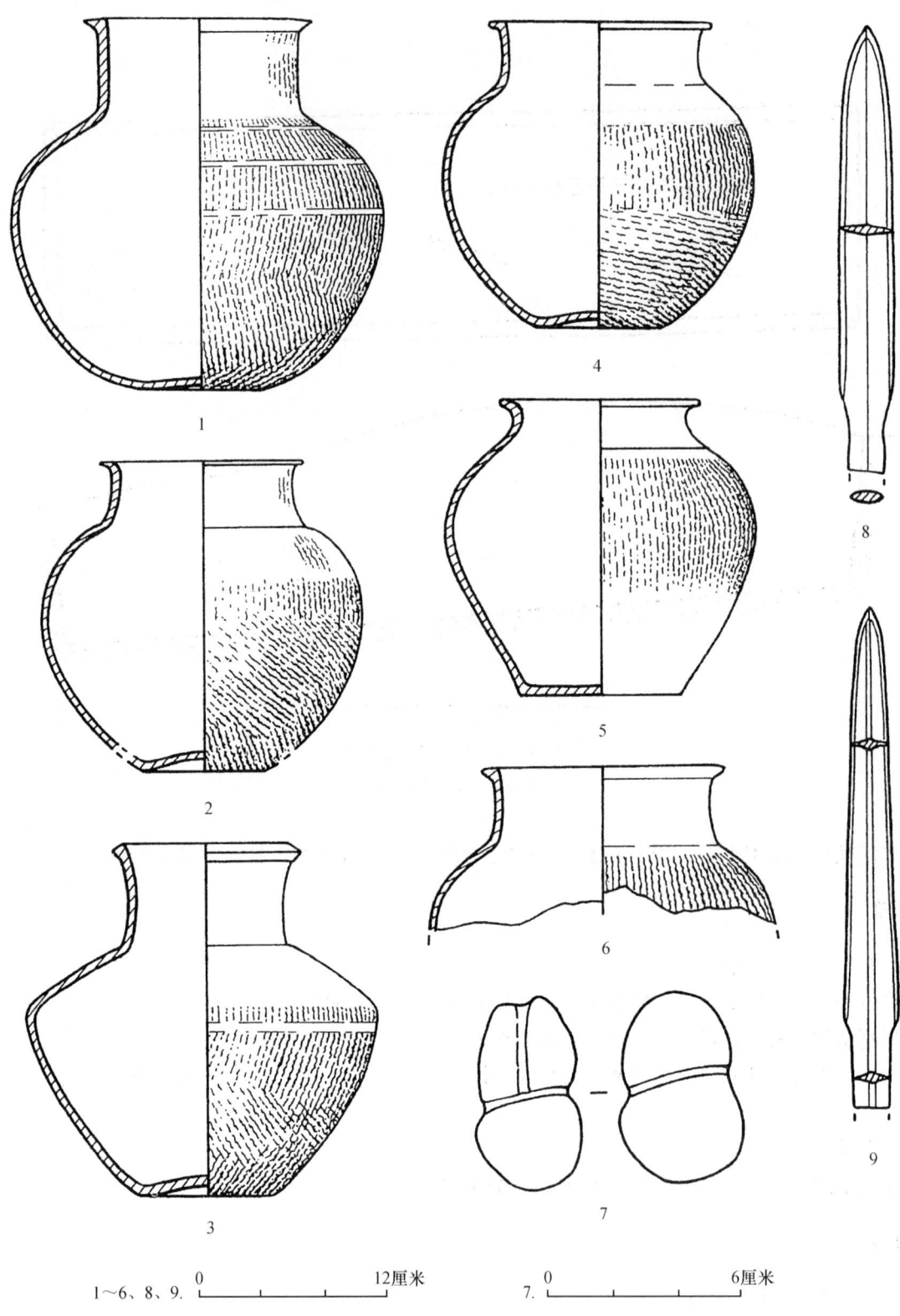

图一六一　M34、M36、M42、M47、M51 随葬品与填土出土遗物

1~4、6. 陶高领罐（M34:2、M42:1、M47:1、M51:2、M36:1）　5. 陶束颈罐（M42:2）　7. 石网坠（M42:03）
8、9. 铜剑（M34:1、M51:1）

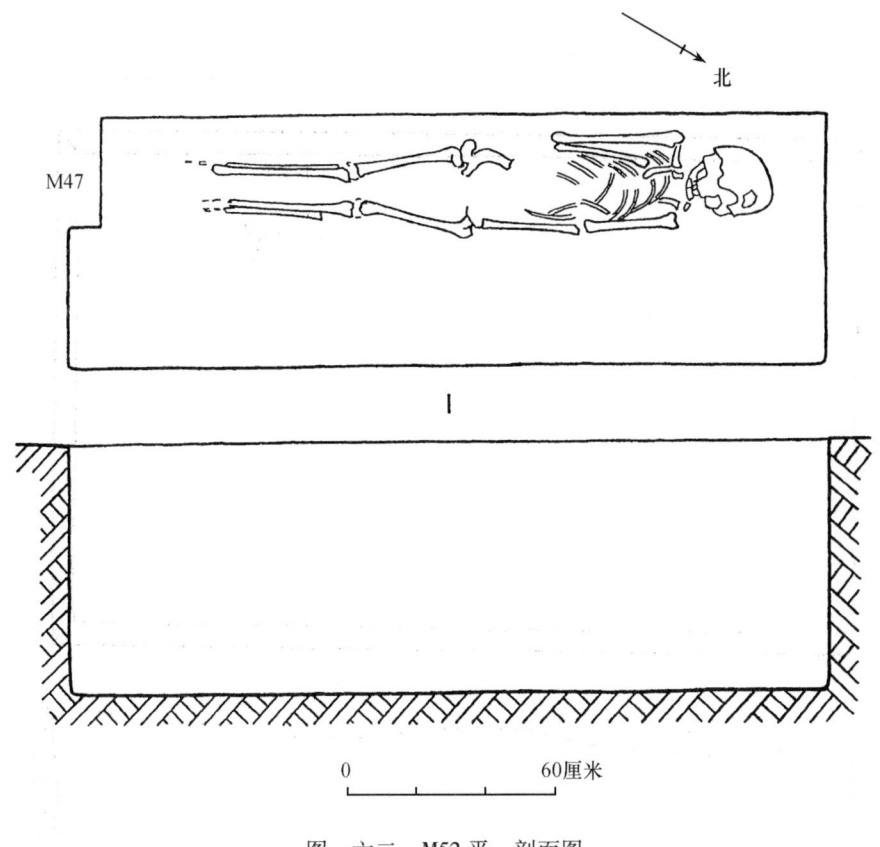

图一六二 M52 平、剖面图

部外鼓，凹平底；颈部饰竖绳纹，腹中部至底饰交错绳纹。口径11.2、底径5.2、高16.7厘米（图一六八，1；图版三三，4）。

年代推断：据附表一，M54:1为AbⅤ式罐，推测M54为秦汉墓。

17. M55

位置：在T246东南部。

层位关系：开口②层下，打破生土；南部被现代墓打破。

形制结构：属有生土二层台的长方形土坑竖穴墓。墓坑口残长260、宽200、墓口至二层台深106、二层台残长250、宽180厘米，二层台中间又下挖一个长方形底坑，底坑残长220、宽138、深10厘米。

葬具、人骨与葬式：葬具不明。底坑保存两副东西并列的人骨架，虽经早期盗墓者破坏，但骨架基本上呈仰身直肢摆放，头南脚北，方向170°。两墓主脚下及之间都有乱石块，骨骼有的在石头表面，有的又被石块叠压，皆是此墓早年已被盗所致（图一六四；图版三〇，1）。

随葬品：被盗后仅剩5枚铜钱。

铜钱 5枚，都是剪轮五铢。其中，M55:1-1，铢字金旁已被剪掉，五字已缺右上角。外径2厘米（图一六九，2）。M55:1-2，五铢两字皆全。外径2.3厘米（图一六九，1）。其余锈蚀字迹已不清晰。

年代推断：据出土剪轮五铢铜钱，推测M55为西汉后期墓。

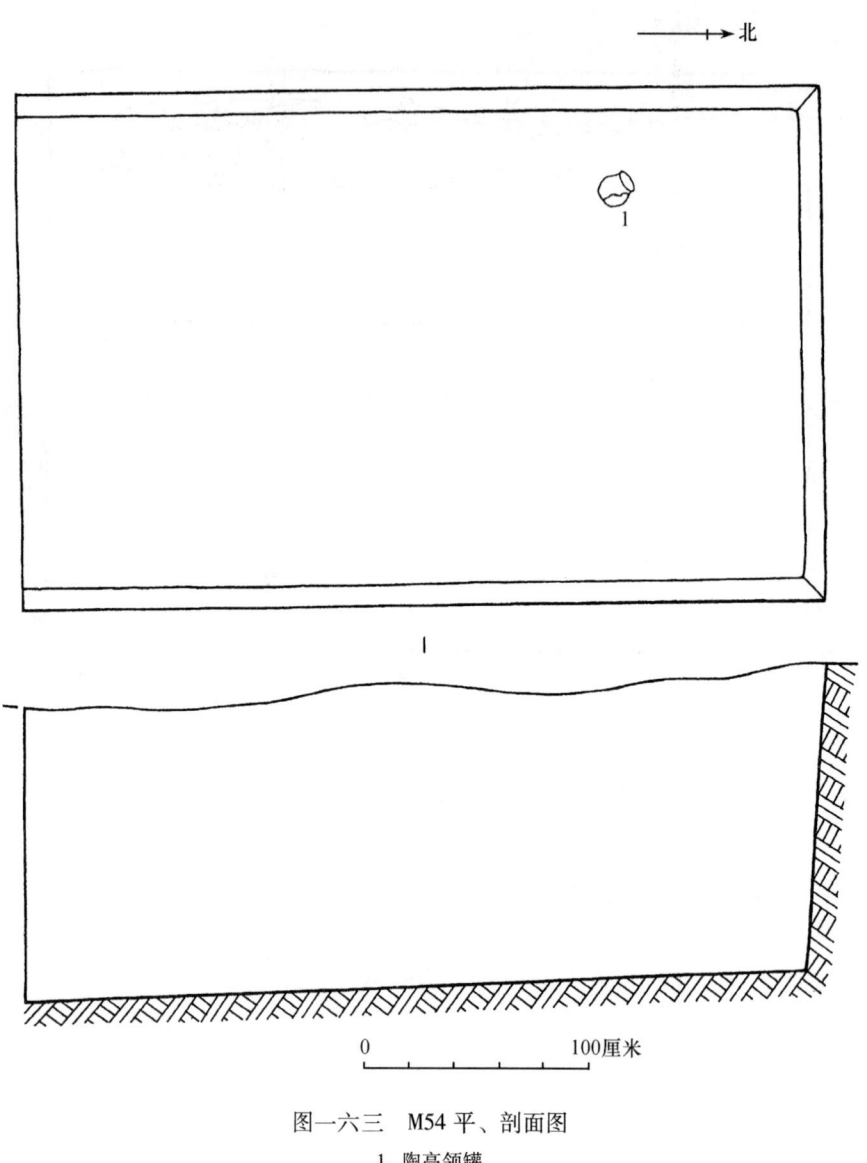

图一六三　M54 平、剖面图
1. 陶高领罐

18. M56

位置：在 T239 东北部。

层位关系：开口②层下，打破生土。

形制结构：是一座墓主头上有生土二层台的长方形土坑竖穴墓。墓坑口长 211、宽 60、底长 175、宽 60、深 54 厘米；墓坑北部有一进深 36、比墓底高出 20 厘米的生土二层台。

葬具、人骨与葬式：葬具不明。人骨保存一般，为单人仰身直肢葬，头北脚南，方向 330°（图一六五）。

随葬品：陶器 2 件。其中，长颈罐放于墓主头上的二层台上；陶罍放于墓主脚下。填土中有 2 件陶片标本，一为高领罐，另一为罐平底。

长颈罐　1 件。M56:1，泥质灰褐陶，直口稍外斜，口沿已残，直颈，弧肩，弧腹内收，平底；肩、腹之间一周凹弦纹。口残径 10、底径 10、残高 18.5 厘米（图一六八，3）。

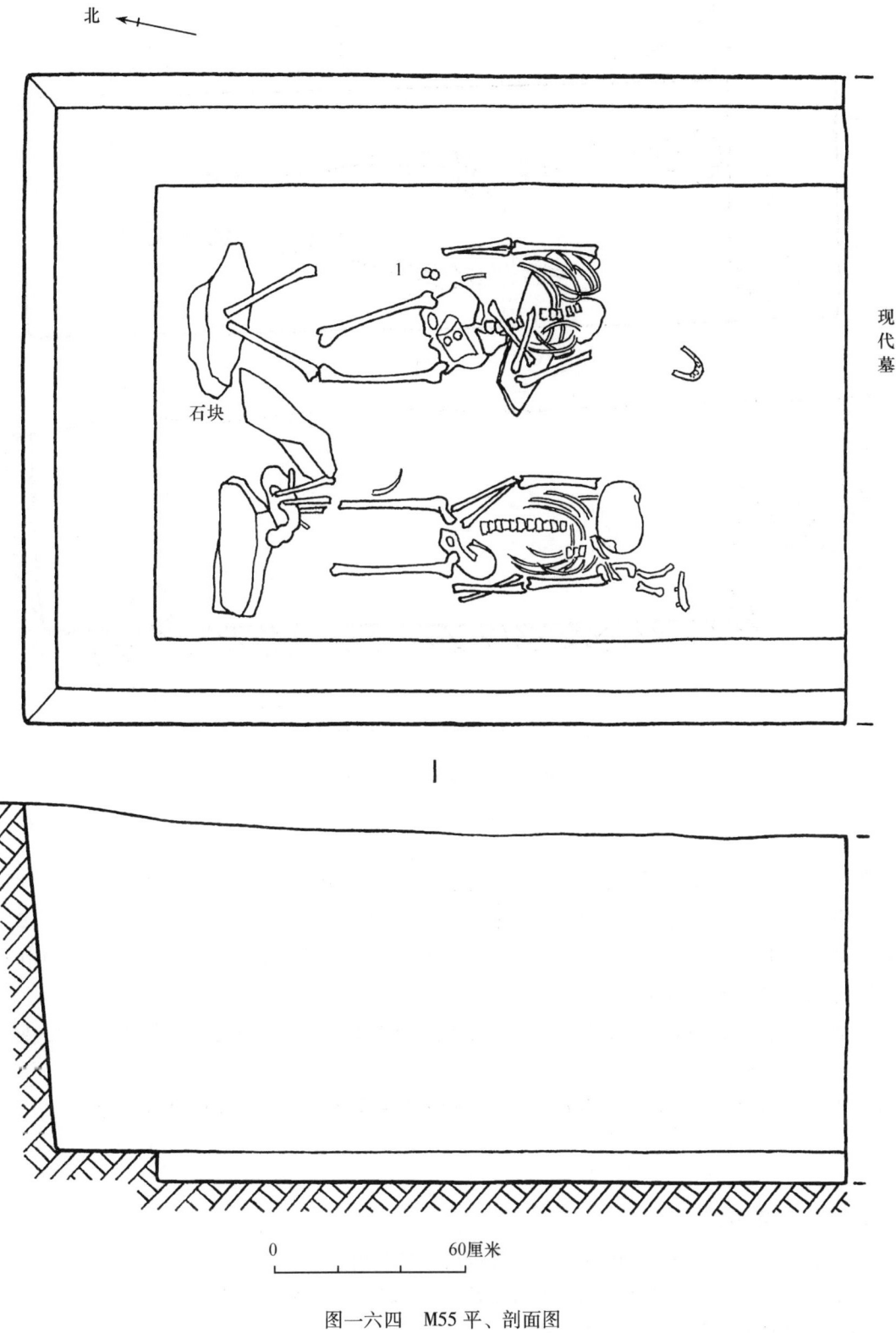

图一六四　M55 平、剖面图
1. 铜钱（5 枚）

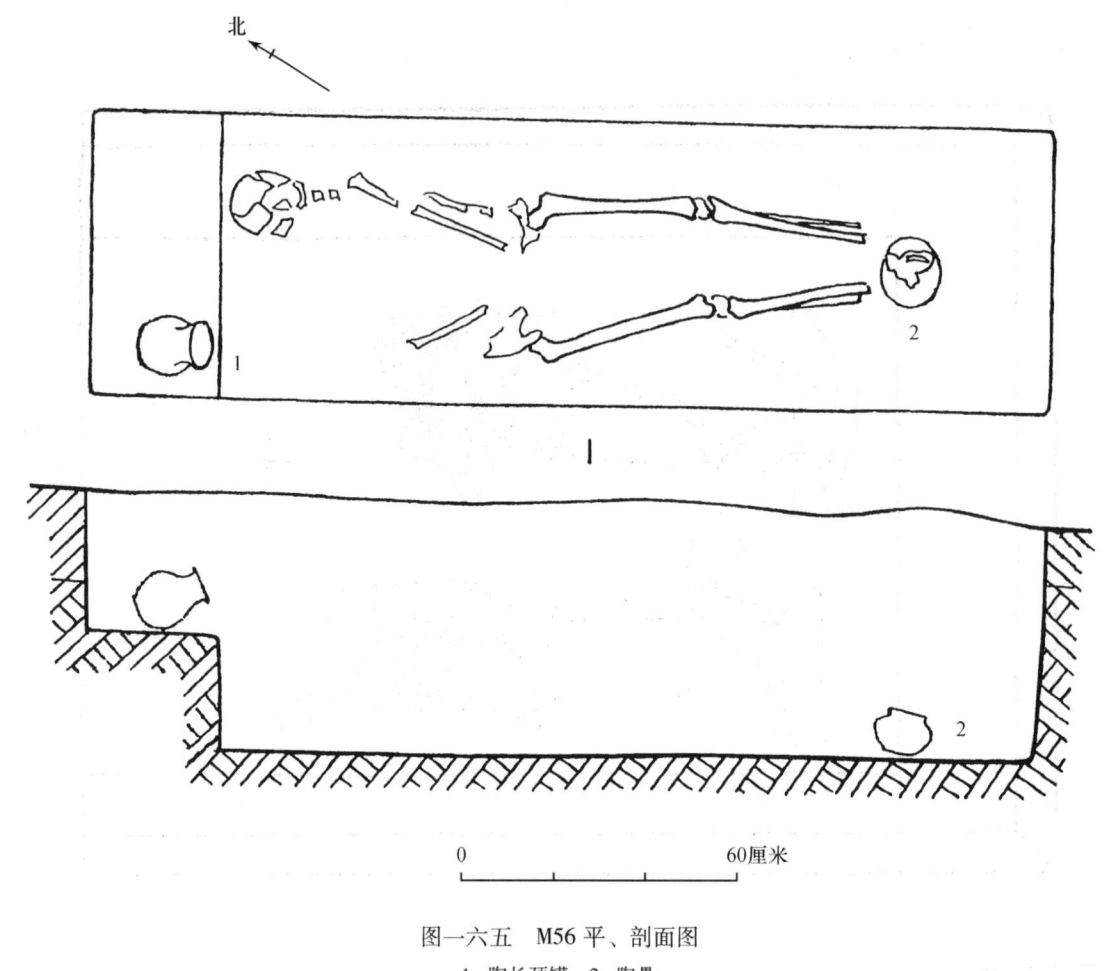

图一六五　M56平、剖面图
1. 陶长颈罐　2. 陶罍

陶罍　1件。M56:2，泥质黑陶，直口，方圆唇，矮颈，弧肩外鼓，腹较深，斜内收，凹平底；肩饰四周深凹弦纹或称瓦纹。口径10.8、底径7、高12.4厘米（图一六八，2；图版三七，2）。

高领罐　1件。M56:04，泥质灰陶，直口，小平沿，尖圆唇，高直颈已残；颈中部一周凸棱纹。口径10.4、残高4.2厘米（图一六八，5）。

罐平底　1件。M56:03，泥质灰胎红陶，上残，下腹弧内收，平底；素面。底径18、残高2.6厘米（图一六八，8）。

年代推断：据附表一，M56:1为EⅥ式罐，M56:2为Ⅳ式罍，推测M56为秦汉墓。

19. M60

位置：在T248西部。

层位关系：开口②层下，打破生土；南部被现代墓打破。

形制结构：属长方形土坑竖穴墓，墓口残长110、宽120、深20厘米。

随葬品：仅剩1件高领罐和4枚铜钱。

葬具、人骨与葬式：葬具不明。人骨仅剩零星骨骼，葬式不明。方向340°（图一六六）。

高领罐　1件。M60:1，泥质红胎黑陶，喇叭口，窄沿外斜，尖圆唇，高弧颈，广斜肩外鼓，折腹斜弧内收，凹平底；肩部下部两周宽带状锥刺纹；腹中部饰横绳纹、腹下部至底饰交错绳纹。口径18、底径12、高28.4厘米（图一六八，9；图版三四，4）。

铜钱　4枚。M60:2-1，五铢钱。直径2.4厘米（图一六九，3）。M60:2-2，大泉五十。直径2.5厘米（图一六九，4）。另外两枚也是大泉五十。

年代推断：据附表一，M60:1为AbⅦ式罐，结合五铢和大泉五十两种铜钱，推测M60为汉代墓葬。

20. M62

位置：在T248东部。

层位关系：开口②层下，打破生土；被现代墓打破，北部被断坎叠压。

形制结构：属长方形土坑竖穴墓。墓坑残长230、宽160、深12厘米。

葬具、人骨与葬式：葬具不明。人骨无存，葬式不详。方向332°（图一六七）。

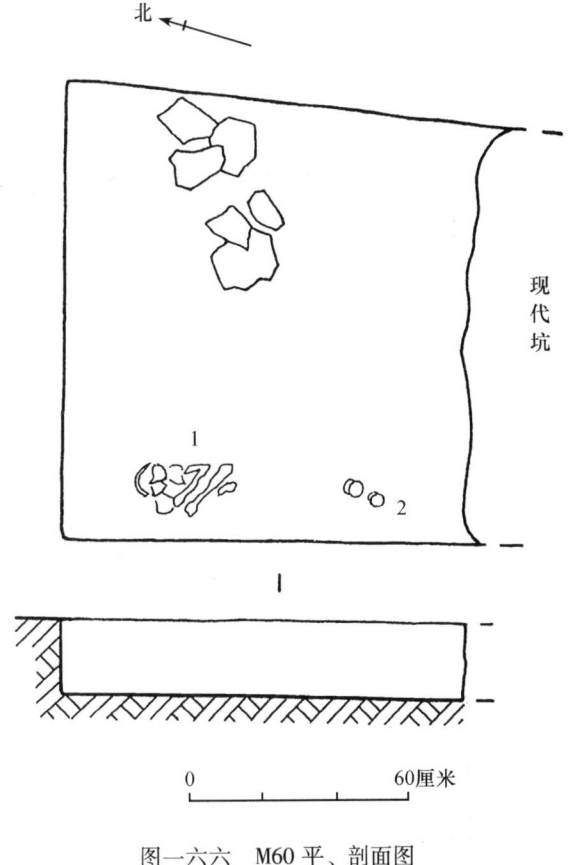

图一六六　M60平、剖面图
1. 陶高领罐　2. 铜钱

随葬品：陶器2件，放置墓坑南端。填土中出土1件陶纺轮和4枚西汉半两铜钱，或者都是原墓主随葬品，但已被现代墓破坏扰乱所致。

陶瓮　1件。M62:1，泥质黑陶，侈口，束颈，小平沿外卷，方唇，广弧肩外鼓，扁腹内收，大平底；肩绘黑色斜线纹，上腹四周凹弦纹。口径13、底径12、高13.5厘米（图一六八，7；图版三七，3）。

长颈罐　1件。M62:2，泥质黑陶，直口外斜，平沿，方圆唇，高颈，弧肩，弧腹，平底；肩上部两周凹弦纹，腹上部又四周凹弦纹。口径10.4、底径8、高14.2厘米（图一六八，4；图版三五，5）。

陶纺轮　1件。M62:03，泥质黑陶，厚体两面平，斜边型；素面。面径2.2、底径3.4、厚2.2厘米（图一六八，6；图版三九，1）。

铜钱　4枚。皆西汉"半两"，但字体稍异。M62:04-1，直径2.2厘米（图一六九，5）。M62:04-2，直径2.3厘米（图一六九，6）。

年代推断：据附表一，M62:1属Ⅳ式瓮，M62:2为EⅦ式罐，推测M62为西汉后期墓。

21. M63

位置：在T243东北部。

层位关系：开口④层下，打破④层下H41。

形制结构：属长方形土坑竖穴墓。墓坑长200、宽66、深26厘米。

葬具、人骨与葬式：葬具不明。人骨无存，葬式不详。方向335°。

随葬品：仅1件口部已残高领罐，放置墓坑南端（图一七○）。

高领罐　1件。M63:1，泥质红胎黑陶，口残，高弧颈，凹弧肩，深弧腹，平底；素面。腹径

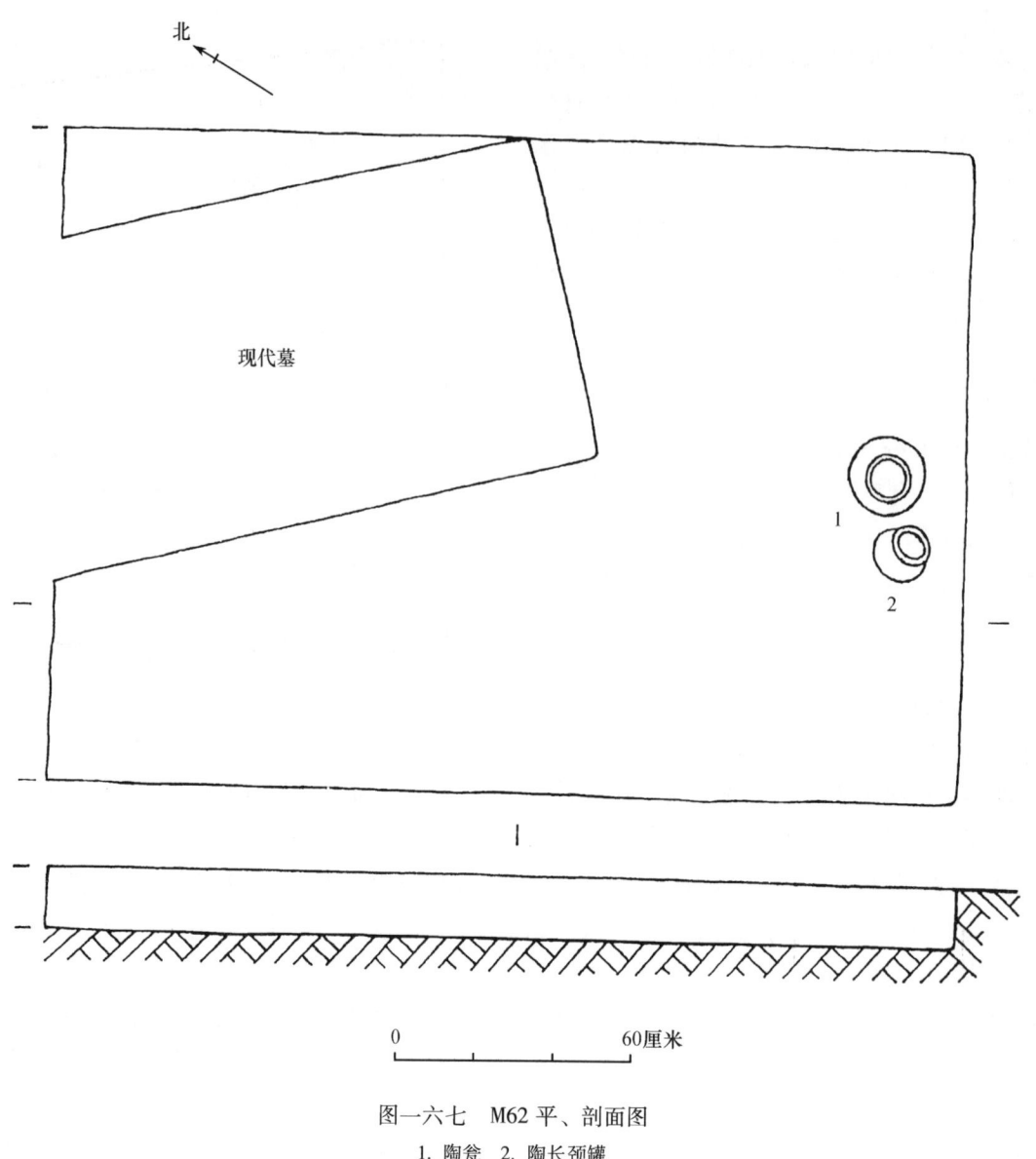

图一六七 M62 平、剖面图
1. 陶瓮 2. 陶长颈罐

17.2、底径 9.2、残高 16 厘米（图一七八，4）。

年代推断：M63 开口虽在④层下，但据附表一，M63:1 属 AaⅦ式罐，所以，推测 M63 为秦汉墓。

22. M65

位置：在 T243 东部。

层位关系：开口②层下，打破⑤层下 H48。

形制结构：属长方形土坑竖穴墓。墓坑长 215、宽 50、深 18 厘米。

葬具、人骨与葬式：葬具不明。人骨保存较好，系单人仰身直肢葬，头北脚南，方向 355°（图一七一）。

随葬品：2 件。其中铜剑 1 件在墓主右手旁；长颈罐 1 件在墓主头上。

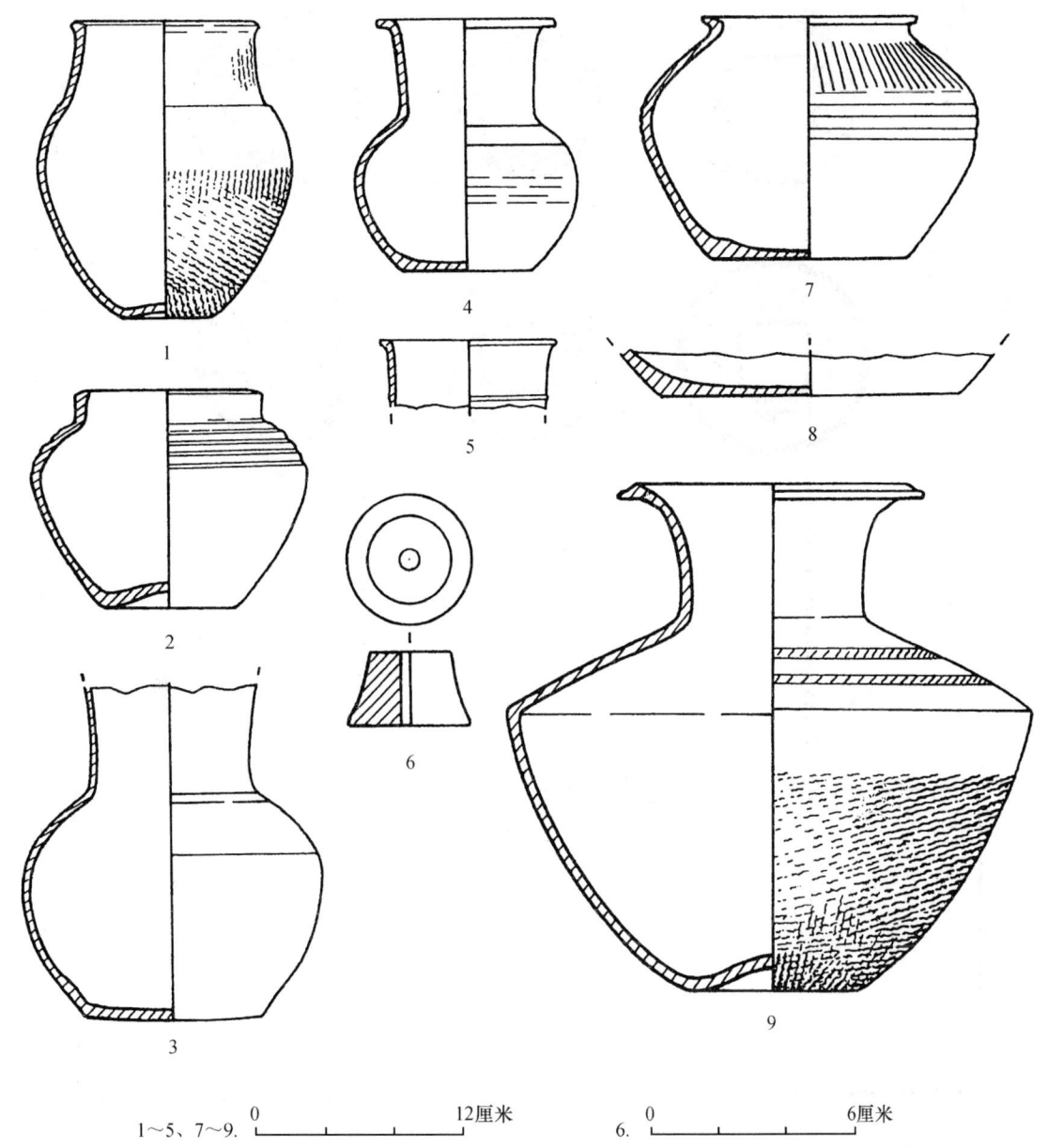

图一六八　M54、M56、M60、M62 随葬品与填土出土陶器
1、5、9. 陶高领罐（M54:1、M56:04、M60:1）　2. 陶罍（M56:2）　3、4. 陶长颈罐（M56:1、M62:2）　6. 陶纺轮（M62:03）　7. 陶瓮（M62:1）　8. 陶罐平底（M56:03）

铜剑　1件。M65:1，铜质灰绿色有少许锈斑，属柳叶形扁茎短剑，但此剑显然是由折断长剑修整出扁茎而成；两从微凹，都饰蟠虺状斑纹。长26.4、宽3.2、厚0.6厘米（图一七八，7；彩版五，9；图版三八，5）。

长颈罐　1件。M65:2，泥质灰褐陶，直口外斜，小平沿，方圆唇，高颈，弧肩，弧腹内收，平底；肩下部一周凹弦纹，腹上部两周深凹弦纹。口径10、底径7、高14.5厘米（图一七八，3；图版三五，4）。

年代推断：据附表一，M65:1 属 Ba 型剑，M65:2 属 EⅦ式罐，推测 M65 为秦汉墓。

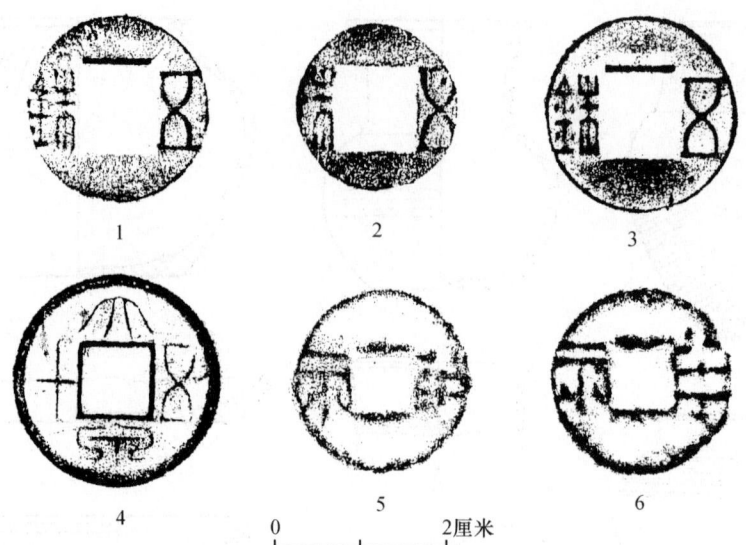

图一六九　M55、M60、M62出土铜钱拓片

1～3. 五铢（M55:1-2、M55:1-1、M60:2-1）　4. 大泉五十（M60:2-2）　5、6. 半两（M62:04-1、M62:04-2）

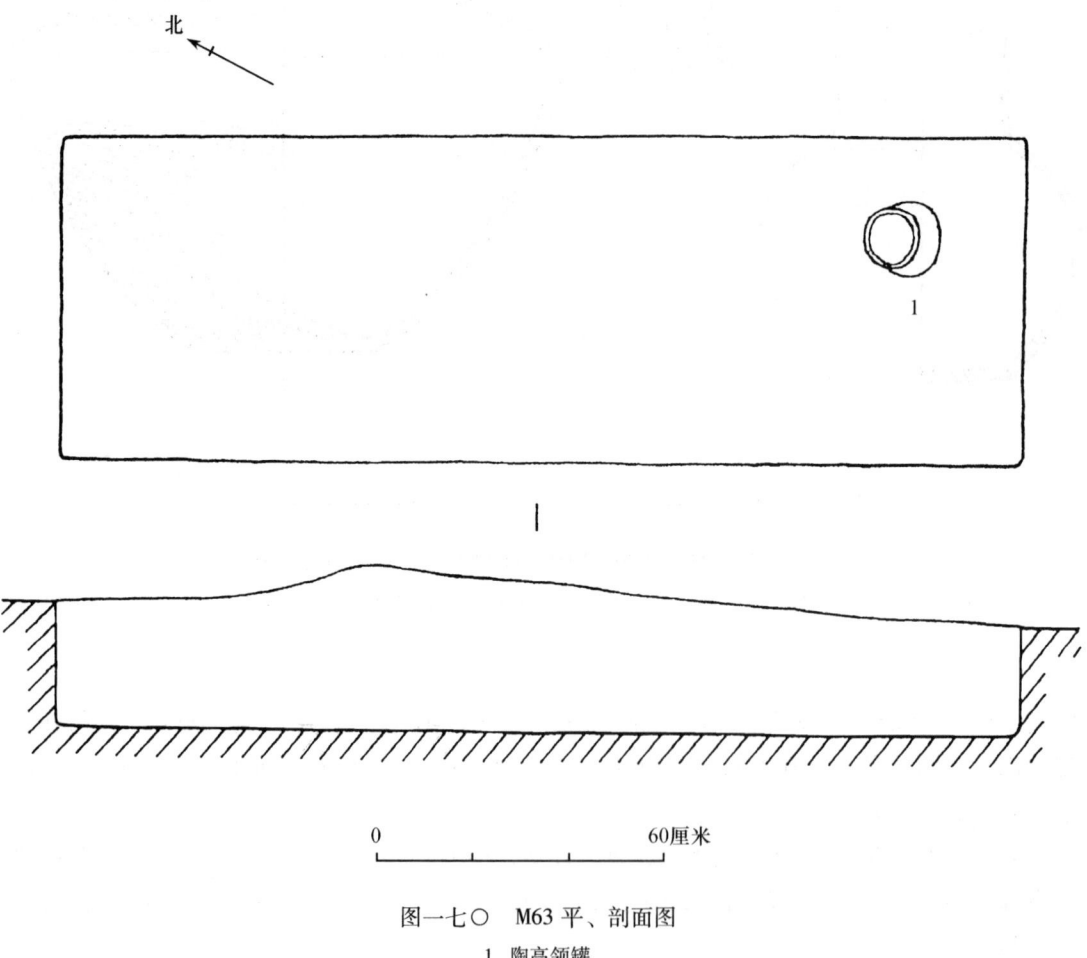

图一七〇　M63平、剖面图

1. 陶高领罐

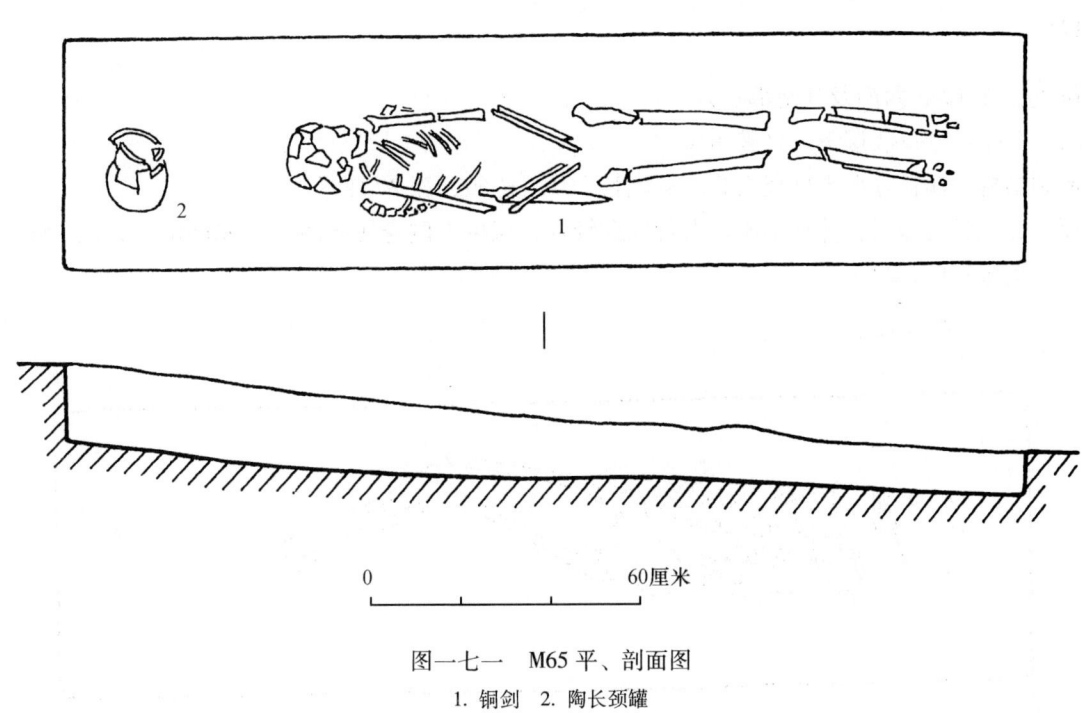

图一七一　M65 平、剖面图
1. 铜剑　2. 陶长颈罐

23. M66

位置：在 T243 东部。

层位关系：开口②层下，打破④层下 M73。

形制结构：属长方形土坑竖穴墓。墓坑长 210、宽 50、深 12 厘米。

葬具、人骨与葬式：葬具不明。人骨残缺不全，属单人仰身直肢葬，头北脚南，方向 350°（图一七二）。

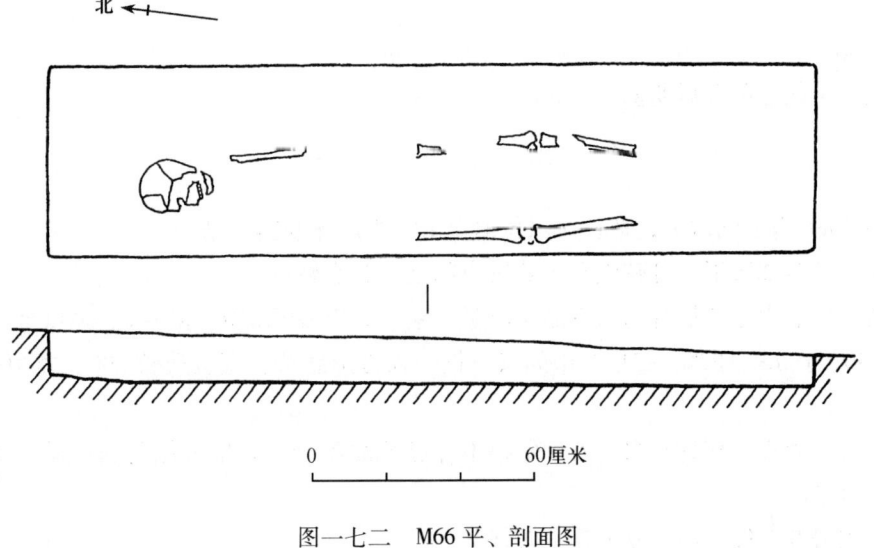

图一七二　M66 平、剖面图

随葬品：无。

年代推断：可能为秦汉墓。

24. M71

位置：在 T243 西南及其南部扩方。

层位关系：开口②层下，打破 M101。

形制结构：属长方形土坑竖穴墓。墓坑长 210、宽 60、深 20 厘米。

葬具、人骨与葬式：葬具不明。人骨保存较好，属单人侧身屈肢葬，头北脚南，方向 352°（图一七三；图版三〇，2）。

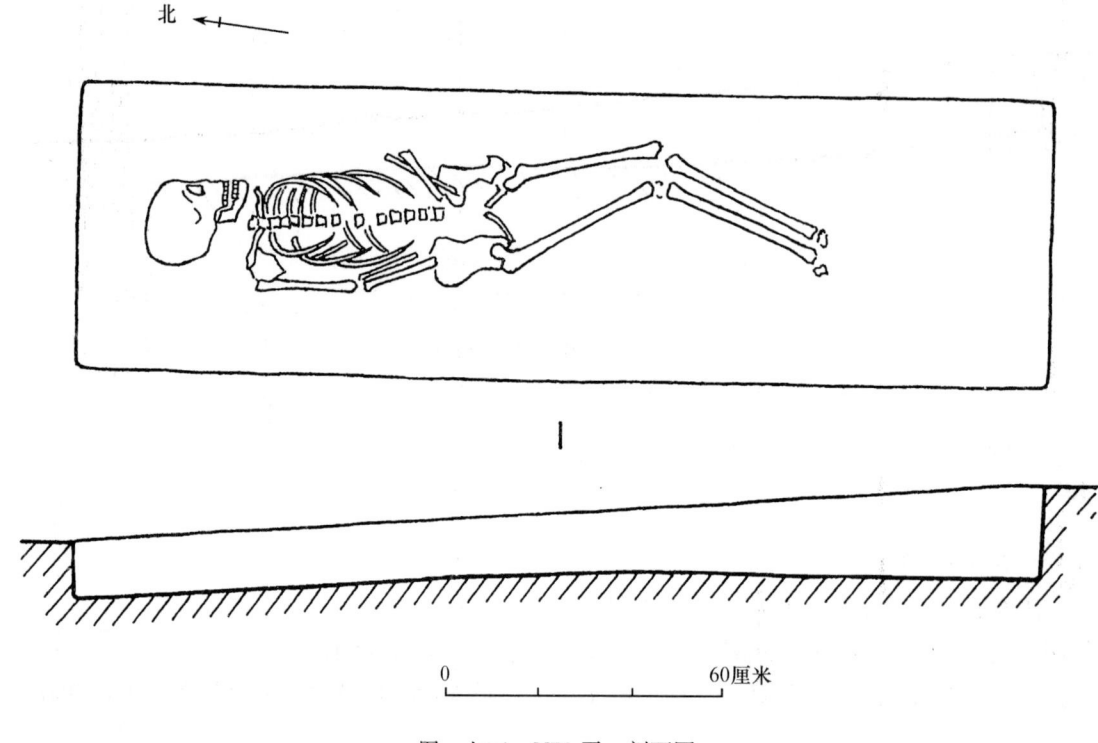

图一七三　M71 平、剖面图

随葬品：无。

年代推断：可能为西汉后期墓。

25. M72

位置：在 T388 南部断坎下，在长江水位退至 138 米后才暴露出来。

层位关系：开口②层下，打破生土，墓坑南部已被断坎破坏。

形制结构：属有生土二层台的长方形土坑竖穴墓。墓口残长 240、宽 140、墓口至二层台深 128、二层台残长 230、宽 130 厘米，二层台中间又下挖一长方形底坑，底坑残长 200、宽 100、比二层台低 18 厘米。

葬具、人骨与葬式：葬具不明。人骨保存不好已残缺不全，系单人侧身屈肢葬，头北脚南，方向 320°（图一七四）。

随葬品：仅残存 1 件铜剑，放于墓主右臂下。

铜剑　1 件。M72:1，铜质墨绿色有锈斑，属柳叶形扁茎长剑；扁茎末端中间有一小圆穿孔。长

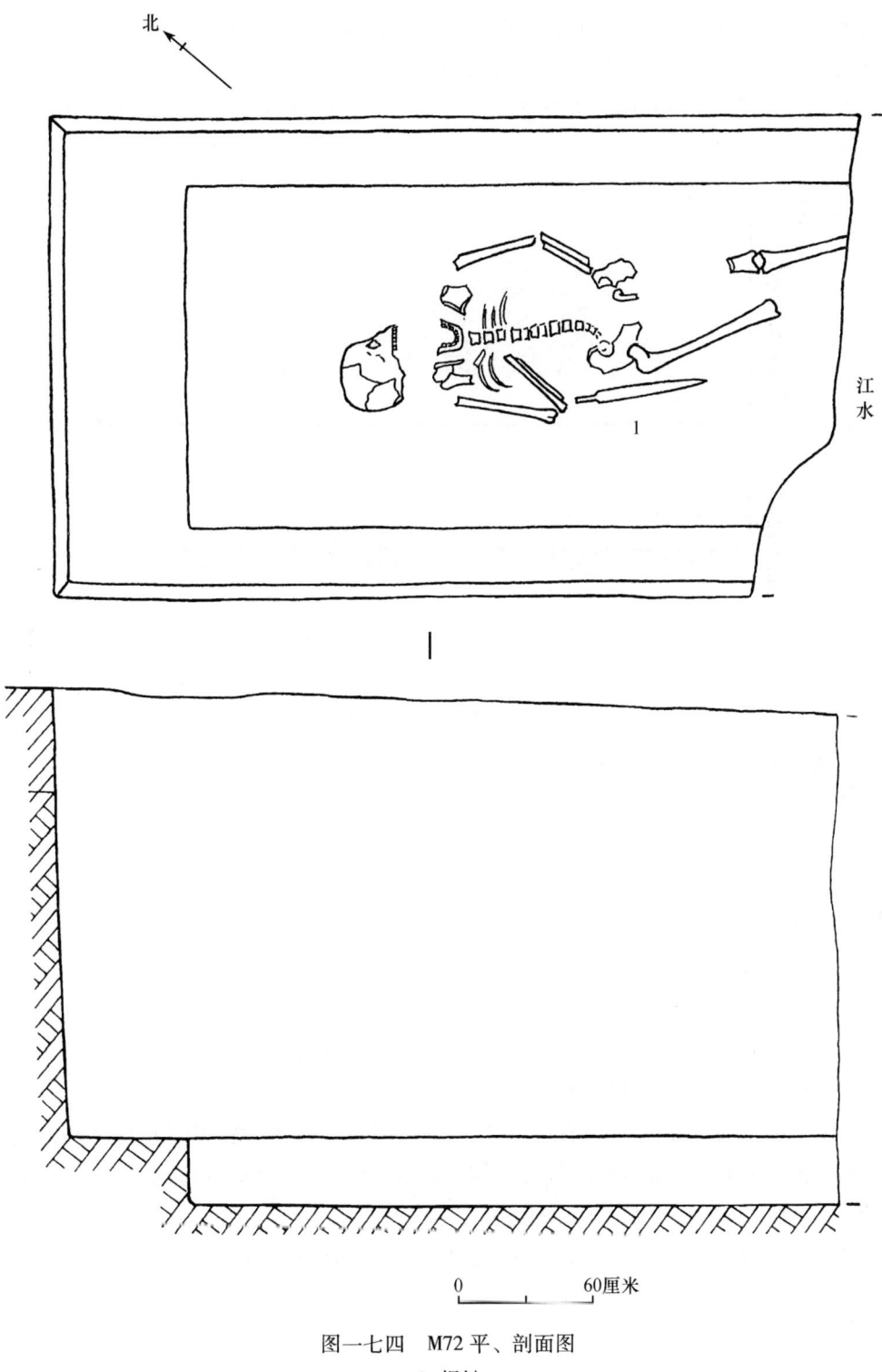

图一七四 M72 平、剖面图
1. 铜剑

40.8、宽 3.8、厚 0.8 厘米（图一七八，8；彩版五，3）。

年代推断：据附表一，M72:1 为 BbⅢ式剑，推测 M72 为秦汉墓。

26. M78

位置：在 T367 北部。

层位关系：开口②层下，打破生土；打破 M87；被石 M2 甬道打破。

形制结构：属长方形土坑竖穴墓。墓坑残长 194、宽 72、深 10 厘米。

葬具、人骨与葬式：葬具不明。人骨保存完好，系单人仰身直肢葬，但墓主下臂横屈，头西脚东，方向 295°（图一七五）。

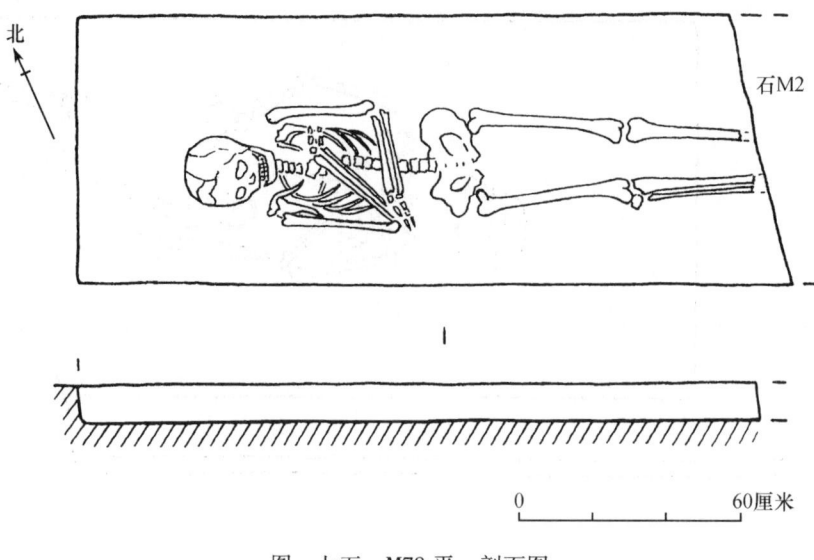

图一七五　M78 平、剖面图

随葬品：无。墓主头上填土中有零碎红色漆片渣。

年代推断：据打破关系，推测 M78 为汉墓。

27. M79

位置：在 T238 西部。

层位关系：开口③层下，打破④、⑤层至生土。

形制结构：属长方形土坑竖穴墓。墓坑口长 220、宽 115、底长 200、宽 95、深 105 厘米。

葬具、人骨与葬式：葬具不明。人骨无存，葬式不详。方向 232°（图一七六）。

随葬品：仅陶釜 1 件，放置墓坑东北角。

陶釜　1 件。M79:1，泥质灰陶，直口外卷，窄沿外斜，方唇中间一周凹弦纹，高弧颈中束，凹肩，球腹下部微鼓，圜底；上腹饰竖绳纹加五周指抹宽凹弦纹，下腹至底饰斜绳纹。口径 12.4、腹径 22.9、高 24.6 厘米（图一七八，1；图版三七，4）。

年代推断：据附表一，M79:1 属Ⅲ式釜，推测 M79 为西汉后期墓。

28. M81

位置：在 T360 西北部。

层位关系：开口③层下，打破③层下 M82。

形制结构：属长方形土坑竖穴墓。墓口长 205、宽 80、底长 185、宽 70、深 25 厘米。

葬具、人骨与葬式：葬具不明。人骨保存较好，系单人仰身直肢葬，头西脚东，方向 260°（图一七七）。

随葬品：仅 1 件双耳陶罐，放置墓主头上。填土中有盘口沿和尖底器 2 件标本。

双耳罐　1 件。M81:1，泥质灰陶，口部已残，高颈也大部残，广斜肩，肩下部有两个桥形钮的

第六章　秦、西汉时期的遗存　　217

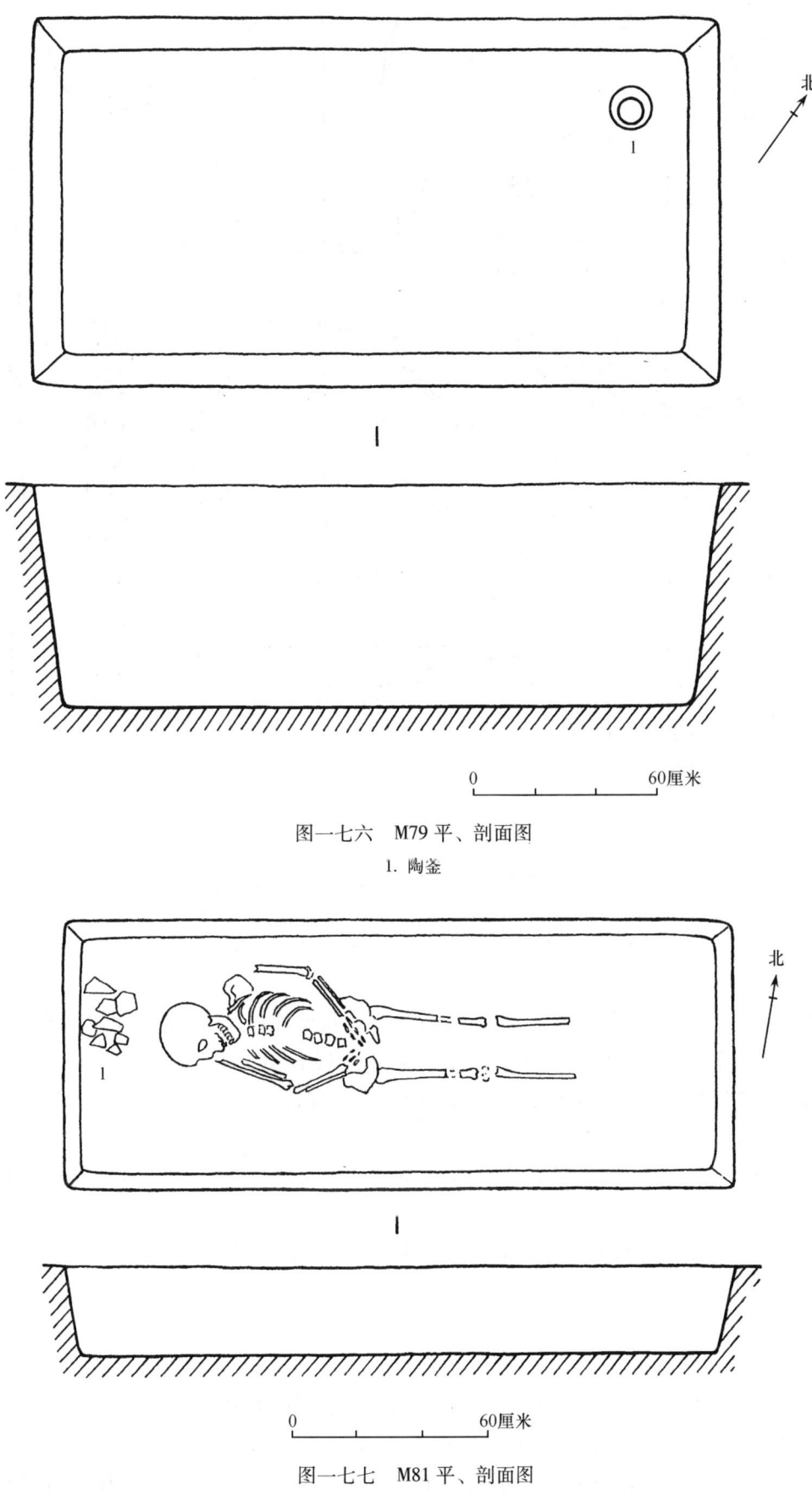

图一七六　M79 平、剖面图
1. 陶釜

图一七七　M81 平、剖面图
1. 陶双耳罐

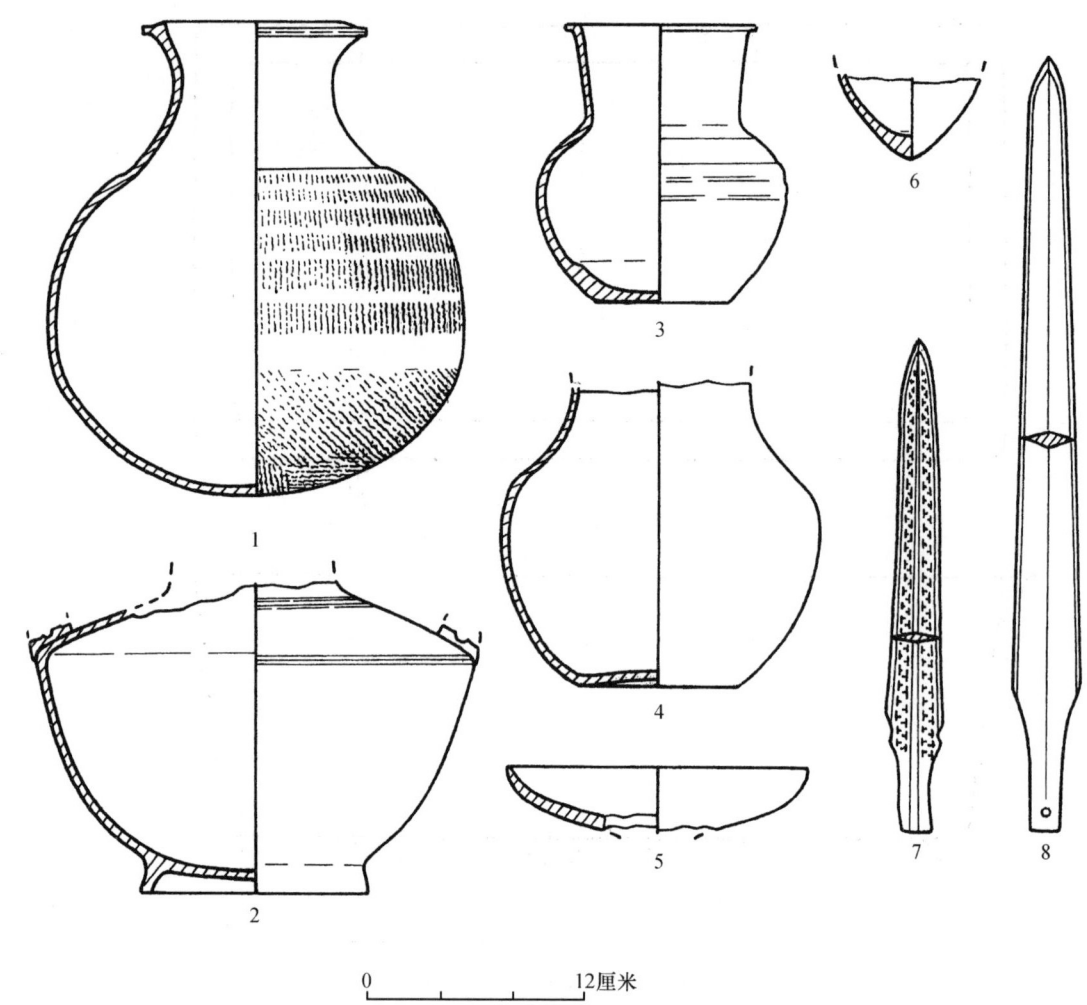

图一七八　M63、M65、M72、M79、M81 随葬品与填土出土遗物
1. 陶釜（M79∶1）　2. 陶双耳罐（M81∶1）　3. 陶长颈罐（M65∶2）　4. 陶高领罐（M63∶1）　5. 陶盘口沿（M81∶02）
6. 陶尖底器（M81∶03）　7、8. 铜剑（M65∶1、M72∶1）

系，但两系也残，折腹甚深，弧内收，圜底下附矮圈足，足壁外斜；肩上部、下部和腹上部各有两周深凹弦纹。腹径24.4、底下足径12.8、残高16.4厘米（图一七八，2）。

盘口沿　1件。M81∶02，泥质灰陶，敞口，尖圆唇，浅弧腹，底已残；素面。口径16.4、残高3厘米（图一七八，5）。

尖底器　1件。M81∶03，泥质黑陶，上残，下腹内收成尖底；素面。残高4.4厘米（图一七八，6）。

年代推断：据附表一，M81∶1属Fb型罐，推测M81为西汉后期墓。

29. M82

位置：在T360西北部。

层位关系：开口③层下，中部被③层下M81打破；打破④层下M77。

形制结构：属长方形土坑竖穴墓。墓坑长190、宽60、深15厘米。

葬具、人骨与葬式：葬具不明。人骨保存一般；但被M81打破后已不全，似原为单人仰身直肢葬，头西北脚东南，方向335°（图一七九）。

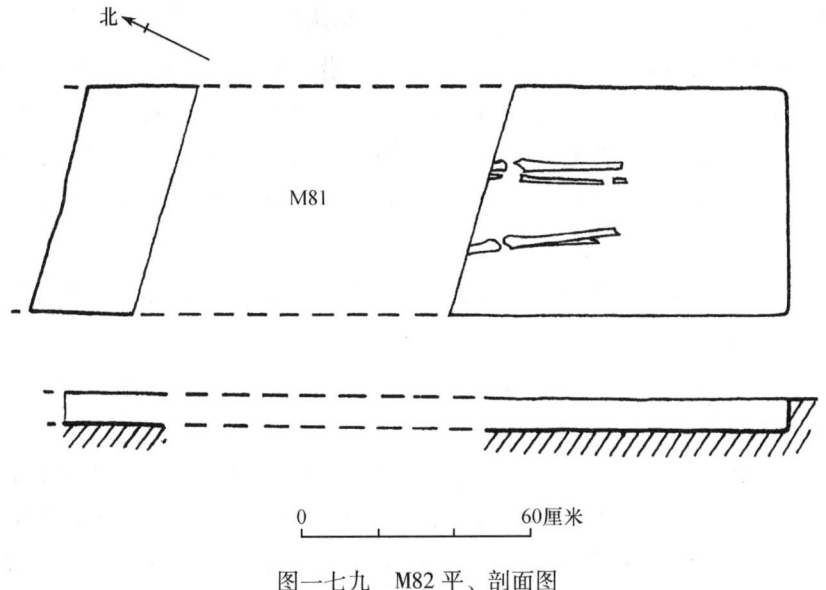

图一七九　M82 平、剖面图

随葬品：无。

年代推断：据层位关系，推测 M82 是早于西汉后期的 M81 的秦汉墓。

30. M86

位置：在 T364 西南至 T243 西北部。

层位关系：开口③层下，东部被③层下 M89 打破；南部打破④层下 M53，但墓坑南部已在修梯田砌坎时被破坏。

形制结构：墓主头上有小壁龛的长方形土坑竖穴墓。墓坑残长 144、宽 76、深 50 厘米；北部在距墓底 10 厘米的北壁内，又有一进深 16、高 26 厘米的壁龛。

葬具、人骨与葬式：葬具不明。人骨保存较好，但下肢已被断坎破坏，系单人仰身直肢葬，头北脚南，方向 5°（图一八〇）。

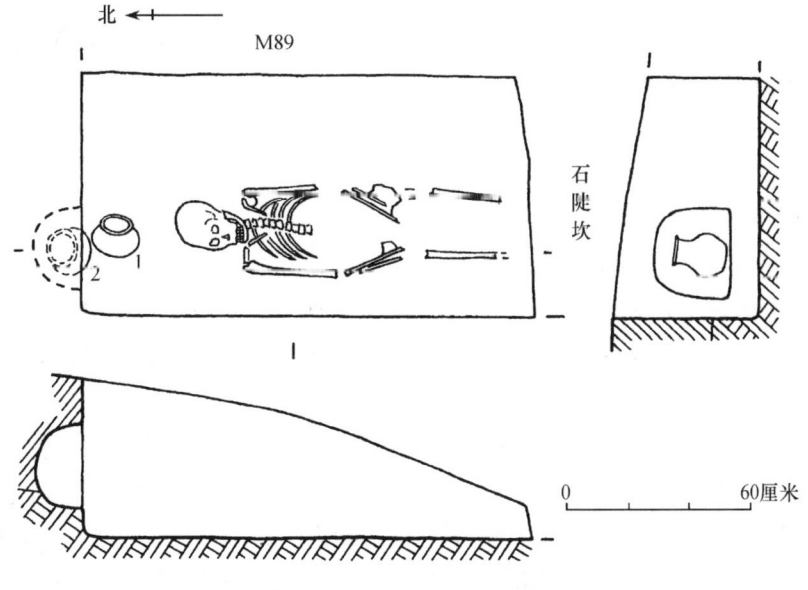

图一八〇　M86 平、剖面图
1. 陶盂　2. 陶长颈罐

随葬品：陶器 2 件。其中，陶盂放于墓主头上，长颈罐放置墓主头上壁龛内。

陶盂　1 件。M86:1，泥质红褐陶，侈口，束颈，卷沿，尖圆唇，弧肩，扁弧腹外鼓，平底；腹上部一周凹弦纹。口径 10.8、底径 7.2、高 8.8 厘米（图一八四，3；图版三五，6）。

长颈罐　1 件。M86:2，泥质黑陶，直口外卷，近喇叭口，小方唇，高颈下部内束，弧肩外鼓，深腹弧内收，平底；肩、腹之间一周凹弦纹。口径 12.1、底径 8.4、高 18.2 厘米（图一八四，1；图版三五，2）。

年代推断：据附表一，M86:1 属 BⅤ式盂，M86:2 为 EⅤ式罐，推测 M86 为秦汉墓。

31. M87

位置：在 T367 西北部。

层位关系：开口②层下，打破生土；被③层下 M78 叠压，又被近代建筑 F12 打破。

形制结构：是一座墓主头部东侧又有壁龛的长方形土坑竖穴墓。墓坑口残长 124、宽 110、墓底残长 105、宽 60、深 158 厘米；在距墓底 36 厘米的墓主头部东侧墓坑东壁内，又有一宽 22、进深 40、高 38 厘米的壁龛。

葬具、人骨与葬式：葬具不明。人骨保存较好，但墓主下部已被 F12 破坏，属单人仰身直肢葬，头北脚南，方向 15°（图一八一）。

随葬品：3 件。其中，铜剑 1 件放置墓主右臂下，陶罍和高领罐 2 件陶器，放在东壁龛内。

铜剑　1 件。M87:1，铜质有锈，尖锋及前腊已断，薄格，圆茎无箍，圆首，茎、首中空，原应属"长腊斜宽从薄格式"铜剑。残长 22.6、腊宽 4.2、格宽 4.7、首径 3.6 厘米（图一八四，8；图版三八，1）。

高领罐　1 件。M87:2（原 M93:1），泥质灰陶，直口外卷，宽沿外斜，沿面中凹如浅盘口，尖圆唇外凸，高弧颈，凹肩，深弧腹，凹平底；腹上中部饰竖绳纹再加两周指抹凹弦纹，腹下部至底饰交错绳纹。口径 15.3、底径 8.5、高 23 厘米（图一八四，6；图版三二，6）。

陶罍　1 件。M87:3（原 M93:2），泥质红胎黑陶，直口，方唇，矮颈，广肩，扁腹上鼓下内收，平底；肩上部和腹中部各饰两周凹弦纹。口径 9.6、底径 7.5、高 10.1 厘米（图一八四，4；图版三六，4）。

年代推断：据附表一，M87:1 属 AaⅡ式剑，M87:2（原 M93:1）属 AbⅣ式罐，M87:3（原 M93:2）为Ⅲ式罍，所以，推测 M87 为秦汉墓。

32. M88

位置：在 T364 东北部。

层位关系：开口③层下，打破③层下 M92。

形制结构：属长方形土坑竖穴墓。墓坑口长 210、宽 80、底长 200、宽 70、深 70 厘米。

葬具、人骨与葬式：葬具不明。人骨保存较好，系单人仰身直肢葬，头北脚南，方向 350°（图一八二）。

随葬品：仅 1 件高领罐，放置墓主脚下。填土中又出土 1 件高领罐残片标本。

高领罐　2 件。M88:1，泥质灰陶，直口外卷，平沿，方圆唇，高弧颈，溜肩，深腹上鼓，凹平底；素面。口径 13.3、底径 6.5、高 19.1 厘米（图一八四，2；图版三三，6）。M88:02，泥质灰黄陶，喇叭口，尖圆唇宽带沿附口下，高弧颈中束，溜肩已残；颈部三周深凹弦纹。口径 16、残高 8.4 厘米（图一八四，5）。

第六章　秦、西汉时期的遗存

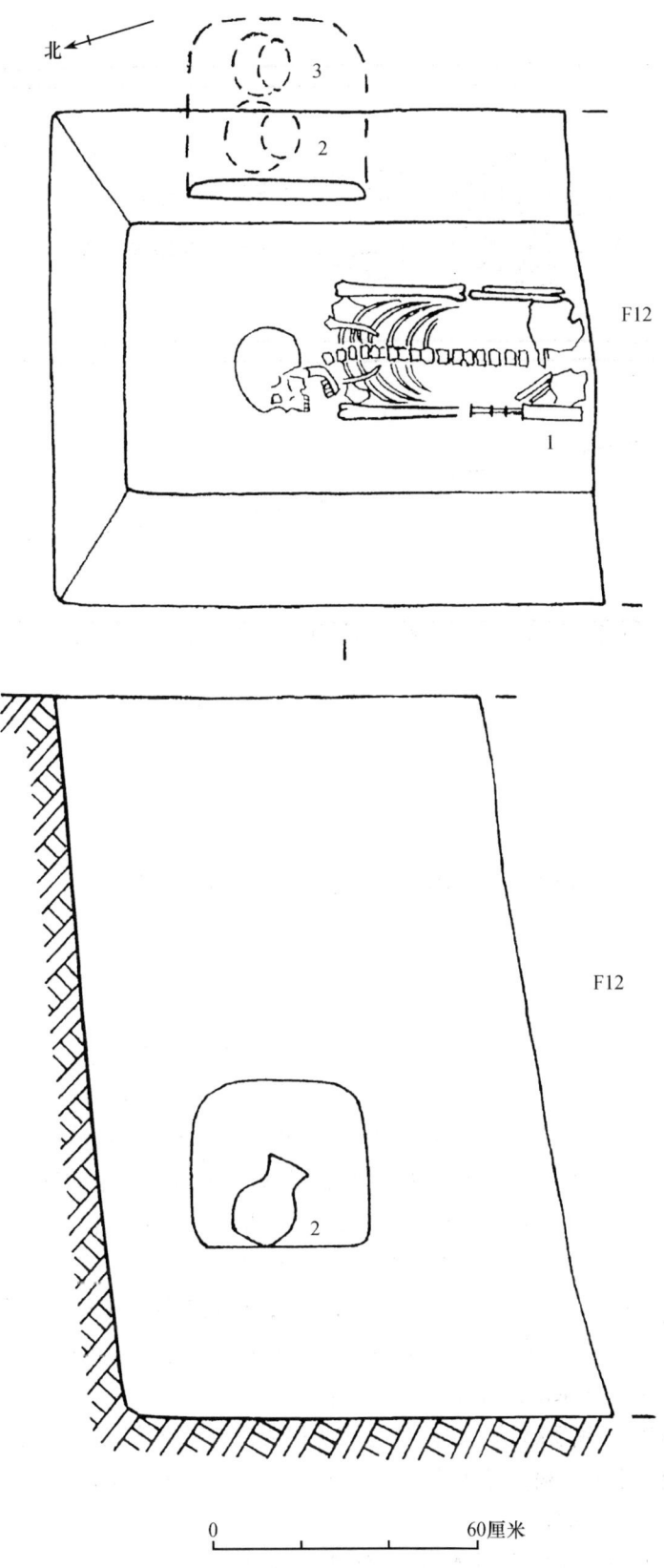

图一八一　M87 平、剖面图
1. 铜剑　2. 陶高领罐　3. 陶罍

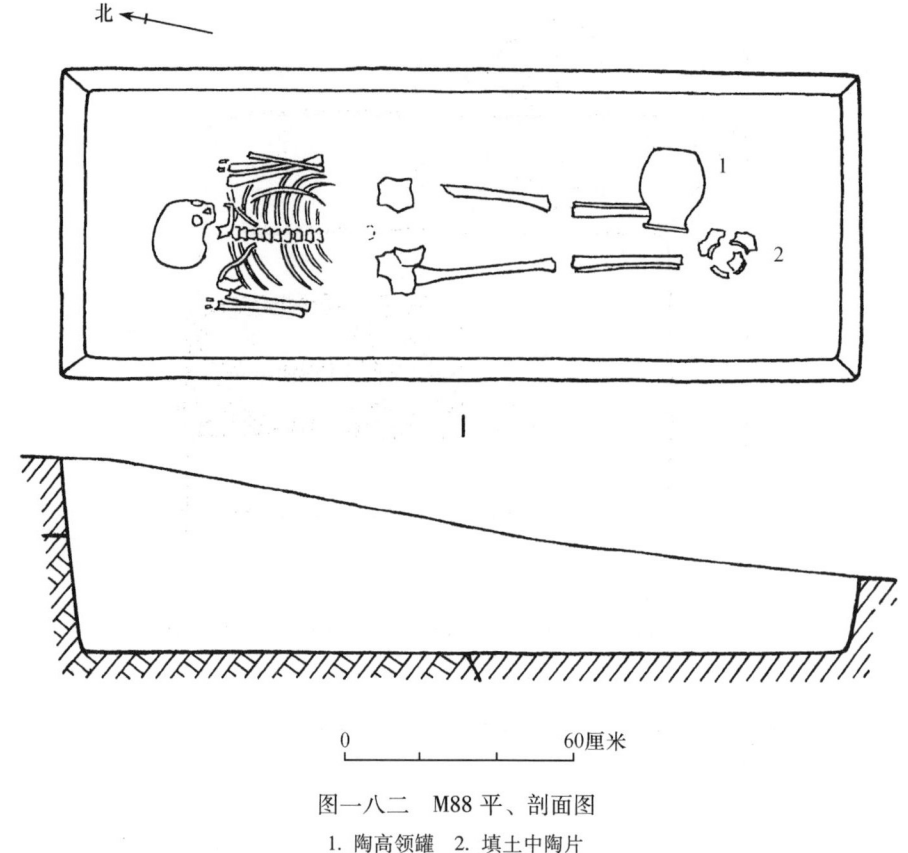

图一八二 M88 平、剖面图
1. 陶高领罐 2. 填土中陶片

年代推断：据附表一，M88:1 为 AaⅧ式罐，推测 M88 为秦汉墓。

33. M89

位置：在 T364 西南部。

层位关系：开口③层下，打破 M86，也打破 M53；但墓坑南部已被断坎破坏。

形制结构：基本上仍属长方形土坑竖穴墓；但墓坑东部又有一椭圆形小凹坑，凹坑内有男墓主头骨和两根上肢骨。墓坑残长176、宽110、深74厘米，椭圆形凹坑长径62、横径44、深32厘米。

葬具、人骨与葬式：葬具不明。人骨两副都保存较好；西部女墓主仰身直肢，头北脚南为原葬；东部男墓主为迁葬，头部位置放置一块近方形石头，胸部凹坑内才出土墓主头骨和上肢骨，下肢骨则仰身直肢摆放，也是头北脚南，方向皆360°（图一八三）。

随葬品：2件。其中，陶纺轮1件在女墓主右手旁；铜剑1件置于男墓主右腰下。

陶纺轮 1件。M89:1，泥质黑陶，扁薄两面平，角边型；素面。面径、底径皆3.2、边径3.6、厚0.8厘米（图一八四，7；图版三九，7）。

铜剑 1件。M89:2，铜质略锈，银白色与绿锈相杂，为斜宽从厚格式铜剑，尖锋，长宽腊横断面呈菱形，厚格呈倒凹字形，扁圆茎上有两箍，圆首；素面。通长49.3、腊宽3.3、格宽4、首径3.3厘米（图一八四，9；图版三八，2）。

年代推断：据附表一，M89:2 属 AbⅡ式铜剑，结合与 M86 的打破关系，推测 M89 为西汉后期墓。

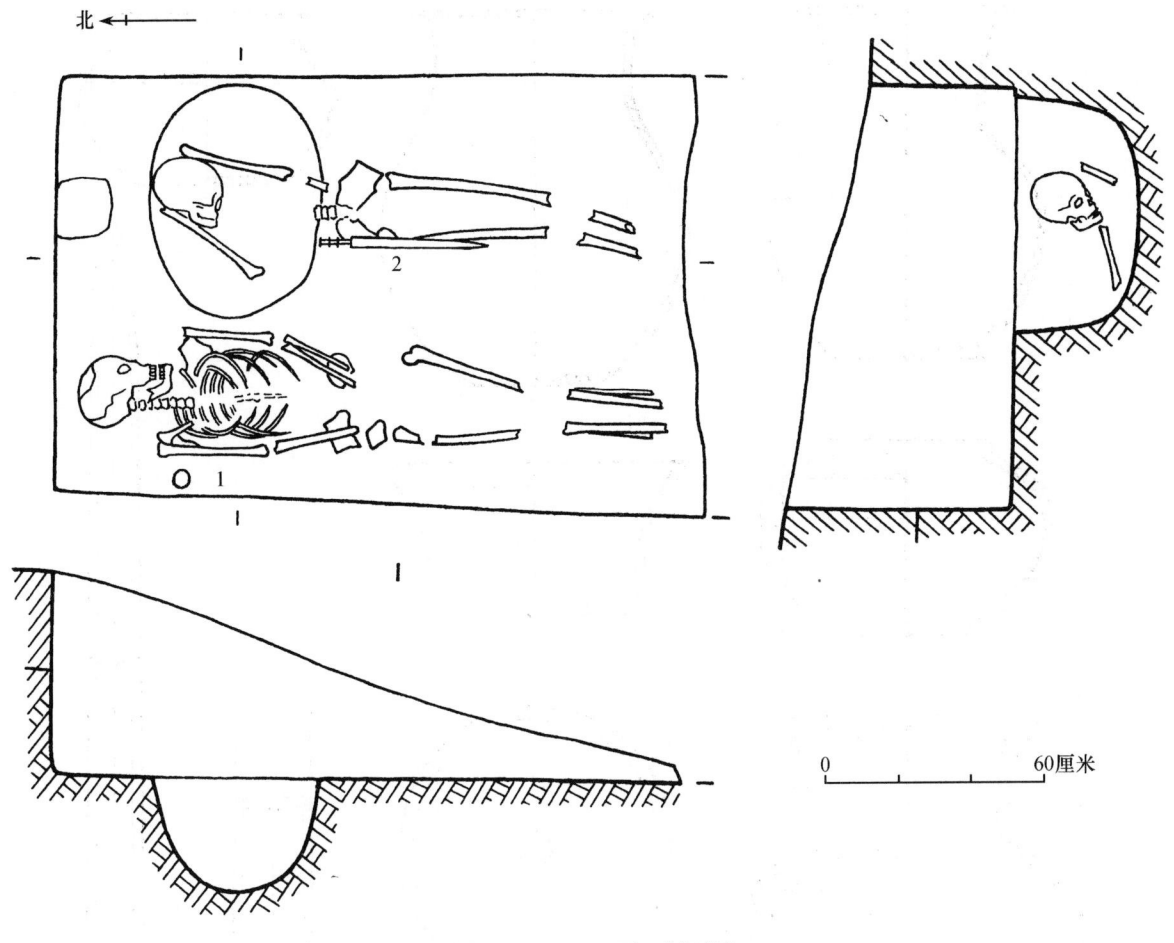

图一八三　M89 平、剖面图
1. 陶纺轮　2. 铜剑

34. M92

位置：在 T364 东北部。

层位关系：开口③层下，被③层下 M88 打破。

形制结构：属长方形土坑竖穴墓。墓坑口长 210、残宽 88、底长 200、宽 78、深 135 厘米。

葬具、人骨与葬式：葬具不明。人骨保存较好，可能为二次迁葬，侧身直肢摆放，头北脚南，方向 350°（图一八五）。

随葬品：无，填土中有高领罐、束颈罐和碗假圈足三件陶片标本。

高领罐　1 件。M92:03，夹砂红胎褐陶，喇叭口，方唇，高弧颈已残；素面。口径 23.8、残高 4.2 厘米（图一八九，6）。

束颈罐　1 件。M92:01，夹砂红胎褐陶，侈口，束颈，卷沿，尖圆唇，弧肩已残；肩饰斜绳纹。口径 18.4、残高 5 厘米（图一八九，4）。

碗假圈足　1 件。M92:02，泥质褐陶，上残，下腹斜弧内收，底为实心假圈足；素面。底径 7.8、残高 3.8 厘米（图一八九，5）。

年代推断：据开口地层和与 M88 的打破关系，推测 M92 为秦汉墓，但比 M88 稍早。

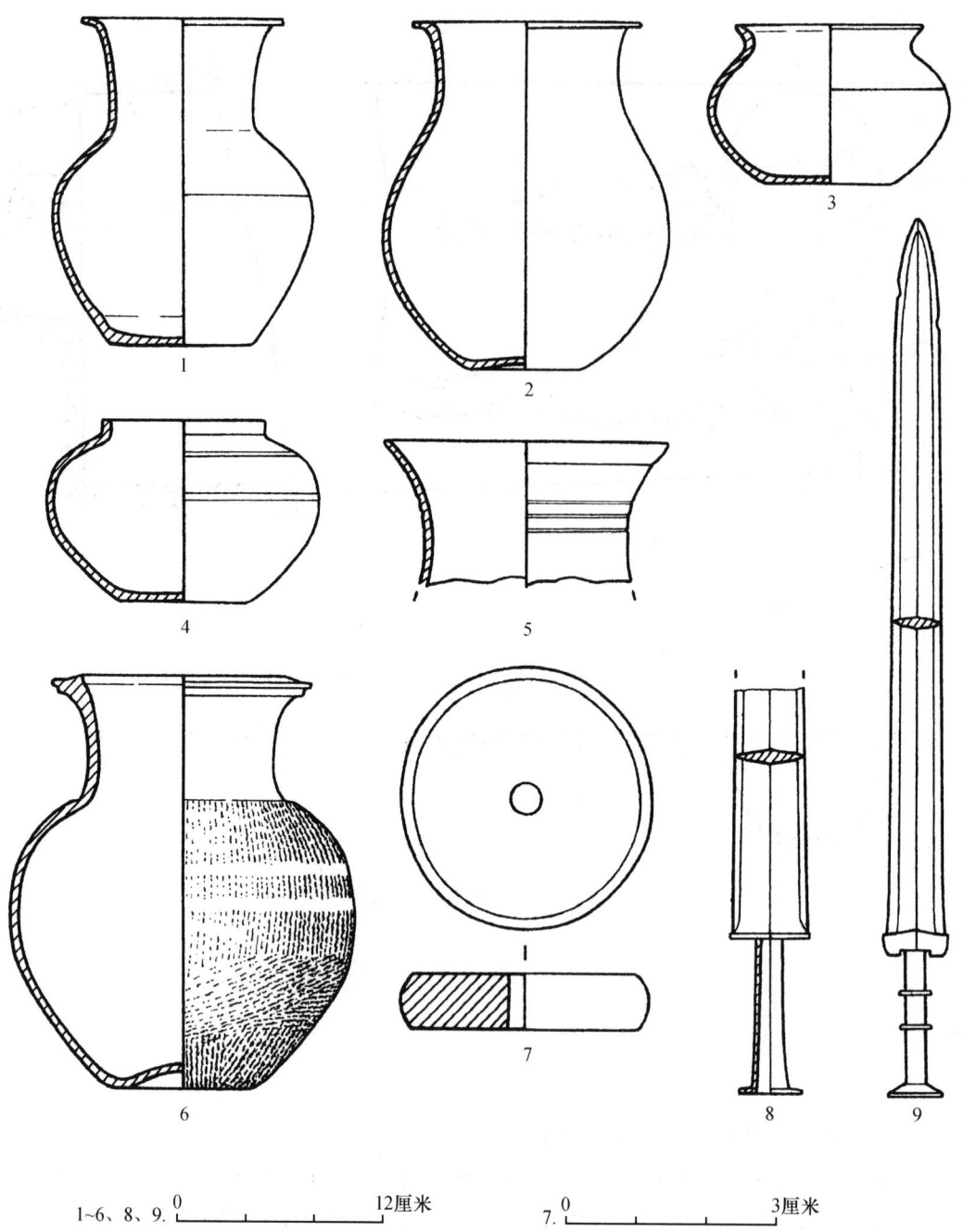

图一八四 M86、M87、M88、M89 随葬品与填土出土遗物

1. 陶长颈罐（M86:2） 2、5、6. 陶高领罐（M88:1、M88:02、M87:2） 3. 陶盂（M86:1） 4. 陶罍（M87:3） 7. 陶纺轮（M89:1） 8、9. 铜剑（M87:1、M89:2）

35. M94

位置：在 T239 南壁下至 T238 北隔梁内。

层位关系：开口③层下，打破④层，被②层下石 M6 打破。

形制结构：属长方形土坑竖穴墓。墓坑长 180、宽 60、深 20 厘米。

葬具、人骨与葬式：葬具不明。人骨保存不甚好已不全，系单人仰身直肢葬，头北脚南，方向 327°（图一八六）。

第六章 秦、西汉时期的遗存

图一八五　M92 平、剖面图

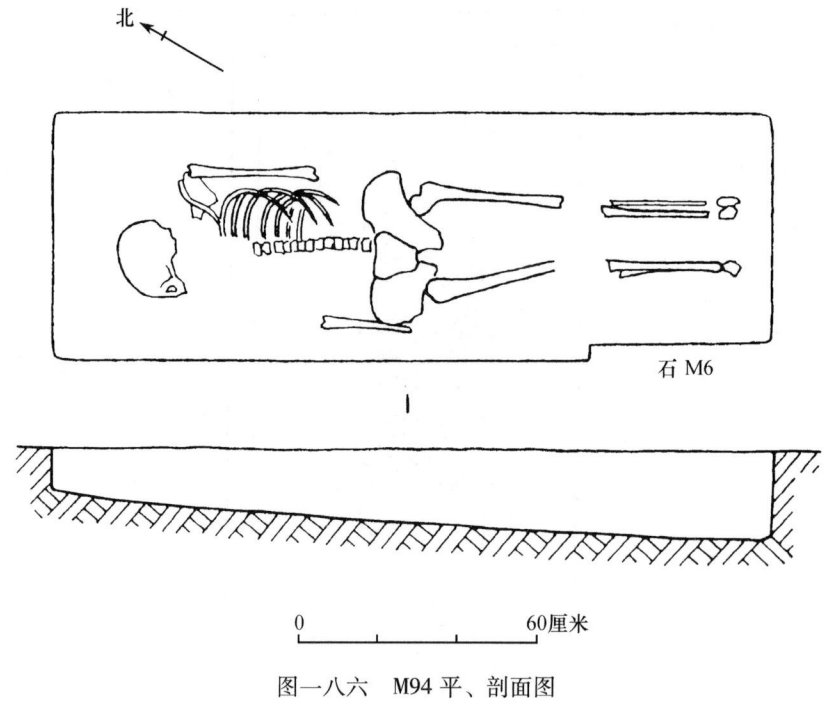

图一八六　M94 平、剖面图

随葬品：无。

年代推断：据开口地层和与石 M6 打破关系，推测 M94 为汉墓。

36. M95

位置：在 T366 西部。

层位关系：开口②层下，打破生土；被石 M7 打破。

形制结构：属长方形土坑竖穴墓。墓口残长 246、宽 106、底残长 242、宽 96、深 106 厘米。

葬具、人骨与葬式：葬具不明。墓主仅剩零星骨骼，可能为单人仰身直肢葬，头西脚东，方向 272°（图一八七）。

随葬品：仅 1 件陶釜，放置墓坑东北部，即原墓主脚下位置。

陶釜　1 件。M95:1，泥质灰陶，直口微敛，平沿内斜，原方唇也内斜，弧肩，腹上部近直，下部弧内收，圜平底；肩上两周、腹上部一周凹弦纹，腹下部至底部饰斜绳纹。口径 14.7、底径 5、高 16.6 厘米（图一八九，2；图版三七，5）。

年代推断：据附表一，M95:1 属Ⅳ式釜，结合层位关系，推测 M95 为西汉后期墓。

37. M96

位置：在 T364 西北部。

层位关系：开口④层下，打破生土。

形制结构：属长方形土坑竖穴墓。墓口长 220、宽 64、底长 215、宽 56、深 55 厘米。

葬具、人骨与葬式：葬具不明。人骨保存一般，系单人仰身直肢葬，头北脚南，方向 330°（图一八八）。

随葬品：有陶罍和高领罐 2 件陶器。其中陶罍压在墓主腰上部，高领罐放在墓主头部右侧。

陶罍　1 件。M96:1，泥质灰陶，直口，圆唇，矮颈，弧肩外鼓，扁腹内收，平底；素面。口径 7.2、底径 5.4、高 6 厘米（图一八九，3；图版三七，1）。

第六章 秦、西汉时期的遗存　　227

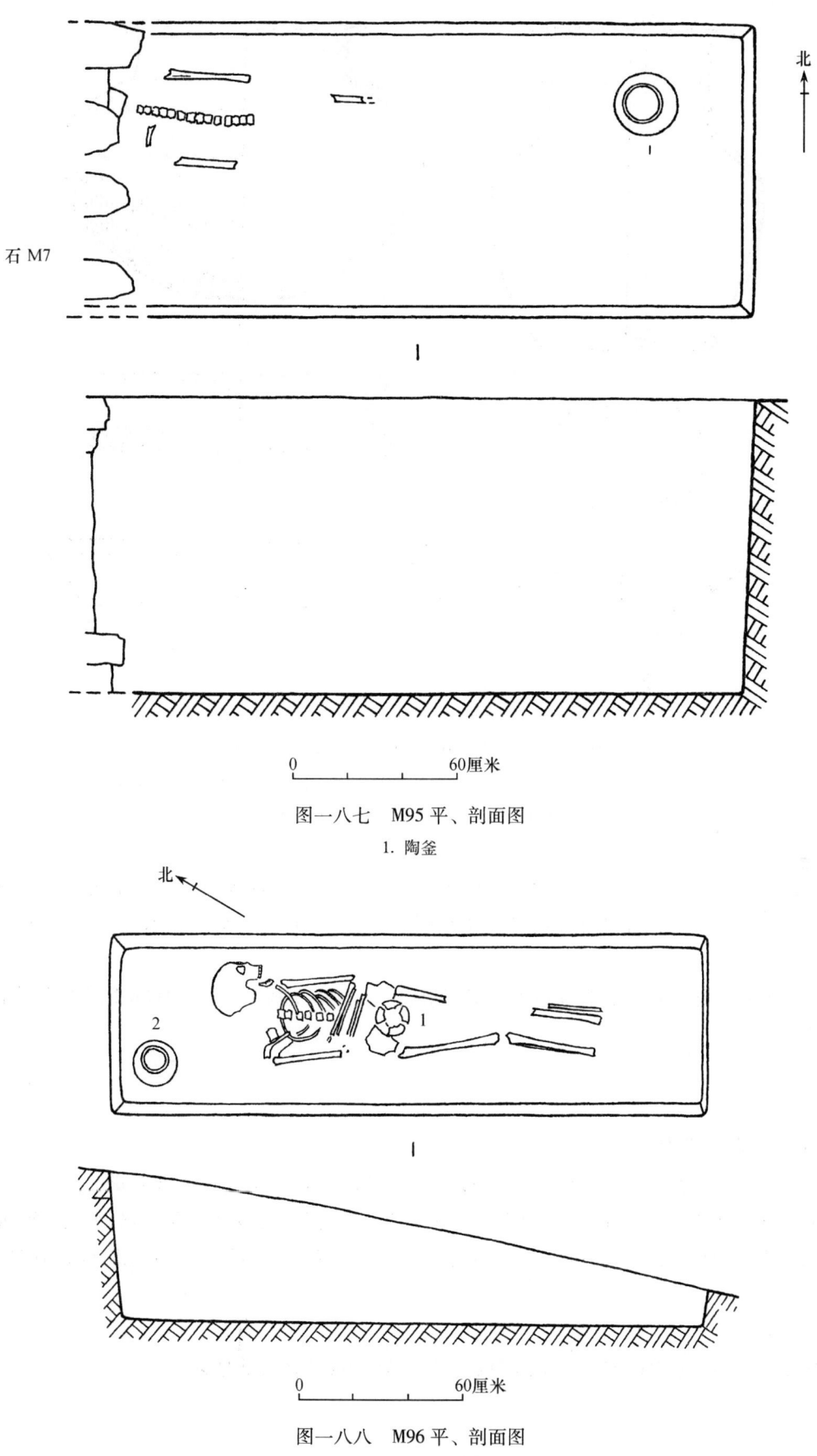

图一八七　M95 平、剖面图
1. 陶釜

图一八八　M96 平、剖面图
1. 陶罍　2. 陶高领罐

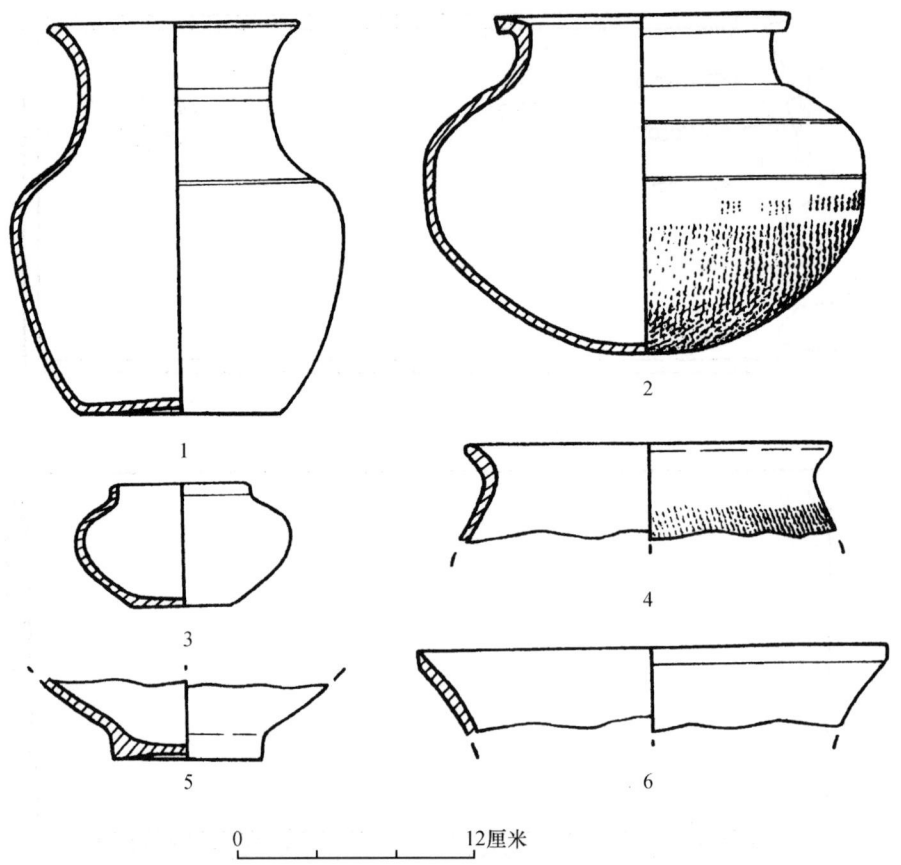

图一八九　M92、M95、M96 随葬品与填土遗物
1、6. 陶高领罐（M96:2、M96:03）　2. 陶釜（M95:1）　3. 陶罍（M96:1）　4. 陶束颈罐（M92:01）　5. 陶碗假圈足（M92:02）

高领罐　1件。M96:2，泥质红胎黑陶，喇叭口，尖圆唇，高弧颈，凹弧肩外鼓，深腹斜弧内收，平底；颈上、肩上各有两周凹弦纹。口径13、底径10.4、高19.2厘米（图一八九，1；图版三三，5）。

年代推断：虽然M96开口在④层下，但据附表一，M96:1属Ⅴ式罍，M96:2属AaⅥ式罐，推测M96为秦汉墓。

38. M98

位置：在T367西北部。

层位关系：开口②层下，打破生土；被近代建筑F12打破，也被石M13打破。

形制结构：属长方形土坑竖穴墓。墓坑口残长160、宽72、底残长150、宽64、深50厘米。

葬具、人骨与葬式：葬具不明。人骨保存一般，系单人仰身直肢葬，头北脚南，方向10°（图一九〇）。

随葬品：无。

年代推断：因被东汉时期的石M13打破，故推测M98为西汉后期墓。

39. M99

位置：在T374东南部。

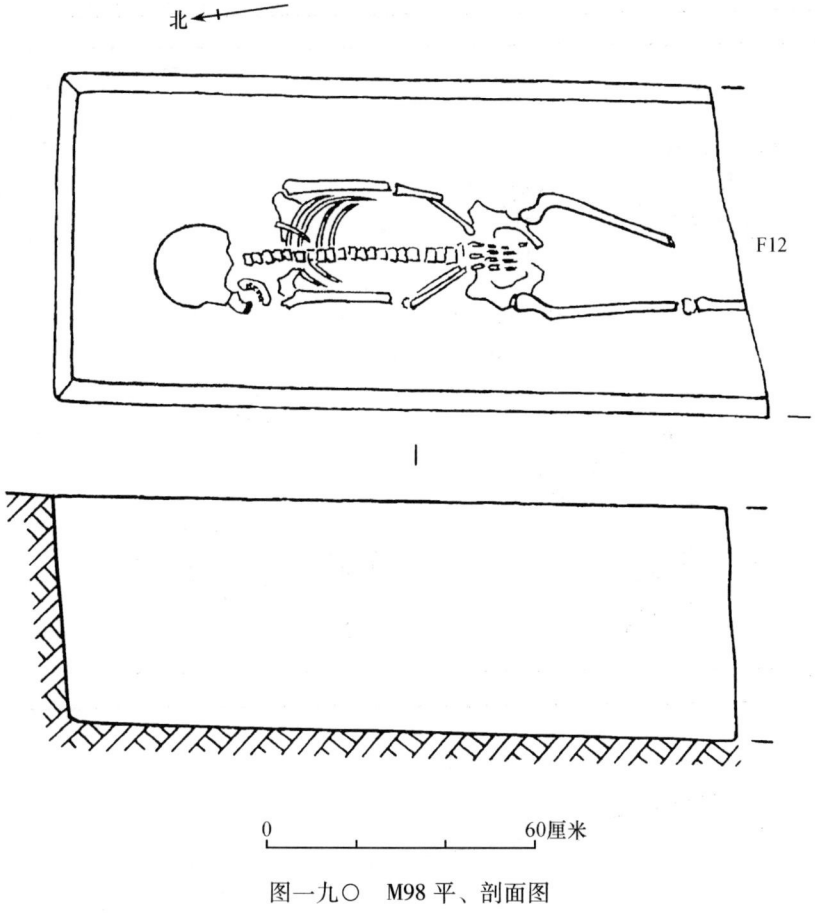

图一九〇　M98 平、剖面图

层位关系：开口②层下，打破生土。南部在修梯田时又遭破坏。

形制结构：属长方形土坑竖穴墓。墓口残长 295、宽 200、底残长 286、宽 178、深 90 厘米。

葬具、人骨与葬式：葬具不明。人骨属多个人体，但仅剩零星肢骨，据收集股骨不完全统计，至少包括六个人体，葬式已不明。方向 310°（图一九一）。

随葬品：已早年被盗，在填土中发现了耳珰 1 件，铜带钩 1 件，银戒指 1 件和铜钱数枚。这些器物都应是原墓葬中的随葬品。

耳珰　1 件。M99:1，琉璃质，蓝色半透明，小筒状束腰，中间有细穿孔，面小稍上弧底面稍大内弧凹。面径 0.7、底径 1.4、高 2 厘米（图一九五，1；图版四二，1）。

铜带钩　1 件。M99:2，铜质略锈，钩头鸭嘴状，钩身短小，钩尾椭圆形，阴刻两条弧线如鸭背，钩柱在钩尾下，钩钮扁圆，面径小于钩尾；通长 3.25、通高 2 厘米（图一九五，2；彩版五，20；图版三八，9）。

银戒指　1 件。M99:3，似银质白黑透黄，小圆环状，内外壁皆直，上下面皆平；外径 2.1、内径 1.8、厚 0.12 厘米（图一九五，3）。

铜钱　3 件。其中"五铢" 2 枚，"货泉" 1 枚。M99:4-1，五铢钱。直径 2.5 厘米（图二〇二，1）。M99:4-2，货泉钱。直径 2.3 厘米（图二〇二，2）。

年代推断：推测 M99 为汉墓。

40. M100

位置：在 T360 北部。

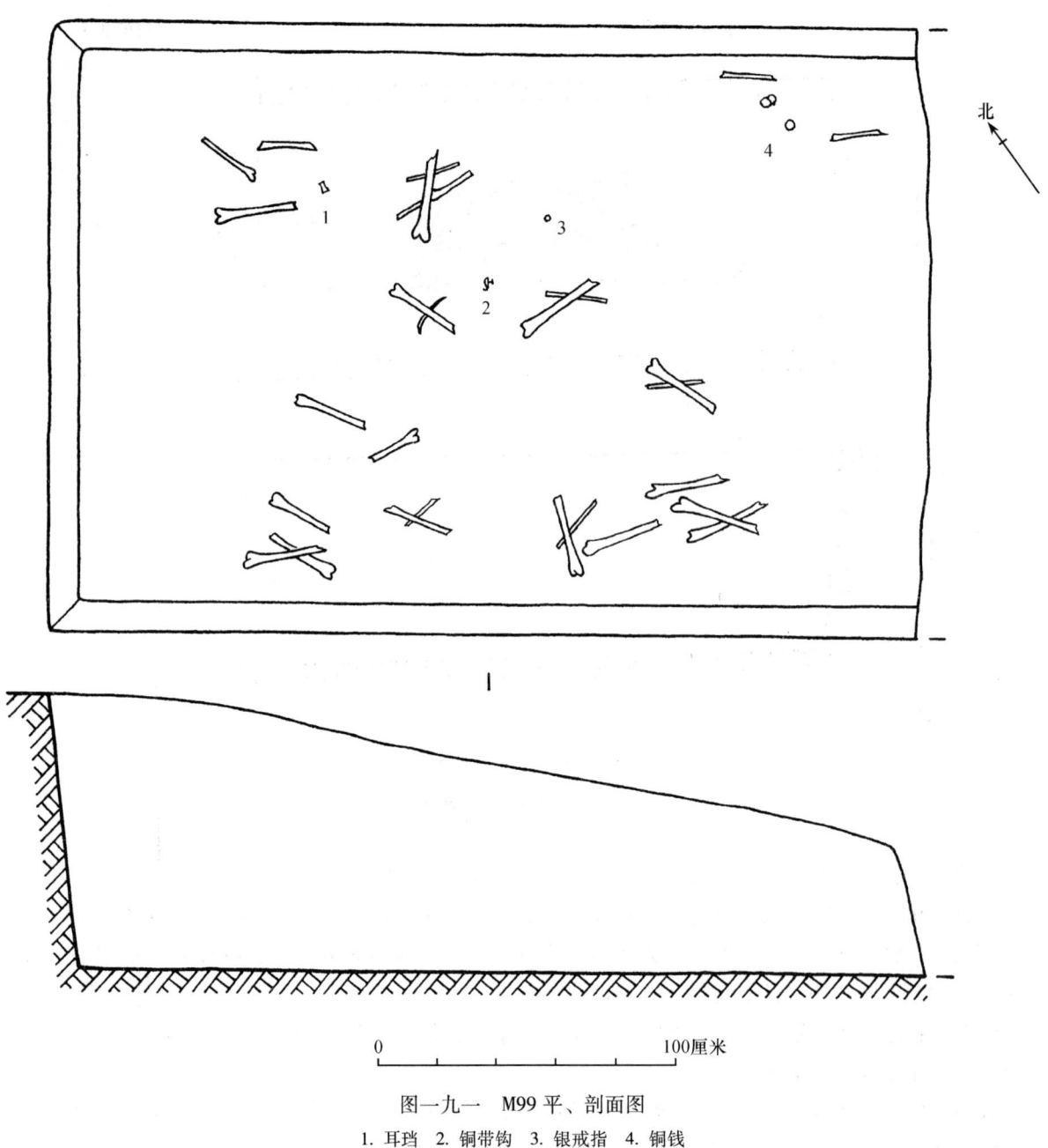

图一九一 M99 平、剖面图
1. 耳珰 2. 铜带钩 3. 银戒指 4. 铜钱

层位关系：开口③层下，打破④层和④层下的 M74。

形制结构：属长方形土坑竖穴墓。墓坑长 178、宽 55、深 20 厘米。

葬具、人骨与葬式：葬具不明。人骨保存较差，单人仰身直肢葬，头西北脚东南，方向 333°（图一九二）。

随葬品：无。

年代推断：据开口地层，推测 M100 为汉代墓葬。

41. M101

位置：在 T360 北部。

层位关系：开口③层下，打破④层；北部被②层下 M71 稍微打破。

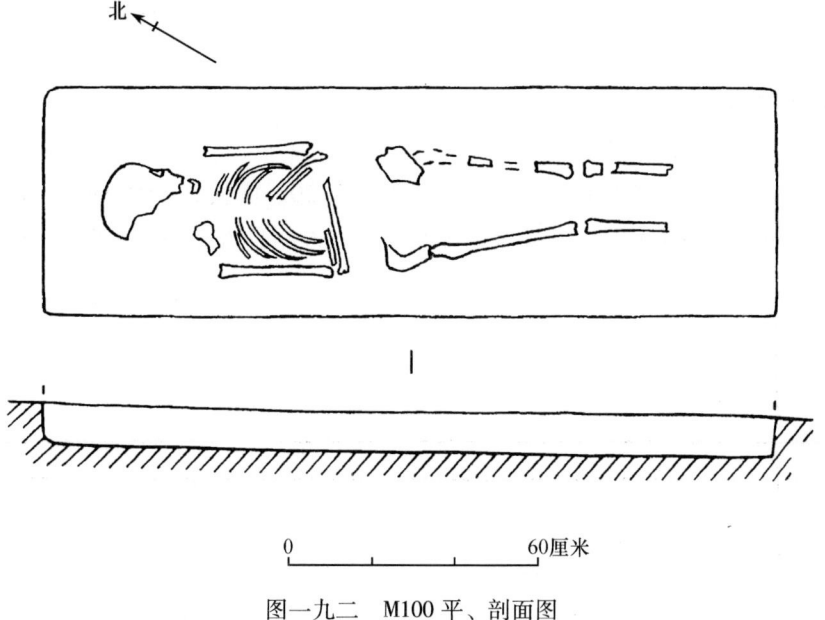

图一九二　M100 平、剖面图

形制结构：属长方形土坑竖穴墓。墓坑长 195、宽 85、深 25 厘米。

葬具、人骨与葬式：葬具不明。人骨仅剩一根肢骨，可能原为单人仰身直肢葬；而且可能是头西北脚东南，方向 342°（图一九三）。

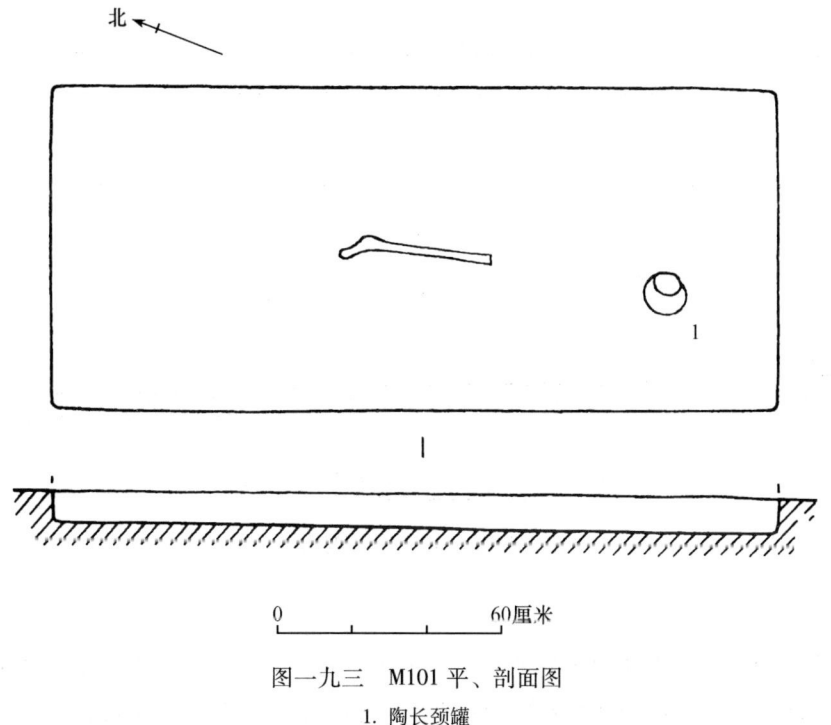

图一九三　M101 平、剖面图
1. 陶长颈罐

随葬品：仅 1 件长颈陶罐，放置墓主脚下位置。

长颈罐　1 件。M101:1，泥质灰陶，直口外弧，窄沿外斜，方唇，高弧颈，凹肩，深腹上部外鼓，下部斜内收，平底微凹；腹中部两周凹弦纹。口径 9.7、底径 6.6、深 10.8 厘米（图一九五，4；图版三五，3）。

年代推断：据附表一，M101:1 属 EV 式罐，推测 M101 为秦汉墓。

42. M110

位置：在 T249 北部。

层位关系：开口②层下，打破生土。

形制结构：属长方形土坑竖穴墓。墓坑口长 260、宽 120、底长 236、宽 96、深 56 厘米。

葬具、人骨与葬式：葬具不明。人骨保存较差，属单人侧身直肢葬，头西北脚东南，方向 308°（图一九四）。

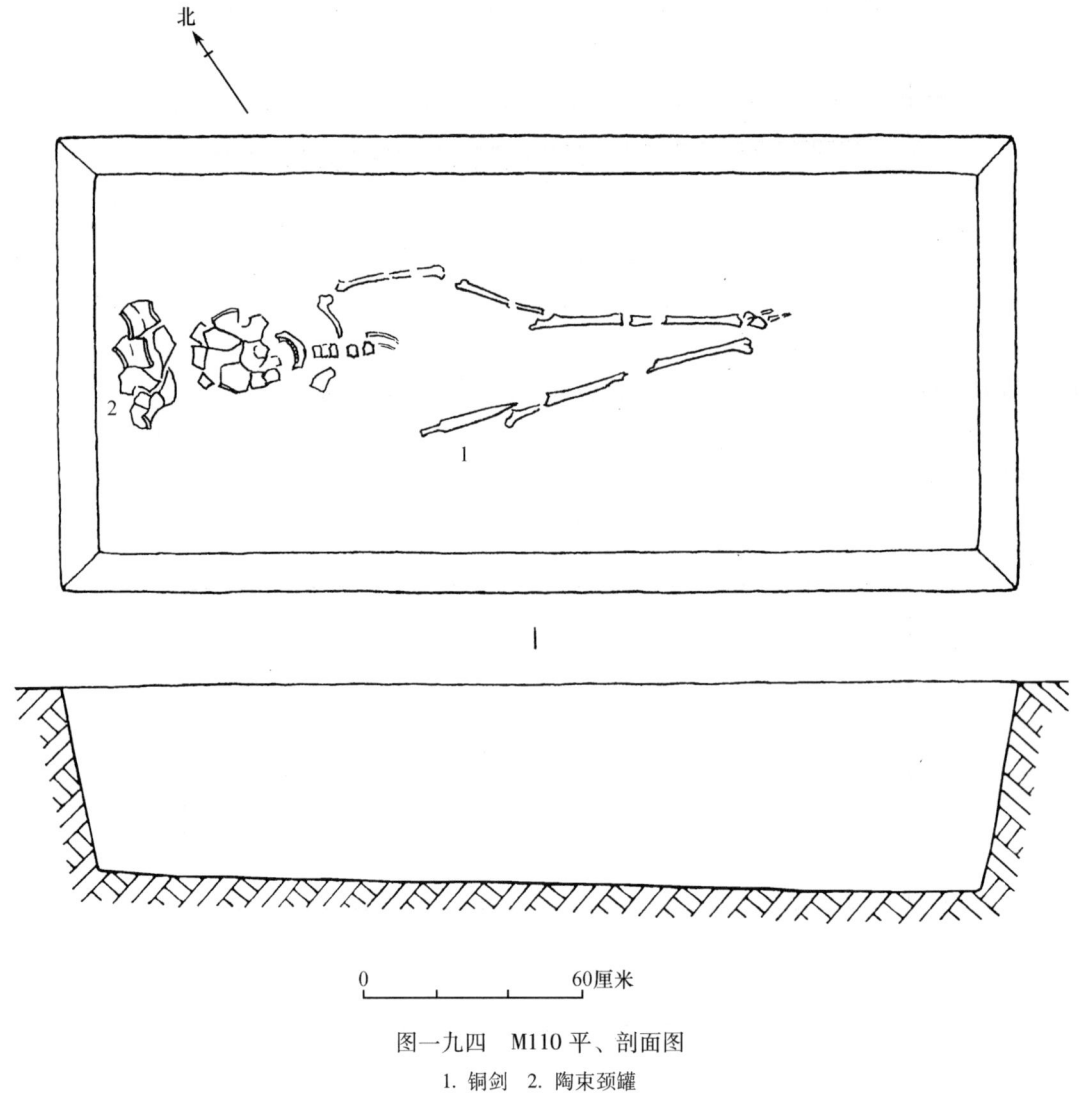

图一九四　M110 平、剖面图
1. 铜剑　2. 陶束颈罐

随葬品：2 件。其中，铜剑 1 件放置墓主胸前偏下位置，束颈陶罐 1 件放于墓主头上。

铜剑　1 件。M110:1，铜质有绿锈斑，前锋已断为两截但可粘接，属柳叶形扁茎短剑，扁茎，中脊上、下各有一圆形小穿孔；素面。长 25.7、宽 3.1、厚 0.6 厘米（图一九五，6；彩版五，6；图版三八，8）。

束颈罐　1 件。M110:2，泥质红胎黑陶，侈口，束颈，小卷沿，方唇，弧肩外鼓，弧腹内收，平底；肩饰一周凹弦纹。口径 13.9、底径 8.6、高 11.5 厘米（图一九五，5；图版三四，5）。

年代推断：据附表一，M110:1 属 Bc Ⅲ 式剑，M110:2 属 Ca Ⅴ 式罐，推测 M110 为秦汉墓。

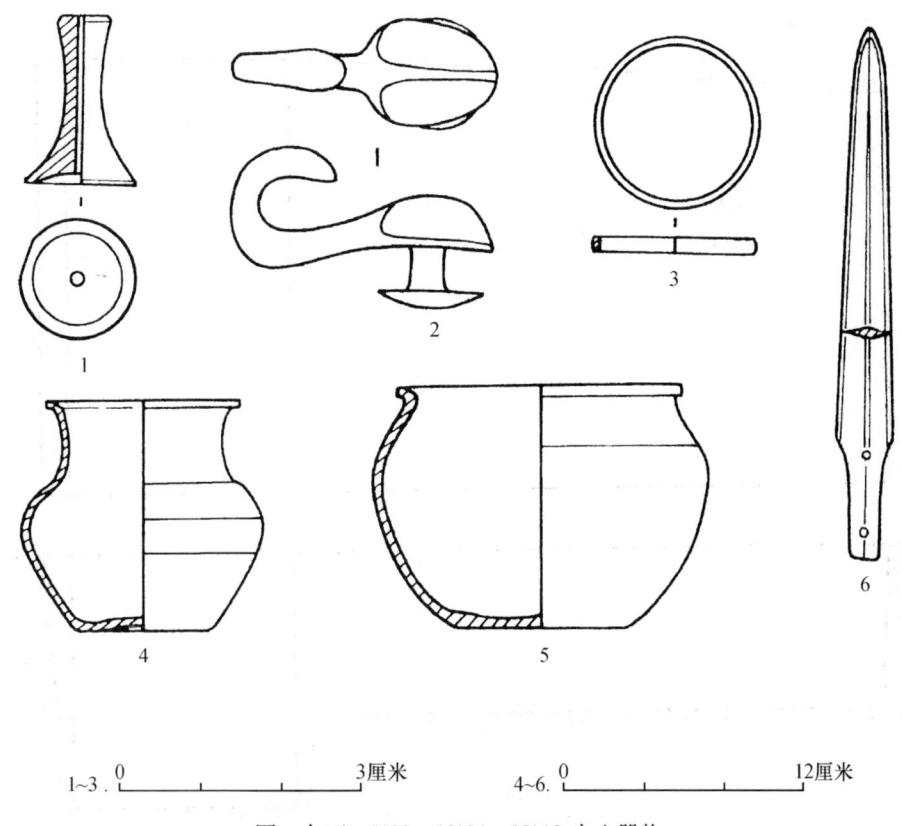

图一九五　M99、M101、M110 出土器物

1. 耳珰（M99:1）　2. 铜带钩（M99:2）　3. 银戒指（M99:3）　4. 陶长颈罐（M101:1）　5. 陶束颈罐（M110:2）　6. 铜剑（M110:1）

43. M114

位置：在 T382 东北部。

层位关系：开口②层下，打破生土；南部被近代墓 M113 打破，东部被田坎破坏。

形制结构：属长方形土坑竖穴墓。墓坑口长 290、宽 146、底长 280、宽 146、深 55 厘米。

葬具、人骨与葬式：葬具不明。人骨无存，葬式不详。方向 356°（图一九六）。

随葬品：只在填土中出土 1 件陶罍残片，应是该墓早年被盗后仅留下的 1 件随葬品。

陶罍　1 件。M114:1，泥质灰陶，直口，方唇，矮颈，鼓肩，扁弧腹内收，平底；肩、腹之间两周凹弦纹。口径 9.2、底径 6.2、高 9.4 厘米（图二〇一，10；图版三六，5）。

年代推断：据附表一，M114:1 属Ⅲ式罍，推测 M114 属秦汉墓。

44. M121

位置：在 T389 中部。

层位关系：开口②层下，打破生土；南部被断坎破坏。

形制结构：是墓主头上有生土二层台的长方形土坑竖穴墓。墓坑口残长 180、宽 80、墓底残长 172、宽 72、深 74 厘米。其中，墓底北部是一高出墓底 31、进深（即长）20 厘米的生土二层台。

葬具、人骨与葬式：葬具不明。二层台下墓主人骨保存较好，但下部已被断坎破坏，系单人仰身直肢葬，头北脚南，方向 350°（图一九七）。

随葬品：3 件。其中，铜剑 1 件放于墓主右手旁；高领罐和束颈罐 2 件陶器放置墓主头上二层台。

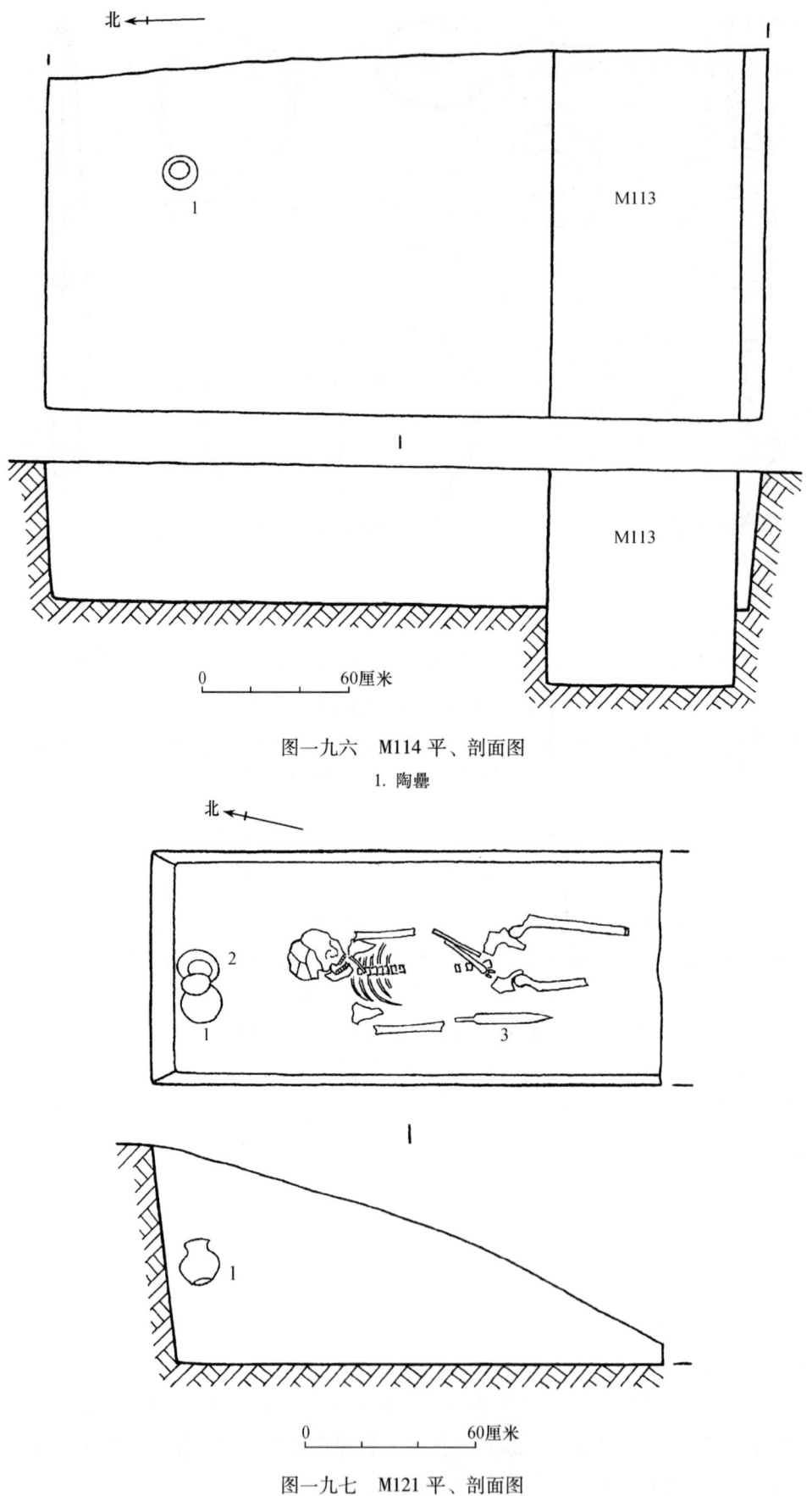

图一九六　M114 平、剖面图
1. 陶罍

图一九七　M121 平、剖面图
1. 陶高领罐　2. 陶束颈罐　3. 铜剑

铜剑　1件。M121:3，铜质有锈斑，属柳叶形扁茎长剑，扁茎末端中脊上有一圆形小穿孔。长33.4、宽3.5、厚1厘米（图二〇一，8；图版三八，6）。

高领罐　1件。M121:1，泥质灰陶，直口外卷近喇叭口，尖圆唇，高弧颈，凹弧肩，深腹弧内收，平底微凹；颈上、腹上部各饰两周凹弦纹。口径12.5、底径8.5、高18.7厘米（图二〇一，1；图版三三，1）。

束颈罐　1件。M121:2，泥质灰陶，侈口，束颈，小卷沿，尖圆唇，弧肩外鼓，扁腹内收，平底；肩部一周凹弦纹。口径13、底径9、高9.8厘米（图二〇一，5；图版三五，1）。

年代推断：据附表一，M121:1属AaⅥ式罐，M121:2属CaⅤ式罐，M121:3属于BbⅢ式剑，推测M121为秦汉墓。

45. M131

位置：在T398西部。

层位关系：开口②层下，打破生土；同时打破M136和M132，但又被石M8打破而仅存一小角。

形制结构：属长方形土坑竖穴墓。墓坑口残长128、残宽52、底残长126、残宽46、深40厘米（图一九八）。

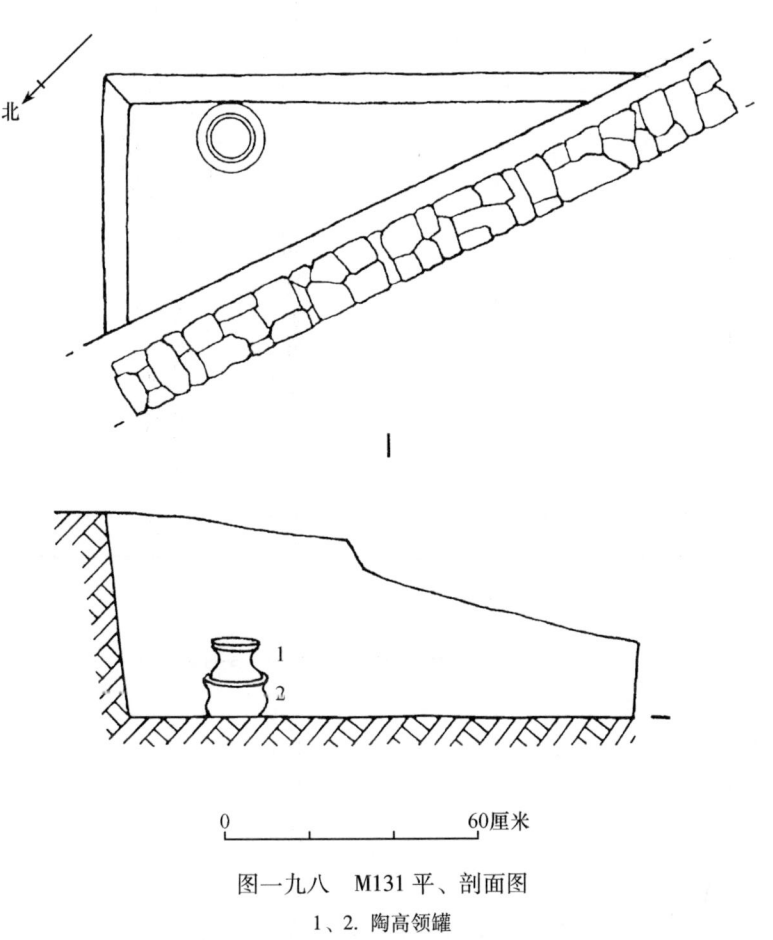

图一九八　M131平、剖面图
1、2. 陶高领罐

葬具、人骨与葬式：葬具不明。人骨无存，葬式不明。方向45°。

随葬品：高领罐2件，叠放于墓坑西北角。

高领罐　2件。M131:1，泥质灰陶，直口微外弧，小平沿，厚方唇，高颈较直，凹弧肩，深弧腹，凹平底；沿面一周凹弦纹，颈、肩之间一周凹弦纹，并有隐约竖绳纹，上腹一周抹断斜绳纹，下腹至底饰交错斜绳纹。口径10.8、底径6.2、高18厘米（图二○一，4；图版三三，2）。M131：2，泥质灰陶，喇叭口，尖圆唇，高弧颈中束，凹弧肩，深弧腹内收较直，平底；颈部和肩部各饰两周凹弦纹。口径13.2、底径11、高20.4厘米（图二○一，2；图版三三，3）。

年代推断：据附表一，M131：1属Ab Ⅴ式罐，M131：2属Aa Ⅵ式罐，推测M131为秦汉墓。

46. M132

位置：在T390中部。

层位关系：开口②层下，打破生土；被M134和M131两墓打破。

形制结构：是一座墓主头上有生土二层台的正梯形土坑竖穴墓。墓坑口残长330、上宽150、下残宽174、墓底残长246、上宽120、下残宽150、深88厘米；其中，墓底上部还有一高出墓底60、进深40厘米的生土二层台。

葬具、人骨与葬式：葬具不明。人骨已朽仅留痕迹，可见为单人仰身直肢葬，头西北脚东南，方向326°（图一九九）。

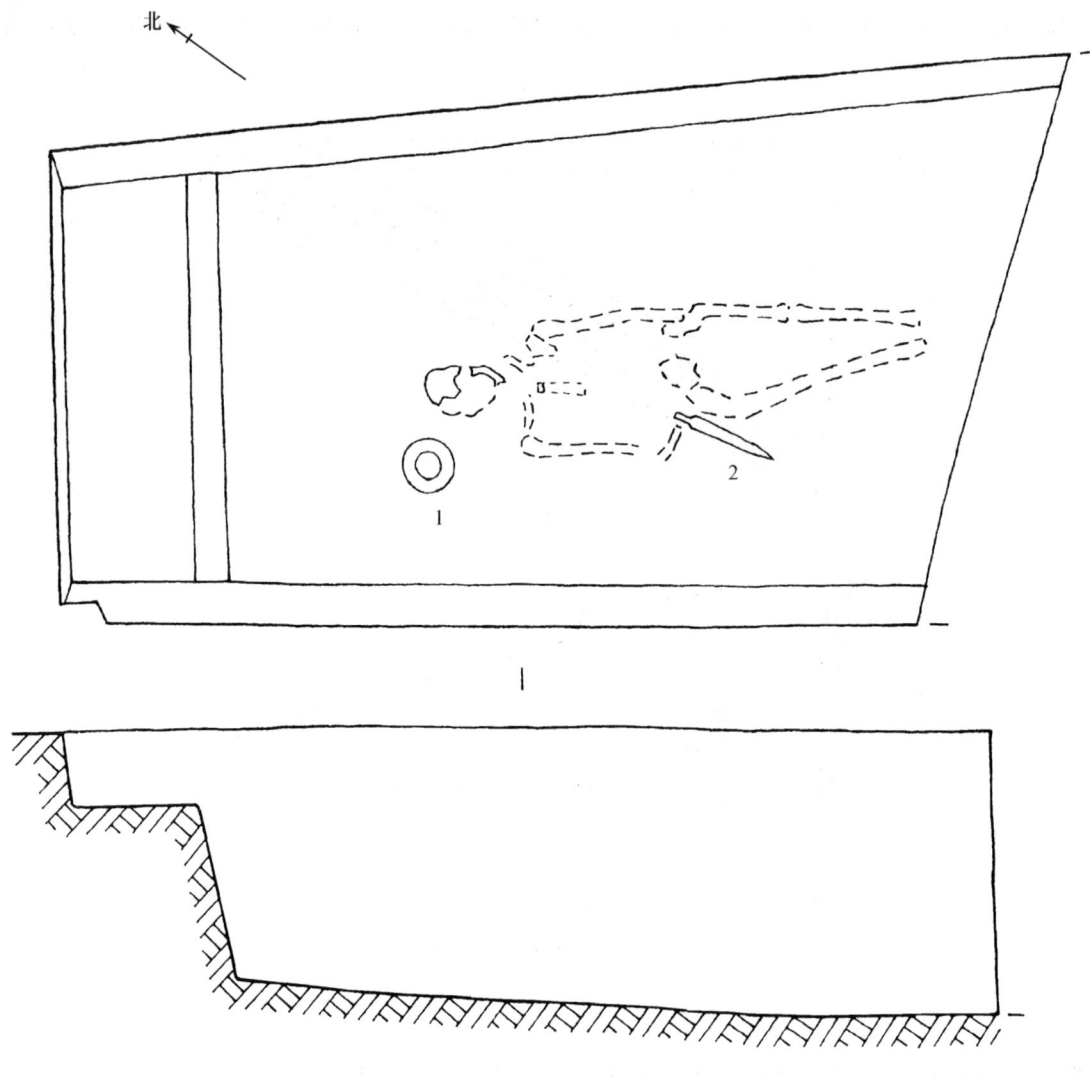

图一九九　M132平、剖面图
1. 陶罍　2. 铜剑

随葬品：2件，都与墓主一起葬于二层台下。其中，陶罍1件放于墓主头部右侧；铜剑1件置于墓主右手旁。

铜剑　1件。M132:2，铜质有绿锈斑，属柳叶形扁茎长剑，扁茎上部一侧和下部中脊上各有一个小圆穿孔，未见其他纹饰。长33.1、宽3、厚0.8厘米（图二〇一，9；图版三八，7）。

陶罍　1件。M132:1，泥质灰褐陶，直口，方唇，矮颈，弧肩外鼓，扁腹内收，凹平底；肩腹之间和腹中部各有一周凹弦纹。口径11.4、底径6.8、高10.4厘米（图二〇一，6；图版三六，6）。

年代推断：据附表一，M132:1属Ⅳ式罍，M132:2属BcⅡ式剑，推测M132为秦汉墓。

47. M134

位置：在T397东北部。

层位关系：开口②层下，打破生土；打破M133和M132两墓。

形制结构：是一座有长方形甬道的长方形土坑竖穴墓。墓室长方形，口长320、宽200、底长292、宽172、深265厘米；甬道长方形，南部已被断坎破坏，甬道残长130、口宽100、底宽72厘米。墓室与甬道之底皆生土，平坦相连。

在墓室与甬道之间，两边都各发现有椭圆形盗洞一个，长径都90厘米左右，斜通墓室。

葬具、人骨与葬式：葬具不明。在墓室内和甬道内部残存人体骨骼，甚乱，葬式不详，说明M134是一座多人合葬墓。墓坑方向164°（图二〇〇）。

随葬品：都发现于甬道填土中，计有小琉璃珠212颗以上，铜镯2件和铜钱4枚。

小琉璃珠，212颗以上。M134:1，琉璃质小珠，大小不一，大者如绿豆或小黄豆，小者如油菜子，颜色多为蓝、绿、白色泛绿三种，另有黄色和黑色各一颗，形制则相似，皆两面平，弧边，中心对穿一小孔，整理时已把出土的212颗小珠穿为四串：白色小珠一串97颗，黑、黄、蓝三色小珠68颗又穿为一串，蓝色小珠一串20颗，绿色小珠27颗也穿为一串，另有几颗破珠（彩版四，1）。

铜镯　2件。M134:3，残成四段，为两面平圆环。外径6.2、内径5.8、高0.4厘米（图二〇一，7）。M134:4，已断为四段，也是两面平圆环。外径7、内径6.4、高0.4厘米（图二〇一，3）。

铜钱　4枚。M134:2-1～M134:2-3，都是"大泉五十"，字体稍异。其中，M134:2-1，直径2.5（图二〇二，4）；M134:2-2、M134:2-3，直径都是2.7厘米（图二〇二，5、6）。M134:5，为"五铢"。直径2.4厘米（图二〇二，3）。

年代推断：据耳珰和铜钱，推测M134为汉代墓葬。

（四）地层单位的遗物

包括各探方第④层28个地层单位和各探方第③层16个地层单位。下面分别介绍这44个地层单位。

1. T15④层

标本9件，有小石锛、残石器、高领罐、束颈罐、盘口罐和罐平底六种器物；另有纹饰标本3件。

小石锛　1件。T15④:5，扁薄长方形，顶部已残，两面及一侧已磨平，另一侧琢平，平刃单面磨制。残长3.4、宽4.6、厚1厘米（图二〇三，5）。

残石器　1件。T15④:2，长条形小砾石，顶部和两侧稍磨平，两面有原面，刃已残。残长7、宽3.6、厚0.8厘米（图二〇三，6）。

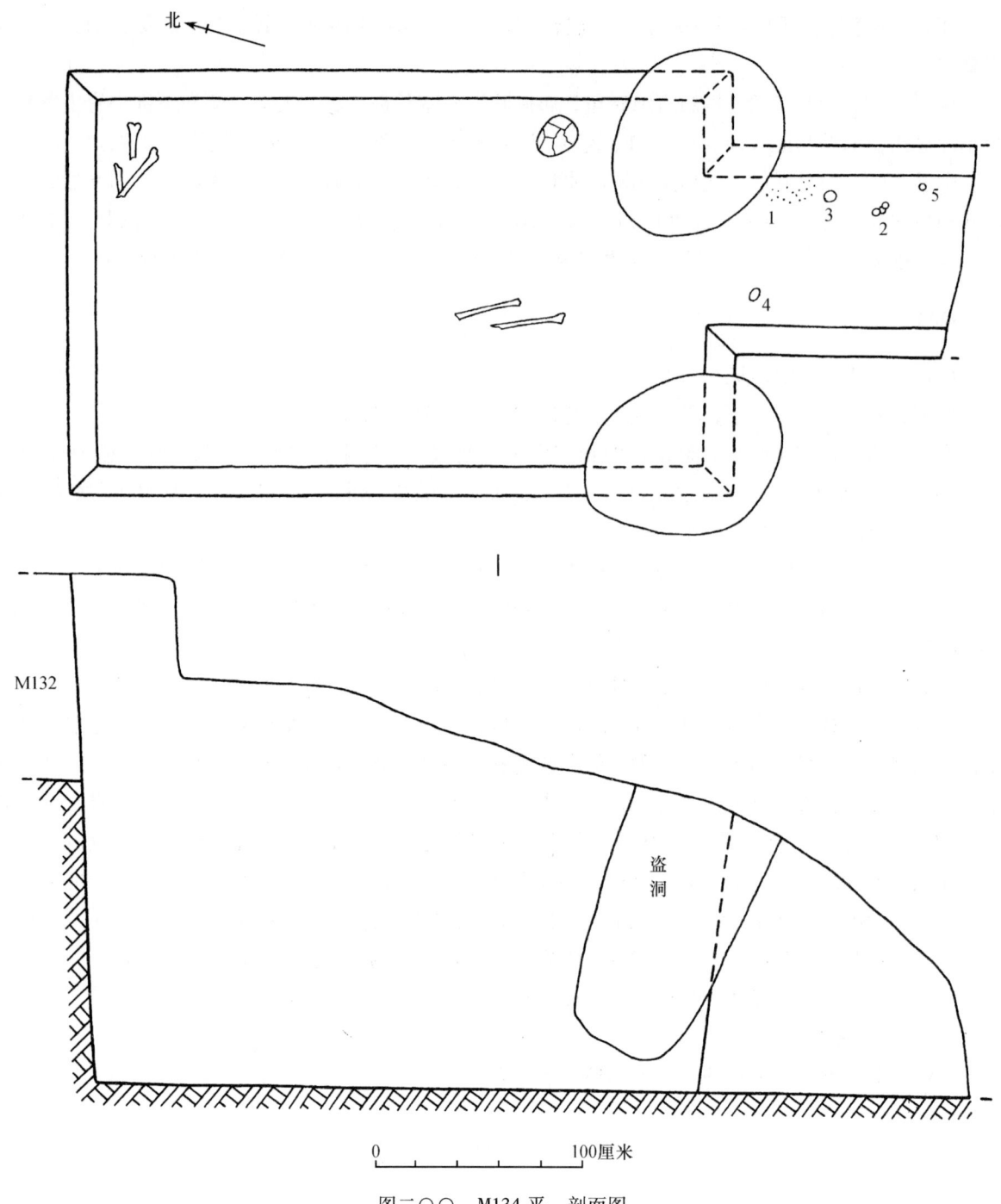

图二〇〇 M134 平、剖面图
1. 小琉璃珠 2. 铜钱（大泉五十3枚） 3、4. 铜镯 5. 铜钱（五铢）

高领罐 2件。T15④:46，泥质灰陶，喇叭口，尖圆唇，高弧颈下部已残；颈中部两周凹弦纹。口径16.8、残高8厘米（图二〇四，1）。T15④:48，泥质灰陶，直口外弧，尖圆唇，高弧颈下部已残；颈中部两周深凹弦纹。口径12、残高4.2厘米（图二〇四，16）。

束颈罐 3件。T15④:47，夹砂黑陶，侈口，束颈，卷沿，圆唇，弧肩已残；素面。口径18、残高3.6厘米（图二〇四，5）。T15④:49，夹砂红褐陶，侈口，束颈，卷沿，尖圆唇，弧肩已残；肩饰方格纹。口径16、残高5.8厘米（图二〇四，3）。T15④:50，泥质黑陶，侈口，束颈，小卷沿，尖圆唇，弧肩已残；素面。口径12、残高3.2厘米（图二〇四，18）。

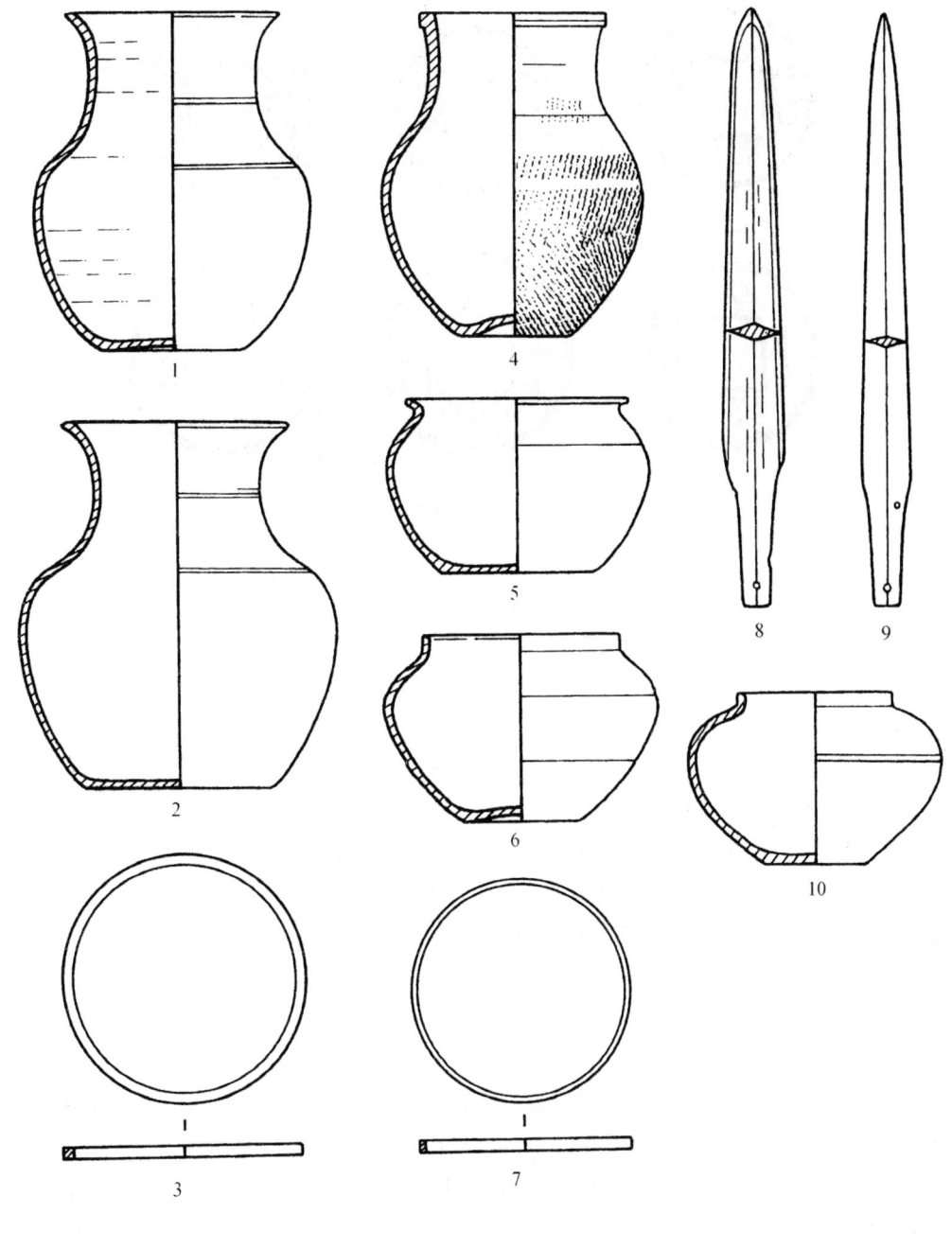

图二〇一　M114、M121、M131、M132、M134 出土器物

1、2、4. 陶高领罐（M121:1、M131:2、M131:1）　3、7. 铜镯（M134:4、M134:3）　5. 陶束颈罐（M121:2）　6、10. 陶罍（M132:1、M114:1）　8、9. 铜剑（M121:3、M132:2）

盘口罐　1件。T15④:52，泥质灰陶，盘口外鼓，方唇内斜，高弧颈已残；颈中部残存多周凹弦纹。口径16.8、残高6.4厘米（图二〇四，2）。

罐平底　1件。T15④:45，夹砂红褐陶，上已残，下腹弧收，平底；素面。底径9.6、残高3.6厘米（图二〇四，23）。

纹饰标本　3件。T15④:82，饰叶脉状贝纹（图二二二，1）。T15④:83，弦纹之间加戳印"S"纹（图二二三，2）。T15④:84，弦纹之间加戳印曲折纹（图二二五，3）。

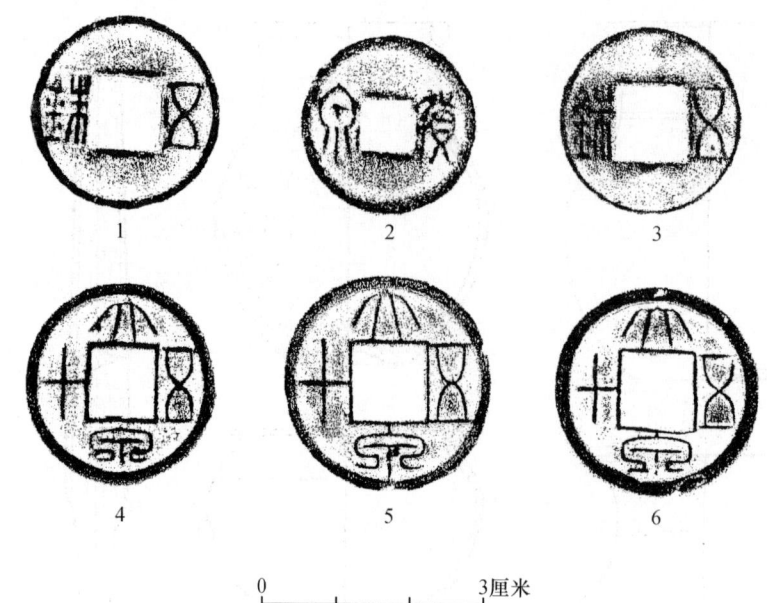

图二〇二　M99、M134 出土铜钱拓片

1、3. 五铢（M99:4-1、M134:5）　2. 货泉（M99:4-2）　4~6. 大泉五十（M134:2-1~M134:2-3）

2. T15④A 层

标本 2 件，有打制石锛和小陶碟。

打制石锛　1 件。T15④A:34，厚薄不一长方形，顶部两边都经修整，两面一为原弧面，刃单面打制，已残。残长 8.8、宽 4.8、最厚 1.8 厘米（图二〇三，2）。

小陶碟　1 件。T15④A:51，泥质黑陶，敞口，小方唇，浅斜腹，底呈实心假圈足；素面。口径 13.2、底径 10、高 2.4 厘米（图二〇四，22）。

3. T15④B 层

标本 7 件，有矮颈罐、束颈罐、花边口罐、侈口小罐和敛口钵五种器物；另有纹饰标本 2 件。

矮颈罐　3 件。T15④B:53，夹砂灰陶，直口外弧，扁圆唇外凸，矮束颈，弧肩已残；肩饰方格纹。口径 10.4、残高 4.8 厘米（图二〇四，17）。T15④B:58，夹砂黑陶，直口外弧，圆唇，矮束颈，肩已残；素面。口径 13.2、残高 4.4 厘米（图二〇四，9）。T15④B:56，夹砂灰陶，直口外弧，方唇，矮束颈，弧肩已残；素面。口径 14.8、残高 3.8 厘米（图二〇四，10）。

束颈罐　1 件。T15④B:54，夹砂黑陶，侈口，束颈，卷沿，尖圆唇，弧肩已残；肩饰方格纹。口径 14.8、残高 4.4 厘米（图二〇四，8）。

花边口罐　1 件。T15④B:55，夹砂灰陶，直口微敞，窄弧沿，方圆唇外凸，颈已残；口径压印成锯齿状花边。口径 15.2、残高 2 厘米（图二〇四，13）。

侈口小罐　1 件。T15④B:57，泥质灰陶，侈口，束颈，卷沿，尖圆唇，溜肩已残；素面。口径 14、残高 2.8 厘米（图二〇四，11）。

敛口钵　1 件。T15④B:59，泥质黄灰陶，敛口，尖圆唇，深弧腹下已残；腹上部一周凹弦纹。口径 14.8、残高 4.8（图二〇四，12）。

纹饰标本　2 件。T15④B:87，多种戳印纹，甚缭乱（图二二三，7）。T15④B:88，饰交错绳纹（图二二六，2）。

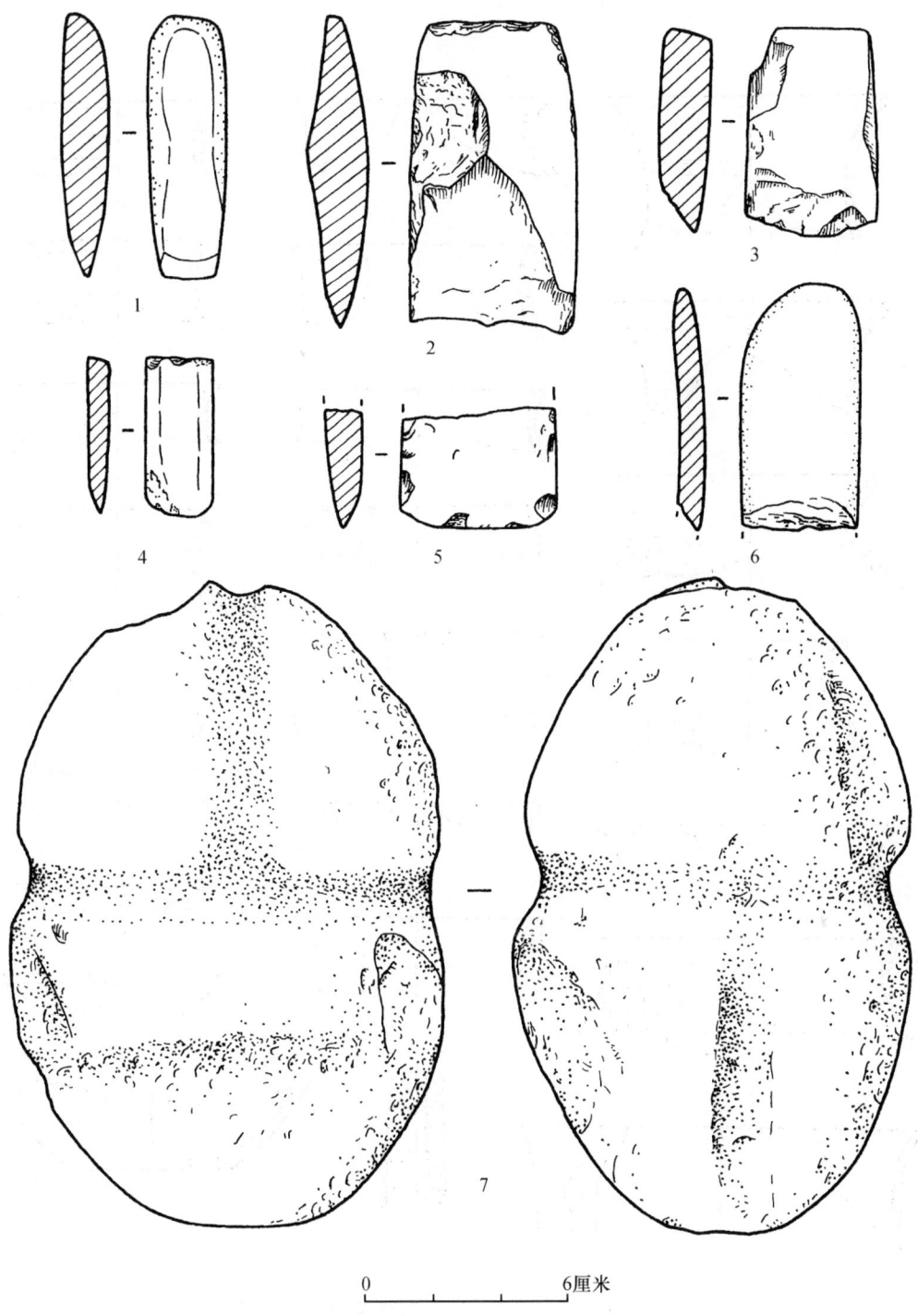

图二〇三 T15④层、T15④A层、T16④层、T16④A层、T16④B层出土石器
1、4. 雕凿器（T16④A:1、T16④B:6） 2. 打制石碴（T15④A:34） 3. 残石楔（T16④B:3） 5. 小石碴（T15④:5） 6. 残石器（T15④:2） 7. 石锚（T16④:8）

4. T16④层

只有石锚1件标本；另有纹饰标本2件。

石锚 1件。T16④:8，在椭圆形砾石的中部琢出一周凹槽，又在凹槽上部的一面也琢出凹槽，以便于系结绳索。长径18.4、横径11.8、厚12.6厘米（图二〇三，7）。

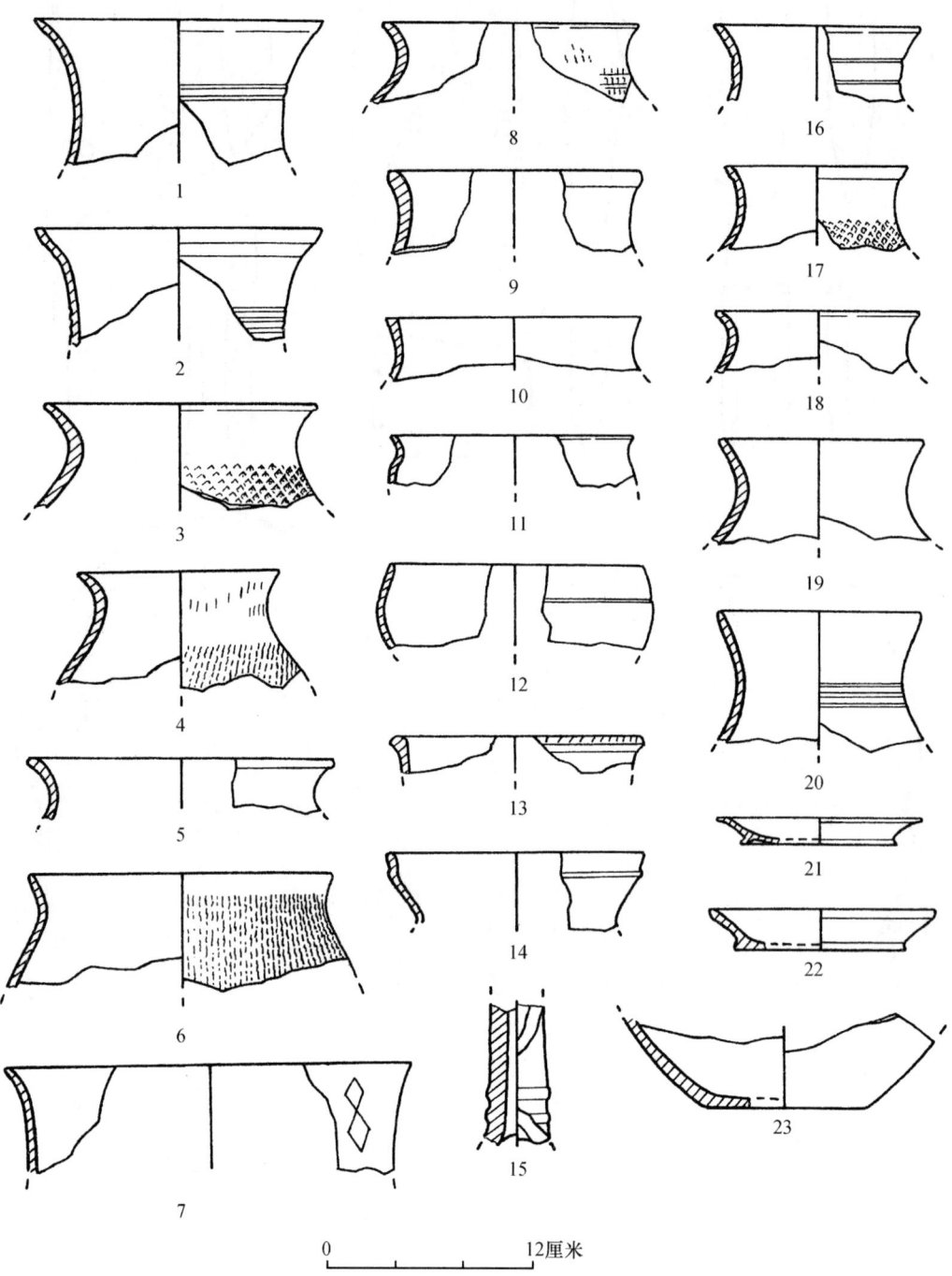

图二〇四 T15④层、T15④A层、T15④B层、T16④A层、T16④B层、T16④C层、T17④B层出土陶器
1、7、16、20. 高领罐（T15④:46、T16④B:41、T15④:48、T16④A:16） 2、14. 盘口罐（T15④:52、T17④B:6） 3~6、8、18、19. 束颈罐（T15④:49、T16④C:17、T15④:47、T16④C:18、T15④B:54、T15④:50、T16④A:15） 9、10、17. 矮颈罐（T15④B:58、T15④B:56、T15④B:53） 11. 侈口小罐（T15④B:57） 12. 敛口钵（T15④B:59） 13. 花边口罐（T15④B:55） 15. 高圈足（T16④B:19） 21、22. 小陶碟（T16④C:20、T15④A:51） 23. 罐平底（T15④:45）

纹饰标本 2件。T16④:37，饰交错粗绳纹（图二二六，4）。T16④:38，饰戳印"S"纹（图二二三，3）。

5. T16④A 层

标本3件，有雕凿器、高领罐和束颈罐三种器物；另有纹饰标本1件。

雕凿器 1件。T16④A:1，长条形小砾石，顶部、两面和两边都略为磨平，平刃两面磨制。长7.6、宽2.4、厚1.3厘米（图二〇三，1）。

高领罐 1件。T16④A:16，夹细砂灰陶，直口外弧，尖圆唇，高弧颈，弧肩已残；颈中部饰三周深凹弦纹。口径12、残高7.2厘米（图二〇四，20）。

束颈罐 1件。T16④A:15，夹砂灰陶，侈口，束颈，卷沿，方圆唇，弧肩已残；素面。口径12、残高6厘米（图二〇四，19）。

纹饰标本 1件。T16④A:39，饰交错粗绳纹（图二二七，7）。

6. T16④B 层

标本4件，有残石楔、雕凿器、高领罐、高圈足四种器物；另有纹饰标本3件。

残石楔 1件。T16④B:3，厚体长方形，顶部一角和刃部已残，顶部、两面两边都磨平。残长6、宽3.9、厚1.4厘米（图二〇三，3）。

雕凿器 1件。T16④B:6，扁平长方形，顶部已残，一面为原平面，另一面和两边磨平，弧刃单面磨制。残长4.5、宽2、厚0.6厘米（图二〇三，4）。

高领罐 1件。T16④B:41，泥质红褐陶，直口外弧，尖圆唇，高直颈稍内收，颈下部已残；口下有双菱形刻划纹。口径24、残高6厘米（图二〇四，7）。

高圈足 1件。T16④B:19，泥质灰黄陶，管状豆把上、下皆残，仅剩中间一段，上细下稍粗，中空；下部有两周以上凸棱纹。残足径4、残高8厘米（图二〇四，15）。

纹饰标本 3件。T16④B:40，在两周凹弦纹之间加长短不一也不等距的竖划纹（图二二四，3）。T16④B:41，为这件高领罐口沿下部的双菱形刻划纹拓片（图二二四，7）。T16④B:42，在两周不平的横划纹上、下又刻划斜划纹（图二二四，4）。

7. T16④C 层

标本3件，为束颈罐和小陶碟两种器物；又有纹饰标本2件。

束颈罐 2件。T16④C:17，夹砂黑陶，侈口，束颈较高，卷沿，尖圆唇，弧肩已残；弧肩饰竖绳纹。口径12、残高6.4厘米（图二〇四，4）。T16④C:18，夹砂黑陶，侈口，束颈，卷沿，尖圆唇，斜弧肩，腹已残；颈至肩、腹饰竖绳纹。口径18、残高6.4厘米（图二〇四，6）。

小陶碟 1件。T16④C:20，泥质陶红灰相间，薄胎，敞口，尖唇外卷，残腹，圜平底，下附极矮圈足，足皆外斜；素面。口径12、底径9、高1.5厘米（图二〇四，21）。

纹饰标本 2件。T16④C:43，饰弦纹加戳印小圆圈纹（图二二五，1）。T16④C:44，饰粗、乱划纹（图二二六，7）。

8. T17④B 层

标本仅1件盘口罐。

盘口罐 1件。T17④B:6，泥质黑褐陶，盘口近直，圆唇，盘腹内斜，直颈已残；素面。盘内口径14、残高4.4厘米（图二〇四，14）。

9. T18④C层

标本3件，有束颈罐和盘口沿两种器物。

束颈罐　2件。T18④C：1，夹砂黑陶，侈口，束颈较高，卷沿，尖圆唇，弧肩已残；肩饰细密竖绳纹。口径21.2、残高7.2厘米（图二〇五，1）。T18④C：2，夹砂灰陶，直口外弧，尖圆唇，矮颈下束，溜肩已残；肩部拍印方格纹。口径10、残高5.2厘米（图二〇五，22）。

盘口沿　1件。T18④C：3，泥顶黑陶，敛口，尖圆唇，浅弧腹下部已残；腹中部一周凹弦纹。口径19.2、残高3厘米（图二〇五，5）。

10. T22④层

标本4件，都是束颈罐；另有纹饰标本4件。

束颈罐　4件。T22④：4，夹砂黑陶，侈口束颈，卷沿，尖圆唇，斜弧肩，深弧腹已残；肩饰竖绳纹，腹饰交错绳纹。口径15.2、残高8.4厘米（图二〇五，11）。T22④：5，夹砂黑陶，大侈口，束颈，卷沿，方圆唇，斜弧肩，腹已残；肩饰竖绳纹。口径25.2、残高6厘米（图二〇五，8）。T22④：6，夹砂黑陶，侈口，束颈，卷沿，尖圆唇，弧肩，弧腹已残；腹饰斜方格纹。口径14.4、残高5.2厘米（图二〇五，12）。T22④：7，夹砂黑陶，侈口束颈较高，卷沿，尖圆唇，弧肩，腹已残；肩饰方格纹。口径12.8、残高5.2厘米（图二〇五，19）。

纹饰标本　4件。T22④：24，多周弦纹之间加戳变形"S"纹（图二二三，9）。T22④：25，饰点状贝纹（图二二二，8）。T22④：26，弦纹加斜划纹（图二二四，1）。T22④：27，方格纹上加变形贝纹（图二二二，10）。

11. T24④层

标本19件，有石楔、雕凿器、残石器和高领罐、矮颈罐、盘口罐、碗口沿、高圈足、罐平底九种器物；另有纹饰标本3件。

石楔　3件。T24④：3，厚体长方形，通体磨光，刃部稍残，刃两面磨制，近对称。长5.7、宽3.8、厚1.4厘米（图二〇六，4）。T24④：5，厚体呈梯形，通体磨光，刃已残。残长5.6、宽4.4、厚1.6厘米（图二〇六，2）。T24④：6，厚体长方形，通体磨光，刃已残。残长5.8、宽3.6、厚1.4厘米（图二〇六，5）。

雕凿器　2件。T24④：2，厚体长方形，平顶两面打制也呈刃状，两面边皆修平，弧刃两面磨制但不对称。长5.4、宽2.2、厚1.4厘米（图二〇六，6）。T24④：4，薄体呈梯形，通体磨制，但刃已残。长5.7、残宽2.4、厚1厘米（图二〇六，3）。

残石器　1件。T24④：1，厚体近梯形，弧顶为原面，两面两边皆磨平，刃已残。残长7.4、残宽4.4、厚1.8厘米（图二〇六，1）。

高领罐　3件。T24④：12，泥质灰陶，喇叭口，方圆唇，颈已残；素面。口径16.8、残高3.2厘米（图二〇五，18）。T24④：13，泥质灰陶，直口外弧，扁圆唇，高弧颈下已残；颈上部一周宽带状凹弦纹。口径16、残高4.4厘米（图二〇五，14）。T24④：15，泥质灰陶，直口外敞，尖圆唇，高弧颈下部残；素面。口径1.5、残高5.2厘米（图二〇五，20）。

矮颈罐　4件。T24④：11，夹砂灰胎红陶，直口外卷，尖圆唇，矮颈下束，弧肩已残；颈有绳纹，抹而未净，肩饰绳纹。口径16.8、残高5.2厘米（图二〇五，13）。T24④：16，泥质灰胎黑陶，

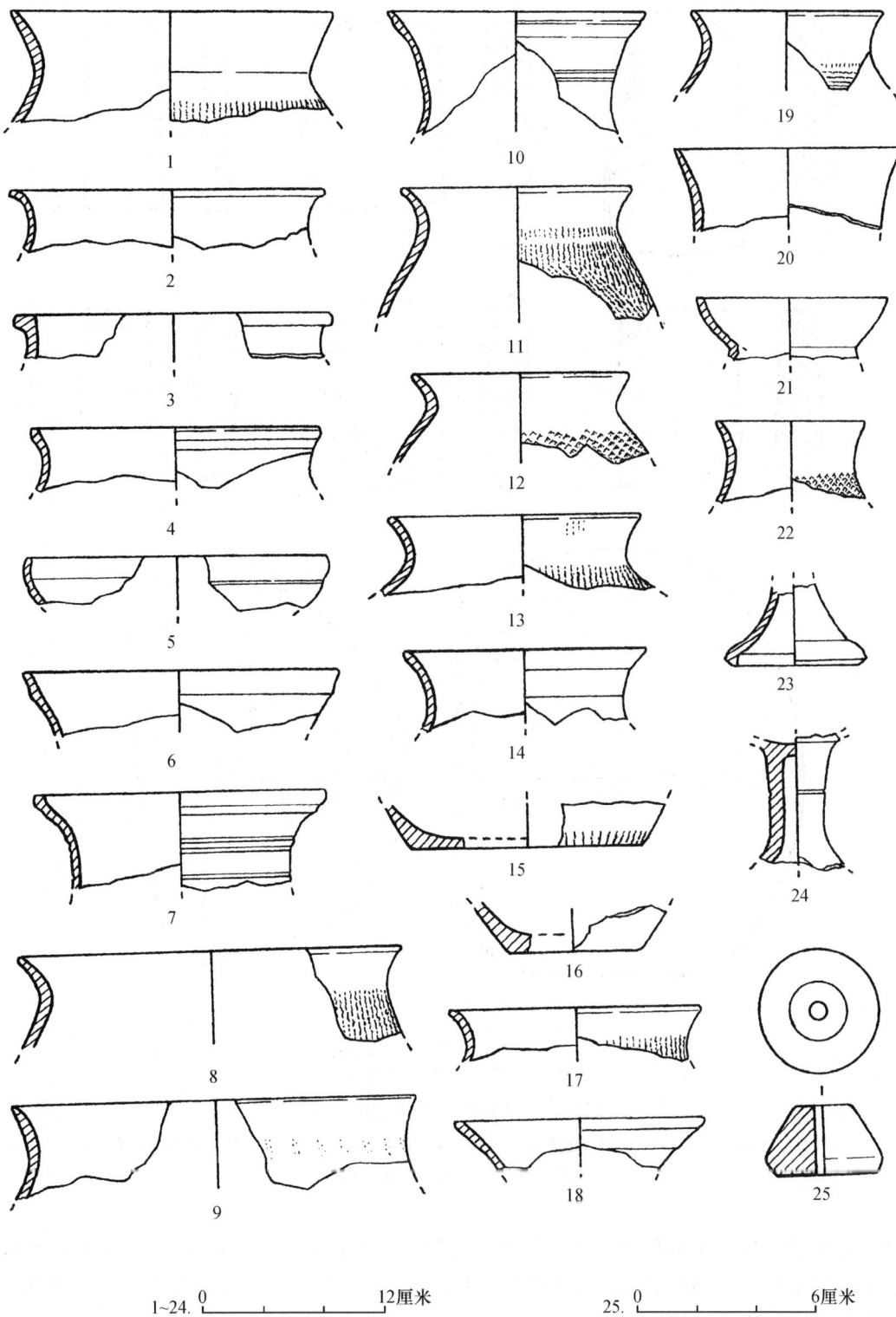

图二〇五 T18④C层、T22④层、T23④层、T24④层出土陶器

1、8、9、11、12、19、22. 束颈罐（T18④C:1、T22④:5、T23④:7、T22④:4、T22④:6、T22④:7、T18④C:2）
2~4、13、17. 矮颈罐（T24④:17、T24④:20、T24④:16、T24④:11、T23④:9） 5. 盘口沿（T18④C:3）
6、7. 盘口罐（T24④:18、T24④:14） 10、14、18、20. 高领罐（T23④:8、T24④:13、T24④:12、T24④:15）
15、16. 罐平底（T24④:21、T23④:10） 21. 碗口沿（T24④:19） 23、24. 高圈足（T24④:22、T24④:23） 25. 纺轮（T23④:46）

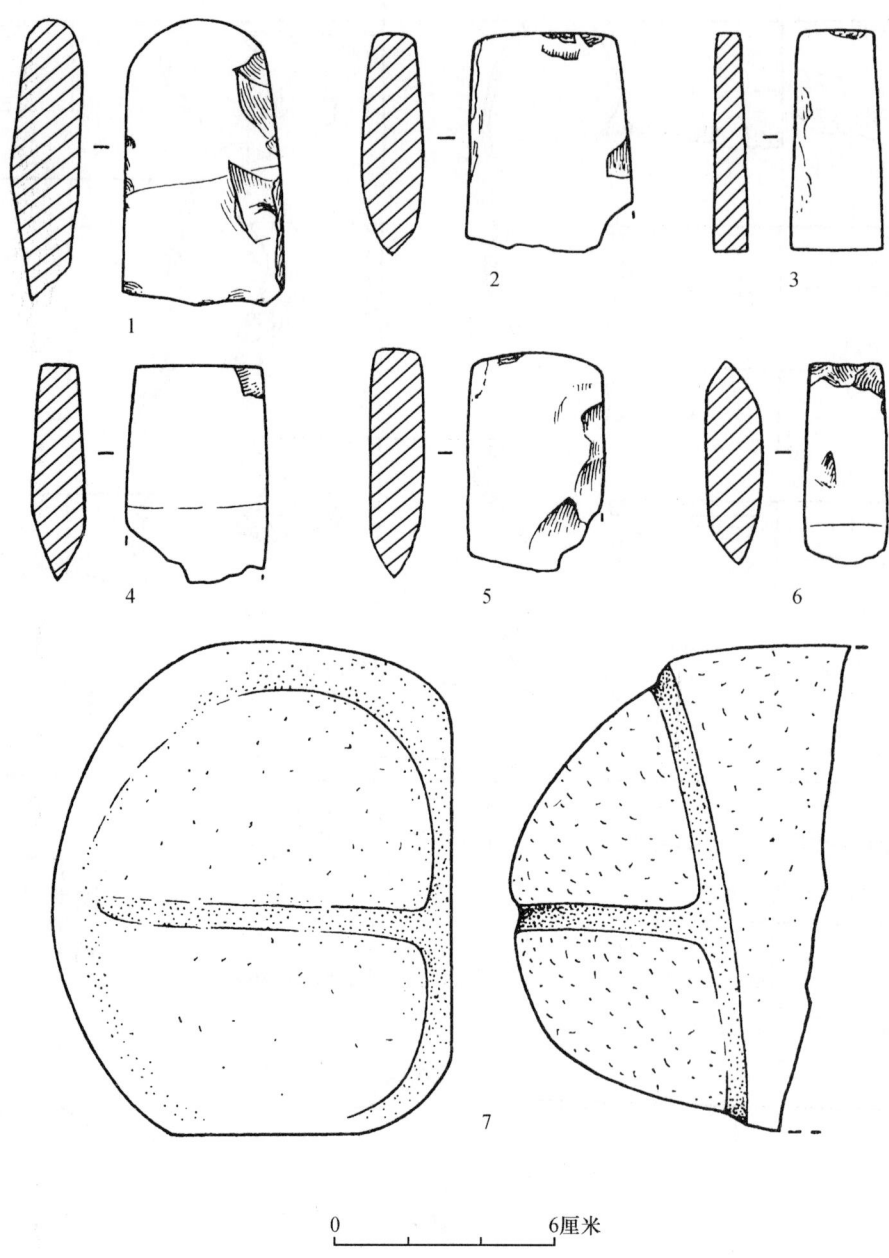

图二〇六 T24④层、T27④层出土石器
1. 残石器（T24④:1） 2、4、5. 石楔（T24④:5、T24④:3、T24④:6） 3、6. 雕凿器（T24④:4、T24④:2） 7. 石锚（T24④:9）

直口外弧，扁圆唇外附又如小盘口，矮弧颈下束，弧肩已残；素面。口径19.2、残高4厘米（图二〇五，4）。T24④:17，夹砂黑陶，直口外卷，尖圆唇，矮弧颈，肩已残；素面。口径20.8、残高4厘米（图二〇五，2）。T24④:20，夹砂黑陶，直口，小平沿，方唇外斜，矮直颈下部已残；素面。内口径18、残高3厘米（图二〇五，3）。

盘口罐 2件。T24④:14，泥质红胎灰褐陶，浅盘口近直，圆唇，高弧颈下部已残；颈部有三周为一组的多组凹弦纹。口径19.2、残高6厘米（图二〇五，7）。T24④:18，泥质灰胎红陶，浅盘口外斜，尖圆唇，高弧颈已残；素面。口径20.8、残高4厘米（图二〇五，6）。

碗口沿 1件。T24④:19，泥质红胎黑陶，敞口，方唇，弧腹较浅，底已残，下附较大圈足，足壁外弧但多已残；素面。口径12.8、残高4厘米（图二〇五，21）。

高圈足　2件。T24④:22，夹砂红陶，上部已残，足壁下部外撇，足根又内凹外弧；素面。上部残足径2.8、底径8、残高5.2厘米（图二〇五，23）。T24④:23，泥质灰陶，盘上部已残，底下附高圈足，上部足壁细筒状，下部足壁外撇但已残，中空；足壁中上部有一周凹弦纹。上部足径约4、残高8.8厘米（图二〇五，24）。

罐平底　1件。T24④:21，泥质红陶，上部残，下腹弧收，平底也残；近底有竖绳纹痕。底径11.2、残高2.8厘米（图二〇五，15）。

纹饰标本　3件。T24④:40，饰叶脉状贝纹（图二二二，16）。T24④:60，饰弦纹加划纹、戳点纹，又加叶脉状贝纹（图二二二，3）。T24④:62，饰点状贝纹（图二二二，17）。

12. T23④层

标本5件，有陶纺轮和高领罐、矮颈罐、束颈罐、罐平底五种器物；另有纹饰标本1件。

陶纺轮　1件。T23④:46，泥质黑陶，厚体角边型，上、下面皆平，但顶面小底面大；素面。面径2、边径4、底径3.4、高2.4厘米（图二〇五，25；图版三九，2）。

高领罐　1件。T23④:8，泥质灰陶，直口外弧，尖圆唇，高弧颈，弧肩已残；口下一周凹槽，颈上又有一周深凹弦纹。口径16.8、残高8厘米（图二〇五，10）。

矮颈罐　1件。T23④:9，泥质陶外红内灰，直口外弧，尖圆唇，矮弧颈下束，弧肩已残；肩饰竖绳纹。口径16.8、残高3.6厘米（图二〇五，17）。

束颈罐　1件。T23④:7，夹砂黑陶，大侈口，束颈，卷沿，尖圆唇，斜弧肩已残；素面。口径26.4、残高6厘米（图二〇五，9）。

罐平底　1件。T23④:10，泥质灰陶，上残，下腹弧内收，平底也残。底径8.8、残高3.2厘米（图二〇五，16）。

纹饰标本　1件。T23④:29，弦纹加戳印篦纹，再加叶脉状贝纹（图二二二，6）。

13. T26④层

标本仅1件陶纺轮。

陶纺轮　1件。T26④:3，夹砂红褐陶，厚体斜边微凹型，顶面只比中间穿孔稍大，底面平；底面饰近垂的双行篦点纹。面径1、底径4.8、高2.6厘米（图二〇七，25；图版三九，5）。

14. T27④层

标本4件，有石锚、矮颈罐、瓮、尖底器口沿四种器物；另有纹饰标本2件。

石锚　1件。T27④:9，椭圆形砾石有两面较平，中上部琢一周凹槽，顶面又琢半周凹槽，但上部已残。残长9.2、残宽13、厚10.8厘米（图二〇六，7）。

矮颈罐　1件。T27④:10，夹砂灰陶，直口外卷，方圆唇，矮弧颈下残；素面。口径20.8、残高3.6厘米（图二〇七，3）。

瓮残片　1件。T27④:11，泥质灰陶，可能为侈口、束颈，但已残，弧肩外鼓，深弧腹内收，下腹已残，似平底也残；腹饰横绳纹。残高10.8厘米（图二〇七，7）。

尖底器口沿　1件。T27④:12，泥质灰胎黄陶，喇叭口，尖圆唇，细弧颈下部已残；颈部残存两周凸棱纹。口径10.8、残高5.6厘米（图二〇七，22）。

纹饰标本　2件。T27④:24，饰叶脉状贝纹（图二二二，9）。T27④:25，弦纹加叶脉状贝纹（图二二二，2）。

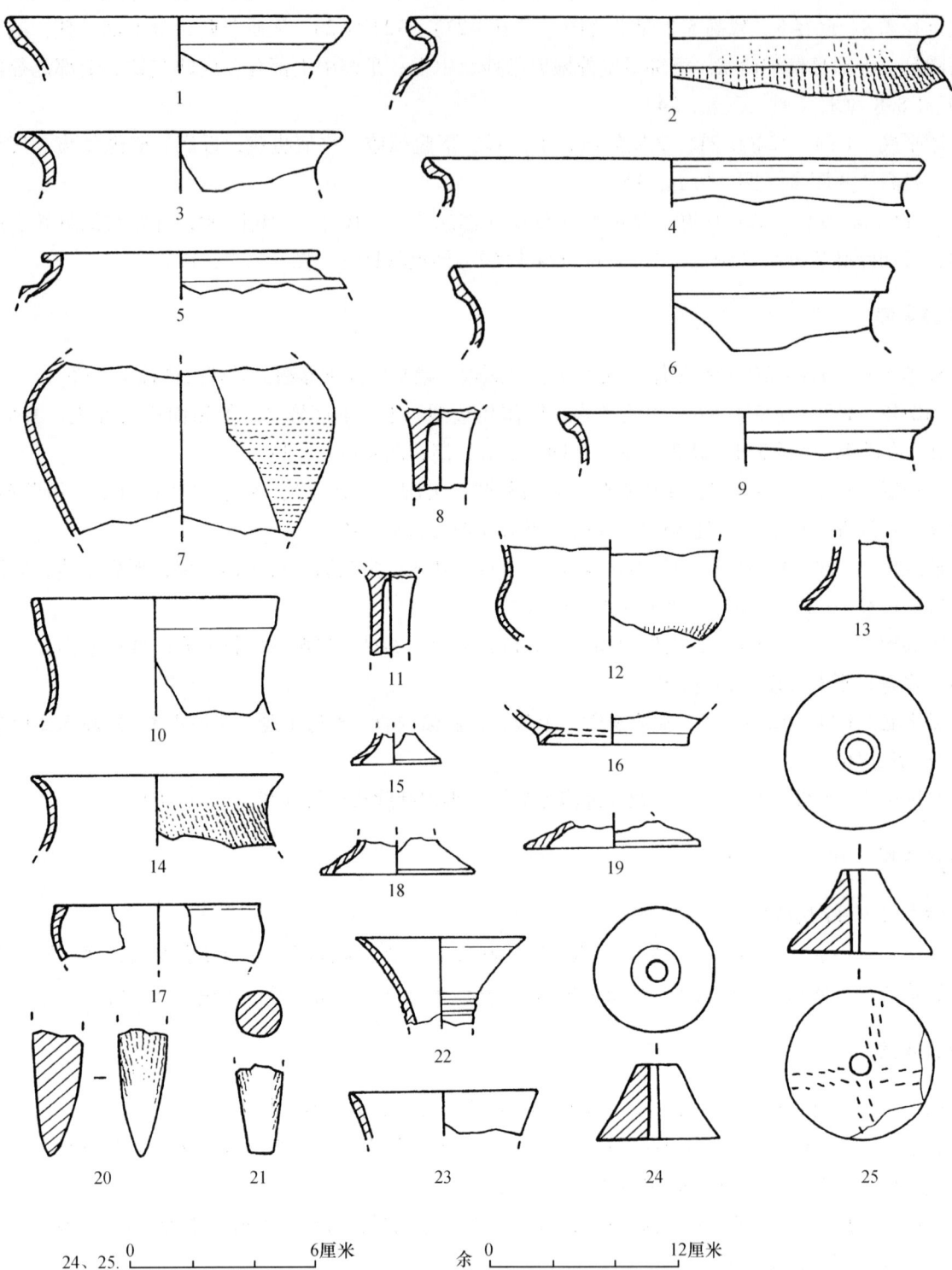

图二〇七 T26④层、T27④层、T36④层、T38④层、T159④层、T162④层、T224④层出土陶器

1、10. 盘口罐（T162④:5、T159④:1） 2、4、6、9. 鬲口沿（T162④:2、T159④:2、T162④:1、T162④:4） 3. 短颈罐（T27④:10） 5. 坛（T224④:20） 7. 瓮残片（T27④:11） 8、11、13、15、18、19. 高圈足（T162④:19、T162④:17、T162④:14、T36④:5、T36④:3、T36④:2） 12. 大口小罐（T162④:11） 14、23. 高领罐（T224④:21、T224④:24） 16. 矮圈足（T159④:8） 17. 敛口钵（T36④:4） 20、21. 鬲足（T162④:18、T159④:9） 22. 尖底器口沿（T27④:12） 24、25. 纺轮（T38④:1、T26④:3）

15. T36④层

标本 4 件，有敛口钵和高圈足两种器物；另有纹饰标本 1 件。

敛口钵　1 件。T36④：4，泥质红褐陶，敛口，圆唇外卷，弧腹较浅，底已残；素面。口径 12.8、残高 3.6 厘米（图二〇七，17）。

高圈足　3 件。T36④：2，泥质灰陶，上部残，仅剩底座，底座外弧壁，内微凹；近底一周凹弦纹。底径 11.2、残高 1.6 厘米（图二〇七，19）。T36④：3，泥质灰陶，上残，残存底座，壁外弧内凹；素面。底径 10、残高 2 厘米（图二〇七，18）。T36④：5，泥质灰陶，也仅残存底座，外壁凹弧；素面。足径 6、残高 2 厘米（图二〇七，15）。

纹饰标本　1 件。T36④：13，夹细砂红陶，饰叶脉状贝纹（图二二二，15）。

16. T38④层

标本仅 1 件陶纺轮。

陶纺轮　1 件。T38④：1，夹细砂黑陶，厚体斜边型，两面平，顶面小底面大；素面。面径 1.4、底径 4、高 2.4 厘米（图二〇七，24）。

17. T159④层

标本 4 件，有鬲口沿、鬲足、盘口罐、矮圈足等器物；另有纹饰标本 1 件。

鬲口沿　1 件。T159④：2，泥质红陶，浅盘口近直，扁圆唇外附，矮弧颈，肩已残；素面。口径 32、残高 3.2 厘米（图二〇七，4）。

鬲足　1 件。T159④：9，夹砂红陶，圆柱足上粗下细，上部已残，平跟；足面饰斜绳纹。残高 5.6、足根直径 2.2 厘米（图二〇七，21）。

盘口罐　1 件。T159④：1，泥质灰陶，深盘口近直，方唇，高弧颈中束，颈下残；素面。内口径 15、残高 7.2 厘米（图二〇七，10）。

矮圈足　1 件。T159④：8，泥质灰陶，上残，下腹弧收，平底下附凸棱状矮圈足；素面。底径 9.6、残高 2 厘米（图二〇七，16）。

纹饰标本　1 件。T159④：17，饰方格纹（图二二六，1）。

18. T162④层

标本 9 件，有鬲口沿、鬲足、盘口罐、大口小罐、高圈足等器物；另有纹饰标本 3 件。

鬲口沿　3 件。T162④：1，夹砂红陶，盘口近直，尖圆唇，矮弧颈，肩已残；素面。口径 28、残高 5.2 厘米（图二〇七，6）。T162④：2，夹砂红陶，浅盘口外敞，尖圆唇，矮弧颈，凹肩，深弧腹大部残；颈有抹绳纹痕，腹饰竖绳纹。口径 34、残高 4.8 厘米（图二〇七，2）。T162④：4，泥质黑陶，直口外弧，方圆唇外凸，矮弧颈已残；素面。口径 24、残高 3.6 厘米（图二〇七，9）。

鬲足　1 件。T162④：18，夹砂红陶，圆锥足上部已残；足面饰竖绳纹。上部足径 3.2、残高 8 厘米（图二〇七，20）。

盘口罐　1 件。T162④：5，泥质红陶，盘口外敞，扁圆唇外附，弧颈已残；素面。口径 22、残高 3.6 厘米（图二〇七，1）。

大口小罐　1 件。T162④：11，泥质陶里黑外红，直口外弧，圆唇外凸，粗矮颈下束，扁弧腹，底残；素面。内口径 13.2、残高 6 厘米（图二〇七，12）。

高圈足　3件。T162④:14，泥质灰陶，上残，仅剩底座，足壁弧凹近喇叭状；素面。底径8、残高4厘米（图二〇七，13）。T162④:17，泥质红陶，盘底下附细管状高圈足，上部足壁近直，中空，下部已残；素面。上部直径2.4、残高5.2厘米（图二〇七，11）。T162④:19，泥质红胎黑陶，上残，底下附细筒状高圈足，但底座已残；素面。残高5.2厘米（图二〇七，8）。

纹饰标本　3件。T162④:23，印纹硬陶，饰双线米字纹（图二二五，6）。T162④:24，饰切绳纹（图二二七，5）。T162④:25，饰切绳纹（图二二七，2）。

19. T224④层

标本7件，有打制石锛、小石锛、石楔、残石器和高领罐、坛六种器物。

打制石锛　1件。T224④:4，石片打制，近梯形，斜顶已残，两边一面都打制，另面为原面，平刃单面打制。残长9.6、宽6.1、厚2.4厘米（图二一一，7）。

小石锛　1件。T224④:5，扁平近长方形，通体磨制，斜弧刃单面磨制。长3.5、宽2.8、厚0.7厘米（图二一一，5；图版三一，2）。

石楔　1件。T224④:6，厚体长方形，通体磨制，刃已残，刃部双面磨制但不对称。残长5.4、宽3.6、厚2厘米（图二一一，2）。

残石器　1件。T224④:2，厚体长条形砾石，一面已磨平，另一面及顶部两边皆原面，刃部两面打制但未作进一步加工。长9.6、宽4.4、厚3.4厘米（图二一一，6）。

高岭罐　2件。T224④:21，夹砂红褐陶，口外弧，尖圆唇，高弧颈，肩已残；颈饰斜绳纹。口径16、残高4.4厘米（图二〇七，14）。T224④:24，泥质红陶，直口外斜，尖圆唇，高颈已残；素面。口径12、残高2.8厘米（图二〇七，23）。

陶坛　1件。T224④:20，泥质黑陶，侈口，束颈外斜，但颈中部起凸棱，平折沿，方圆唇，凹平肩，弧腹已残；素面。内口径15、残高2.8厘米（图二〇七，5）。

20. T225④B层

标本31件，有小石锛、陶纺轮和高领罐、矮颈罐、束颈罐、盘口罐、侈口瓮、鬲足、盘口沿、盆、矮圈足、高圈足、尖底器13种器物；另外，还有纹饰标本7件。

小石锛　1件。T225④B:2，体较厚不规则四边形，通体磨光，斜弧顶，两边一与刃部垂直，另一边内斜，平刃两面磨制但不对称。长3.8、宽2、厚0.9厘米（图二一一，4；图版三一，3）。

陶纺轮　1件。T225④B:1，薄体两面平，斜弧边；素面。面径2.6、底径3.7、高1厘米（图二〇九，12；图版三九，3）。

高领罐　2件。T225④B:31，泥质黑陶，直口外弧近喇叭口，尖圆唇，高弧颈，弧肩，鼓腹中部已残，凹平底；素面。口径16.5、底径12、高约24厘米（图二〇八，17）。T225④B:33，泥质黑陶，直口外弧，扁圆唇外附，高弧颈下部已残；外唇下一周凹弦纹。口径17、残高6厘米（图二〇八，2）。

矮颈罐　4件。T225④B:12，夹砂黑陶，直口外斜，小平沿，方唇外凸，矮颈内斜，斜弧肩已残；肩上部三周凹弦纹，下部饰竖绳纹。内口径10、残高4.8厘米（图二〇八，18）。T225④B:14，夹砂黑陶，直口外卷，尖圆唇，矮弧颈下束，斜弧肩已残；肩饰竖绳纹。口径19.5、残高5.2厘米（图二〇八，4）。T225④B:27，夹砂红陶，直口稍外斜，尖圆唇，矮颈近直稍内斜，斜弧肩已残；素面。口径12、残高4厘米（图二〇八，6）。T225④B:38，夹砂红陶，小直口稍内斜，尖唇，矮颈，肩已残；素面。口径7.2、残高3.2厘米（图二〇八，23）。

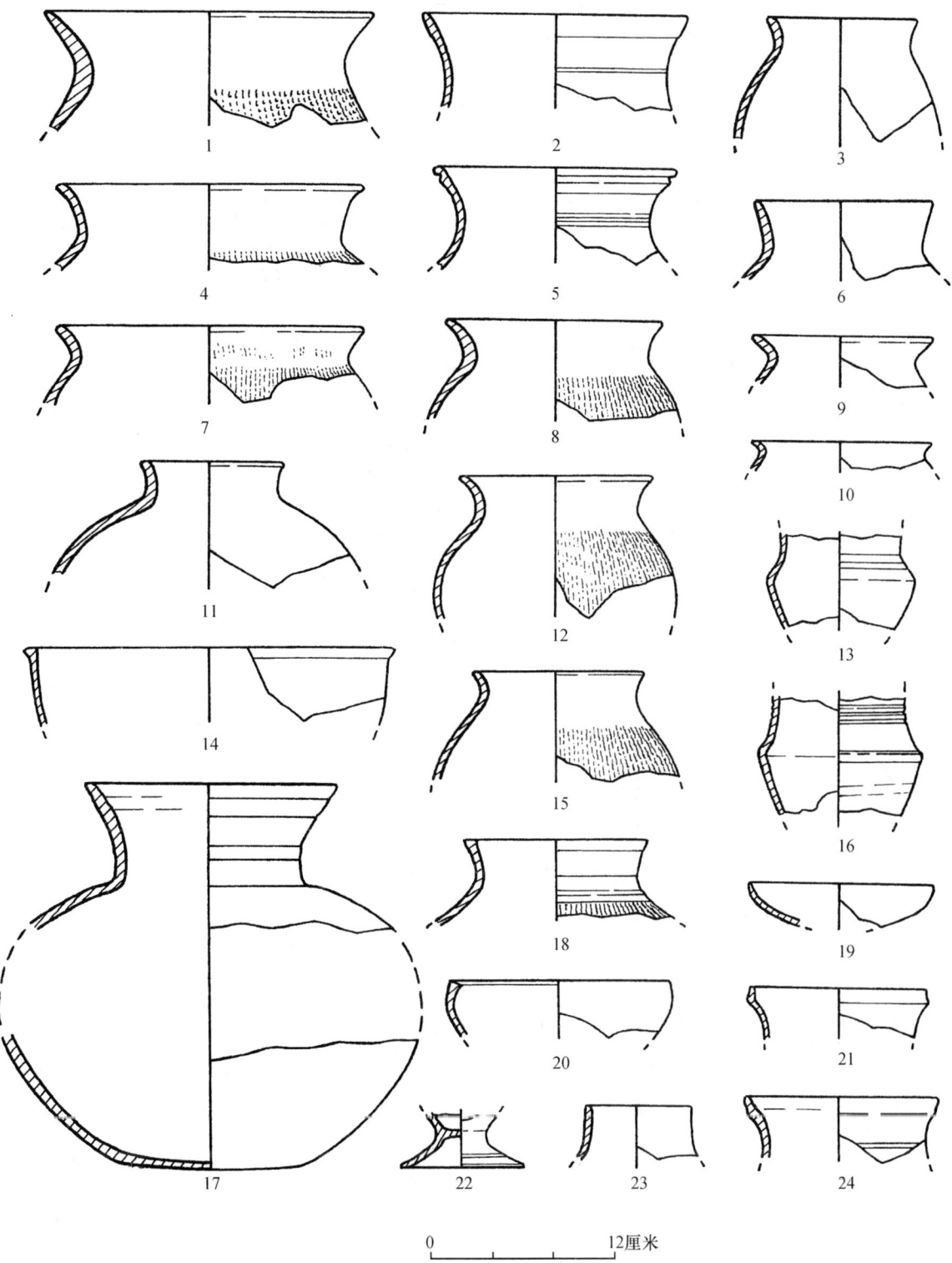

图二〇八　T225④B 层出土陶器

1、3、5、7~10、12、15. 束颈罐（T225④B：36、T225④B：18、T225④B：17、T225④B：35、T225④B：15、T225④B：37、T225④B：39、T225④B：13、T225④B：16）　2、17. 高领罐（T225④B：33、T225④B：31）　4、6、18、23. 矮颈罐（T225④B：14、T225④B：27、T225④B：12、T225④B：38）　11. 侈口瓮（T225④B：34）　13、16. 尖底器（T225④B：21、T225④B：19）　14. 盆口沿（T225④B：23）　19、20. 盘口沿（T225④B：11、T225④B：24）　21、24. 盘口罐（T225④B：22、T225④B：10）　22. 矮圈足（T225④B：20）

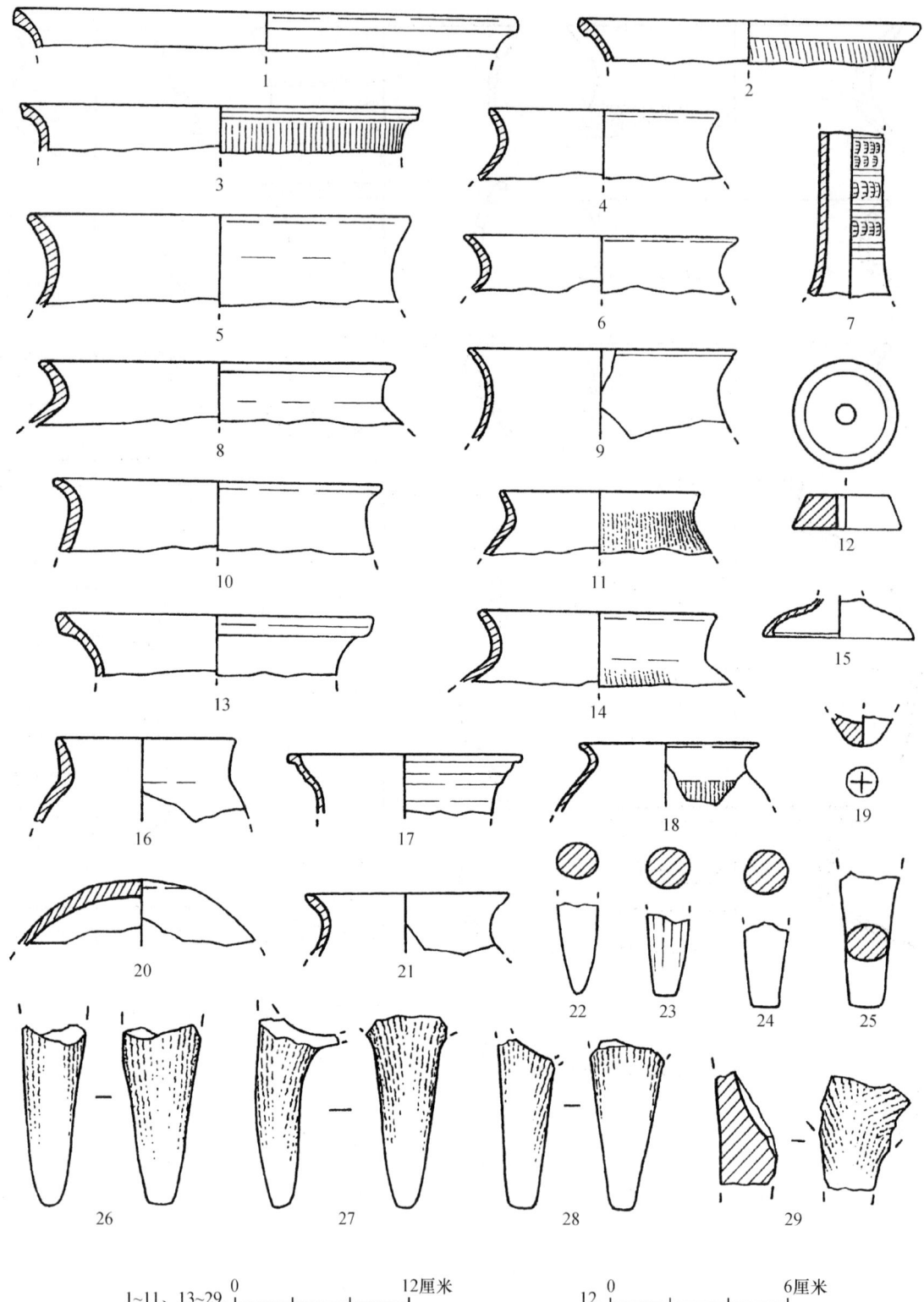

图二○九　T225④A层、T225④B层、T238④层出土陶器

1、3. 高口沿（T238④：17、T238④：19）　2、9. 高领罐（T238④：16、T225④A：45）　4、6、8、10、11、18、21. 束颈罐（T238④：12、T238④：21、T238④：18、T238④：15、T238④：13、T225④A：49、T225④A：54）　5、14、16. 矮颈罐（T238④：11、T238④：8、T225④A：46）　7、15、20. 高圈足（T225④B：32、T225④A：47、T225④B：25）　12. 纺轮（T225④B：1）　13、17. 盘口罐（T238④：9、T225④A：48）　19. 尖底器（T225④A：58）　22～29. 鬲足（T225④B：26、T225④B：28、T225④B：29、T238④：23、T238④：25、T238④：22、T225④A：52、T238④：24）

束颈罐　9件。T225④B:13，夹砂黑陶，侈口，束颈，卷沿，尖圆唇，弧肩，鼓腹下已残；腹饰竖绳纹。口径12.8、残高9.2厘米（图二〇八，12）。T225④B:15，夹砂黑陶，侈口，束颈，卷沿甚宽，方圆唇，弧肩，弧腹已残；肩至腹饰竖绳纹。口径14、残高6.4厘米（图二〇八，8）。T225④B:16，夹砂黑陶，侈口，束颈，小卷沿，方圆唇，弧肩，深弧腹已残；腹饰竖绳纹。口径10.5、残高7.2厘米（图二〇八，15）。T225④B:17，夹砂红陶，侈口，束颈，卷沿甚宽，圆唇，凹弧肩，腹已残；口下一周深凹槽，颈部两周凹弦纹。口径15.2、残高6厘米（图二〇八，5）。T225④B:18，夹砂黑陶，侈口近直，矮颈下束，尖圆唇，斜弧肩，深弧腹已残；素面。口径10、残高8厘米（图二〇八，3）。T225④B:35，夹砂黑陶，侈口，束颈，卷沿，方圆唇，溜肩，腹已残；肩至腹饰竖绳纹。口径20、残高4.8厘米（图二〇八，7）。T225④B:36，夹砂红褐陶，侈口，束颈，宽沿外卷，尖圆唇，弧肩已残；肩饰模糊方格纹。口径21.6、残高7.2厘米（图二〇八，1）。T225④B:37，泥质黑陶，侈口，束颈，卷沿，尖圆唇，溜肩已残；素面。口径12、残高3.2厘米（图二〇八，9）。T225④B:39，泥质红陶，侈口，束颈，小卷沿，尖圆唇，弧肩已残；素面。口径12、残高2厘米（图二〇八，10）。

盘口罐　2件。T225④B:22，夹砂灰陶，浅盘口内敛，尖圆唇，高弧颈已残；素面。口径12、残高3.2厘米（图二〇八，21）。T225④B:10，泥质红陶，浅盘口外敞，尖圆唇，高弧颈已残；残颈残存两周凹弦纹。口径12、残高4厘米（图二〇八，24）。

侈口瓮　1件。T225④B:34，夹砂黑陶，小直口外弧，圆唇，矮颈下束，弧肩，深弧腹已残；素面。内口径8.5、残高8厘米（图二〇八，11）。

鬲足　3件。T225④B:26，夹砂红陶，扁圆锥足，但上部已残；素面。上部残足径3.2×2.3、残高7厘米（图二〇九，22）。T225④B:28，夹砂红陶，上粗下细圆柱形，平根上部已残；足面有刀削痕。足根直径1.4、残高5.2厘米（图二〇九，23）。T225④B:29，夹砂红陶，上粗下稍细扁圆柱形，平根，上部已残；素面。足根直径2.2×1.6、残高6厘米（图二〇九，24）。

（豆）盘口沿　2件。T225④B:24，夹砂灰陶，敛口，方唇，弧腹相对较深，底残；素面。内口径13、残高3.6厘米（图二〇八，20）。T225④B:11，泥质灰陶，敞口近直，尖唇，浅弧腹，圜底已残；素面。口径12、残高2厘米（图二〇八，19）。

盆口沿　1件。T225④B:23，泥质灰陶，敛口近直，小平沿，方圆唇外凸，深弧腹已残；素面。内口径23、残高4.8厘米（图二〇八，14）。

矮圈足　1件。T225④B:20，泥质灰陶，上残，小圜底下附矮圈足，足壁外撇；近底饰一周凹弦纹。足径8、残高3.4厘米（图二〇八，22）。

高圈足　2件。T225④B:32，泥质红陶，上、下皆残，中间细筒状近直，下部开始外撇但已残；残存三组"羽"字形戳印纹，每组戳印纹上、下都有二或三周凹弦纹分隔开。直径4.4~4.8、残高11厘米（图二〇九，7）。T225④B:25，泥质灰陶，残底下附粗大圈足，足壁外弧，但下部已残；素面。足径大于16、残高4.4厘米（图二〇九，20）。

尖底器　2件。T225④B:19，泥质黑陶，上、下已残，弧颈，凹弧肩，折腹内收已残；颈部残存两周凸棱，凹肩三周凹弦纹，折腹处有一周凸棱。腹径11.2、残高7.6厘米（图二〇八，16）。T225④B:21，泥质红陶，上、下皆残，直颈，斜肩，深折腹弧内收，下已残；颈下肩上部三周凹弦纹。腹径10、残高6厘米（图二〇八，13）。

纹饰标本　7件。T225④B:32，弦纹之间的"羽"字形戳印纹（图二二五，9）。T225④B:87，两个并列小贝纹（图二二二，12）。T225④B:88，弦纹之间加戳印变形"S"纹（图二二三，6）。T225④B:89，弦纹加戳印云雷纹（图二二五，5）。T225④B:90，弦纹加戳印"S"纹再加叶脉状贝纹（图二二二，4）。T225④B:91，弦纹加戳印圆点纹（图二二五，8）。T225④B:92，弦纹上下戳印多重曲折纹（图二二五，7）。

21. T225④A 层

标本 8 件，有高领罐、矮颈罐、束颈罐、盘口罐、鬲足、高圈足、尖底器七种器物；另有纹饰标本 5 件。

高领罐　1 件。T225④A:45，泥质灰白陶，直口外弧，尖圆唇，高弧颈，肩部已残；口下一周深凹弦纹。口径 18、残高 6 厘米（图二〇九，9）。

矮颈罐　1 件。T225④A:46，夹砂黑陶，直口稍外斜，尖圆唇，矮直颈，弧肩，腹已残；肩有竖绳纹。口径 12、残高 5.6 厘米（图二〇九，16）。

束颈罐　2 件。T225④A:49，夹砂黑陶，侈口，束颈，卷沿，尖圆唇，弧肩，腹残；肩饰竖绳纹。口径 12、残高 4 厘米（图二〇九，18）。T225④A:54，夹砂黑陶，侈口，束颈较高，卷沿，尖圆唇，溜肩已残；素面。口径 14、残高 4 厘米（图二〇九，21）。

盘口罐　1 件。T225④A:48，夹砂灰陶盘口外敞，口上又有小平沿，方唇，高弧颈已残；颈饰残三周凹弦纹。口径 16、残高 4 厘米（图二〇九，17）。

鬲足　1 件。T225④A:52，夹砂红陶，上粗下稍细扁圆柱状足，足根圜平；饰斜绳纹。残长 11.2 厘米（图二〇九，28）。

高圈足　1 件。T225④A:47，泥质黑陶，上部残，仅剩底座，足壁外弧近喇叭状；素面。足径 10、残高 2.4 厘米（图二〇九，15）。

尖底器　1 件。T225④A:58，泥质黑陶，薄胎，上残，尖圜底；底上有"十"字形划纹；残高 2 厘米（图二〇九，19）。

纹饰标本　5 件。T225④A:79，饰切绳纹（图二二七，4）。T225④A:80，饰多周平行但不等距凹弦纹（图二二四，9）。T225④A:81，划纹横、竖交错，局部呈方格状（图二二六，3）。T225④A:83，点状贝纹加戳点纹（图二二二，13）。T225④A:84，划纹加点状贝纹（图二二二，11）。

22. T238④层

标本 17 件，有雕凿器、陶纺轮和高领罐、矮颈罐、束颈罐、盘口罐、鬲口沿、鬲足等器物；另有纹饰标本 4 件。

雕凿器　1 件。T238④:2，近长方形薄片，通体磨光，弧刃单面磨制。长 3.4、宽 1.2、厚 0.2 厘米（图二一一，1）。

陶纺轮　1 件。T238④:1，泥质褐陶，厚体两面平，角边型，但面小底大，且角边不对称；边上有不规则小圆戳点纹，底面一周凹弦纹。面径 1.9、底径 3.1、边径 3.4、高 1.8 厘米（图二一〇，22；图版三九，4）。

高领罐　1 件。T238④:16，夹砂红陶，直口外弧，扁圆唇外凸，高弧颈已残；颈上有模糊竖划纹。口径 23.7、残高 3 厘米（图二〇九，2）。

矮颈罐　2 件。T238④:8，夹砂黑陶，直口外弧，方圆唇，矮弧颈，弧肩已残；素面。口径 16.4、残高 5.3 厘米（图二〇九，14）。T238④:11，夹砂黑陶，直口外弧，尖圆唇，矮弧颈，似溜肩已残；素面。口径 26.6、残高 6.2 厘米（图二〇九，5）。

束颈罐　5 件。T238④:12，夹砂黑陶，侈口，束颈，卷沿，尖圆唇，弧肩已残；素面。口径

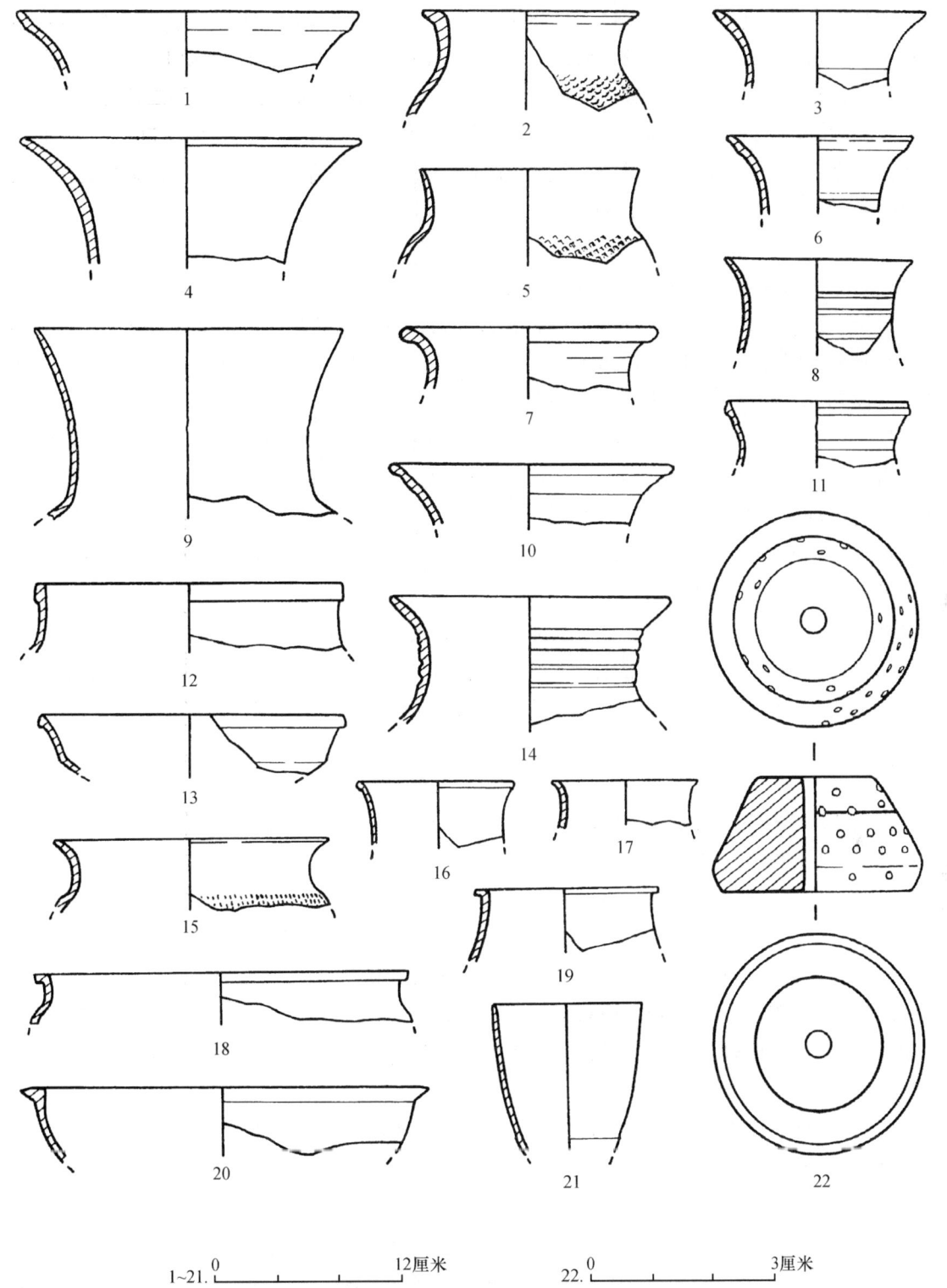

图二一〇　T238④层、T239④层、T243④层出土陶器

1. 盘口罐（T239④:11）　2、7、12、15、18、19. 矮颈罐（T243④:128、T243④:72、T243④:82、T243④:70、T243④:54、T243④:74）　3～6、8～11、14、16、17. 高领罐（T239④:10、T243④:47、T243④:131、T239④:6、T243④:102、T243④:97、T243④:42、T243④:87、T243④:40、T243④:65、T243④:85）　13. 卷沿碗（T239④:14）　20. 盆口沿（T239④:12）　21. 尖底器（T239④:5）　22. 纺轮（T238④:1）

15.8、残高 4.8 厘米（图二〇九，4）。T238④:13，夹砂红陶，侈口，束颈，卷沿，尖圆唇，弧肩，腹残；颈至肩饰竖绳纹。口径 13.8、残高 4.4 厘米（图二〇九，11）。T238④:15，夹砂黑陶，侈口较大，束颈，卷沿，尖圆唇，溜肩，腹残；素面。口径 23、残高 4.8 厘米（图二〇九，10）。T238④:18，夹砂红陶，侈口较大，束颈，卷沿，尖圆唇，弧肩，鼓腹已残；素面。口径 25、残高 4 厘米（图二〇九，8）。T238④:21，夹砂黑陶，侈口，束颈，宽沿外卷，尖圆唇，弧肩已残；素面。口径 19、残高 4 厘米（图二〇九，6）。

盘口罐　1 件。T238④:9，夹砂褐陶，浅盘口外敞，方圆唇外凸，唇面一周凹弦，高弧颈已残；素。口径 22、残高 4.4 厘米（图二〇九，13）。

鬲口沿　2 件。T238④:17，泥质红陶，直口外弧，方圆唇外凸，粗颈已残；素面。口径 34.4、残高 2.6 厘米（图二〇九，1）。T238④:19，泥质黑陶，直口外弧，方唇内斜，粗颈已残；颈有竖绳纹。口径 27.6、残高 3.2 厘米（图二〇九，3）。

鬲足　4 件。T238④:22，夹砂红陶，上粗下细圆柱状，足根斜平，稍向内弯曲；足面饰竖绳纹。足高 12.4 厘米（图二〇九，27）。T238④:23，夹砂红陶，上粗下稍细圆柱状，平根，足上部已残；素面。残高 8.8 厘米（图二〇九，25）。T238④:24，夹砂红陶，上腹及足下部皆残；饰绳纹。残高 7.6 厘米（图二〇九，29）。T238④:25，夹砂红陶，上粗下细圆柱状，小平根，足上部已残；足面饰模糊绳纹。残高 11.8 厘米（图二〇九，26）。

纹饰标本　4 件。T238④:28，饰弦纹加三角形划纹，三角形内加错乱戳点纹（图二二四，6）。T238④:29，多周弦纹，弦纹之间加变形"S"纹（图二二三，4）。T238④:30，饰叶脉状贝纹（图二二二，14）。T238④:33，饰斜绳纹上压多周带状附加堆纹（图二二四，8）。

23. T239④层

标本 7 件，有石楔、高领罐、盘口罐、卷沿碗、盆、尖底器六种器物。

石楔　1 件。T239④:3，厚体呈梯形，通体磨制，局部有疤痕，弧刃两面磨制，对称锋利。长 7、宽 4、厚 2 厘米（图二一一，3；图版三一，1）。

高领罐　2 件。T239④:6，泥质黑陶，喇叭口，小圆唇，弧颈较细，下颈已残；颈中部两周凹弦纹。口径 12、残高 4.8 厘米（图二一〇，6）。T239④:10，泥质红陶，喇叭口，尖圆唇，高弧颈下部残；颈中部饰弦纹。口径 14、残高 4.8 厘米（图二一〇，3）。

盘口罐　1 件。T239④:11，泥质红陶，浅盘口外敞，尖圆唇，高弧颈已残；素面。口径 21、残高 4 厘米（图二一〇，1）。

卷沿碗　1 件。T239④:14，泥质灰白陶，敞口，方圆唇，宽沿外卷，浅折腹内收，底已残；素面。口径 20、残高 4 厘米（图二一〇，13）。

盆口沿　1 件。T239④:12，泥质红陶，敛口近直，小平沿，尖圆唇，弧腹较浅，下腹已残；口下一周凹弦纹。内口径 23、残高 4.4 厘米（图二一〇，20）。

尖底器　1 件。T239④:5，泥质灰黄陶，敞口近直，尖唇，高颈内弧，小凹肩，折腹弧内收，下腹已残；小凹肩实际上是一周凹弦纹，未见其他纹饰。口径 9.5、残高 10 厘米（图二一〇，21）。

24. T243④层

标本 62 件，有高领罐、矮颈罐、束颈罐、盘口罐、敛口小罐、侈口瓮、盘口坛、鬲口沿、鬲足、敛口钵、盘口沿、盆口沿、平底杯、灯座形器、盘矮圈足、高圈足、尖底器、陶灶口沿、器耳等；另外还有纹饰标本 10 件。

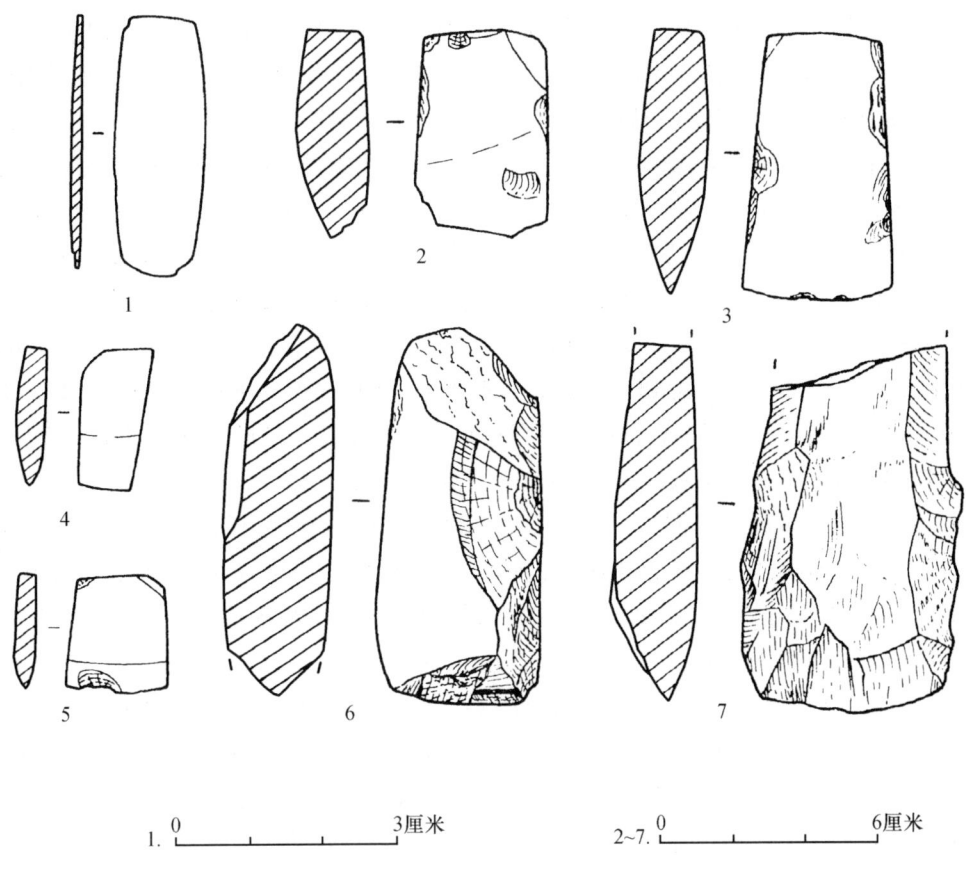

图二——　T224④层、T225④B层、T238④层、T239④层出土石器
1. 雕凿器（T238④:2）　2、3. 石楔（T224④:6、T239④:3）　4、5. 小石锛（T225④B:2、T224④:5）
6. 残石器（T224④:2）　7. 打制石锛（T224④:4）

高领罐　9件。T243④:40，泥质灰陶，直口外卷，尖圆唇，高弧颈，肩已残；颈饰四周凹弦纹。口径18、残高8厘米（图二一〇，14）。T243④:42，泥质红陶局部灰色，喇叭口，圆唇，高弧颈已残；口下一周带状凸棱。口径18.4、残高3.8厘米（图二一〇，10）。T243④:47，泥质红胎黑陶，喇叭口，方圆唇，高弧颈已残；素面。口径22、残高8厘米（图二一〇，4）。T243④:65，泥质红陶，直口外弧，圆唇，高弧颈较直，颈下部残；素面。口径10、残高4.4厘米（图二一〇，16）。T243④:85，泥质黑陶，直口外弧，方圆唇，高弧颈较直，肩已残；素面。口径6、残高3厘米（图二一〇，17）。T243④:87，泥质黑陶，直口外弧，方唇内斜，近假盘口，高弧颈中束，下颈已残；颈部两周凹弦纹。口径12、残高4厘米（图二一〇，11）。T243④:97，泥质红陶，直口外弧，尖唇，高弧颈较粗，肩大部残；素面。口径20、残高11.6厘米（图二一〇，9）。T243④:102，泥质黑陶，直口外弧，尖唇，高弧颈较细，下已残；颈部两组，每组两周凹弦纹。口径12、残高6厘米（图二一〇，8）。T243④:131，夹砂黑陶，直口外弧，尖唇，高弧颈较粗较矮，小凹肩，弧腹已残；腹饰方格纹。口径14、残高6厘米（图二一〇，5）。

矮颈罐　6件。T243④:54，泥质灰陶，直口，小平沿，方唇，粗矮直颈，弧腹大部残；素面。口径22、残高3.2厘米（图二一〇，18）。T243④:70，夹砂黑陶，直口外卷，尖唇，粗矮弧颈，小凹肩，弧腹已残；腹饰粗斜绳纹。口径18、残高4.4厘米（图二一〇，15）。T243④:72，泥质黑陶，直口外卷，扁圆唇，矮弧颈，肩残；颈部两周模糊凹弦纹。口径16、残高4厘米（图二一〇，

7）。T243④:74，泥质黑陶，直口内斜，小平沿，矮颈较细外斜肩已残；素面。内口径10、残高4厘米（图二一〇，19）。T243④:82，泥质黑陶，直口内斜，小平沿，厚方唇，矮颈较粗外斜，肩已残；素面。口径20、残高4厘米（图二一〇，12）。T243④:128，夹砂黑陶，直口稍外斜，窄弧沿，尖圆唇，矮直颈内斜，溜肩，腹残；肩饰方格纹。口径11、残高6.8厘米（图二一〇，2）。

束颈罐 7件。T243④:98，夹砂红陶，侈口，束颈，卷沿较直，扁圆唇，斜弧肩，鼓腹下部残；腹饰交错绳纹。口径17、残高15.2厘米（图二一二，1）。T243④:101，夹砂红陶，侈口，束颈，卷沿，方圆唇，凹肩，弧腹已残；腹饰竖粗绳纹。口径26、残高5.6厘米（图二一二，2）。T243④:106，夹砂红褐陶，侈口，束颈，卷沿，尖唇，斜弧肩弧腹，腹部多已残；肩腹饰竖绳纹。口径13.6、残高4厘米（图二一二，5）。T243④:127，夹砂黑陶，侈口，束颈，卷沿，方圆唇，凹弧肩，腹已残；腹饰竖绳纹。口径13.5、残高5.6厘米（图二一二，8）。T243④:129，夹砂黑陶，侈口，束颈，卷沿，圆唇，斜弧肩，深弧腹已残；腹饰竖粗绳纹。口径21.6、残高9.2厘米（图二一二，6）。T243④:130，夹砂黑陶，侈口，束颈，卷沿，圆唇，弧肩，深弧腹已残；肩至腹饰方格纹。口径13.2、残高7.2厘米（图二一二，16）。T243④:161，夹砂黑陶，侈口，束颈，宽沿外卷，方圆唇，斜弧肩，深弧腹已残；肩至腹饰竖绳纹。口径24、残高6.8厘米（图二一二，9）。

盘口罐 4件。T243④:41，泥质黑陶，浅盘口外敞，圆唇，弧颈下已残；盘口沿外一周小带状凹弦纹。内口径15、残高6厘米（图二一二，7）。T243④:58，泥质红陶，浅盘口外敞，尖唇，高弧颈已残；外盘沿下部有凸棱，颈部有抹而未净斜绳纹。口径28、残高4厘米（图二一二，3）。T243④:71，泥质黑褐陶，小盘口近直，又有小平沿，尖圆唇外凸，弧颈较细，颈下部残；素面。口径12、残高3.6厘米（图二一二，11）。T243④:78，泥质黑陶，盘口近直，方圆唇，弧颈较细下已残；盘口下部一周凹弦纹，颈上部又有两周凹弦纹。口径15、残高5.4厘米（图二一二，4）。

敛口小罐 1件。T243④:81，泥质红胎黑陶，敛口近直，小平沿，厚方唇，唇下微束，溜肩弧腹没有明显分界，腹已残；素面。内口径16、残高3.2厘米（图二一二，13）。

敛口钵 1件。T243④:99，泥质红陶，敛口，圆唇，扁弧腹，底已残；素面。口径10.4、残高5.2厘米（图二一二，15）。

侈口瓮 1件。T243④:51，泥质红陶，侈口，束颈，小卷沿，圆唇，弧肩，弧腹已残；素面。口径13.6、残高4厘米（图二一二，10）。

盘口坛 1件。T243④:43，泥质灰陶，直口微内敛，小凹沿如小盘口，圆唇，矮颈外斜，弧肩深弧腹已残；素面。内口径13、残高7.2厘米（图二一二，14）。

鬲口沿 1件。T243④:76，泥质黑陶，侈口，束颈，卷沿，厚方唇外斜，肩已残；素面。内口径23、残高3.2厘米（图二一二，12）。

鬲足 10件。都是夹砂红陶。T243④:110，圆锥足，上部已残；饰竖绳纹。残长11.6厘米（图二一二，24）。T243④:111，上粗下稍细圆柱状，小平根；素面。残高11.6厘米（图二一二，25）。T243④:112，圆锥足，上部已残；饰绳纹。残高8.6厘米（图二一二，17）。T243④:113，可能为圆锥状，但足尖已残；足面饰方格纹。残长9.2厘米（图二一二，23）。T243④:114，中部粗鼓上下稍细圆柱状，小平根，上部已残；足面饰方格纹。残高13.2厘米（图二一二，26）。T243④:115，扁圆柱状，上部稍粗，平根；饰粗绳纹。残高7.8厘米（图二一二，18）。T243④:116，上粗下细圆柱状，上残，小平根；素面。残高5.8厘米（图二一二，21）。T243④:118，上粗下细圆柱状，近足根又变得更细，小平根；素面。残高6厘米（图二一二，20）。T243④:119，上下等粗圆柱形，上残，平根；足面无纹饰，足根面上两道凹槽。残高6.2厘米（图二一二，22）。T243④:124，上部稍粗圆柱状，上残，平根；足面有刀削痕。足根直径2.4、残高4.4厘米（图

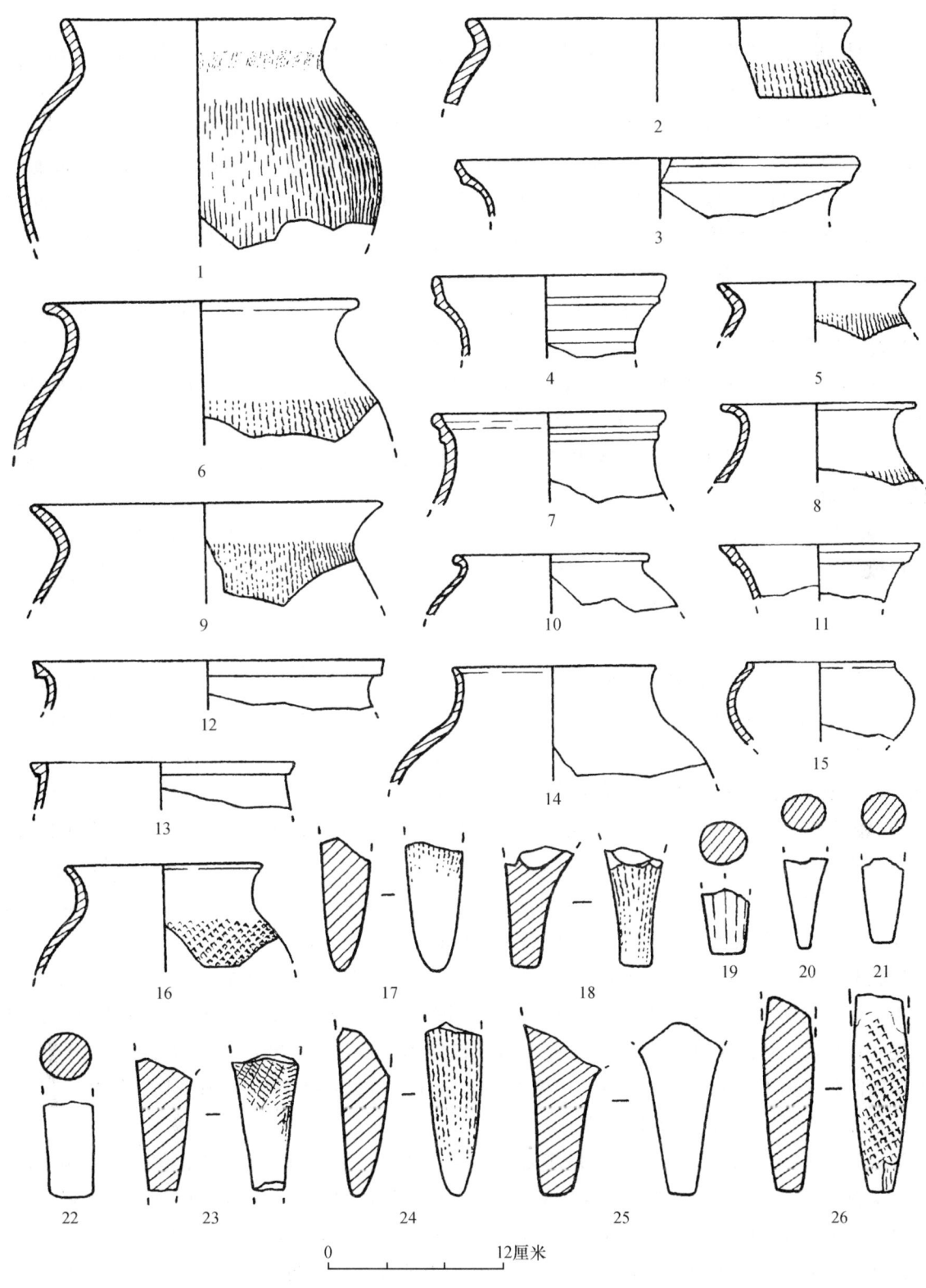

图二一二　T243④层出土陶器

1、2、5、6、8、9、16. 束颈罐（T243④:98、T243④:101、T243④:106、T243④:129、T243④:127、T243④:161、T243④:130）　3、4、7、11. 盘口罐（T243④:58、T243④:78、T243④:41、T243④:71）　10. 侈口瓮（T243④:51）　12. 鬲口沿（T243④:76）　13. 敛口小罐（T243④:81）　14. 盘口坛（T243④:43）　15. 敛口钵（T243④:99）　17~26. 鬲足（T243④:112、T243④:115、T243④:124、T243④:118、T243④:116、T243④:119、T243④:113、T243④:110、T243④:111、T243④:114）

二一二，19）。

敛口钵　1件。T243④:55，泥质红陶，敛口，尖唇，弧腹较浅，底已残；素面。口径16、残高4.8厘米（图二一三，10）。

盘口沿　4件。T243④:56，泥质灰陶，敞口，窄弧沿，圆唇外凸，浅弧腹，底残；素面。内口径22、残高2.8厘米（图二一三，18）。T243④:60，泥质红陶，敞口，尖唇，浅弧腹，圜底；素面。口径14，残高3.8厘米（图二一三，11）。T243④:88，泥质黑陶，敛口，尖圆唇，弧腹，底残，下部圈足已残；素面。口径18、残高5.2厘米（图二一三，2）。T243④:89，夹砂黑褐陶，敞口，尖圆唇，浅弧腹已残；素面。口径17、残高4厘米（图二一三，13）。

盆口沿　1件。T243④:53，泥质灰陶，敛口，小平沿，尖圆唇外凸，弧腹较浅；素面。内口径17、残高4厘米（图二一三，5）。

平底杯　1件。T243④:200，泥质陶掺草未使器表多小汽孔，外红内黑，上部已残，筒腹中束，下腹稍外斜，平底；素面。底径10、残高3.6厘米（图二一三，6）。

灯座形器　1件。T243④:86，泥质灰陶，上部残，仅剩底座，足壁外弧，足沿稍内勾；素面。底径12、残高3.2厘米（图二一三，9）。

盘矮圈足　2件。T243④:50，泥质灰白陶，上部残，下腹弧收，大圜底下附粗矮圈足，足壁外斜，足根小凸棱；素面。足径12、残高3.2厘米（图二一三，15）。T243④:66，泥质黄陶，上残，下腹弧收，大圜底下附粗矮圈足，足壁外斜近直，足根已残；素面。足残径14.4、残高3.2厘米（图二一三，19）。

高圈足　5件。T243④:48，泥质灰陶，上残，仅剩喇叭状底座；素面。足径9、残高3.6厘米（图二一三，22）。T243④:69，泥制灰陶，上部已残，仅剩管状豆把及其下喇叭形底座；素面。足底径8、残高5.6厘米（图二一三，31）。T243④:93，泥质黑陶，上部残，仅剩残盘底及其下管状豆把，且豆把下部也残；豆把上部有四周凹弦纹。残高10厘米（图二一三，30）。T243④:108，泥质红陶，上部残，残存盘底和其下高圈足，足壁外斜，但下部也残；足壁上部有两个小圆形镂孔和其下一周凹弦纹。上部足径4.2、残高8厘米（图二一三，29）。T243④:125，泥质黑陶，上部残，仅剩残底下附高圈足；足壁向外凹外弧而呈喇叭状，但足壁下部也残；足壁上部一周戳印纹，每组戳印纹由三个小圆圈相连。上部足径4、残高8.8厘米（图二一三，17）。

尖底器　4件。T243④:62，夹砂灰陶，只有上部口沿，敞口近直，尖唇，高颈内斜，颈下部已残；颈上饰两周凹弦纹。口径10、残高3.2厘米（图二一三，3）。T243④:68，泥质灰陶，上残，仅剩尖底；素面。残高4厘米（图二一三，26）。T243④:136，泥质黑陶，仅剩底部，圜平状；残腹上多周凹弦纹但不等距。残高4厘米（图二一三，21）。T243④:138，夹砂灰陶，上残，仅剩小平底；素面。底径2、残高2厘米（图二一三，23）。

陶灶口沿　1件。T243④:132，夹砂黑陶，仅剩方口陶灶一边的口沿残块，侈口，束颈，弧沿外折，深腹外斜，但腹下部也残，口沿上残存一个由里及外包住口沿的凸块，似为灶口支锅点；腹中部以下饰方格纹；口沿每边残长约7.5、残高10、腹厚0.4厘米（图二一三，32）。

器耳　1件。T243④:91，泥质黑陶，残存一长方形器耳，耳面两处凹弧呈鸡冠状，耳底部近腹正中有一圆形穿孔；器腹上有交错划纹。长4.5、宽4.2厘米（图二一三，20）。

纹饰标本　10件。T243④:173，饰弦纹加方格纹（图二二六，8）。T243④:179，弦纹上加叶脉状贝纹（图二二二，19）。T243④:183，饰切绳纹（图二二七，3）。T243④:184，弦纹之间加戳印双重曲折纹（图二二三，1）。T243④:187，弦纹之间加戳印"S"纹（图二二三，8）。T243④:190，方格纹如橘上凸点，加乱绳纹（图二二七，8）。T243④:196，饰叶脉状贝纹（图二二二，

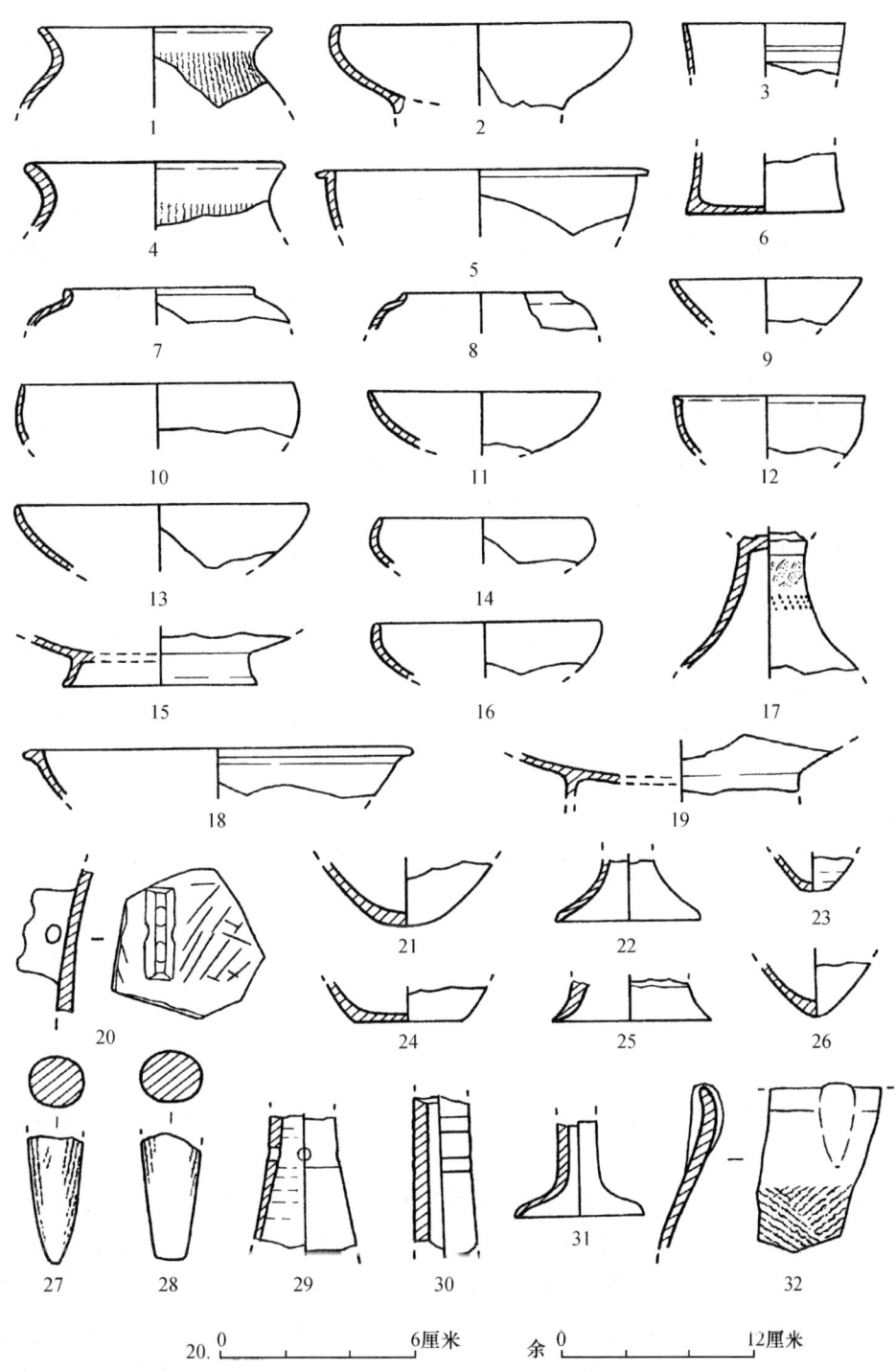

图二一三 T243④层、T244④层出土陶器

1、4. 束颈罐（T244④：16、T244④：18） 2、11、13、14、16、18. 盘口沿（T243④：88、T243④：60、T243④：89、T244④：27、T244④：22、T243④：56） 3、21、23、26. 尖底器（T243④：62、T243④：136、T243④：138、T243④：68） 5. 盆口沿（T243④：53） 6. 平底杯（T243④：200） 7、8. 小瓮（T244④：24、T244④：26） 9. 灯座形器（T243④：86） 10. 敛口钵（T243④：55） 12. 碗口沿（T244④：21） 15、19. 盘矮圈足（T243④：50、T243④：66） 17、22、29～31. 高圈足（T243④：125、T243④：48、T243④：108、T243④：93、T243④：69） 20. 器耳（T243④：91） 24. 罐平底（T244④：29） 25. 矮圈足（T244④：25） 27、28. 鬲足（T244④：30、T244④：31） 32. 灶口沿（T243④：132）

18）。T243④:198，饰弦纹加三角形划纹，内又加戳点纹（图二二四，2）。T243④:199，弦纹上加叶脉状贝纹（图二二二，7）。T243④:202，在不平行弦纹上下又三角形划纹，其内又加戳点纹（图二二四，5）。

25. T244④层

标本11件，有束颈罐、小瓮、鬲足、碗口沿、盘口沿、矮圈足和罐平底七种器物。

束颈罐　2件。T244④:16，夹砂红褐陶，侈口，束颈，圆唇，弧肩，腹已残；颈至肩饰竖绳纹。口径14、残高4.8厘米（图二一三，1）。T244④:18，夹砂红陶，侈口，束颈，卷沿，方圆唇，弧肩已残；肩饰竖绳纹。口径15.5、残高4厘米（图二一三，4）。

小瓮　2件。T244④:24，泥质灰陶，薄胎，直口，小平沿，方唇，直径极矮，广弧肩，腹已残；素面。口径12、残高2厘米（图二一三，7）。T244④:26，泥质红胎黑陶，直口，尖圆唇，颈极矮，广弧肩，弧腹已残；素面。口径10、残高2.4厘米（图二一三，8）。

鬲足　2件。T244④:30，夹砂红陶，圆锥足，足尖为小平根，上部已残；足面饰斜绳纹。上部残足径3.8、残高7.4厘米（图二一三，27）。T244④:31，上粗下稍细圆柱形，平根；足面及平根上饰绳纹。上部残足径4、足根直径2、残高7.4厘米（图二一三，28）。

碗口沿　1件。T244④:21，泥质灰陶，敛口近直，小平沿，方唇外凸，弧腹下部残；口下一周凹弦纹。口径12、残高3.4厘米（图二一三，12）。

盘口沿　2件。T244④:27，泥质黑陶，敛口，尖唇，浅弧腹下部残；素面。口径12、残高2.4厘米（图二一三，14）。T244④:22，泥质黑陶，敛口，尖圆唇，浅弧腹下部残；素面。口径13、残高3.2厘米（图二一三，16）。

矮圈足　1件。T244④:25，夹砂红陶，残底下附矮圈足，足壁外撇；素面。足径10、残高2.4厘米（图二一三，25）。

罐平底　1件。T244④:29，泥质红陶，下腹弧收，平底；素面。底径7.5、残高2厘米（图二一三，24）。

26. T360④层

标本28件，有高领罐、矮颈罐、束颈罐、盘口罐、鬲足、碗口沿、灯座形器、盘口沿、盘圈足和尖底器等器物；另有纹饰标本3件。

高领罐　4件。T360④:45，泥质灰陶，直口外卷近喇叭口，尖圆唇，高弧颈下部已残；颈上部一周凸棱纹。口径17.6、残高4厘米（图二一四，20）。T360④:56，泥质灰白陶，喇叭口，方圆唇，高弧颈已残；颈上部一周带状凸棱。口径17.5、残高2.6厘米（图二一四，17）。T360④:60，泥质黑陶，喇叭口，方圆唇，高弧颈较细，颈下部残；颈中部四周凹弦纹。口径15.3、残高5.5厘米（图二一四，10）。T360④:67，直口外弧，尖唇，高弧颈下部已残；残颈残存两周凹弦纹。口径17.8、残高4.2厘米（图二一四，14）。

矮颈罐　4件。T360④:44，夹砂灰陶，直口外弧，尖圆唇，矮弧颈，溜肩，深弧腹已残；残腹饰竖绳纹。口径12、残高5.4厘米（图二一四，13）。T360④:52，夹砂黑陶，直口外卷，尖圆唇，矮弧颈下束，溜肩，深弧肩已残；肩、腹饰方格纹。口径16.4、残高8厘米（图二一四，12）。T360④:64，泥质灰陶，直口上部稍外弧，方圆唇，矮直颈，溜肩，腹残；颈下部两周凹弦纹。口径17.6、残高5.8厘米（图二一四，8）。T360④:70，夹砂黑陶，直口外卷，方圆唇，矮弧颈，溜肩，腹残；素面。口径17.6、残高5.8厘米（图二一四，18）。

第六章 秦、西汉时期的遗存 263

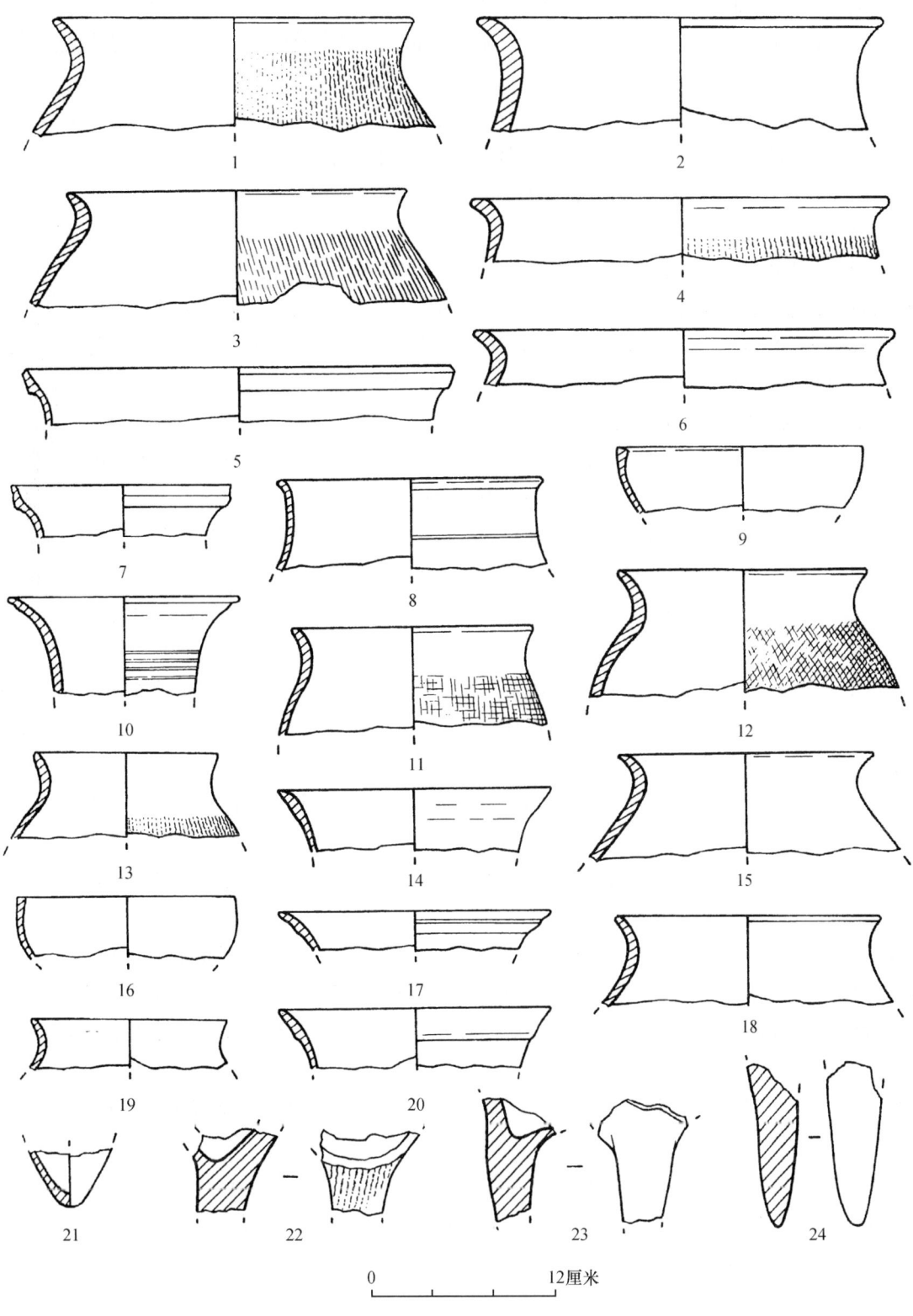

图二一四 T360④层出土陶器

1~4、6、11、15、19. 束颈罐（T360④:65、T360④:53、T360④:63、T360④:39、T360④:41、T360④:54、T360④:66、T360④:40） 5、7. 盘口罐（T360④:58、T360④:48） 8、12、13、18. 矮颈罐（T360④:64、T360④:52、T360④:44、T360④:70） 9、16. 碗口沿（T360④:57、T360④:55） 10、14、17、20. 高领罐（T360④:60、T360④:67、T360④:56、T360④:45） 21. 尖底器（T360④:50） 22~24. 鬲足（T360④:71、T360④:72、T360④:73）

束颈罐 8件。T360④:39，夹砂红陶，侈口，束颈，卷沿，圆唇，溜肩，腹残；肩饰竖绳纹。口径27.6、残高4.2厘米（图二一四，4）。T360④:40，夹砂灰陶，侈口，束颈，卷沿近直，尖圆唇，弧肩已残；素面。口径13、残高3.1厘米（图二一四，19）。T360④:41，夹砂褐陶，侈口，束颈，卷沿，尖圆唇，溜肩，弧腹残。口径27.6、残高3.8厘米（图二一四，6）。T360④:53，夹砂褐陶，侈口，束颈较高，卷沿，方圆唇，溜肩，深弧腹残；素面。口径26.6、残高7.2厘米（图二一四，2）。T360④:54，夹砂黑陶，侈口，束颈，卷沿，尖圆唇，溜肩，深弧腹下已残；肩、腹饰竖绳纹。口径15.8、残高6.8厘米（图二一四，11）。T360④:63，夹砂灰褐陶，侈口，束颈，卷沿，尖唇，弧肩，鼓腹已残；肩、腹饰竖绳纹。口径22、残高7.2厘米（图二一四，3）。T360④:65，夹砂褐陶，侈口，束颈，卷沿，尖圆唇，斜弧肩，腹已残；肩至腹饰竖绳纹。口径23.7、残高7厘米（图二一四，1）。T360④:66，夹砂褐陶，侈口，束颈，卷沿，尖圆唇，斜弧肩，鼓腹已残；素面。口径17、残高6.6厘米（图二一四，15）。

盘口罐 2件。T360④:48，泥质灰陶，盘口外敞，尖圆唇，高弧颈已残，口外一周凸棱。口径14.4、残高3.4厘米（图二一四，7）。T360④:58，夹砂红陶，浅盘口外敞，方唇外斜，高弧颈较粗，但下已残；素面。口径28.3、残高3.6厘米（图二一四，5）。

鬲足 3件。T360④:71，夹砂红陶，柱形足，但下部已残；饰竖绳纹。残高5厘米（图二一四，22）。T360④:72，夹砂红陶，上粗下稍细扁圆足，稍内弯，足下部残；素面。残高7.8厘米（图二一四，23）。T360④:73，夹砂褐陶，扁圆锥形，上部稍残；局部有斜绳纹。残高10.2厘米（图二一四，24）。

碗口沿 2件。T360④:55，泥质红胎褐陶，敛口，方唇成窄平沿，深弧腹下部残；素面。口径14.3、残高4厘米（图二一四，16）。T360④:57，泥质红胎褐陶，敛口，方唇内斜，弧腹较深但已残；素面。口径16.4、残高4.4厘米（图二一四，9）。

灯座形器 1件。T360④:49，泥质黑陶，仅剩底座，足壁外斜；素面。底径13、残高3.2厘米（图二一五，14）。

盘口沿 1件。T360④:38，泥质红陶，敞口，尖圆唇，浅弧腹，底已残；素面。口径30.8、残高3厘米（图二一五，2）。

盘粗圈足 2件。T360④:46，泥质灰胎灰黄陶，上已残，底下附粗矮圈足，足壁外斜，足跟又外折呈台状；素面。底径17.8、残高2.5厘米（图二一五，17）。T360④:59，泥质灰黄陶，上残，圜底下附高大粗圈足，足壁近直稍外斜，足跟已残；近足跟有一周凹弦纹。下部残足径14.4、残高4.6厘米（图二一五，16）。

尖底器 1件。T360④:50，泥质红胎黑陶，上残，尖底；素面。残高3.6厘米（图二一四，21）。

纹饰标本 3件。T360④:75，饰绳纹（图二二七，1）。T360④:76，弦纹加戳印"E"形纹，又加贝纹（图二二五，2）。T360④:77，弦纹加戳印杂乱篦纹（图二二五，4）。

27. T363④层

标本7件，有高领罐、束颈罐、高圈足、灯座形器、尖底器五种器物。

高领罐 3件。T363④:8，泥质红陶，喇叭口，方唇外斜，高弧颈已残；素面。口径26.6、残高5厘米（图二一五，1）。T363④:13，泥质黑陶，直口外弧，尖圆唇，高弧较直稍内斜，颈下部残；素面。口径15.3、残高4.2厘米（图二一五，4）。T363④:14，泥质红陶，直口外卷，尖唇，高弧颈下已残；颈中部残存一周凹弦纹。口径13.1、残高4.2厘米（图二一五，5）。

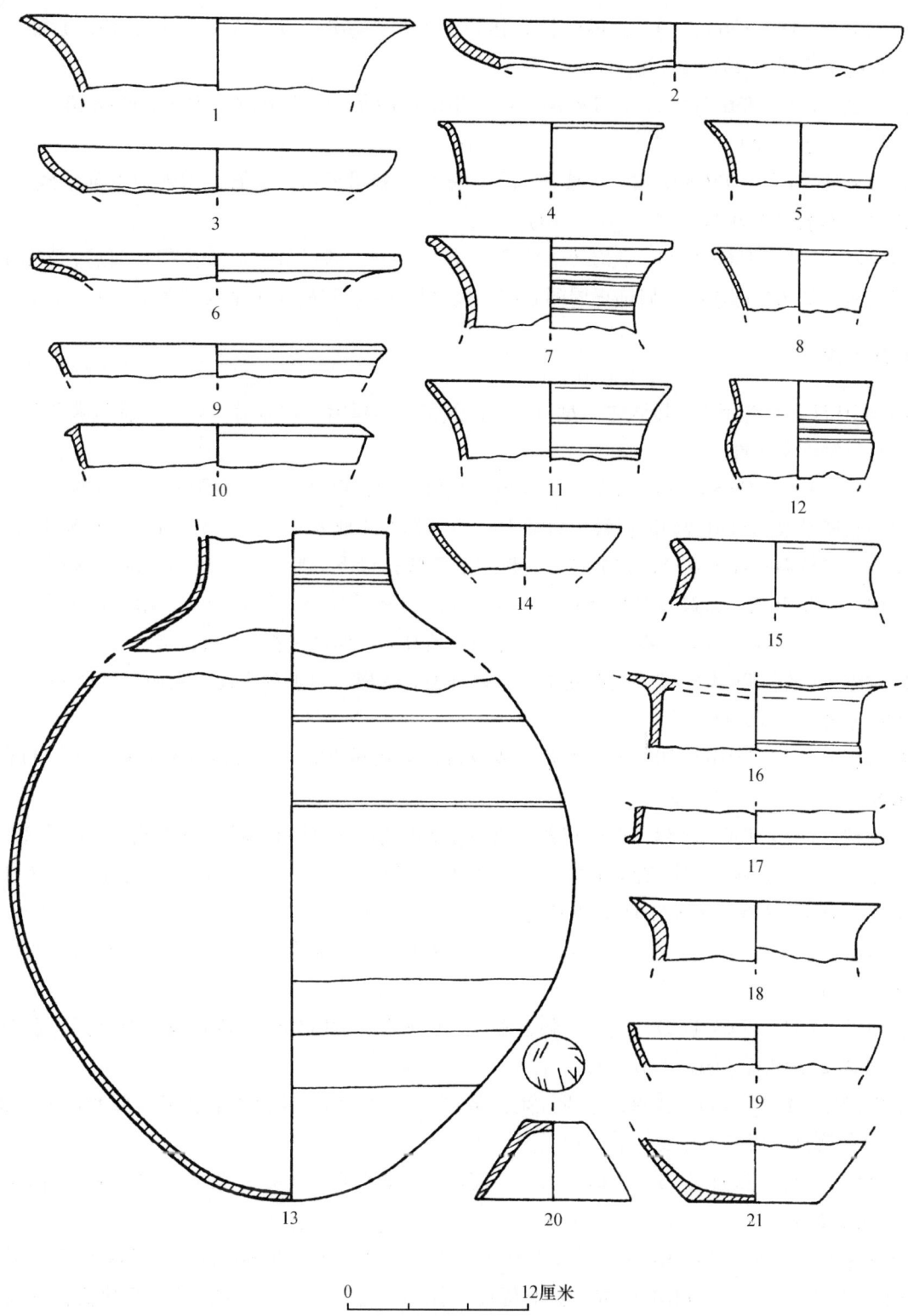

图二一五 T360④层、T363④层、T364④层出土陶器

1、4、5、7、8、11. 高领罐（T363④:8、T363④:13、T363④:14、T364④:23、T364④:25、T364④:20） 2、3. 盘口沿（T360④:38、T360④:24） 6. 盘口罐（T364④:30） 9. 盆口沿（T360④:27） 10、14、19. 灯座形器（T363④:12、T360④:49、T364④:28） 12. 尖底器（T363④:11） 13. 高领瓮（T364④:32） 15. 束颈罐（T363④:9） 16、17. 盘粗圈足（T360④:59、T360④:46） 18. 矮颈罐（T364④:22） 20. 高圈足（T363④:10） 21. 罐平底（T364④:21）

束颈罐　1件。T363④:9，夹砂红陶，侈口，束颈，卷沿，尖圆唇，溜肩已残；素面。口径14.3、残高4.5厘米（图二一五，15）。

高圈足　1件。T363④:10，泥质红陶，残底下附高圈足，足壁外斜；素面。底径10、足高5.4厘米（图二一五，20）。

灯座形器　1件。T363④:12，泥质灰白陶，敞口，斜沿外折，尖唇，深弧腹下部已残；素面。口径20.8、残高2.8厘米（图二一五，10）。

尖底器　1件。T363④:11，泥质灰胎黑陶，直口外斜，唇已残，高颈内斜，溜肩，鼓腹内收，但下腹已残，似为尖底小罐；肩饰三周凹弦纹。残口径9.8、残高6.5厘米（图二一五，12）。

28. T364④层

标本10件，有高领罐、矮颈罐、盘口罐、高领瓮、盘口沿、盆口沿、灯座形器和罐平底八种器物；另有纹饰标本5件。

高领罐　3件。T364④:20，泥质红胎褐陶，直口外卷，近喇叭口，方圆唇，高弧颈下部残；颈部残存两组凹弦纹，每组两周凹弦纹。口径16.3、残高5.4厘米（图二一五，11）。T364④:23，泥质褐陶，直口外卷，近喇叭口，方圆唇，高弧颈下已残；口下一周凸棱，颈中上部五周平行但不等距凹弦纹。口径16.4、残高6厘米（图二一五，7）。T364④:25，泥质红陶，胎较薄，直口外弧，方圆唇，高弧颈较细，颈下部残；素面。口径12、残高4.2厘米（图二一五，8）。

矮颈罐　1件。T364④:22，夹砂褐陶，直口外弧，尖唇，矮弧颈稍残；素面。口径17.2、残高4.2厘米（图二一五，18）。

盘口罐　1件。T364④:30，泥质黑陶，浅盘口，尖圆唇直立，高弧颈大部残；素面。口径25、残高1.8厘米（图二一五，6）。

高领瓮　1件。T364④:32，泥质灰陶，直口上部已残，高直颈，斜弧肩稍残；深腹中部外鼓，下腹内收成圜底；残颈上四周弦纹并列，肩下部两周弦纹并列，腹下部又饰三周等距离凹弦纹。残口径14.4、腹径37.6、残高约43.2厘米（图二一五，13）。

盘口沿　1件。T364④:24，泥质灰陶，敞口，尖圆唇，浅弧腹已残；素面。口径24、残高3厘米（图二一五，3）。

盆口沿　1件。T364④:27，泥质灰陶，敞口，小平沿，方唇外斜，弧腹内收但已残；素面。口径23、残高2.2厘米（图二一五，9）。

灯座形器　1件。T364④:28，泥质红陶，敞口，尖唇内斜，使口内有折棱，弧腹已残；素面。口径17.1、残高3厘米（图二一五，19）。

罐平底　1件。T364④:21，夹砂灰陶，上部残，下腹弧收，平底；素面。底径9、残高4厘米（图二一五，21）。

纹饰标本　5件。T364④:33，拍印方格纹（图二二六，5）。T364④:34，单弦纹之间加戳印"S"纹（图二二三，5）。T364④:36，饰竖绳纹（图二二七，6）。T364④:37，饰叶脉状贝纹（图二二二，5）。T364④:38，拍印方格纹（图二二六，6）。

29. T8③层

标本2件，为有孔石刀和束颈罐。

有孔石刀　1件。T8③:1，扁平横梯形。通体磨光，宽弧顶，两面近顶部正中对穿一小圆孔，两边皆向一侧倾斜，宽平刃单面磨制，但一角已残。宽9.2、高4.4、厚0.6厘米（图二一九，5；

图版三一，6）。

束颈罐　1件。T8③：2，夹砂红胎黑陶，侈口，束颈，宽沿外卷，小方唇，溜肩，弧腹已残；肩至腹有绳纹痕迹。口径19.2、残高7.6厘米（图二一六，16）。

30. T15③层

标本8件，有残石刀、陶纺轮和高领罐、折沿罐、花边口罐、盆、尖底器、罐平底等器物；另有纹饰标本2件。

残石刀　1件。T15③：8，扁平横梯形，但大部残，仅剩一边，通体磨制，平顶，边外斜，宽平刃两面磨制但不对称。残宽4、高4.2、厚0.8厘米（图二一九，3）。

陶纺轮　1件。T15③：7，夹砂褐红陶，厚体角边型，两面平，顶面小于底面；素面。面径2.2、底径3.2、边径3.5、厚2.6厘米（图二一六，27）。

高领罐　1件。T15③：40，泥质陶外灰内红，直口外卷近喇叭口，小方唇，高弧颈下部稍残；颈上一周、颈中三周深凹弦纹。口径16.8、残高8厘米（图二一六，2）。

折沿罐　1件。T15③：43，泥质灰胎红陶，侈口，束颈，宽折沿，尖圆唇，斜肩已残；素面。口径22、残高4厘米（图二一六，1）。

花边口罐　1件。T15③：39，夹砂灰陶，敞口近直，窄沿外卷，尖圆唇外凸，深腹稍内收，下腹已残；沿面局部压印锯齿状花边纹，腹上部残存三周凹弦纹。内口径24.4、残高4厘米（图二一六，20）。

盆　1件。T15③：42，泥质灰陶，敛口，弧沿外斜，尖圆唇，弧腹较浅，下腹残；素面。内口径22.4、残高5.6厘米（图二一六，23）。

尖底器　1件。T15③：38，泥质红胎黑陶，直口稍外弧，尖圆唇，高弧颈近直，颈下部残；颈部残存两周深凹弦纹。口径10、残高4厘米（图二一六，12）。

罐平底　1件。T15③：37，夹砂红陶，上部已残，下腹弧收，平底；素面。底径10.4、残高2.4厘米（图二一六，17）。

纹饰标本　2件。T15③：78，变形叶脉状贝纹（图二二八，5）。T15③：79，双弦纹上下戳印"S"纹（图二二八，13）。

31. T16③层

标本8件，有残石器、陶环状器和矮颈罐、小碟、尖底器、蹄状小鼎足六种器物；另有纹饰标本11件。

残石器　1件。T16③：4，扁薄梯形，刃部已残，通体磨光。残长4.4、顶宽2.8、厚1厘米（图二一九，2）。

陶环状器　1件。T16③：2，泥质褐红陶，残块可复原，似厚体两面平斜边陶纺轮，但中间圆孔比纺轮大，边上有一周凹槽，而不是纺轮；素面。面径5.2、底径5.6、高2.5、孔径1.2～1.8厘米（图二一六，28）。

矮颈罐　3件。T16③：11，夹细砂灰陶，直口外斜，小卷沿，尖唇外凸，粗矮颈内斜，弧腹已残；素面。口径14、残高4厘米（图二一六，3）。T16③：12，夹砂灰陶，直口外卷，尖圆唇，矮弧颈，肩已残；素面。口径18、残高4厘米（图二一六，10）。T16③：13，泥质黑陶，直口外卷，尖圆唇，矮弧颈下束，溜肩，鼓腹已残；肩上三周凹弦纹。口径18、残高6厘米（图二一六，13）。

小碟　1件。T16③：9，泥质陶外红里黑，敞口，平沿，尖唇，斜腹，平底下附小圈足，足壁外

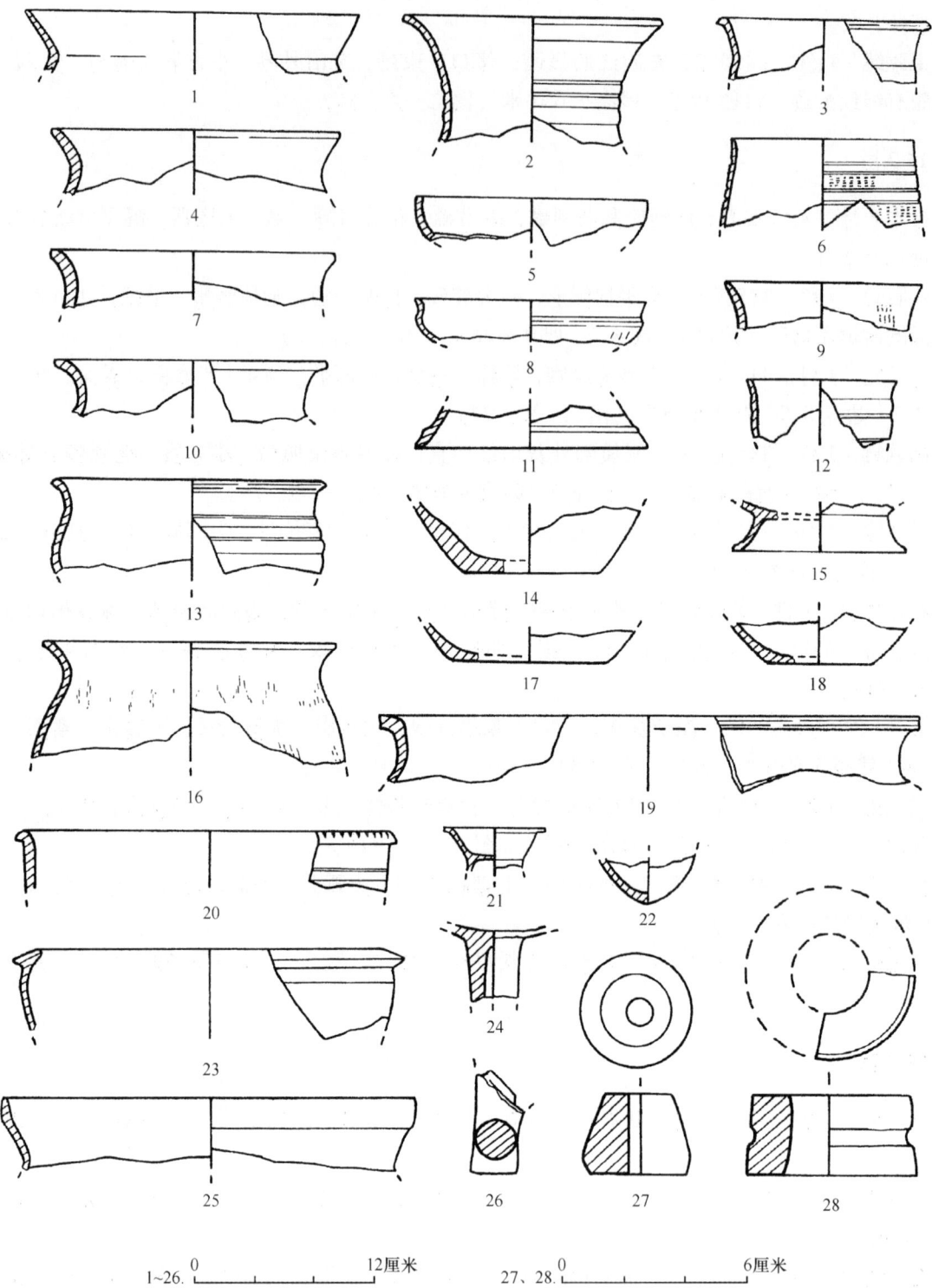

图二一六 T8③层、T15③层、T16③层、T17③层、T22③层、T23③层、T24③层、T25③层出土陶器
1. 折沿罐（T15③:43） 2. 高领罐（T15③:40） 3、7、9、10、13. 矮颈罐（T16③:11、T23③:2、T23③:5、T16③:12、T16③:13） 4、16. 束颈罐（T17③:4、T8③:2） 5. 盘口沿（T24③:8） 6、12、22. 尖底器（T17③:5、T15③:38、T16③:10） 8. 卷沿碗（T23③:6） 11、24. 高圈足（T23③:4、T24③:9） 14、17、18. 罐平底（T25③:5、T15③:37、T24③:7） 15. 盘矮圈足（T22③:3） 19. 鬲口沿（T23③:3） 20. 花边口罐（T15③:39） 21. 小碟（T16③:9） 23. 盆（T15③:42） 25. 盘口罐（T24③:10） 26. 鼎足（T16③:14） 27. 纺轮（T15③:7） 28. 环状器（T16③:2）

斜但已残；素面。口径6.7、底残径3.6、残高2.8厘米（图二一六，21）。

尖底器　1件。T16③:10，泥质黑陶，残存尖底；素面。残高3.2厘米（图二一六，22）。

鼎足　1件。T16③:14，夹砂红陶，圆柱状矮足，因足中部凹束而呈小蹄状，平跟；素面。足跟直径2.8、足高6厘米（图二一六，26）。

纹饰标本　11件。T16③:26，在双弦纹之间加三角形划纹，垂幛式的三角形划纹内又加戳点纹，又上、下弦纹上加短划纹（图二二九，11）。T16③:27，饰交叉斜划纹（图二二九，7）。T16③:28，饰方格划纹（图二二九，10）。T16③:29，饰弦纹、变形"S"纹和叶脉状贝纹（图二二八，2）。T16③:30，弦纹加三角形划纹和戳点纹（图二二九，13）。T16③:31，饰两种戳印纹，一为变形篦纹，另一为变形"S"纹，都甚潦草杂乱（图二二八，11）。T16③:32，饰横斜篦划纹（图二二九，12）。T16③:33，在弦纹上下戳印变形"S"纹（图二二八，12）。T16③:34，在两周带点状凸棱纹之间加戳印纹（图二二九，3）。T16③:35，饰戳印纹（图二二九，1）。T16③:36，饰戳印纹（图二二九，8）。

32. T17③层

标本2件，为束颈罐和尖底器两种器物。

束颈罐　1件。T17③:4，夹砂黑陶，侈口，束颈，卷沿，尖圆唇，肩已残，素面。口径18.8、残高4厘米（图二一六，4）。

尖底器　1件。T17③:5，泥质灰陶，直口内敛，尖圆唇又外弧，高颈外斜，颈下部稍残；残颈上残存两组纹饰，每组上部两周凹弦纹，下部戳印篦点纹八排，上、下组之间的篦点纹又错开。口径12、残高5.6厘米（图二一六，6）。

33. T22③层

标本仅一件盘矮圈足。

盘矮圈足　1件。T22③:3，泥质灰陶，圜底下附矮圈足，足壁外撇；素面。足径11.2、残高3.2厘米（图二一六，15）。

34. T23③层

标本6件，有石斧和矮颈罐、鬲口沿、卷沿碗、高圈足五种器物。

石斧　1件。T23③:1，厚体近长方形，由长条状砾石一面琢平，刃部两面磨制而成，斜刃有用痕。长14、宽4.9、厚2.7厘米（图二一九，6；图版三一，7）。

矮颈罐　2件。T23③:2，夹砂灰陶，直口外弧，尖圆唇，矮弧颈下部残；素面。口径18.8、残高3.2厘米（图二一六，7）。T23③:5，夹砂黑陶，直口外弧，尖唇，矮弧颈下部残；颈饰戳印纹，残存两排，每排戳印五行竖划纹。口径12.8、残高3.2厘米（图二一六，9）。

鬲口沿　1件。T23③:3，泥质灰陶，直口，平沿，方唇，粗矮颈，斜溜肩已残；颈上有抹而未净竖绳纹。口径35.2、残高4厘米（图二一六，19）。

卷沿碗　1件。T23③:6，泥质黑陶，敞口，卷沿，尖方唇，小斜肩，残折腹弧内收，底残；肩饰两周凹弦纹，腹上数道划痕。口径15.2、残高2.8厘米（图二一六，8）。

高圈足　1件。T23③:4，泥质灰陶，上残，足壁下部外斜，足跟也外斜而成斜台状；素面。底径15.2、残高2.8厘米（图二一六，11）。

35. T24③层

标本4件,有盘口罐、盘口沿、高圈足和罐平底四种器物;另有纹饰标本1件。

盘口罐　1件。T24③:10,泥质红褐陶,盘口近直,尖圆唇,弧颈已残;素面。口径27.2、残高4.4厘米(图二一六,25)。

盘口沿　1件。T24③:8,泥质灰陶,敛口,方唇,浅弧腹已残;素面。口径15.2、残高2.8厘米(图二一六,5)。

高圈足　1件。T24③:9,泥质灰陶,上残,圜底下附细筒状高圈足,足壁近直但下部也残。足径2.8、残高4.8厘米(图二一六,24)。

罐平底　1件。T24③:7,泥质红胎黑陶,上残,下附弧收,平底;素面。底径6.8、残高3.6厘米(图二一六,18)。

纹饰标本　1件。T24③:36,在两周带状附加堆纹之间加变形叶脉状贝纹(图二二八,8)。

36. T25③层

标本仅一件罐平底。

罐平底　1件。T25③:5,泥质陶里红外灰,上残,下腹内收,平底;素面。底径8.8、残高4.4厘米(图二一六,14)。

37. T26③层

标本7件,有残石器、矮颈罐、盘口罐、卷沿碗、盘矮圈足、尖底器和小平底器七种器物;另有纹饰标本4件。

残石器　1件。T26③:1,体较厚近长方形,平顶打制,两面两边磨平,刃已残。残长5.8、宽4.1、厚1.3厘米(图二一九,1)。

矮颈罐　1件。T26③:6,夹砂褐红陶,直口外卷,尖唇,矮弧颈,肩已残;素面。口径23.2、残高6厘米(图二一七,25)。

盘口罐　1件。T26③:5,泥质灰陶,盘口近直,尖唇直立,高弧颈下已残;素面。口径14.8、残高4厘米(图二一七,7)。

卷沿碗　1件。T26③:7,泥质灰陶,敞口,宽沿外卷,尖圆唇,扁弧腹下部残;腹饰三周深凹弦纹,在下面两周弦纹之间,又加三点为一组的多组戳点纹,而且局部还加叶脉贝纹。口径23.2、残高6.8厘米(图二一七,14)。

盘矮圈足　1件。T26③:9,泥质灰陶,底以上残;底下附较粗大矮圈足,足壁外撇。素面。底径16.8、残高3.6厘米(图二一七,13)。

尖底器　1件。T26③:8,泥质陶外灰褐里红,仅剩尖底,但底跟小平;下腹有三、四周不等距凹弦纹。底径1.2、残高3.2厘米(图二一七,21)。

平底器　1件。T26③:10,泥质灰褐陶,上残,下腹弧收,近底下垂成假圈足。底径4.8、残高3.2厘米(图二一七,16)。

纹饰标本　4件。T26③:15,在双弦纹之间加"S"形戳印纹(图二二八,10)。T26③:16,在三周弦纹上加叶脉状贝纹,其下又饰交叉斜划纹组成的方格纹(图二二八,1)。T26③:17,饰变形叶脉状贝纹(图二二八,7)。T26③:18,在多周弦纹间戳印变形"S"纹,又加变形叶脉状贝纹(图二二八,14)。

38. T36③层

标本仅1件高领罐；又有纹饰标本2件。

高领罐　1件。T36③:1，泥质灰褐陶，直口外卷，圆唇外凸，高弧颈，凹弧肩已残；肩饰竖绳纹。口径16、残高8厘米（图二一七，3）。

纹饰标本　2件。T36③:12，饰粗绳纹（图二二九，9）。T36③:11，饰弦纹、斜划纹和戳点纹（图二二九，4）。

39. T37③层

标本2件，为石芯和陶网坠。

石芯　1件。T37③:2，为钻孔石器留下来的圆柱形小石心。面径1.4、底径约1.3、厚2.2厘米（图二一八，25）。

陶网坠　1件。T37③:1，泥质红陶，细长腰鼓形，中空，即两头稍细，中部微鼓，但两头都稍残。残长10、中部外径1.4、内径0.6厘米（图二一八，27）。

40. T174③层

标本4件，有盘口罐、盆口沿、尖底器和罐平底四种器物。

盘口罐　1件。T174③:5，泥质红陶，浅盘口内敛，尖圆唇，弧颈上束，凹弧肩已残；素面。内径23、残高6厘米（图二一七，17）。

盆口沿　1件。T174③:6，泥质灰陶，敞口，但圆唇内敛外凸，深弧腹已残；素面。口径18.4、残高4厘米（图二一七，6）。

尖底器　1件。T174③:8，泥质灰陶，仅剩下部残尖底；素面。残高2.8厘米（图二一七，19）。

罐平底　1件。T174③:7，夹砂褐红陶，上残，下腹弧收，平底；素面。底径8、残高2.8厘米（图二一七，10）。

41. T238③层

标本3件，有矮颈罐、小瓮和罐凹平底三种器物。

矮颈罐　1件。T238③:4，夹砂灰陶，直口内敛，小平沿，尖唇外凸，矮颈外斜，小凹肩不明显，深弧腹已残；腹饰斜绳纹。口径20.8、残高3.2厘米（图二一七，1）。

小瓮　1件。T238③:7，泥质灰陶，直口，方唇，小矮颈，广弧肩，深弧腹近直，但下部已残；素面。口径11、残高3厘米（图二一七，9）。

罐凹平底　1件。T238③:5，泥质黑陶，上残，下腹弧收，凹平底；素面。底径10、残高3.9厘米（图二一七，12）。

42. T360③层

标本21件，有高领罐、矮颈罐、束颈罐、盘口罐、鬲口沿和鬲足、盆口沿、盘口沿、高圈足等器物。

高领罐　1件。T360③:4，泥质红胎黑陶，直口外斜，小平沿，方唇，直颈内斜下部残；素面。口径21、残高2.8厘米（图二一七，5）。

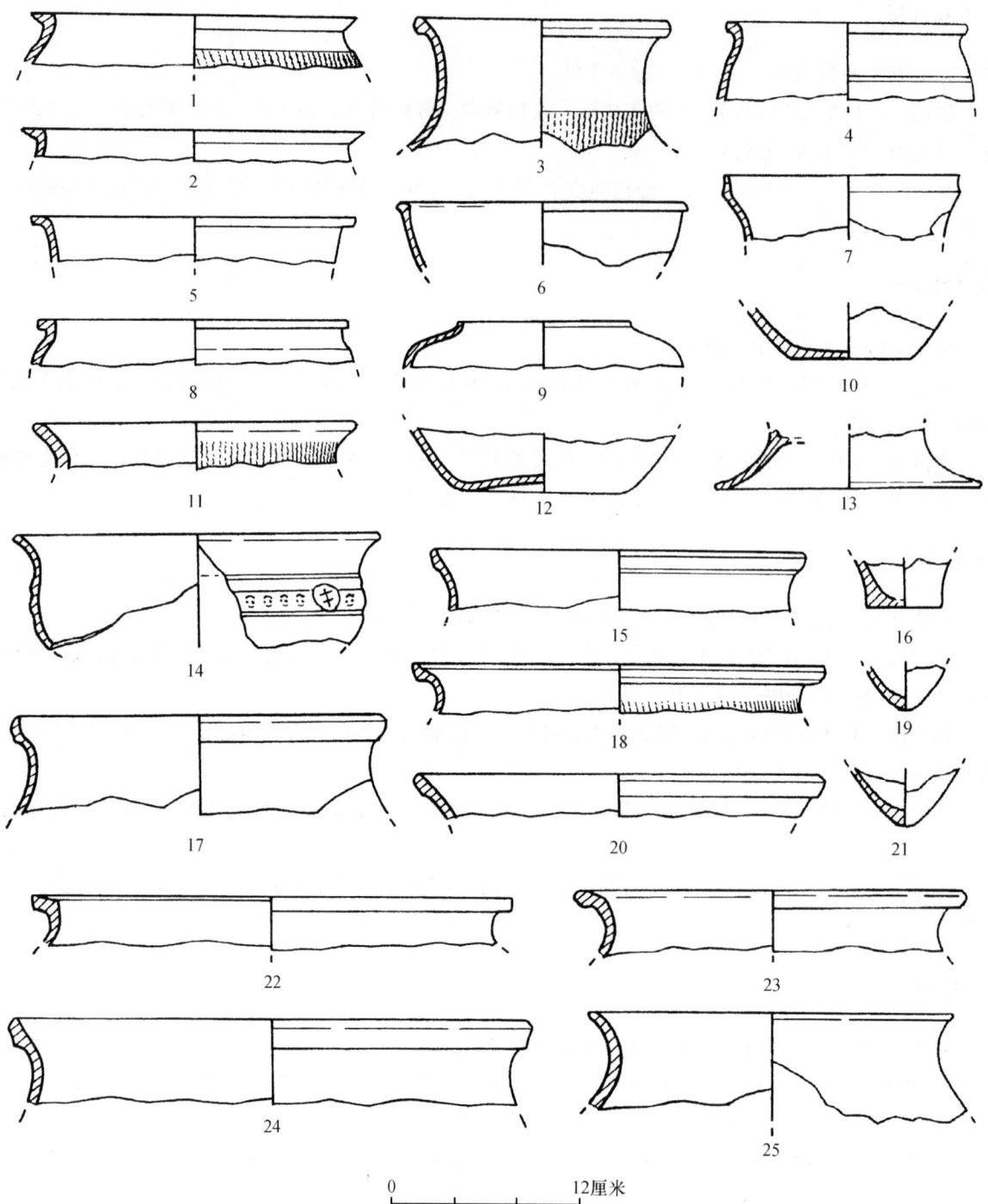

图二一七 T26③层、T36③层、T174③层、T238③层、T360③层出土陶器

1、2、8、23、25. 矮颈罐（T238③：4、T360③：15、T360③：11、T360③：7、T26③：6） 3、5. 高领罐（T36③：1、T360③：4） 4、11. 束颈罐（T360③：5、T360③：3） 6. 盆口沿（T174③：6） 7、15、17、20、24. 盘口罐（T26③：5、T360③：10、T174③：5、T360③：18、T360③：17） 9. 小瓮（T238③：7） 10、12. 罐平底（T174③：7、T238③：5） 13. 盘矮圈足（T26③：9） 14. 卷沿碗（T26③：7） 16. 平底器（T26③：10） 18、22. 鬲口沿（T360③：13、T360③：8） 19、21. 尖底器（T174③：8、T26③：8）

矮颈罐　3件。T360③:7，泥质红褐陶，直口外卷，方圆唇外凸，矮弧颈，肩已残；素面。口径25.2、残高4厘米（图二一七，23）。T360③:11，泥质灰陶，直口，小平沿，方唇，矮直颈，小斜肩，深弧腹已残。口径20、残高2.8厘米（图二一七，8）。T360③:15，泥质灰陶，直口，小平沿，尖唇，矮颈外弧已残，素面。口径22、残高1.8厘米（图二一七，2）。

束颈罐　2件。T360③:3，夹砂褐陶，侈口，束颈，尖圆唇，肩已残，颈部有竖绳纹。口径21、残高3厘米（图二一七，11）。T360③:5，侈口，束颈，方圆唇外卷，溜肩，弧腹已残；肩有两周凹弦纹。口径15.4、残高4.3厘米（图二一七，4）。

盘口罐　3件。T360③:10，夹细砂红陶，直口外弧微凹，扁圆唇如盘沿外附而呈盘口，弧颈下已残；素面。口径23.8、残高3.8厘米（图二一七，15）。T360③:17，夹砂红陶，浅盘口外敞，方圆唇外附而如盘沿，弧颈上束下外斜但已残；素面。口径33.8、残高5.3厘米（图二一七，24）。T360③:18，夹细砂红陶，浅盘口外敞，方圆唇外附如盘沿，弧颈大部残；素面。口径26.6、残高2.6厘米（图二一七，20）。

鬲口沿　2件。T360③:8，泥质灰陶，直口，小平沿内斜，方唇，矮直颈内斜，斜肩已残；素面。口径30.6、残高3.4厘米（图二一七，22）。T360③:13，夹砂褐陶，直口外卷，方唇外凸，矮弧颈稍残；方唇面上两周凹弦纹，颈部有竖绳纹痕。口径26.4、残高3厘米（图二一七，18）。

鬲足　4件。T360③:23，夹砂红陶，圆柱形上部稍粗但已残，足根平；足面有刀削痕。残高7.6厘米（图二一八，24）。T360③:24，夹砂红陶，上粗下细扁圆柱形，上部残，足根小平；足面有竖绳纹。残高8.3厘米（图二一八，26）。T360③:27，夹砂红陶，近圆锥形，上部已残，足根尖圆状；素面。残高7厘米（图二一八，19）。T360③:30，泥质红陶，足细小上部残，近圆锥状，但足根圜平；素面。残长5.2厘米（图二一八，21）。

盆口沿　1件。T360③:12，敛口，小平沿，小方唇，深弧腹下部残；素面。口径16、残高5厘米（图二一八，12）。

盘口沿　2件。T360③:6，泥质灰陶，近直口，方唇，扁弧腹上部较直，下部弧收，底已残；素面。口径16、残高4.4厘米（图二一八，9）。T360③:9，泥质灰陶，敞口，尖圆唇，浅弧腹下部残；素面。口径14.4、残高3.4厘米（图二一八，13）。

高圈足　3件。T360③:20，泥质红胎黑陶，残底下附高圈足，足壁上部细管状近直，下部外弧成底座，但已残。上部足径3、残高4.8厘米（图二一八，23）。T360③:21，泥质红胎黑陶，残底下附高圈足，足壁上部矮柱状，下部外撇成底座，但已残；素面。上部足径3.3、残高5.4厘米（图二一八，22）。T360③:22，仅剩高圈足中段，上部细管状近直，下部外弧为底座，但上下皆残；豆柄下部一周凹弦纹。上部足径3.5、残高7厘米（图二一八，16）。

43. T363③层

标本6件，有高领罐、束颈罐、侈口碗、鬲足和尖底器五种器物。

高领罐　1件。T363③:3，泥质红陶，喇叭口，方圆唇，高弧颈下部已残；素面。口径19.1、残高4厘米（图二一八，4）。

束颈罐　1件。T363③:2，夹砂红陶，侈口，束颈，圆唇外卷，溜肩，弧腹已残；素面。口径27.6、残高6.4厘米（图二一八，1）。

侈口碗　1件。T363③:4，夹砂黑陶，侈口，束颈，小卷沿，尖唇，深弧腹中部微鼓，下部已残；鼓腹处一周凹弦纹和一周凸棱纹。口径12、残高4.6厘米（图二一八，8）。

鬲足　2件。都是夹砂红陶，都是上稍粗圆柱形。平根，上部也都残。T363③:6，残高7.6厘

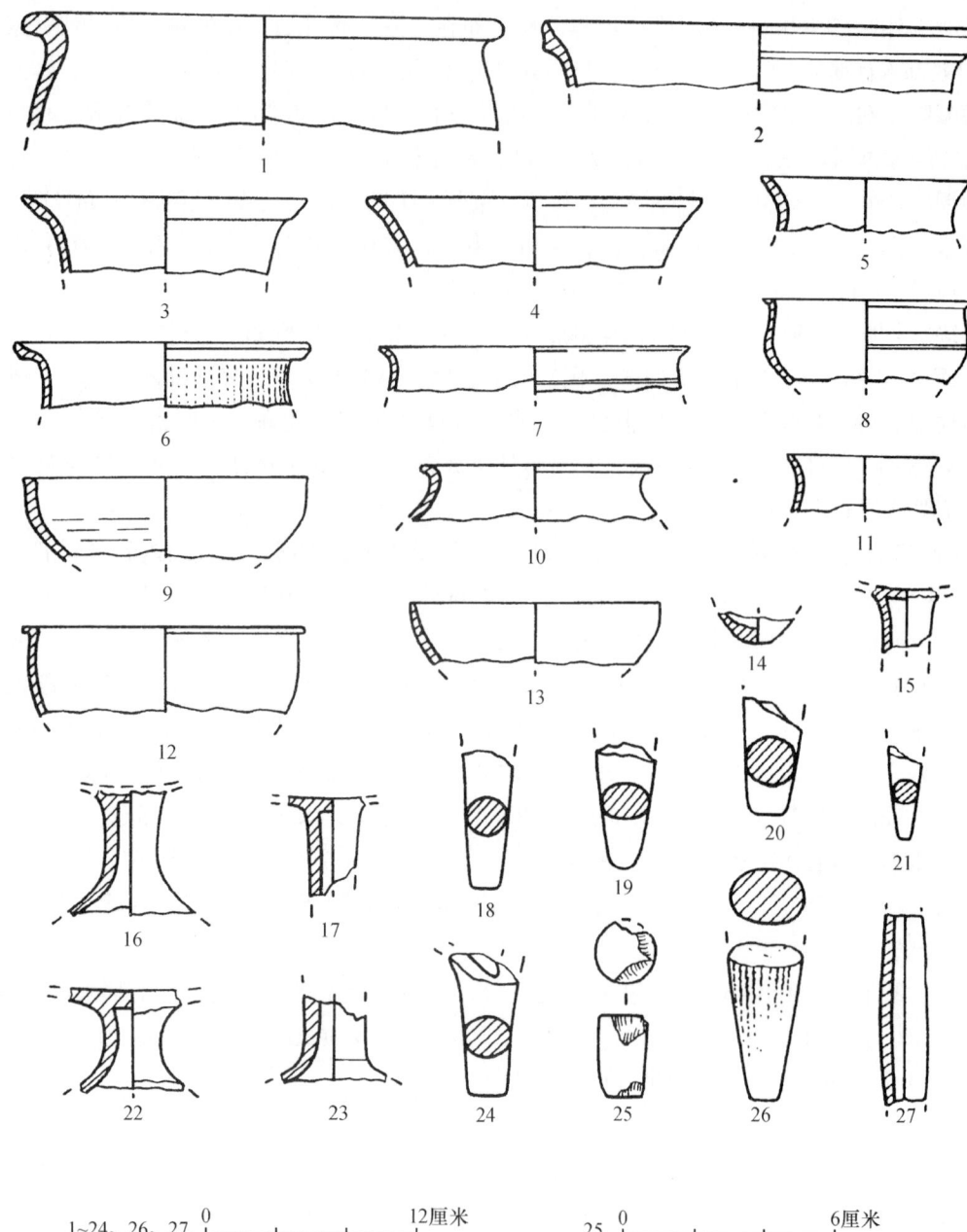

图二一八　T37③层、T360③层、T363③层、T364③层出土器物

1、5、7、10. 束颈罐（T363③：2、T364③：12、T364③：15、T364③：6）　2. 盘口罐（T364③：9）　3、4. 高领罐（T364③：7、T363③：3）　6、11. 矮颈罐（T364③：11、T364③：14）　8. 侈口碗（T364③：4）　9、13. 盘口沿（T360③：6、T360③：9）　12. 盆口沿（T360③：12）　14. 尖底器（T363③：5）　15~17、22、23. 高圈足（T364③：16、T360③：22、T364③：10、T360③：21、T360③：20）　18~21、24、26. 鬲足（T363③：6、T360③：27、T363③：7、T360③：30、T360③：23、T360③：24）　25. 石芯（T37③：2）　27. 陶网坠（T37③：1）

米（图二一八，18）。T363③：7，残高6.3厘米（图二一八，20）。

尖底器　1件。T363③：5，泥质灰陶，仅剩小圈平底；素面。底径0.5、残高1.7厘米（图二一八，14）。

44. T364③层

标本　10件，有石斧和高领罐、矮颈罐、束颈罐、盘口罐、高圈足六种器物。

石斧　1件。T364③:2，厚体近长方形，弧顶保留原面，两面两边皆磨平，弧刃两面磨制，有使用痕。长9.8、宽4.4、厚2.9厘米（图二一九，4；图版三一，4）。

高领罐　1件。T364③:7，泥质灰陶，直口外卷，扁圆唇外附，高弧颈下已残；素面。口径16.4、残高4.2厘米（图二一八，3）。

矮颈罐　2件。T364③:11，泥质红陶，直口外弧，扁圆唇外凸，矮弧颈较直，肩已残；颈有模糊竖绳纹。口径16.8、残高3.6厘米（图二一八，6）。T364③:14，夹砂黑陶，直口外弧，尖唇，矮颈中部微束，肩已残；素面。口径8.8、残高3.2厘米（图二一八，11）。

束颈罐　3件。T364③:6，夹砂黑陶，侈口，束颈，小卷沿，尖圆唇，弧肩已残；素面。口径13.1、残高3.4厘米（图二一八，10）。T364③:12，夹砂红陶，侈口，束颈，卷沿，尖圆唇，溜肩已残；素面。口径12、残高3厘米（图二一八，5）。T364③:15，泥质褐陶，侈口，束颈，卷沿，尖圆唇，溜肩已残；肩上残存一周凹弦纹。口径17.8、残高2.3厘米（图二一八，7）。

盘口罐　1件。T364③:9，夹砂红陶，浅盘口外敞，方唇呈带状外附，唇面微凹，弧颈已残；素面。口径25.2，残高3.6厘米（图二一八，2）。

高圈足　2件。T364③:10，泥质红陶，残底下附高圈足，足壁上部呈细管状近直，下部已残；素面。上部柄径2.8、残高5.2厘米（图二一八，17）。T364③:16，泥质灰陶，残底下附高圈足，足壁上部细管状近直，上部已残；素面。上部柄直径2.8、残高3.6厘米（图二一八，15）。

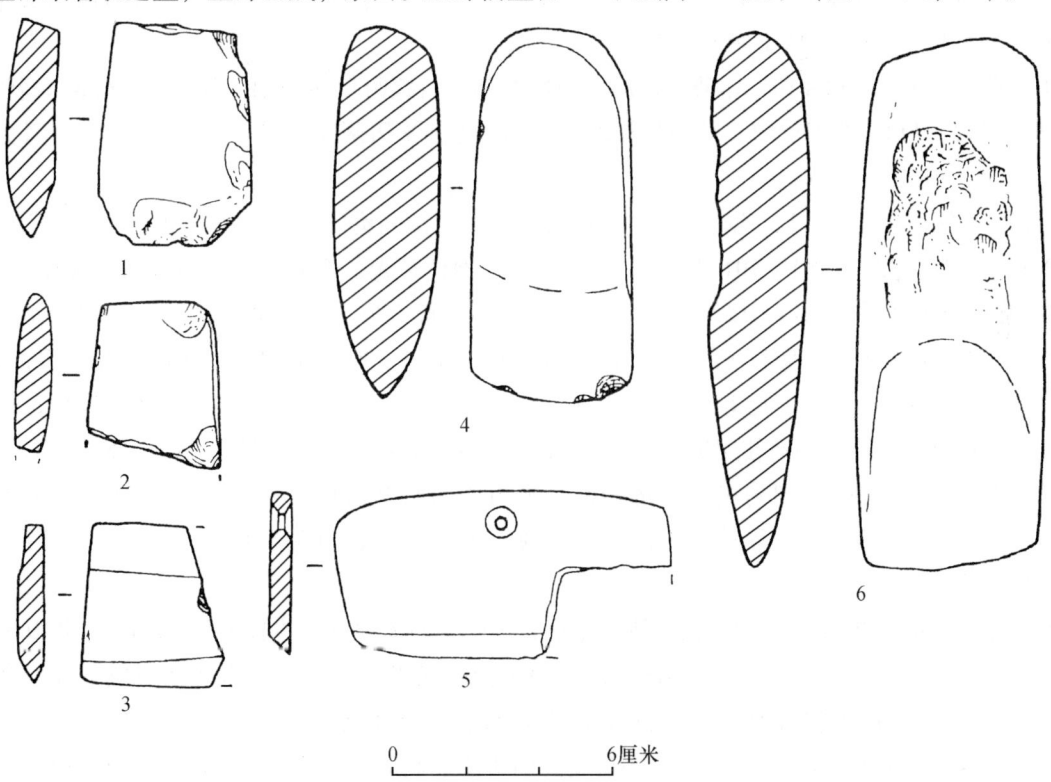

0　　　　6厘米

图二一九　T8③层、T15③层、T16③层、T23③层、T26③层、T364③层出土石器
1、2. 残石器（T26③:1、T16③:4）　3、5. 残石刀（T15③:8、T8③:1）　4、6. 石斧（T364③:2、T23③:1）

（五）其 他 遗 物

主要是各探方第①、②层出土和采集的生产工具，被扰乱后的一些没有编号的墓葬随葬器物，以及一些饰贝纹和戳印纹的纹饰拓片标本。

其中，在生产工具方面的标本共26件。

打制石器　2件。有石锛和石刀。

打制石锛　1件。T68①:2，体较厚呈梯形，弧刃单面打制，较锋利。长7.3、宽5、厚1.6厘米（图二二〇，5）。

打制石刀　1件。T68①:5，体较厚近横长方形，石核两面打制，近平刃，较锋利。宽6.5、高3.9厘米（图二二〇，6）。

石斧　5件。T22①:2，厚体长方形，但顶、刃部皆残，通体磨制，平刃两面磨制，不甚对称。残长6.8、宽5.4、厚2.4厘米（图二二〇，3）。T68①:1，厚体长方形，斜刃两面打制近对称。长9.1、宽4.3、厚2厘米（图二二〇，2）。T239②:1，体小近梯形，通体磨制，刃已残。残长5.5、宽3.9、厚1.3厘米（图二二〇，14）。T360②:2，厚体近长方形，弧刃已残，两面磨制基本对称。长10、宽4.4、厚2.9厘米（图二二〇，1）。T516②:1，扁平小砾石呈椭圆形，弧刃两面磨制，有使用痕。长5.9、宽3.3、厚1厘米（图二二〇，16）。

小石锛　2件。T15②:10，体薄近梯形，通体磨制，斜弧刃单面磨制。长4.8、宽3.2、厚1厘米（图二二〇，11）。T131②:1，体小呈梯形，通体磨光，平刃两面磨制不对称。长3.4、刃宽3.4、厚0.8厘米（图二二〇，7）。

石楔　7件。T0103②:1，残存一角，通体磨光，平刃两面磨制但不对称。残长4.4、残宽2.2、厚1.2厘米（图二二〇，8）。T0103②:2，残存刃部，通体磨光，弧刃两面磨制对称。残长1.8、宽3.6、残厚1厘米（图二二〇，12）。T0203:4，体较小近长方形，通体磨光，平刃两面磨制但不对称。长5、宽3.6、厚1.4厘米（图二二〇，10）。T154①:1，厚体呈梯形，通体磨光，刃部斜弧，两面磨制但不对称。长5.8、宽4、厚1.5厘米（图二二〇，13）。T384②:3，厚体呈梯形，通体磨制，弧刃两面磨制对称，但有使用缺口。长5.4、宽3.8、厚1.7厘米（图二二〇，15）。T517②:1，厚体长方形，通体磨制，局部有疤，刃部稍缺，平刃两面磨制对称。长4.8、宽3.8、厚1.5厘米（图二二〇，9）。T538②:1，厚体长方形，刃已残，刃部两面磨制但不对称。长6.3、宽4.7、厚1.7厘米（图二二〇，4）。

雕凿器　3件。T27②:7，细长长方体，圭形，顶残，通体磨光。残长5.8、宽1.2、厚0.8厘米（图二二一，8）。T384②:2，近长方形体较厚，两头皆磨成刃，除一侧边为平整断裂平外，余皆磨制，顶部斜刃，两面磨制近对称，刃部斜弧刃稍残，单面磨制。长7.2、宽1.9、厚1.3厘米（图二二一，4）。T529②:1，扁薄三角形小砾石，两头都磨制成刃，顶部为圭形角状刃，刃部斜弧两面磨制对称。长13.9、刃宽4.1、厚1.3厘米（图二二一，1）。

石矛头　1件。T0204:3，磨制精致，但上、下皆残。残长6.8、残宽4、厚0.7厘米（图二二一，2）。

石芯　1件。T367②C:1，石器单面钻孔后脱落石芯。上径1.1、底径1.4、厚1.8厘米（图二二一，6）。

陶纺轮　5件。T1②:3，泥质红陶，体较厚不对称角边型，顶面微凹，面径小于底面，底面平；素面。面径3.3、底径4.2、厚1.8厘米（图二二一，5；图版三九，8）。T11①B:1，泥质红陶厚体

第六章　秦、西汉时期的遗存　　277

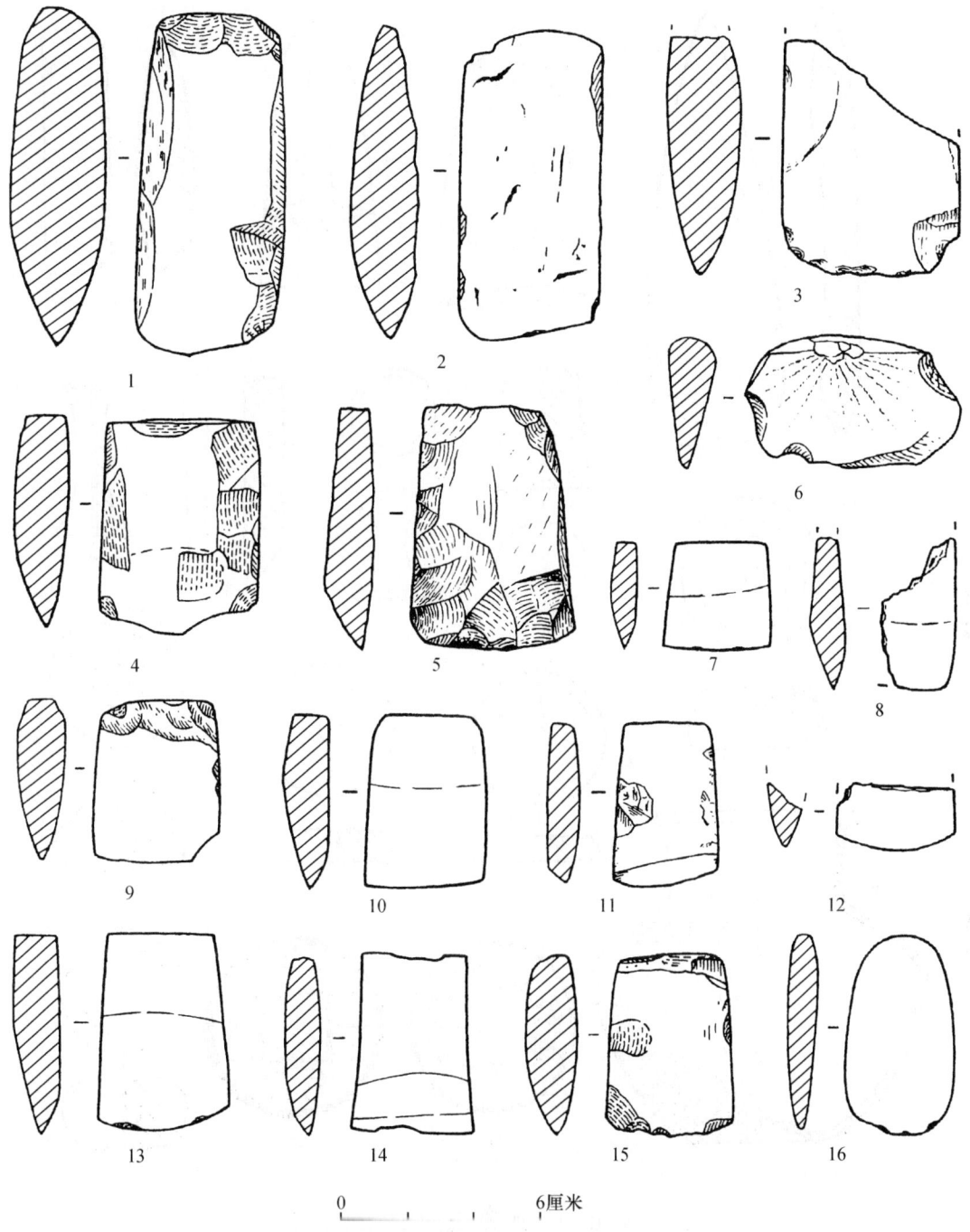

图二二〇　采集秦汉时期遗物

1~3、14、16. 石斧（T360②:2、T68①:1、T22①:2、T239②:1、T516②:1）　4、8~10、12、13、15. 石楔（T538②:1、T0103②:1、T517②:1、T0203:4、T0103②:2、T154①:1、T384②:3）　5. 打制石锛（T68①:2）　6. 打制石刀（T68①:5）　7、11. 小石锛（T131②:1、T15②:10）

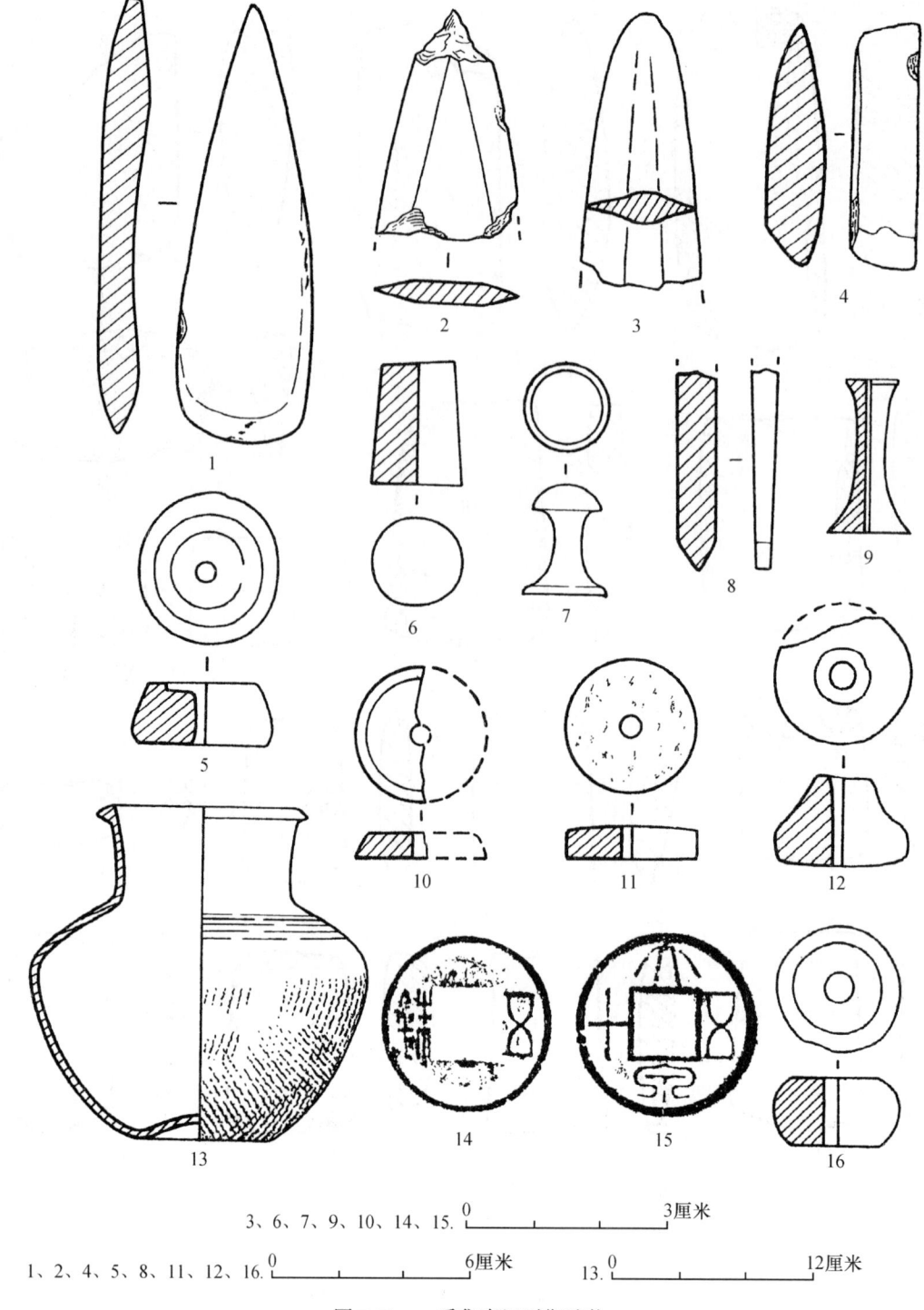

图二二一 采集秦汉时期遗物

1、4、8. 雕凿器（T529②:1、T384②:2、T27②:7） 2. 石矛头（T0204:3） 3. 铜剑前锋（T374②:1） 5、10~12、16. 陶纺轮（T1②:3、T244②B:1、T224②:1、T11①B:1、T16②:46） 6. 石芯（T367②C:1） 7. 铜构件（T17②:18） 9. 耳珰（T516采:2） 13. 陶高领罐（TG1②:1） 14、15. 铜钱（T44①:1、T0501:1）

第六章　秦、西汉时期的遗存　　279

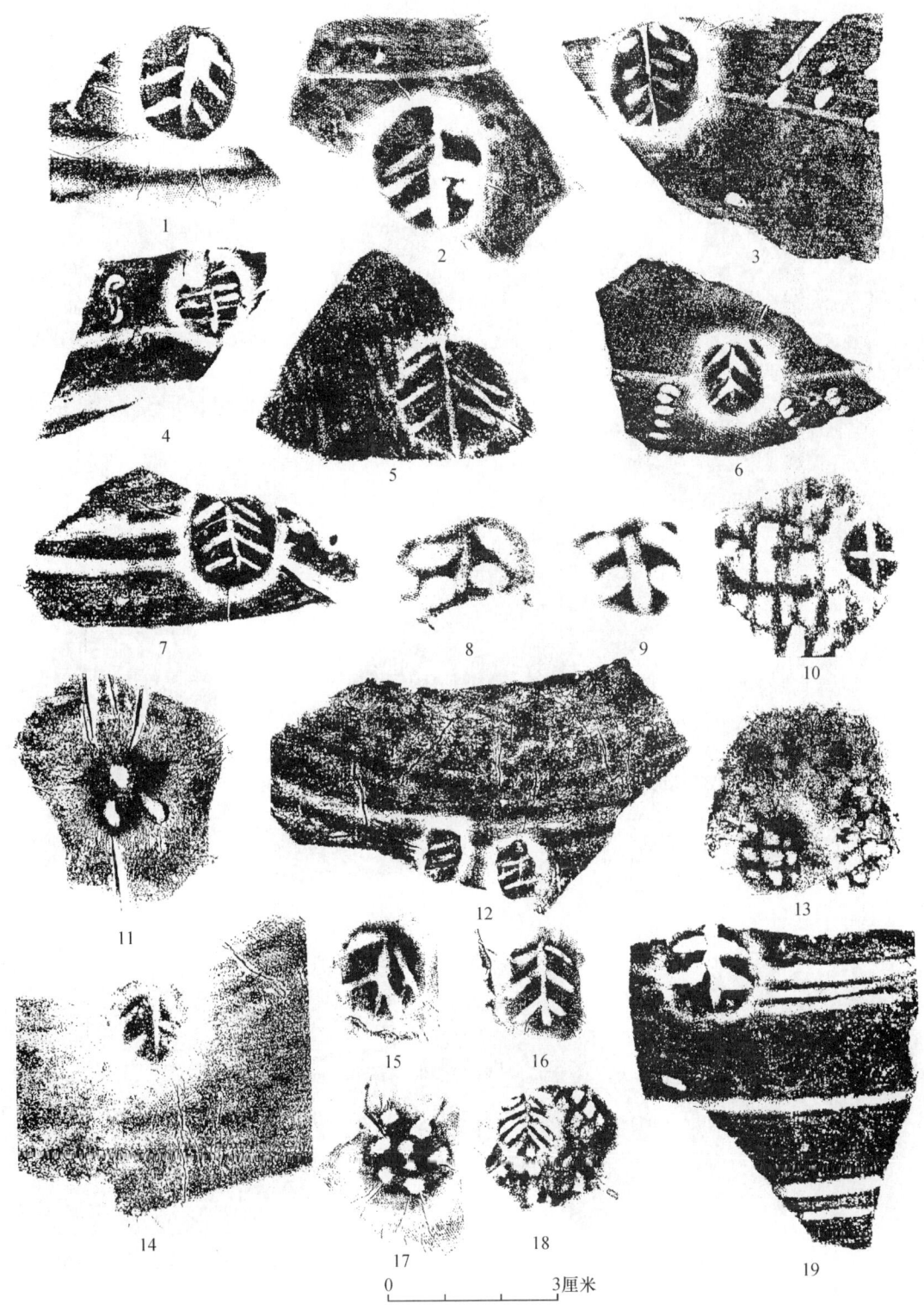

图二二二　秦汉陶器纹饰拓片

1~9、14~16、18、19. 叶脉状贝纹（T15④:82、T27④:25、T24④:60、T225④B:90、T364④:37、T23④:29、T243④:199、T22④:25、T27④:24、T238④:30、T36④:13、T24④:40、T243④:196、T243④:179）　10. 变形贝纹（T22④:27）
11、13、17. 点状贝纹（T225④A:84、T225④A:83、T24④:62）　12. 小贝纹（T225④B:87）

图二二三 秦汉陶器纹饰拓片

1. 双重曲折纹（T243④:184） 2~6、8、9. 戳印"S"纹（T15④:83、T16④:38、T238④:29、T364④:34、T225④B:88、T243④:187、T22④:24） 7. 多种戳印纹（T15④B:87）

第六章 秦、西汉时期的遗存　281

图二二四　秦汉陶器纹饰拓片
1、4. 斜划纹（T22④:26、T16④:42）　2、5、6. 三角纹、点纹（T243④:198、T243④:202、T238④:28）　3. 竖划纹
（T16④B:40）　7. 双菱形刻划纹（T16④B:41）　8. 附加堆纹（T238④:33）　9. 凹弦纹（T225④A:80）

图二二五　秦汉陶器纹饰拓片

1、8. 戳印圆圈纹（T16④C:43、T225④B:91）　2. 戳印"E"形纹、贝纹（T360④:76）　3. 戳印曲折纹（T15④:84）
4. 杂乱篦纹（T360④:77）　5. 戳印云雷纹（T225④B:89）　6. 米字纹（T162④:23）　7. 戳印多重曲折纹
（T225④B:92）　9. "羽"字形戳印纹（T225④B:32）

第六章 秦、西汉时期的遗存

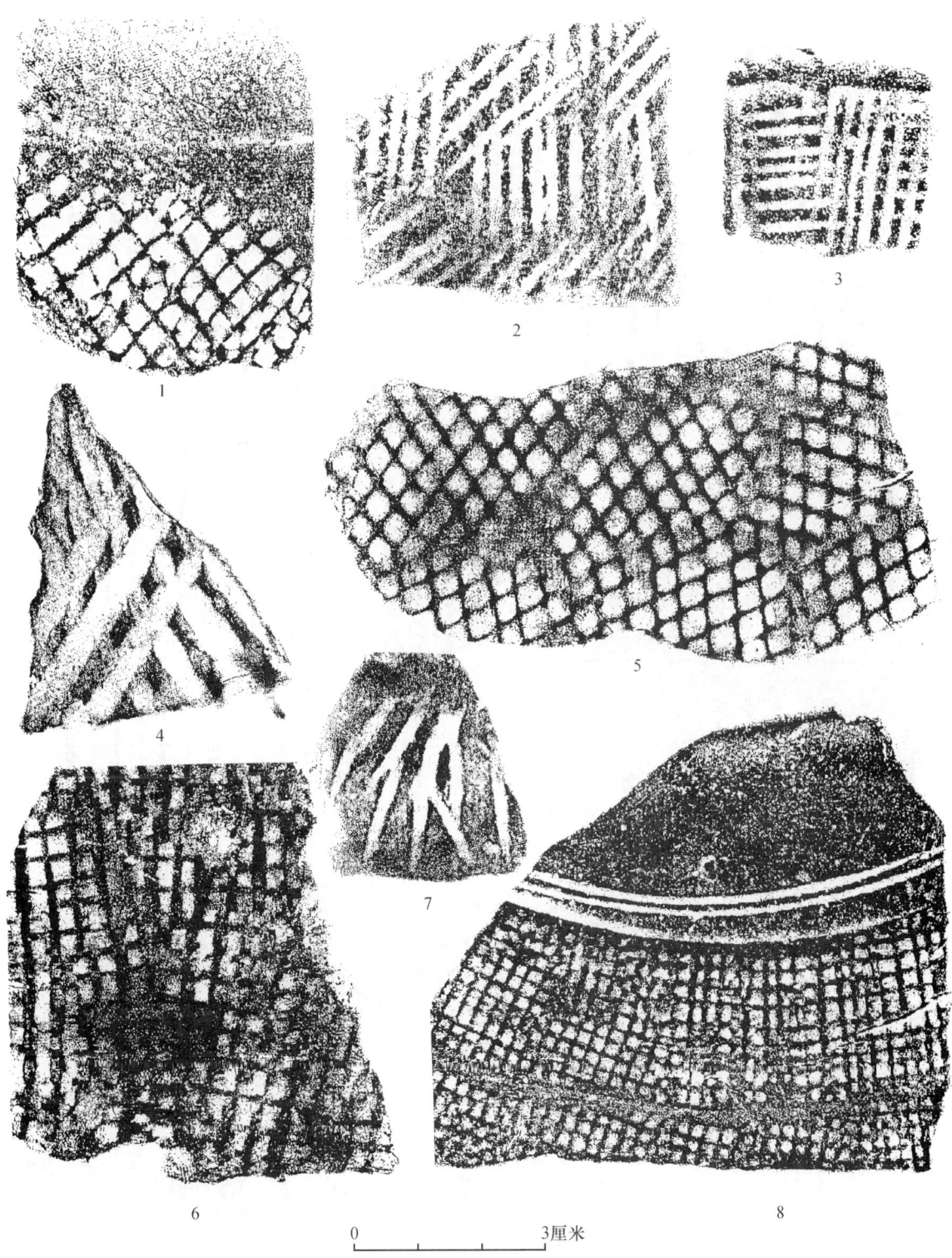

图二二六 秦汉陶器纹饰拓片
1、3、5、6、8. 方格纹（T159④:17、T225④A:81、T364④:33、T364④:38、T243④:173） 2、4. 交错绳纹（T15④B:88、T16④:37） 7. 乱划纹（T16④C:44）

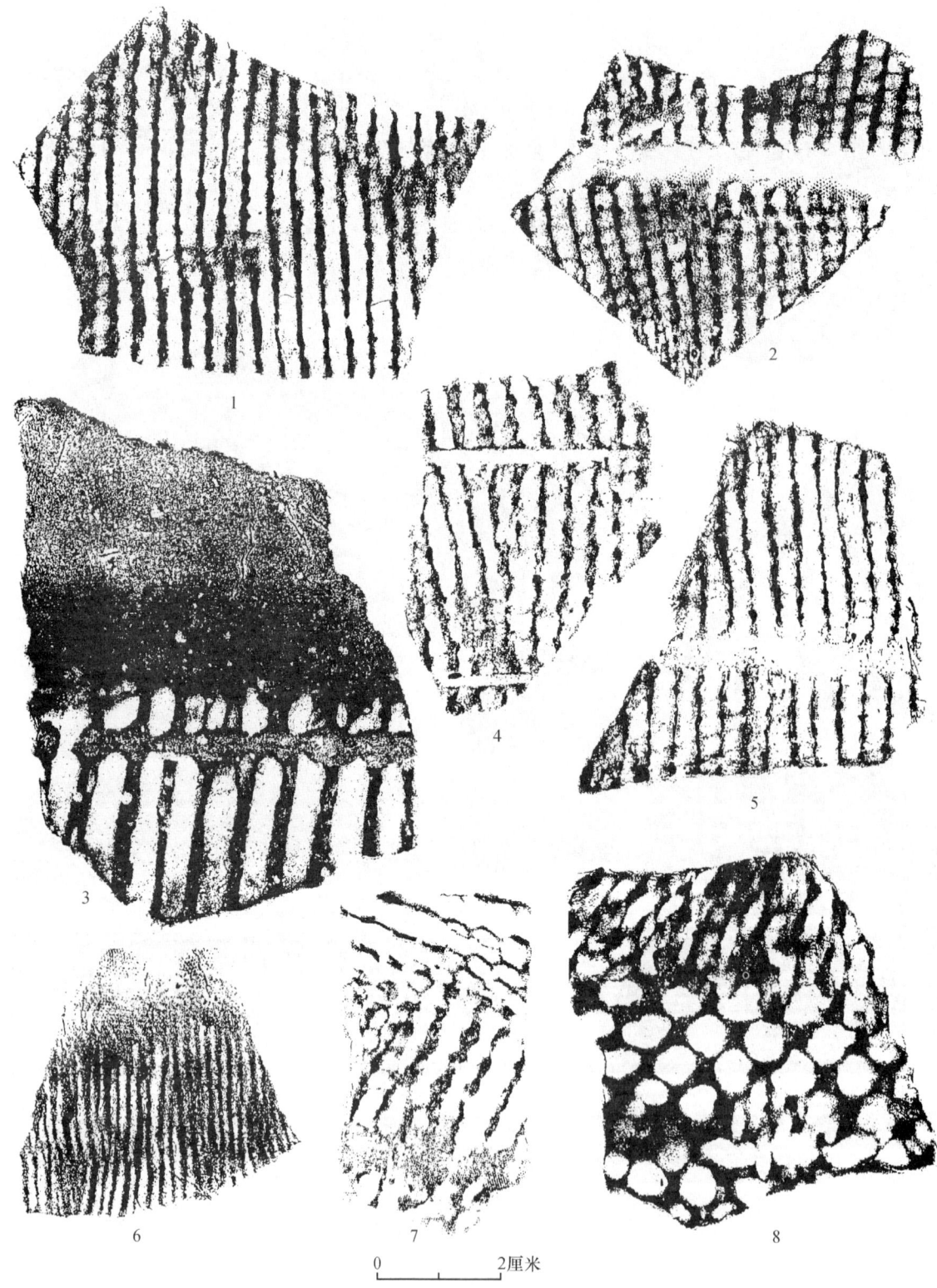

图二二七　秦汉陶器纹饰拓片

1. 绳纹（T360④:75）　　2～5. 切绳纹（T162④:25、T243④:183、T225④A:79、T162④:24）　　6. 竖绳纹（T364④:36）
7. 交错粗绳纹（T16④A:39）　　8. 乱绳纹（T243④:190）

图二二八　秦汉陶器纹饰拓片

1～5、7. 叶脉状贝纹（T26③：16、T16③：29、T239②：27、T239②：28、T15③：78、T26③：17）　6. 点状贝纹（T16①：25）
8、9、14. 变形叶脉状贝纹（T24③：36、T25②：9、T26③：18）　10、12、13. 戳印"S"纹（T26③：15、T16③：33、T15③：79）　11. 篦纹、"S"纹（T16③：31）

图二二九 秦汉陶器纹饰拓片

1、3、8. 戳印纹（T16③:35、T16③:34、T16③:36） 2、5. 戳印折角纹（T38②:3、T38②:4） 4. 斜划纹、戳点纹（T36③:11） 6. 篦点纹（T360②:112） 7. 交叉斜划纹（T16③:27） 9. 粗绳纹（T36③:12） 10. 方格划纹（T16③:28） 11、13. 三角形划纹、点纹（T16③:26、T16③:30） 12. 篦划纹（T16③:32）

台面型，两面平，顶面小于底面；素面。面径1.6、底面4、厚2.8厘米（图二二一，12）。T16②：46，泥质红褐陶，体较厚，两面平弧边形；素面。面径2.6、边径3.2、厚2厘米（图二二一，16）。T224②：1，夹砂灰陶，薄体两面平，斜弧边型，顶面小于底面；素面。面径3.6、底径4、厚1.1厘米（图二二一，11）。T244②B：1，泥质红陶，薄体两面平，斜弧边型，顶面小于底面；素面。面径3.6、底径4、厚0.8厘米（图二二一，10）。

在被扰乱后的墓葬随葬器物方面，共有如下6件器物：

高领罐 TG1②：1，泥质灰陶，直口外斜，窄沿外斜，尖圆唇，高直颈，广弧肩外鼓，弧折腹内收，凹平底；腹中部饰斜绳纹，下部至底饰交错绳纹。口径13.2、底径8、高19.4厘米（图二二一，13）。

铜构件 T17②：18，铜质，弧面，高束颈，平底；素面。面径1、底径1.2、高1.6厘米（图二二一，7）。

铜剑前锋 T374②：1，仅存铜剑前锋，剖面呈菱形；素面。残长4、残宽1.8厘米（图二二一，3）。

大泉五十铜钱 T0501：1，直径2.7厘米（图二二一，15）。

五铢铜钱 T44①：1，直径2.5厘米（图二二一，14）。

耳珰 T516采：2，琉璃质蓝色，半透明，顶面底面皆平，中部细管状弧束。上径0.8、底径1.3、高2.25厘米（图二二一，9）。

另有贝纹和戳印纹这两种纹饰标本7件。

贝纹 4件。T16①：25，饰点状贝纹（图二二八，6）。T25②：9，变形叶脉状贝纹（图二二八，9）。T239②：27，变形叶脉状贝纹（图二二八，3）。T239②：28，叶脉状贝纹（图二二八，4）。

戳印纹 3件。T38②：3，戳印两个一组折角纹（图二二九，2）。T38②：4，戳印连续折角纹（图二二九，5）。T360②：112，戳印篦点纹（图二二九，6）。

三、小　　结

这里主要总结红庙岭遗址"秦、西汉"时期出土器物的种类和型式。

由于秦汉时期的47座墓葬的主要随葬品，附表一已列出每座墓葬随葬品的种类和型式，所以这里不再重复介绍。

其他项中被扰乱墓葬采集的6件随葬品，除TG1②：1这件高领罐为AbⅥ式罐外，另外5件不作种类和型式划分。

下面进一步分析灰坑、灰沟、各地层单位及其他项出土的生产工具和生活用品的种类和型式。

（一）陶、石质生产工具的种类和型式

秦汉时期出土的陶质和石质的生产工具共64件标本，可分为打制石器、石斧、小石锛、石楔、雕凿器、石刀、石锚、石矛、石芯、残石器、陶网坠、陶环状器和陶纺轮13种器物。

打制石器 4件。又可分为打制石锛和石刀。

打制石锛 3件。没有型式。T15④A下：34、T224④：4、T68①：2。

打制石刀 1件。T68①：5。

石斧 7件。分属AaⅢ式、AbⅡ式、AcⅢ式、BⅢ式和CⅡ式：

AaⅢ式：弧刃中厚体。1件。T239②：1。
AbⅡ式：弧刃特厚体。2件。T364③：2、T360②：2。
AcⅢ式：弧刃扁薄体。1件。T516②：1。
BⅢ式：平刃。1件。T22①：2。
CⅡ式：斜刃。2件。T23③：1、T68①：1。

小石锛　5件。可分AⅢ式和BⅢ式：
AⅢ式：平刃。1件。T15④：5。
BⅢ式：斜弧刃或斜刃。4件。T224④：5、T225④B：2、T15②下：10、T131②：1。

石楔　14件。可分AⅣ式和BⅢ式：
AⅣ式：两面刃对称。9件。G7：1、T24④：3、T24④：5、T24④：6、T224④：6、T239④：3、T0103②：2、T384②：3、T517②：1。
BⅢ式：两面刃不对称。5件。T16④B：3、T0103②：1、T0203：4、T154①：1、T538②：1。

雕凿器　8件。可分为AⅢ式、BⅣ式和C型：
AⅢ式：圭形。1件。T27②：17。
BⅣ式：长条状单头有刃。5件。T16④A：1、T16④B：6、T24④：4、T238④：2、T384②：2。
C型：顶部也制成刃而呈双头有刃。2件。T24④：2、T239②：1。

石刀　2件。未分型式。T8③：1、T15③：8。

石矛　1件。T0204：3。

石锚　2件。都属Ⅱ式。T16④：8、T27④：9。

石芯　2件。T37③：2、T367②C：1。

残石器　5件。分属A型和C型：
A型：特厚体，体厚大于3厘米。1件。T224④：2。
C型：薄体。4件。T15④：2、T24④：1、T16③：4、T26③：1。

陶网坠　1件。T37③：1。

陶环状器　1件。T16③：2。

陶纺轮　12件。可分为AⅢ式、BⅢ式、CⅡ式、CⅢ式、CⅣ式、DⅡ式和EⅡ式：
AⅢ式：薄体两面平，斜边。1件。T225④B：1。
BⅢ式：厚体两面平，斜边。2件。T26④：3、T38④：1。
C型：厚体角边型。5件。可分Ⅱ、Ⅲ、Ⅳ三式：
CⅡ式：两面平，角边不对称。3件。T23④：46、T238④：1、T15③：7。
CⅢ式：顶面微凹。1件。T1②：13。
CⅣ式：角边下部近直。1件。T11①B：1。
DⅡ式：薄体两面平，弧边型。2件。G7：2、T16②：46。
EⅡ式：薄体两面平，弧边，顶面小于底面。2件。T224②：1、T244②B：1。

上述13种生产工具（虽然石芯不是生产工具，但说明这一时期仍存在钻孔石器），总共64件。对认识红庙岭遗址的先民在物质生产方面的历史状况，可提供一定的参考资料。

一是在铁质生产工具广泛流行的秦、西汉时期，红庙岭遗址的先民在这一时期仍存在九种以上的石质生产工具，说明其所在地区的物质生产水平还相对落后。

二是从生产工具的种类变化，说明秦汉时期的红庙岭先民，又比周代和夏商时期的先民，相对进步。这就是生产工具的种类，更加多样化。如夏商时期的陶石质生产工具69件可分12个种类，周代只发现 29 件 8 个种类，而秦汉时期的陶石质生产工具共发现 13 个种类 64 件。数量虽没有夏商时期多，但种类比夏商时期还稍多，秦汉时期新出现的打制石刀和有孔石刀，可说明在收割和采集方面，都比以前有了更进步的工具；新出现的陶网坠，则说明在捕捞业方面，也比以前进步；而数量和型式比前都更多的陶纺轮，则说明"华夏民族"建立的"古代中国"自秦代重新统一以来，当地先民更重视和平时期的耕种和纺织。

（二）陶质生活用品的种类和型式

秦汉时期的 6 个灰坑和 44 个地层单位共出土了陶质生活用品 332 件，可分为高领罐、矮颈罐、束颈罐、盘口罐、折沿罐、花边口罐、高领瓮、侈口瓮、小瓮、盘口坛、陶坛、鬲口沿、鬲足、敛口钵、大圈足盘口沿、豆盘、卷沿碗、侈口碗、碗口沿、盆口沿、平底杯、小碟、灯座形器、盘圈足、碗圈足、高圈足、罐平底、尖底器、器耳、灶口沿、小罐、鼎蹄足、甑箅 33 种不同的标本。

下面分别介绍每种器物的型式和标本号：

高领罐　简称 A 型罐，41 件。和周代的高领罐一样，也可分为 a、b、c、d、e 五个亚型：

AaⅢ式：弧颈外卷，近喇叭口。17 件。标本号为：T15③:40、T15④:46、T24④:12、T36③:1、T238④:16、T239④:6、T243④:42、T243④:47、T360④:45、T360④:56、T360④:60、T360④:67、T363③:3、T363③:8、T363③:14、T364④:20、T364④:25。

AbⅢ式：弧颈外斜或外弧。7 件。T16④A:16、T23④:8、T24④:15、T224④:24、T243④:97、T243④:102、H51:2。

AcⅢ式：弧颈近直。4 件。T16④B:41、T243④:65、T243④:85、T364③:7。

AdⅢ式：弧颈相对较矮。11 件。T15④:48、T24④:13、T224④:21、T225④B:31、T225④B:33、T225④B:45、T239④:10、T243④:40、T243④:87、T243④:131、T364④:23。

AeⅡ式：直径外斜。2 件。T360:4、T363:13。

矮颈罐　简称 B 型罐。40 件。可分为 a、b、c、d、e 五个亚型。因 a、b 两亚型在夏商和周代已存在，故都属Ⅲ式。后三个亚型为新出现，没有分式。

BaⅢ式：矮弧颈，圈唇或尖圆唇、方唇外卷。28 件。标本号是：T15④B:53、T15④B:56、T15④B:58、T16④:12、T16③:13、T23④:2、T23④:5、T23④:9、T24④:11、T24④:16、T24④:17、T26③:6、T27④:10、T225④B:12、T225④B:14、T238④:8、T238④:11、T243④:70、T243④:72、T243④:98、T360③:7、T360③:44、T360③:52、T360③:64、T360③:70、T364③:11、T364③:14、T364③:22。

BbⅢ式：矮直弧颈外斜。5 件。其中，小平沿、方唇标本 2 件：T243④:74、T243④:82；小平沿、尖唇标本 2 件：T238③:4、T360:15；另有一件，尖唇、小口内斜：T225④B:38。

Bc 型：直口内斜，无沿。2 件。T225④B:27、T225④A:46。

Bd 型：直口内斜，小弧沿。2 件。T243④:128、T16③:11。

Be 型：矮直颈，小平沿。3 件。T24④:20、T243④:54、T360③:11。

束颈罐　简称 C 型罐。60 件。可分 a、b 两个亚型，都属Ⅲ式。

CaⅢ式：弧颈内束，溜肩。16 件。标本号为：T17③:4、T18④C:2、T238④:15、T360③:3、T360③:5、T360③:39、T360③:53、T360③:54、T363③:9、T363③:2、T364③:12、T364③:15、H20:1、H24:1、H51:1、H52:1。

CbⅢ式：束颈，弧肩。44 件。标本号是：T8③下:2、T15④:47、T15④:49、T15④:50、

T15④B: 54、T16④A: 15、T16④C: 17、T16④C: 18、T18④C: 1、T22④: 4、T22④: 5、T22④: 6、T22④: 7、T23④: 7、T225④A: 49、T225④A: 54、T225④B: 13、T225④B: 15、T225④B: 16、T225④B: 17、T225④B: 18、T225④B: 35、T225④B: 36、T225④B: 37、T225④B: 39、T238④: 12、T238④: 13、T238④: 18、T238④: 21、T243④: 101、T243④: 106、T243④: 127、T243④: 129、T243④: 130、T243④: 161、T244④: 16、T244④: 18、T360④: 40、T360④: 41、T360④: 63、T360④: 65、T360④: 66、T364③: 6、H28: 1。

盘口罐　简称D型罐。26件。可分a、b、c三个亚型，都属Ⅲ式。

DaⅢ式：盘口外敞。17件。T15④: 52、T24④: 14、T24④: 18、T162④: 5、T225④A: 48、T225④B: 10、T238④: 9、T239④: 11、T243④: 41、T243④: 58、T243④: 71、T360③: 10、T360③: 17、T360③: 18、T360③: 48、T360③: 58、T364③: 9。

DbⅢ式：盘口近直。7件。T17④B: 6、T24③: 10、T159④: 1、T174③: 5、T243④: 78、T364: 30、H2: 1。

DcⅢ式：盘口微敛。2件。T26③: 5、T225④B: 22。

折沿罐　简称E型罐。1件。T15③: 43，属EⅢ式。

花边口罐　简称F型罐。2件。未见以前的Fa型这种盘口花边口罐，而都属FbⅢ式。

FbⅢ式：敞口近直，小弧沿外卷，深弧腹，或为花边口盆。2件。T15④: 55、T15③: 39。

高领瓮　1件。T364④: 32，属新出现的D型瓮。

未见夏商时期的A型（直口，方唇外凸，广弧肩）和C型（直口，弧肩，深弧腹，凹平底）这两种瓮，也未见夏商和周代都存在的B型（直口，尖圆唇无沿，广弧肩）这种瓮。

T364④: 32这件D型瓮，直颈，口已残，斜弧肩也残，深弧腹中部外鼓，尖圜底。

侈口瓮　或可简称为E型瓮。3件。

E型瓮：侈口，束颈，小卷沿。3件。T243④: 51、T225④B: 34、T27④: 11。

小瓮　或可简称为F型瓮。3件。

F型瓮：小直口，极矮颈，广弧肩，深弧腹近直，胎薄器小而称小瓮。3件。T238③: 7、T244④: 24、T244④: 26。

盘口坛　1件　T243④: 43。

陶坛　或可称为侈口坛。1件。T224④: 20（其凹肩加盖，或可成为泡菜坛一样的器物）。

鬲口沿　10件。可分A、B、C三型：

AⅢ式：矮直颈。4件。T23③: 3、T238④: 17、T238④: 19、T360③: 8。

BⅡ式：侈口，束颈，卷沿。3件。标本号为：T162④: 4、T243④: 76、T360③: 13。

C型鬲：盘口。3件。T162④: 1、T162④: 2、T159④: 2。

鬲足　31件。可分A、B、C、D、E五型：

A型：扁圆锥，但更多为圆锥形。6件。其中，扁圆锥1件，T225④B: 26；余5件都是圆锥形，T162④: 18、T243④: 10、T243④: 12、T244④: 30、T360④: 73。

B型：上粗下稍细圆锥形，平跟。19件。T159④: 9、T225④B: 28、T225④B: 52、T238④: 23、T238④: 24、T238④: 25、T243④: 111、T243④: 113、T243④: 114、T243④: 116、T243④: 118、T243④: 124，T244④: 31、T360③: 23、T360③: 27、T360③: 30、T360③: 71、T363③: 6、T363③: 7。

C型：上粗下稍细扁圆柱形，平跟。3件。T225④B: 29、T243④: 115、T360③: 24。

D型：微弯曲圆柱形，斜平根。2件。T238④: 22、T360④: 72。

E型：上下等粗圆柱形，平根。1件。T243④: 119。

第六章 秦、西汉时期的遗存

敛口钵 3件。可分A、B二型：

A型：尖圆唇。2件。T15④B：59、T243④：55。由于A型钵也见于周代和夏商时期，所以，秦汉时期这两件标本，可属AⅢ式钵。

B型：圆唇外卷。2件。T36④：4、T243④：99。

大圈足盘口沿 4件。分属盘口沿这类器物的AⅢ式、BⅢ式和EⅢ式。未见D型的敞口，圆唇外凸这种盘口沿。

AⅢ式：敞口，尖圆唇。2件。T360④：38、T364④：24。

BⅢ式：敞口，窄沿外凸。1件。T243④：56。

EⅢ式：敛口，尖圆唇内卷。1件。T18④C：3。

豆盘口沿 11件。分属AⅢ式和EⅢ式：

AⅢ式：敞口，尖唇。5件。T225④B：11、T243④：60、T243④：89、T360③：9、H24：2。

EⅢ式：敛口，方唇或尖圆唇。6件。T24③：8、T225④B：24、T243④：88、T244④：22、T244④：27、T360③：6。

卷沿碗 3件。T23③：6、T26③：7、T239④：14。

侈口碗 1件。T363③：4。

碗口沿 4件。其中，敞口碗1件，T24④：19；敛口碗3件，T244④：21、T360④：55、T360④：57。

盆口沿 7件。分属AⅢ式、BⅡ式和CⅢ式：

AⅢ式：敛口，小盆。5件。T174③：6、T225④B：23、T239④：12、T243④：53、T360③：12。

BⅡ式：敛口，大盆（口径大于25厘米）。1件。T15③：42。

CⅢ式：敞口，小盆。1件。T364④：27。

平底杯 1件。T243④：100，属AⅡ式。

小碟 3件。T15④A：51、T16③：9、T16④C：20。

灯座形器 4件。T243④：86、T360④：49、T363④：12、T364④：28。

盘圈足 7件。可分A、B、C、D四型。A、B两型因夏商和周代都已存在而都属Ⅲ式；C型周代开始出现，秦汉时期的属Ⅱ式；D型前所未见属新出现。

AⅢ式：足壁外斜或近直，足跟外折或有凸棱。3件。T243④：50、T243④：66、T360④：46。

BⅢ式：足低矮呈凸棱状。1件。T159④：8。

CⅡ式：圈足又高又粗大，足壁上部近直。1件。T360④：59。

D型：圈足粗矮，足壁外撇。2件。T22③：3、T26③：9。

碗圈足 2件。T225④：20、T244④：25。

高圈足 26件。可分A、B、C、D四型。A型出现于夏商时期，但周代未见，故这里属AⅡ式；B型在夏商和周代都存在，而属BⅢ式；C、D两型出现于周代，故秦汉时期的都属Ⅱ式。

AⅡ式：足壁外斜，新出现外撇。4件。T23③：4、T243④：108、T243④：125、T363④：10。

BⅢ式：足跟外撇，新出现外弧，而呈喇叭状或漏斗状。12件。T24④：22、T24④：23、T36④：2、T36④：3、T36④：5、T162④：14、T225④A：47、T243④：48、T243④：69、T360③：20、T360③：21、T360③：22。

CⅡ式：足壁上部呈细把直筒状。9件。T16④B：19、T24③：9、T162④：17、T162④：19、T225④B：32、T243④：93、T364③：10、T364③：16、H51：5。

DⅡ式：足粗大，壁外弧。1件。T225④：25。

罐平底　11件。只有A、E两型；未见夏商至周代的B型（下腹弧凹或内斜）和C型（下腹弧凹，近底呈假圈足）；也未见夏商时期才存在的D型（平底内凹如凸棱状假圈足）罐平底。

A型：下腹弧收，平底，也可分为a、b两个亚型：

AaⅢ式：底径大于或等于10厘米，新出现1件凹平底。3件。T24④：21、T15：37、T238③：5（凹平底）。

AbⅢ式：底径小于10厘米。7件。T15④：45、T23④：10、T24③：7、T25③：5、T174③：7、T244④：29、T364④：21。

EⅡ式：底部小或实心假圈足。1件。T26③：10。

尖底器　17件。其中：

尖底器标本　4件。T16③：10、T174③：8、T243④：68、T360④：50。

尖底器呈小平跟状　5件。T26③：8、T225④A：58、T243④：136、T363③：5。

小罐状口沿　2件。T17③：5、T363④：11。

杯状口沿　4件。T15③：38、T27④：12、T239④：5、T243④：5。

另有2件标本仅剩中部折腹：T225④B：19、T225④B：21。

器耳　1件。T243④：91。

陶灶口沿　1件。T243④：132。

小罐　3件。T15④B：57、T162④：11、T243④：81。

鼎小蹄足　1件。T16③：4。

甑箅　1件。H52：3。

上述33种不同种类的残片标本，实际上绝大多数都沿袭夏商至周代以来的器物。周代未见的平底杯和小碟，秦汉时期仍有出土，说明这两种器物在周代遗存中只是没有被发现而已。而新出现的侈口瓮、小瓮、盘口坛、侈口坛、陶灶、蹄足鼎、陶甑和有器耳的器物，则可说明秦汉时期的红庙岭遗址的先民，生活更加丰富多彩。

为了认识红庙岭遗址在秦汉时期的陶质陶色，下面也把这33种器物332件标本制成秦汉时期陶质生活用品种类数量及陶系统计表（附表四）。

据附表四，可知这332件标本的陶色仍以黑陶为主，共97件标本占29.22%；红陶和黑陶接近，共96件标本占28.92%；灰陶则只比红陶稍少，共86件标本占25.9%；褐陶共50件标本占15.06%；黄陶最少，仅3件标本占0.9%。

在陶质方面，这332件标本中，有184件标本为泥质陶，占55.42%；夹砂陶标本148件，占44.58%。在夹砂陶中，已很少见到以往那种夹草末而器表多小气孔的标本。

关于红庙岭遗址在秦汉时期的陶器纹饰，这里也据这332件标本作了统计。其中：

素面陶187件，占56.33%；

绳纹59件，占17.77%；

凹弦纹46件，占13.86%；

方格纹14件，占4.22%；

凸棱纹12件，占3.61%；

刻划纹5件，占1.51%；

戳印纹4件，占1.2%；

花边纹2件，占0.6%；

贝纹1件，占0.3%；

第六章 秦、西汉时期的遗存

镂孔 1 件，占 0.3%；

篦纹 1 件，占 0.3%。

另外，红庙岭遗址在秦汉时期还有一批已作拓片的纹饰标本。其中贝纹和戳印纹也可分不同类型。

贝纹　29 件。按椭圆形或圆形凸块上加简单划纹、点状纹和叶脉纹可分为 A、B、C 三型：

A 型：简划贝纹。2 件。T22④:27、225④B:87。

B 型：点状贝纹。4 件。T16①:25、T24④:62、T225④A:83、T225④A:84。

C 型：叶脉状贝纹。23 件。T15③:78、T15④:82、T16③:29、T22④:25、T23④:29、T24③:36、T24④:40、T24④:60、T25②:9、T26③:16、T26③:17、T26③:18、T27④:24、T27④:25、T36④:13、T225④B:90、T238④:30、T239②:27、T239②:28、T243④:179、T243④:196、T243④:199、T364④:37。

戳印纹　28 件。可分 A、B、C、D、E 五型：

A 型　11 件。可分 a、b 二亚型：

Aa 型："S" 纹。6 件。T15③:79、T15④:83、T16④:38、T26③:15、T364④:34、H51:6。

Ab 型：变形 "S" 纹。5 件。T16③:33、T22④:24、T225④B:88、T238④:29、T243④:187。

B 型　10 件。可分 a、b、c 三亚型：

Ba 型：折线近 "非" 字形。4 件。T15④B:87、T16③:34、T16③:35、T225④B:32。

Bb 型：折线近 "E" 字形。3 件。T15④:84、T360④:76、T16③:36。

Bc 型：多重折线。3 件。T38②:3、T38②:4、T243④:184。

C 型：云雷纹或近云雷纹。2 件。T225④B:89、T225④B:92。

D 型：圆圈纹。2 件。T16④C:43、T225④B:91。

E 型：篦纹。3 件。T16③:31、T360④:77、T360②:112。

划纹　13 件。可分 A、B、C、D 四型。

A 型：弦纹之间加三角形划纹划纹，三角形内加点状纹。6 件。T16③:26、T16③:30、T36③:11、T238④:28、T243④:198、T243④:202。

B 型：弦纹加斜划纹。4 件。T16③:32、T16④B:40、T16④B:42、T22④:26。

C 型：如刻划符号。2 件。T16④B:41、T16③:27。

D 型：粗斜划纹。1 件。T16④C:44。

方格纹　7 件。T16③:28、T159④:17、T225④A:81、T243④:173、T243④:190、T364④:33、T364④:38。

绳纹　11 件。T15④B:88、T16④:37、T16④A:39、T36③:12、T162④:24、T162④:25、T225④A:29、T243④:183、T360④:75、T364④:36、H52:2。

斜绳纹加附加堆纹　1 件。T238④:33。

不等距多周凹弦纹　1 件。T225④A:80。

双线 "米" 字形几何印纹硬陶　1 件。T162④:23。

上述 91 件纹饰标本，除了贝纹和戳印纹的陶片都被选为拓片标本外，其他纹饰标本都选稀有少见的纹饰标本做拓片，所以，这里不做百分比统计。

第七章　东汉时期墓葬

一、概　述

红庙岭遗址只发现东汉时期的土圹墓7座，均为石室墓（编号石M2、石M3、石M5、石M6、石M7、石M13、石M14）。

这7座土圹墓都分布于红庙岭海拔144米梯田的东、南、北三面的斜坡上。因早期的盗扰和近代开荒造田等因素，墓葬都破坏严重。石室墓券顶普遍塌陷，墓室积满淤土，室内保存情况较差，器物组合不全，放置也无规律。墓葬除墓坑填土中标本、陶瓷棺和板瓦不计入总数外，残存随葬品共计215件。以铜钱最多共173枚；其次是陶器6件，有釉陶壶、罐、双耳罐；铜器11件，有带钩、环、戒指、镯、管套、顶针、弹簧；其他杂件25件，有铁片、残铁器、琉璃耳珰、料珠、骨饰、骨珠等。下面分别介绍7座墓的概况。

二、土圹墓介绍

1. 石M2

位置：位于T39的东面，南端在T367内。

层位关系：开口①层下，打破生土；也打破M78、M91。

形制与结构：土圹石室墓，平面呈凸字形，由圹坑、墓室和甬道组成。土圹全长1050、宽348、深154厘米。长方形石室券顶已塌陷，内空长745、宽264~288、残高150厘米。甬道在墓室南壁中，内窄外略宽，残长274、宽128~142、残高16~108厘米。不见封门墙。墓壁均用不规整的青石块错缝平砌，石块较平整的一侧砌在室内，石壁与圹壁间的空隙用原圹土填实。墓底为生土平面，未做铺垫。

葬具、人骨与葬式：棺木已朽，残存数枚散落的铁棺钉。墓室内所葬人骨较多，但都早期被扰，人骨分布零乱，共清理出6具人骨个体。为叙述方便，头骨分别编号A、B、C、D、E、F。中部扰乱处有头骨A、B、C、D四具；靠西壁A、B两具为一男一女，头北仰面，年龄都在70岁左右；D位于东壁，头北仰面，为一中年人，性别不详；C位于中部，头北仰面，为女性，年龄50岁左右。南部的E、F两具人骨架，南北对放，相互叠压；E头北，仰身直肢，男性，年龄50岁左右；F头南、仰身直肢，男性，年龄70岁左右。另外，在墓室底面还遗留果子狸的头骨、下颌骨，狗的股骨，鸡和鸟类的肢骨等。墓向174°（图二三〇）。

随葬品：残存111件。有釉陶壶、双耳陶罐、铜戒指、铜弹簧、铜钱、耳珰、骨饰、骨珠八种器物。

釉陶壶　1件。石M2:1，泥质黄褐陶，腹部以上施酱色釉，下腹至底及内壁露胎；小盘口，方唇上有一周凹槽，高弧颈上束下外撇，弧肩外鼓，深腹内收，平底；肩上有两个桥形耳，耳面饰叶脉纹，肩部附耳处有两周凹弦纹。口径13.2、底径10.2、高28.2厘米（图二三三，1；图版四一，2）。

陶双耳罐　1件。石M2:2，泥质灰褐陶，直口外卷，方唇内斜，唇面上有一周凹槽，矮弧颈内束，

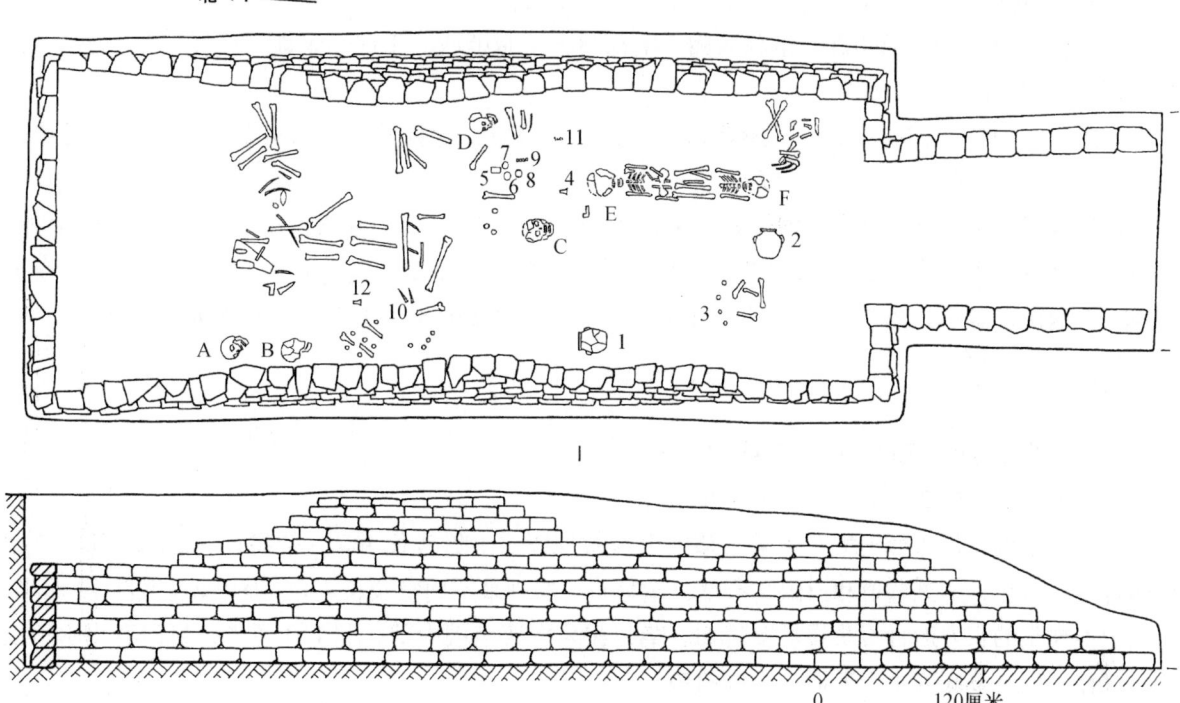

图二三〇　石 M2 平、剖面图

1. 釉陶壶　2. 陶双耳罐　3. 铜钱　4、12. 耳珰　5. 骨饰　6~8. 铜戒指　9. 骨珠　10. 铁棺钉　11. 铜弹簧

A、B、C、D、E、F 为人头骨

弧肩下部内凹，凹肩处附两个弧形带状耳，深弧腹，凹平底；肩至腹上部饰布纹，下腹饰斜、横粗绳纹，肩上又加两周宽带状凹弦纹。口径17.1、底径9.6、高29.2厘米（图二三三，3；图版四一，3）。

铜戒指　3件。石 M2:6，铜质有绿锈，圆环形，断面呈扁方形。外直径2.1、断面0.2×0.15厘米（图二三三，15）。石 M2:8，与石 M2:6 大小形制近似（图二三三，14）。石 M2:7，铜质有绿锈，圆环形，断面呈圆形。外直径1.9、断面0.2厘米（图二三三，13）。

铜弹簧　1件。石 M2:11，铜质灰色，由细铜丝绕成圆形弹簧状。残长0.7、直径0.5厘米（图二三三，9）。

铜钱　92枚。有半两、五铢、剪轮五铢三种。

半两　石 M2:3-1，直径2.3、孔边长0.8厘米（图二四三，9）。

五铢　石 M2:3-2，面有轮无郭。直径2.6、孔边长1厘米（图二四三，1）。石 M2:3-4，直径2.5、孔边长1厘米（图二四三，2）。

剪轮五铢　石 M2:3-3，边缘磨光。直径2.4、孔边长0.9厘米（图二四三，7）。

耳珰　2件。形制相同。石 M2:4，琉璃质，天蓝色，半透明；矮柱状，上面小而微凸，下面呈喇叭形，底内凹，中部内弧，有从上到下的小穿孔。上径0.7、下径1.4、高1.9、孔径0.1厘米（图二三三，5）。

骨饰　1件。石 M2:5，骨质，兽骨磨制；呈圆形纽扣状，已残；表面有两周弦纹。

骨珠　10颗。形制大小相同。石 M2:9，骨质白色，兽骨磨制；扁圆形，像算珠，底面平，弧面，弧边，中间有一穿孔。底径0.8、厚0.5厘米（图二三三，11）。

另外，在石 M2 填土中还出土陶罍、罐平底和石雕凿器3件标本。

陶罍　1件。石 M2:019，夹砂黑陶，直口，方圆唇，直颈甚矮，平肩，圆弧腹，平底已残；腹上部有两周凹弦纹。口径10、底径8.8、高10.6厘米（图二三三，16）。

罐平底　1件。石M2:021，粗泥灰陶，上部残，下腹弧收，平底；素面。底径7.2、残高4厘米（图二三三，12）。

雕凿器　1件。石M2:020，石质灰白色泛红晕，圭形，除顶部为原面外，通体磨光。长6.6、宽1.3、厚1.3厘米（图二三三，17）。

年代推断：该墓填土中出土的陶罍、罐平底、雕凿器均为西汉以前之遗物。墓中所出的双耳罐、五铢钱、剪轮五铢、耳珰属东汉中晚期流行的典型器物。石M2:1这件釉陶壶与宜昌前坪东汉墓M109:15釉陶壶器形、釉色相同①，年代相近，因此，石M2的年代应在东汉中晚期。

2. 石M3

位置：位于T38、T39、T42、T43内。

层位关系：开口②层下，打破生土和M23。

形制与结构：长方形土圹石室墓，墓室上部被推毁。土圹残长460、宽242、残深22厘米。已毁的石室券顶墓，不见墓道和甬道，石壁仅基脚石一层。墓室内空残长420、宽192、残高18厘米。墓壁用不规整的长方形青石块靠圹壁筑砌。墓门在墓室西南端中部，宽110厘米，封门石用本地山石，仅存一层。墓底为生土平面，未做铺垫。

葬具、人骨与葬式：棺木已腐朽无存，人骨分布在墓室后端，十分零乱，有人体残肢骨和二具头骨，应为两个个体，葬式、性别、年龄不详。墓向236°（图二三一）。

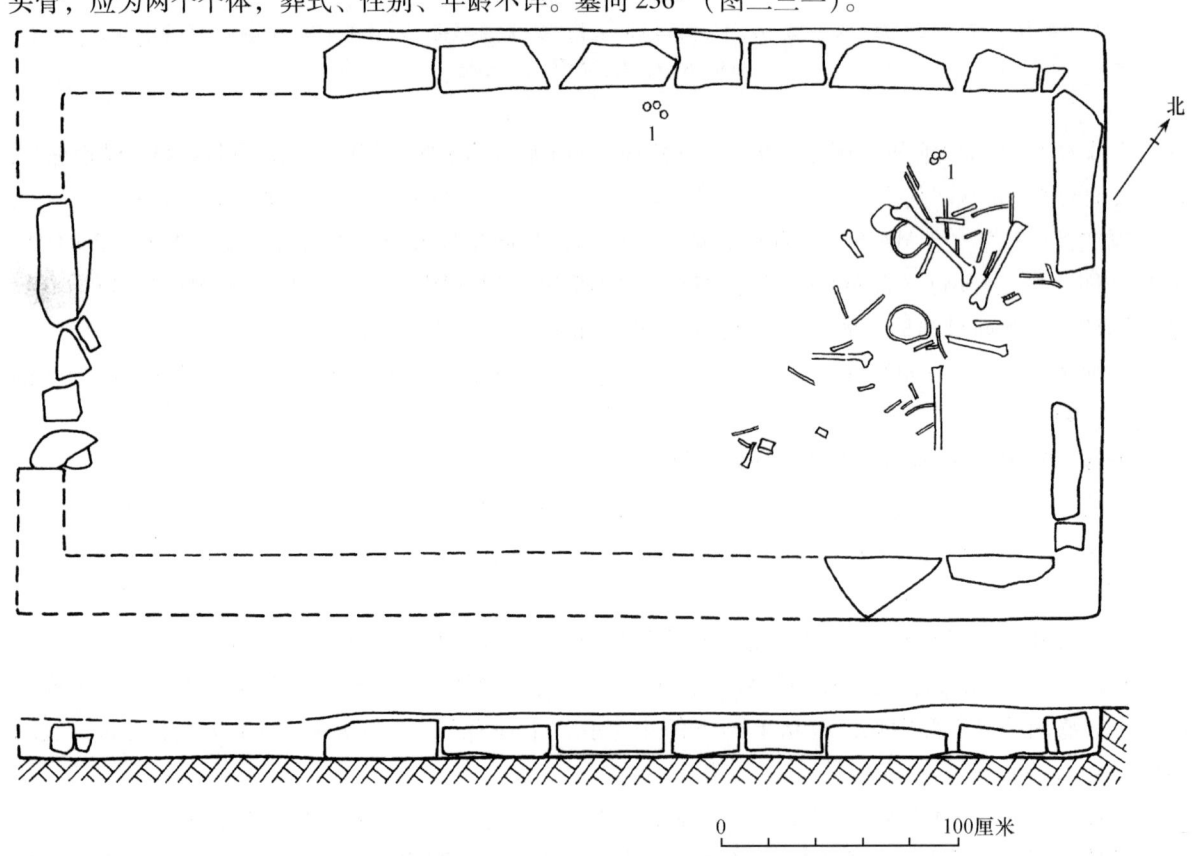

图二三一　石M3平、剖面图
1. 铜钱（15枚）

---

① 宜昌地区博物馆：《1978年宜昌前坪汉墓发掘简报》，《考古》1985年第5期。

随葬品：只残存 15 枚铜钱。散布于墓室内。

铜钱　15 件。有大泉五十和五铢两种。

大泉五十　石 M3:1-1，面有轮有郭。直径 2.7、孔边长 1.1 厘米（图二四三，13）。

五铢　面有轮无郭。石 M3:1-2，钱文略异。直径 2.5、孔边长 1.1 厘米（图二四三，3）。石 M3:1-4，直径 2.6、孔边长 1.1 厘米（图二四三，4）。

年代推断：从石 M3 的墓葬形制看，无墓道及甬道，墓室相对较小，与本地东汉早期的石室墓有相似之处。出土的大泉五十为西汉王莽时期所铸，五铢的朱字头方折，五字瘦长，中间交叉两笔略弯曲，同时未出剪轮五铢，推断该墓的年代为东汉早期或略晚。

3. 石 M5

位置：位于 T58、T59、T552、T553 内。

层位关系：开口②层下，打破生土和 M139。

形制与结构：土圹石室墓，平面呈凸字形，由土圹、墓室及甬道组成。土圹全长 764、宽 334、深 97 厘米。圹壁陡直，石室券顶已塌。墓室内空长 488、宽 234、残高 90 厘米。甬道位于墓室北端中部，内窄外宽，已残，残长 222、宽 104~130、残高 72 厘米。墓壁与甬壁均用不规整的青石块错缝平砌，石块朝室内一侧较为平整。墓室与甬道之间用长条形石块砌有两层高的门槛，高出墓室底部 24、高出甬道底部 12、宽 38 厘米。甬道底部高出墓室底部 12 厘米，均为生土平面。

葬具、人骨与葬式：棺木无存，墓室中的人骨曾被火焚烧，被淤土和石块挤压已成焦黑色碎骨片。从烧过的牙齿和头骨碎片的数量与分布看，分别为 50、60 岁左右的两个个体。葬式、性别、年龄不详。在西壁中部置有羊的下颌骨。墓向 4°（图二三二；图版四〇，1）。

随葬品：残存 35 件。有陶双耳罐、铜镯、铜杯、铜钱、残铁器、琉璃耳珰、骨珠七种器物。

陶双耳罐　1 件。石 M5:4，泥质红陶，喇叭口方唇，高弧颈下束，广弧肩下部附双耳，深腹上鼓下弧收为凹平底；肩部至腹上部有四周竖划纹，腹中部至底饰横绳纹和斜绳纹，一侧耳上颈下有一"×"刻划符号。口径 20.8、底径 11.6、高 28.6 厘米（图二三三，4；图版四一，4）。

铜镯　3 件。形制相同。石 M5:19，铜质绿色锈；环形，中有一断口，环断面为两面扁弧，上下尖圆。外直径 7.2、断面径 0.2 厘米×0.15 厘米（图二三三，2）。

铜环　1 件。石 M5:9，铜质，残存一节似项环饰。残弧长 3、断面径 0.2 厘米（图二三三，8）。

铜钱　24 枚。有货泉、五铢、剪轮五铢 3 种。

货泉　石 M5:1-2，面有轮有郭。直径 2.6、孔边长 0.8 厘米（图二四三，10）。

五铢　石 M5:1-1，面有轮无郭。直径 2.5、孔边长 1 厘米（图二四三，5）。

剪轮五铢　石 M5:5，已残。

铁器　1 件。石 M5:8，残锈，打制，扁形上宽下细。

耳珰　2 件。形制略异。石 M5:6，琉璃质青蓝色半透明；矮圆柱状，中束腰，顶面小，微上弧，底面大，弧凹，中有一穿孔，底略残。高 2.1、上径 0.5、下径 1.2、孔径 0.15 厘米（图二三三，6）。石 M5:21，青蓝色，琉璃质，束腰矮柱状，顶面平，稍小，底面微凹，稍大，中有小穿孔。高 2、上径 0.7、下径 1.2、孔径 0.1 厘米（图二三三，7）。

骨珠　3 颗。石 M5:7，骨质白色，用兽骨人工磨制；弧面，平底，弧边，像算珠形，中间有一穿孔。直径 0.6、厚 0.4、孔径 0.15 厘米（图二三三，10）。

年代推断：该墓出土的器物同石 M2 的器物组合大体一致，都出有陶双耳罐、五铢、剪轮五铢、耳珰和骨珠等。属东汉晚期的常见器物。石 M5 的双耳罐与巴东碾楼包东汉墓 M1:9 双耳罐器形相同[①]，年代相近，因此，石 M5 的年代应在东汉晚期。

---

①　三峡湖北文物工作站、恩施自治州博物馆：《巴东碾楼包古墓葬发掘简报》，《三峡考古之发现》（二），湖北科学技术出版社，2000 年。

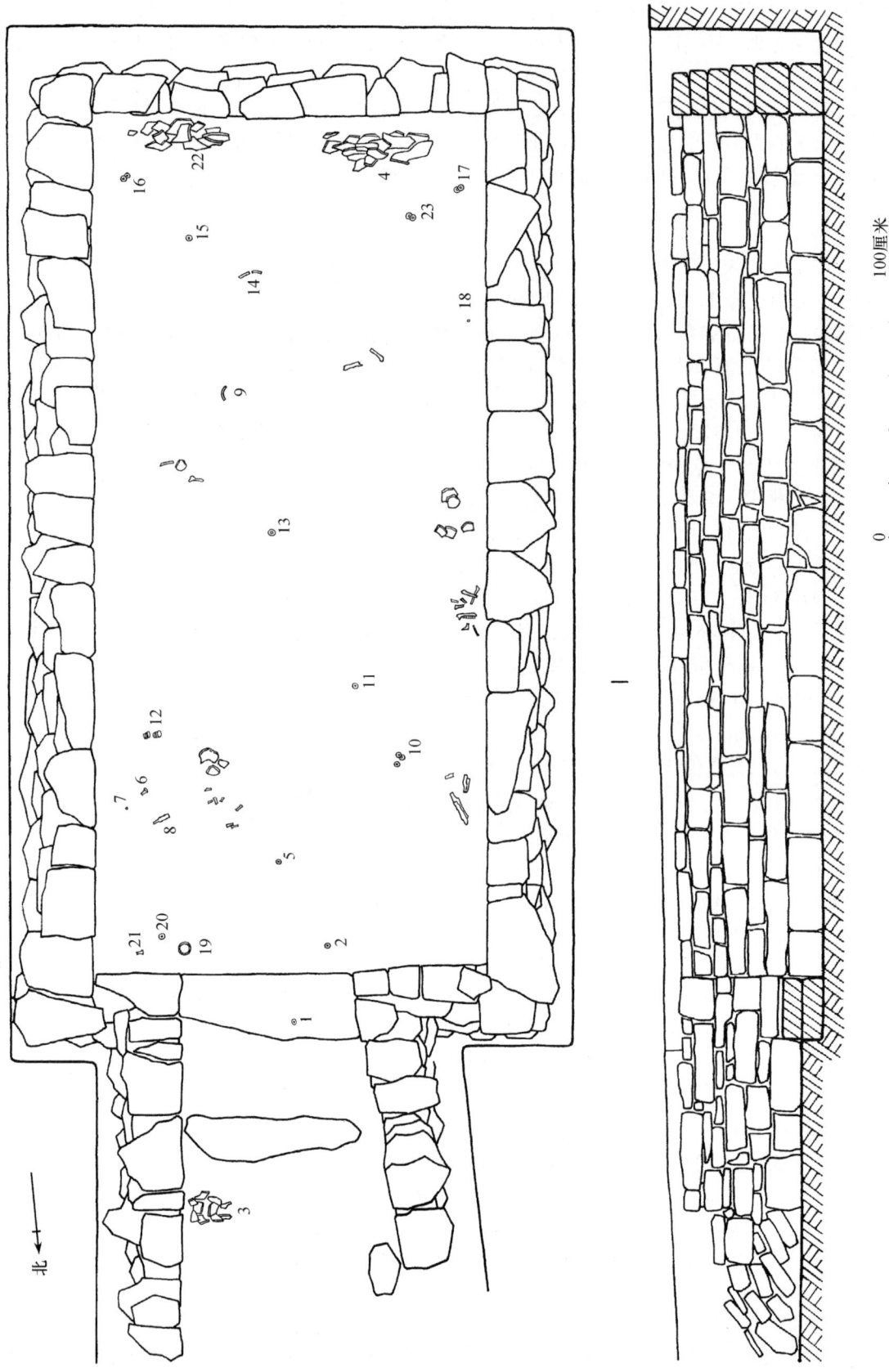

图二三三 石 M5 平、剖面图

1、2、5、10~13、15~17、20、23. 铜钱 3、22. 陶片 4. 陶双耳罐 6、21. 耳珰 7、18. 骨珠 8. 残铁器 9、14. 铜环 19. 铜镯

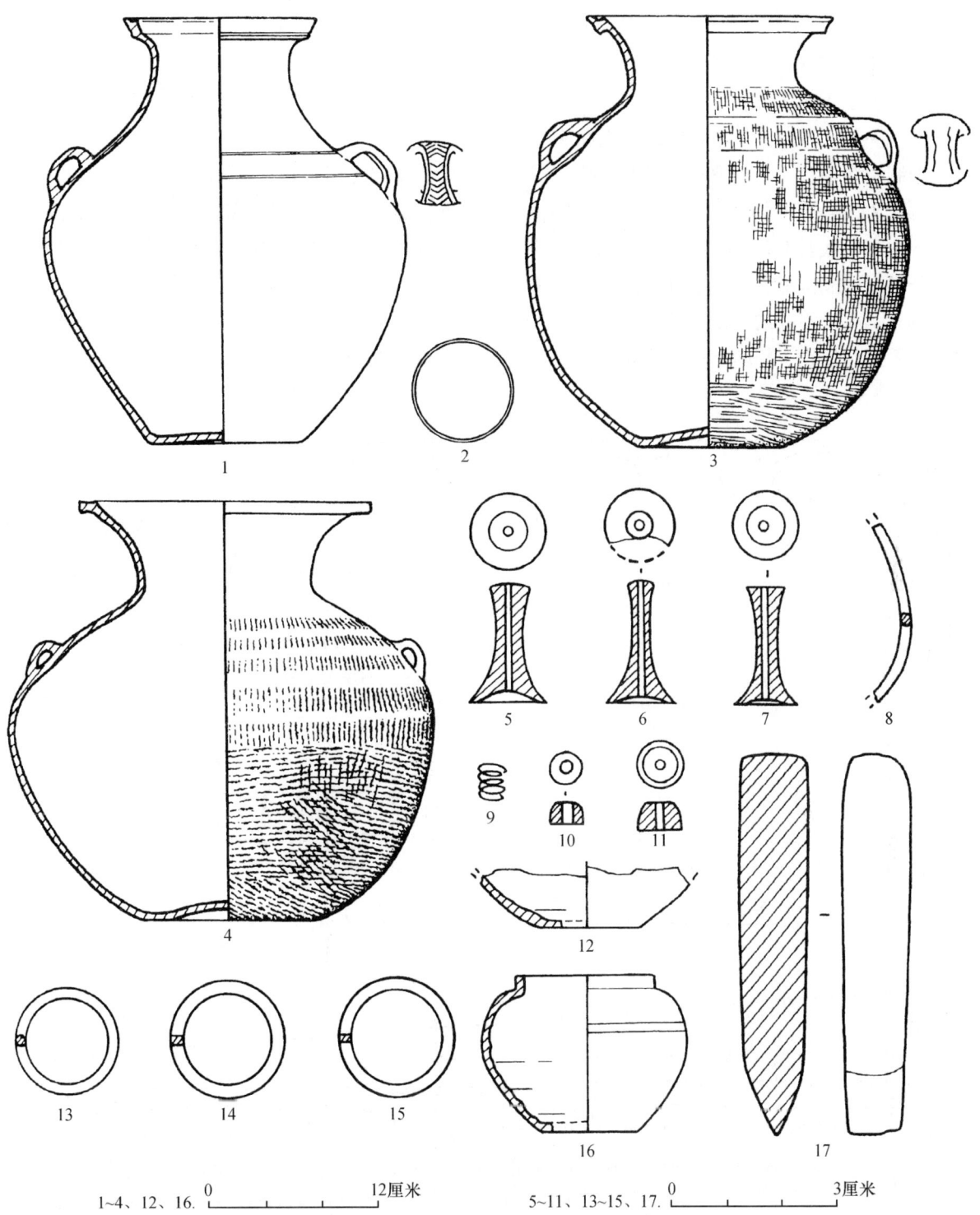

图二三三　石 M2、石 M5 出土器物及填土出土遗物

1. 釉陶壶（石 M2:1）　2. 铜镯（石 M5:19）　3、4. 陶双耳罐（石 M2:2、石 M5:4）　5～7. 耳珰（石 M2:4、石 M5:6、石 M5:21）　8. 铜环（石 M5:9）　9. 铜弹簧（石 M2:11）　10、11. 骨珠（石 M5:7、石 M2:9）　12. 陶罐平底（石 M2:021）　13～15. 铜戒指（石 M2:7、石 M2:8、石 M2:6）　16. 陶罍（石 M2:019）　17. 石雕凿器（石 M2:020）

4. 石 M6

位置：位于 T238 内。

层位关系：开口②层下，打破生土和 M85。

形制与结构：土圹石室墓，平面呈凸字形，有土圹，墓室和甬道组成，南端墓道残。土圹残长 440、宽 224、深 150 厘米。石室券顶已塌陷，石室内室长 240、宽 170、残高 140 厘米。甬道位于墓室南端中部，残长 172、宽 102、残高 110 厘米。甬道中部底面仅存门槛石，不见封门墙，墓壁均用略经修整过的长方形青石块错缝平砌，石块朝室内一侧较平整，墓底为未作铺垫的生土平面。

葬具、人骨与葬式：棺木已腐朽无存，人骨分布零乱，据头骨判断，应为 3 个个体。保存状况较差，葬式、性别、年龄不详。墓向 155°（图二三四；图版四○，2）。

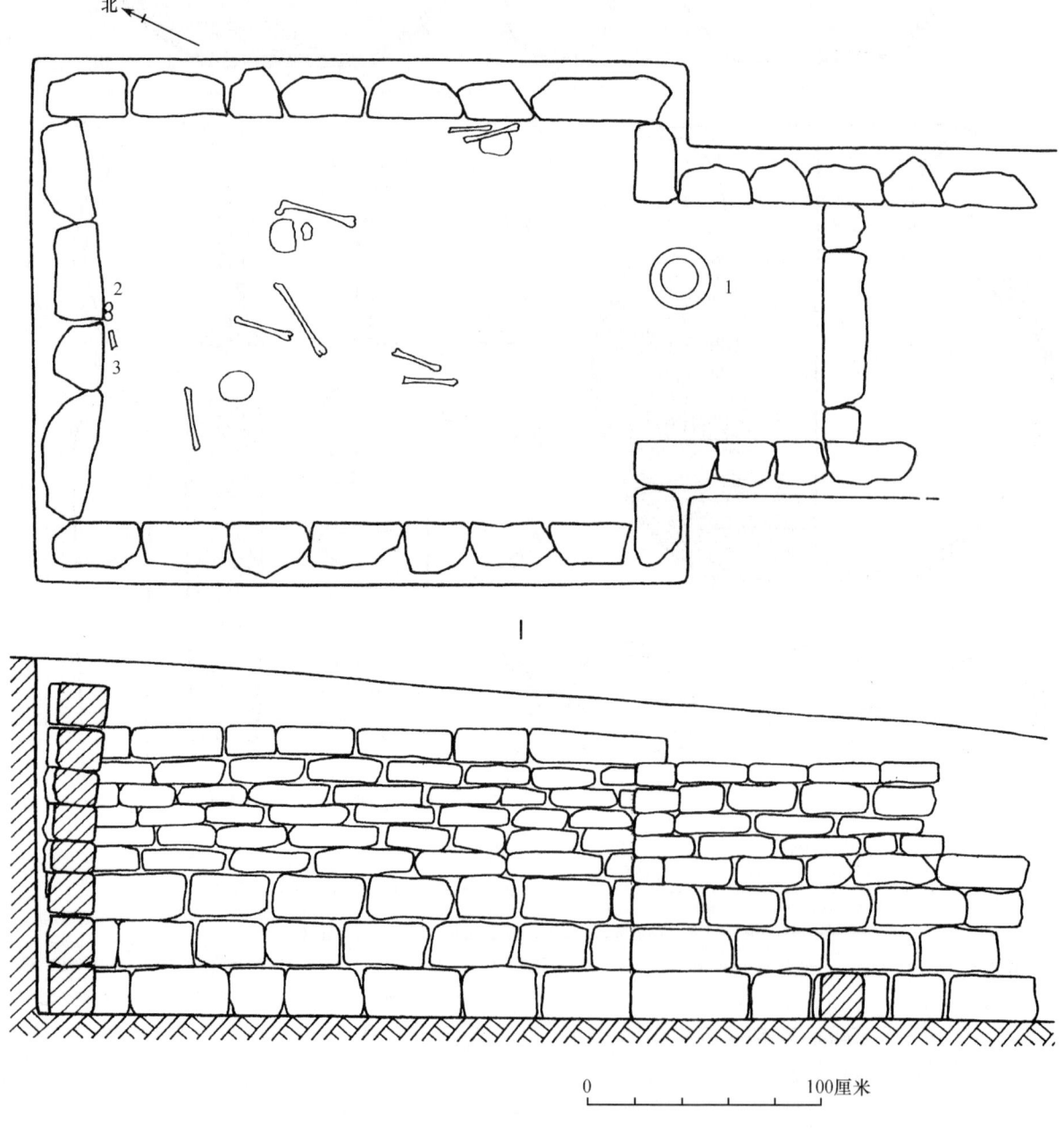

图二三四　石 M6 平、剖面图
1. 陶罐　2. 铜钱　3. 铜管套

随葬品：6件。陶罐1件置于甬道口，铜管套和铜钱置放于墓室北壁中部。

陶罐　1件。石M6:1，泥质黑陶，喇叭口，方唇外斜，高弧颈下束，斜弧肩球腹，圜底内凹；肩饰四周凹弦纹，腹至底饰斜绳纹。口径17、腹径26、高26.5厘米（图二三六，6；图版四一，1）。

铜管套　1件。石M6:3，铜质，锈绿色；细高圆管状形，上细下粗，顶面封闭，中空，管中下部有一对穿小圆孔；素面。长6、直径0.7~1.2、壁厚0.1、孔径0.2厘米（图二三六，1；图版四二，4）。

大泉五十　4枚。石M6:2，面有轮有郭。直径2.7、孔边长0.9厘米（图二四三，14）。

年代推断说明：墓中出土有西汉王莽时期的大泉五十，石M6:1这件陶罐在造型与纹饰上有东汉早期的特征，与秭归庙坪汉代三期三段的M47:2这件陶罐器形纹饰相似①，因此，石M6的年代应为东汉早期或略晚。

5. 石M7

位置：位于T364、T365、T243、T244内。

层位关系：开口②层下；打破生土和M95。

形制与结构：长方形土圹石室墓，南端被毁。土圹残长688、宽312、深164厘米。长方形石室券顶已塌陷，不见墓门及甬道。石室内空残长640、宽216、高162厘米。墓壁均用极不规整差异较大的青石块错缝垒砌而成。墓底为生土平面，底面中部放有几块长条形石块，可能为垫棺石。

葬具、人骨与葬式：棺木已朽，人骨分布零乱，有人体肢骨和头骨，据头骨判断有三个个体。人骨保存情况较差，葬式、性别、年龄不详。墓向190°（图二三五）。

随葬品：残存31件。有陶双耳罐、铜带钩、铜顶针、铜钱和骨饰五种器物。

双耳罐　1件。石M7:2，泥质灰陶，直口外斜，方圆唇，直颈下束，广弧肩，肩下部附双耳，深弧腹已残；腹饰三周锥刺纹。口径14、残高13.6厘米（图二三六，5）。

铜带钩　1件。石M7:3，铜质，呈绿锈色，曲钩俯视呈琴面形，钉柱方形钮，如印章且有字，字已不清晰。通长3.5、通高1.1、方形钮边长1.4厘米（图二三六，2；彩版五，23；图版四二，3）。

铜顶针　1件。石M7:4，铜质有绿锈；直筒状，中空，筒外壁有五周针眼凹饰，与现今缝衣用的顶针完全相同。直径2、高0.8、断面厚0.1厘米（图二三六，3；图版四二，2）。

铜钱　27枚。有大泉五十、剪轮五铢两种。

大泉五十　石M7:1-1，面有轮有郭。直径2.5、孔边长0.9厘米（图二四三，12）。

五铢　石M7:1-3，直径2.1、孔边长1厘米（图二四三，6）。

剪轮五铢　石M7:1-2，边缘磨光。直径2.3、孔边长1厘米（图二四三，8）。

小骨饰　1件。石M7:5，骨饰牙黄色，平面呈等腰梯形，上薄下厚，通体磨光，近下部有大小两个圆穿孔，似挂饰。长3.15、宽0.5~1.1、厚0.15~0.6厘米（图二三六，4）。

年代推断说明：墓葬所出双耳罐、剪轮五铢等器物具有东汉晚期的特征。石M7:2与巴东上码头M1:13双耳罐相似②，其年代在东汉六朝之际。

---

① 湖北省文物事业管理局、湖北省三峡工程移民局：《秭归庙坪》，科学出版社，2003年。
② 国务院三峡工程建设委员会办公室、国家文物局：《巴东县码头墓群2004年发掘简报》，《湖北库区考古报告集》（第四卷），科学出版社，2007年。

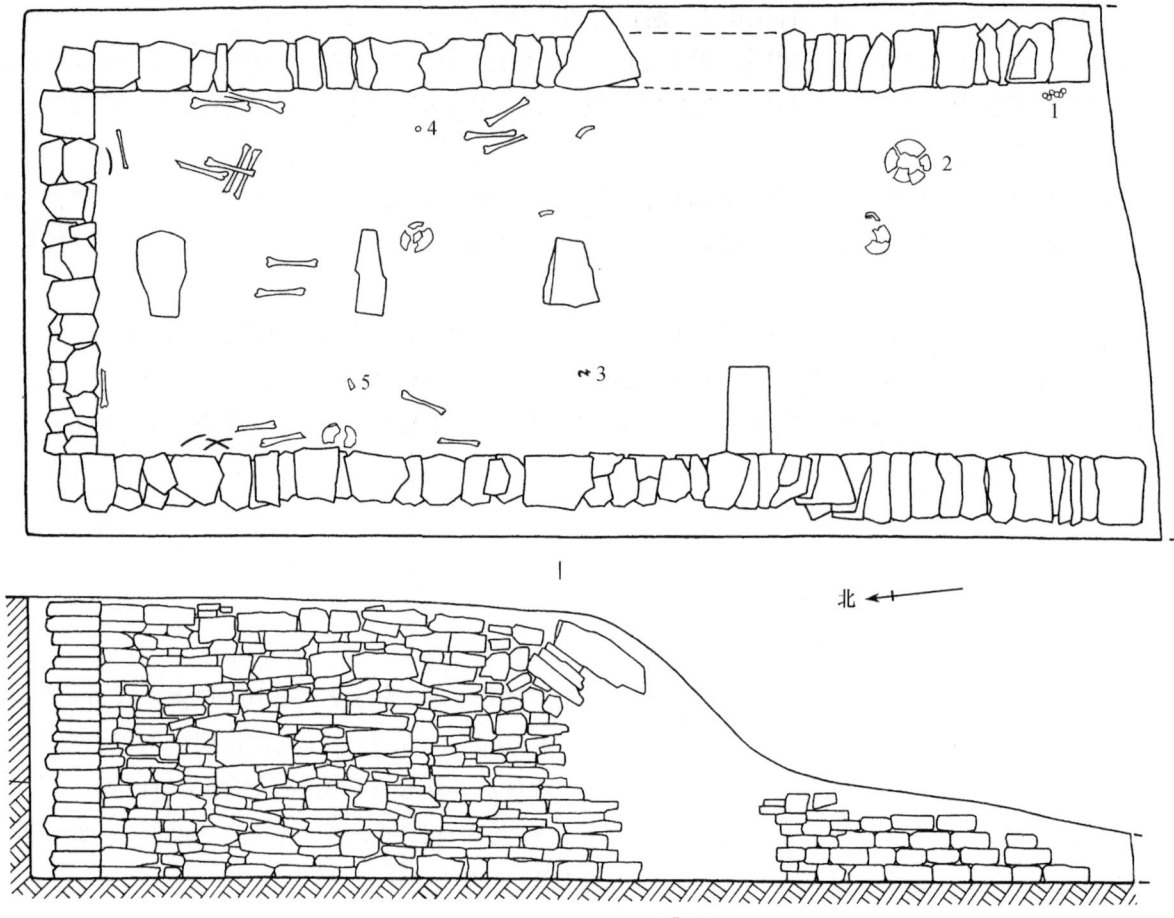

图二三五 石 M7 平、剖面图
1. 铜钱 2. 陶双耳罐 3. 铜带钩 4. 铜顶针 5. 小骨饰

6. 石 M13

位置：位于 T366 内。

层位关系：开口②B 层下，打破生土和 M98；被①层下 M84 打破。

形制与结构：土圹石室墓，平面呈凸字形，圹壁陡直下内收，土圹全长 420、宽 217、深 200 厘米。墓道南端被 M84 打破，残长 100、宽 95、深 110 厘米。墓室为长方形单室券顶无甬道，顶部塌陷。石室内空长 240、宽 186~190、残高 92~190 厘米。墓门在南壁中部，门宽 73、残高 92 厘米。门下有一长条形门槛，长 94、宽 14、高 16 厘米。封门墙已倒毁，墓壁均用不甚规整的青石块错缝平砌而成。墓底未作铺垫为黄色生土平面。

葬具、人骨与葬式：未发现棺木痕迹，在墓室西南角放置陶瓮棺 1 件。编号为石 M13:4，瓮棺为泥质黑陶，敛口，圆唇外叠，宽折肩，深直腹，圜底。肩下饰弦断绳纹和斜绳纹，腹中部和下部各有一周宽带状附加堆纹，堆纹上压印网格纹，肩部刻划文字八个。口径 29.6、腹径 54、高 62.5 厘米（图二三九，1、2；彩版四，3；图版四二，5、6）。

墓室内所葬人骨较多，共清理出 10 个头骨和堆放的肢骨，应为 10 个个体。出土人骨同在墓底平面上，分布散乱。为叙述方便，头骨分别编为 A、B、C、D、E、F、G、H、I、J。A、B、C 三具人骨放置于墓室西壁，相互叠压与墓底，A、B 两具头南，为中年男性。C 头向北，为中老年男性。中部两具人骨，D、E 头南面俯，均为中青年女性。墓室东壁南端三具人骨相互叠压，F 头北面立，

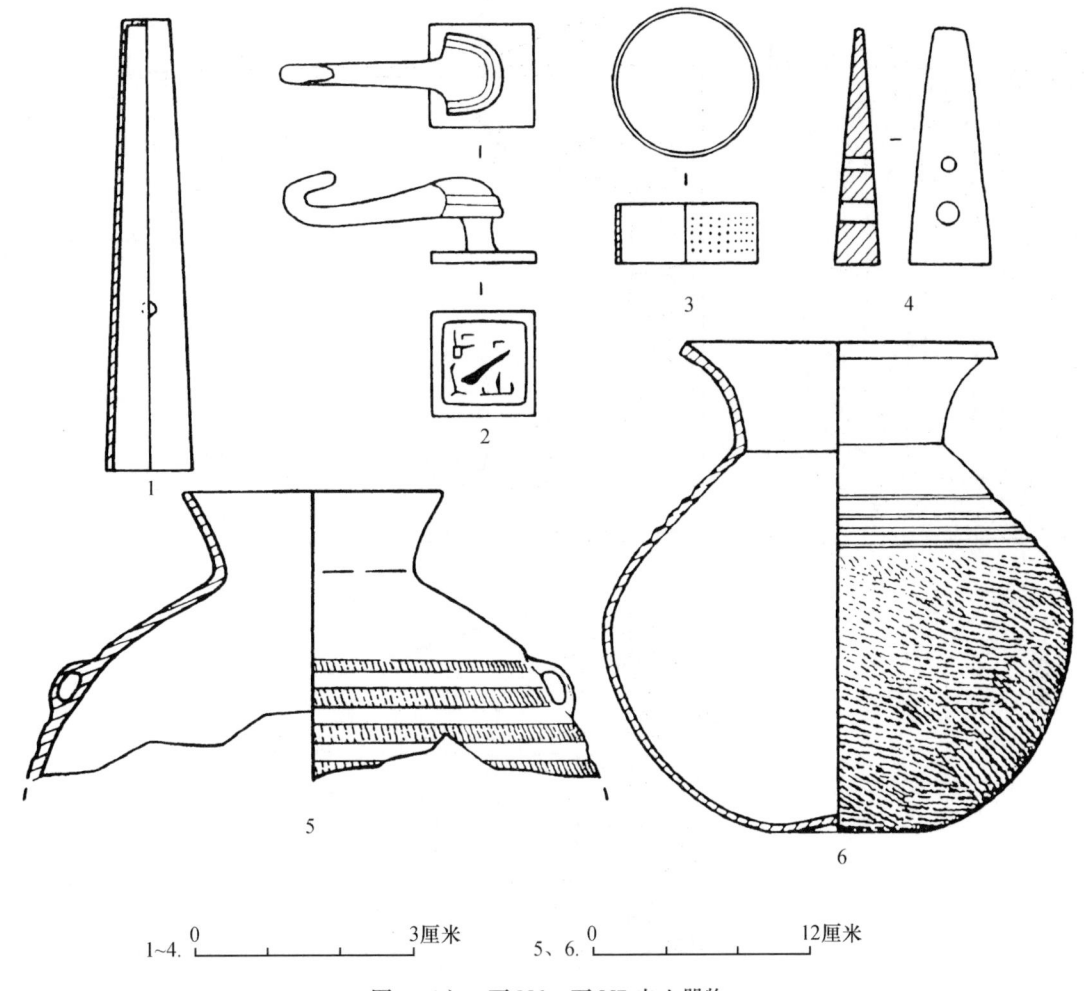

图二三六　石 M6、石 M7 出土器物

1. 铜管套（石 M6:3）　2. 铜带钩（石 M7:3）　3. 铜顶针（石 M7:4）　4. 小骨饰（石 M7:5）　5. 陶双耳罐（石 M7:2）　6. 陶罐（石 M6:1）

为青年女性，G 头北面俯，为中年男性，H 头南面立，为中年女性。东壁北端堆放有较厚的一层人体肢骨。另两具人骨放置于西壁南端瓮棺内，I 面北，中年女性。J 面南，中年男性，两者为屈肢坐式葬。墓向 158°（图二三七、图二三八）。

随葬品：5 件。有铜钱、铁片和小料珠等 3 种器物。

五铢　2 枚。石 M13:5，已残损。

铁片　2 件。石 M13:2，铁质已锈，凹弧形，两端皆残，上厚下稍薄，宽不等。长 13.3、宽 3.4~4、厚 0.4 厘米（图二三九，4）。石 M13:3，与石 M13:2 形制相似。长 10、宽 2.2~2.7、厚 0.3 厘米（图二三九，3）。

小料珠　1 件。石 M13:1，琉璃质，绿色；扁圆形如绿豆大小，两面平，弧边，中穿一小孔。

另外，石 M13 填土中出土陶器标本 9 件，有罐口沿、罐平底、罍、鬲口沿、鬲足等器物。

长颈罐　1 件。石 M13:05，泥质灰陶；直口方唇窄平沿，稍内斜，高颈较直，弧肩鼓腹，腹下残；颈中部、腹中部各饰一组凹弦纹，每组两道。口径 9.5、残高 9.8 厘米（图二四二，3）。

矮颈罐口沿　1 件。石 M13:020，泥质黑陶；直口外侈，口沿外斜稍内凹，方圆唇，有颈但颈下残。口径 21、残高 3.8 厘米（图二四二，11）。

罐平底　1 件。石 M13:021，泥质灰陶；上部已残，下腹内收为平底。底径 11、残高 5 厘米

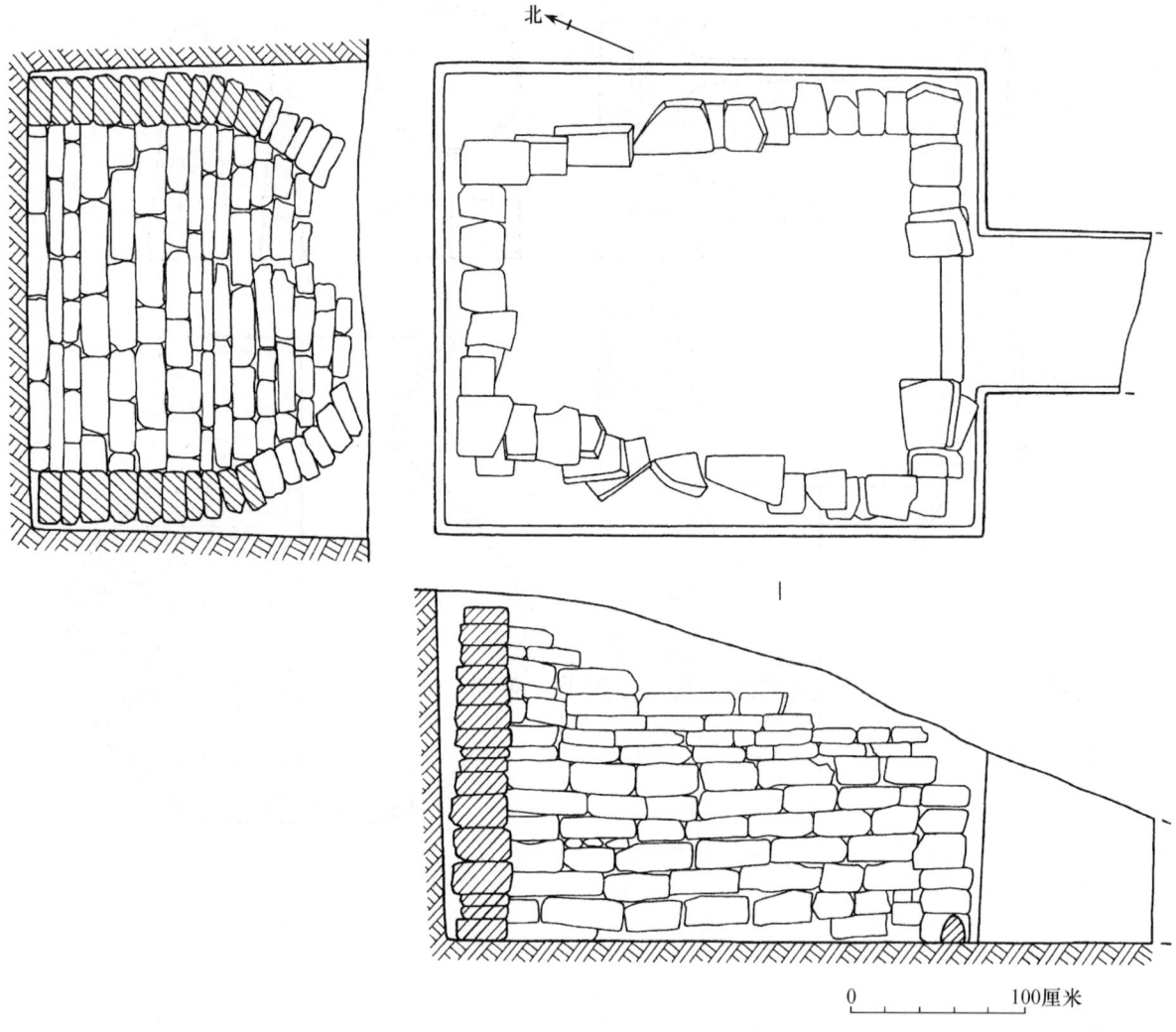

图二三七　石 M13 平、剖面图

(图二四二，8)。

陶罍　1件。石 M13:08，泥质灰陶；直口，圆唇，矮颈，鼓腹，肩腹下残。口径8.2、残高6厘米（图二四二，6）。

鬲口沿　3件。石 M13:06，泥质黑陶；直口微敞，口沿外卷，厚方唇，中部稍内凹，矮颈，颈下残；颈饰竖绳纹。口径36、残高3厘米（图二四二，10）。石 M13:09，泥质褐陶；直口微敞，方圆唇，平沿，沿面有一凹槽，束颈，粗矮凹肩，斜鼓腹已残；腹饰竖绳纹。口径27.4、残高5.2厘米（图二四二，12）。石 M13:010，泥质红陶；大口外侈，尖唇带状沿附下口，粗颈下部已残。口径31、残高6厘米（图二四二，14）。

鬲足　2件。石 M13:012，夹砂红陶；细高柱状足，上粗下细，但不匀称，呈小平根；足面饰横竖错乱绳纹。残高10.1厘米（图二四二，16）。石 M13:015，夹砂红陶；圆柱形，上部残，上粗下细，很不匀称，小平跟；足面饰有竖绳纹，也有刀修削痕。残高8.4厘米（图二四二，15）。

年代推断：因石 M13 所出陶瓮与巴东罗平东汉早期的 HM1:2 A 型 I 式陶瓮棺在形制和纹饰方面完全一致①，因此石 M13 的下葬年代，推测也应为东汉早期。

---

① 国务院三峡工程建设委员会办公室、国家文物局：《巴东罗坪》，科学出版社，2006年。

图二三八 石 M13 器物与人骨架分布图
1. 小料珠 2、3. 铁片 4. 陶瓮 5. 铜钱（2 枚）

7. 石 M14

位置：位于 T369、T373 内。

层位关系：开口②层下，打破生土。

形制与结构：土圹石室墓，平面呈凸字形，由土圹、墓道和墓室三部分组成。土圹全长 664、宽 280、深 235 厘米。墓道前端残，两壁向下内收，残长 192、宽 122~146、深 42~100 厘米。墓室为长方形石室券顶，无甬道，中前端券顶已塌陷，残存后端券顶。墓室内空长 406、宽 192、高 190 厘米。墓门在前壁中部，宽 107、残高 68 厘米。封门墙已倒毁，门外两边还残存底部两块封门石。墓壁均用不甚规整的青石块错缝平砌券顶，墓底未作铺垫，为黄色生土平面。

葬具、人骨与葬式：棺木已腐朽无存。在清理墓室距底 30~60 厘米处，整室有纵铺相互叠压的一层板瓦，大部分被墓顶塌下的石块砸碎，近墓门处还存有三块完整板瓦，可能为室内设置的遮盖棺木以防墓顶滴水所用的简陋瓦棚。板瓦编号为石 M14:3，泥质褐陶，模制。长方拱桥形，上稍窄，稍薄，下宽较厚。正面饰斜绳纹背面上饰方格纹，下饰横绳纹。长 51.3、上宽 34.6、下宽 36、厚 1.8~2.3 厘米（图二四一，1）。板瓦下有零星人骨碎片，葬式不详。墓向 40°（图二四〇）。

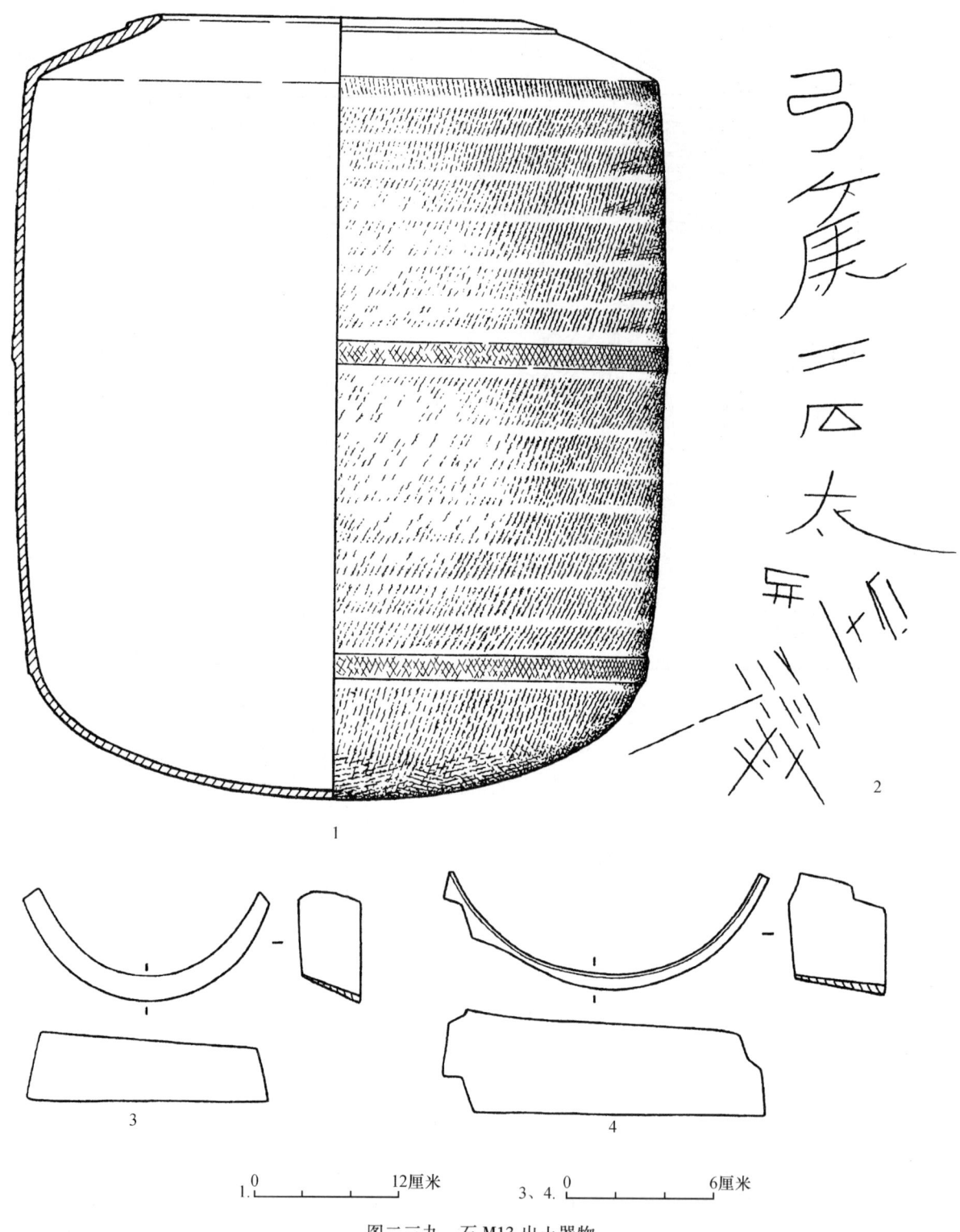

图二三九 石 M13 出土器物
1. 陶瓮（石 M13:4） 2. 陶瓮肩部的刻划文字（石 M13:4） 3、4. 铁片（石 M13:3、石 M13:2）

随葬品：残存 12 件。有陶双耳罐、铜钱和耳珰三种器物。

双耳罐 1 件。石 M14:4，泥质灰陶；口残，鼓肩，鼓腹，腹下已残；在肩腹之间残有一器耳，另一耳已残；肩腹饰细竖绳纹，有横波状抹痕。残高 10.2 厘米（图二四一，2）。

铜钱 9 枚。有货泉、大泉五十两种。

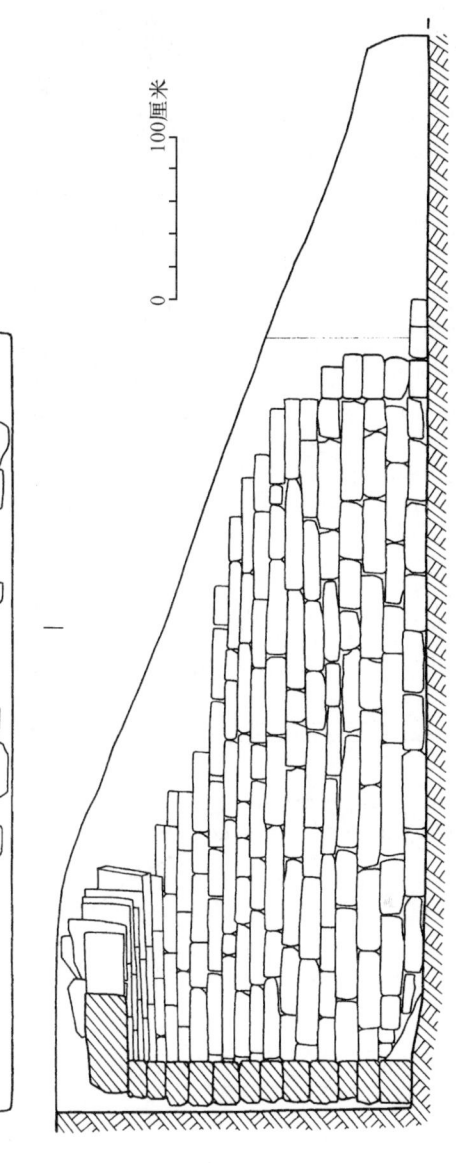

图二四〇 石 M14 平、剖面图
1. 耳珰（2件） 2. 铜钱（9枚） 3. 陶板瓦 4. 陶双耳罐

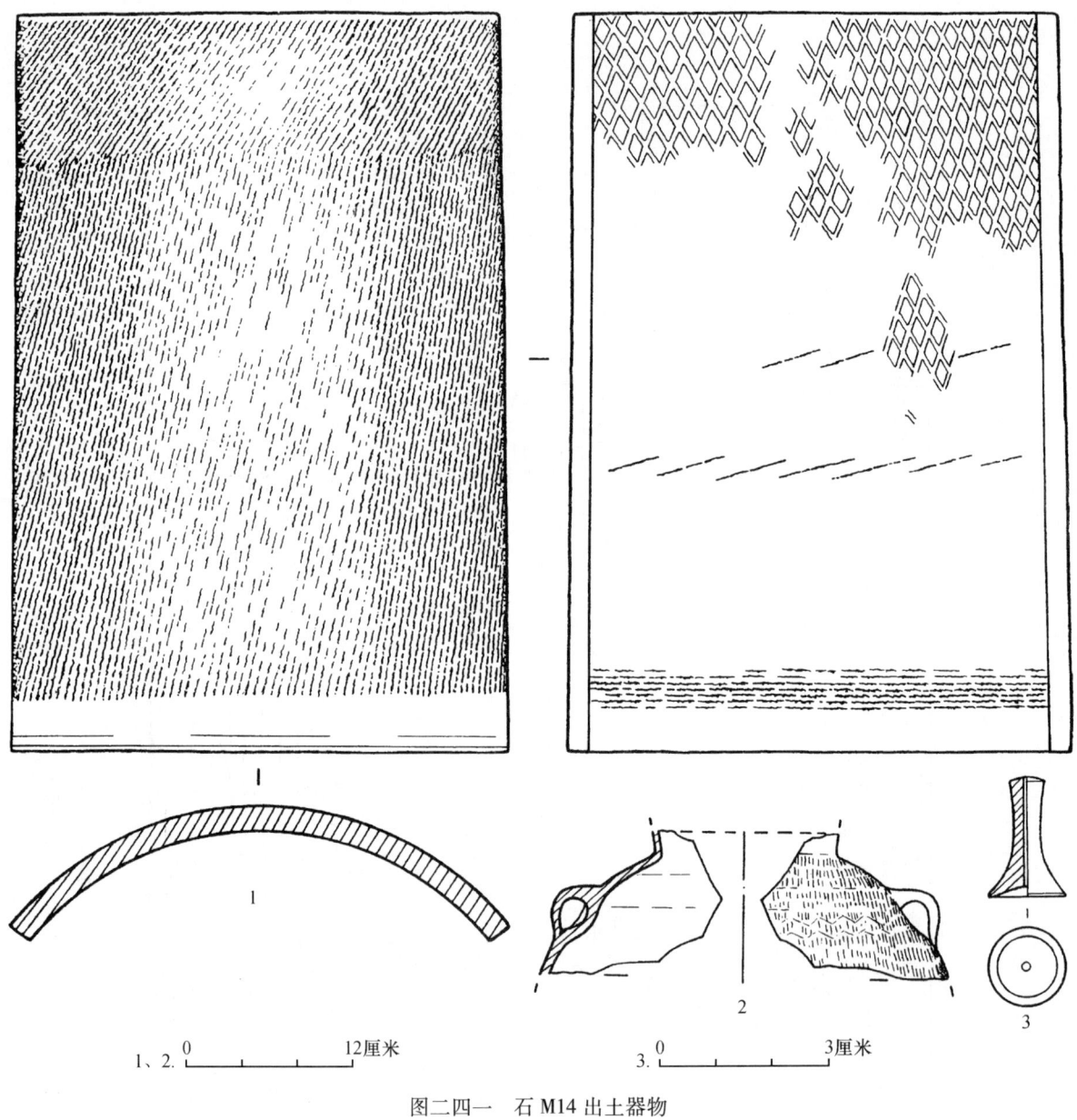

图二四一　石 M14 出土器物
1. 陶板瓦（石 M14:3）　2. 陶双耳罐（石 M14:4）　3. 耳珰（石 M14:1）

货泉　石 M14:2-3，面有轮无郭。直径 2.3、孔边长 0.8 厘米（图二四三，11）。

大泉五十　石 M14:2-1，面有轮有郭。直径 2.7、孔边长 1 厘米（图二四三，15）。石 M14:2-2，直径 2.7、孔边长 1 厘米（图二四三，16）。

耳珰　2 件。大小形制相同。石 M14:1，琉璃质，天蓝色，半透明；豆柄状束腰，顶面微凸较小，底面呈喇叭状，中穿孔。上径 0.7、下径 1.4、高 2.1 厘米（图二四一，3；彩版四，2）。

另外，石 M14 填土中出土陶石标本 8 件。有各类口沿和石斧等器物。

高领罐口沿　3 件。石 M14:07，泥质灰陶；直口外卷如喇叭口，方唇，窄凹沿，高弧颈下束，肩已残，素面。口径 17.8、残高 6.3 厘米（图二四二，1）。石 M14:012，泥质灰陶；直口外卷近喇叭口，方圆唇内斜，窄凹沿，弧颈下束，肩已残。口径 16.5、残高 4.8 厘米（图二四二，4）。石 M14:06，泥质灰陶，直口外弧，尖圆唇，高弧颈下部已残；颈中部饰三周凹弦纹。口径 13.6、残高 5.2 厘米（图二四二，9）。

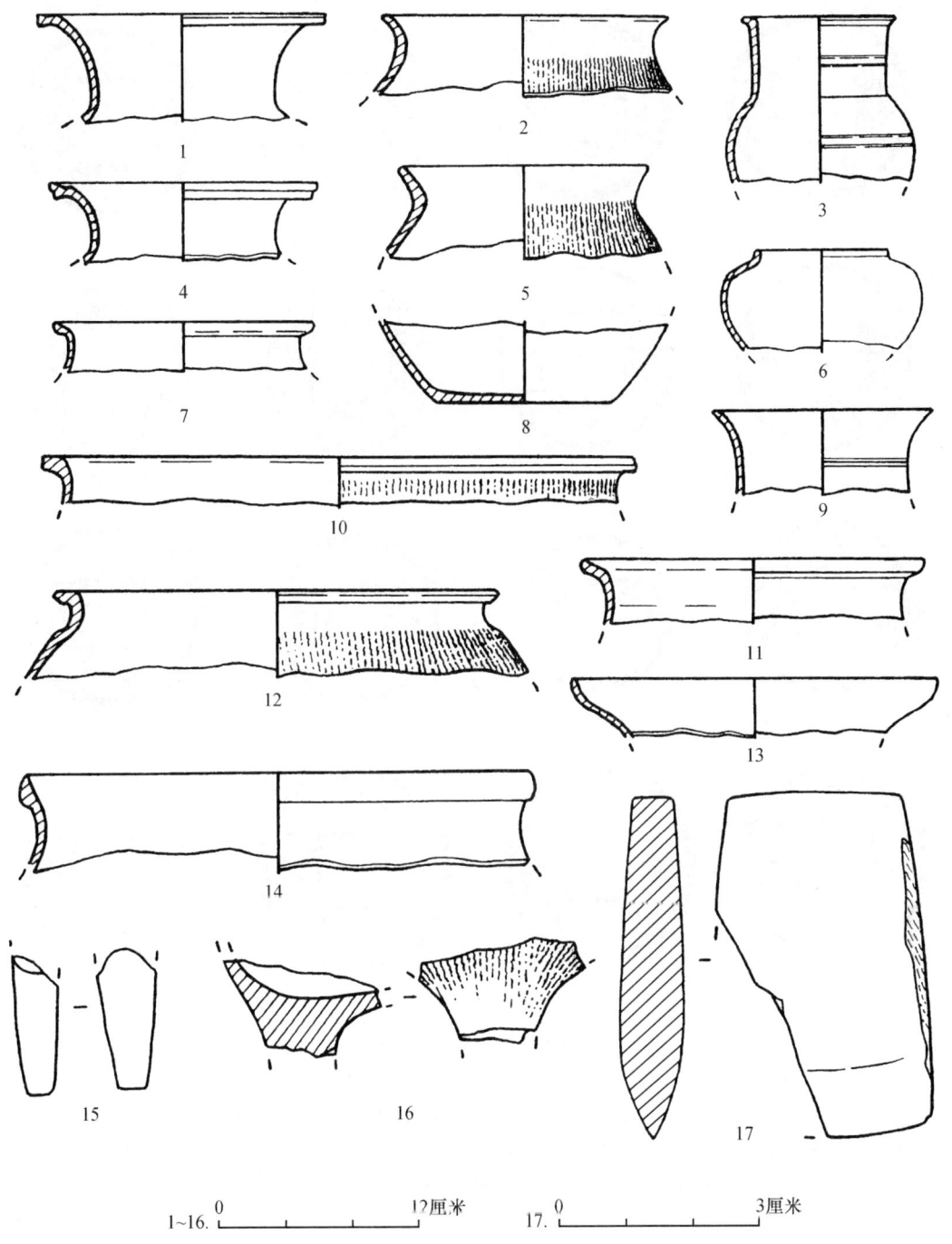

图二四二 石 M13、石 M14 填土出土遗物

1、4、9. 陶高领罐口沿（石 M14:07、石 M14:012、石 M14:06） 2、5. 陶束颈罐口沿（石 M14:08、石 M14:010） 3. 陶长颈罐（石 M13:05） 6. 陶罍（石 M13:08） 7、11. 陶矮颈罐口沿（石 M14:05、石 M13:020） 8. 陶罐平底（石 M13:021） 10、12、14. 陶鬲口沿（石 M13:06、石 M13:09、石 M13:010） 13. 陶盘口罐口沿（石 M14:09） 15、16. 陶鬲足（石 M13:015、石 M13:012） 17. 石斧（石 M14:011）

矮颈罐口沿 1件。石 M14:05，泥质褐陶；直口外侈，尖圆唇，口沿外卷，矮颈较粗，肩已残；颈部原似饰方格纹而抹去。口径16、残高3厘米（图二四二，7）。

束颈罐口沿 2件。石 M14:08，夹砂黑陶；侈口束颈，尖圆唇外卷，斜弧肩，肩下已残；肩饰竖绳纹。口径17.8、残高4.7厘米（图二四二，2）。石 M14:010，夹砂黑陶；侈口，束颈，卷沿，

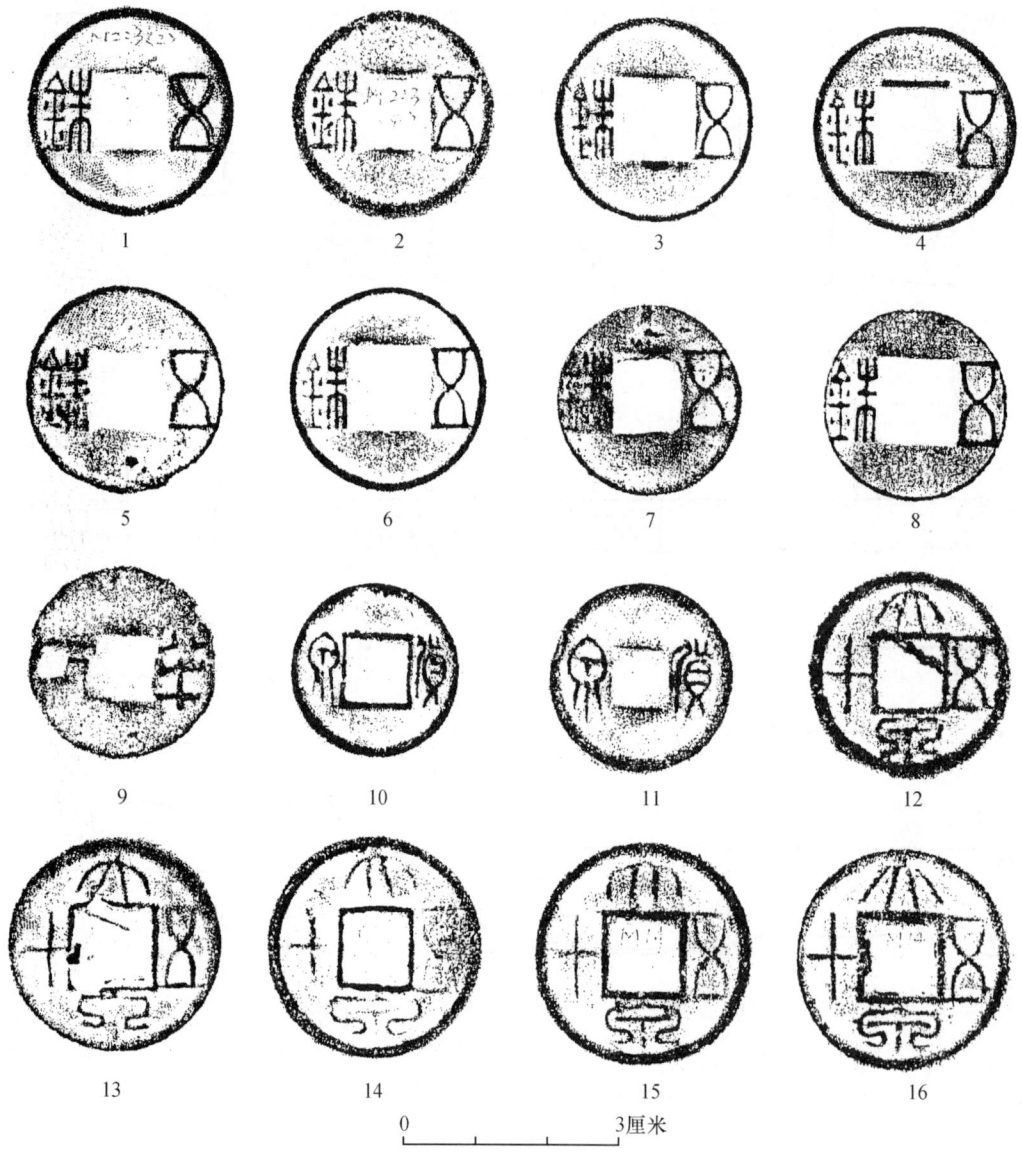

图二四三 石 M2、石 M3、石 M5、石 M6、石 M7、石 M14 铜钱拓片

1~6. 五铢（石 M2:3-2、石 M2:3-4、石 M3:1-2、石 M3:1-4、石 M5:1-1、石 M7:1-3） 7、8. 剪轮五铢（石 M2:3-3、石 M7:1-2） 9. 半两（石 M2:3-1） 10、11. 货泉（石 M5:1-2、石 M14:2-3） 12~16. 大泉五十（石 M7:1-1、石 M3:1-1、石 M6:2、石 M14:2-1、石 M14:2-2）

尖圆唇斜弧肩已残；肩饰竖绳纹。口径15.4、残高5.6厘米（图二四二，5）。

盘口罐口沿 1件。石 M14:09，泥质黑陶；大盘口，圆唇，颈部以下残。口径22.4、残高3.4厘米（图二四二，13）。

石斧 1件。石 M14:011，体较薄呈正梯形，通体磨光，平顶，弧刃一半已残。长5.1、中宽3.1、厚1厘米（图二四二，17）。

年代推断：该墓所出货泉、大泉五十均为王莽时期所铸。陶板瓦在三峡地区的秭归庙坪、砂罐岭、巴东罗坪等遗址的东汉墓葬中都有出土。双耳罐与石 M5 出土的双耳罐器形和纹饰相似，其年代相近。因此，石 M14 的年代应在东汉时期。

三、小　　结

上述 7 座东汉时期的土圹石室墓，虽然都早年就已被盗而残缺不全，但是，从残存的随葬器物中，仍可看到东汉早期的土圹石室墓与西汉后期的土坑竖穴墓之间的衔接关系。

如：石 M13∶1 随葬的琉璃小珠，在 M134 这座土坑墓出土了 200 多颗；但这种琉璃小珠在其他墓中未见出土，从而可推测：M134 和石 M13 的所属家庭，都是红庙岭遗址当年的大户人家，只是修筑 M134 时，尚未流行土圹石室墓，才存在有墓道的 M134 这座大型土坑墓。

而石 M5 和石 M2 都出土骨质小珠，其形制与石 M13 的琉璃小珠相似，说明这两座土圹石室墓虽晚于石 M13，但也是东汉时期相对较早的墓葬。

又从 M99 墓坑中已出现的琉璃耳珰，这种器物在后来的石 M2、石 M5 和石 M14 三座土圹石室墓中都有出土。而且，M134 出土的铜镯，也见于石 M5。

所以，从残存的随葬品，可以说明 M99 和 M134 这两座土坑墓和石 M13、石 M2、石 M5、石 M14 的相对年代，基本可以前后衔接。

上述这两座土坑墓和 7 座土圹石室墓都有一个共同的特点，这就是每一墓中都存在多副人骨架。在石 M13 墓葬中的人骨多达 10 具，一墓之中不仅有迁葬、棺木葬，还有瓮棺葬的多种形式的合葬。从而可以看出土圹石室墓，不仅多次使用，还延用时间较长。从石 M14 墓中出土较多的板瓦看，墓室内还设置有遮盖棺木类似建筑的大瓦棚，由此可见，这两座大型土坑墓和土圹石室墓所属家庭都是红庙岭遗址当年的大户人家。他们所修筑的家族墓葬，可为三峡地区土坑竖穴墓向土圹石室墓的发展，提供了一批重要考古资料。

第八章 六朝时期墓葬

一、概 述

红庙岭遗址六朝时期的遗存主要是发现了4座土圹石室墓和1座土圹砖室墓，编号为石M8、石M10、石M12、石M15和砖M9。

这5座土圹墓除石M8保存稍好外，其余4座的墓室前端及甬道遭到毁坏。石室墓墓底均为生土平面，砖室墓墓底设铺地砖。墓室内部都遭到早年盗掘而保存情况极差，存有零星人骨。残存各类随葬品共101件。其中铜钱最多共78枚；其次是陶、瓷器3件，有陶有耳罐、青瓷盘口壶、钵；铜器11件，有带饰、饰件、环、戒指、铃；其他杂件9件，有银环、铁刀、琉璃耳珰、骨饰等。下面分别介绍这5座墓的情况。

二、土圹墓介绍

1. 石M8

位置：位于T201、T202内。

层位关系：开口在①层下，打破生土和M131。

形制与结构：土圹石室墓，平面呈凸字形，由土圹、墓室和甬道组成，墓门朝西南。土圹全长930、宽330、深160厘米。石室券顶已塌陷，室内空长705、宽270、残高150厘米。甬道已残，不见封门墙。残长190、宽168厘米。墓壁均用不甚规整的片状青石块错缝平砌，石块较平整的一侧面砌在室内。墓室经过大火焚烧，墓底为红烧土平面。有木炭灰烬夹杂层厚约10厘米。

葬具、人骨与葬式：棺木已腐朽，底面有较清晰的8具棺痕，分三排并列，中排两具，前后两排各为三具，棺痕长210～240、60～80厘米。扰乱严重，有经过火烧的人骨碎片较多。葬式、性别、年龄不详。在墓室西北部有堆放的兽骨。墓向195°（图二四四）。

随葬品：残存12件。有陶有耳罐、铜环各1件置于甬道中，铜饰、铜铃、铜钱、银环和骨饰散放于墓室后部。

有耳罐 1件。石M8∶8，泥质灰褐陶；口至颈部已残，斜弧肩，肩鼓腹，凹平底，腹上部残存一桥形系耳；腹上部饰四周切绳纹，下腹偏上为横绳纹，下部至底为斜绳纹。腹径28、底径10.4、残高21厘米（图二五〇，11）。

铜环 1件。石M8∶1，铜质，呈圆环形，剖面圆形。直径2.4、断面径0.2厘米（图二五〇，10）。

铜饰 1件。石M8∶2，铜质已残，薄片外部近长方形，内部近椭圆形孔状。残长3、宽1.6、孔径1厘米×1.5厘米（图二五〇，3）。

小铜铃 2件。形制相同。石M8∶4，椭圆形，中空，上有半环形系钮，下部有一直线缺口。直径1.4×1.2、通高1.5厘米（图二五〇，6；图版四四，4）。

铜钱 5枚。有货泉、五铢两种。

第八章　六朝时期墓葬

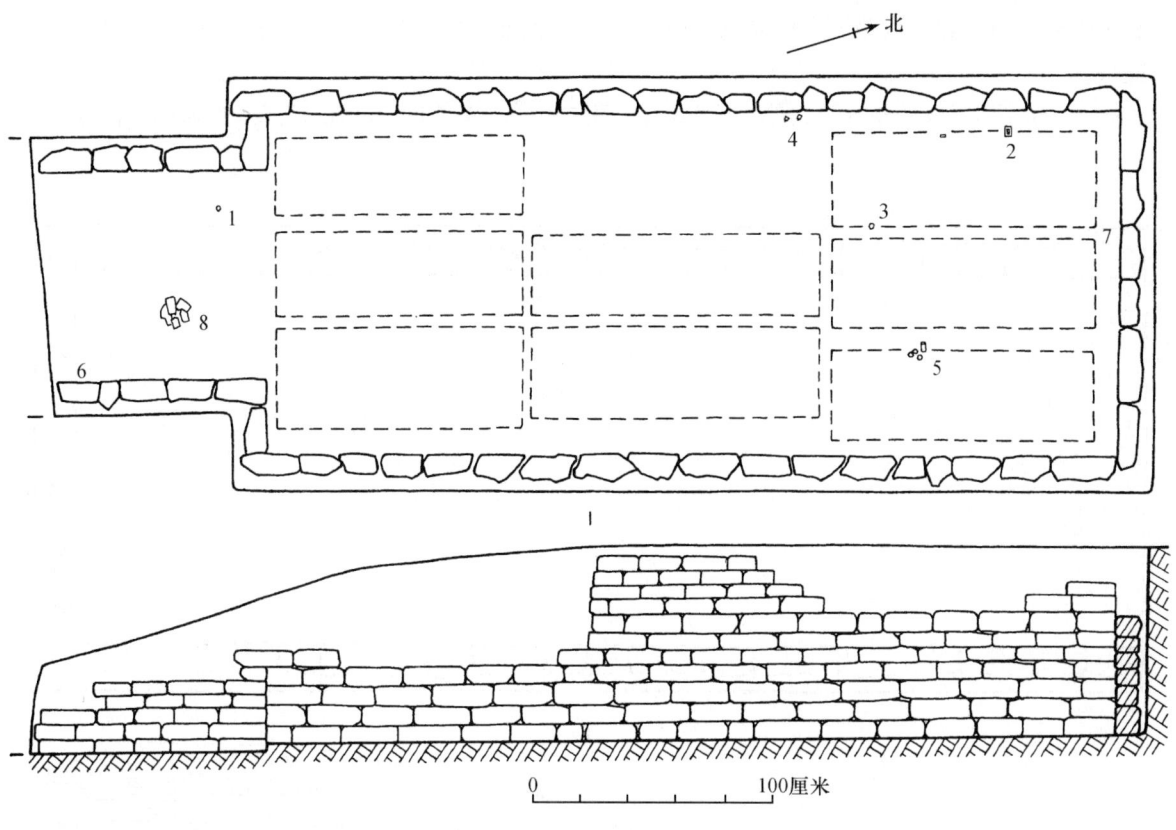

图二四四　石 M8 平、剖面图
1. 铜环　2. 铜饰　3. 银环　4. 小铜铃（2 件）　5. 铜钱（5 枚）　6. 骨饰　7. 兽骨　8. 陶有耳罐

货泉　1 枚。石 M8：5-1，面有轮有郭。直径 2.2、孔边长 0.8 厘米（图二五一，9）。

五铢　4 枚。石 M8：5-2，面有轮无郭。直径 2.5、孔边长 1.1 厘米（图二五一，1）。另有 3 枚大小相同，钱文略异，石 M8：5-3（图二五一，2）、石 M8：5-4（图二五一，3）、石 M8：5-5（图二五一，4）。

银环　1 件。石 M8：3，呈圆环形，剖面扁圆。直径 2.3、断面径 0.2 厘米×0.25 厘米（图二五〇，8）。

骨饰　1 件。石 M8：6，骨质，器小，圆饼状，侧边一周凹槽，略残。残径 1.7、厚 0.7 厘米（图二五〇，2）。

年代推断：墓内随葬的有耳陶罐、铜环、铜铃、铜钱，同三峡地区六朝时期出土的器物基本一致。石 M8：8 这件有耳陶罐，其器形与纹饰同秭归柳林溪西晋时期的 M10：39 同类器极为相似①。因此，推测石 M8 也是西晋时期的土圹墓。

2. 石 M10

位置：位于 T247 内，南端延伸至陡坡边。

层位关系：开口①层下，打破生土。

形制与结构：长方形土圹石室墓，南端被毁，土圹残长 808、宽 285 厘米。长方形石室残存后端券顶，中前端券顶已塌陷，不见甬道及墓门。石室内空残长 768、宽 260、高 252 厘米。墓壁均用

---

① 国务院三峡工程建设委员会办公室、国家文物局：《秭归柳林溪》，科学出版社，2003 年。

不甚规整的长方形青石块错缝平砌而成，石室与土圹壁间空隙填以坑土，墓底为黄色生土平面，未作铺垫。

葬具、人骨与葬式：棺木及人骨已腐朽无存，葬式不详。墓向155°（图二四五；图版四三，1）。

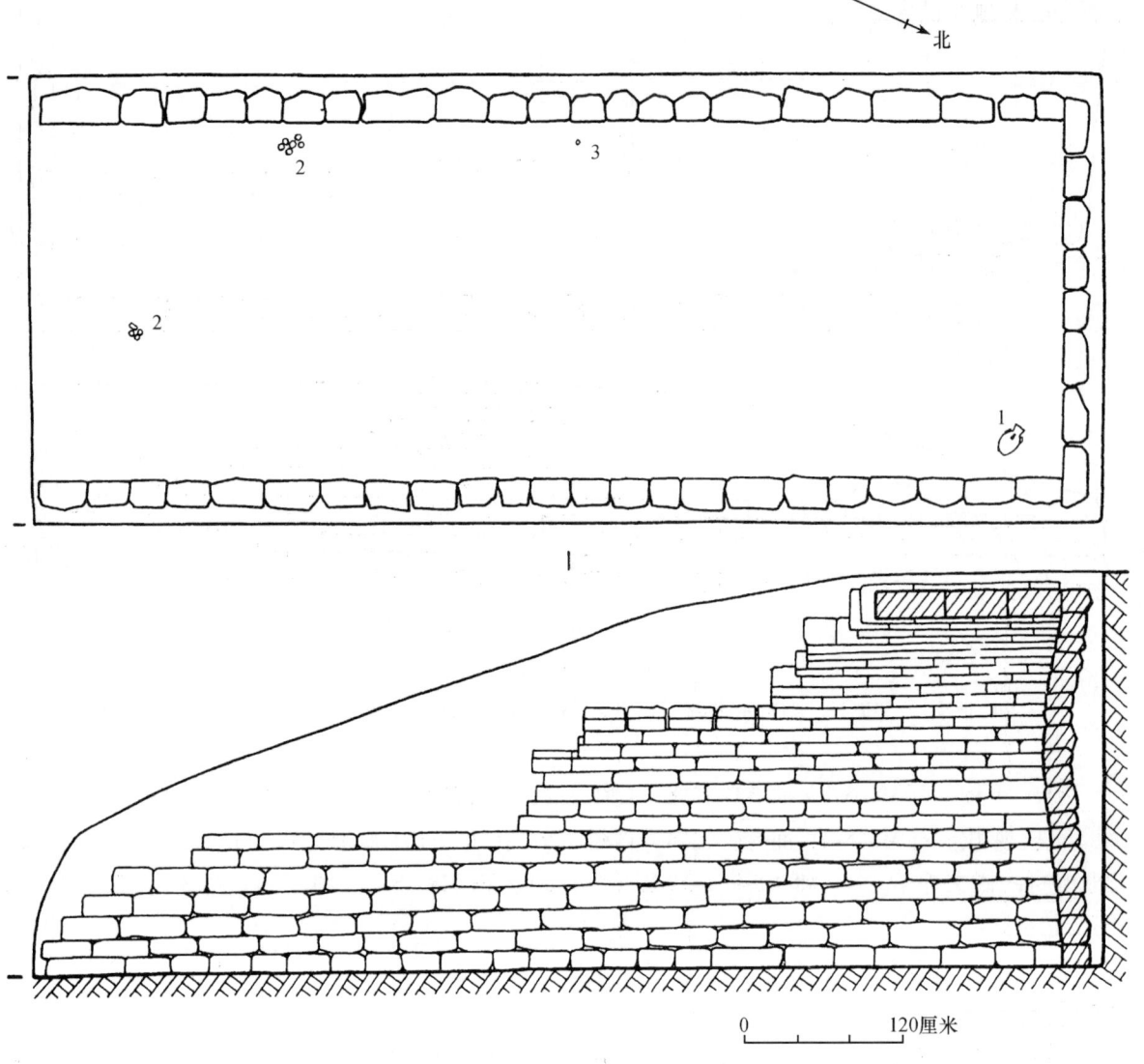

图二四五　石 M10 平、剖面图
1. 瓷盘口壶　2. 铜钱（35 枚）　3. 小铜铃

随葬品，残存 37 件，有青瓷盘口壶、小铜铃和五铢钱三种器物。

盘口壶　1 件。石 M10:1，青瓷灰胎，施青釉至下腹，下腹至底露胎；盘口已残，高弧颈，斜弧肩，肩上部有三个桥形耳，深弧腹，平底呈实心假圈足；肩三耳之间各绘褐色釉蛇形纹，形态各异。腹径 15.6、底径 10、残高 20.5 厘米（图二五〇，1；图版四四，1）。

小铜铃　1 件。石 M10:3，呈椭圆形，铃内中空，上附半环形钮，底部有一直线开口，似佩饰挂件。直径 0.9×1、通高 1.3 厘米（图二五〇，5）。

铜钱　35 枚。有五铢和剪轮五铢两种。

五铢　34 枚。大小基本一致，文字略异。石 M10:2-1，面有轮无郭。直径 2.5、孔边长 1.1 厘米（图二五一，5）。石 M10:2-2（图二五一，6）、石 M10:2-3（图二五一，7）、石 M10:2-4（图二五一，8）、石 M10:2-8（图二五一，13）。

剪轮五铢　1枚。石M10:2-6，剪后磨光。直径2.4、孔边长1厘米（图二五一，12）。

年代推断：石M10出土的青瓷盘口壶、小铜铃具有六朝时期的器物风格；石M10:1同秭归柳林溪西晋时期的M10:20这件盘口壶器形相似①，略为不同的是M10:1肩部三耳之间饰有三组褐色釉蛇形纹，推测年代偏晚，石M10可能是东晋时期的墓葬。

3. 石M12

位置：位于T383以东陡坡边，在三峡库区蓄水至海拔高程139米后才发现。

层位关系：开口②层下，打破生土。

形制与结构：长方形土圹石室墓，东端被毁。土圹残长760、宽312、深148厘米。长方形石室券顶已塌，前部也残，已不见墓门及甬道。石室内空残长700、宽234、残高132厘米。墓壁用修整过的长方形青石块错缝平砌，石块朝室内一侧较为平整。石室与圹壁间的空隙填以坑土，墓底未作铺垫，为黄色生土平面。

葬具、人骨与葬式：棺木腐朽无存，残存有零散人骨，葬式不详。墓向100°（图二四六）。

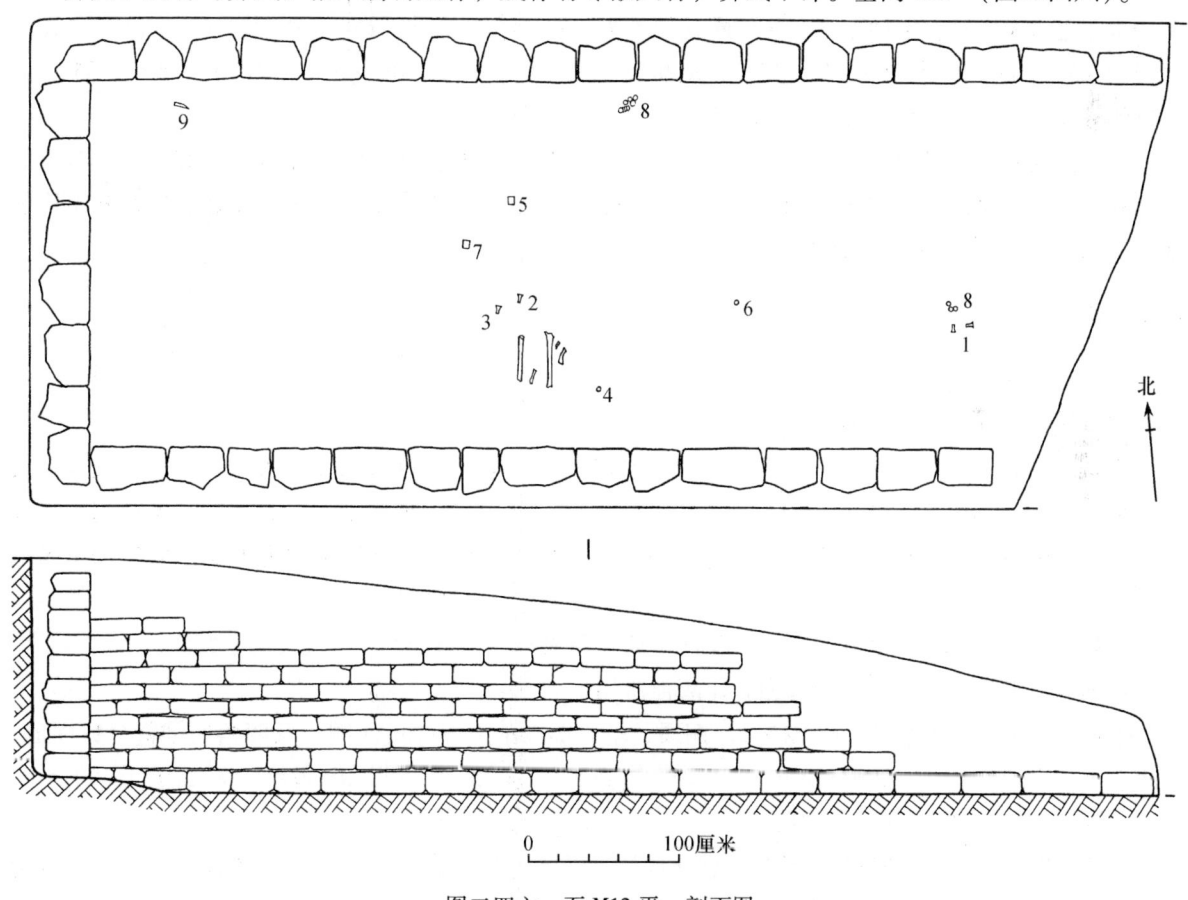

图二四六　石M12平、剖面图
1~3. 耳珰　4. 银环　5、7. 铜带饰　6. 铜戒指　8. 铜钱　9. 铁刀

随葬品：残存40件。有铜带饰、铜戒指、铜钱、银环、铁刀、耳珰六种器物。

铜带饰　2件。形制相同。石M12:7，铜质，呈方形，由上下两块薄铜片同四角圆柱形小铆钉合钉而成，上下两片各有一长方形穿孔。长2.7、宽2.4、厚0.6厘米（图二五〇，12）。石M12:5，

---

① 国务院三峡工程建设委员会办公室、国家文物局：《秭归柳林溪》，科学出版社，2003年。

稍残。

铜戒指　1件。石M12∶6，呈圆形，已断为三截。直径2.1、断面径0.2×0.15厘米（图二五〇，13）。

铜钱　30枚。有货泉、大泉五十、五铢三种。

货泉　石M12∶8-2，面有轮有郭。直径2.2、孔边长0.8厘米（图二五一，10）。

大泉五十　可分两种。石M12∶8-1，面有轮有郭。直径2.2、孔边长0.8厘米（图二五一，15）。石M12∶8-4，直径2.6、孔边长1厘米（图二五一，16）。

五铢　石M12∶8-3，面有轮无郭。直径2.5、孔边长1.1厘米（图二五一，14）。

银环　2件，其中1件残。石M12∶4，银白色，呈圆形，薄小如丝。直径2.1、断面径0.1厘米（图二五〇，14）。

铁刀　1件。石M12∶9，铁质已锈，打制；呈长条状，前半已断，形制不明。残长15.8、宽3、厚0.4厘米（图二五〇，15）。

耳珰　4件（图版四四，3）。分A、B二型。A型2件。石M12∶1，琉璃质，蓝色半透明；矮柱状，顶小底大中束腰，上面平，底面如圈足跟外撇，内凹，中穿孔。高2、面径0.7、底径1.3厘米（图二五〇，16）。B型2件。石M12∶2，琉璃质，深蓝色半透明；矮圆柱状，中有一穿孔。高2.1、外径0.9、孔径0.4厘米（图二五〇，17）。

年代推断：石M12未出土陶器和青瓷器，随葬的货泉、大泉五十为王莽时期所铸，还出有东汉时期的五铢钱和耳珰，但根据所出铜带饰与巴东龙堆包M9的铜带饰比较[①]，形制相同，其年代相近，石M12的年代应在东晋晚期。

4. 石M15

位置：位于T376东部。

层位关系：开口在②层下，打破生土。

形制与结构：长方形土圹石室墓，东端遭破坏，土圹残长540、宽262、深152厘米。长方形石室券顶已塌陷，不见甬道及封门墙，石室内空残长496、宽166、残高12～148厘米。墓壁用不甚规整的长方形青石块错缝平砌，石块朝室内一侧较为平整，石室与圹壁间用坑土填实，墓底未作铺垫为生土平面。

葬具、人骨与葬式：棺木、人骨已腐朽无存，葬式不详。墓向58°（图二四七）。

随葬品：残存6件。有铜带饰和五铢两种器物。

带饰　2件。形制相同。石M15∶2，铜质，呈方形，由上下两块薄铜片及四角的铆钉合钉而成，上片有一长方形穿孔，一边铆钉残。长2.75、宽2.5、厚0.5、片厚0.05厘米（图二五〇，9）。

五铢　4枚。铜质较差，未拓片。

年代推断：石M15只残存铜带饰和五铢钱两种器物，铜带饰与石M12铜带饰雷同，两墓的墓葬形制与结构基本一致，其年代相近，石M15的年代也在东晋晚期。

5. 砖M9

位置：位于T398内。

层位关系：开口在①层下，打破生土和M130。

---

① 国务院三峡工程建设委员会办公室、国家文物局：《巴东龙堆包墓群发掘报告》，《湖北库区考古报告集》（第三卷），科学出版社，2006年。

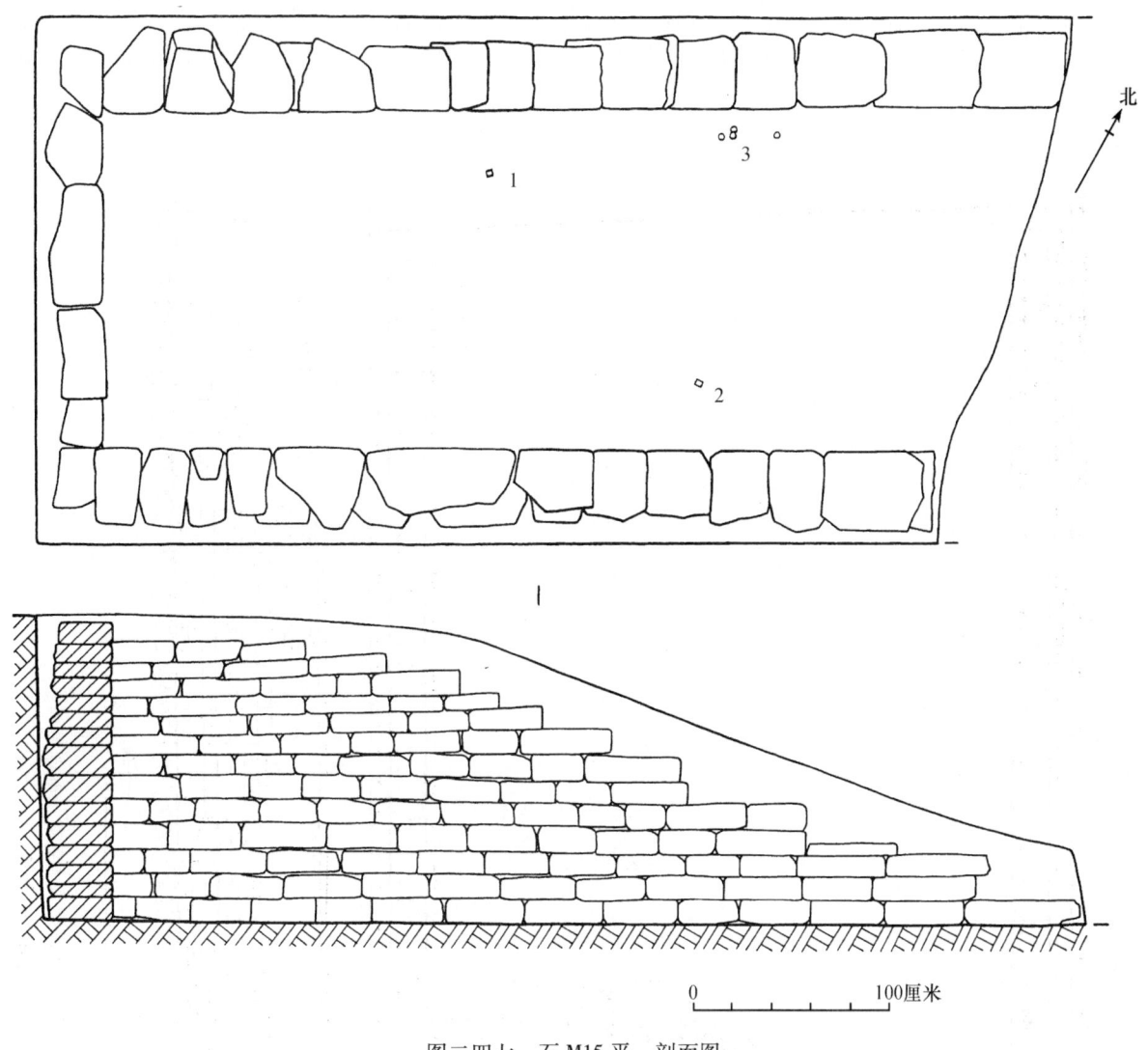

图二四七　石 M15 平、剖面图
1、2. 铜带饰　3. 铜钱（4 枚）

形制与结构：长方形土圹砖室墓，东南端遭破坏。土圹残长 640、宽 338、深 68 厘米。砖室为单室券顶已塌陷，不见墓门及甬道。室内空残长 604、宽 280、残高 28～66 厘米。墓壁均用长方形单块子母砖错缝平砌至券顶，塌陷的券顶为楔形砖，墓底设铺地砖，用子母砖相互衔接横向平铺一层，墓室中前端严重扰乱，铺地砖已捣毁，两种墓砖均为青灰色。长方形子母砖，通长 39、子头长 2.5、宽 17、厚 7 厘米。砖一长侧面饰几何菱形纹加乳钉纹，单面为粗绳纹，其余各面为素面。建墓时，有纹饰一侧朝向室内。砖面花纹不尽相同（图二四九）。

葬具、人骨与葬式：棺木已腐朽无存，有零星人骨，葬式、性别、年龄不详。墓向 150°（图二四八；图版四三，2）。

随葬品：残存 6 件。有青瓷钵、小铜铃和铜钱三种器物，散布于墓室中。

钵　1 件。砖 M9:1，青瓷灰胎，器内及外上壁施青釉，下部至底露胎；尖圆唇，敛口近直，浅弧腹，平底；口下两周凹弦纹。口径 15.2、底径 10、高 5.6 厘米（图二五〇，7；图版四四，2）。

小铜铃　1 件。砖 M9:2，椭圆形中空，上部附一半环形系钮，下部有一直线开口，直径 1×0.9、通高 1.2 厘米（图二五〇，4）。

货泉　4 枚。石 M9:3-1，面有轮有郭。直径 2.2、孔边长 0.8 厘米（图二五一，11）。

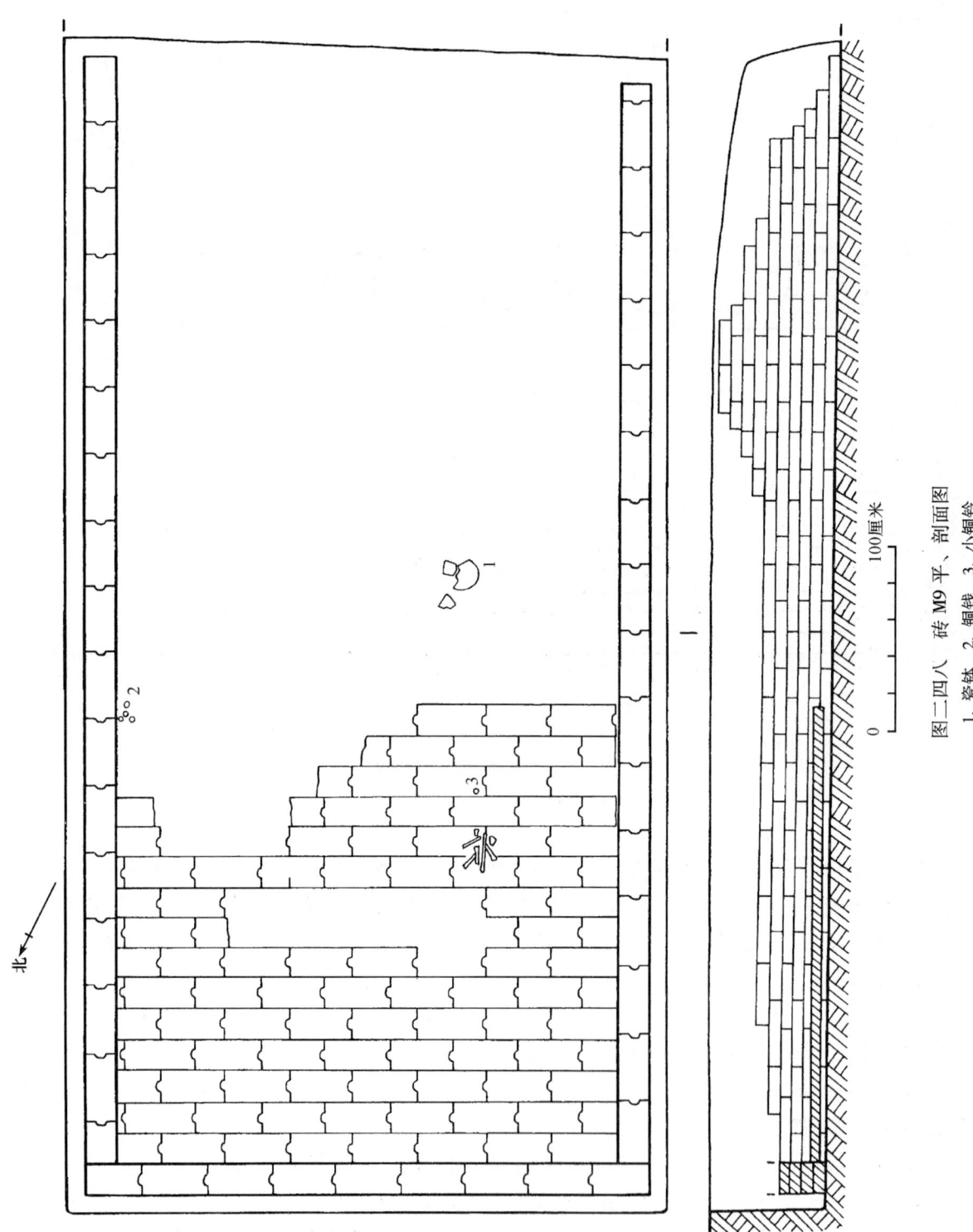

图二四八 砖 M9 平、剖面图
1. 瓷钵 2. 铜钱 3. 小铜铃

图二四九 砖 M9 墓砖花纹拓片
1、2. 几何菱形纹、乳钉纹　3~5. 几何菱形纹

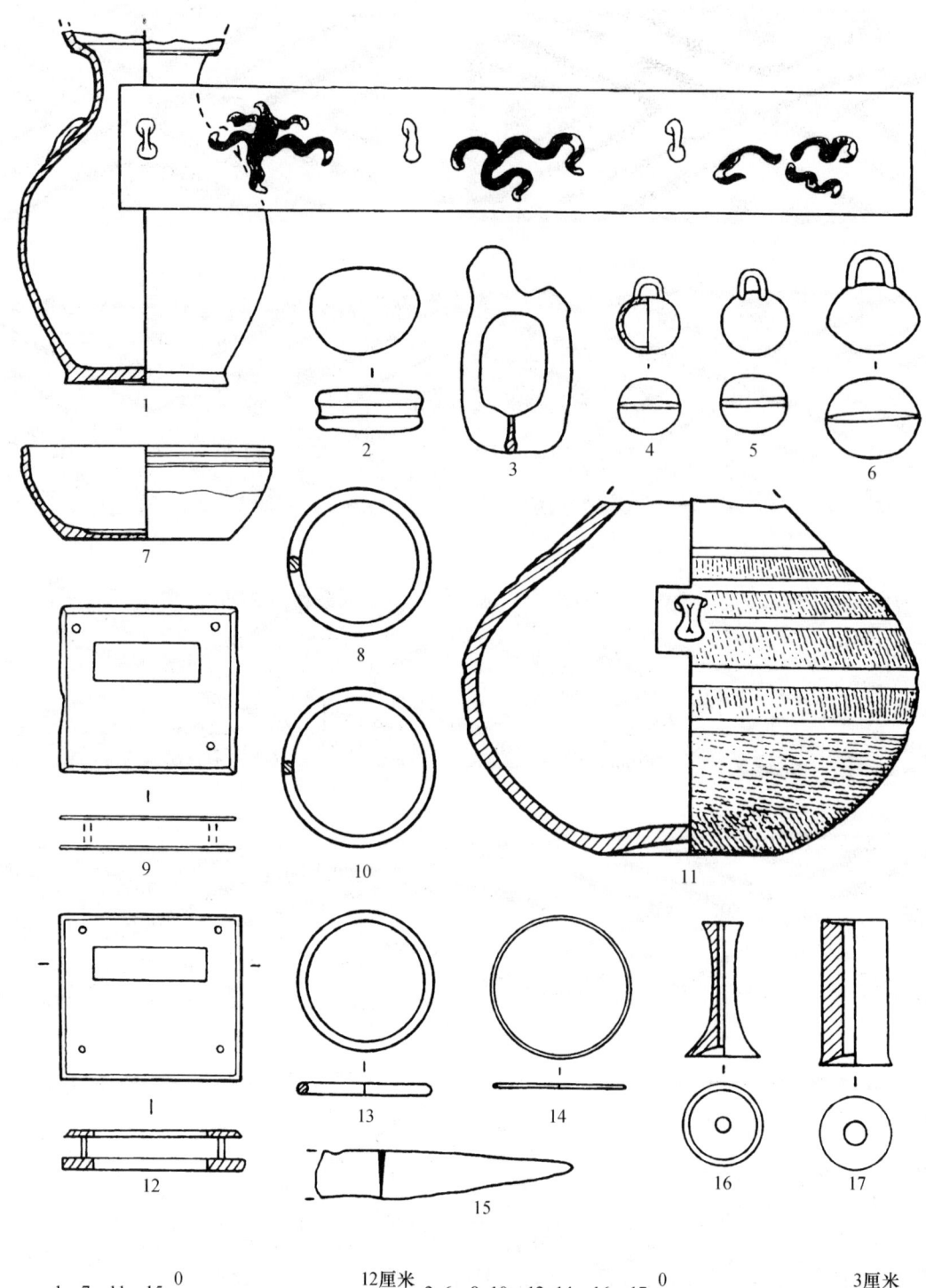

图二五〇　石 M8、石 M10、石 M12、石 M15、砖 M9 出土器物
1. 瓷盘口壶（石 M10:1）　2. 骨饰（石 M8:6）　3. 铜饰（石 M8:2）　4～6. 小铜铃（砖 M9:2、石 M10:3、石 M8:4）
7. 瓷钵（砖 M9:1）　8、14. 银环（石 M8:3、石 M12:4）　9、12. 铜带饰（石 M15:2、石 M12:7）　10. 铜环（石 M8:1）
11. 陶有耳罐（石 M8:8）　13. 铜戒指（石 M12:6）　15. 铁刀（石 M12:9）　16、17. 耳珰（石 M12:1、石 M12:2）

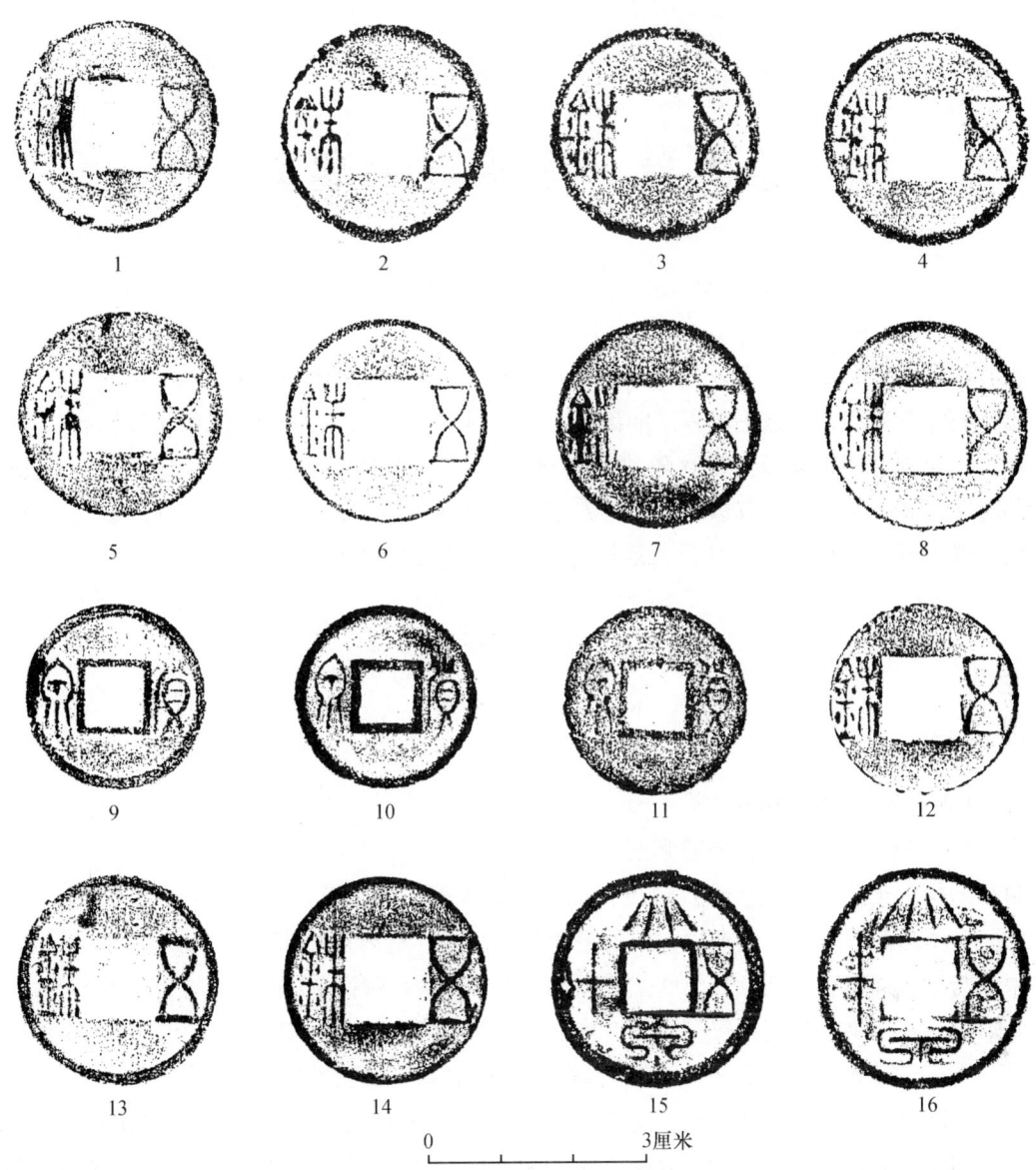

图二五一　石 M8、石 M10、石 M12、砖 M9 铜钱拓片

1~8、13、14. 五铢（石 M8：5-2、石 M8：5-3、石 M8：5-4、石 M8：5-5、石 M10：2-1、石 M10：2-2、石 M10：2-3、石 M10：2-4、石 M10：2-8、石 M12：8-3）　9~11. 货泉（石 M8：5-1、石 M12：8-2、砖 M9：3-1）　12. 剪轮五铢（石 M10：2-6）　15、16. 大泉五十（石 M12：8-1、石 M12：8-4）

年代推断：砖 M9 出土的青瓷钵和小铜铃较具六朝时期的器物风格，与秭归庙坪同时期 M98：21 这件同类器物形制基本一致[①]，年代相近，因此，砖 M9 的年代相当于西晋中晚期。

三、小　结

上述 5 座六朝时期的土圹墓中，以石室墓为主，砖室墓仅一座，体现了三峡地区利用较多的自然石料建墓的地域特点。在葬俗上延续了东汉以来的一墓多葬的家族式合葬习俗。因墓葬破坏严重，出土器物残缺不全，有少量外来青瓷器开始用于随葬。

---

① 湖北省文物事业管理局、湖北省三峡工程移民局：《秭归庙坪》，科学出版社，2003 年。

第九章 唐宋时期墓葬

一、概 述

红庙岭遗址唐宋时期遗存仅发现3座土圹石室墓，编号为石M1、石M4、石M11。

这3座石室券顶墓，都遭不同程度的破坏，有的残存墓室后端，有的仅存底基脚石一层。棺木葬具无存，人骨保存情况较差。残存随葬品共69件。其中铜钱最多，共51枚，其次是陶器4件，有碗、釉陶罐；青瓷器3件，有盘口壶、罐；青白瓷器2件，只有碗；铜器7件，有勺、挂件、拉手、戒指、笄；铁器2件，为砍刀。下面分别介绍这3座墓的情况。

二、土圹墓介绍

1. 石M4

位置：位于T52、T59、T60内。

层位关系：开口在②层下，打破生土。

形制与结构：土圹石室墓，平面呈凸字形，上部被毁，仅存墓底基石一层。土圹残长775、宽308、残深23厘米。石室墓单室券顶，由甬道和墓室组成。室内空长534、宽226厘米。甬道位于墓室北端中部与墓室间略有偏斜。长200、宽130厘米，残存石壁高20厘米，均为长短不等，很不规整的长条形青石块所砌，封门石仅存一层。中部人骨下有零散石块，墓底为生土平面，未作铺垫。

葬具、人骨与葬式：棺木已朽，有数枚散落的铁棺钉，清理出人骨架3具。甬道处人骨1具，被扰乱。中后部有2具并列的人骨架，腹部以上被扰乱。3具人骨均头向墓门。甬道中为一男性，约40岁。中部西侧者为男性，约50岁；东侧者为女性，约50岁；并列的两具人骨均为仰身直肢。墓向34°（图二五二；图版四五，1）。

随葬品：残存9件。有釉陶罐、青瓷盘口壶、罐、铜戒指、铜钱、铁砍刀六种器物。

釉陶罐 1件。石M4:9，釉陶灰胎，上腹施暗绿釉，内壁下腹及底露胎；直口，圆唇外凸，矮直颈，弧肩外鼓，深弧腹内收，底呈假圈足，稍内凹；颈、肩之间附两个半弧形器耳，但一耳已残；未见其他纹饰。口径7.6、底径6.8、高14.4厘米（图二五四，4；图版四六，1）。

盘口壶 1件。石M4:1，青瓷，灰褐胎，盘口至肩部施褐釉，腹下及底露胎；腹部有较清晰的轮制弦痕；盘口外侈，束长颈，弧肩，鼓腹下内收，平底内凹，肩部有四个对称的桥形钮。口径19.2、底径15.2、高31.8厘米（图二五四，6；彩版六，2）。

罐 1件。石M4:3，青瓷，灰褐胎，灰绿釉；直口内敛，矮颈外斜，中起凸棱，而呈子母口，弧肩，扁腹外鼓，下腹部残；肩部横置四个对称桥形钮，肩部器耳上有两周凹弦纹，内加细密方格纹，肩部四耳下又有一周凹弦纹。口径11.2、残高8.8厘米（图二五四，1）。

铜戒指 1件。石M4:5，铜质，细圆形，残损。

铜钱 4枚。有货泉、五铢、剪轮无字钱三种。

货泉 1枚。石M4:2-1，正面有轮有郭。直径2.2、孔边长0.8厘米（图二五五，5）。

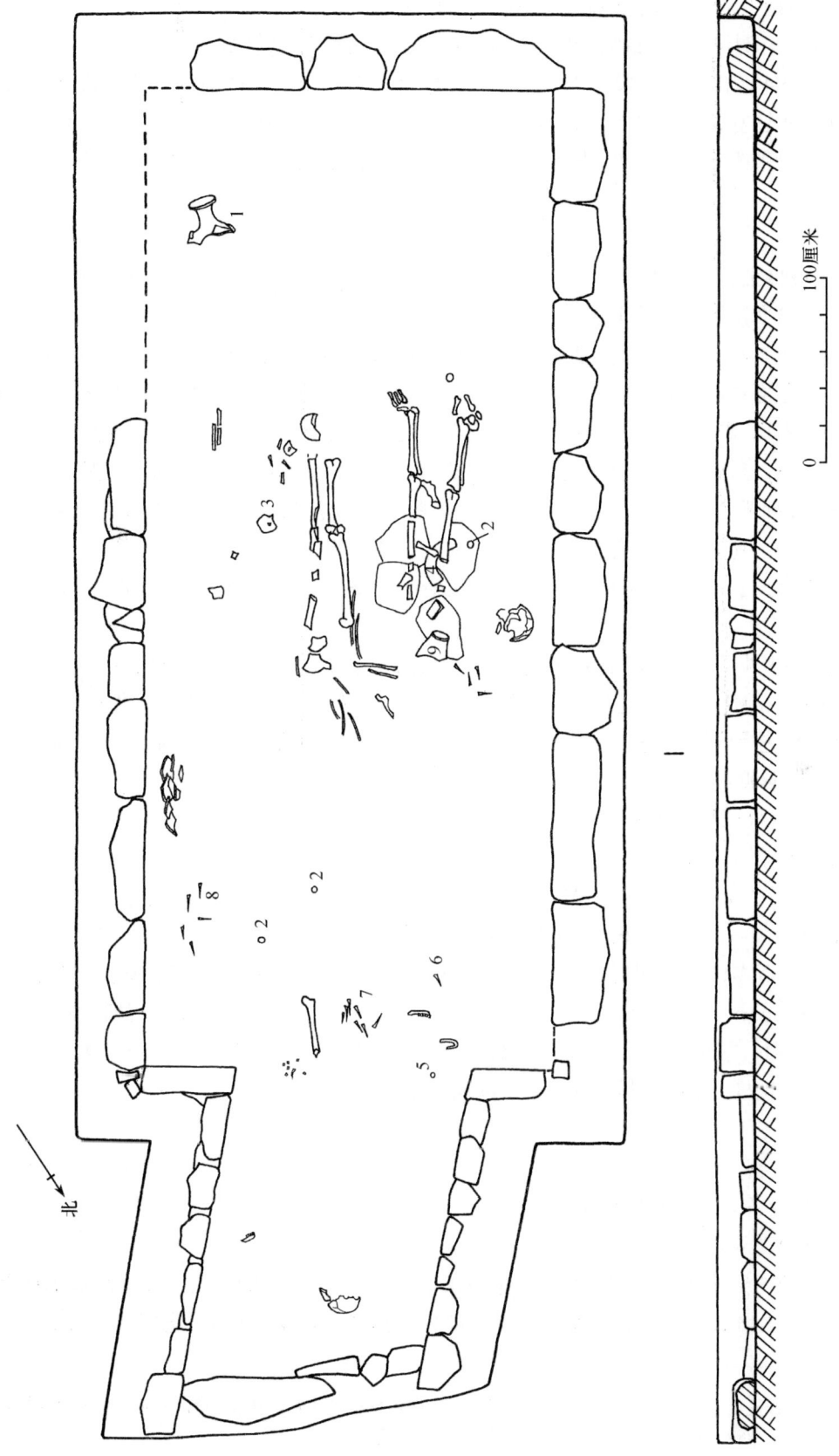

图二五二 石M4平、剖面图

1. 瓷盘口壶 2. 铜钱 3. 瓷罐（残） 4. 铁砍刀 5. 铜戒指 6~8. 铁棺钉 9. 釉陶罐

五铢　1枚。石M4:2-2，正面有轮无郭。直径2.9、孔边长1.1厘米（图二五五，1）。

剪轮无字钱　2枚。石M4:2-3，边缘磨光。直径2、孔边长1厘米（图二五五，6）。石M4:2-4，边缘不规整。直径1.7、孔边长1厘米（图二五五，7）。

铁砍刀　1件。石M4:4，铁质锈蚀残断，刀前端弯弧形，单面刃。残长18.4厘米（图二五四，5）。

年代推断：石M4所出的青瓷罐、货泉、五铢、剪轮无字钱为唐代以前的器物，未出土唐宋时期的钱币。同出的青瓷盘口壶与巴东茅寨子湾遗址唐墓青瓷盘口壶（DM1:11）雷同[1]。釉陶罐与巴东罗坪唐墓出土的釉陶罐形制相近[2]，显得略晚，因此，石M4的年代下限应在唐代晚期。

2. 石M11

位置：位于T388北部陡坡边。

层位关系：开口②层下，打破生土。

形制与结构：土圹石室墓，平面呈凸字形，全长816、宽368、残深204厘米。石室墓由前、后室及甬道组成，石室券顶已塌陷。长方形墓室内空全长716、宽296、残高44～162厘米。在墓室中后端横向修筑一道石墙与南北两壁垂直相交，矮石墙砌有4层条形石块，与后室地面同高，墙中部残。墓室为前低后高，后室地面较前室地面高出60厘米。甬道位于墓室东壁中部，仅残存南壁一小段。残长65、高32厘米。甬道内宽168厘米。石壁均用略经修整的长条形青石块错缝平砌，石块较平整的一侧砌在室内。墓室与甬道底面均为生土平面，未作铺垫。

葬具、人骨与葬式：棺木葬具及人骨已腐朽无存，葬式不详。墓向120°（图二五三；图版四五，2）。

随葬品：残存14件。青瓷盘口壶1件置于前室中后端，铜钱和器物拉手散放于前、后两室中。

盘口壶　1件。石M11:1，青瓷灰胎，施黄釉近底部，底露胎；圆唇，盘口，高颈，中部微束，平弧肩，肩上附四个桥形耳，深腹，上部微鼓弧，圆饼式平底。口径14.4、底径13.6、高25.2厘米（图二五四，2；彩版六，1）。

铜钱　11枚。为货泉和五铢两种。

货泉　标本1枚。石M11:2-1，面有轮有郭。直径2.1、孔边长0.8厘米（图二五五，4）。

五铢　标本2枚。文字略异。石M11:2-2，面有轮无郭。直径2.6、孔边长1.1厘米（图二五五，2）。石M11:2-3，直径2.6、孔边长1厘米（图二五五，3）。

铜拉手　2件。石M11:4，铜质，薄长条片打制；桥形，两端为六瓣花状，花瓣中附长尖钉，应为漆木器上配件。长5.1、中宽0.8、厚0.05、花径1.5、钉长2.1厘米（图二五四，3）。

年代推断：石M11与石M4出土的器物基本一致，也出有青瓷盘口壶、货泉和五铢，盘口壶在器形特征上比石M4盘口壶显得略早，其年代应在唐代中晚期。

3. 石M1

位置：位于T387东部，台地陡坡边。

层位关系：开口①层下，打破生土。

形制与结构：长方形土圹石室墓，东端已遭滑坡破坏。土圹残长390、宽330、残高180厘米。石室券顶已塌陷，不见甬道及墓门，仅存墓室中后部分。石室内空残长334、宽270、残高28～166

---

[1] 国务院三峡工程建设委员会办公室、国家文物局：《巴东茅寨子遗址第二次发掘》，《湖北库区考古报告集》（第三卷），科学出版社，2006年。

[2] 国务院三峡工程建设委员会办公室、国家文物局：《巴东罗坪》，科学出版社，2006年。

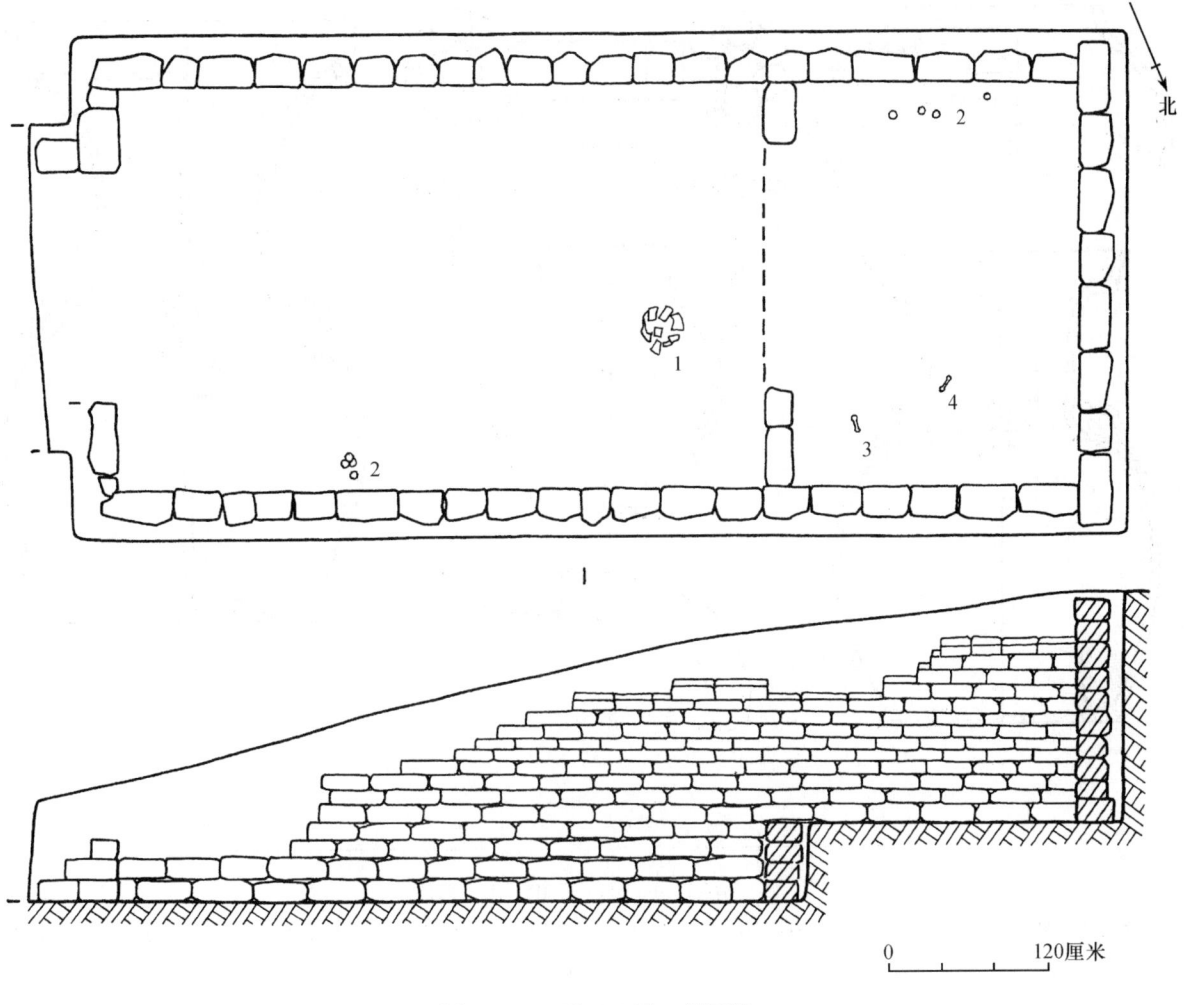

图二五三 石 M11 平、剖面图
1. 瓷盘口壶 2. 铜钱 3、4. 铜拉手

厘米。墓壁均用略经修整的长方形青石块错缝叠砌，石块较平整的一侧朝向室内，基脚石相对厚大，墓底为生土平面，未作铺垫。

葬具、人骨与葬式：棺木已腐朽无存，有散落的数枚铁棺钉。人骨仅存两具头骨，头向西北，下部遭毁，应为两个个体。葬式、性别、年龄不详。墓向150°（图二五六）。

随葬品：残存46件。有釉陶罐、陶碗、瓷碗、铜勺、铜挂件、铜笄、铜钱、铁砍刀等，散放于墓室中。

釉陶罐　2件。石 M1:2，灰黄陶，酱黑釉；直口矮颈，圆唇外斜，溜肩有双耳，耳残，深长腹，下收成假圈足，平底稍凹；肩、腹处有一凹弦纹。口径8.4、底径7.2、高14.8厘米（图二五七，2；图版四六，3）。石 M1:6，灰黑胎，上腹黑釉；直口矮颈，圆唇外翻，溜肩，肩上有双耳，已残，深长腹下收成平底；肩上有一周凹弦纹。口径9.3、底径7.8、高14.8厘米（图二五七，1；图版四六，4）。

陶碗　1件。石 M1:10，泥质黑陶，手制，侈口，深腹，沿面稍内凹，圜底附圆饼状底，底周饰花边。口径11.8、底径6.8、高7.2厘米（图二五七，3；图版四六，5）。

瓷碗　2件。石 M1:3，青白瓷，青釉，轮制；圆唇，六瓣葵花状撇敞口，深腹，曲壁，高圈足。口径12.2、圈足径4.7、高7.4厘米（图二五七，5）。石 M1:5，青白瓷，乳白釉，轮制；敛

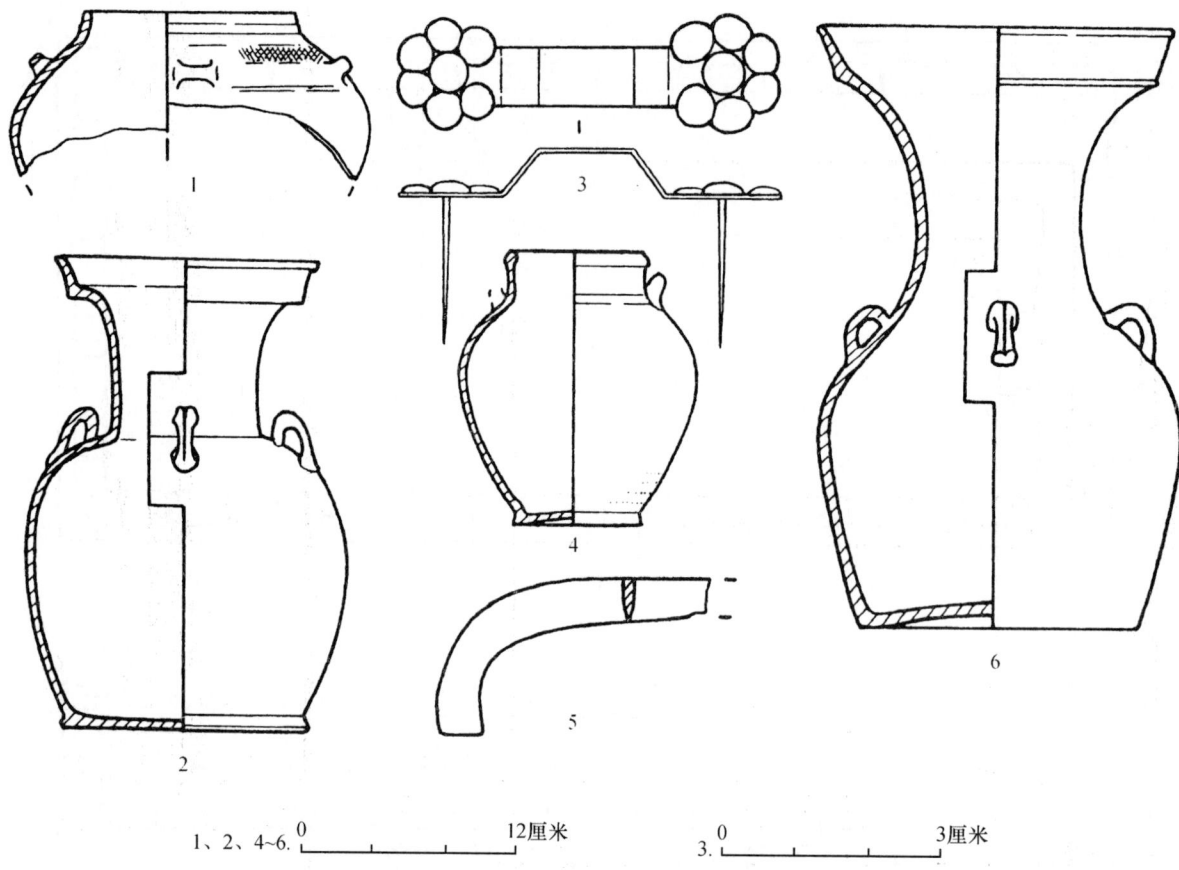

图二五四　石 M4、石 M11 出土器物

1. 瓷罐（石 M4:3）　2、6. 瓷盘口壶（石 M11:1、石 M4:1）　3. 铜拉手（石 M11:4）　4. 釉陶罐（石 M4:9）　5. 铁砍刀（石 M4:4）

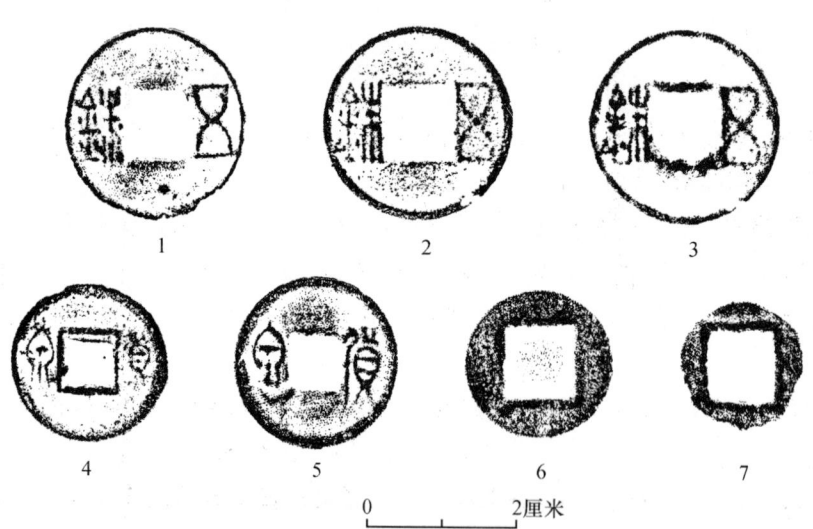

图二五五　石 M4、石 M11 铜钱拓片

1~3. 五铢（石 M4:2-2、石 M11:2-2、石 M11:2-3）　4、5. 货泉（石 M11:2-1、石 M4:2-1）
6、7. 剪轮无字钱（石 M4:2-3、石 M4:2-4）

第九章 唐宋时期墓葬

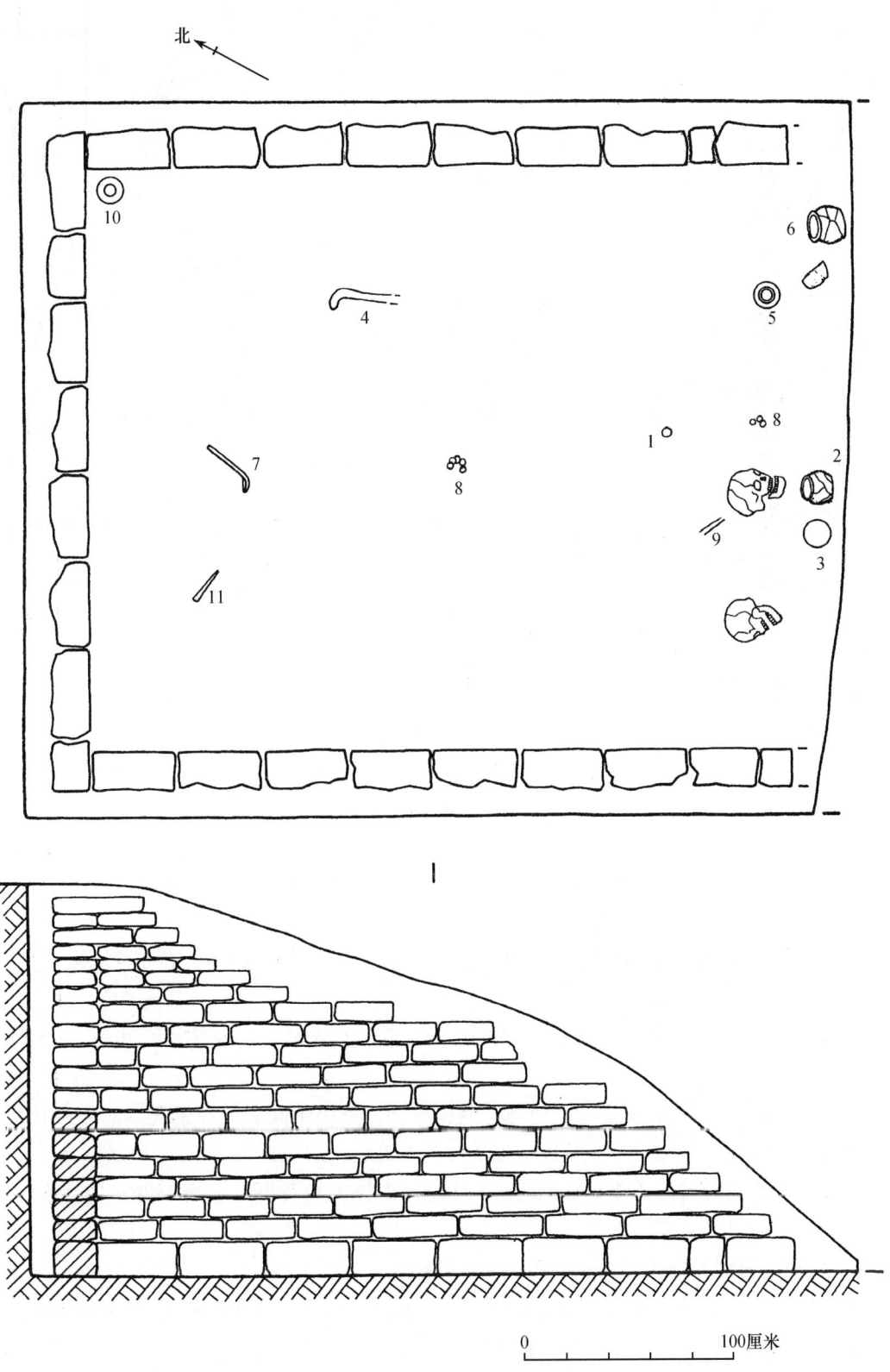

图二五六 石 M1 平、剖面图
1. 铜挂件 2、6. 釉陶罐 3、5. 瓷碗 4. 铁砍刀 7. 铜勺 8. 铜钱（36枚） 9. 铜笄（2件） 10. 陶碗 11. 铁棺钉

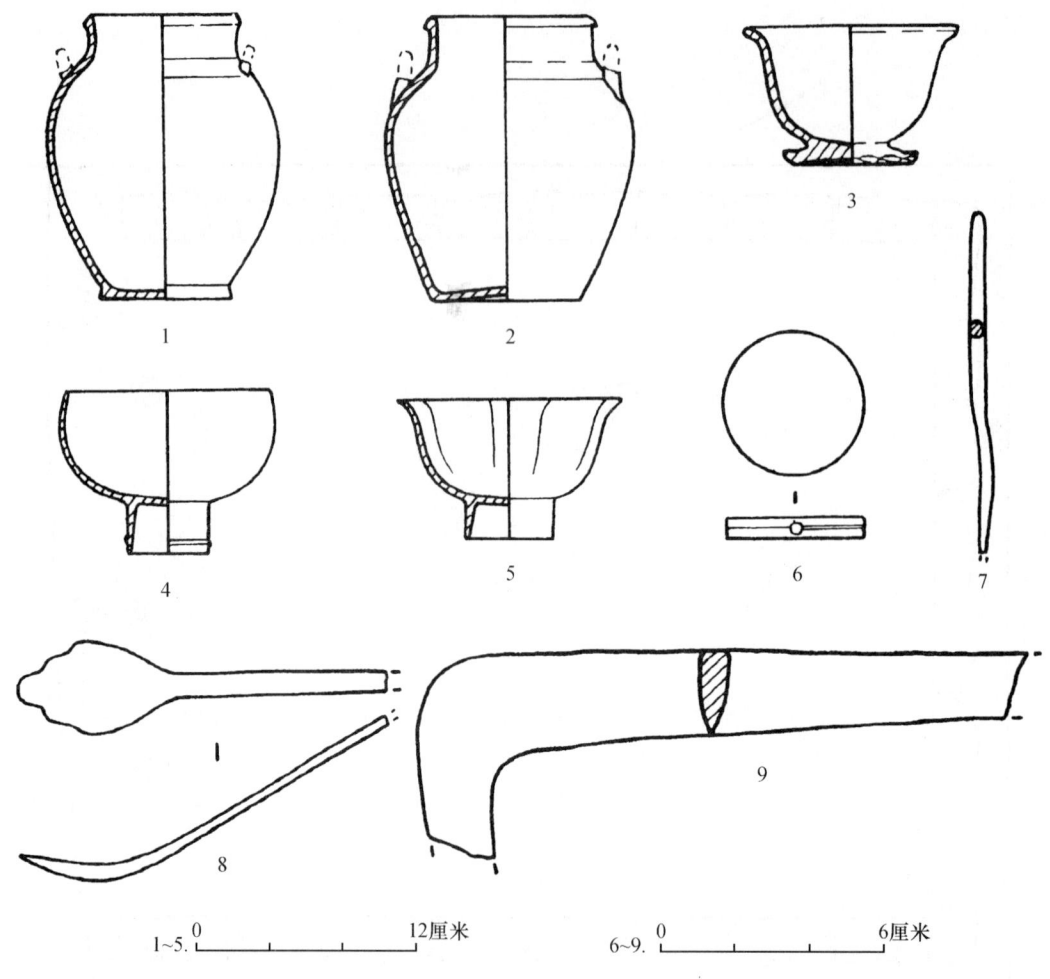

图二五七　石 M1 出土器物

1、2. 釉陶罐（石 M1:6、石 M1:2）　3. 陶碗（石 M1:10）　4、5. 瓷碗（石 M1:5、石 M1:3）　6. 铜挂件（石 M1:1）　7. 铜笄（石 M1:9）　8. 铜勺（石 M1:7）　9. 铁砍刀（石 M1:4）

口，深弧腹，弧壁，高圈足，足下部有一周凸棱。口径11.2、圈足径4.6、高8.5厘米（图二五七，4；彩版六，3；图版四六，2）。

铜勺　1件。石 M1:7，铜质，打制；勺把已断，断面呈扁形，勺腹较浅。残长10.5厘米（图二五七，8）。

铜挂件　1件。石 M1:1，铜质，圆饼状，两面皆平，侧边中间有一穿透孔，侧面两孔之间，半边有一凹槽，半边光平。直径3.6、厚0.6厘米（图二五七，6）。

铜笄　2件。形制相同。石 M1:9，铜质，打制；头笄为椭圆形，上粗下细，尖已断。残长9、直径0.4厘米（图二五七，7）。

铜钱　36枚。分别为唐代开元通宝和北宋年号钱。

开元通宝　三种，面有轮有郭，钱文真体对读。石 M1:8-13、石 M1:8-6、石 M1:8-12，直径分别为2.3、2.4、2.5，孔边长都为0.8厘米（图二五八，1~3）。

至道元宝　两种，面有轮有郭，钱文草体旋读，字体略有差异。石 M1:8-2，直径2.5、孔边长0.7厘米（图二五八，4）。石 M1:8-11，直径2.5、孔边长0.6厘米（图二五八，5）。

景德元宝　面有轮有郭，钱文真体旋读。石 M1:8-9，直径2.4、孔边长0.7厘米（图二五八，6）。

祥符通宝　两种，面有轮有郭，钱文真体旋读，字体大小不同。石 M1:8-5、石 M1:8-18，直径

图二五八 石 M1 铜钱拓片

1~3. 开元通宝（石 M1:8-13、石 M1:8-6、石 M1:8-12） 4、5. 至道元宝（石 M1:8-2、石 M1:8-11） 6. 景德元宝（石 M1:8-9）
7、8. 祥符通宝（石 M1:8-5、石 M1:8-18） 9. 祥符元宝（石 M1:8 17） 10. 明道元宝（石 M1:8-14） 11. 景祐元宝（石 M1:8-4）
12~14. 皇宋通宝（石 M1:8-1、石 M1:8-3、石 M1:8-8） 15. 嘉祐元宝（石 M1:8-15） 16、17. 元丰通宝（石 M1:8-16、石 M1:8-7）
18. 元祐通宝（石 M1:8-19） 19. 绍圣元宝（石 M1:8-10）

2.4、2.5、孔边长 0.7 厘米（图二五八，7、8）。

祥符元宝　面有轮有郭，钱文真体旋读。石 M1:8-17，直径 2.5、孔边长 0.7 厘米（图二五八，9）。

明道元宝　面有轮有郭，钱文真体旋读。石 M1:8-14，直径 2.4、孔边长 0.7 厘米（图二五八，10）。

景祐元宝　面有轮有郭，钱文篆体旋读。石 M1:8-4，直径 2.5、孔边长 0.8 厘米（图二五八，11）。

皇宋通宝　三种，面有轮有郭，钱文真、篆体对读。石M1:8-1、石M1:8-3、石M1:8-8，直径均为2.4、孔边长分别为0.7、0.7、0.8厘米（图二五八，12～14）。

嘉祐元宝　面有轮有郭，钱文真体旋读。石M1:8-15，直径2.3、孔边长0.8厘米（图二五八，15）。

元丰通宝　两种，面有轮有郭，钱文篆、草体旋读。石M1:8-16、石M1:8-7，直径2.3、2.4、孔边长0.6、0.7厘米（图二五八，16、17）。

元祐通宝　面有轮有郭，钱文篆体旋读。石M1:8-19，直径2.4、孔边长0.7厘米（图二五八，18）。

绍圣元宝　面有轮有郭，钱文真体旋读。石M1:8-10，直径2.4、孔边长0.7厘米（图二五八，19）。

铁砍刀　1件。石M1:4，铁质严重锈蚀，单面刃，刃部内弯。残长16厘米（图二五七，9）。

年代推断：该墓所出随葬品是典型的北宋器物。釉陶罐与秭归庙坪北宋中晚期墓葬M40所出土的釉陶罐在造型风格上完全一致①，其年代相近。同出的年号钱，均为北宋铜钱，说明石M1的年代应该在北宋的绍圣年间或稍晚。

另外，在T384层中也出土一件和石M1近似的铜挂件，推测是另一座墓被扰乱的随葬品。

T384②:1，铜质黑褐色，铜挂件，呈圆饼状，由上、下两圆面合压而成，侧边有细微压合痕，侧边有对穿小圆孔；素面。直径3.3、厚0.7厘米（图二八四，4；图版四六，6）。

三、小　　结

上述3座土圹石室墓，唐墓两座，北宋时期的墓仅一座，墓葬因损毁严重，器物残缺不全，墓主所随葬的青瓷与青白瓷等日常生活器皿，可能来自长江中下游的各民窑。铁砍刀是当地人们与生活相关的生产工具。这一时期土圹石室墓的多人合葬形式，在红庙岭遗址中，同三峡地区其他遗址一样，呈减少趋势。

---

① 湖北省文物事业管理局、湖北省三峡工程移民局：《秭归庙坪》，科学出版社，2003年。

第十章 模糊遗存

一、概　　述

包括遗迹和遗物。

模糊遗迹包括9座房址和16座墓葬。

模糊遗物主要是4件采集和扰乱层出土的器物。

二、模糊遗迹

（一）房　　址

包括F1、F4～F10、F12九座房子残迹。

1. F1（原编号F1～F3）

位置：在T8和T9之间，但T8和T9西部已到高坎边，东部已是断坎下。

层位关系：开口②层下，打破生土。

形状大小：长方形多间并列房子，坐西朝东，但东部已成断坎（图二五九）。残存地表平坦、坚硬。西部和北部有略低于地表的浅沟槽，发现12个柱洞，其中1应是北部木骨泥墙内的柱洞；而2～4、6、7、9～12这九个柱洞，则是西部木骨泥墙内柱洞。柱洞4及其东部的柱洞5之间，也有

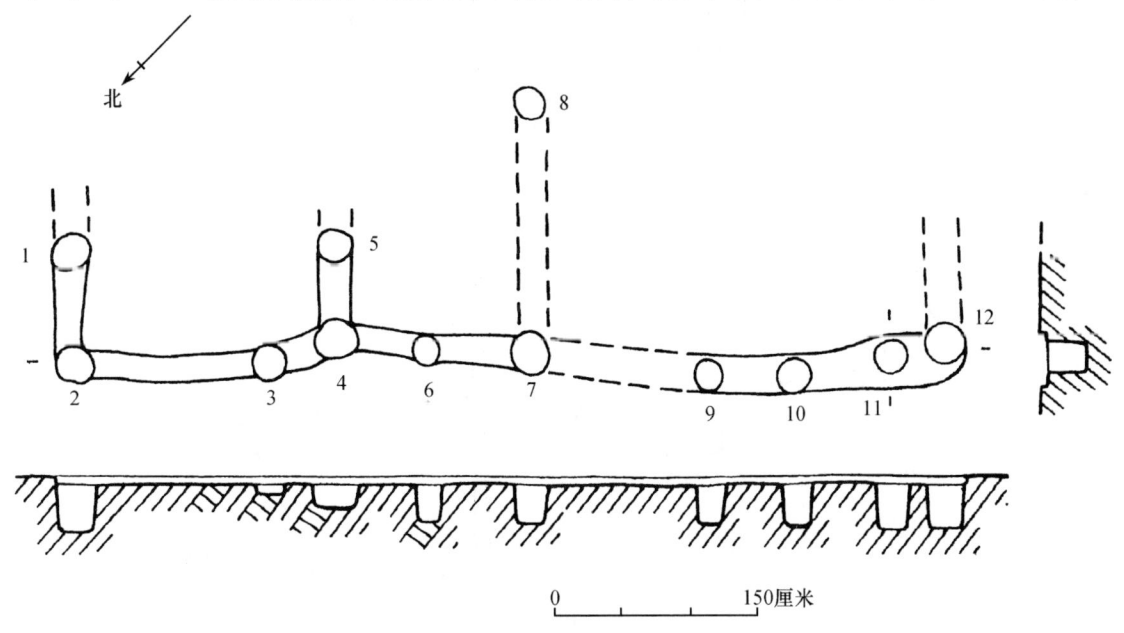

图二五九　F1平、剖面图

1～12. 柱洞

较深沟槽；柱洞 7 及其东部的柱洞 8 之间，则没有沟槽，只有不明显的墙痕；柱洞 12 的东部，也有不明显的墙痕。由于东部墙体和门已被断坎破坏无存，所以，只能推测 F1 为三间并列房址。F1 南北总长 650、残宽 100～225 厘米，其中北房内宽 175、中房内宽 125、南房内宽 280 厘米。柱洞直径在 20～30 厘米，柱洞深 6～39 厘米。

出土遗物：无。

2. F4

位置：T8 南部，也在 F1 南部。

层位关系：开口③下，打破生土。

形状大小：在一椭圆形浅凹坑中，中心一个大柱洞，周围一圈小柱洞，南侧小柱洞之间埋着两块竖立的长方体石块（图二六〇）。推测是一个窝棚式建筑遗迹，也可能是与 F1 同时的附属建筑物。

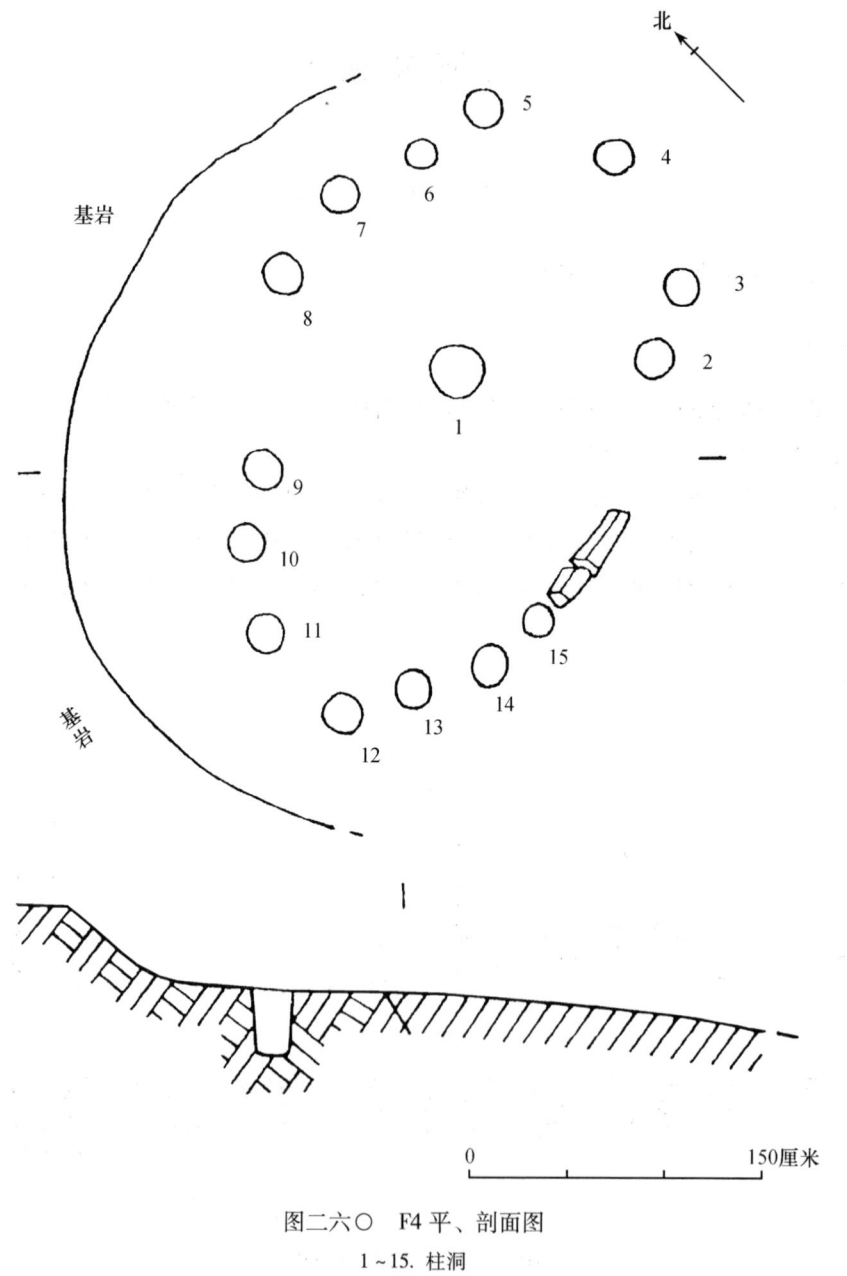

图二六〇　F4 平、剖面图

1～15. 柱洞

F4南北残长370、东西残宽350厘米，坑底缓坡状，西高东低，深40~65厘米。中心柱洞直径30、深47、周围柱洞直径15~25、深30厘米。

出土遗物：无。

3. F5

位置：T15南部。

层位关系：开口⑤层下，打破⑥A和⑥B层。

形状大小：在T15⑤层下发现一排4个柱洞，而把T15的东南角编号为F5（图二六一）。因为T15的东部隔梁没有发掘，F5布局不明。

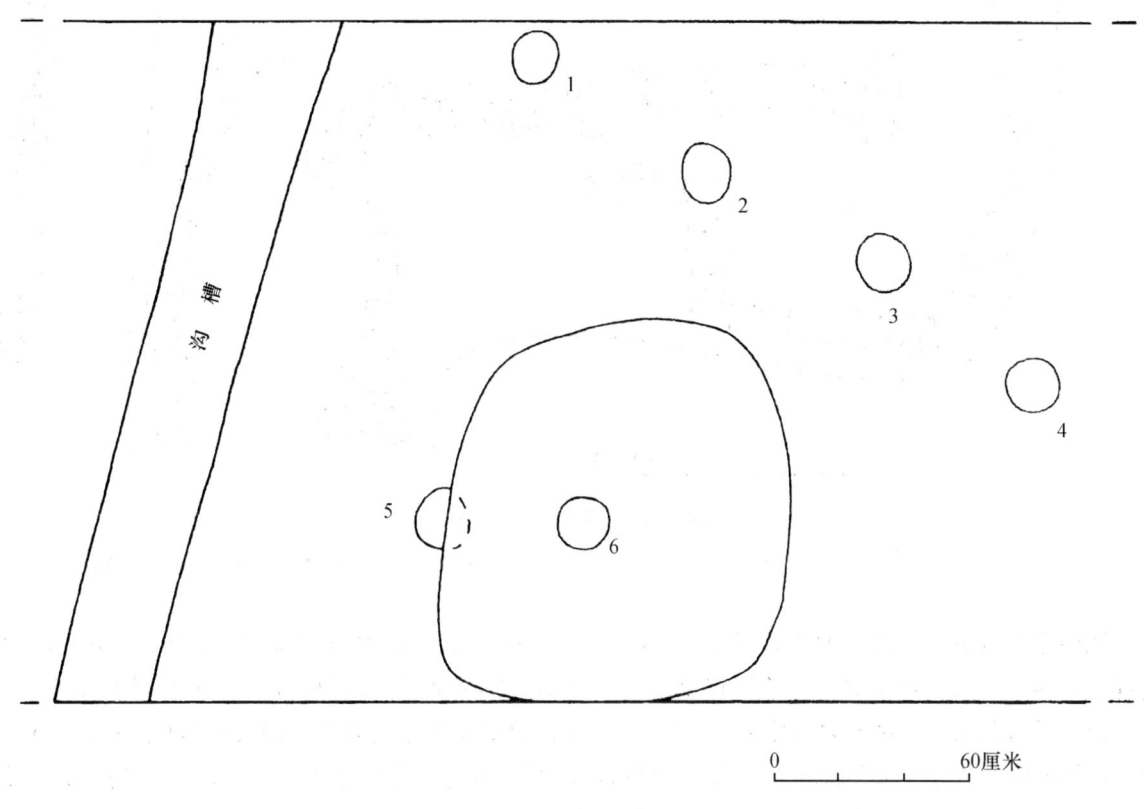

图二六一　F5平面图

1~6. 柱洞

在F5的西南部，后来在开口⑥B层下发现夏商时期的灰坑H12，又在H12的北部发现一条开口⑥B层下的沟槽。这两处遗址与F5不在同一层面下。但⑥A层黄灰土夹碎石块和⑥B层黄灰夹大红烧土块，则是F5内外的地面下的堆积。

F5这一排柱洞，全长约200厘米，柱洞直径在14~18厘米，柱洞深20厘米。

出土遗物：无。

4. F6

位置：在T34、T37、T38和T38南部扩方内。

层位关系：开口③层下，打破④层。

形状大小：在这批探方的③层下，发现一批排列有序的石块，因可能是一座中间为走廊、南北有厢房的房址，而编号为F6（图二六二）。

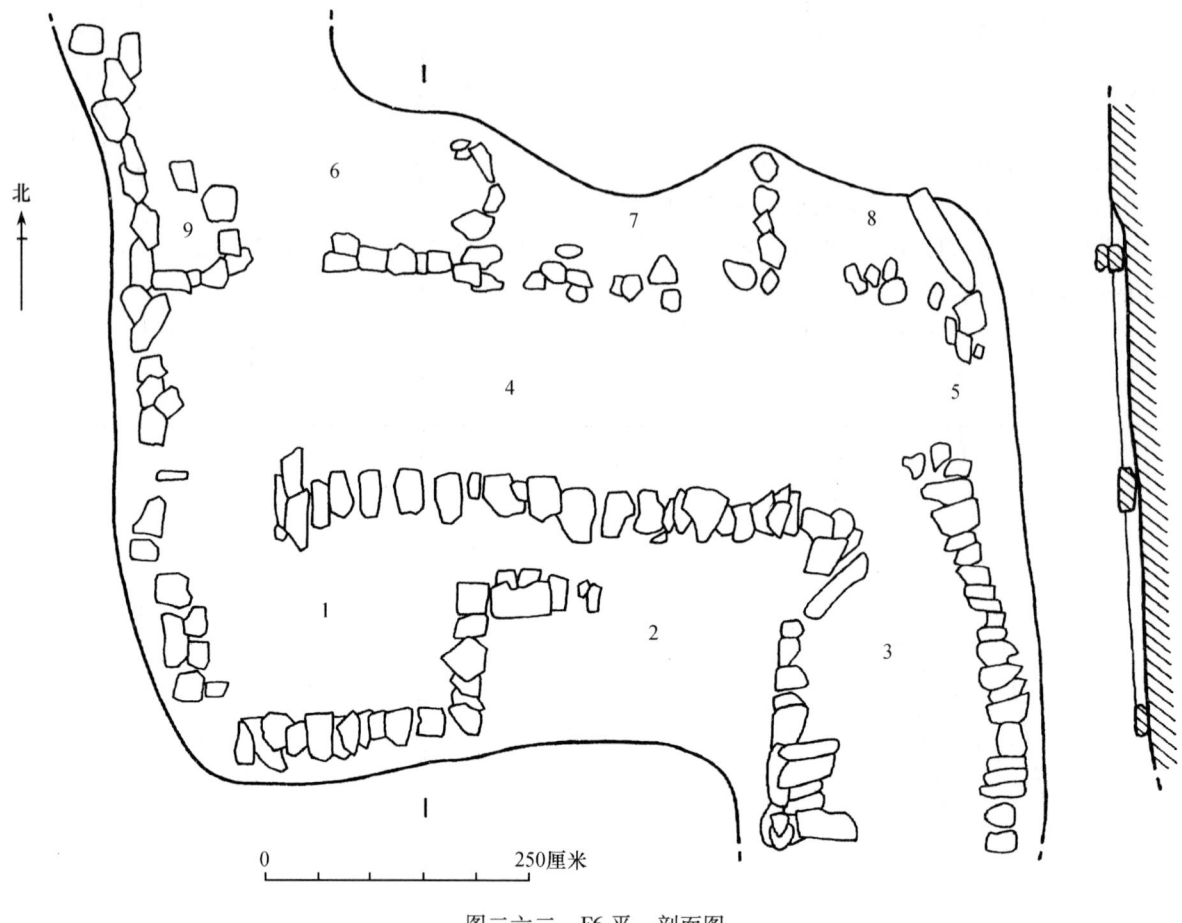

图二六二　F6 平、剖面图

1. 南1号房　2. 南2号房　3. 南3号房　4. 通道　5. 门道　6. 北1号房　7. 北2号房　8. 北3号房　9. 火塘

图中第5部分，可能是F6朝东开的大门；第4部分，是F6的中间走廊；第1至3部分，是F6南部三间房址；第6至8部分，又是F6北部三间房址；第9部分，是F6第6个房间一侧的灶坑。

第5部分的大门，两石之间距离75厘米。第4部分的走廊呈长方形，内长约700、内宽175厘米。1号房和2号房内部有通道，但只在1号房西侧开一房门，房门宽约80厘米，1号房和2号房之间的通道，宽只有50厘米左右；1号房仍保存南墙，近正方形，东西内长230、南北宽180厘米；2号房南部已残，东西之间内长270、内残宽170厘米。3号房东墙与南墙并不垂直，似倒塌后的墙体石块，门朝北部有走廊，门残宽65、室内南北长250、宽150厘米。

6至8三个房间，都有面向走廊的房门，但墙体石块都没有南部房间规范，且北部墙体都遭破坏未见。

9号灶坑内有残存灰烬。

F6地表基本平坦，但局部低凹，垫土黄褐色，并不坚硬。

出土遗物：无。

5. F7

位置：在T238东北角至T239南部。

层位关系：开口②层下，打破石 M6 和文化层。

形状大小：残存一面近南北走向的石墙，石墙中部东侧平放一近长方体有凿孔大石。因打破石 M6 而编号 F7（图二六三）。

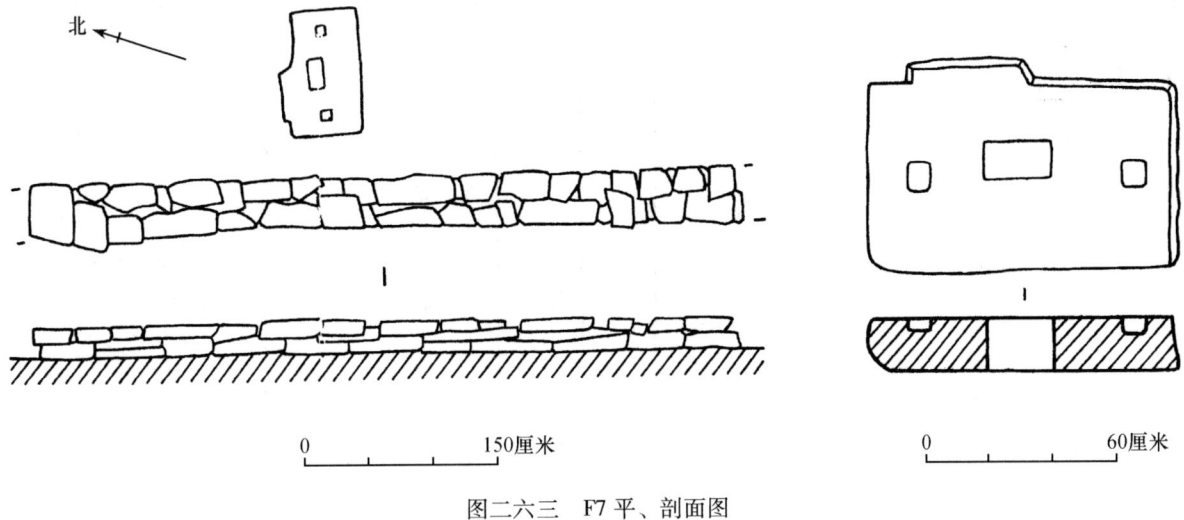

图二六三　F7 平、剖面图

F7 墙体笔直规整，有大小不一的石块两面对砌而成，即石块平整的一面放置墙体内外面，中间充填碎小石块，墙体残长 575、宽 40 厘米，残存二三层石块，残高约 30 厘米。

有孔大长方石，上、下皆平整，一长边有凸块而近长方形，顶面中间有一长方形至底大孔，长方孔东、西两侧又有未穿的近正方形凹孔。大石长 100、宽 58、厚 16 厘米。长方形穿孔长 22、宽 12 厘米；小凹孔边长约 10 厘米。

出土遗物：除有长方石外，未见其他遗物。

6. F8

位置：在 T182 西北部。

层位关系：开口①层下，打破生土，也打破 M34。

形状大小：残存四排规整平坦石条，因打破 M34 而编号为 F8（图二六四）。

四排石条平行但不等距，四排皆残，宽厚也不一致。北部一排残长 47、宽 28、厚 12 厘米。中间两排残长 240~230、宽 30、厚 16 厘米。南部一排残长 154、宽 30、厚 13 厘米。自北往南，第 1、2 排石条之间距离为 108、第 2、3 排之间的距离为 27、第 3、4 排之间的距离为 118 厘米。

因每排石条东西两端都已残，且多排都由两块条石连接，而尚难理解 F8 的布局。

出土遗物：无。

7. F9

位置：在 T244 南部。

层位关系：开口②B 层下，打破石 M7，东部又被两座现代墓打破。

形状大小：残存一段呈 "T" 形的石砌墙体，方向 345°（图二六五）。北部墙体残长约 420、宽 43、残高 30 厘米；西侧墙体残长 40、宽 34、残高 40 厘米。墙体内石块大小不一，但内外墙面都较平整。墙体都由平地起砌。

出土遗物：无。

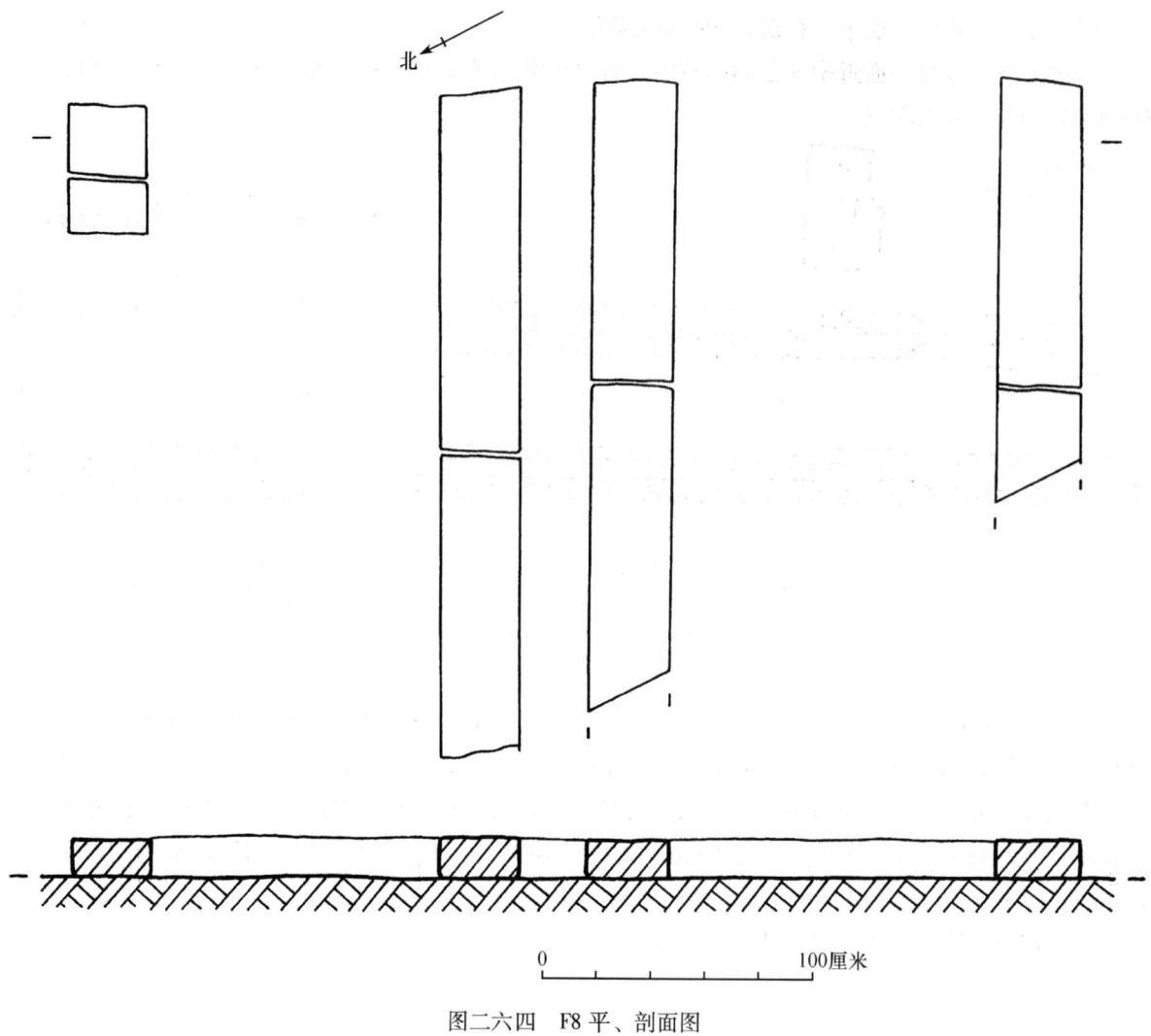

图二六四　F8 平、剖面图

8. F10

位置：在 T245 西南部。

层位关系：开口②层下，打破生土。

形状大小：为内有小隔间的石砌墙的房子东北角（图二六六）。北墙残长 180、宽 43、残高 20 厘米；东墙残长 250、宽 43、残高 12 厘米。在东墙西部内空 100 厘米处，有一与北墙垂直的小隔墙，内空长度 80 厘米。

出土遗物：无。

9. F12

位置：在 T367 探方中。

层位关系：开口②A 层下，打破生土；也打破 M87、M97、M98、M90 四座古代土坑竖穴墓。

形状大小：是一座平面成呈凸字形的地穴式木构建筑物；由外土坑、地下室和地下门道三部分组成（图二六七）。

外土坑平面近凸字形，斜壁内凹，南北残长 320、宽 244 厘米，距地表约深 90 厘米才开始下挖

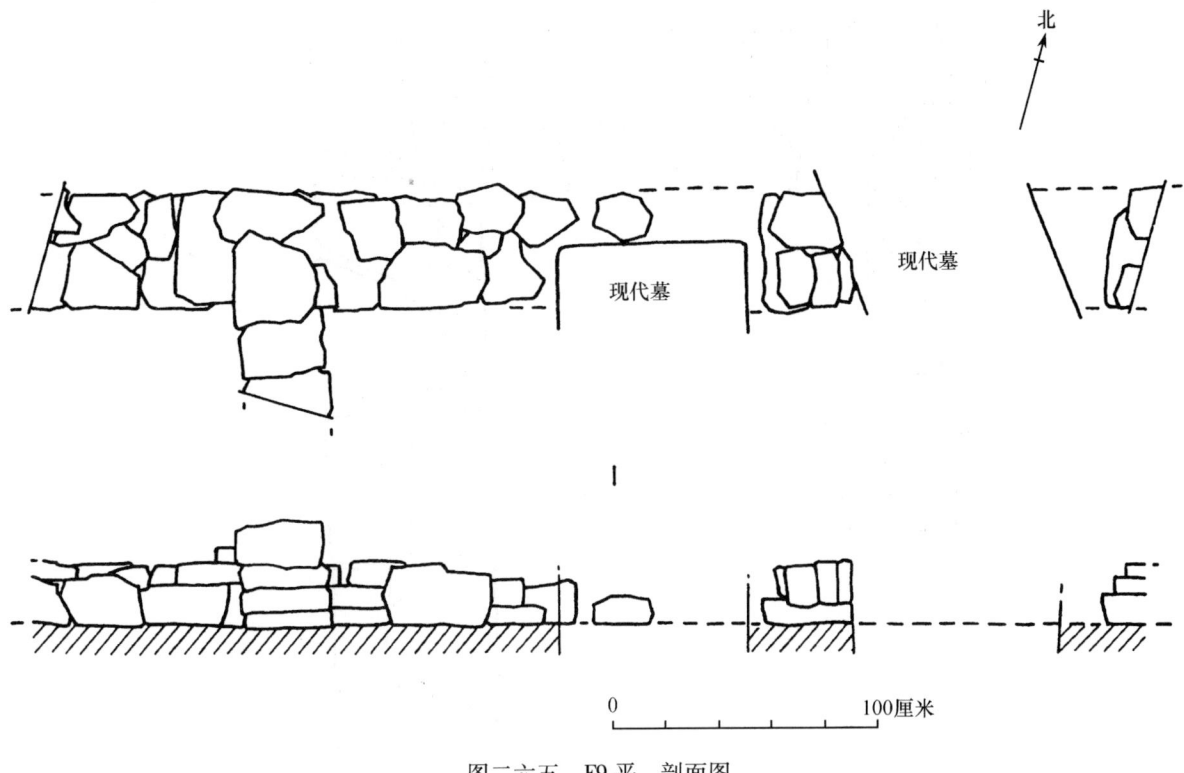

图二六五　F9 平、剖面图

地下室和地下门道。

地下室又由土坑、内板壁、枕木加六根立柱和方形内室四部分组成。

内土坑平面呈正方形，坑壁垂直，平底。边长220、距地表深250厘米（即在距地表90厘米的外土坑下又下挖160厘米）。

内板壁厚约2厘米，东、西板壁距内土坑东、西壁都有14厘米的空间，内填坑土；北部板壁与东、西板壁垂直，但距北部内土坑北壁约10厘米，其空间也填坑土；南部板壁中间留有门道，距南部内坑壁也是14厘米。

内板壁下四周又下挖一周凹沟，沟内填边长约18厘米的方形枕木，使枕木表面与方形内空平齐；东部和西部枕木顶住南北板壁，南部和北部着枕木较短，顶住东、西枕木；东、西枕木两头和中间各有三个长方形凹榫口，上插边长18厘米的方形立柱。保存最好的东北角立柱，残高128厘米。

方形内室四周都是平坦枕木，中间为与枕木面平齐的生土面，通长都是186厘米。

地下门道在方形内室南部并相通，呈长方形，也由内土坑、木板壁、凹槽填枕木和内门道四部分组成。内坑壁东西宽140厘米，西部板壁距西部内坑壁8厘米，内填坑土；东部板壁距东部内坑壁14厘米，内也填坑土。东、西木板壁和东西枕木都在凹槽内，枕木表面与内门道生土面平齐。内门道残长70、宽116厘米。门道地表与方形内室底面平齐。

出土遗物：F12填土内只发现一些近现代青花瓷片。未见其他遗物。

据附录三，F12出土木头的^{14}C年代为75±40BP，推测是民国前后的地下建筑物。

（二）墓　葬

包括编号为M14、M15、M25、M83、M84、M90、M109、M113、M115、M117、M123、M124、M128、M129、M138、M139的16座土坑竖穴墓。

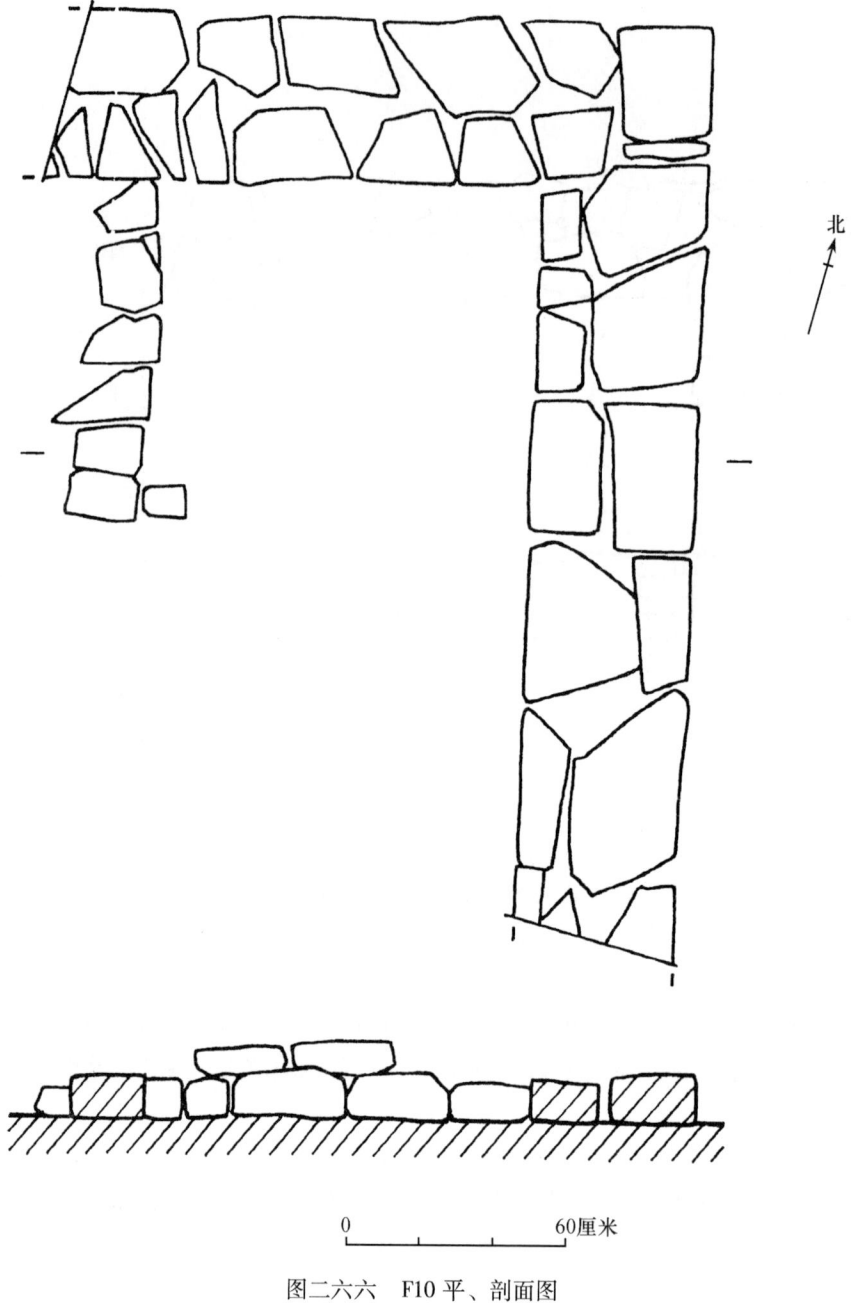

图二六六　F10 平、剖面图

1. M14

位置：在 T36 西南部及其西部扩方内。

层位关系：开口③层下，打破④层，也打破 M16。

形式结构：属于长方形土圹竖穴墓。墓坑长 300、宽 80、深 16～30 厘米。

葬具、人骨与葬式：有木棺痕，棺长 266、宽 56～62、高 4 厘米。人骨保存较好。单人仰身直肢葬，头西脚东，方向 278°（图二六八）。

随葬品：棺内头部周围发现 3 颗炭化油桐籽。没有其他随葬品。

年代推断：据开口层位，可能 M14 为汉墓。

第十章 模糊遗存

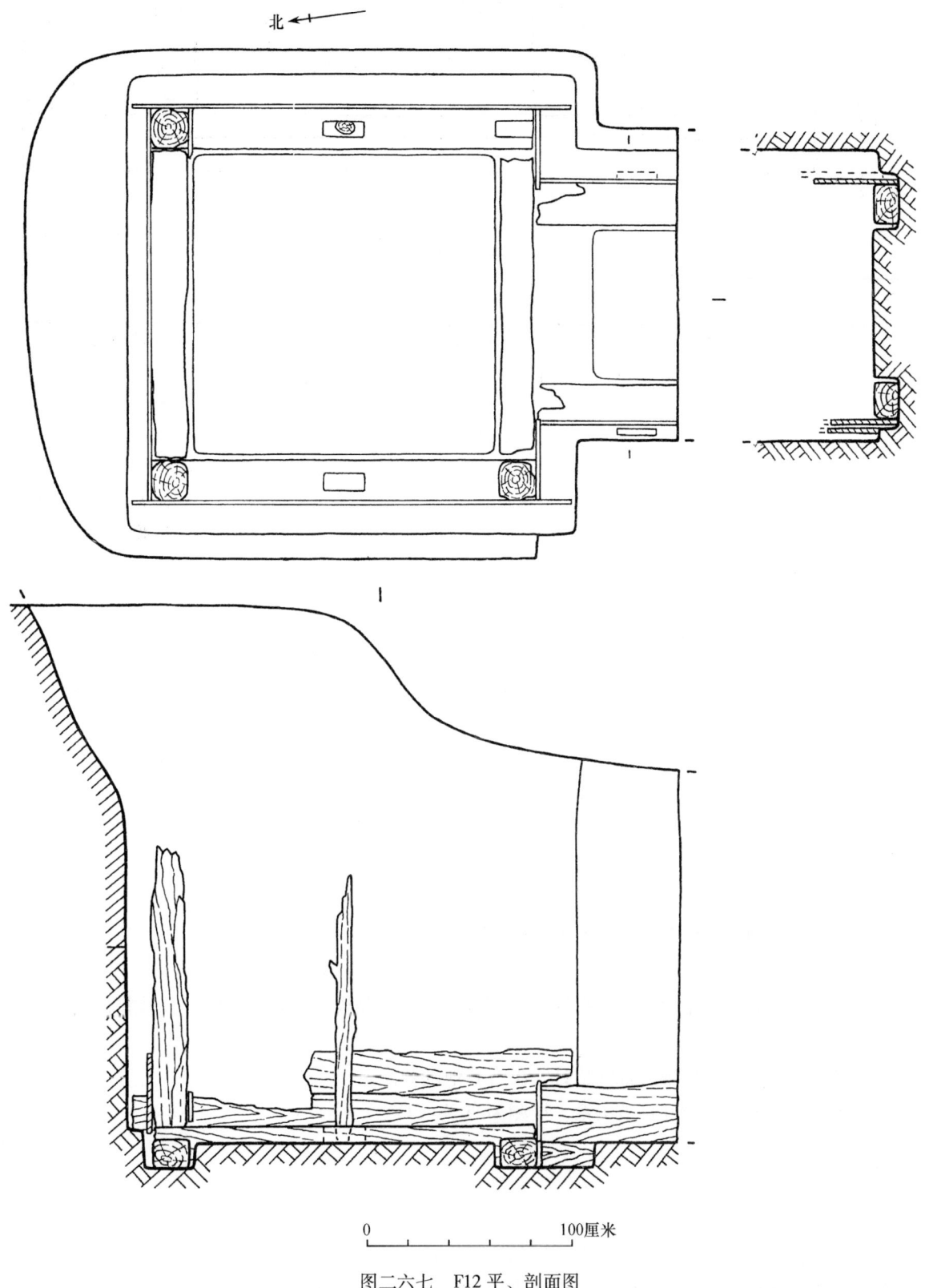

图二六七　F12 平、剖面图

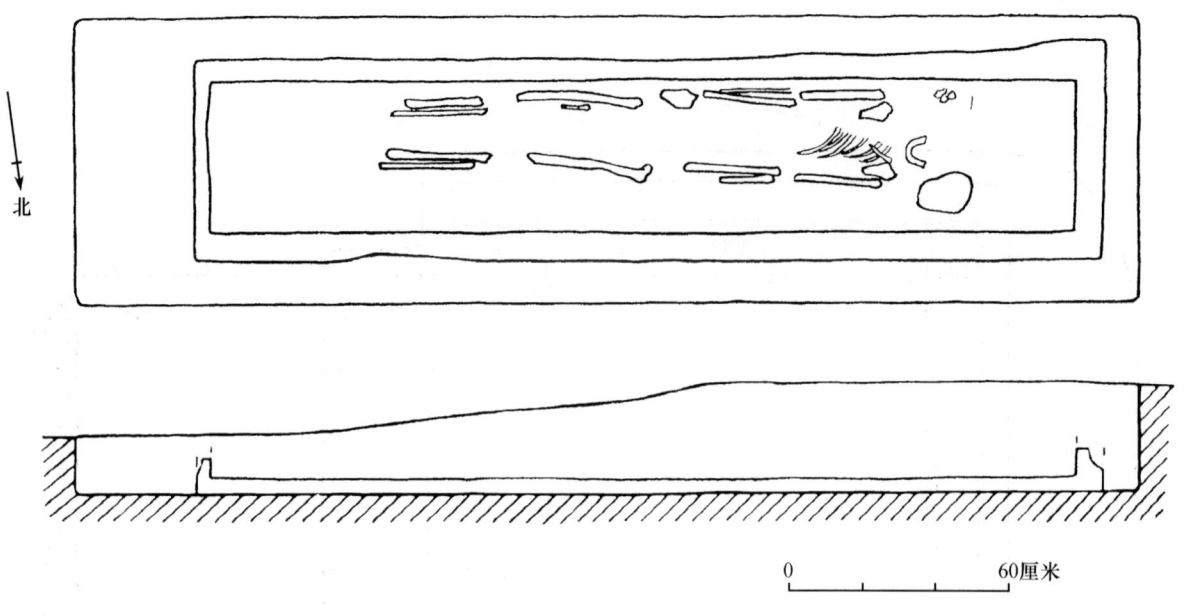

图二六八　M14 平、剖面图

2. M15

位置：在 T37 东北部。

层位关系：开口②层下，打破③层和 F6。

形制结构：属长方形土坑竖穴墓。墓坑长 280、宽 120、深 20 厘米。

葬具、人骨与葬式：葬具无存。人骨保存较好，单人仰身直肢，头北脚南，方向 330°（图二六九）。

随葬品：无。

年代推断：据开口地层和打破关系，M15 可能是晚于汉代的古代墓葬。

3. M25

位置：在 T38 南部扩方内。

层位关系：开口在 F6 之下，打破 M24 和⑤层。

形制结构：属长方形土坑竖穴墓。墓坑长 220、宽 52~70、深 30~52 厘米。

葬具、人骨与葬式：木棺已朽，仅残存铁棺钉。人骨保存较好，为单人仰身直肢葬，头北脚南，方向 351°（图二七〇）。

随葬品：只在墓底下发现一批铁棺钉，没有其他随葬品。

年代推断：据开口层位和打破关系，推测 M25 为汉墓。

4. M83

位置：在 T244 东北部。

层位关系：开口②层下，打破生土。南部被断坎破坏。

形制结构：属长方形土坑竖穴墓。墓坑残长 140、宽 62、深 60 厘米。

葬具、人骨与葬式：葬具不明。人骨保存基本完整，为单人仰身直肢葬，头北脚南，方向 5°（图二七一）。

第十章 模糊遗存　　341

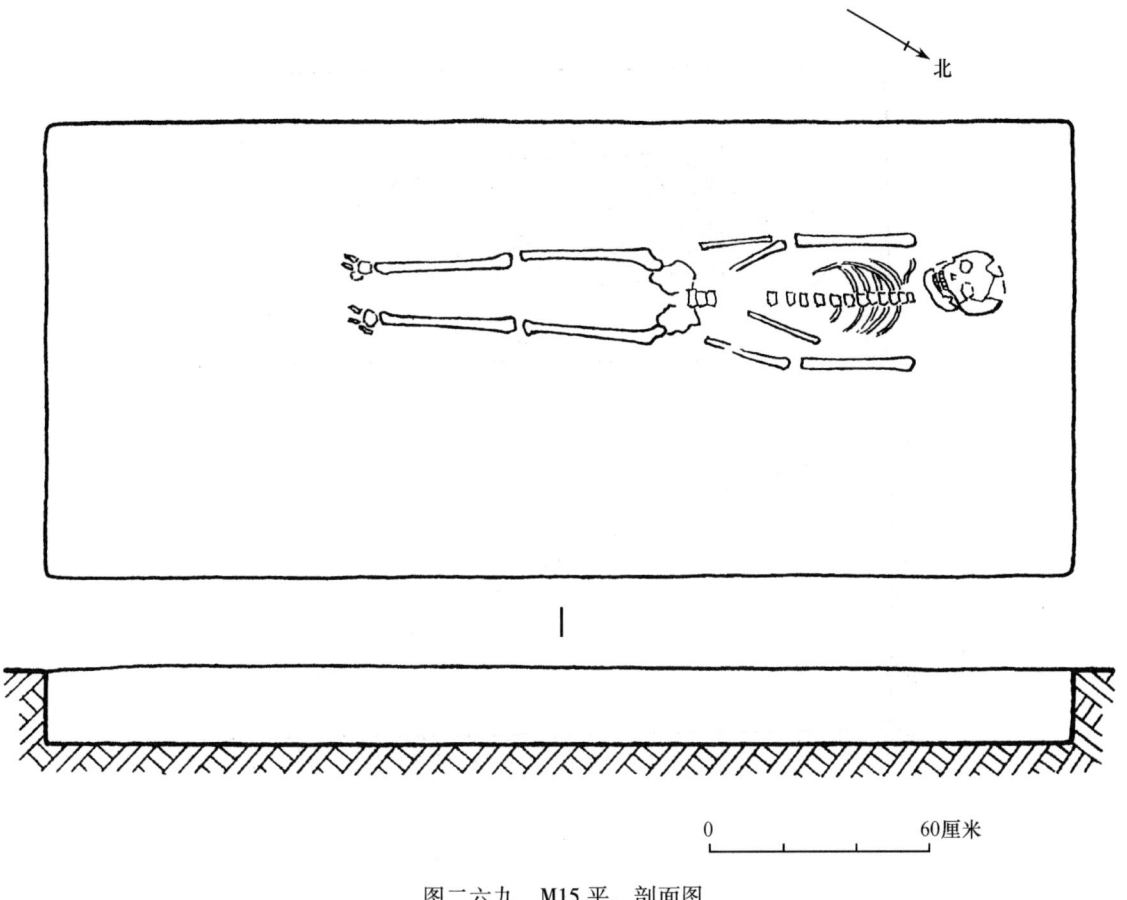

图二六九　M15 平、剖面图

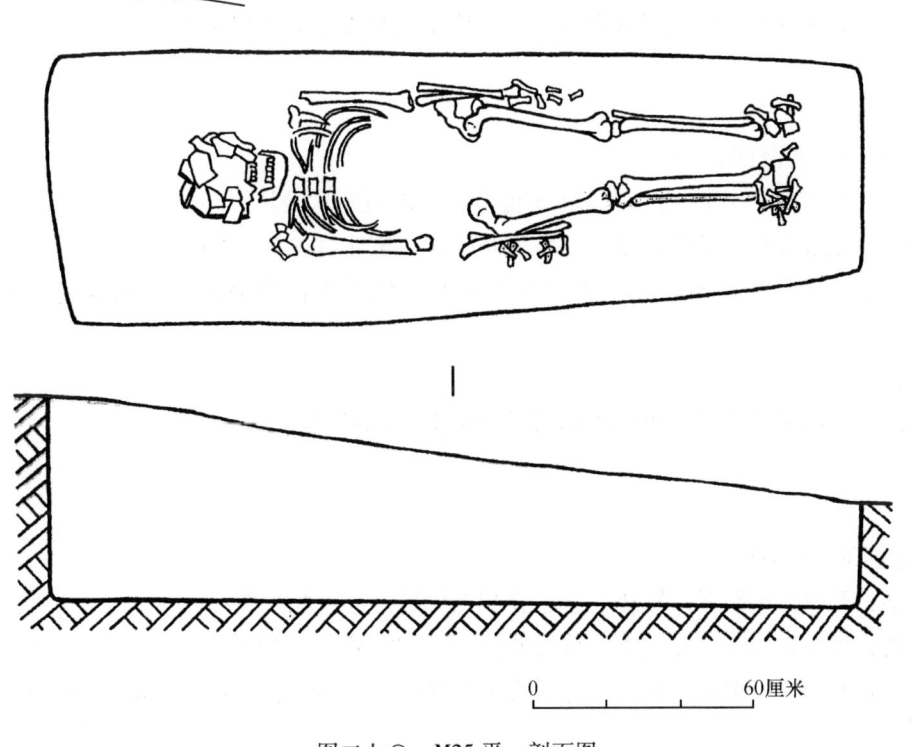

图二七○　M25 平、剖面图

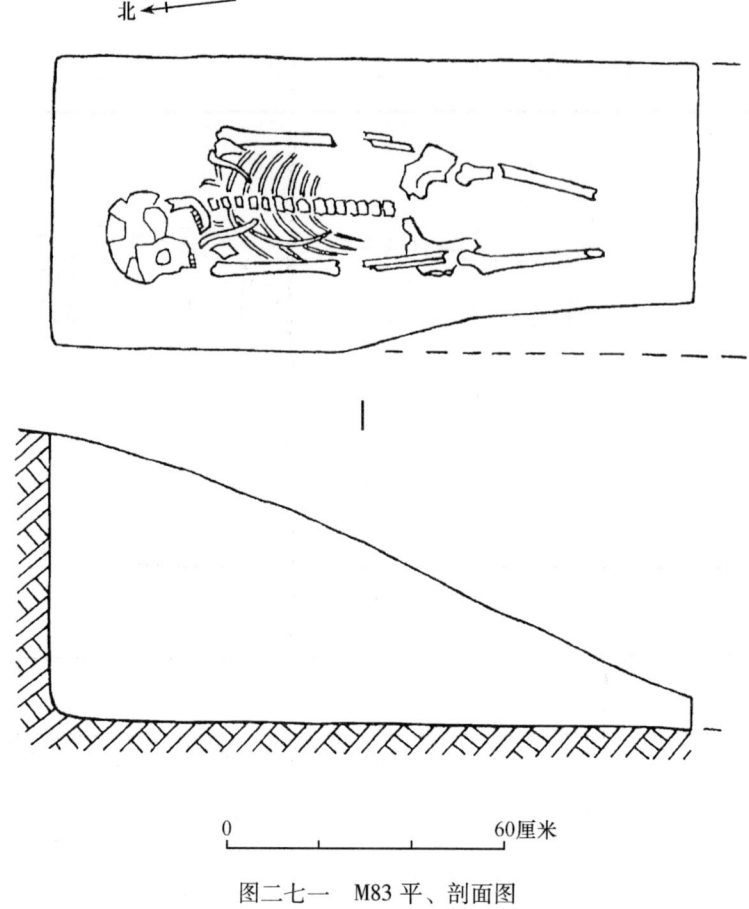

图二七一　M83 平、剖面图

随葬品：无。

年代推断：墓主矮小，但人骨保存较好，可能是汉代以后的古代墓葬。

5. M84

位置：在 T366 西南部。

层位关系：开口②B 层下，打破石 M13 甬道。南部被断坎破坏。

形制结构：属长方形土坑竖穴墓。墓坑残长 185、宽 90、深 30 厘米。

葬具、人骨与葬式：葬具不明。人骨保存完整，属单人仰直肢葬，头北脚南，方向 25°（图二七二）。

随葬品：无。

年代推断：因打破石 M13，推测 M84 是东汉以后的古代墓葬。

6. M90

位置：在 T366 东南角。

层位关系：开口②B 层下，打破生土；被 F12 打破，也被断坎破坏。

形制结构：属长方形土坑竖穴墓。墓坑残长 130、宽 60、深 13 厘米。

葬具、人骨与葬式：葬具不明。人骨保存基本完好，属单人仰身直肢葬，头北脚南，方向 15°（图二七三）。

随葬品：无。

第十章　模糊遗存　　343

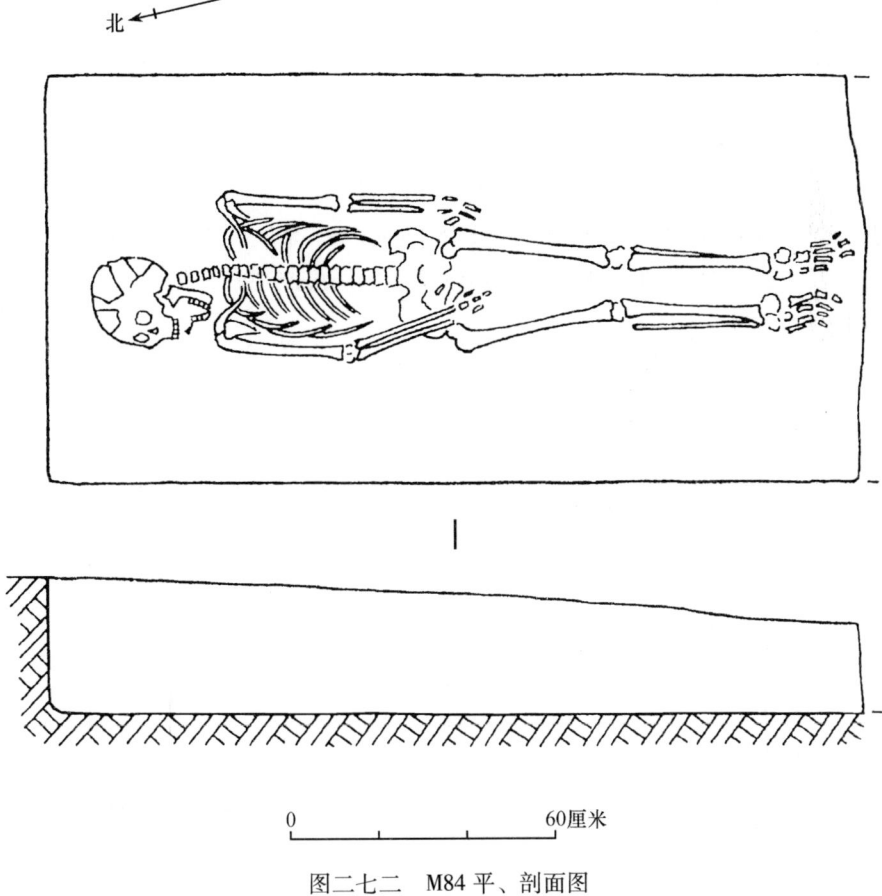

图二七二　M84 平、剖面图

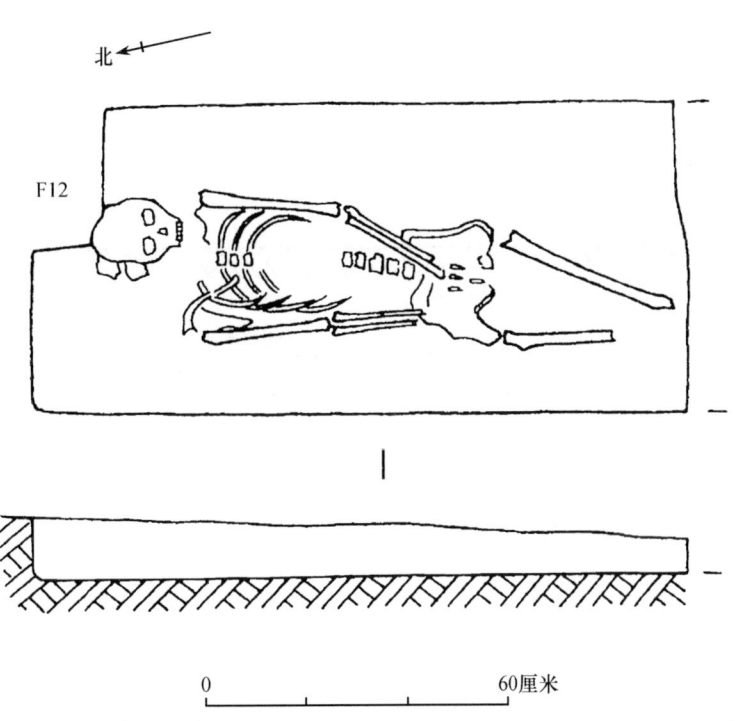

图二七三　M90 平、剖面图

年代推断：只能认为是早于 F12 的古代墓葬。

7. M109

位置：在 T388 西部。

层位关系：开口②层下，打破生土。东部被断坎破坏。

形制结构：属长方形土坑竖穴墓。墓口残长 180、宽 86、墓底残长 172、宽 74、深 70 厘米。

葬具、人骨与葬式：葬具不明。人骨虽保存较差，但从痕迹观察，仍可认为属单人仰身直肢葬，头西脚东，方向 296°（图二七四）。

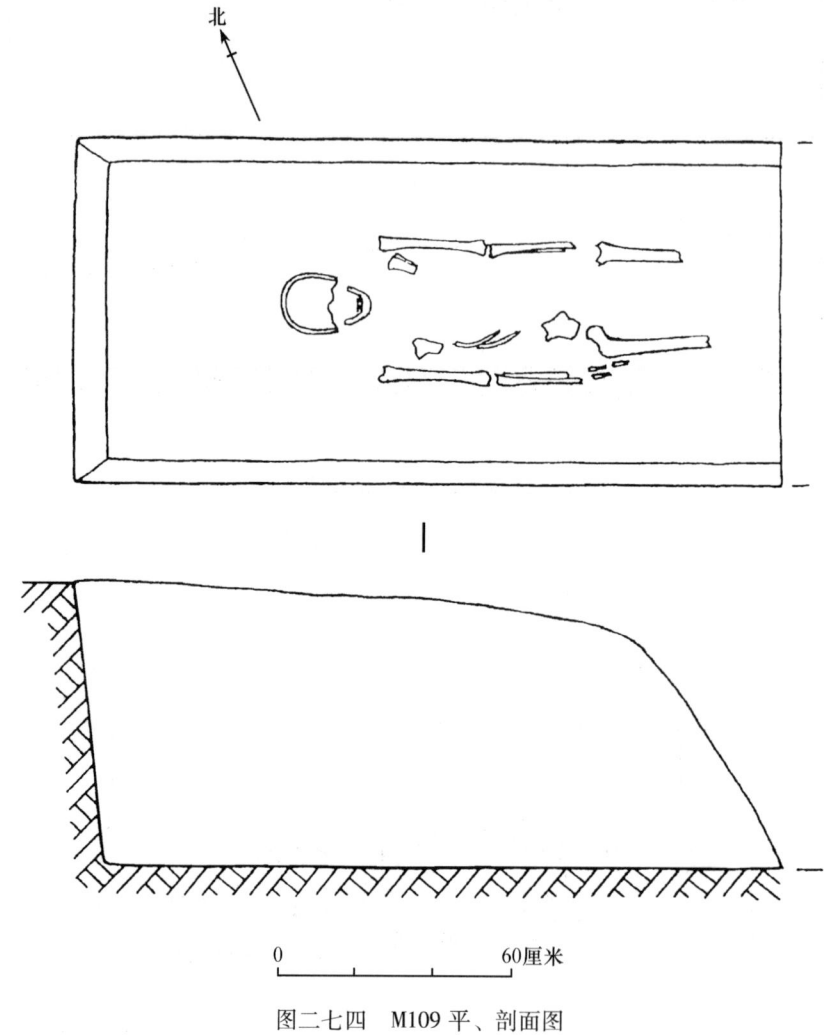

图二七四　M109 平、剖面图

随葬品：无。

年代推断：虽属古代墓葬，但年代不明。

8. M113

位置：在 T382 东部。

层位关系：开口②层下，打破生土，也打破 M114。东部已被断坎破坏。

形制结构：属长方形土穴竖穴墓。墓口残长 210、宽 76、墓底残长 204、宽 76、深 80 厘米。

葬具、人骨与葬式：葬具不明。人骨保存好，属单人仰身直肢葬，头西脚头，方向 227°（图

第十章　模糊遗存　　345

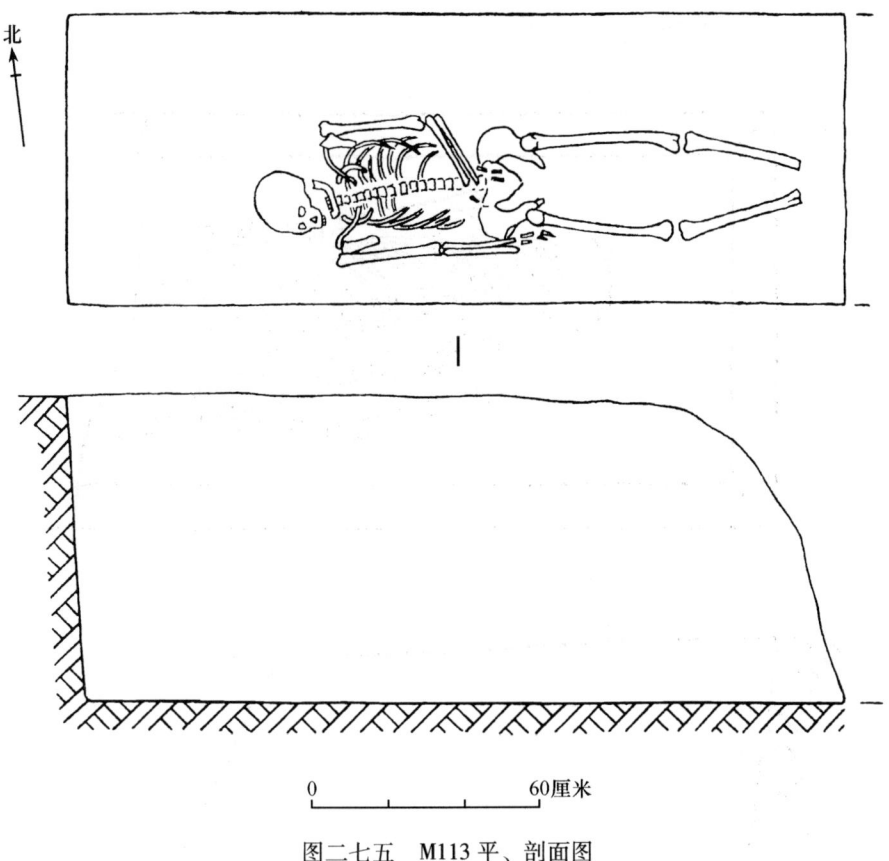

图二七五　M113 平、剖面图

二七五）。

随葬品：无。

年代推断：据打破关系，只能推测是晚于秦汉时期 M114 的古代墓葬。

9. M115

位置：在 T385 西部。

层位关系：开口②层下，打破生土。南部被断坎破坏。

形制结构：属长方形土坑竖穴墓。墓口残长 130、宽 76、墓底残长 118、宽 60、深 60 厘米。

葬具、人骨与葬式：葬具不明。人骨保存虽不全，但上部保存甚好，属单人仰身直肢葬，头北脚南，方向 343°（图二七六）。

随葬品：无。

年代不明。

10. M117

位置：在 T383 北部。

层位关系：开口②层下，打破生土。

形制结构：属长方形土坑竖穴墓葬。墓口长 226、宽 90、墓底长 208、宽 70、深 50 厘米。

葬具、人骨与葬式：葬具不明。人骨保存较好，属单人仰身直肢葬，头西脚东，方向 264°（图二七七）。

随葬品：无。

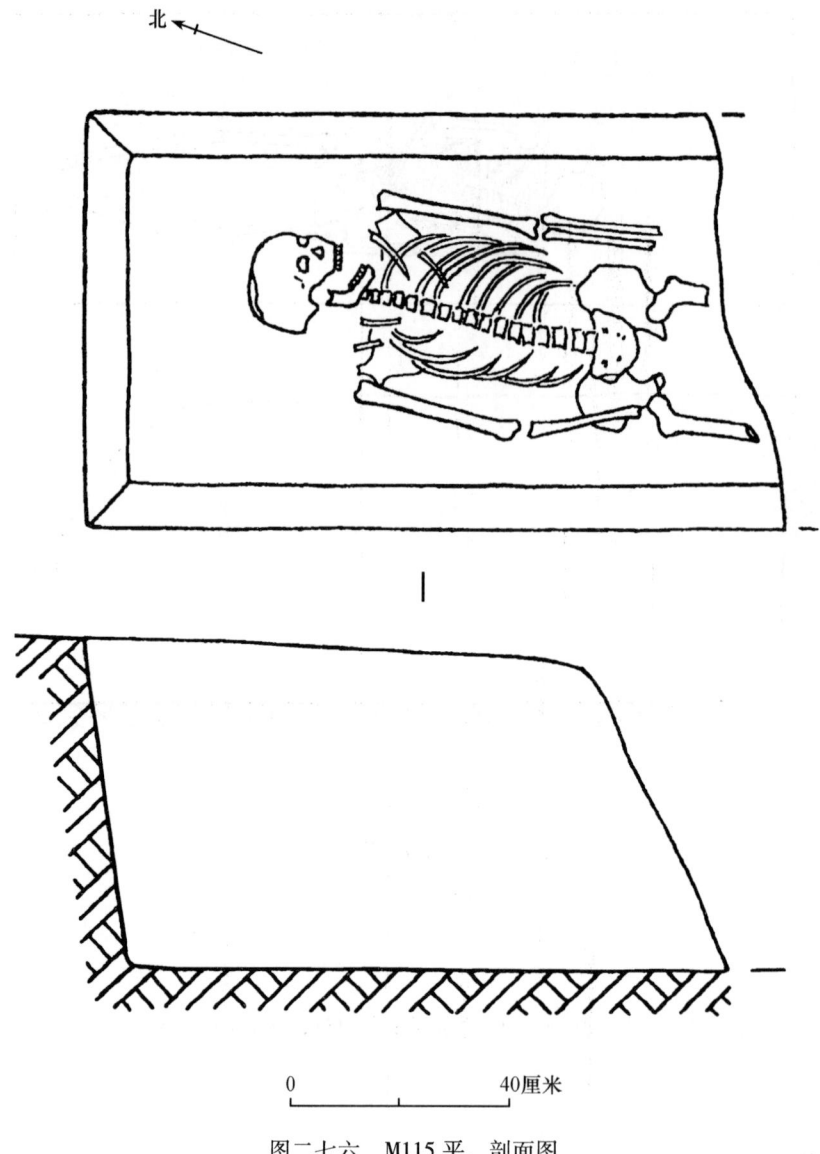

图二七六　M115 平、剖面图

年代不明。

11. M123

位置：在 T250 西南部。

层位关系：开口②层下，打破生土；西部被现代墓打破。

形制结构：属长方形土坑竖穴墓。墓口残长 220、宽 86、墓底残长 194、宽 70、深 65 厘米。

葬具、人骨与葬式：葬具不明。人骨保存不好，从残存零星人骨推测，属单人仰身直肢葬，头西脚东，方向 305°（图二七八）。

随葬品：无。

年代不明。

12. M124

位置：在 T350 西北部。

第十章 模糊遗存

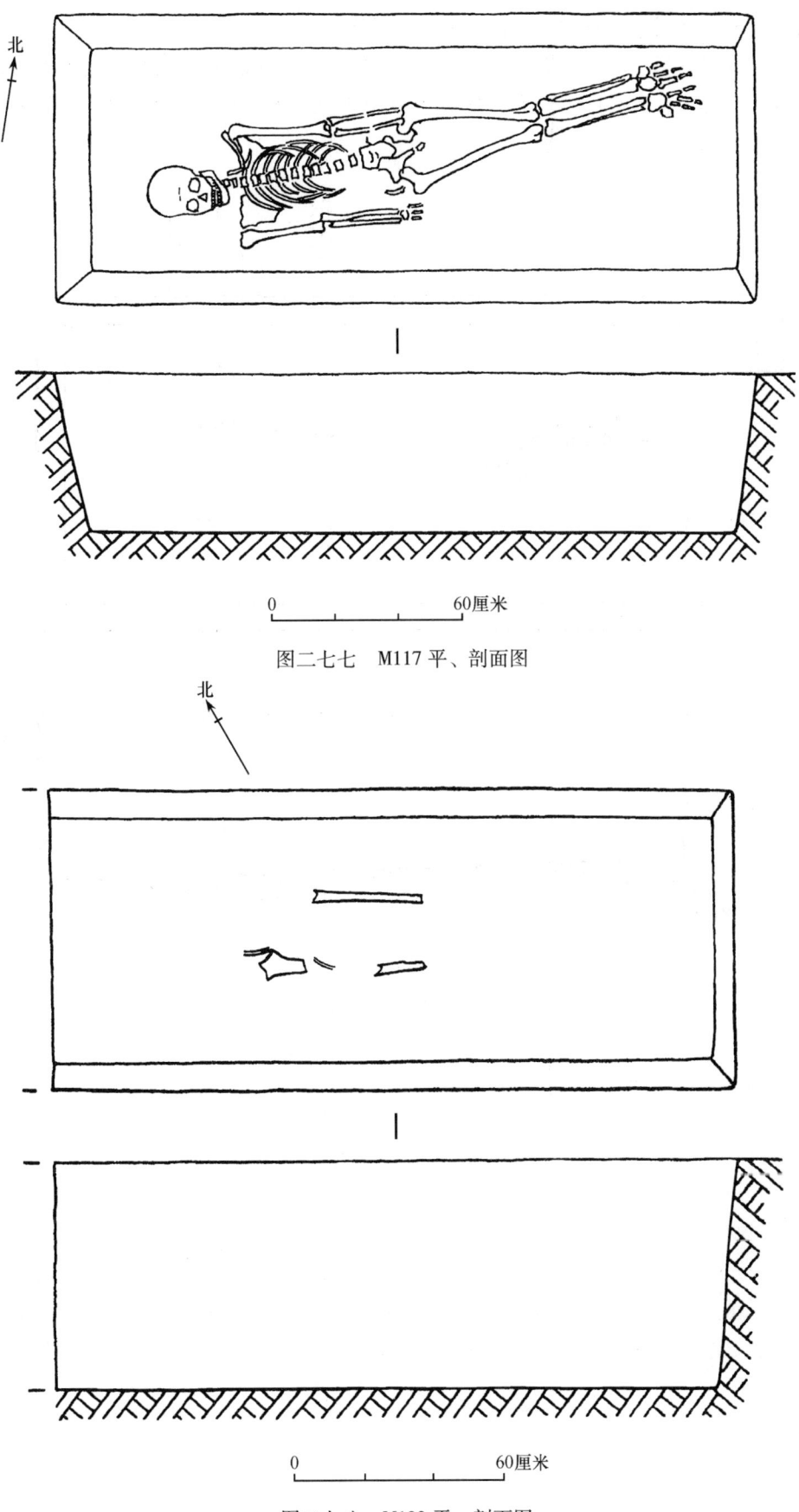

图二七七　M117 平、剖面图

图二七八　M123 平、剖面图

层位关系：开口②层下，打破生土；西南角被现代墓打破。

形制结构：属长方形土坑竖穴墓。墓口长220、宽96、墓底长182、宽80、深46厘米。

葬具、人骨与葬式：葬具不明。人骨保存不好也不全，推测仍属单人仰身直肢葬，头西脚东，方向306°（图二七九）。

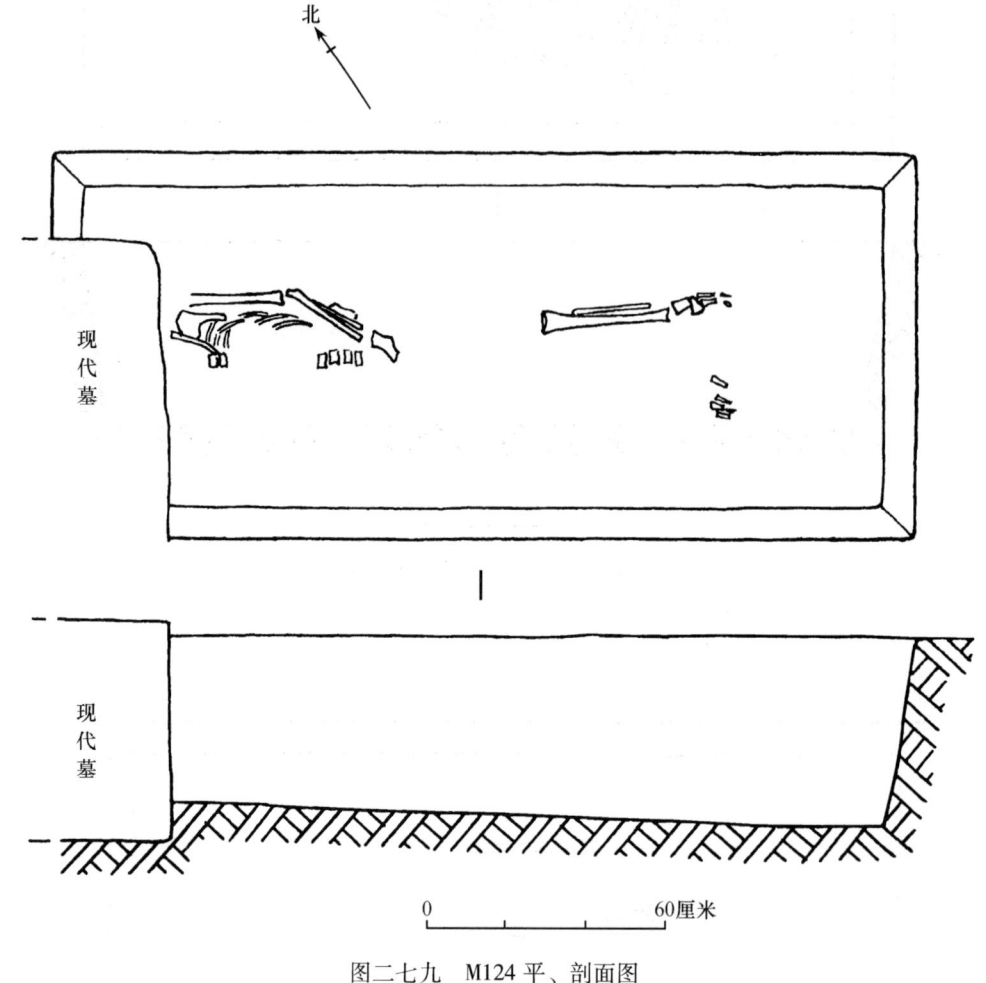

图二七九　M124 平、剖面图

随葬品：无。

年代不明。

13. M128

位置：在T390西南部。

层位关系：开口②层下，打破生土；迭压在M132和M136之上；南部被近代扰沟破坏。

形制结构：属长方形土坑竖穴墓。墓坑残长201、宽110、深4厘米。

葬具、人骨与葬式：葬具不明。人骨保存较好，属单人仰身直有支葬，头北脚南，方向352°（图二八〇）。

随葬品：无。

年代不明。

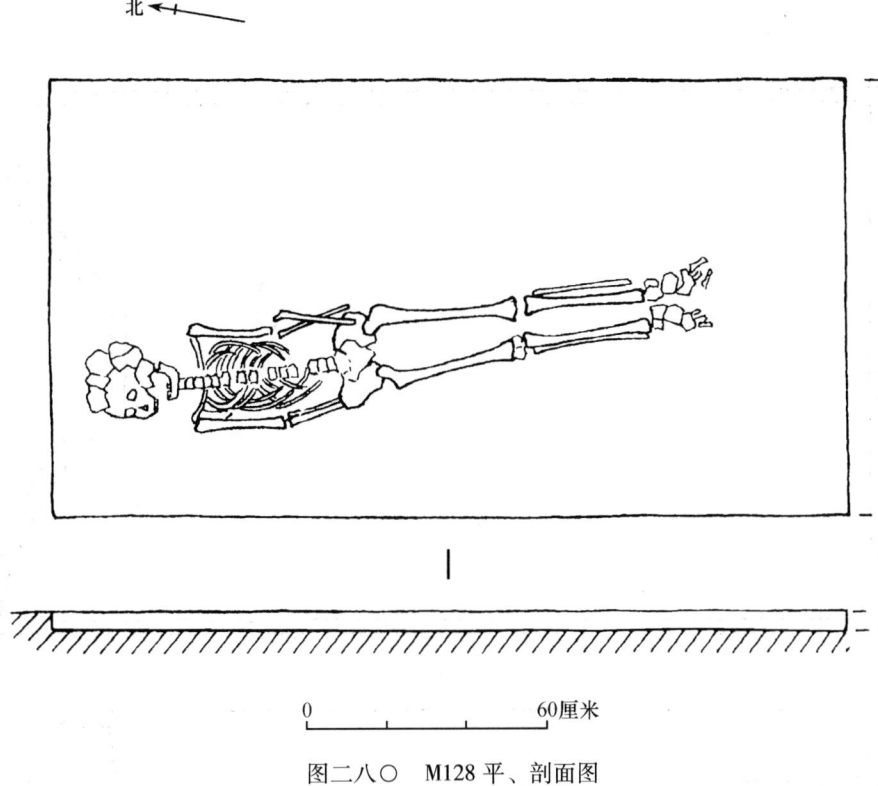

图二八〇　M128 平、剖面图

14. M129

位置：在 T250 西南部。

层位关系：开口②层下，打破生土。

形制结构：基本仍属长方形土坑竖穴墓；但墓边西部与平行地南、北边垂直，东边并不与南北边垂直，西内凹呈"几"字形。墓口长 284、宽 168、墓底长 276、宽 160、深 36 厘米。

葬具、人骨与葬式：葬具不明。人骨仅剩一破碎人头骨，故葬式不详，方向 316°（图二八一）。

随葬品：无。

年代不明。

15. M138

位置：在 T375 北部。

层位关系：开口②层下，打破生土。

形制结构：属长方形土坑竖穴墓。墓口长 240、宽 80、墓底长 200、宽 56、深 74 厘米。

葬具、人骨与葬式：葬具不明。人骨保存完好，属单人葬仰身直肢，头西脚东，方向 264°（图二八二）。

随葬品：无。

年代不明。

16. M139

位置：在 T552 南部。

层位关系：开口②层下，打破生土。

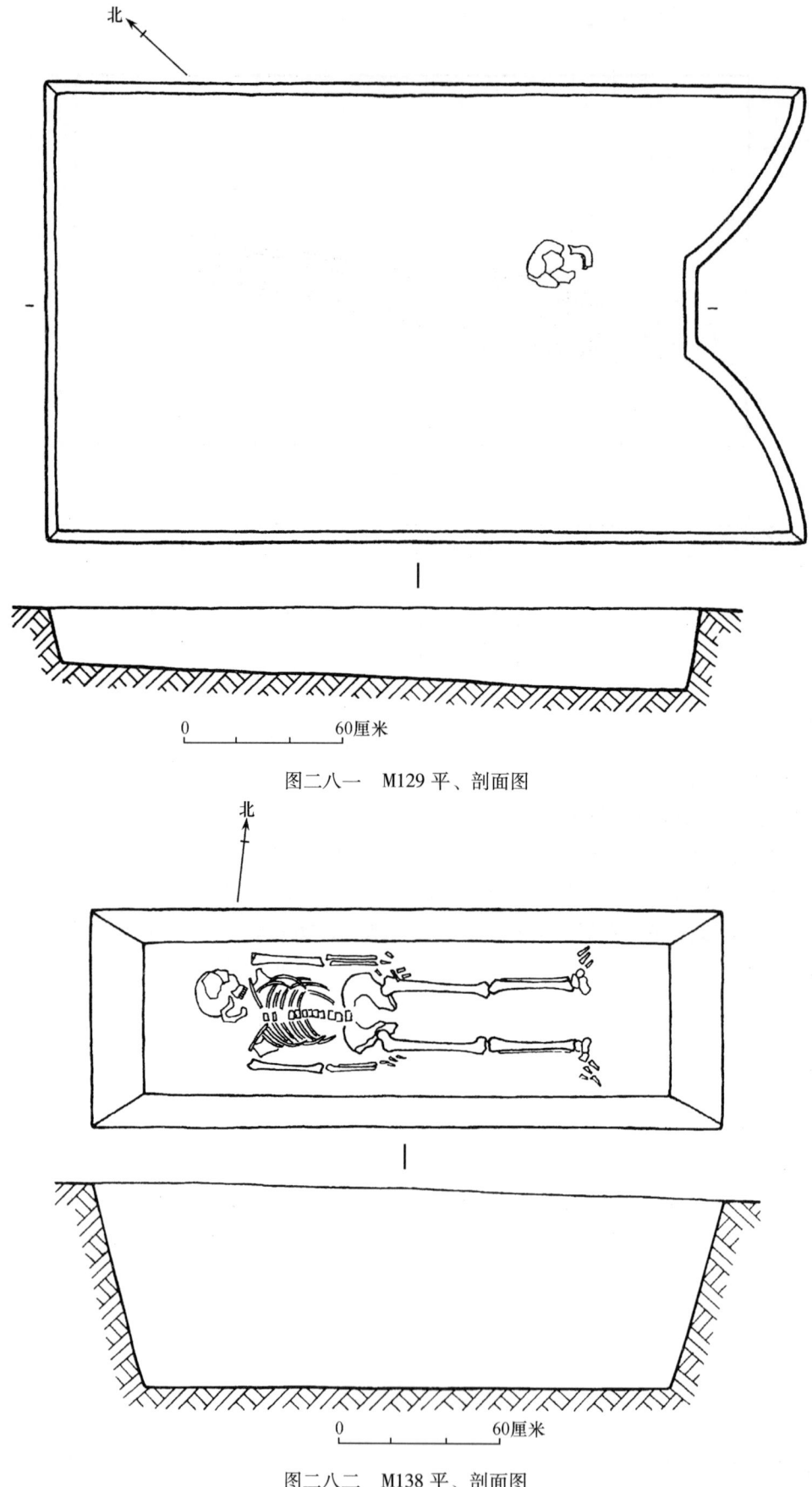

图二八一　M129 平、剖面图

图二八二　M138 平、剖面图

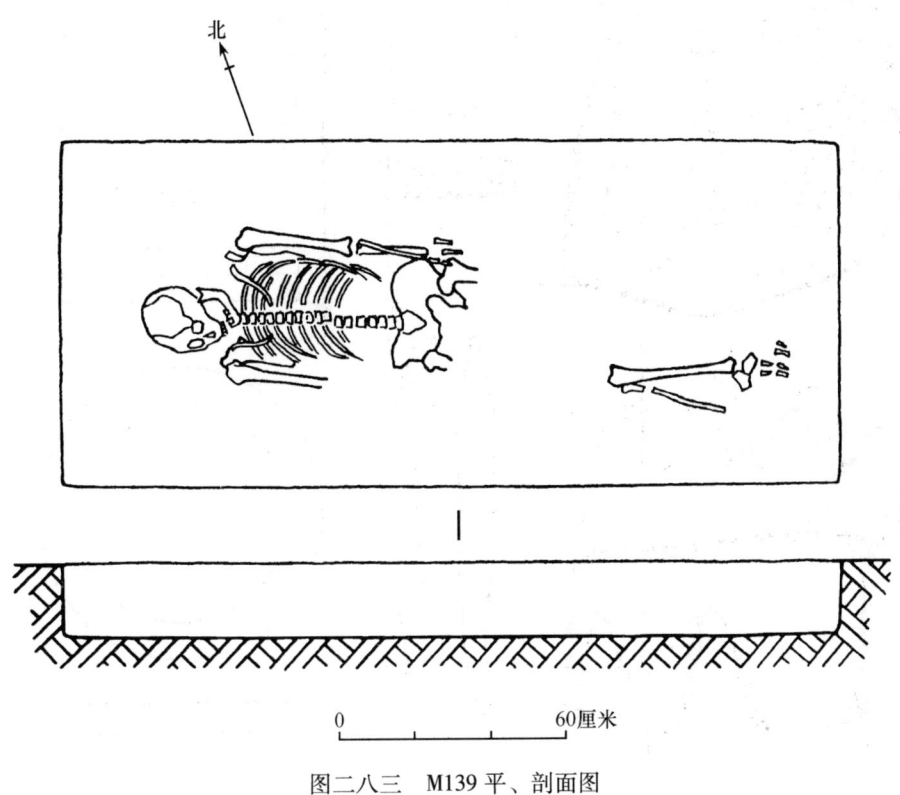

图二八三　M139 平、剖面图

形制结构：属长方形土坑竖穴墓。墓坑长 210、宽 90、深 20 厘米。

葬具、人骨与葬式：葬具不明。人骨保存不全，葬式属单人仰身直肢葬，头西脚东，方向 293°（图二八三）。

随葬品：无。

年代不明。

（三）模 糊 遗 物

在墓坑填土和探方扰乱层中，出土了如下 4 件较重要遗物。

象牙化石　1 件。石 M10 填土中采:2，已完全石化的东方剑齿象上右臼齿化石一块（图二八四，1）。

啮齿类动物犬牙　1 枚。T243①:1，牙齿和齿根保存比较完整。通长 5.1 厘米（图二八四，3）。

玉镯　1 件。T365①:1，浅绿色玉质手镯，圆环状，部面椭圆形。外经 7.8、内经 5.8、厚 0.8 厘米（图二八四，5）。

带印章铜戒指　1 件。T246②:2，铜质有绿锈，不等高圆环状，侧边最高一面有阴刻小长方形印戳，但印文模糊。直径 2.1、宽 2~5、厚 0.1 厘米（图二八四，2）。

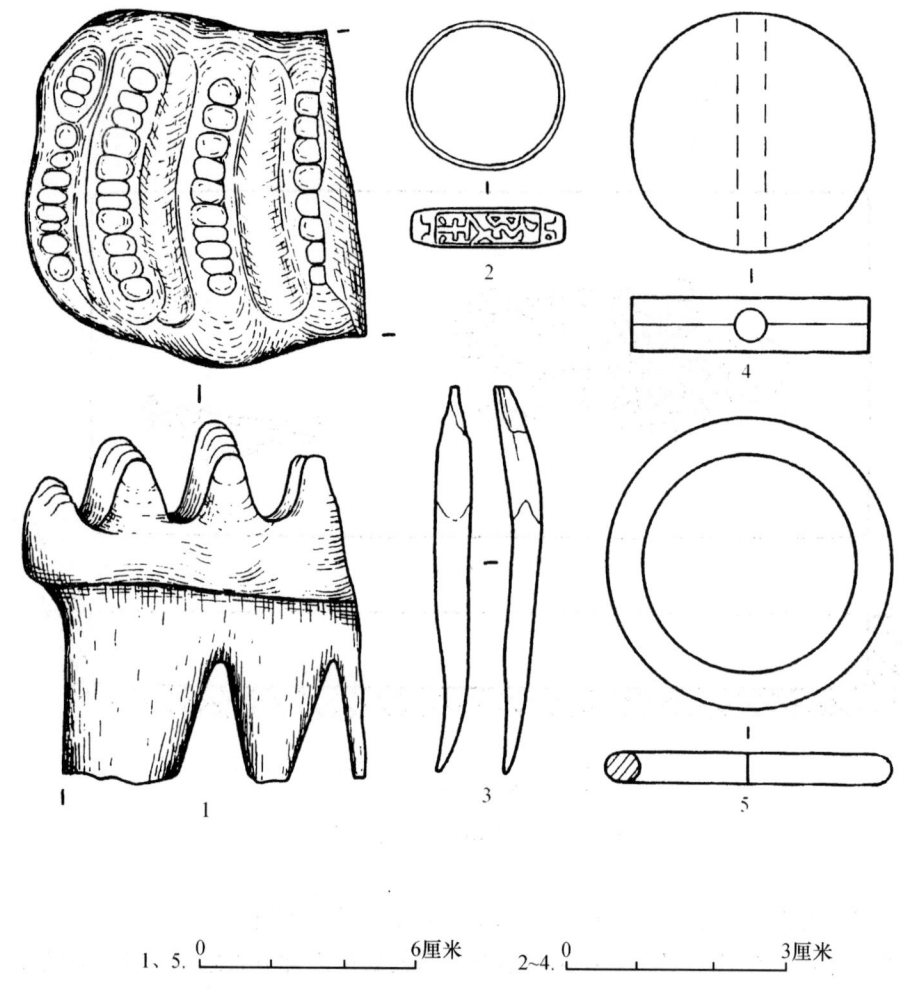

图二八四　红庙岭遗址采集遗物

1. 象牙化石（石M10填土中采∶2）　2. 带印章戒指（T246②∶2）　3. 啮齿类动物犬牙（T243①∶1）
4. 铜挂件（T384②∶1）　5. 玉镯（T365①∶1）

三、小　结

下面主要谈谈对上述这些没有出土文化遗物的房址和墓葬的四点认识。

1. 对于F1和F4相对年代的认识

由于F4和F1南北紧邻，所以，F4可能是F1这一定居家庭房址的附属建筑。

在此认识的基础上，则可进一步推测，F1和F4的相对年代都属西汉晚期的遗存。

2. 对T15南部H12和F5关系的认识

因开口⑥B层下的H12坑底有一柱洞，北部也有一个打破H12坑边的柱洞，说明在H12废弃前，这一灰坑周围已有包括这两个柱洞的建筑物，而且H12可能就是这一建筑物的组成部分。而这一建筑物的相对年代，应是夏商时期。

而F5发现的一排四个柱洞，开口⑤层下，打破⑥A和⑥B层，如果把⑥A和⑥B作为F5屋内屋外的修建前的两层地面堆积，则可说明F5是在夏商时期的建筑物上重新修建的新房屋。其相对年代已是周代早期。

只是受发掘条件的限制，F5 没有全面揭露，其布局尚不清楚而已。

3. 对 F7、F8 和 F12 的总体认识

F7 旁边发现的长方体凿孔大石，F8 发现的四排石条，以及 F12 这处地穴式木构建筑。这三处遗迹，都是三峡地区不可多见的重要遗迹。由此可见，每处遗迹所在的历史时期都是红庙岭遗址在三峡地区占有重要地理位置的发展时期。

4. 关于开口②层下打破生土、葬具不明又无随葬品的墓葬年代问题

由于红庙岭遗址在发掘过程中，又同时清理了一批有棺木痕迹的近现代墓。所以，对于已没有明显葬具的墓葬，这里都作为模糊遗存，应是清代以前的古代墓葬。

第十一章 结 语

这里主要综合红庙岭遗址先后五次发掘发现的不同发展时期的文化遗存，并从遗迹和遗物两个方面，分析这些考古发掘资料的主要学术价值和学术意义。

一、对文化遗迹方面的认识

下面先把不同文化遗迹分别制成下列附表：

红庙岭遗址土坑墓一览表（附表五）、红庙岭遗址土圹墓一览表（附表六）、红庙岭遗址灰坑、灰沟一览表（附表七）。

通过图四，我们可以看到先后五次发掘在红庙岭遗址A区所布的主要探方，以及这批探方中发现有文化遗存的主要探方。

通过"红庙岭遗址主要遗迹分布图"，则可进一步看到这批有文化遗存的主要探方，主要分布在海拔130～150米的各级台地上，并可看到这批古代房址、灰坑、灰沟和墓葬的分布情况及不同遗迹单位之间的一些关系。

在这些主要遗迹中，土坑墓多达134座（编号至M139）。结合附表五，又可知在这134座土坑墓中，大溪文化时期只有M1和M31两座，夏商时期也只有M3和M7两座，最多的是周代，多达66座，其次是秦汉时期，共45座，另有时代不明确的19座。

而在周代和秦汉时期的111座土坑墓中，据《湖北巴东县红庙岭遗址出土一批重要青铜兵器》一文的统计，共有26座墓随葬有青铜兵器，且其中有17座墓随葬了典型的"巴式矛"或"巴式剑"[①]。

不过，只有结合附录一，通过对"古代巴人"源流的考证，我们才能进一步认识到：不仅随葬巴式青铜兵器的这17座墓的主人是典型的"古代巴人"，而且，这111座周代至秦汉时期的墓葬中，那些没有随葬"巴式"青铜兵器的墓葬，其实也都是广义的"古代巴人"的墓葬。原因是这些墓葬，都是这一发展时期定居在"古代巴国"这个地方的人去世后留下来的墓葬。

只是需要进一步说明：

真正的"古代巴人"，是指"周代"才开始在"古代巴国"境内长期定居的人们。这些人在"西周"以前，并没有在"古代巴国"境内长期定居，而是都以"采集经济"谋生的"流动型家庭"。

这种"古代巴人"的首领，就是《山海经·海内经》记载的"后照"。

历史上的"后照"，因率领这些"流动型家庭"组成的军队，参加"周武王伐纣"这场战争而立下特殊的功劳，才使"周王朝"在推翻"商王朝"后，在按照《山海经》记载的"方国"分封"诸侯国"时，才把《山海经》记载的"巴国"作为"后照"的"诸侯国"。后照在西周时期分封的这个"诸侯国"，就是历史上的"夔国"。又因后照属子爵"诸侯"，故后照这个"诸侯国"又称"夔子国"。

---

① 湖北省文物考古研究所：《湖北巴东县红庙岭遗址出土一批重要青铜兵器》，《四川文物》2007年第4期。

在后照成为"夔子国"的"诸侯"后,他原率领的参加周武王伐纣并立下特殊功劳的一批"流动型家庭",才分别在"古代巴国"境内分别择址长期定居,并成为历史上的"古代巴人"。巴东红庙岭遗址,就是这种"古代巴人"由此长期定居的其中一个重要的定居点。

由于历史上的后照是在成为"古代巴国"的"诸侯"后,才成为"古代巴人",后照的祖先并不是"古代巴人",所以,《山海经·海内经》才有如下记载:

"西南有巴国,太昊生咸鸟,咸鸟生乘厘,乘厘生后照,后照是始为巴人。"

顺便应指出的是,后照的祖先乘厘、咸鸟和太昊,并不是指后照的父亲、祖父和曾祖父,而是指后照这个家族中有重要贡献的阶段性的祖先。其中的"太昊",实际上是中国历史上的"三皇"之中的第一"皇",她是我国"旧石器时代中期"的开拓者,太昊的历史功绩,就是使我国境内当年只存在的"血缘家庭",从此有了明确的辈分关系,并严禁同一"血缘家庭"内部不同辈分的男、女互相通婚。

后照的祖先咸鸟,则是与"三皇"第二皇的"祝融"同时期的人物,咸鸟带领其家庭参加"祝融"主持的"集会婚",才使其家庭由"已有辈分关系的血缘家庭"进一步发展为"已推行外婚制的流动型母系家庭"。

咸鸟继后的乘厘,已是"新石器时代早期后段"的历史人物,与历史上的"炎帝"同一时期,并在"炎帝"不再主持"集会婚"后,乘厘继续主持"流动型母系家庭"的"集会婚"。而且乘厘这个家庭的家长,甚至"商代末年"的后照,都一直主持每年的"集会婚"。

炎帝的后裔姜子牙,为了组织伐纣的军队辅助周文王共同推翻商王朝,又才来找当年主持"集会婚"的后照,并才使后照把参加"集会婚"的"流动型母系家庭"组织成一支"伐纣"的军队。在参加"周武王伐纣"的过程中,后照和以往主持"集会婚"一样,仍经常举办"篝火晚会",而且也欢迎商纣王军队中的将士参加这种晚会,从而才瓦解了商纣王的军队,而使后照在"周武王伐纣"的过程中立下了特殊功绩。并使后照后来被分封为"古代巴国"的"诸侯"。

由于后照是响应姜子牙的号召,才组织军队参加"周武王伐纣",并才成为"夔子国"的第一代"诸侯"。也由于姜子牙的祖先,不仅可追溯至"新石器时代早期后段"的"炎帝",而且还可追溯至发明"集会婚"的"祝融"(实际上,祝融氏的家长在"旧石器时代晚期"主持"集会婚"的过程中,因发明了"畜牧业"这种新兴社会经济,才使当年的"祝融氏"的家长,又被人们称为"炎帝",而且直至"新石器时代早期后段",祝融氏的家长仍被人们称为"炎帝";而"炎帝"这个胞族,在"夏王朝"刚在"会稽"建立时,就被"夏王朝"赐"姓"为"姜",由此我们才能进一步认识到,历史上的姜子牙,就是炎帝的后裔)。所以,春秋中期的"楚国"诸侯,为了兼并"夔国",才以"夔子不祀祝融与鬻熊"为理由,"帅师灭夔,以夔子归"①。

只是当年的楚国诸侯,为什么会认为夔子国的诸侯(即"夔子"),除必须记住姜子牙(即祝融的后裔)的恩情外,还应该记住鬻熊(即楚国诸侯的祖先)的恩情呢?

原因只有一个,这就是曾为"文王师"而"蚤终"的鬻熊,当年也和姜子牙一样共同辅助周文王,并也和周文王一样认识到,必须重新编写被"夏王朝"在"夏代"就已销毁的大禹著作《山海经》,使共同推翻"商王朝"的有志之士,都知道,周文王在推翻商王朝后,他建立的周王朝将按照《山海经》记载的"方国"分封"诸侯国",且认识到共同推翻商王朝的有功之臣,都可以为这些"诸侯国"的"诸侯"。而当年为周文王重编《山海经》的学者,应该就是"楚国诸侯"的祖先鬻熊,他为了说服"后照"组织军队参加"周武王伐纣"这场战争,而已在《山海经·海内经》

---

① 《左传·僖公二十六年》。

中直接记载：后照将来就是"古代巴国"的"诸侯"，即"后照是始为巴人"。

所以，春秋中期的楚国诸侯，才认为"夔子"应该记住姜子牙和鬻熊的恩情，而必须祭祀姜子牙的祖先"祝融"和楚人的祖先"鬻熊"。

理解并清楚"楚灭夔"原因的后来学者左丘明，才在他的著作《左传·僖公二十六年》中有如下记载：

"夔子不祀祝融与鬻熊，楚人让之，对曰：'我王熊挚有疾，鬼神弗赦而自窜于夔，吾是以失楚，又何祀焉？'秋，楚成得臣、斗宜申帅师灭夔，以夔子归。"

从《左传》这一记载中，我们还可知，当年已长期定居于"夔子国"境内的"楚国王族"熊挚的后裔，其实也反对"楚灭夔"，才进一步向楚国诸侯指出，他们自到夔国定居后，也已不再祭祀他们的祖先鬻熊。

不过后来学者在认识《左传》这一记载时，又多以为历史上的"熊挚"就是"夔子国"的"诸侯"而已。

《巴东红庙岭》这批考古发掘资料，对于重新认识《左传》这一记载，对于重新认识楚灭夔这一历史事件，都有重要的学术意义。

一是从红庙岭遗址发现的一批自"春秋中期"才开始随葬"巴式"青铜兵器的墓葬中，结合《左传》这一记载，我们才可知：在楚灭夔后，原"夔子国"的老百姓，并不愿承认他们已是楚国的老百姓，而是仍坚持认为他们是"夔子国"的"古代巴人"，才使他们反而开始制作典型的"巴式"青铜兵器，并在墓葬中开始随葬这种典型的"巴式"青铜兵器。而这些墓主坚持他们是"古代巴人"的目的，则是要求当年管理他们的"统治者"，在缴纳"贡赋"方面，这些"统治者"都应和"夔子国"的"诸侯"一样，都给予"古代巴人"特殊的优惠待遇。

由于楚灭夔后的"楚国统治者"，到秦灭楚后的"秦国统治者"，再到重新统一周王朝原分封"诸侯国"的"秦王朝"，以及推翻秦王朝后建立的"汉王朝"，这些不同时期的统治者在管理"古代巴国"的"古代巴人"时，实际上都和原"夔子国"的"诸侯"一样地给予"古代巴人"在缴纳贡赋方面的特殊优惠待遇，其实才使自"春秋中期"以来，到"秦汉时期"，在原"古代巴国"境内，都始终存在着随葬典型"巴式"青铜兵器的"古代巴人"的墓葬。

红庙岭遗址这批"古代巴人"的墓葬资料，反映的就是"历史学"的文献资料并没有记载的这种历史事实。

而巴东红庙岭遗址这批古代巴人的考古资料在学术上的更重要意义，则除了可使我们重新认识《左传·僖公二十六年》所记载的楚灭夔这一历史事件之外，其实还可使我们进一步发现：现在传世的《山海经》这部重要著作，其执笔者，原来就是当年楚国诸侯的祖先鬻熊。而且还可进一步认识到鬻熊当年执笔重新编写《山海经》的时代背景及当年的政治意义。

二是从"红庙岭遗址主要遗迹分布图"中，我们可以看到：在海拔130～150米这一范围内，夏商时期仅发现M3和M7两座墓葬，且只分布在遗址的东南部（在T16和T15）。而"东周至秦汉时期"的墓葬，则多达111座，且已分布在同一范围内的大多数发现有文化遗存的主要探方之中。

这两个不同时期的墓葬方面的悬殊数据，可反映出墓主生前所在红庙岭遗址在这两个时期的不同历史现实。即可发现，在红庙岭遗址成为"古代巴人"的一个重要定居点后，这处古代遗址，才更加繁荣昌盛。

由于学者普遍都没有认识到"古代巴人"在"周代"以前都是"流动型家庭"；也没有认识到是"周王朝"把"古代巴国"分封为后照的"诸侯国"后，才使大批"古代巴人"的家庭在"古代巴国"境内分别择址长期定居。所以，红庙岭遗址自东周以来才出现的大批古代巴人的墓葬，对于研究"古代巴人"的存在和发展,也有一定的学术价值。

下面从遗物的方面,继续谈谈我们对红庙岭遗址这批考古资料的认识。

二、对文化遗物方面的认识

根据 T2 第③层出土的大溪文化典型器物陶支座,加上 T1 和 T2 第③层只出土石器而没有发现其他更晚遗物,才可把这两个探方第③层确定为大溪文化时期的堆积。

但红庙岭遗址大溪文化时期的文化遗存,除又发现 M1 和 M31 这两座典型"屈肢葬"的墓葬外,已没有其他发现。所以,对于这一时期的文化发展情况,资料还十分贫乏。

不过,在实践和研究"类型学说"之后,我们已可认为:红庙岭遗址的大溪文化遗存,应属"大溪文化大溪类型"。而且还可进一步认识到:这一"类型"的分布区内在新石器时代各个"考古学文化发展时期"的文化遗存,都是《山海经·海内经》记载的"巴国"这个"方国"的人们所遗留下来的文化遗存。

由于红庙岭遗址先后五次发掘都没有发现"屈家岭文化"和"石家河文化"这两个发展时期的文化堆积和文化遗存。所以,这里把各探方的第⑦和⑥两层堆积,以及第⑥层下的遗迹,都作为"夏商时期的遗存"。而第⑤层堆积和第⑤层下的遗迹,以及第④层下的大部分遗迹,则作为"周代时期的遗存"。第④和③两层堆积,以及第④层下的部分遗迹和第③层下的遗迹,作为"秦汉(主要是西汉)时期的遗存"。

下面从石、陶质生产工具和陶质生活用品两个方面,谈谈对不同时期文化遗物的认识。

(一)对不同时期陶、石质生产工具的认识

红庙岭遗址共出土和采集的陶质、石质生产工具 174 件。可分为打制石器、石斧、小石锛、石楔、雕凿器、石刀、石锚、石镞或石矛、石铲、石杵、石芯、石圆饼状器、残石器,以及陶网坠、陶环状器和陶纺轮等。

(1) 打制石器

15 件。可分锄、斧、锛、凿、刀,但都没有分型式。

打制石锄　1 件。为夏商时期的 T15⑥B: 20。

打制石斧　6 件。其中大溪文化时期 2 件,T2③: 6、T2③: 7;夏商时期 3 件,T15⑥B: 24、T15⑥B: 29、T15⑥B: 32;周代时期 1 件,T27⑤B: 3。

打制石锛　6 件。夏商时期 3 件,T15⑥B: 26、T15⑥B: 27、T15⑥B: 28;秦汉时期 3 件,T15④A: 34、T224④: 4、T68①: 2。

打制石凿　1 件。为夏商时期的 T224⑦: 57。

打制石刀　1 件。为秦汉时期的 T68①: 5。

(2) 石斧

27 件。可分 A、B、C 三型:

A 型:弧刃。可分 a、b、c 三个亚型:

Aa 型:厚体。8 件。可分四式:

Aa I 式:1 件。T2②: 8,为大溪文化时期的遗物。

Aa II 式:5 件。T15⑥B: 23、T15⑥B: 25、T15⑥B: 30、T15⑥B: 31、T17⑥A: 3,为夏商时期的

遗物。

AaⅢ式：1件。T15⑤：15，属周代时期遗物。

AaⅣ式：1件。T239②：1，为秦汉时期遗物。

其中，AaⅠ式至AaⅢ式变化不大，皆两边近平行呈长方形；AaⅣ式为顶窄刃宽呈梯形。

Ab型：特厚体。3件。可分二式：

AbⅠ式：1件。T364⑥：4。

AbⅡ式：2件。T364③：2、T360②：2。

AbⅠ式属夏商时期，呈梯形；周代未见；AbⅡ式属秦汉时期，近长方形。

Ac型：薄体。5件。可分三式：

AcⅠ式：平顶呈梯形。3件。M3：3、M3：4、M3：9（属夏商）。

AcⅡ式：弧顶近梯形。1件。H41：5（属周代）。

AcⅢ式：近椭圆形。1件。T516②：1（属秦、汉）。

B型：平刃。3件。可分三式：

BⅠ式：小石斧呈梯形。1件。T1③：4（属大溪文化）。

BⅡ式：呈长方形。1件。H12：1（属夏商）。

BⅢ式：细长长方形。1件。T22①：2（属秦、汉）。

C型：斜刃。8件。可分二式：

CⅠ式：呈长方形。6件。T224⑥：9、T15⑥：16、T27⑦：4、T224⑥：14、T173⑥：12、T151⑥：8（属夏商）。

CⅡ式：细长长方形。2件。T23③：1、T68①：1（属秦、汉）。

（3）小石锛

16件。可分A、B二型：

A型：两边平行呈长方形。9件。可分三式：

AⅠ式：3件。皆夏商时期。T15⑥B：21、T17⑥：2、T364⑥：3。

AⅡ式：5件。皆周代时期。T15⑤：6、T243⑤：3、T243⑤：4、T243⑤：5、T243⑤：6。

AⅢ式：1件。为秦汉时期。T15④：5。

这三式变化不大，只是早晚地层不同。

B型：顶窄刃宽呈梯形。7件。可分三式：

BⅠ式：1件。为夏商时期的T224⑥：12。

BⅡ式：2件。为周代时期的T15⑤：3、H41：6。

BⅢ式：4件。为秦汉时期的T224④：5、T225④B：2、T15②下：10、T131②：1。

其中，BⅠ式宽扁；BⅡ式较细长；BⅢ式则宽扁、细长的都存在。

（4）石楔

25件。可分A、B二型：

A型：两面磨刃对称。16件。可分四式：

AⅠ式：呈长方形。2件。T2①：3、T2①：4（属大溪文化）。

AⅡ式：也呈长方形，但有的两边稍外弧。4件。T17⑥：1、T15⑥：22、T151⑥：9、T225⑥B：7（后两件边外弧，但皆属夏商）。

AⅢ式：近方形，边稍外弧。1件。H41：7（属周代）。

AⅣ式：呈长方形的有3件，G7：1、T24④：6、T224④：6；呈梯形的有6件，T239④：3、

T24④:3、T24④:5、T384②:3、T517②:1、T0103:2（9件皆属秦汉）。

B型：两面磨刃不对称。9件。分三式：

BⅠ式：近长方形或较细长梯形。3件。T224⑥:7、T224⑥:11、M3:1（属夏商）。

BⅡ式：宽扁梯形。1件。T243⑤:14（属周代）。

BⅢ式：近长方形。5件。T16④B:3、T154①:1、T538②:1、T0103②:1、T0203:4（属秦汉）。

（5）雕凿器

16件。可分A、B、C三型：

A型：圭形凿。3件。分三式：

AⅠ式：方柱体。1件。T364⑥:1（属夏商）。

AⅡ式：宽大于厚，呈梯形。1件。T27⑤B:8（属周代）。

AⅢ式：厚大于宽，呈梯形。1件。T27②:7（属秦汉）。

B型：单头有刃凿。11件。可分四式：

BⅠ式：2件。一呈扁锥状，T1②:2；另一呈扁平小梯形，T2②:2（皆属大溪文化）。

BⅡ式：扁平小长梯形。1件。T27⑥:6（属夏商）。

BⅢ式：厚体细长长方形。3件。T15⑤:4、T174⑤A:1、T22⑤A:38（属周代）。

BⅣ式：近长方形。5件。T16④A:1、T16④B:6、T24④:4、T238④:2、T384②:2（属秦汉）。

C型：上下两头皆成刃石凿。2件。都属秦汉时期。T24④:2、T529②:1。

（6）石刀

2件。皆秦汉时期。T8③:1、T15③:8。

（7）石锚

3件。可分二式：

Ⅰ式：上部为"十"字型凹槽。1件。T224⑥:10（属夏商）。

Ⅱ式：上部为"一"字型凹槽。2件。T16④:8、T27④:9（属秦汉）。

（8）石矛或石镞

3件。出于三个不同时期。夏商时期1件，M3:5；周代时期1件，T16⑤:7；秦汉时期1件，T0204②:3。

（9）石铲

1件。夏商时期的T22⑦:1。

（10）石杵

1件。夏商时期的T15⑥:17。

（11）石芯

2件。皆秦汉时期。T37③:2、T367②:1。

（12）石圆饼状器

1件。夏商时期的T244⑥:4。

（13）残石器

33件。可分A、B、C三型。

A型：特厚体。6件。分属三个时期：大溪文化时期1件，T2③:10；夏商时期4件，T15⑥:18、T224⑥:8、T224⑥:16、T225⑥A:3；秦汉时期1件，T224④:2。

B型：厚体。6件。皆属夏商时期，分别为T15⑥:19、T224⑥:13、T224⑥:17、T225⑥B:6、T225⑥B:8、T244⑥:3。

C 型：薄体。21 件。其中，大溪文化时期 3 件，T1③:1、T2②:5、T2②:9；夏商时期 10 件，T15⑥:1、T15⑥:11、T15⑥:12、T15⑥:14、T224⑦:56、T224⑥:15、T225⑥B:5、H53:1、H53:2、M7:1；周代时期 4 件，T26⑤:2、T27⑤B:1、T126⑤:12、H37:1；秦、汉时期 4 件，T15④:2、T24④:1、T16③:4、T26③:1。

（14）陶网坠

1 件。为秦汉时期的 T37③:1。

（15）陶环状器

1 件。为秦汉时期的 T16③:2。

（16）陶纺轮

27 件。可分 A、B、C、D、E、F 六型：

A 型：薄体两面平，斜边型。5 件。分三式：

AⅠ式：2 件。体最薄。T15⑥:9、T27②:5（属夏商）。

AⅡ式：2 件。薄体相对较厚，有的顶面微凹。H49:1（顶面微凹）、T243⑤:2（都属周代）。

AⅢ式：1 件。体比Ⅰ式稍厚。T225④B:1（属秦汉）。

B 型：厚体两面平，斜边或斜边微凹弧。8 件。分三式：

BⅠ式：2 件。T15⑥:13（弧边微凹）、M3:2（属夏商）。

BⅡ式：4 件。T27⑤B:2、H41:2、H41:3、G4:5（属周代）。

BⅢ式：2 件。T26④:3、T38④:1（属秦汉）。

相对而言，B 型Ⅰ和Ⅲ式顶面都甚小，只比中间穿孔稍大，Ⅱ式虽顶面积小于底面，但面径比较大，Ⅲ式有的底面饰篦点纹，余皆素面。

C 型：体较厚，角边型。6 件。分四式：

CⅠ式：角边上下对称，面微凹。1 件。T245②:1。

CⅡ式：两面平，角边上长下短。3 件。T23④:46、T238④:1、T15③:7。

CⅢ式：面微凹，角边上长下短。1 件。T1②:3。

CⅣ型：两面平，角边下部近垂直。1 件。T11①B:1。

其中 CⅠ式属夏商时期；CⅡ、Ⅲ、Ⅳ三式皆属秦汉时期。

D 型：薄体，两面等宽，直边或弧边。3 件。分二式：

DⅠ式：直边。1 件。为周代的 H41:4。

DⅡ式：弧边。2 件。皆属秦、汉时期。G7:2、T16②:46（体稍厚）。

E 型：两面平，斜弧边。3 件。分二式：

EⅠ式：体较厚，近厚体。1 件。H41:1（属周代）。

EⅡ式：薄体。2 件。皆属秦汉时期。T224②:1、T244②B:1。

F 型：弧面，平底。2 件。皆属夏商时期。H3:1、江边采:1。这两件或可分为二式，后一件Ⅱ式体较厚。

根据上述认识，可制成红庙岭遗址出土和采集石、陶质生产工具的种类、型、式一览表（附表八）。

在把红庙岭遗址的生产工具分为 16 个种类后，附表八已可以反映不用发展时期在种类方面的数量和增减情况。

进一步把石斧、小石斧、石楔、雕凿器、石锚和陶纺轮这六种器物做型式划分后，则可以认识同一类型在不同时期的发展变化。虽然红庙岭遗址这些器物的发展规律还有待毗邻其他同时期遗址的检验，但这些明显的发展规律，至少可以证明：红庙岭遗址不但在夏商时期还存在石质和陶质的生产工具，而且在周代至秦汉时期，也仍在使用这些落后的石质、陶质生产工具。

而红庙岭遗址的先民在生产工具方面发展落后的原因，则可能与原尚处于"旧石器时代晚期阶段"的"古代巴人"在"周代"才开始在"红庙岭遗址"上长期定居有关。

下面从陶质生活用品方面作进一步分析。

（二）对不同时期陶质生活用品的认识

这里只谈夏商、周代和秦汉三个发展时期的陶质生活用品在种类和型式两个方面的认识。

1. 不同时期的陶器种类

据附表二的夏商时期139件标本和附表三的周代时期171件标本，以及附表四的秦汉时期332件标本，基本上可把这三个时期的陶器标本归纳为21个种类。这三个时期在种类方面的发展情况如下：

夏商时期出土了高领罐、矮颈罐、束颈罐、盘口罐、折沿罐、花边口罐、瓮坛类、鬲足和口沿、敛口钵、碗口沿（包括碗圈足）、盘口沿（包括高圈足）、圈足盘（包括盘圈足）、盆口沿、灯座形器、平底杯、小碟16个种类。

周代时期出土16种器物。其中，未见夏商时期的平底杯和小碟两种器物；但新出现了小釜和尖底器两种器物。

秦汉时期出土21种器物。其中，除周代的16种器物外，又发现有夏商时期已出现的平底杯和小碟两种器物，同时，又新出现了陶甑、陶灶和蹄足鼎三种器物。

2. 各种器物的数量和型式

（1）高领罐

简称A型罐。

夏商时期14件，数量居夏商时期第2位，可分a、b、c、d四个亚型。

周代时期24件，数量居周代时期第2位，除a、b、c、d四个亚型外，新出现e亚型。

秦汉时期41件，数量居秦汉时期第2位，可分为a、b、c、d、e五个亚型。

（2）矮颈罐

简称B型罐。

夏商时期2件，属夏商时期第13位，可分a、b两个亚型。

周代时期2件，属周代时期第9位，也分a、b两个亚型。

秦汉时期40件，属秦汉时期第4位，可分a、b、c、d、e五个亚型。

（3）束颈罐

简称C型罐。

夏商时期18件，居夏商时期第1位，可分为a、b两个亚型。

周代时期47件，居周代时期第1位，也可分为a、b两个亚型。

秦汉时期60件，居秦汉时期第1位，也分a、b两个亚型。

（4）盘口罐

简称D型罐。

夏商时期9件，居同时期第5位，可分a、b、c三个亚型。

周代时期17件，居同时期第3位，分a、b、c三个亚型。

秦汉时期27件，居同时期第5位，也分a、b、c三个亚型。

（5）折沿罐

简称E型罐。

夏商时期2件，居同时期第14位。

周代时期2件，居同时期第10位。

秦汉时期1件，居同时期第17位。

（6）花边口罐

简称F型罐。

夏商时期6件，居同时期第6位，可分a、b两个亚型。

周代时期4件，居同时期第7位，也分a、b两个亚型。

秦汉时期2件，居同时期第16位，都属Fb型。

（7）瓮坛类

夏商时期3件，居同时期第9位，皆高领瓮，且可分为A、B、C三型。

周代时期1件，居同时期第12位，属B型高领瓮。

秦汉时期9件，居同时期第8位。其中1件为与前不同的D型高领瓮，另有E型瓮3件，F型瓮3件，还有盘口坛和侈口罐各1件。

（8）鬲足与鬲口沿

夏商时期2件，居同时期第5位，为A型鬲（口沿）和A型足。

周代时期4件，居同时期第8位。其中，A型鬲1件，B型鬲2件；B型足1件。

秦汉时期41件，居同时期第3位。其中，A型鬲4件，B型鬲3件，新出现C型鬲3件；A型足6件，B型足19件，新出现C型足3件，D型足2件，E型足1件。

（9）敛口钵

夏商时期3件，居同时期第10位。

周代时期1件，居同时期第13位。

秦汉时期4件，居同时期第11位，可分A、B二型，A型2件，与夏商和周代的尖圆唇敛口钵相同；B型2件，皆圆唇外卷。

（10）碗口沿和碗圈足

夏商时期4件碗口沿，居同时期第7位，皆卷沿碗。另有碗圈足4件，不列位。

周代时期仅1件碗口沿，居同时期第14位，为侈口碗。另有碗圈足2件，不列位。

秦汉时期8件，居同时期第9位。其中，卷沿碗4件，侈口碗1件，敛口碗3件，敞口碗1件。

（11）盘口沿和高圈足

夏商时期的盘口沿12件，居同时期第3位，可分A、B、C、D、E五型。另有高圈足4件，且可分为A、B二型，都不列位。

周代时期盘口沿15件，居同时期第4位，可分为A、B、C、D、E五型。另有高圈足5件，未见A型，可分B、C、D三型，都不列位。

秦汉时期盘口沿11件，居同时期第7位，分属A、E型。另有高圈足26件，可分A、B、C、D四型，但都不列位。

（12）圈足盘和盘圈足

夏商时期圈足盘3件，居同时期第11位，可分A、B二型。另有盘圈足6件，可分A、B二型，但不列位。

周代时期圈足盘残器1件，居同时期第15位。另有盘圈足5件，除A、B型外，新出现C型，大都不列位。

秦汉时期圈足盘口沿4件，居同时期第13位，除A、B二型外，另有1件与E型豆盘相似。另有盘圈足7件，可分A、B、C、D四型，但都不列位。

（13）盆口沿

夏商时期10件，居同时期第4位，可分A、B、C三型。

周代时期8件，居同时期第5位，只有A和C二型，未见夏商时期的B型盆。

秦汉时期7件，居同时期第10位，又可分为A、B、C三型。

（14）灯座形器

夏商时期4件，居同时期第8位，未分型。

周代时期2件，居同时期第11位，未分型。

秦汉时期4件，居同时期第12位，未分型。

（15）平底杯

夏商时期3件，居同时期第12位，可分A、B二型。

周代未见。

秦汉时期1件，居同时期第18位，只有A型，未见B型。

（16）小碟

夏商时期1件，居同时期第16位。未分型。

周代未见。

秦汉时期3件，居同时期第14位。未分型。

（17）尖底器

夏商时期未见。

周代时期7件，居同时期第6位。未分型。

秦汉时期17件，居同时期第6位。也未分型。

（18）小釜小罐

周代时期小釜1件，居同时期第16位。

秦汉时期小罐3件，居同时期第15位。

（19）陶甑

仅秦汉时期1件，居同时期第19位。

（20）陶灶

仅秦汉时期发现残口沿1件，居同时期第20位。

（21）蹄足鼎

秦汉时期出土1件小鼎蹄足，居同时期第21位。

另外，上述三个时期都出土罐平底。其中：

夏商时期29件，可分A、B、C、D四型，不列位。其中，A型又可分a、b两个亚型。

周代时期21件，可分A、B、C三型，未见D型，不列位。A型也可分a、b两个亚型。

秦汉时期11件，只有A型和新出现的E型，不列位。A型也可分a、b两个亚型。

又，周代时期出土一件器把。秦汉时期出土一件器耳。都不列位。

通过对三个时期陶质生活用品在种类和类型两个方面的分析，由于上述前14种器物在三种不同时期都有出土，而且，束颈罐的数量在三个发展时期都居首位，高领罐的数量则都居第二位，所以，可以认为红庙岭遗址在周代以至秦汉时期的"老居民"，基本都保持夏商时期的祖先的生活习惯和传统；而周代刚定居的"古代巴人"，在定居后的生产和生活，则只能向当地的"老居民"请教和学习，由于新、老居民都和谐相处，所以，在生活用品方面，周代至秦汉时期的陶器种类和类型，都保留夏商时期的传统和习惯。

周代和秦汉时期的尖底器，应是"古代巴人"定居后新出现的器物。遗憾的是红庙岭出土的标本都难以复原，从口沿看，可能还有尖底杯和尖底罐之分。

秦汉时期仍存在的鬲（居同时期第3位）和豆（豆盘居同时期第7位，豆高圈足多达26件）由于其他地区已基本消失，所以，又可认为，红庙岭遗址这一时期的居民生活，相对比较落后。也与这一时期的生产工具也相对落后基本一致。

附 表

附表一　红庙岭遗址土坑墓随葬器物种类、型、式排列一览表

序号	墓号	罐 A Aa	罐 A Ab	罐 B Ba	罐 B Bb	罐 C Ca	罐 C Cb	罐 D	罐 E	罐 F	盂 A	盂 B	罍	盆	豆	盒	瓮	釜	铜矛 A	铜矛 B Ba	铜矛 B Bb	铜剑 A Aa	铜剑 A Ab	铜剑 B Ba	铜剑 B Bb	铜剑 B Bc	铜铁带钩	其他与备注	年代
1	M3																											陶纺轮1、石镰1、石斧1、石饼1、大圈足盘1	夏商
2	M48																	I1											春早
3	M8	I												I															
4	M108	II1												II1	A														
5	M64	II1												II2														骨笄1	
6	M107										I				B														春中
7	M40	II2									II																	Aa罐底（残）	
8	M38/39		II1								III																		
9	M26										IV1						I												
10	M37		I2								IV2																		
11	M75																									I	I1		
12	M112			I																							I2	玉玦1,带钩为铁质	
13	M46					I		I																					春晚
14	M91							II				I1																	
15	M27					II						I2																	
16	M116							III1				I3										I						填土出一铁斧	
17	M74								I1			II1																	
18	M111								I2			II2										II1							

续表

序号	墓号	罐 A Aa	罐 A Ab	罐 B Ba	罐 B Bb	罐 C Ca	罐 C Cb	罐 D	罐 E	罐 F	盂 A	盂 B	罍	盆	豆	盒	瓮	釜	铜矛 A	铜矛 B Ba	铜矛 B Bb	铜剑 A Aa	铜剑 A Ab	铜剑 B Ba	铜剑 B Bb	铜剑 B Bc	铜铁带钩	其他与备注	年代
19	M59																	√										釜残碎难修复	战早
20	M69					Ⅲ1							Ⅰ2																
21	M20	Ⅲ1											Ⅱ1																
22	M17	Ⅲ2										Ⅱ3																Aa罐仅剩罐凹底,未见纹饰	战早
23	M73								Ⅱ			Ⅲ1																E型罐仅剩罐平底,未见纹饰	
24	M68											Ⅲ2																	
25	M61																								Ⅰ				
26	M97	Ⅳ																											
27	M137					Ⅲ2			Ⅲ1			Ⅳ1																	
28	M67					Ⅲ3			Ⅲ2			Ⅳ2								Ⅰ									
29	M126					Ⅳ1																Ⅱ2				Ⅱ1	Ⅰ3		
30	M77			Ⅱ		Ⅳ2																							
31	M119					Ⅳ3																					Ⅱ1		
32	M85				Ⅰ																								
33	M106					Ⅳ4											Ⅱ				√						一件铜镞	战中
34	M53																											铁刻刀1,残铁器1	
35	M57																								Ⅱ1				
36	M136	Ⅴ1											Ⅱ2														Ⅱ2		
37	M103	Ⅴ2											Ⅲ1																
38	M76		Ⅰ3			Ⅳ5																					Ⅱ3	Ab罐仅剩凹底1	

续表

序号	墓号	罐 A Aa	罐 A Ab	罐 B Ba	罐 B Bb	罐 C Ca	罐 C Cb	罐 D	罐 E	罐 F	盂 A	盂 B	罍	盆	豆	盒	瓮	釜	铜矛 A	铜矛 B Ba	铜矛 B Bb	铜剑 A Aa	铜剑 A Ab	铜剑 B Ba	铜剑 B Bb	铜剑 B Bc	铜铁带钩	其他与备注	年代
39	M50					V1					IV3								I									铜戈1	
40	M127										V							II1					I1			II3			
41	M130										V															II4			
42	M19				II1															II								陶壶1、铁斧1、铁剑1、铜勺1、骨环1	
43	M22				II2						VI1							II2										釜难修复无图	
44	M2										VI2							V										釜颈以上残	
45	M5						II				VI3							II4											
46	M41																												
47	M122					V2																							
48	M120															A1	III						I2				II4	铜锯片1	
49	M118	VI1														A2													战晚
50	M105															B													
51	M133								IV3																				
52	M104			III								IV3																	
53	M102							III2		a		IV4																	
54	M135											V1											II1		II2		III1	铜镞3、铁矛2、铁凿1、铁刻刀1	
55	M58								V1			V1																	
56	M125								V2			V2															III2	铜环套珠1、铜印戳1	
57	M80																		II										

续表

序号	墓号	罐 A Aa	罐 A Ab	罐 B Ba	罐 B Bb	罐 C Ca	罐 C Cb	罐 D	罐 E	罐 F	盂 A	盂 B	罍	盆	豆	盒	瓮	釜	铜矛 A	铜矛 B Ba	铜矛 B Bb	铜剑 A Aa	铜剑 A Ab	铜剑 B Ba	铜剑 B Bb	铜剑 B Bc	铜铁带钩	其他与备注	年代
58	M86								V3			V3																	秦西汉早期
59	M89		I4						V4																			陶纺轮1	
60	M101		II																										
61	M51		III1				III																		✓				
62	M42		III2			✓						✓											II2	✓				B型盂难修复	
63	M34		III3																										C型罐难修复，Ab罐也已残	
64	M36		III4																											
65	M32		IV									VI1	III2																	
66	M33											VI2	III3																	
67	M18											VI3																		
68	M93/87												IV1									II3						铁剑1	
69	M114					V3																							
70	M132					V4			VI																				
71	M110																								III1	II5			
72	M72		V1										IV2												III2	III			
73	M121		V2																										
74	M70/56								VII1																				
75	M131	VI2											V																
76	M54	VI3																											
77	M96	VI4																											
78	M63	VII																											
79	M88	VIII																											
80	M65																							✓					

续表

附 表

序号	墓号	罐 A Aa	Ab	B Ba	Bb	C Ca	Cb	D	E	F	盂 A	B	罍	盆	豆	盒	瓮	釜	铜矛 A	Ba	Bb	铜剑 Aa	Ab	Ba	Bb	Bc	铜铁带钩	其他与备注	年代
81	M62																Ⅳ											填土出西汉半两，铜钱4枚，陶纺轮1	西汉晚期
82	M79								Ⅶ2									Ⅲ											
83	M95																	Ⅳ											
84	M16	Ⅵ1																											
85	M47	Ⅵ2																											
86	M13	Ⅵ3																											
87	M60	Ⅶ																											
88	M81									b																			
89	M99																									Ⅲ3	还有铜钱、耳珰1，银戒指1	
90	M134																											甬道扰乱层中有大泉五十、五铢铜钱、铜镯2、铜陶、铜珠2、串珠二百多颗	

附表二 夏商时期各类标本的数量及陶系统计表

器类名称	数量	泥质陶			夹砂陶		
		红	黑	灰	红	黑	灰
高领罐	14	9		2	2	1	
矮颈罐	2		1	1			
束颈罐	18	2	5		5	5	1
盘口罐	9	2	1	3	3		
折沿罐	2					2	
花边口罐	6				5	1	
高领瓮	3	2	1				
鬲口鬲足	2				2		
敛口钵	3		1	1	1		
大圈足盘	3		2	1			
敞口盘	9	1	1	7			
敛口盘	3	1	2				
卷沿碗	4	1	1	2			
敛口盆	6		1	5			
敞口盆	4		1	3			
平底杯	3	3					
小碟	1			1			
灯座形器	4	1	1	1	1		
盘矮圈足	6		1	5			
碗矮圈足	4		1		3		
高圈足	4			3	1		
罐平底	29	14	5	2	7	1	
合计件数	139	36	25	37	30	10	1
百分比（％）	100	25.9	18.0	26.6	21.6	7.2	0.7

附表三　周代陶质生活用品标本数量及陶系统计表

器类名称	数量	泥质陶					杂质陶			
		红	黑	灰	黄	褐	红	黑	灰	褐
高领罐	24	4	3	6		1	5	3	1	1
矮颈罐	2					1	1			
束颈罐	47	1	2	2		2	6	18	2	14
盘口罐	17	5	1	5		3	2			1
折沿罐	2							1		1
花边口罐	4	1		1				1		1
高领瓮	1								1	
鬲口足	4	1	1	1			1			
敛口钵	1	1								
大圈足盘	1			1						
盘口沿	15		4	5	2		1	2	1	
侈口碗	1			1						
盆口沿	8		2	6						
灯座形器	2			1				1		
盘矮圈足	5		3	2						
碗矮圈足	2	1	1							
高圈足	5	1	1	2			1			
罐平底	21	6	4	3			1	3	1	3
小釜	1		1							
尖底器	7		5	2						
器把	1						1			
合 计	171	21	28	38	2	7	19	29	6	21
百分比（%）	100	12.28	16.37	22.22	1.17	4.09	11.11	16.96	3.52	12.28

附表四 秦汉时期陶质生活用品种类数量及陶系统计表

器类名称	数量	泥 质					夹 砂			
		红	灰	黑	黄	褐	红	灰	黑	褐
高领罐	41	10	13	9		4	1	1	1	2
矮颈罐	40	1	3	5		1	6	9	13	2
束颈罐	60	2		2		1	9	3	29	14
盘口罐	26	6	4	3	1	4	5	2		1
折沿罐	1	1								
花边口罐	2						2			
高领瓮	1	1								
侈口瓮	3	1	1						1	
小瓮	3		2	1						
盘口坛	1		1							
陶坛	1			1						
鬲口沿	10	2	2	3			2			1
鬲足	31						30			1
敛口钵	4	2					2			
大盘口沿	4	1	2	1						
豆盘	11	1	5	3				1		1
卷沿碗	3		1	1		1				
侈口碗	1								1	
碗口沿	4		1	1		2				
盆口沿	7	1	6							
平底杯	1	1								
小碟	3			1		2				
灯座形器	4	1	1	1		1				
盘圈足	7		3		1	3				
碗圈足	2		1				1			
高圈足	26	5	11	8		1	1			
罐平底	11	2	2	2		1	1	1		2
尖底器	17	1	4	7	1	2		2		
器耳	1			1						
灶口沿	1									
小罐	3	1	1	1						
鼎蹄足	1									
甑箅	1					1				
合计	332	39	65	51	3	26	57	21	46	24
百分比（%）	100	11.75	19.58	15.36	0.9	7.83	17.16	6.33	13.86	7.23

附表五　红庙岭遗址土坑墓一览表

墓号	方向	探方分布,开口层位,打破关系	长方形墓坑（单位：厘米）			葬式	随葬器物	年代	说明
			墓口（长×宽）	墓底（长×宽）	深				
M1	258°	T15 西北部及北部扩方④下→生土,被 M7 打破	136×72	136×72	26~28	侧身屈肢	（残）猪下颌骨	大溪文化	
M2	341°	T16 西北部④B 下→⑤,打破 M4	250×98	220×90	32	仰身直肢	AⅥ孟1,Ⅱ釜1	战国晚期	
M3	77°	T16 东南部④下→生土,被 H9 打破	残78×118	残76×110	24	似二次葬	石斧3,石楔1,石矛头1,陶纺轮1,圈足盘1,豆座1	夏商时期	
M4	82°	T16 西部至 T15 东隔梁内④B 下→⑤,被 M2 打破	150×60	150×60	22	迁葬	无	东周	
M5	343°	T15 西北部④A 下→④B 下 H6 和⑤下 M7	180×83	180×83	56	不明	AⅥ孟1,釜（已残）	战国晚期	原 H15
M6	341°	T15 东北部至东隔梁④B 下→⑤,被 H4 打破	190×90	170×80	76	仰身直肢	无	东周	
M7	64°	T15 北部⑤下,打破 M1,被 M5 打破	94×60	94×60	20	仰身直肢	残石器1	夏商时期	
M8	360°	T16 西部至 T15 东隔梁④B 下→⑤	88×80	78×70	60	瓮棺葬	Ⅰ盆1,高圈足1	春秋早期	原 H7
M9									空号
M10	88°	T23 南部④下→⑤A→⑤B	110×74	110×74	50	仅一头骨	无,填土矮颈罐1	东周	
M11	270°	T30 东部②下→生土	216×81	205×71	24	仰身直肢	现代钮扣	现代	
M12	238°	T24 南部④下→⑤,H2~	132×60	132×60	30	不详	无	东周	
M13	193°	T23 东部②下,打破文化层直至生土	212×85	212×85	60	仰身直肢	AbⅥ罐1	西汉后期	
M14	278°	T36 西南扩方②下→M_6	300×80	300×80	30	仰身直肢	无	现代	
M15	330°	T37 东北②下→③,压在 F6 上	280×120	280×120	20	仰身直肢	石膏状白块状	近现代	
M16	242°	T36 西南至 T35 北隔梁②下→③下→④,⑤	220×130	220×130	30	仰身直肢	AbⅥ罐1	西汉后期	
M17	91°	T43 西部②下→生土,截 M21,M23 打破	150×70	150×70	10	不详	AaⅢ罐1,BⅡ孟1	战国早期	

续表

墓号	方向	探方分布、开口层位、打破关系	长方形墓坑（单位：厘米）			葬式	随葬器物	年代	说明
			墓口（长×宽）	墓底（长×宽）	深				
M18	360°	T42东部偏南②下，打破生土、M21	248×136	234×107	27	仰身直肢	BⅥ盂1	秦汉	
M19	130°	T51中部偏西②下→生土	298×(140～150)	298×(140～150)	50	仰身直肢	铁斧2、残铁器1、骨环1、铜勺1、陶壶1、BbⅡ罐1、BaⅡ铜矛1	战国晚期	
M20	26°	T51东北部至东北隔梁内②下→生土	320×145	320×145	20	仰向直肢	AaⅢ罐1、Ⅱ罍1	战国早期	
M21	3°	T42中部②下，打破生土，被M17、M18打破	256×114	250×94	23	仰身直肢	无	东周	
M22	340°	T36中部④下→⑥→⑦→基岩，③下G4叠压	314×(174～180)	298×(170～176)	120	仰身直肢	BbⅡ罐1	战国晚期	
M23	1°	T43南部②下，打破生土，被石M3打破	250×90	250×90	30	仰身直肢	无	东周	
M24	98°	T38南部扩方被③下F6所叠压→⑤，被M25打破	232×(82～102)	232×(82～102)	30	仰身直肢	无	东周	
M25	351°	T38南扩方F6下→M24⑤	220×70	220×54	90	仰身直肢	无	近现代	
M26	340°	T36北扩方②下→生土	250×150	250×150	14	仰身直肢	Ⅰ簋1、AⅣ盂1	春秋晚期	
M27	240°	T36北部②下→生土	220×110	220×110	20	仰身直肢	CaⅡ罐1、BⅠ盂1	春秋晚期	
M28	282°	T38西南角和T37东隔梁内，被③下F6叠压，打破M32	96×60	96×60	8	仰身直肢	无	秦汉	小孩墓
M29	8°	T36北部被③下F6叠压，打破⑤层	94×64	94×64	4	仰身直肢	无	秦汉	小孩墓
M30	357°	T36东北部M29东侧，被③下F6叠压，打破⑤层	120×70	120×70	52	仰身直肢	无	秦汉	小孩墓
M31	340°	T37北部至T41南部⑤下和T41②下，都打破生土	218×84	218×80	40	侧身屈肢	陶釜1、陶罐1（残）	大溪文化	

续表

墓号	方向	探方分布、开口层位、打破关系	长方形墓坑(单位:厘米)			葬式	随葬器物	年代	说明
			墓口(长×宽)	墓底(长×宽)	深				
M32	13°	T38 西南角至 T37 东隔梁内,被③下 F6 叠压,打破⑤,生土,又被 M28 叠压打破	272×130	272×130	130	仰身直肢	BⅥ盂 1、AbⅢ罐 1	秦汉	
M33	355°	T38 中部,被③下的 F6 叠压,打破⑤,生土	262×130	262×130	128	仰身直肢	BⅥ盂 1、AbⅢ罐 1、铁剑 1	秦汉	F8 系近代石条建筑
M34	312°	T181 西北部①下→生土,被①下 F8 打破	240×100	240×100	20	仰身直肢	Ba 铜剑 1、AbⅢ罐 1、B盂 1	秦汉	
M35	310°	T151 西北部④下→5B→⑥→生土	280×130	258×110	80	不详	铁剑 1(残)	东周	
M36	315°	T159 西北角②下→G″→④→生土	300×152	280×140	80~90	不详	AbⅢ罐 1、C罐 1(残)	秦汉	
M37	328°	T184 东南部②下,打破生土,打破 H34	260×123	260×123 230×80	154	仰身直肢	AbⅠ罐 1、AⅠ盂 1	春秋晚期	有二层台
M38		为 M39 第一次墓坑遇岩而废							
M39	336°	T174 东北部④下→⑤→生土	270×130	269×129	60	仰身直肢	AbⅠ罐 1、AⅢ盂 1	春秋中期	
M40	335°	T174、T175、T180、T181 四个探方④下→⑤→生土	270×110	269×109	80	仰身直肢	AaⅡ罐 1、AⅡ盂 1	春秋中期	
M41	312°	T173 北部④下→⑤→生土	220×100	220×100	50	不详	CbⅡ罐 1、AⅥ盂 1	战国晚期	
M42	315°	T162 北部②下→G7,生土	320×180	310×170	125	仰身直肢	AbⅢ罐 1、CbⅢ罐 1	秦汉	
M43	315°	T158 东北部④下→⑤→生土	220×100	220×100	16	不详	卷沿盂 1、圜底釜 1	东周	难修复
M44	45°	T181 西南部①下→M5→生土	200×100	200×100	14	不详	陶器 2 件已风化	不明	可能为汉墓
M45	313°	T181 东南部①下→生土,被 M44 打破	220×72	220×72	64	仰身直肢	无	不明	可能为东周墓
M46	320°	T226 东部②下→H38→生土	266×100	250×100	68	不详	CaⅠ罐 1、DⅠ罐	春秋晚期	
M47	240°	T239 北部②下→M52→生土	220×118	220×118	60	仰身直肢	AbⅥ罐 1	西汉后期	
M48	300°	T224 西南部②下→⑥→生土	270×100	180×58	80	不详	BⅠ豆 1、Ⅰ釜 1	两周之交	有二层台
M49		为 M48 第一次墓坑遇岩而废							

续表

墓号	方向	探方分布、开口层位、打破关系	长方形墓坑（单位：厘米）			葬式	随葬器物	年代	说明
			墓口（长×宽）	墓底（长×宽）	深				
M50	315°	T161 西北部④下→生土	320×182	300×170 底坑230×80	126	不详	AⅠ铜矛、AbⅠ铜戈1、CaⅤ罐1、AⅣ盂1	战国晚期	有二层台
M51	320°	T162 东南部②下→G7→④→生土	280×75	270×70	66	仰身直肢	Ba铜剑1、AbⅠ罐	秦汉	
M52	330°	T239 北部②下→H50→生土，被M47 打破	220×70	220×70	70	仰身直肢	无	秦汉	
M53	345°	T243 西北部②下→M61→⑤，被M86、M89 打破	残128×90	残128×90	20	不详	BbⅠ罐1、Ⅱ瓮1、Bb铜矛1	战国中期	
M54	360°	T245 东南部②下→生土	360×220	350×200	132	不详	AbⅤ罐1	秦汉	
M55	170°	T246 东南部②下→生土，被现代墓打破	260×200	250×180 220×138	116	夫妻合葬	铜钱5	西汉后期	皆剪轮五铢
M56	330°	T239 东北部②下→生土	211×60	175×60，但北部有进深36 的二层台	54	仰身直肢	EⅥ罐1、Ⅳ罍1	秦汉	与M70 为同一墓
M57	340°	T239 东部和 T243 西部之间②下→M59→⑤	220×(50~60)	220×(50~60)	58	仰身直肢	BbⅡ铜剑1	战国中期	填土中1件EⅡ陶纺轮
M58	355°	T239 东北部②下→H42→生土	258×65	40×60 204×60	66	仰身直肢	EⅡ罐1、BⅤ盂1、铜环1、铜戳1	战国晚期	头上有二层台
M59	265°	T243 西南部④下→⑤，被 M56、M57 和 M61 打破	180×60	180×60	30	不详	Ⅰ罍1、Ⅰ釜1（已残）	战国早期	
M60	340°	T248 西部②下→生土，南部被现代墓打破	残110×120	残110×120	20	不详	AbⅧ罐1	汉代	填土出土铜钱有大泉五十和西汉五铢两种
M61	355°	T243 西部④下→M59，被 M53 打破	190×60	190×60	20	不详	BbⅠ铜剑1	战国早期	

续表

墓号	方向	探方分布、开口层位、打破关系	长方形墓坑（单位：厘米）			葬式	随葬器物	年代	说明
			墓口（长×宽）	墓底（长×宽）	深				
M62	332°	T248 东部②下→生土，被现代墓打破	230×160	230×160	12	不详	EⅦ罐 1、Ⅳ瓮 1	西汉后期	填土中出土 4 枚西汉"半两"铜钱和 1 件陶纺轮
M63	335°	T243 东北部④下→H4	200×66	200×66	26	不详	AaⅦ罐 1	秦汉	
M64	15°	T243 南部至南扩方④下→H44	260×160	260×160	128	仰身直肢	骨笄 1、Ⅱ盆 1、AaⅡ罐 1	春秋早期	
M65	355°	T243 东部②下→H48	215×50	215×50	18	仰身直肢	EⅤ罐 1、Ba铜剑 1	秦汉	
M66	350°	T243 东部②下→M73	210×50	210×50	12	仰身直肢	无	秦汉	
M67	360°	T247 中部①下→M68→生土	260×100	244×92	46	仰身直肢	AaⅡ铜剑 1、EⅢ罐 1、BⅣ盂 1	战国中期	
M68	352°	T247 中部①下→生土，被 M67 打破	140×90	140×90	36	迁葬	BⅢ盂 1	战国早期	
M69	350°	T243 南部和南部扩方②下→H49、H47	200×50	200×50	26	仰身直肢	Ⅰ罍 1、CaⅢ罐 1	战国早期	
M70	330°	跟 M56 同穴							与 M56 为同一墓
M71	352°	T243 西南及其南部扩方②下→M101	210×60	210×60	20	侧身屈肢	无	西汉后期	
M72	320°	T388 南部断坎下②下→生土	残 240×140	残 230×130 残 200×100	128+18	侧身屈肢	BbⅢ铜剑 1	秦汉	有生土二层台
M73	355°	T243 及其南部扩方④下→H48，被 M66 打破	216×70	216×70	30	不详	EⅡ罐 1、BⅢ盂 1	战国早期	
M74	355°	T243 西部至 T239 东隔梁内④下，被 M100 打破	206×60	206×60	30	不详	EⅠ罐 1、BⅡ盂 1	春秋晚期	填土中出土一小块玉佩残片
M75	316°	T204 东北部①下→生土，被现代墓打破	240×90	240×90	38	不详	Ⅰ铜带钩 1	春秋晚期	
M76	315°	T205 北部①下→生土，被现代墓打破	226×80	226×80	12	仰身直肢	AbⅠ罐 1、CaⅣ罐 1、Ⅱ铜带钩 1	战国中期	填土中出土 1 件银戒指

续表

墓号	方向	探方分布、开口层位、打破关系	长方形墓坑（单位：厘米）			葬式	随葬器物	年代	说明
			墓口（长×宽）	墓底（长×宽）	深				
M77	345°	T239 东南角④下→H52→生土	230×70	230×70	40	仰身直肢	BaⅡ罐1、CaⅣ罐1	战国中期	
M78	295°	T367 北部②下→M87→生土，被石M2甬道打破	残194×72	残194×72	10	仰身直肢	无	汉代	
M79	232°	T238 西部③下→④→⑤→生土	220×115	200×95	105	不详	Ⅲ釜1	西汉后期	
M80	355°	T364 南部④下→H41、H53、H54，南部被断坎打破	残210×66	残210×66	60	仰身直肢	AⅡ铜矛1	战国晚期	
M81	260°	T360 西北部③下→M82	205×80	185×70	25	仰身直肢	Fb罐1	西汉晚	
M82	335°	T360 西北部③下，中部被③下M81打破，打破④下M77	190×60	190×60	15	仰身直肢	无	早于西汉后期的M81的秦汉墓	
M83	5°	T244 东北部②下→生土	残140×62	残140×62	60	仰身直肢	无	不明	
M84	15°	T366 西南部①下→石M13甬道	185×90	185×90	30	仰身直肢	无	不明	
M85	345°	T238 北隔梁内④下，被石M6打破	残180×70	残160×50	100	仰身直肢	铜镞1	战国中期	
M86	5°	T364 西南至T243 西北部③下→M53，被M89打破	144×76	144×76	50	仰身直肢	BⅤ盂1，EⅤ罐1	秦汉	
M87	15°	T367 西北部②下→生土，被M78叠压，被F12打破	残105×60	残105×60	158	仰身直肢	AaⅡ铜剑1、AbⅣ罐1、Ⅲ罍1	秦汉	M93为此墓头部东侧壁龛
M88	350°	T364 东北部③下→M92	210×80	200×70	70	仰身直肢	AaⅤⅢ罐1	秦汉	
M89	360°	T364 西南部③下→M86、M53	176×110	176×110	74	夫妻合葬	AbⅡ铜剑1、陶纺轮1	西汉后期	
M90	15°	T366 东南部②下→生土，被F12打破	130×60	130×60	13	仰身直肢	无	不明	
M91	10°	T367 东南部②下→生土，被石M2甬道叠压	220×68	220×68	45	仰身直肢	DⅡ罐1、BⅠ盂1	春秋晚期	头上有二层台

续表

墓号	方向	探方分布,开口层位,打破关系	长方形墓坑(单位:厘米)			葬式	随葬器物	年代	说明
			墓口(长×宽)	墓底(长×宽)	深				
M92	350°	T364 东北部③下,被 M88 打破	210×残88	200×78	135	侧身直葬迁葬	无	秦汉	
M93	10°	为 M87 的壁龛							M87 壁龛
M94	33°	T239 南壁下至 T238 北隔梁内③下→④,被石 M6 打破	180×60	180×60	20	仰身直肢	无	汉代	
M95	272°	T366 西部②下→生土,被石 M7 打破	残246×106	残242×96	106	仰身直肢	Ⅳ釜1	西汉后期	
M96	330°	T364 西北④下→生土	220×64	215×56	55	仰身直肢	V罍1,AaⅥ罐1	秦汉	
M97	10°	T367 中部②下→④,被 F12 和 M87 壁龛打破	240×残94	212×102	151	仰身直肢	AaⅣ罐1,CaⅢ罐1	战国中期	
M98	10°	T367 西北部②下→生土,被 F12 和石 M13 打破	残160×72	残150×64	50	仰身直肢	无	西汉后期	
M99	310°	T347 东南部②下→生二	残295×200	残286×178	90	不详	Ⅲ铜带钩1,耳珰1,银戒指,铜钱有五铢、货泉	汉代	早年被盗,随葬器物皆出于墓中填土
M100	333°	T360 北部③下→M74,④	195×55	195×55	20	仰身直肢	无	汉代	
M101	342°	T360 北部③下→④,旋 M71 打破	195×85	195×85	25	仰身直肢	EⅤ罐1	秦汉	
M102	336°	T375 南部②下→M105,M106,生土	210×130	208×126	30	仰身直肢	AbⅢ铜剑1,BⅣ盂1,Fa罐	战国中期	
M103	305°	T375 西南部②下→生土	220×80	216×74	24	不详	AaⅤ罐1,Ⅲ罍1	战国中期	
M104	320°	T375 南部②下→M105,生土	残140×78	残132×78	40	不详	BaⅢ罐1	战国晚期	
M105	290°	T375 南部②下→生土,被 M102、M104 打破	270×120	256×104	60	仰身直肢	B盒1	战国晚期	

379

续表

墓号	方向	探方分布、开口层位、打破关系	墓口(长×宽)	墓底(长×宽)	深	葬式	随葬器物	年代	说明
M106	305°	T374 西北角②下→生土,被 M102 打破	残 270×190	残 244×128	90	仰身直肢	BCⅡ铜剑 1,BaⅠ铜矛 1,CaⅤ罐 1,EⅣ罐 1,铁刻刀 1,残铁器 1	战国中期	有生土二层台
M107	315°	T375 西北部②下→生土	254×175	230×96	120	仰身直肢	AⅠ盂 1,BCⅠ铜剑 1	春秋早期	有生土二层台
M108	340°	T360 南部④下→⑤→生土	280×150	260×130	205	仰身直肢	AaⅠ罐 1,Ⅱ盆 1	春秋早期	有生土二层台
M109	296°	T388 西部②下→生土	180×86	172×74	70	仰身直肢	无	不明	可能为近代墓
M110	308°	T249 北部②下→生土	260×120	236×96	56	侧身直肢	CaⅤ罐 1,BCⅢ铜剑 1	秦汉	
M111	320°	T388 南部②下→生土	残 186×124		64	仰身直肢	AaⅡ铜剑 1,EⅠ罐 1,BⅡ盂 1	春秋晚期	有生土二层台
M112	325°	T386 西北部②下→生土,被 M62 打破	210×120	210×120	26	仰身直肢	BaⅠ罐 1,CbⅠ罐 1,Ⅰ铁带钩 1,玉玦 1	春秋晚期	
M113	227°	T382 东部②下→M114,生土	210×76	204×76	80	仰身直肢	无	不明	可能为近代墓
M114	4°	T382 东北部②下→M113 打破	290×146	280×146	55	不详	Ⅲ矗 1	秦汉	铁矛 1 件出土于填土中
M115	343°	T385 东北部②下→生土	132×76	118×60	60	仰身直肢	无	不明	
M116	252°	T384 西部②下→生土	290×170	278×150	120	仰身直肢	AaⅠ罐 1,DⅢ罐 1,BⅠ盂 1	春秋晚期	修梯田时已毁去下半部
M117	264°	T383 北部②下→生土	226×90	208×70	50	仰身直肢	无	不明	可能为近代墓
M118	326°	T249 西部②下→M126,生土,被砖 M9 打破	120×100	120×100	40	仰身直肢	AaⅥ罐 1,AⅠ盒 1	战国晚期	
M119	336°	T249 南部②下→生土	326×138	278×126	95	仰身直肢	EⅣ罐 1,CaⅣ罐 1,Ⅲ铜带钩 1	战国中期	有生土二层台
M120	320°	T207 东南部②下→M122、生土	270×110	264×102	96	仰身直肢	Ⅱ铜带钩,AbⅠ铜带 1,Ⅲ盒 1,AⅠ盒 1,铜锯片 1	战国晚期	

续表

墓号	方向	探方分布、开口层位、打破关系	长方形墓坑（单位：厘米） 墓口（长×宽）	墓底（长×宽）	深	葬式	随葬器物	年代	说明
M121	350°	T389 中部②下→生土	残180×80	残172×72	74	仰身直肢	AaⅥ罐1、CaⅤ罐1、BbⅢ铜剑1	秦汉	与M125并列
M122		T207至T206北隔梁内②下→生土，被M120打破	246×残100	237×残94	102	不明	CaⅤ罐1	战国晚期，但相对早于M120	
M123	305°	T250西北部②下，被现代墓打破	200×86	194×70	70	仰身直肢	无	不明	
M124	306°	T250北部②下，被现代墓打破	220×96	182×80	46	仰身直肢	无	不明	
M125	2°	T389北部②下→生土	残190×72	残184×64	70	仰身直肢	BⅤ盂1、EⅤ罐1	战国晚期	头上有生二层台
M126	314°	T249西部②下→生土，被M118打破	266×110	258×102	50	仰身直肢	CaⅣ罐1、BCⅡ铜剑1、Ⅰ铜带钩1	战国中期	
M127	218°	T251东部②下→生土	276×140	266×120	76	仰身直肢	AⅤ盂1、Ⅱ釜1、BCⅡ铜剑1	战国晚期	墓主左右两侧有生土二层台
M128	352°	T390西部②下，叠压在M136、M132之上	202×110	202×110	4	仰身直肢	无	不明	可能为近代墓
M129	316°	T250西南部②下→生土	284×168	276×160	36	不详	无	不明	
M130	341°	T398西部②下→生土，被M9打破	230×残60	230×残60	25	仰身直肢	BcⅡ铜剑1	战国晚期	
M131	45°	T398西部②下、M132、M136、被砖M9打破	残128×残52	残126×残46	40	不详	AbⅤ罐1、AaⅥ罐1	秦汉	
M132	326°	T390中部②下→生土，被M134、M131打破	残330×残174	残246×残150	88	仰身直肢	Ⅳ罋1、BCⅡ铜剑1	秦汉	有生土二层台
M133	330°	T398西部②下→生土，被M132、M134打破	残290×残160	残278×残154	85	仰身直肢	Ⅲ铜带钩1、EⅣ罐1、铁斧2、铜镞3、铁刻刀1、铁凿1	战国晚期	

续表

墓号	方向	探方分布、开口层位、打破关系	长方形墓坑（单位：厘米）			葬式	随葬器物	年代	说明
			墓口（长×宽）	墓底（长×宽）	深				
M134	164°	T397 东北部②下→生土，打破 M132、M133	320×200	292×172	265	不详	琉璃串珠 212 颗以上，铜镯 2，铜钱有五铢、大泉五十两种	汉代	随葬器物已被早期盗空，皆出于填土中
M135	348°	T397 北部②下→生土	残 180×100	残 175×93	25	仰身直肢	BbⅡ铜剑、Ⅲ铜带钩、DⅢ罐 1、BⅣ盂 1	战国晚期	修梯田时破坏
M136	356°	T390 西南部②下→生土，被 M131 打破	280×120	280×114	50	仰身直肢	AaⅤ罐 1、Ⅱ罍 1、Ⅱ铜带钩 1	战国中期	墓底东壁有壁龛
M137	355°	T389 东部②下→生土	240×100	240×100	90	仰身直肢	EⅢ罐 1、CaⅢ罐 1、BⅣ盂 1	战国中期	
M138	264°	T375 北部②下→生土	240×80	200×56	74	仰身直肢	无	不明	似近代墓
M139	293°	T552 南部②下→生土	210×90	210×90	20	仰身直肢	无	不明	似近代墓

附表六　红庙岭遗址土圹墓一览表

墓号	方向	位置层位关系	形制大小(内空长×宽-高)(单位:厘米)			随葬器物	年代推断
			墓室	甬道	墓道		
石 M1	150°	T387 东部①下→生土	残长 334×270-(28~166)	不见	无	釉陶罐 2、陶碗 1、瓷碗 1、铜勺 1、铜挂件 1、铜矛 2、铜钱 36、铁欣刀 1	北宋绍圣年间或稍晚
石 M2	174°	T39 东部,南端至 T367 内,①下→M78、M91,生土	745×(264~288)-150	274×(128~142)-(16~108)	无	釉陶壶 1、陶双耳罐 1、铜戒指 1、铜弹簧 1、铜钱 92、耳珰 2、骨饰 1、骨珠 10	东汉晚期
石 M3	236°	T38、T39、T42、T43 探方内②下→M23,生土	残长 420×192-18	不见	无	铜钱 15	东汉早期或略晚
石 M4	34°	T52、T59、T60 探方内②下→生土	534×226-20	200×130-2	无	釉陶罐 1、青瓷盘口壶 1、罐 1、铜戒指 4、铁欣刀 1	唐代晚期
石 M5	4°	T58、T59、T552、T553 探方内②下→M139,生土	488×234-90	残 222×(104~130)-72	无	陶双耳罐 1、铜陶 3、铜环 1、铜钱 24、铁器 1、耳珰 2、骨珠 3	东汉晚期
石 M6	155°	T238 内②下→M85、生二	240×170-140	残 172×102-110	无	陶罐 1、铜管銎 1、大泉五十 4	东汉早期或略晚
石 M7	190°	T364、T365、T243、T244 探方内②下→M95,生土	残 640×216-162	不见	无	铜陶罐 1、铜顶针 1、铜饰 1、铜钱 27、小骨饰 1	东汉六朝之际
石 M8	195°	T201、T202 探方内①下→M131,生土	705×270-150	190×168-68	无	陶有耳罐 1、铜环 1、铜饰 1、小铜铃 1、铜钱 5、银环 1、骨饰 1	西晋时期
砖 M9	150°	T398 内①下→M130,生土	残长 604×280-(28~66)	无	无	青瓷钵 1、小铜铃 1、铜钱 4	西晋中晚期
石 M10	155°	T247 内①下→生土	768×260-252	无	无	盘口瓷壶 1、小铜铃 1、铜钱 35	东晋时期
石 M11	120°	T388 北部②→生土	716×296-(44~162)	残 65×168-32	无	青瓷盘口壶 1、铜钱 11、铜拉手 1	唐代中晚期

续表

墓号	方向	位置、层位关系	形制大小（内空长×宽×高）（单位：厘米）			随葬器物	年代推断
			墓室	甬道	墓道		
石M12	100°	T383东部②下→生土	700×234-132	不见	无	铜带钩2、铜戒指1、铜钱30、银环1、铁刀1、耳珰4	东晋晚期
石M13	158°	T366内②B→M98、生土，被M84打破	240×(184~190)-(92~190)	无	残100×95-110	铜钱2、铁片2、小料珠1	东汉早期
石M14	40°	T369、T373探方内②下→生土	406×192-190	无	残192×(122~146)-(42~100)	陶双耳罐1、铜钱9、耳珰2	东汉时期
石M15	58°	T376东部②下→生土	496×166-(12~148)	不见	无	铜带饰2、五铢4	东晋晚期

附表七 红甫岭遗址灰坑、灰沟一览表

编号	位置及层位关系	形状 坑口	形状 坑壁	形状 坑底	大小(单位:厘米) 长×宽-深	出土器物	年代推断	备注
H2	T8 东南部①下→④	长方形	近直壁	平底	76×60-24	盘口罐 1	秦汉	
H3	T4 东南部②下→生土	圆形	近直壁	平底	73×65-27	陶纺轮 1	夏商	
H4	T15 东北部,部分在东梁内,④A→④B、M6	长方形	斜壁	平底	152×90-74	尖底器 1	周代	
H5	T15 西北部及西部扩方,④B→⑤→⑥B→生土	不规则 近长方形	弧壁	平底	100×90-74	束颈罐 1	周代	
H6	T15 西部扩方内,西部还在石牧下没有发掘,④B下→⑥B→生土,被 M5 打破	似长方形	弧壁	圜平底	残 128×70-50	束颈罐 1,盘口罐 1	周代	
H9	T16 南壁下(没有全部暴露)④下→⑤,M3,被 H13 打破	呈长方形	直壁	平底	残 128×90-46	高领罐 1	周代	
H10	T15 西部⑥下→生土	不规则形	斜壁	锅底	110×90-40	无标本	夏商	《报告》未收入
H11	T15 中部东壁下,部分在东隔梁内,⑥B下→生土	长方形	直壁	平底	残 50×90-27	矮圈足 1	夏商	
H12	T15 南部近西壁⑥B下→⑦,生土	近方形	弧壁	平底	口部边长 115,底部边长 100,深 24	残石斧 1	夏商	
H13	T16 南壁下,大部分在东隔梁内,④下→⑤→⑦、H9	椭圆形 一部分	弧壁	圜底	240×残 40-38	束颈罐 1,盘口沿 1,小罐 1	周代	
H20	T16 南壁至T24 东隔梁内,②B下→③→④→生土	近椭圆形	直壁	平底	120×90-40	束颈罐 1	秦汉	
H21	T26 东北角,部分在东、北隔梁内,④下→H9→⑤A→生土	椭圆形	弧壁	圜平底	150×112-50	盘口罐 1,罐平底 1	周代	
H22	T22 北部④下→⑤A、⑤B、⑥、⑦,生土,打破 H23、H25	椭圆形	斜壁	平底	164×108-(34~44)	束颈罐 1,高圈足 1	周代	
H23	T22 北部,部分尚在北隔梁内,④下→⑤→3,生土,被 H22 打破	椭圆形 一部分	斜壁	圜平底	残 48×88-28	盘口罐 1	周代	
H24	T24 西南角③下→④,⑤A,部分仍在西部和南部隔梁内	长方形但未 全部揭露	直壁	平底	残 156×110-40	束颈罐 1,盘口沿 1	秦汉	
H25	T24 东部,部分尚在东隔梁内,⑤B→⑥,生土,被 H22 打破	椭圆形 一部分	斜壁	圜平底	残 120×150-40	敛口钵 1,罐平底 1	周代	
H26	T22 东部⑤A下→⑤B、H25、⑥,生土	椭圆形	斜壁	圜底	106×80-30	无标本	周代	《报告》未收入

续表

编号	位置及层位关系	形状 坑口	形状 坑壁	形状 坑底	大小(单位:厘米) 长×宽-深	出土器物	年代推断	备注
H27	T23 北部④下→⑤A、⑤B，被 M12 打破	近正方形	直壁	平底	130×110-30	假圈足1	周代	
H28	T23 和 T24 的南壁下③下→H30、④、⑤B	圆形仅露出一小部分	斜弧壁	平底	口径大于160，深100	束颈罐1	秦汉	
H29	T23 南部⑥B 下→⑦、生土	长方形	直壁	平底	170×60-40	无标本	夏商	《报告》未收入
H30	T26 西北部，部分在北隔梁内，④下→H29、⑤A、生土，被H28打破	近圆形一部分	直壁	平底	口径114，深52	束颈罐1	周代	
H31	T26 东南部⑤A 下→生土	圆形	弧壁	平底	80×82-30	无标本	周代	《报告》未收入
H32	T27 东北部⑥下→⑦、生土	近圆形	斜壁	平底	120×174-26	无标本	夏商	《报告》未收入
H33	T36 东部⑦下→生土	圆形	斜壁	圜底	80×80-54	无标本	夏商	《报告》未收入
H34	T184 中部②下→生土，被 M37 打破	圆形	斜壁	圜底	残100×90-30	无标本	周代	《报告》未收入
H35	T180 东北部④下→⑤	不规则形	直壁	平底	350×370-60	无标本	周代	《报告》未收入
H36	T180 东北部 H35 之下→生土	圆形	斜壁	圜底	130×170-48	无标本	周代	
H37	T224 北壁下，部分在北隔梁内，④下→⑥、生土	不规则长条形	斜壁	圜底	残135×(28~50)-72	残石器1	周代	《报告》未收入
H38	T226 东南部下①→生土	长方形	直壁	平底	210×120-20	无标本	周代	
H41	T364 东南角至 T244，边延伸到 T244 南部未发掘探方之中，④下→⑤、⑥，M64 和 H44，被 M63 和 M80 打破	沟状不规则形	近直壁	高低不平	残540×(135~345)-(50~90)	石斧1、小石砾1、石锛1、陶纺轮4、束颈罐3、盘口沿1、高圈足1	周代	
H42	T363 东南角至 T239 北隔梁内④下→生土，被 T239②下 M58 打破	近圆形	斜壁	平底	184×174-30	无标本	周代	
H43	T158⑤下→⑥、生土	长方形	斜壁	平底	206×136-30	无标本	周代	
H44	T244 南部扩方，西南部和东部都未揭露，④下→⑤、生土，被 M64 和 H41 打破	只露出弧形一部分	直壁	平底	残400×180-60	无标本	周代	
H45	T225 东北部②下→④A、④B、⑤、⑥A、⑥B	圆形	弧壁	圜底	残80×残80-100	无标本	周代	《报告》未收入
H46	T225 南壁下，部分未露出，④A 下→④B	圆形一部分	弧壁	圜底	口径190左右，深60	无标本	周代	
H47	T243 中部偏南⑤下→生土	圆形	斜壁	近平底	150×162-34	束颈罐1、盘口罐1	周代	

续表

编号	位置及层位关系	形状			大小(单位:厘米) 长×宽－深	出土器物	年代推断	备注
		坑口	坑壁	坑底				
H48	T243 南壁下,部分在南部隔梁内,⑤下→生土	近椭圆形	直壁	底不平	294×274－(10~54)	束颈盘1、盘口沿2、高领罐1、器鋬1	周代	
H49	T243 南壁下,部分尚在南部隔梁内,⑤下→生土	不规则近梯形	近直或斜坡状	底不平	残208×残290－50	陶纺轮1、高领罐1、束颈罐3、盘口罐1、折沿罐1、尖底器2、束颈罐圈足1、盘矮圈足1、高圈足1、小罐平底1	周代	
H50	T239 北部②下→生土,被M52、M47打破	仅存圆形坑一角	斜壁	平底	残130×120－40	盆口沿、罐平底1	周代	
H51	T239 南部②下→④、⑤,被H52打破	近椭圆形	斜壁	圜平底	160×106－44	高领罐1、束颈罐1、豆把1	秦汉	
H52	T239 南部偏东②下→H51、④、⑤,被M77打破	近椭圆形	斜壁	圜平底	口径200×150,底径190×140,深30	束颈罐1、甑箅1	秦汉	
H53	T364 中部东隔梁下,部分在东隔梁内,被M88、M92、M80打破	不规则形	斜壁	底不平	残210×140－(15~50)	残石斧2、高领罐1、颈罐2、高领瓮1、平底杯1	夏商	
H54	T364 东南角⑥下,被H41、M80打破	似圆形坑	斜壁	平底	口残长160×残宽86,底残长150×残宽76,深24~46	高领罐1	夏商	
G4	T363 西部,向南拐弯又向北流在T364、T35、T36、T37内,④下→M22,生土	弯曲不规则形	弧壁	圜底	残长1100×(50~300)－(40~80)	束颈罐2、圈足盘1、陶纺轮1	周代	
G7	T159、T160、T161、T162、T163和T165六个探方内,②下→③→④,生土,被M36、M42、M51打破	平面呈人字形	弧壁	圜底	660×(70~115)－30	石楔1、陶纺轮1	秦汉	

附表八 红庙岭遗址出土和采集石、陶质生产工具的种类、型、式一览表

时期	数量	百分比	打制石器					石斧																	小石铧						石锛							石铲	石杵	石芯
			锄	斧	锛	凿	刀	Aa I	II	III	IV	Ab I	II	III	Ac I	II	III	B I	II	III	C I	II	III	A I	II	III	B I	II	III	A I	II	III	IV	B I	II	III			
大溪文化	12	6.9%	1	2				1														2											1						
夏商	69	39.66%	1	3	3	1		5					2			1			1		1	6		5		1			2		4		3	1			1			2
周代	29	16.67%	1				1			1	1	2				1		1		1		2			3				1	2				4			5			1	
秦汉	64	36.77%			3		1	5	2		1	2				1			1					4		1			1				1	9	3	1	5	1	1	2
合计	174	100			15																	27					16					25						1	1	2
百分比(%)					8.62																	15.52					9.2					14.37						0.57	0.57	1.15

时期	数量	百分比	雕凿器						石刀	石锚		石镞/石矛	石圆饼状器	残石器			陶网坠	陶环状器	陶纺轮															
			A I	II	III	B II	III	C IV		I	II			A	B	C			A I	II	III	B I	II	III	IV	C I	II	III	D I	II	III	E	F I	II
大溪文化	12	6.9%			1	2										3																			
夏商	69	39.66%	1		1		1	3	1	1		1	1	1	4	6	10			2	2	1	4	1	2			1			1		1	1	1
周代	29	16.67%		1					1	1			1				4												1	2						
秦汉	64	36.77%		2					2	2	3	3	1	1			4	1	1			2				3	1	1			2	1		2		
合计	174	100			16				2	3		3	1	33			1	1	27															
百分比(%)					9.2				1.15	1.72		1.72	0.57	18.98			0.57	0.57	15.52															

附录一　略论古代巴人的渊源和发展流向

林邦存

（湖北省文物考古研究所）

一、为什么要研究古代巴人的源流

促使笔者研究这个问题的原因，主要有两个因素：

一是为了编写《巴东红庙岭》这本考古发掘报告，并为了使研究古代巴人的学者能够理解红庙岭这批考古资料。因为在红庙岭发现的一批战国至汉代的土坑墓葬中，墓主多随葬学术界以往公认的巴式青铜兵器"巴式矛"和"巴式剑"。红庙岭遗址这一时期的男性墓主多随葬青铜兵器的考古发现，与《华阳国志·巴志》记载的"周武王伐纣，实得巴蜀之师，著乎《尚书》。巴师勇锐，歌舞以凌殷人，前徒倒戈，故世称之曰：武王伐纣，前歌后舞也"基本相符。只是红庙岭遗址这些随葬巴式青铜兵器的墓主是否为巴人或巴人后裔，本文将进一步探索。

二是因为只有理解古代巴人的渊源和发展流向，其实我们才能重新认识到红庙岭遗址这些随葬巴式青铜兵器的墓主，原来已是"华夏民族"和"汉民族"的成员，而不是古代的巴人。

只是如何才能重新认识古代巴人的源流，并由此证明红庙岭遗址随葬巴式矛和巴式剑的墓主不是古代的巴人呢？这是本文需要探索的第二个学术问题。

二、只有以"唯物史观"为指导，才能重新认识古代巴人的源流

"唯物史观"，是马克思青年时期在应用"政治经济学"的资料来研究"历史学"的文献记载时，总结出来的一种"唯物的历史研究的结论"。从恩格斯为《家庭、私有制和国家的起源》（以下简称《起源》）这部著作撰写的"一八八四年第一版序言"中可知，马克思总结出来的"唯物史观"是如下一种"唯物的历史研究的结论"：

"历史上的决定因素，归根到底，乃是直接生活的生产与再生产。不过，生产本身又是两重性的：一方面是生活资料食、衣、住及为此所必需的工具的生产；另一方面是人类自身的生产，即种的繁衍。一定历史时代及一定地区内的人们生活于其下的社会制度，是由两种生产所制约的即一方面是劳动的发展阶段，另一方面是家庭的发展阶段。"

在研究古代巴人的渊源和发展流向的过程中，为什么只有以"唯物史观"为指导，我们才能找到正确的答案呢？

主要原因，则是只有当我们在实践和研究苏秉琦先生在1981年创立的"类型学说"，而可像摩尔根那样地重新发现马克思在《起源》出版之前四十年就已总结出来的"唯物史观"，并在"唯物史观"的指导下，又可重新掌握摩尔根创立的"时代划分法"，而且还可像摩尔根那样地重新掌握马克思原创立的"社会形态划分法"这种后来又被称为"共产主义学说"的理论学说之后，其实我们才能进一步发现：

在我国古代从事"社会科学"不同学科研究工作的学者之中，已有一批像司马迁在《史记·太史公自序》中所说的"贤圣"。这种"贤圣"其实都已掌握了后来马克思才总结的"唯物史观"这种"历史研究的结论"，而且有的"贤圣"在他们的著作中，已对"古代巴人"的源流作了重要的记载。

只是我们又可发现，在《起源》出版之前和之后，世界各国从事"社会科学"不同学科研究工作的学者中，普遍的学者都因世界各国"历史学"的"基础理论"中至今仍没有相当于《山海经》记载的"方国"这种社会组织的理论概念，而又都尚没有研究"方国"这种社会组织为什么形成和如何发展，又才都普遍地尚没有掌握"唯物史观"这种"历史研究的结论"。由于尚没有掌握"唯物史观"的学者又不可能理解已有的"贤圣"对"古代巴人"源流的有关记载。所以，有必要结合我国"贤圣"对"古代巴人"源流的有关记载，进一步谈谈如何在"唯物史观"的指导下，进一步研究"古代巴人"的源流。

首先引用我国古代"贤圣"对"古代巴人"源流的有关记载：

(1)《山海经·海内经》记载："西南有巴国。太昊生咸鸟，咸鸟生乘厘，乘厘生后照，后照是始为巴人。"

(2)《左传·僖公二十六年》记载："夔子不祀祝融与鬻熊，楚人让之，对曰：'我王熊挚有疾，鬼神弗敵而窜于夔，吾是以失楚，又何祀焉？'秋，楚成得臣、斗宜申帅师灭夔，以夔子归。"

通过这两段文献记载，我们在"唯物史观"的指导下，才能重新认识到：

《山海经·海内经》记载的"后照"，原来是姬姓周王朝分封在"夔子国"的第一代"诸侯"。后照分封的"夔子国"，因为在古代的"巴国"这一带，所以，"夔子国"的国人，自"后照"以来才开始被称为"巴人"。

只是历史上的"后照"，并不是历史上的"巴国"之人的后裔，而是"太昊"的后裔，后照的祖先除了"太昊"外，其中闻名的还有"咸鸟"和"乘厘"。

不过我们又可发现，传世的这部有"后照"有关记载的《山海经》，原来是被"楚人"称为曾是"文王师"的"鬻熊"的著作，而不是"夏代"以前由"大禹"在治水前所组织编写的《山海经》。并由此可知，姬姓周王朝在推翻"商王朝"后，又按鬻熊编写的《山海经》记载的"方国"分封"诸侯国"，并把每个"诸侯国"都分别封赐给共同推翻"商王朝"的每一个有功之臣及其子子孙孙。原来是当年的"周文王"姬昌和"鬻熊"分别研究了"大禹"编写的《山海经》后，才知道"大禹"为"炎黄联盟"的首领时，为什么在治水前要组织编写《山海经》来记载同联盟各"方国"的不同方位，并在共同认识到"大禹"如何在治水后又把"炎黄联盟"各"方国"的"家庭"统一为同一个"华夏民族"和如何使"华夏民族"建立起自己的国家"古代中国"后，又因这两位"贤圣"又共同认识到：夏王朝和商王朝之所以被推翻，都是这两个王朝的末代子孙已经忘记"炎黄联盟"各"方国"的家庭为什么要统一为同一个"华夏民族"和"华夏民族"的家庭又为什么共同建立"古代中国"所造成的；所以，为使"华夏民族"的子子孙孙都不要忘记自己的民族为什么形成和为什么建立自己的国家，其实才使这两位"贤圣"共同认识到在推翻"商王朝"后，必须按照《山海经》记载的"方国"分封"诸侯国"，并把这些"诸侯国"都分别封赐给每一个共同推翻商王朝的有功之臣及其子子孙孙，才能使每一个"诸侯国"的"诸侯"及其子孙后代，不但世世代代管理好自己的"诸侯国"，而且也才能和姬姓中央王朝一起，世世代代共同管理好自己的民族共同建立的古代国家。

只有在发现传世《山海经》原来是"鬻熊"的著作并进一步认识到"周王朝"在推翻"商王朝"后，又为什么要按照"鬻熊"的《山海经》记载的"方国"分封"诸侯国"之后，其实我们才能进而认识到：

"鬻熊"的祖先是"祝融—炎帝—三苗"这一支系；并可知"后照"的祖先"咸鸟"与历史上的"祝融"大体同时，而"乘厘"则与"炎帝"大体同时，"后照"又与"鬻熊"大体同时；又可知"楚国"的"诸侯"是历史上"重黎"的后裔，"重黎"与历史上的"三苗"同时；但"楚国"的"诸侯"的祖先与"鬻熊"的祖先，曾有"血统联系"而没有"血缘联系"；"后照"的祖先和"鬻熊"的祖先之间，这两个支系则既没有"血缘关系"又没有"血统关系"。

只是要进一步理解上述第二段文献记载，重新认识"春秋中期"的"楚国"，为什么要以"夔子国"的"诸侯"没有祭祀祝融和鬻熊为理由，而出兵俘虏"夔子国"的国君并从而兼并"夔子国"，则还需要重新说明历史上的"太昊"、"祝融"、"炎帝"、"乘厘"和"后照"的主要功绩或事迹，才能理解鬻熊为什么要主张把"后照"封为"夔子国"的"诸侯"和春秋中期的"楚国"为什么要兼并"夔子国"。

当我们在"唯物史观"的指导下而可重新掌握美国民族学家摩尔根所创立的"时代划分法"这种"社会科学"各不同学科之间都可互相沟通的理论方法之后，其实我们才能认识到：

"后照"的祖先"太昊"，原来是我国境内第一个"已有明确辈分关系的血缘家庭"的家长。摩尔根把这种家庭的出现，作为是一定地区内的人类社会已发展至"旧石器时代中期阶段"的"社会标志"。

"鬻熊"的祖先"祝融"，则是我国境内第一个"已推行外婚制的流动型母系家庭"的家长。摩尔根称这种"已推行外婚制的流动型母系家庭"为"普那路亚家庭"，并把这种家庭的出现，作为是一定地区内的人类社会已发展至"旧石器时代晚期阶段"的"社会标志"。

"祝融"的伟大功绩，是发明了"集会婚"这种新型的"婚姻形式"。由于只有参加"集会婚"的"普那路亚家庭"，才能进一步先后发明"畜牧业"和"农业"这两种新兴的社会经济；也由于摩尔根把一定地区内先后出现"畜牧业"和"农业"这两种新兴社会经济，作为是这一地区进入"新石器时代早期阶段"的"历史原因"，并把新出现的"已推行外婚制的定居型母系家庭"称为"对偶家庭"，又把"对偶家庭"的出现，作为是一定地区内的人类社会已进入"新石器时代早期阶段"的"社会标志"。所以，有必要补充说明"祝融"如何发明"集会婚"。

原来，当人类在地球上开始出现时，任何一个地区的早期人类社会，由于人类只能以采集自然界现成的动植物为食物才能生存，所以这一时期的每一个人类的母亲，都只能带领自己生育的子女到处觅食，所以这一时期的社会基本单位，在任何一个地区内都是一种"尚没有辈分关系的血缘家庭"。或者说，都是一种"尚流动内婚制且没有辈分关系的流动型母系家庭"。

历史上的"太昊"，则是在认识到同一家庭内部不同辈分的男女互相通婚才生产出不健康的家庭后代之后，才使她严禁同一家庭内部不同辈分的男女之间的互相通婚，但由于还没有禁止同一辈分的兄弟与姐妹之间互相通婚，才使其家庭仍是一种"流行内婚制而已有明确辈分关系的流动型母系家庭"，即"已有明确辈分关系的血缘家庭"。

实际上，历史上的"伏羲"与"女娲"，传说既是兄妹关系，又是夫妻关系，应是"太昊"这个家庭的子女。考古发现的"古代化石"或称"早期智人的化石"，则应是这种家庭繁衍出来的人类的化石；而考古发现的"猿人化石"或"直立人化石"则应是"尚没有辈分关系的血缘家庭"繁衍出来的人类化石。

只有到了"祝融"这一时期，她才完全禁止同一家庭内部的男女之间的互通通婚，而且她还害怕自己家庭与相遇的"血缘家庭"互通通婚，还有可能繁衍出不健康的家庭后代，又才使她严禁自己家庭与相遇家庭互相通婚，而只才与相遇家庭的家长互相邀约：每年同一日期在同一固定地点集会。由于只有"普那路亚家庭"的家长才会带领自己的家庭赶来参加这种集会，因而又才出现"集会婚"这种"婚姻形式"。

由于参加集会的家庭都带来自己收藏的最好物资，为吸引其他家庭的男女又穿戴上好的衣服和装饰品，加上"祝融"还组织对歌、跳舞、劳动比赛和其他竞技，晚上则举办篝火晚会，所以，集会婚的日期，逐渐成为一定地区内的"普那路亚家庭"的传统节日。

人类社会的"赶集"进行"物质交换"以至发展为商品贸易、歌舞表演、劳动比赛、体育比赛，其实很多集体活动多来源于"集会婚"这种婚姻形式。而且"畜牧业"和"农业"这两种新兴社会经济，也来源于这种集会婚。

当参加集会婚的家庭带着狩猎获得的活的动物而使这个家庭吸引了其他家庭的喜欢之后，如何驯养动物也就成了一项重要发明，互相交流和推广动物驯养技术，才使这项发明推广为"畜牧业"这项新兴社会经济。

发明"农业"的"神农氏"这个家长，其实是在长期参加集会婚的过程中，为了更有保障和更快地繁衍自己家庭的健康后代，她才发明植物栽种技术并尝百草以寻找无毒而可供栽培的植物，而且又才无私地把其发明和经验传授给参加集会婚的其他家庭，这种无私的传授，其实才使植物栽种技术进一步推广为"农业"这种"定居型"的新兴社会经济。

但只有重新选择以"农业经济"为主的家庭，才能发展为"已推行外婚制的定居型母系家庭"。这种家庭，摩尔根称为"对偶家庭"，并把这种家庭的出现，作为一定地区内的人类社会已发展至"新石器时代早期阶段"的"社会标志"。

实际上，当两个以上的"普那路亚家庭"在同一"聚落点"中分别开垦土地从事"农业"生产并择址定居后，因每个家庭的男子晚上都可以到自己女朋友家中"走婚"，才使同一"聚落点"的各个家庭都发展为"对偶家庭"，并都可不再参加以往的"集会婚"但又可更有保障也更快地繁衍自己家庭的健康后代了；同样重要的是，每一个家庭在农闲期间，既可像以往一样地从事"采集生产"，也可饲养家禽家畜，只是与以往相比，每个对偶家庭又都有一项更可靠的"农业收获"。由于每个"对偶家庭"的家长都可认识比定居前的"人类自身生产"和"物质生产"都更优越，才使每个对偶家庭在重新选择以"农业"生产为主以后，不但都不愿意离开自己的"聚落点"，而且当每个对偶家庭因"走婚"而使自己家庭的人口迅速增加而需要"分家"之前，其实又必然使同一"聚落点"的各个家庭的家长，又组成"议事会"并为"分家"后的"新家庭"事先开辟新的"聚落点"，而使每一个新的"对偶家庭"在新的"聚落点"中不但都有房可住有地可种，而且还可与其他家庭互相"走婚"。

事实上，重新选择以"农业经济"为主的几个"对偶家庭"在同一"聚落点"长期定居后，因日常就可互相"走婚"，而从第二代人开始就已可发展成为一个"以血统联系的婚姻组织"，即每个家庭与其他家庭之间，彼此都有"亲戚关系"；而且每个"对偶家庭"定居后因人口迅速增加而不断分家，又可迅速发展成为一个"胞族"。这种"以血统联系的婚姻组织"，其实就是《山海经》记载的"方国"这种社会组织；而当年摩尔根在"纽约"境内发现的"部落"，则是这种社会组织的活化石。

更重要的是我们还可发现：一定地区内先后形成起来的各个"方国"，虽然两个"方国"之间因开始定居时的"聚落点"距离十分遥远才不能互相"走婚"而才没有发展为同一"方国"，但这些不同"方国"之间，都因需要交流"农业"方面的生产技术和经验，才使一定地区内先后形成起来的各个不同"方国"的人们，在"新石器时代早期前段"就已"联合起来"而发展为"方国联盟"这种"联盟组织"。

而从司马迁在《史记·五帝本纪》一开始的记载中，又可知我国境内在"神农氏世衰"之前，就已分别形成了以"神农氏"、"轩辕氏"和"蚩尤氏"这三个家庭的家长为首领的三个"方国联盟"。

不过需要分析"神农氏世衰"的原因，我们才能发现"后照"的祖先"乘厘"，原来与历史上的"炎帝"大体同时，并在进一步认识到"炎帝"的后裔"鬻熊"，又与历史上的"后照"大体同时后，才能在这种分析和推断的基础上，才能进一步认识到"鬻熊"在《山海经》中为什么要补充记载"后照"的祖先和周王朝为什么要按《山海经》记载中的"方国"分封"诸侯国"，并由此才能重新认识"后照"在周武王伐纣中的特殊功绩和周王朝为什么把历史上的"巴国"分封给"后照"而使"后照"成为"夔子国"的第一代"诸侯"。而且，也才能发现楚国兼并夔子国的理由，只是一种借口，更重要的原因，则是周王朝自春秋以来，已失去对所封诸侯国的保护和控制才造成的。

下面首先分析自"神农氏"发明"农业"后，为什么又会出现"神农氏世衰"这一时期？

据司马迁这一"贤圣"在《史记·五帝本纪》中的记载，导致我国境内的人类社会又进入"神农氏世衰"的历史原因，原来是在发生"诸侯相侵伐"和"炎帝欲侵陵诸侯"这两种社会矛盾后，历史上的"黄帝"请"神农氏"的家长出来调解，但"神农氏"的家长又不能解决，黄帝才通过"阪泉"三战和"涿鹿"之战这两次古代战争解决了这两种社会矛盾，才使炎帝领导的由"游牧家庭"所联合起来的"九黎集团"，又和以"神农氏"、"轩辕氏"、"蚩尤氏"这三个家长为首领的三个"方国联盟"，又进一步"联合起来"而形成了历史上的"炎黄联盟"，而使"黄帝"由此代替"神农氏"这个家庭的家长的社会地位，即"黄帝"才由此成为"炎黄联盟"的第一届首领。由于"神农氏"的社会地位被"黄帝"所代替，司马迁才把这一时期称为"神农氏世衰"之时。

不过需要说明的是，由于汉代的司马迁已用《山海经》记载的"方国"为什么形成和如何发展的这段历史，来反对汉武帝武力征服当年的匈奴而使司马迁惨遭"李陵之祸"，所以在发愤编写《史记》时，为使汉武帝不把《史记》列为"禁书"，司马迁才在编写至与"匈奴"历史有关的《史记·大宛列传》时，才已声明他已"不敢言"《山海经》，并在认识到西周的周王朝就是按《山海经》记载的"方国"来分封"诸侯国"之后，司马迁在《史记》的有关"方国"的记载中，又才不得不以我国西周时期才开始出现的"诸侯国"，来代替《山海经》记载的"方国"这种社会组织。并在《史记·五帝本纪》最后的"太史公曰"中进一步指出：他是"心知其意，固难为浅见寡闻道也"，才不得不以"诸侯国"来代替"方国"这种社会组织的。所以，我们今天研究《史记·五帝本纪》记载的"神农氏世衰"之时的历史时，又只有在认识到"诸侯相侵伐"和"炎帝欲侵陵诸侯"这两种社会矛盾中的"诸侯"就是指"方国"这种社会组织之后，其实才能重新认识我国境内在"神农氏世衰"之时，为什么会出现这两种社会矛盾。

这就是：当每个"方国"不断为"分家"后的新家庭不断开辟新的"聚落点"，而使每个"方国"在不断开辟新的"聚落点"又不断扩大每个"方国"的"分布区"后，其实才使毗邻两个"方国"之间由原来距离十分遥远才不能互相"走婚"，进一步发展至"鸡犬之声相闻"但又"老死不相往来"了，这是因为毗邻两个"方国"之间的人们，为争夺中间地带的开发权，又才导致"方国相侵伐"的缘故。不过需要指出：同一"方国联盟"内部的"方国相侵伐"，并不需要请"神农氏"来调解，"方国联盟"的首领就可圆满解决，神农氏的家长不能解决的是当年"轩辕氏联盟"与"蚩尤氏联盟"中，毗邻两个"方国"之间的"相侵伐"这种矛盾，这种矛盾的存在，才导致此后的"涿鹿"之战。

至于出现"炎帝欲侵陵方国"这种矛盾的原因，其实仍是当年每个"方国"都在不断开辟新的"聚落点"才造成的。因为当"游牧家庭"原来的"草场"不断被"对偶家庭"开垦田地又严禁

"游牧家庭"再来放牧之后,其实才使主持"集会婚"的"祝融氏"这个家庭的家长,把参加"集会婚"的"游牧家庭"都"联合起来",又才出现了历史上以"炎帝"为首领的"九黎集团"。从而又才出现了"炎帝"领导的"九黎集团"和"黄帝"领导的"轩辕氏联盟"之间的"阪泉"三战,两败俱伤的战争之后,才使炎帝听从黄帝的劝说,带领"九黎集团"的"游牧家庭"重新选择以"农业经济"为主并分头择址长期定居,并在"游牧家庭"发展为新的"对偶家庭"又组成一个个新的"方国"后,因这些新"方国"又加入以黄帝为首领的"轩辕氏联盟",其实才使这种"联盟"发展为后来的"炎黄联盟"。

因"九黎集团"的"游牧家庭"在原放牧的"蚩尤氏联盟"和"神农氏联盟"境内分别择址定居时,又遭到"蚩尤"的强烈反对,才导致炎帝和黄帝联合起来在"涿鹿"之战中擒杀"蚩尤",又才使更多的"游牧家庭"在原三大"方国联盟"之间及其境内,分别建立起一批"分布区"明确的新"方国",并才使古代中国境内先后形成起来的各个新、老"方国"都"分布区"明确并由此进一步"联合起来"而成为"炎黄联盟"这个"方国大联盟"。

没有重新选择以"农业经济"为主的原九黎集团的一些"游牧家庭",则只能听从"炎帝"的劝说到"炎黄联盟"分布区以外的西、北地区放牧。汉代以游牧经济为主的"匈奴",其实都是原"九黎集团"的"游牧家庭"的后裔,所以当年的司马迁和李陵都反对汉武帝武力征服匈奴,李陵还进一步学"阪泉"之战的黄帝,才使他在大败"匈奴"的军队后又主动寻找"匈奴"的首领,目的是使匈奴的首领也和历史上的炎帝一样,带领"游牧家庭"重新选择以"农业经济"为主,并不再通过"集会婚"这种婚姻形式来繁衍家庭的后代。只是历史上的汉武帝确实如司马迁所说是"浅见寡闻",才导致发生"李陵之祸"这种惨案。

其实自神农氏世衰以来所发生的这两种社会矛盾和"阪泉"与"涿鹿"这两次战争,就是马克思所说的人类社会第一次社会大分工。这次社会大分工,又才导致人类社会由"新石器时代早期阶段"发展至"新石器时代中期阶段"。"神农氏世衰",则是"新石器时代早期后段"因"方国"分布区不断扩大才必然产生的社会现象。

"后照"的祖先"乘厘",其实是一个始终以"采集经济"谋生的"普那路亚家庭"的家长,这个家庭因积累了特别丰富的采集经验而不愁衣、食,才使这一家庭在"畜牧业"和"农业"出现后,仍始终以"采集经济"谋生,并在"炎黄联盟"形成后,又带领以"采集经济"谋生的"普那路亚家庭"向不宜进行"农业生产"的高山密林迁徙,而不用像"游牧家庭"那样离开"炎黄联盟"境内,而且在"炎帝"不再主持"集会婚"之后,"乘厘"又才成为主持"聚会婚"的以"采集经济"谋生的各个"普那路亚家庭"的首领。

而"乘厘"这个家庭的后裔"后照",因仍然主持"集会婚",又才把参加"集会婚"的青年男女,组成军队,又听从炎帝的后裔"鬻熊"的指导,参加周武王的伐纣战斗。由于参加"集会婚"的青年男女在日常的渔猎生产中不怕洪水猛兽,所以"后照"率领的这支军队在战斗中特别"勇锐";更有特点的是,后照在晚上照常举行篝火晚会,而且还邀请商王朝的士兵参加这种篝火晚会,并和参加集会婚的青年男女结成好朋友,其实这才是《华阳国志·巴志》所记载的:"周武王伐纣,……巴师勇锐,歌舞以凌殷人,前徒倒伐"的历史真相。

由于"后照"的军队在武王伐纣的过程中具有特殊的功劳,加上还有其他"历史原因",才使"鬻熊"和姬姓"周王朝"都共同认识到可以把历史上的"巴国"作为"后照"的"诸侯国"。

其实,"后照"的家庭在"西周时期"还停留在"旧石器时代晚期"这一发展阶段;而生活在古代"巴国"的居民,则不但已经过"新石器时代"的早、中、晚三个时期的连续发展,而且"夏代"以来,就已进入"文明时代",且已成为"华夏民族"的成员了。所以,要让"后照"这个理想认识尚停留在"旧石器时代晚期阶段"的人物，去领导一个已十分先进的地区的人们，并作为这个地区的统治者，其实还有如下一些"历史原因"：

这就是无论是"鬻熊"的祖先"三苗、炎帝"，还是姬姓的"周王朝"的祖先"不窋、弃"，他们的家长都已认识到：要使自己的家庭跟上社会上其他家庭的社会发展，都必须重新选择以"农业经济"为主并由此择址长期定居。所以，鬻熊和当年的"西周王朝"都认为"后照"及其家庭的后裔，在成为"夔子国"的"诸侯"后，也可重新认识这一道理，更重要的是还可当年"炎帝"带领"游牧家庭"重新选择以"农业经济"为主那样，使"后照"也带领以"采集经济"谋生的家庭，重新选择以"农业经济"为主，并在长期定居后，发展为和"华夏民族"的家庭一样，不是通过"集会婚"来繁衍自己家庭的健康后代，而是通过"聘婚制"这种"华夏民族"已长期流行的婚姻形式，来繁衍自己家庭的后代。而且只有这样，其实才能使"西周时期"仍以"采集经济"谋生的"普那路亚家庭"，即历史上的仍被"华夏民族"称为"南蛮"或"百濮"与"巴濮"的人们，跟上"华夏民族"的家庭的社会发展，并共同管理原"华夏民族"所建立的国家。

不过又应指出，在西周时期，夔子国的诸侯自后照以来，已经不再主持以往的"集会婚"，并因推行"聘礼婚"而已由以往的"普那路亚家庭"直接发展为"一夫一妻（或多妻）制家庭"，才使他们与其他属于"华夏民族"的诸侯国互相通婚，才使出嫁的"巴姬"已存在于其他诸侯国的王室之中，说明夔子国的诸侯并不辜负"鬻熊"和"周王朝"原来的期望。并可说明夔子国的诸侯，以及夔子国中原参加集会婚并在伐纣战争中立有战功的其他夔子国的贵族，也都由此已融合为"华夏民族"的家庭。

更重要的是，以熊挚为代表的"楚人"，在"开濮"和"启濮"的过程中，也因在夔子国中长期定居而成为不祭祀祝融和鬻熊的"巴人"而不是"楚人"了。

实际上，历史上的"鬻熊"，就是传说中的"姜太公"姜子牙，他的祖先"三苗"，原来就是"三苗国"的首领，只是"三苗国"这个"方国"，又是"炎帝"这个家庭在重新选择以"农业"为主之后才形成起来的"方国"，因"炎帝"在"炎黄联盟"形成后担任"缙云"官职，故这个"方国"又称"缙云氏"。当尧确定舜为"炎黄联盟"的首领的接班人后，三苗国的首领及其家庭，才被迁往"三危"，楚人的祖先"重黎"才接替"三苗"担任"三苗国"的首领，周王朝推翻商王朝后，不忘已逝世的鬻熊的功劳，才把当年最富饶的"齐国"封赐给鬻熊的后裔，同时，也为了使鬻熊的祖先炎帝和祝融在原三苗国境内有后代祭祀，才把"三苗国"这一带分封给"重黎"的后裔，这才是西周时期的"楚国"。实际上，楚国的诸侯在推翻商王朝的过程中，功劳远远不及夔子国的后照，故史书上并没有具体记载。

实际上，历史上应该祭祀祝融和鬻熊的诸侯国，应该是"楚国"而不是"夔子国"，楚人是在春秋以来周王朝已逐渐失去对原分封各诸侯国的控制后，才以夔子不祀祝融和鬻熊为借口而兼并"夔子国"的，这种借口，连原是楚人后为巴人的熊挚的后裔都觉得过分。

巴东和秭归之间的"红庙岭遗址"，曾采集到"新石器时代中期阶段"属于大溪文化的陶支座，还清理出两座大溪文化时期的墓葬，据考证应是"巴国"在"新石器时代中期"一个"对偶家庭"的定居遗址。

"红庙岭遗址"战国和汉代的土坑墓中，男性墓主多随葬"巴式"青铜兵器，个别随葬"楚式"或"秦式"青铜兵器，其时"夔子国"已不存在，这种尚武的野蛮葬俗，应是楚人野蛮兼并夔子国后所带来的残余社会风气，这些尚武的墓主，主要佩带"巴式"兵器，或可说明他们更加怀念巴人的生活，而不是怀念楚人的生活。

总的来说，历史上的"巴人"，是指"夔子国"的国人，始于西周时期，终于春秋中期。夔子国的第一代诸侯，其祖先可追溯至我国境内的"旧石器时代中期"的开拓者"太昊"，但直至"西周时期""后照"分封为"夔子国"的国君之前，后照及其祖先虽然长期为以采集经济谋生的家庭的首领，但实际上曾长期停留在"旧石器时代晚期"这一十分落后的发展阶段。但"夔子国"的广大百姓，他们的祖先则特别先进，是我国境内最先形成起来的一个"方国"的"对偶家庭"，并自"夏代"以来就是"华夏民族"的家庭。所以，自"夔子国"出现后，原"巴人"上层社会的落后家庭，已迅速被"华夏民族"的家庭所融合而也成为华夏民族的"一夫一妻（或多妻）制家庭"。

夔子国被楚国兼并后，古代巴人其实仍在自己国家境内生产和生活，虽然他们只能向楚国缴纳"贡赋"而不再向夔子国缴纳"贡赋"，但他们和其他诸侯国的国人一样，仍然是"华夏民族"的家庭。

三、重新认识巴人源流的意义

历史上的"巴人"，实际上是指周王朝在推翻商王朝后按照《山海经》记载的"方国"分封"诸侯国"，当年分封在"巴国"这一带的"夔子国"国人。

追溯"巴人"的源流，实际上是研究"夔子国"第一代国君"后照"的渊源。

探索"巴人"的流向，则是研究"夔子国"在"春秋中期"被"楚国"兼并后，其国人的发展去向。

研究"巴人"渊源和发展去向的原因，是因生活在"红庙岭遗址"的"巴人"后裔的墓葬中，又多随葬"巴式"青铜兵器的缘故。

研究"巴人"渊源和发展去向的目的，本文只在于说明定居在红庙岭遗址上的这些战国至汉代的墓主，虽然都是历史上的"巴人"的后裔，但他们和历史上的巴人一样，都是"华夏民族"的成员；但在"汉代"，因"华夏民族"已发展为"汉民族"，所以这些"巴人"的后裔，其实又都是"汉民族"的成员。

上述这些研究工作有什么意义呢？

由于我们只有在"唯物史观"的指导下，才能重新认识"巴人"的渊源和发展去向。所以，当笔者在以往的研究中发现古今中外的学者都是因为还没有研究《山海经》记载的"方国"为什么形成，才至今没有共同掌握马克思首先总结出来的"唯物史观"这种"历史研究的结论"，特别是至今仍没有共同认识到"家庭"在"人类自身生产"方面的发展也和人类在"物质生产"方面的发展一样重要，更没有共同认识到这两种"生产"的发展都是"历史上的决定因素"之后，又因笔者又已认识到研究"巴人"的渊源可以使更多学者共同认识到"方国"为什么形成，所以又才抛砖引玉地撰写此文的。

当然，是"中国历史学"的"基础理论"中至今仍没有《山海经》记载的"方国"这种社会组织的理论概念，才使从事"社会科学"不同学科研究工作的学者，至今仍普遍地还没有研究"方国"为什么形成，因而又才普遍地还没有掌握马克思所总结的"唯物史观"这种"历史研究的结论"的。

其实，只有当我们可以重新掌握"唯物史观"之后，我们才能认识到马克思所总结出来的"唯物史观"，原来就是放之四海而皆准的唯一"真理"。

所以，本文这项研究的目的，只是在寻找一条可找到"真理"的途径。至于如何根据类型学说找到这一途径，还需另文再谈。

2005 年 7 月 28 日于巴东老文化局宿舍

附录二 红庙岭第五次发掘及总整理工作的主要收获

林邦存

（湖北省文物考古研究所）

巴东红庙岭遗址自1998年至2004年已先后进行四次大规模发掘，发掘面积一万平方米，发现一批房址和灰坑，并清理15座土圹砖、石室墓和108座土坑墓，出土了一批自大溪文化以来的古代遗物，为研究三峡地区的古代历史提供了一批十分重要的考古资料。

2005年4月25日至7月7日又作第五次发掘，揭露面积2000平方米，虽然没有发现理想的地层堆积，但又发现M109～M139这31座土坑墓，出土了一批古代巴人的文化遗物，特别是又一批青铜兵器，即10把青铜剑。其中除3把楚式剑外，其余7把都是巴式剑，尤其重要的是，在除锈过程中，还发现一件巴式剑上有独特的巴人符号，与以前两件巴式矛的巴人符号一样，也以巴掌纹为主体纹饰。

接着又对第五次发掘的资料进行整理，最后结合前四次发掘的资料进一步统一整理。下面简要汇报这次全面整理后的一些认识和主要收获。

一是比较《宜昌路家河》、《秭归庙坪》和《秭归官庄坪》的资料，可以发现巴东红庙岭和秭归官庄坪、庙坪才是古代"夔子国"的重要遗址，而宜昌路家河及其以东的遗址，都已不是古代"夔子国"的分布范围。并可发现，同在长江以北的官庄坪和红庙岭这两处遗址在"东周时期"的文化内涵更接近。所以，在对红庙岭东周时期的墓葬随葬陶器进行命名、分类、分型和分式的过程中，主要参照《秭归官庄坪》这部发掘报告。目的是为今后共同研究夔文化和楚文化的学者提供更共同的认识。

更重要的原因，则是因为认识到孟华平同志在《秭归庙坪》中提到的"夔文化"，又是一个重要的研究课题。他根据"类型学"的原理把庙坪的周代文化遗存划分为五期，其中第二、三期属于"夔文化"，并把由第三期直接发展起来的第四、五期的遗存，归属"夔子国"被楚国兼并后才形成的"楚文化"；更为难能可贵的是，他认为由"夔文化"直接发展起来的"楚文化"的墓葬中普遍随葬的B型罐，是不同于其他地区的"楚文化"的一种独特的典型器物。

秭归官庄坪和巴东红庙岭遗址中的周代墓葬中也普遍随葬庙坪遗址的B型罐，即一种腹部低矮的卷沿罐，只是《秭归官庄坪》已把庙坪这种B型罐又进一步称为B型盂和束颈罐而已。

由于红庙岭遗址M137既随葬B型盂，又随葬束颈罐，如果都称为B型罐，则在型式排队的过程中必须把同一墓出土的两件B型罐，划分为前后发展的两个不同式。所以在划分红庙岭周代墓葬随葬陶器的类、型、亚型和式的过程中，主要参照《秭归官庄坪》这一报告。进一步分析红庙岭周代文化遗存更接近秭归官庄坪的原因，则是红庙岭和官庄坪都位于长江以北而庙坪在长江以南的缘故。

红庙岭春秋中期楚灭夔后的墓葬中，不仅普遍随葬庙坪那种B型罐，即官庄坪称为B型盂和束颈罐的两种器物，而且随葬这种腹部低矮的卷沿罐的墓葬中有的还同时随葬典型的"巴式剑"，更可证明随葬庙坪这种B型罐的墓主，都是原"夔子国"的遗民，即古代巴人。

《秭归庙坪》认为B型罐是夔文化发展起来的楚文化的独特典型器物，这一认识的重要意义主要有两点：

一是根据东周墓葬随葬这种庙坪 B 型罐的分布情况，将可进一步认识到"古代巴人"在夔子国被楚国兼并后的活动、分布范围。

二是可以开拓探索"楚文化"的学者的研究视野。这就是对东周时期的"楚文化"作进一步的"类型"划分。即把被楚国兼并的每一个"诸侯国"的分布范围，作为一个"类型"的分布区。只是这项划分工作，最重要的是像《秭归庙坪》那样地发现同一"类型"分布区内不同于其他"类型"的独特典型事物。

也就是说，探索"楚文化"来龙去脉的学者，特别是研究"楚文化"渊源的学者，虽然据文献记载可知"楚国"的分布范围原来"土不过同"，即方圆不超过一百里的范围，但在楚国先后兼并了几十个"诸侯国"而使楚国的分布范围几乎占据半个"古代中国"之后，要认识"楚国"原来的分布范围，其中一种研究途径，就是划分广义"楚文化"的不同"类型"的不同分布区，直至结合文献记载又可认识到广义"楚文化"之中的每一个"类型"的分布区，大体就是一个"诸侯国"被楚国兼并前的分布范围为止。这种研究途径的最重要一点，就在于必须像《秭归庙坪》那样发现原夔子国境内的"楚文化"不同于其他"类型"的典型器物，即庙坪出土的 B 型罐。

为使研究由"夔文化"直接发展起来的楚文化的学者认识到这种典型器物，下面把红庙岭出土的 B 型盂和束颈罐的演变制成图表，供研究"夔子国"原分布范围的学者参考。

因为当一个遗址在"楚文化"的年代范围内的墓葬经常像红庙岭和官庄坪那样随葬这种 B 型盂或束颈罐之后，已可确定这一遗址就在原"夔子国"的分布范围内，且这一遗址的先民，就是古代的巴人了。

红庙岭这次总体整理工作的又一重要收获，就是在原统一地层划分，并据陶系统计又可以认识到遗址的文化遗存，可进一步划分为以红陶系为主的第一期遗存、以黑陶系为主的第二期遗存和以灰陶系为主的第三期遗存之后，只有对遗址的遗物、遗迹以至主要纹饰在分类的基础上又作"类型"划分，才能进一步确定红庙岭这三期文化遗存的相对年代，即红庙岭第一期遗存并不是第一次发掘简报中所认识的"大溪文化"的遗存，而是其中只有两个地层单位为大溪文化时期的遗存，其余地层单位和遗迹单位都是相当于"夏商"时期的文化遗存；而原红庙岭第二期遗存，则可明确为是周代的文化遗存；并由此可确定红庙岭第三期遗存，是相当于秦汉时期的文化遗存。

把红庙岭的商周时期的文化遗存划分为两个不同的时期，主要依据整理过程中对红庙岭三期遗存中都出土的"贝纹"和"戳印纹"分别进行"类型"分析。

因为据"红庙岭贝纹类型划分图"和"红庙岭戳印纹类型划分图"，即可明显地看到：

（1）相当于夏商时期的第一期遗存中，贝纹和戳印纹都种类少，同类的数量也稀少。

（2）相当于周代的第二期遗存，则无论是贝纹和戳印纹，都可以划分为更多的型和亚型，而且大多数的型和亚型，数量都是多得多。

（3）相当于秦汉时期的第三期遗存，则只有第二期之中的一些类、型和亚型，但又新出现个别的第二期未见的新亚型，只是同类型的数量，都远远少于第二期，而且多数类型，都呈现衰退现象。

红庙岭这两种纹饰在不同时期的发展和变化，由于变化十分明显，其实才使我们在整理过程中可以更明确地认识到历史上商代和周代，是社会性质完全不同的两个时期。

只是尚没有对同一"文化"内部的不同遗址进行"类型"划分的同志，由于又普遍地尚没有对同一"遗址"内不同时期的遗迹、遗物甚至纹饰都分别进行分类、分型和亚型，因而尚没有形成共同的认识而已。

2006 年 1 月 4 日于巴东

补记：附录二为在单位工作汇报时的演讲稿，此稿把红庙岭各探方第④层诸地层单位都作为"周代遗存"；而本报告已把这些地层单位都改属"秦、西汉时期"的遗存，所以，附录二原来的图都需重新修改。因此，本报告附录二原来的图全部删去。

不过又需说明，据本报告的资料，已可明显看到：红庙岭遗址在"周代"和"秦、西汉时期"的贝纹和戳印纹，在种类和数量两个方面，都远远多于"夏商时期"。所以，附录二的原来认识和观点，基本不变。

而红庙岭遗址出土的 B 型盂和束颈甗，也和巴式青铜兵器一样，仍然是研究"古代巴人"活动和分布范围的"典型器物"。

林邦存
2010 年 4 月 23 日于武汉

附录三 北京大学加速器质谱（AMS）^{14}C 测试报告

送样单位：湖北省文物考古研究所

送样人：林邦存

测定日期：2006 年 11 月

Lab 编号	样品	样品原编号	^{14}C 年代（BP）	树轮校正后年代（BC）	
				1σ（68.2%）	2σ（95.4%）
BA05946	木头	F12	75±40	1690AD（20.2%）1730AD 1810AD（17.4%）1850AD 1860AD（30.6%）1920AD	1680AD（26.3%）1740AD 1800AD（69.1%）1940AD
BA05947	人骨	M116	2340±35	490BC（8.0%）460BC 450BC（1.1%）440BC 420BC（59.1%）370BC	540BC（93.9%）350BC 280BC（1.5%）250BC
BA05948	人骨	M118	2225±35	370BC（10.7%）340BC 310BC（57.5%）200BC	390BC（95.4%）200BC
BA05949	人骨	M126	2270±35	400BC（36.3%）350BC 290BC（31.9%）230BC	400BC（42.6%）340BC 320BC（52.8%）200BC

所用 ^{14}C 半衰期为 5568 年，BP 为距 1950 年的年代。

树轮校正所用曲线为 IntCa104①，所用程序为 OxCal v3.10②。

北京大学加速器质谱实验室

第四纪年代测定实验室

2006 年 11 月 23 日

---

① Reimer PJ, MGL Baillie, E Bard, A Bayliss, JW Beck, C Bertrand, PG Blackwell, CE Buck, G Burr, KB Cutler, PE Damon, RL Edwards, RG Fairbanks, M Friedrich, TP Guilderson, KA Hughen, B Kromer, FG McCormac, S Manning, C Bronk Ramsey, RW Reimer, S Remmele, JR Southon, M Stuiver, S Talamo, FW Taylor, J van der Plicht, and CE Weyhenmeyer. 2004 Radiocarbon 46：1029~1058.

② Christopher Bronk Ramsey 2005，www.rlaha.ox.ac.uk / orau / oxcal.html

附录四　红庙岭遗址第五次发掘墓葬人骨现场观察

李天元　田　晴

（湖北省文物考古研究所）

红庙岭遗址位于长江北岸，地处秭归和巴东两县交界处。自1998年至2004年，曾经进行过四次发掘。2005年4月进行第五次发掘。此为第五次发掘的现场观察。墓葬人骨保存很差，多数人骨已朽烂。现场观察的墓葬共有24座（其中有5座近代墓）。有的骨质成为粉末状，只保存了仰身直肢葬的形状。部分墓葬保存人骨，也很破碎，只能作现场观察，没有作进一步的人类学研究。

现场观察主要有三个方面内容：①骨骼的保存状况，记录所保存骨骼的部位名称和完残程度。②性别特征：头骨，眉脊的有无，粗壮度，额结节和顶结节、枕外隆凸的发达程度，上颌齿列；下颌骨，下颌角区的形状，下颌齿列；髋骨，坐骨大切迹的形状，骶骨的形状和弯曲度；肢骨的粗壮度。③年龄特征：头骨骨缝的愈合情况，肢骨骨骺的愈合情况，牙齿（臼齿和门齿）的磨蚀程度。

观察结果列于下表。

红庙岭遗址第五次发掘墓葬人骨现场观察鉴定表

墓号	人骨保存状况	性别特征	年龄特征	观察结果
M109	保存股骨中段以上部分。头骨、下颌骨破碎。锁骨、脊椎骨、肋骨无存。肱骨干保存。尺骨、桡骨残。髋骨、骶骨无存。股骨保存上段骨干			? 成年
M110	头骨破碎。下颌骨破损，齿式为2·1·2·3（左M_1缺失）。脊椎骨和肋骨仅存粉末痕迹。左侧肋骨保存骨片。骨盆保存痕迹。右侧斜置青铜短剑1件。股骨保存骨干。胫骨、腓骨保存骨片	乳突粗壮，股骨干粗壮	冠状缝和矢状缝愈合成细的曲线	♂ 30～35
M111	保存股骨中段以上部分。头骨残破。下颌骨可见右侧，齿列2·1·2·2。可见左侧锁骨、两侧胛骨、脊椎骨和肋骨。肱骨头残破。左侧尺骨和桡骨横置于腹部，残。右臂贴体，尺骨和桡骨残。髋骨残。左侧股骨残段	坐骨大切迹较窄而深	冠状缝和矢状缝愈合成细的曲线	♀ 30～35
M112	骨架呈粉末状，保存仰身直肢葬形状			?
M113	头骨、髋骨和骶骨、股骨和胫骨已经取出来另外包装。现场可见上半身体骨：右侧下颌骨，附有PM。右侧锁骨和肱骨完整，左侧肋骨残。尺骨和桡骨残。脊椎骨和肋骨原位保存。右侧坐骨结节。开包观察：头骨破碎，额骨有全额中缝。齿式为2·1·2·3。左侧$M^{1,2}$有严重龋齿。骶骨基本完整。髋骨残。左侧股骨头断失。右侧股骨完整。胫骨残	眉脊细弱。骶骨宽而短，曲度小。坐骨大切迹较宽而浅	冠状缝和矢状缝保存锯齿状缝隙。M1出现齿质点。磨蚀程度达Ⅲ级	♀ 28～33
M116	头骨残破，右上颌附有$P^{3,4}$和M^1。下颌骨可见右侧基本完整，齿式为2·1·2·3。肢骨多残断。右桡骨完整。髋骨和骶骨已压碎。股骨和胫骨和距骨保存。趾骨缺失	下颌角明显外翻。坐骨大切迹较窄而深	M1齿质全部暴露，磨蚀程度达Ⅳ级	♂ 38～42

续表

墓号	人骨保存状况	性别特征	年龄特征	观察结果
M117	头骨基本完整（额骨鼻部残）。上颌牙齿多在位。下颌骨可见左侧齿列，为 2·1·2·2（M^2 保存根孔）。锁骨、肩胛骨、脊椎骨和肋骨基本原位保存。肱骨完整。尺骨和桡骨残。髋骨和骶骨残。股骨和胫骨基本完整。可见跟骨和距骨。跖骨和趾骨部分保存	下颌角明显外翻。肢骨较粗壮	冠状缝和矢状缝已经愈合。M1 齿质点开始扩大，磨蚀程度达 Ⅲ~Ⅳ 级	♂ 35~40
M118	头骨破碎。下颌骨破损，可见右侧齿式为 2·1·2·2。锁骨、肩胛骨、脊椎骨、肋骨均原为保存，很残破。左侧上肢贴体。右侧小臂横置腹部。盆骨成碎片	乳突较大。坐骨大切迹较窄	冠状缝和矢状缝已经愈合，缝线曲折。M_1 出现齿质点（Ⅲ）级	♂ 32~37
M119	头骨、下颌骨残破，可见左侧 C_1~M_2。脊椎骨和肋骨仅见残段。骨盆部分仅存痕迹。股骨、胫骨和腓骨保存骨干。跟骨、距骨保存。零星跖骨和趾骨	骨质较纤细	冠状缝和矢状缝已经愈合，缝线模糊。M_1 齿质全暴露（Ⅳ~Ⅴ级）	♀? 42~47
M120	骨质呈粉末状，保存仰身直肢葬痕迹。有 4 枚牙齿：I^1、C^1、P^3、M^1。右侧上肢内侧贴体随葬青铜剑 1 件		M_1 出现齿质点（Ⅲ级）	♂ 25~30
M121	头骨破碎。下颌骨右侧齿式 2·1·2·3。肩胛骨、脊椎骨、盆骨呈粉末状。左、右侧肱骨保存骨干。左侧尺骨、桡骨下垂。右侧自肱骨远端贴体随葬铜剑 1 件。股骨中段以下被打破		冠状缝、矢状缝已经愈合，缝线清晰，曲折。$I_{1,2}$ 出现细线状齿质点（Ⅲ级）	♂ 25~30
M123	头部被打破。仅存右侧上肢、骨盆部分、左、右侧股骨。骨质粉碎，保存仰身直肢痕迹			? 成年
M124	头骨被现代墓打破，残存体骨。右侧臂骨和肋骨缺失。左侧保存锁骨、肱骨、骨、尺骨、桡骨脊椎骨和肋骨，均残。股骨缺失。左侧胫骨、腓骨骨干。左、右侧零星跖骨、趾骨	骨质较纤细		♀? 成年
M125	头骨破碎。下颌骨缺失。上半身骨骼呈粉末状，保存仰身直肢葬形状。胫骨破碎成骨片，中段以下被打破	枕外隆凸较平滑	冠状缝已经愈合，可见曲折缝线。右侧 M^1 出现齿质点，开始扩大（Ⅲ级）	♀? 30~35
M126	骨质呈粉末状，保存仰身直肢人形。随葬青铜剑 1 件			♂ 成年
M127	头骨、下颌骨残破，可见齿式为 2·1·2·2。上半身仅保存右侧肱骨干。髋骨残甚。股骨基本完整。胫骨保存骨干。零星趾骨	股骨颈体角较大，骨质粗壮	$M_{1,2}$ 出现齿质点（Ⅲ级）	♂ 28~33
M128	头骨破碎。下颌骨成两段，齿式为 2·1·2·2。左、右侧肱骨保存骨干。尺骨缺失。桡骨保存骨干。髋骨碎块。股骨、胫骨保存骨干	下颌角较平滑，内收	肩胛骨喙突、肱骨头和远端滑车、髋骨髋臼、股骨头和远端滑车、胫骨近端骨骺均未愈合	♀ 16~20
M130	保存肱骨碎片 3，股骨残段 2，胫骨残段 1			? 成年

续表

墓号	人骨保存状况	性别特征	年龄特征	观察结果
M132	骨架呈粉末状，保存仰身直肢葬形状。右侧骨盆至股骨中段斜置青铜剑1件			♂成年
M133	骨架呈粉末状，保存仰身直肢葬形状			?成年
M134	碎骨一堆：头骨片3件，很薄；肱骨干6段，其中2件近端肱骨头骨骺和远端滑车骨骺脱失；尺骨干2段；桡骨干3段；髂骨1块；股骨干10段，其中近端3件（左1右2）股骨头骨骺脱失，远端滑车（左）骨骺脱失			性别？至少代表5个个体：成年3，青年2
M135	头骨破碎。下颌骨残破，可见齿式为2·1·2·2。肱骨保存骨干，贴体。左侧尺骨、桡骨缺失，右侧尺骨、桡骨斜置于腹部。紧贴右侧小臂随葬青铜剑1件。左、右股骨叠置于右侧。胫骨和腓骨保存骨干。跗骨和趾骨缺失	乳突粗大。下颌角外翻	冠状缝愈合，可见平滑曲线。M^1嚼面凹陷。I^1切缘出现线状齿质	♂ 26~30
M136	骨架呈粉末状，保存仰身直肢葬形状。左侧上肢缺失。腹部出铜带钩1件			♂成年
M137	骨架呈粉末状，保存仰身直肢葬形状			?成年

附录五 红庙岭遗址第四次发掘墓葬人骨现场观察鉴定记录

向 勇

（巴东县博物馆）

下文是向勇于 2004 年 12 月 8 日提供的日记摘录：

1. M53

竖穴土坑墓，半头伸进未扩方的北壁内。无骨架保存，出土青铜矛一件。
判断为青年男性。

2. M55

土坑竖穴墓，墓内见三具骨架，即三个个体。
据骨架分析，2 号骨架为中年男性，1 号骨架为中年女性，3 号骨架为少年男性。
（注：1、2 号并列，皆头南脚北，1 号在东，2 号在西，3 号在 1、2 号之间的下方，稍偏 2 号）

3. M57

土坑竖穴墓，仰身直肢，骨架保存较完整据骨架看，应为中青年男性。
出土青铜剑一柄。

4. M58

单人，仰身直肢仰面，男性，少年。

5. M59

竖穴土坑墓，无骨架保存。仅出土两件陶器。性别年龄待分析同样方向、时代、随葬器物的墓而定。

6. M61

竖穴土坑墓，侧身屈肢葬，骨架保存（不好），只有肋骨和头骨，但可判断为青年男性。
出土青铜剑一件。

7. M65

竖穴土坑墓，仰身直肢，骨架保存基本完整，从骨架看，为青年男性。
出土青铜铜剑一件。

8. M66

竖穴土坑墓，骨架仅存头骨、右大腿骨及右小腿骨部分。

据股骨与头骨看，初步判定为青年女性。

9. M67

竖穴土坑墓，仰身直肢，骨架残存不多。据骨架，初判为青年男性。

出土青铜剑一件。

10. M78

单人，仰身直肢，仰面，女性，青年。

11. M80

单人，仰身直肢（左侧面），男性，中青年。

12. M81

单人，仰身直肢（右侧面），男性，中青年。

13. M82

单人，仰身直肢（面残不清），女性，中老年。

14. M83

单人，仰身直肢（右侧面），女性，中年。

15. M84

单人，仰身直肢（右侧面），男性，中青年。

16. M85

单人，仰身直肢（左侧面），男性，中年。

17. M86

单人，仰身直肢，仰面，男性，少年。

18. M87

土坑竖穴，仰身直肢，右侧面，双臂垂直（下肢残），男性，中青年。

19. M88

土坑竖穴，仰身直肢，左侧面，双臂垂直，女性，中年。

20. M89

双人合葬，仰身直肢（左侧面）。东侧为男性，中老年；西侧为女性，中老年。

21. M90

土坑竖穴，仰身直肢，仰面，双臂垂直，女性，中老年。

22. M91

土坑竖穴，仰身直肢，（左）侧面，双臂垂直，男性，中年。

23. M92

土坑竖穴，仰身直肢左侧面，双臂抱胸，女性，中老年。

24. M93

土坑竖穴，无骨架保存。

25. M94

土坑竖穴，仰身直肢，（右）侧面，双臂垂直，女性，中老年。

26. M96

土坑竖穴，仰身直肢，左侧面，双臂抱胸，女性，青年。

27. M97

土坑竖穴，仰身直肢，仰面，双臂垂直，女性，青年。

28. M100

土坑竖穴，仰身直肢（头骨等已不存，只剩一根大腿骨）；女性，成年人。

29. 石 M13

共 10 个个体。其中 1、2 号在瓮棺中，1 号为男性，中年；2 号为女性，中年。余 8 人皆在墓室中，3、4 号在室西部，皆中年男性。5 号在中部偏南，为中年女性。6 号在东南部，女性中年。7 号在中偏东部，女性青年。8 号在东部中间，为男性中年人。9 号在中部偏北，为女性青年。10 号在西北部，男性中老年。

后　记

　　从1998年11月7日至2005年7月7日，前后跨越八年，红庙岭遗址间歇式地前后做了五次大规模的考古发掘，揭露面积12000平方米，为了完成发掘面积，遗址上比较平坦的地方，我们都布方发掘，这种撒网式的发掘，使我们对红庙岭遗址可进行考古发掘的地方有了更全面的了解。

　　2005年7月至2006年3月，红庙岭发掘资料在巴东县城整理后，出土文物移交县博物馆，我们只带整理资料回考古所，准备编写发掘报告。

　　由于认识到开口④层下的M50和M80都出土"秦式矛"，这两座墓的相对年代都应到了"秦灭楚"的战国晚期；并由此认识到被这两座墓打破的第④层，都不应该是原认识的周代堆积。所以，已进一步认识到原报告编写提纲还应修改，且对原土坑墓随葬器物的种类和型式的第六次排队，也应重新调整。

　　也由于在报告编写前，又接到国家文物局通知，必须首先整理宜昌杨家湾这批发掘资料。所以，在省考古所领导的关心支持下，于2006年9月，又把红庙岭这批整理资料和杨家湾出土的文物，一起带到江陵纪南城考古工作站做进一步整理。

　　在工作人员帮助清洗、修复杨家湾出土文物期间，2006年底完成红庙岭土坑墓随葬器物的第七次排队，拟出《巴东红庙岭》发掘报告编写提纲第三稿。继后编写工作只好暂停，而全力以赴转入杨家湾资料的整理工作。

　　2009年2月，因已办理退休手续，经省考古所领导同意，才暂停杨家湾整理工作，开始《巴东红庙岭》的正式编写工作。终于在当年6月19日完成文字部分的初稿编写工作。

　　在巴东，参加红庙岭后期资料整理工作的有省考古所林邦存、胡志华、县博物馆税世纲和技术工人张杰，并请省博物馆郝勤建先生完成器物摄影工作。

　　在纪南城的报告编写工作中，胡志华除负责全书的线图和图版外，还独立完成了报告第七、八、九三章的文字编写工作。技工刘小华协助一些附表的重新制作和大量的核对工作，技工付楚奇负责杂物工作，技工贾小娥、高俊、吴帅岚和李康等先后做了电脑打字工作。总的来说，初稿的完成是大家共同协作的成果。

　　为了更全面地报道红庙岭这处重要古代遗址的出土遗迹和遗物，这里学习《秭归庙坪》，也把每一个探方的每一个地层以至小层都作为一个"地层单位"。虽然报道中又把同一时期的同一"类型"的文物只统属为一式，但在进一步的研究中，由于同一时期的地层还存在相对早晚关系的不同地层，所以，不同"地层单位"的遗物其实还可以进一步分式，提供更详细的资料。

　　也由于在实践和研究"类型学说"之后，我们才可发现，真正的"考古学文化"必须是由各具自己区和系的多个不同的"类型"所组成的一种文化遗存；而真正的"类型"，则必须是存在于一个"考古学文化"的分布范围内，但又有一定的"分布区"，且还必须是同一区内的各个"定居型家庭"在经过若干个"考古学文化发展时期"的生产和生活所遗留下来的文化遗存。所以，据"类型学说"这种"考古学的新理论"，我们才能认识到"考古学"发现的"类型"和"考古学文化"原来是两种不同"社会组织"的不同文化遗存，并可发现这两种社会组织只能形成和只能存在于人类社会的"新石器时代"。而在认识到"历史时代"已不再存在"考古学文化"之后，本报告才没有和以往其他报告一样，把相当于"夏代"的文化遗存称为"二里头文化时期"的文化遗存。又在认识到"夏代和商代"都是我国"奴隶社会"的后期，其更替是统治"中国"的子姓"商王朝"代替了姒姓"夏王朝"，但对被统治的中国老百姓来说，无论是在夏代还是在商代，都必须向统治王朝缴纳"贡赋",所以,在远离统治王朝中心地区的其他地区,夏代和商代的文化遗存其实都很难明确分开。到了"周代",因姬姓"周王朝"在推翻"商王朝"后,并没有和以前的"商王朝"与"夏王朝"一样把"古代中国"划分为九个州,再由每个州的官员征收境内老百姓的"贡赋";而是已按《山海经》记载的各个"方国"分封"诸侯国",并由每个"诸侯"征收自己"诸侯国"境内老百姓的"贡赋",而且,每个诸侯国的国君所征收的"贡赋"已不用和以往的州一级的官员一样把全部的"贡赋"上交"中央王朝"后,再由中央王朝下拨每个州的所需费用,而是只需上缴少数"贡赋",并由各"诸侯国"共同维护"中央王朝"的所需费用,大多数"贡赋"则由"诸侯国"的国君决定,用于自己诸侯国的公益事业。所以,我国境内的人类社会,已自西周时期发展为"封建社会"。而本报告则才把"周代"和"夏商时期"分开。

至于《山海经》记载的"新石器时代"的"巴国"这片地方,在"夏商时期"应属九州中的哪一个州这一学术问题,因《巴东县志》并没有明确记载,而据隋大业三年属"梁州巴东郡"管辖这一记载,才认为"巴东县"所在地在"夏商时期"应属九州中的"梁州"统辖。而"巴东红庙岭遗址"在夏商时期的先民,也可能是"梁州"境内的居民;但可肯定,红庙岭遗址在"大溪文化时期"的先民,才是真正"巴国"居民。

但是,由于《巴东红庙岭》是本人主编的第一本发掘报告,缺乏经验犹如摸着石头过河,顾此失彼和不足之处一定不少,欢迎不同认识的学者批评指正。

编 者

2009年6月21日于纪南城工作站

(K-1422.0101)

彩版一

1. 遗址远景

2. 遗址近景

红庙岭遗址全景

彩版二

1. M50:2

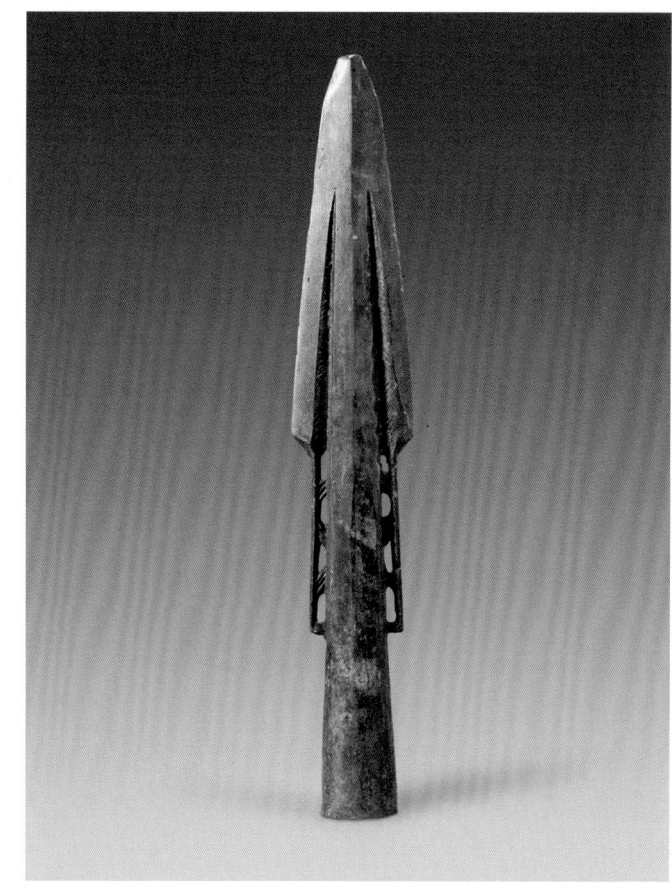

2. M80:1

3. M53:1 正面

4. M53:1 背面

周代铜矛

彩版三

1. 戈（M50∶1）

2. 矛正面纹饰（M53∶1）

3. 矛背面纹饰（M53∶1）

周代铜器

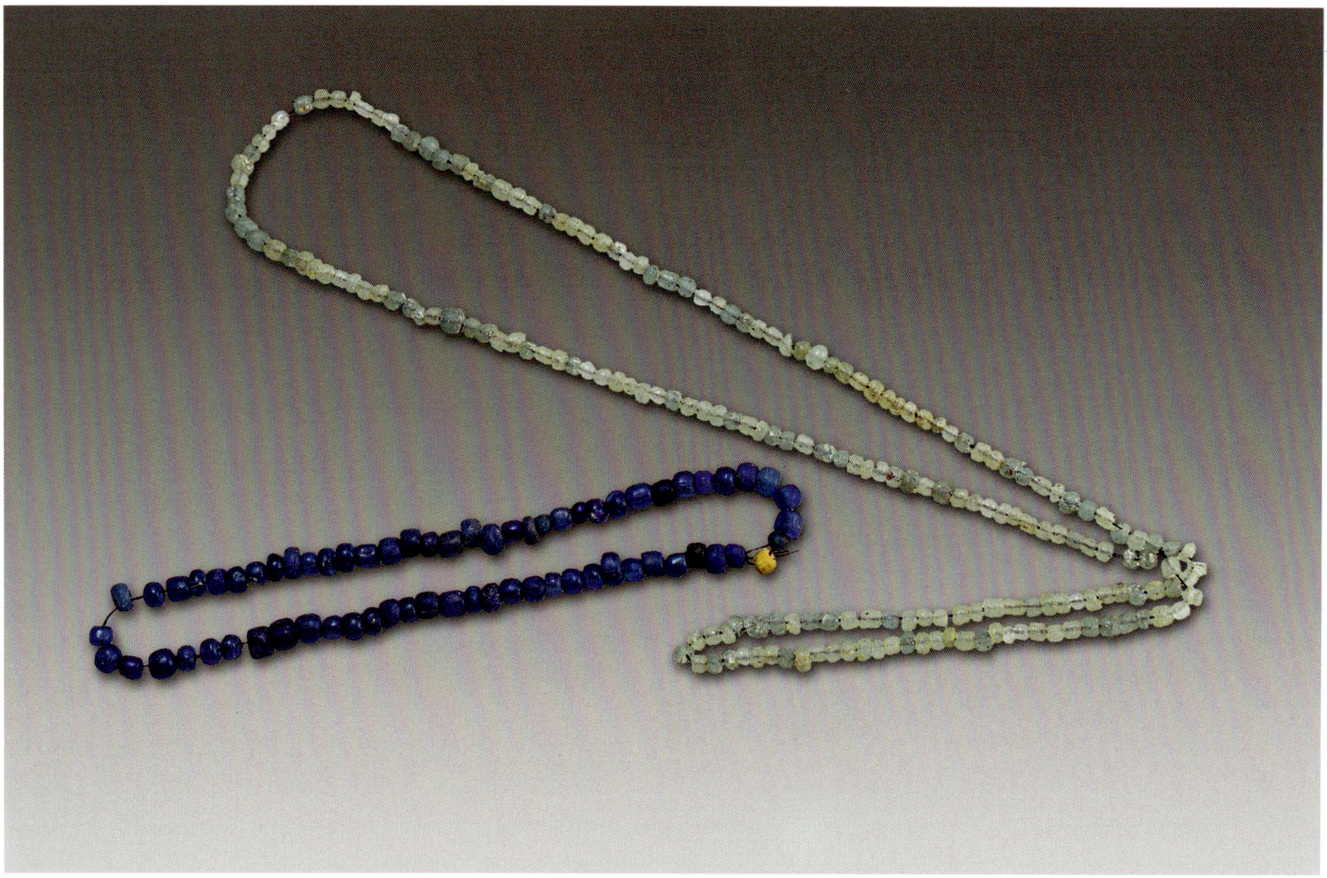

彩版四

1. 琉璃串珠（M134∶1）

2. 琉璃耳珰（石M14∶1）

3. 陶瓮（石M13∶4）

汉代器物

彩版五

1～11. 铜剑（M57:1、M135:1、M72:1、M61:1、M130:1、M110:1、M107:1、M106:1、M65:1、M34:1、M51:1）

12～23. 铜带钩（M126:2、M76:1、M75:1、M120:1、T386②:1、M119:3、M136:2、T381②:1、M99:2、M135:2、M133:1、石M7:3）

周代与秦汉时期铜器

彩版六

1. 盘口壶（石M11∶1）

2. 盘口壶（石M4∶1）

3. 碗（石M1∶3）

唐宋瓷器

图版一

1. 红庙岭遗址古代大冲沟（由东向西）

2. T145～T251探方工作照（由西南向东北）

红庙岭遗址与发掘探方

图版二

1. M1（由北向南）

2. M31（由南向北）

大溪墓葬

图版三

1. 陶釜（M31∶1）

2. 陶平底杯（H53∶3）

3. 陶纺轮（H3∶1）

4. 石锚（T224⑥∶10）

5. 有孔石铲（T22⑦∶1）

6. 小石锛（T364⑥∶3）

7. 石锄（T15⑥B∶20）

大溪与夏商时期器物

图版四

2. M19（由北向南）

1. M2（由西北向东南）

周代墓葬

图版五

2. M22（由东南向西北）

1. M20（由西南向东北）

周代墓葬

图版六

1. M40（由西南向东北）

2. M50（由西北向东南）

周代墓葬

图版七

2. M69（由南向北）

1. M67（由南向北）

周代墓葬

图版八

1. 小石锛（H41∶6）　　2. 石楔（H41∶7）　　3. 石斧（H41∶5）

4. 石镞（T16⑤∶7）　　5. 小石锛（T15⑤∶3）　　6. 小石锛（T15⑤∶6）

7. 雕凿器（T22⑤A∶38）　　8. 打制石斧（T27⑤B∶3）

周代石器

图版九

1. M108:1

2. M64:3

3. M20:1

4. M97:1

5. M136:1

6. M103:1

周代高领罐

图版一〇

1. 高领罐（M118:1）

2. 高领罐（M39:2）

3. 高领罐（M37:1）

4. 矮颈罐（M112:3）

5. 矮颈罐（M77:1）

6. 矮颈罐（M104:1）

周代陶器

图版一一

1. 矮颈罐（M53∶3）

2. 矮颈罐（M19∶6）

3. 矮颈罐（M22∶1）

4. 束颈罐（M46∶1）

5. 束颈罐（M69∶2）

6. 束颈罐（M97∶2）

周代陶器

图版一二

1. M137∶2

2. M126∶1

3. M77∶2

4. M119∶2

5. M106∶5

6. M76∶3

周代束颈罐

图版一三

1. 束颈罐（M50∶4）

2. 束颈罐（M122∶01）

3. 束颈罐（M112∶4）

4. 直口罐（M91∶1）

5. 直口罐（M116∶2）

6. 直口罐（M135∶3）

周代陶器

图版一四

1. M74:1

2. M111:2

3. M137:1

4. M67:2

5. M119:1

6. M133:4

周代长颈罐

图版一五

1. 长颈罐（M58：4）

2. 长颈罐（M125：2）

3. 盂（M107：2）

4. 盂（M40：1）

5. 盂（M26：2）

6. 盂（M37：2）

周代陶器

图版一六

1. M50:5

2. M127:2

3. M2:1

4. M41:2

5. M5:1

6. M91:2

周代陶盂

图版一七

1. M27：1

2. M116：3

3. M74：2

4. M111：3

5. M73：2

6. M68：1

周代陶盂

图版一八

1. M137∶3

2. M67∶3

3. M102∶2

4. M135∶4

5. M58∶3

6. M125∶1

周代陶盂

图版一九

1. 盂 (T1①:1)

2. 盆 (M108:2)

3. 罍 (M59:2)

4. 罍 (M20:2)

5. 罍 (M136:3)

6. 罍 (M103:2)

周代陶器

图版二〇

1. 盒（M120:4）

2. 盒（M118:2）

3. 盒（M105:1）

4. 瓮（M26:1）

5. 瓮（M53:2）

6. 瓮（M120:3）

周代陶器

图版二一

1. 釜（M22：2）

2. 釜（M127：3）

3. 双耳罐（M102：3）

4. 壶（M19：7）

周代陶器

图版二二

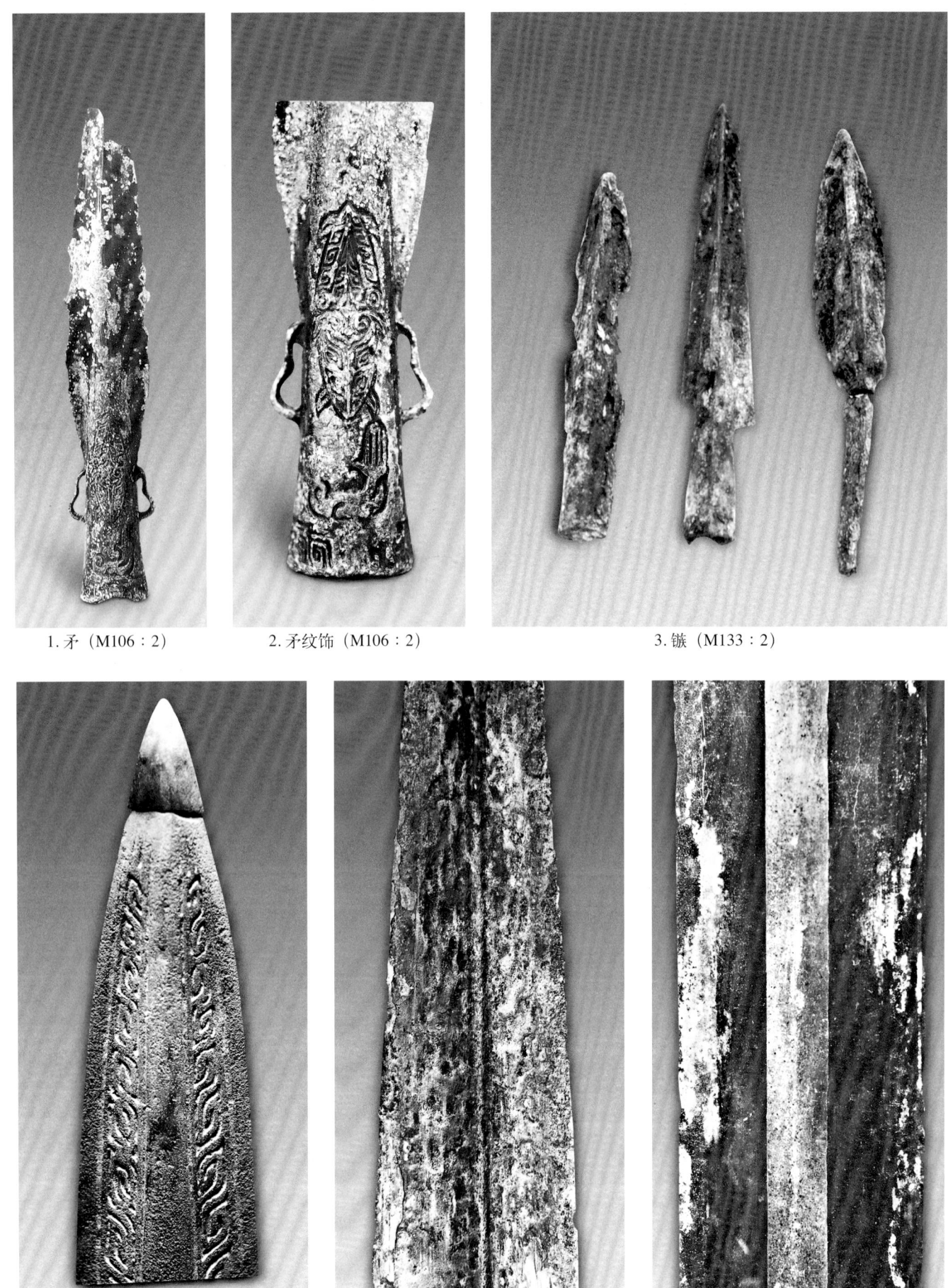

1. 矛（M106:2）　　2. 矛纹饰（M106:2）　　3. 镞（M133:2）

4. 矛纹饰（M53:1）　　5. 剑纹饰（M107:1）　　6. 剑中脊（M50:3）

周代铜器

图版二三

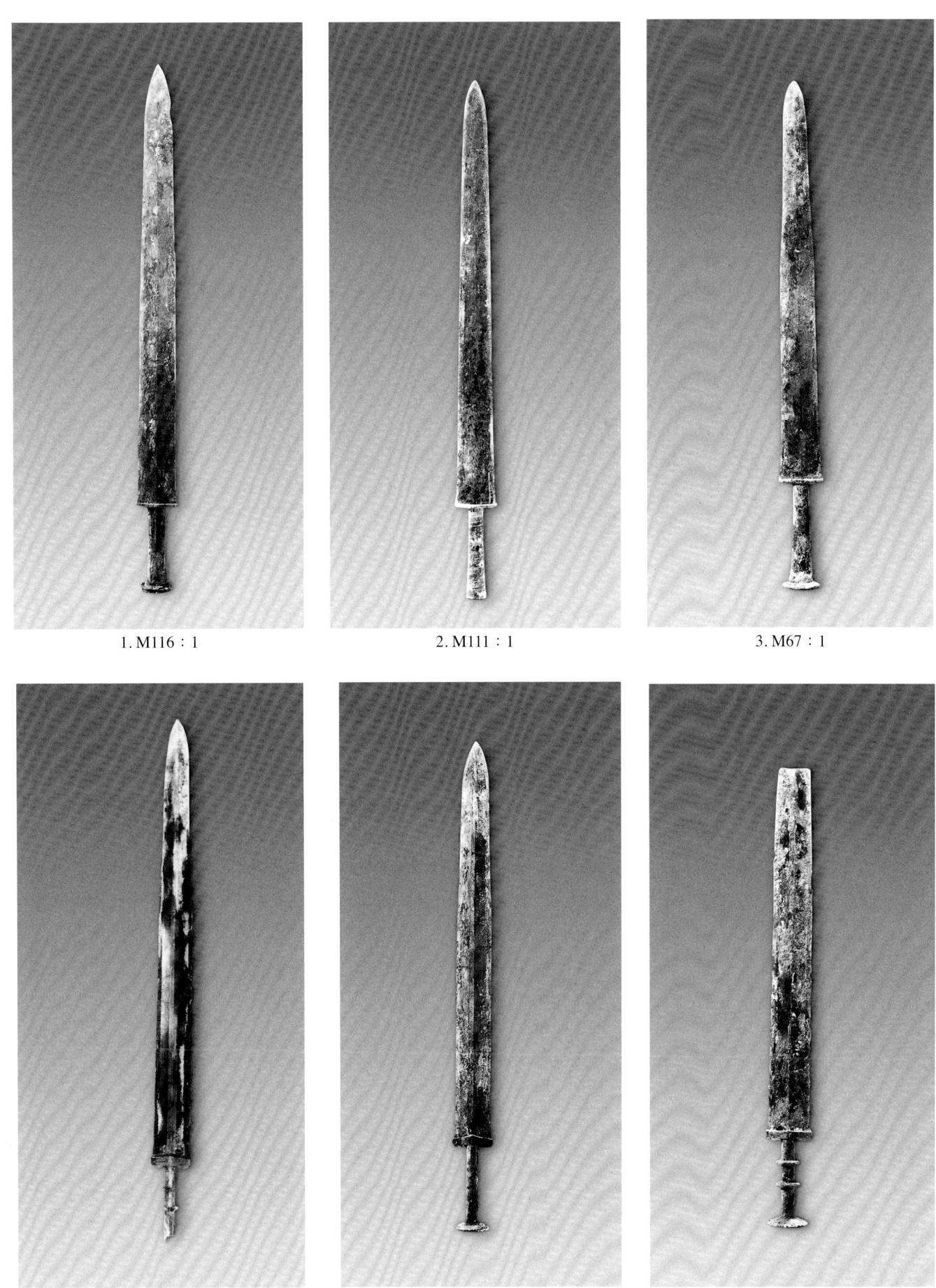

1. M116:1
2. M111:1
3. M67:1
4. M50:3
5. M120:2
6. M102:1

周代铜剑

图版二四

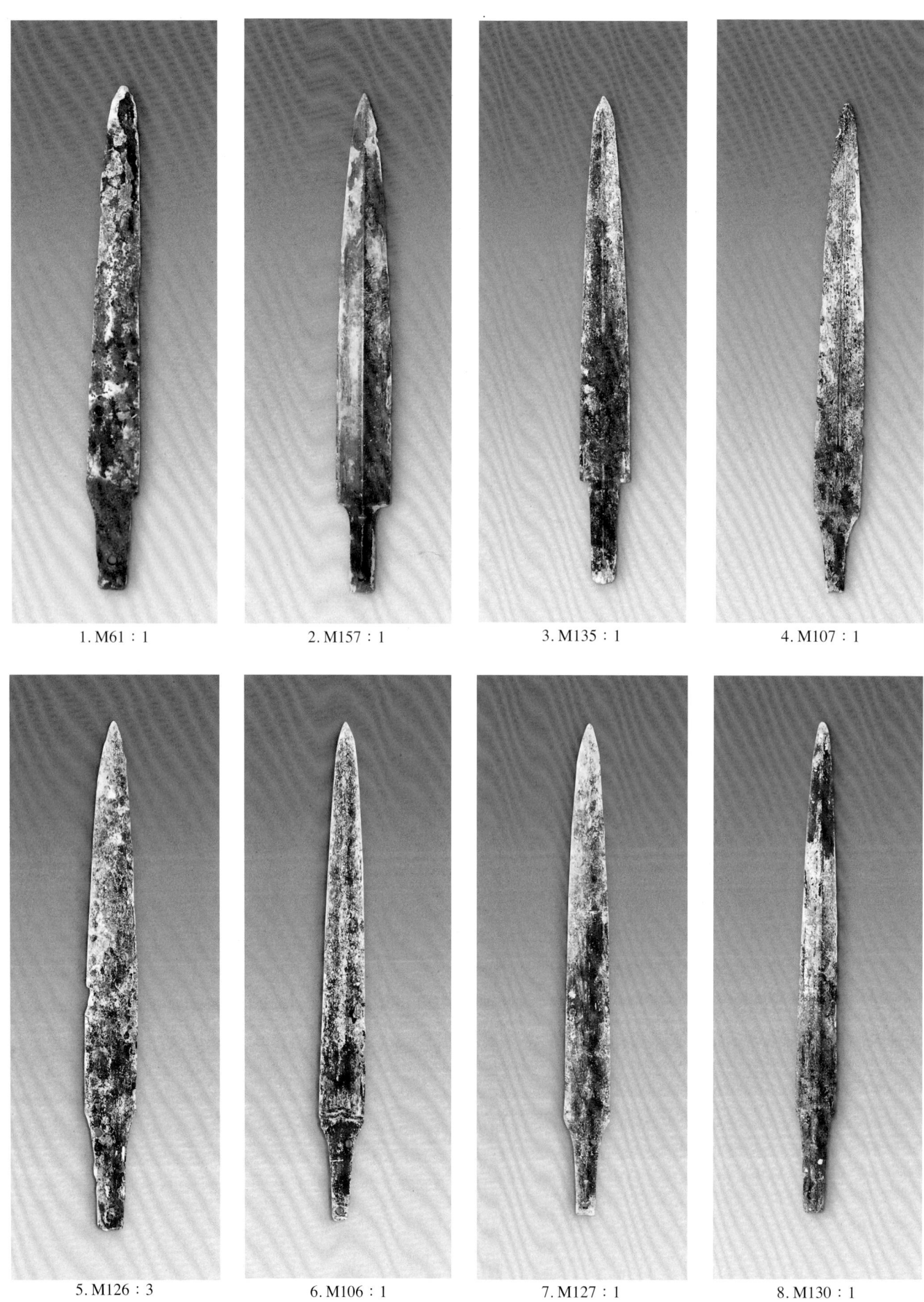

1. M61:1　　2. M157:1　　3. M135:1　　4. M107:1

5. M126:3　　6. M106:1　　7. M127:1　　8. M130:1

周代铜剑（巴式剑）

图版二五

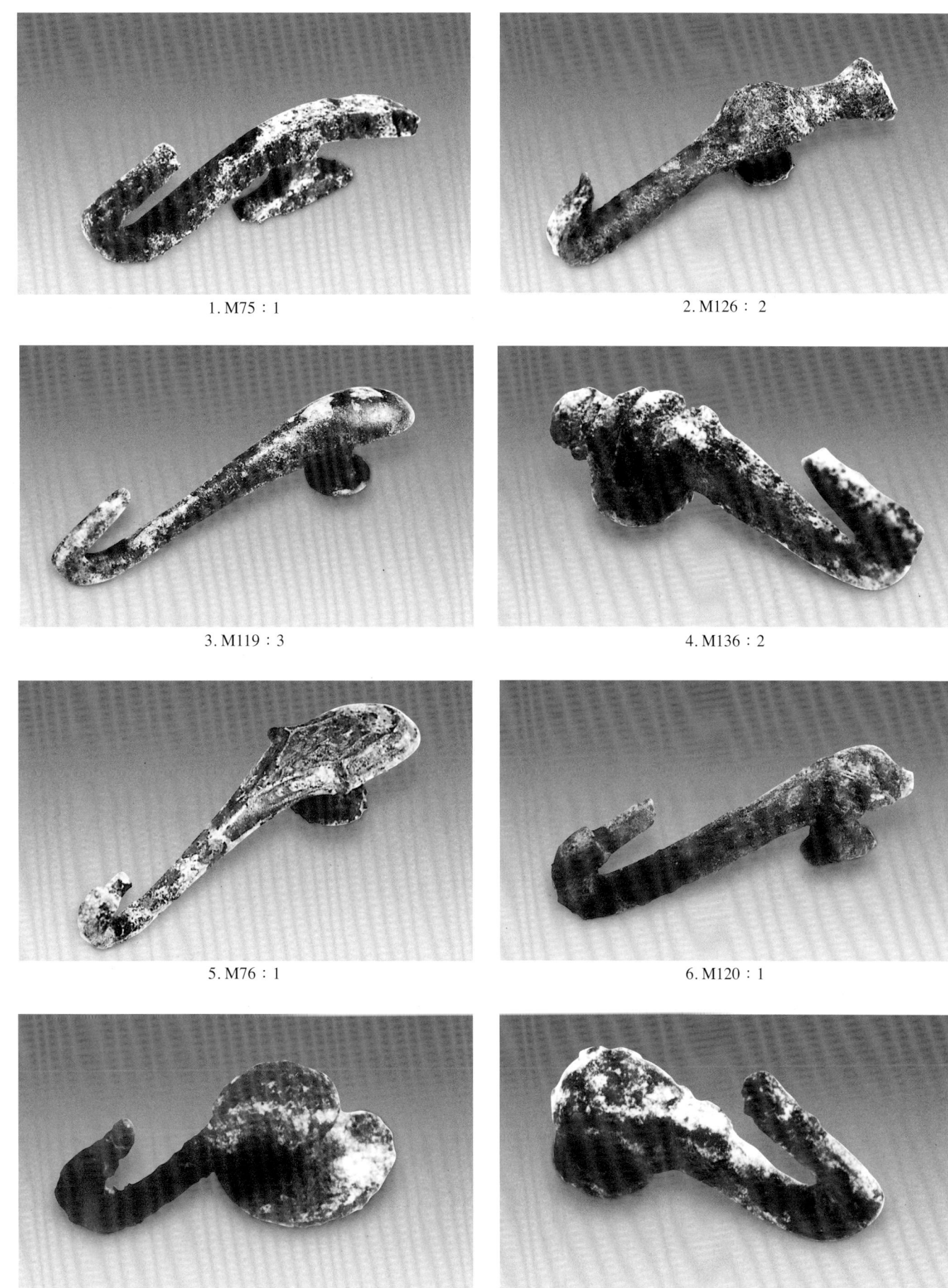

1. M75:1
2. M126:2
3. M119:3
4. M136:2
5. M76:1
6. M120:1
7. M133:1
8. M135:2

周代铜带钩

图版二六

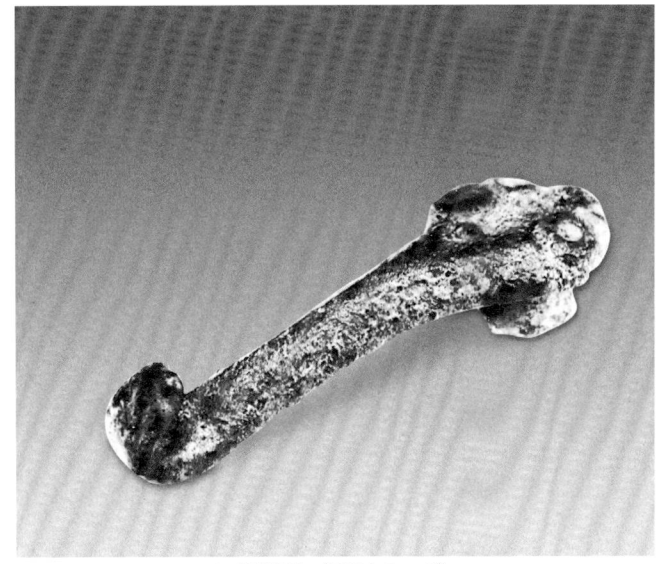

1. 铜带钩（T381②∶1）

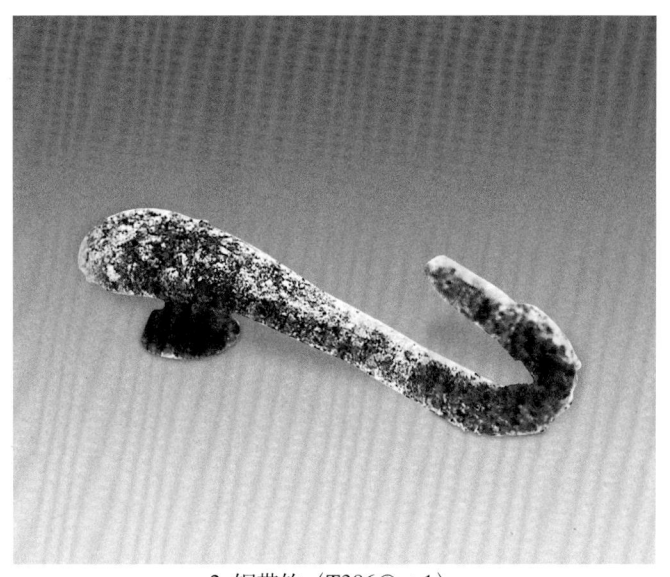

2. 铜带钩（T386②∶1）

3. 铜锯片（M120∶5）

4. 铜䥽（M85∶1）

5. 小玉玦（M112∶1）

周代器物

图版二七

1. 铁斧（M133:3）

2. 铁斧（M133:7）

3. 铁斧（M116:04）

4. 陶纺轮（T27⑤B:2）

5. 陶纺轮（M57:02）

6. 陶纺轮（H41:1~H41:4）

周代器物

图版二八

1. M33（由南向北）

2. M34（由东南向西北）

秦汉墓葬

图版二九

2. M42（由西北向东南）

1. M36（由西向东）

秦汉墓葬

图版三〇

2. M71（由南向北）

1. M55（由北向南）

秦汉墓葬

1. 石楔（T239④∶3）   2. 小石锛（T224④∶5）   3. 小石锛（T225④B∶2）

4. 石斧（T364③∶2）   5. 石楔（G7∶1）

6. 有孔石刀（T8③∶1）   7. 石斧（T23③∶1）

秦汉石器

图版三二

1. M51:2

2. M42:1

3. M34:2

4. M32:2

5. M33:2

6. M87:2

秦汉高领罐

图版三三

1. M121:1

2. M131:1

3. M131:2

4. M54:1

5. M96:2

6. M88:1

秦汉高领罐

图版三四

1. 高领罐（M16：1）

2. 高领罐（M47：1）

3. 高领罐（M13：1）

4. 高领罐（M60：1）

5. 束颈罐（M42：2）

6. 束颈罐（M110：2）

秦汉陶器

图版三五

1. 束颈罐（M121∶2）

2. 长颈罐（M86∶2）

3. 长颈罐（M101∶1）

4. 长颈罐（M65∶2）

5. 长颈罐（M62∶2）

6. 盂（M86∶1）

秦汉陶器

图版三六

1. 盂（M32∶1）

2. 盂（M33∶1）

3. 盂（M18∶1）

4. 罍（M87∶3）

5. 罍（M114∶1）

6. 罍（M132∶1）

秦汉陶器

图版三七

1. 罍（M96:1）

2. 罍（M56:2）

3. 瓮（M62:1）

4. 釜（M79:1）

5. 釜（M95:1）

秦汉陶器

图版三八

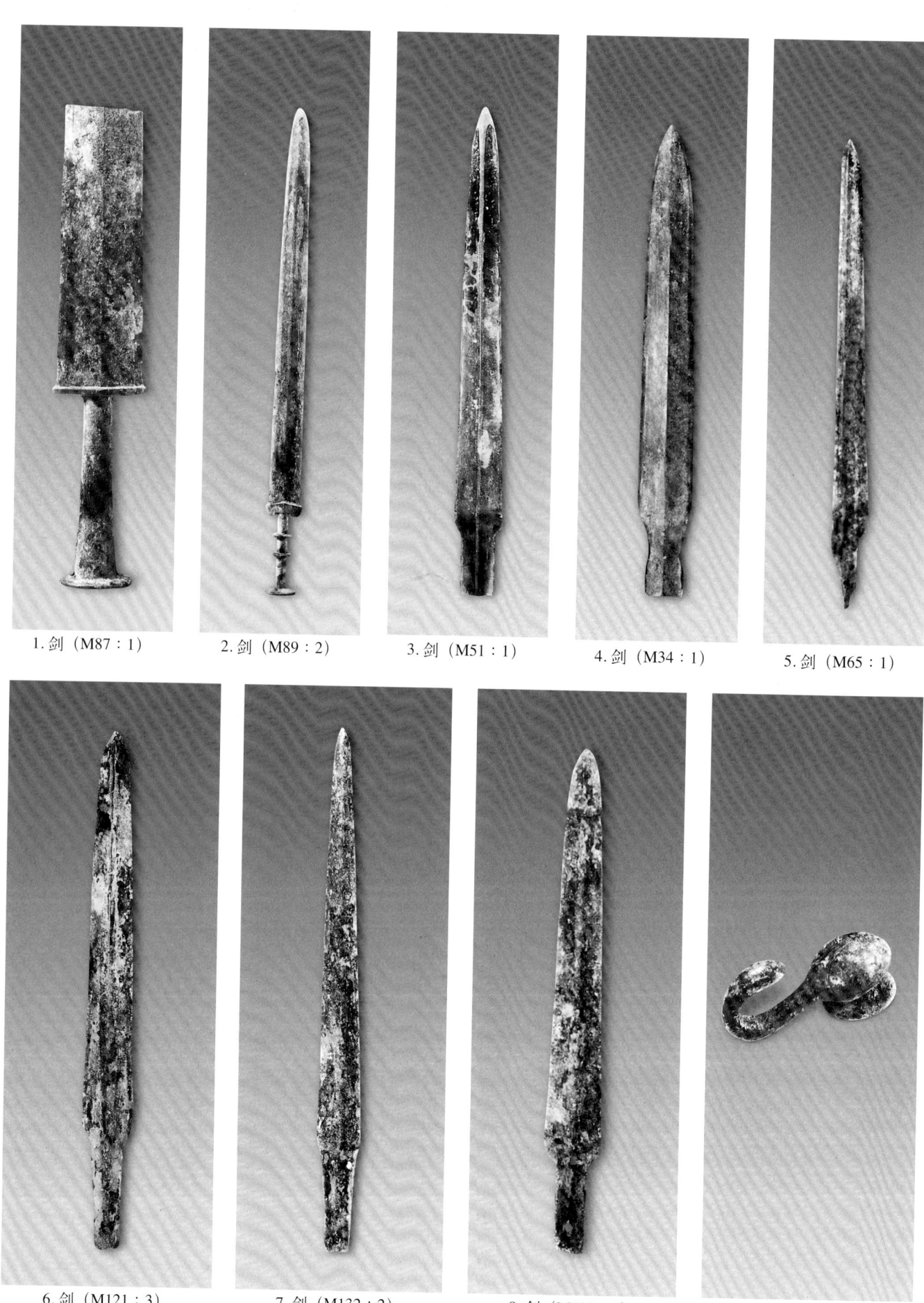

1. 剑（M87:1）　2. 剑（M89:2）　3. 剑（M51:1）　4. 剑（M34:1）　5. 剑（M65:1）
6. 剑（M121:3）　7. 剑（M132:2）　8. 剑（M110:1）　9. 带钩（M99:2）

秦汉铜器

图版三九

1. M62:03
2. T23④:46
3. T225④B:1
4. T238④:1
5. T26④:3
6. G7:2
7. M89:1
8. T1②:3
9. 采:1

夏商与秦汉时期陶纺轮

1. 石M5（由北向南）

2. 石M6（由东南向西北）

东汉土扩墓

图版四一

1. 陶罐（石M6∶1）

2. 釉陶壶（石M2∶1）

3. 陶双耳罐（石M2∶2）

4. 陶双耳罐（石M5∶4）

东汉器物

图版四二

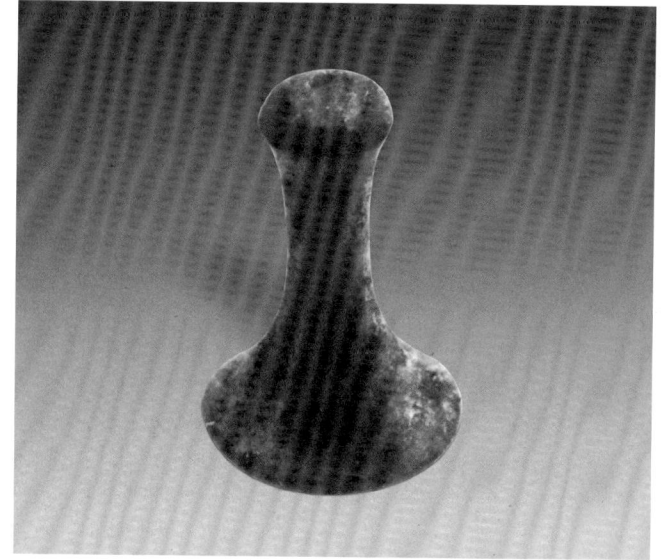

1. 琉璃耳珰（M99:1）

2. 铜顶针（石M7:4）

3. 铜带钩（石M7:3）

4. 铜管套（石M6:3）

5. 陶瓮局部文字（石M13:4）

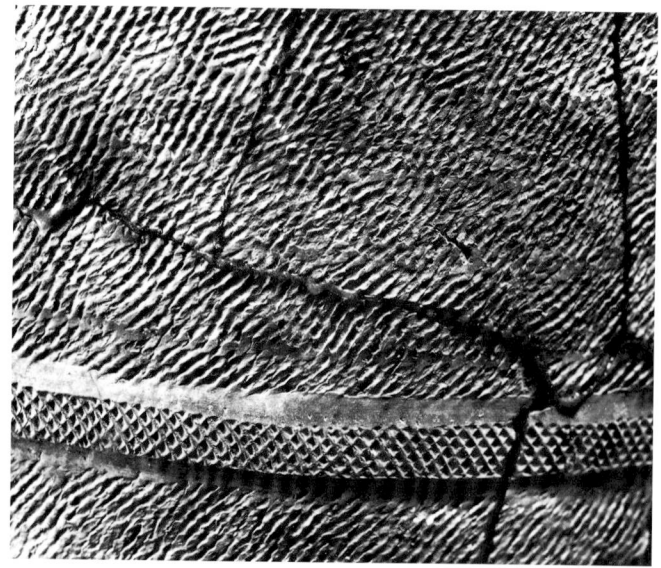

6. 陶瓮外壁纹饰（石M13:4）

汉代器物

图版四三

1. 石M10（由东南向西北）

2. 砖M9（由西北向东南）

六朝土圹墓

图版四四

1. 青瓷盘口壶（石M10∶1）

2. 青瓷钵（砖M9∶1）

3. 琉璃耳珰（石M12∶2、石M12∶1）

4. 小铜铃（石M8∶4）

六朝器物

图版四五

1. 石M4（由东北向西南）

2. 石M11（由东向西）

唐宋土圹墓

图版四六

1. 釉陶罐（石M4∶9）

2. 瓷碗（石M1∶5）

3. 釉陶罐（石M1∶2）

4. 釉陶罐（石M1∶6）

5. 陶碗（石M1∶10）

6. 铜挂件（T384②∶1）

唐宋器物